한국가스공사

NCS + 전공 + 최종점검 모의고사 3회

2024 최신판 SD에듀 All-New 한국가스공사 NCS+전공+최종점검 모의고사 3회+무료NCS특강

머리말

국민생활에 기여하는 청정에너지 기업, 한국가스공사(KOGAS)는 2024년에 신입사원을 채용할 예정이다. 채용절차는 「원서 접수 → 서류전형 → 필기전형 → 면접전형 → 수습채용」 순서로 이루어지며, 자기소개서 불성실 기재자 등을 제외한 적격자에 한해 필기전형 응시 기회가 주어진다. 필기전형의 경우 직업기초능력, 직무수행능력, 인성검사의 3단계로 진행된다. 직업기초능력은 의사소통능력, 수리능력, 문제해결능력, 자원관리능력, 정보능력 등의 영역을 평가하며, 직무수행능력은 직무수행 시 필요한 전공 관련 지식을 평가하므로 직렬별 맞춤 학습이 필요하다.

한국가스공사 합격을 위해 SD에듀에서는 기업별 NCS 시리즈 누적 판매량 1위의 출간 경험을 토대로 다음과 같은 특징을 가진 도서를 출간하였다.

도서의 특징

❶ 기출복원문제를 통한 출제 유형 확인!

- 2023년 주요 공기업 NCS&전공 기출복원문제를 수록하여 공기업별 출제경향을 파악할 수 있도록 하였다.

❷ 출제 영역 맞춤 문제를 통한 실력 상승!

- NCS 직업기초능력 출제유형분석&실전예제를 수록하여 유형별로 꼼꼼히 대비할 수 있도록 하였다.
- 직무수행능력(경영 · 회계 · 경제 · 법학 · 기계 · 전기) 적중예상문제를 수록하여 전공 또한 빈틈없이 학습할 수 있도록 하였다.

❸ 최종점검 모의고사를 통한 완벽한 실전 대비!

- 철저한 분석을 통해 실제 유형과 유사한 최종점검 모의고사를 수록하여 자신의 실력을 최종 점검할 수 있도록 하였다.

❹ 다양한 콘텐츠로 최종 합격까지!

- 한국가스공사 채용 가이드와 면접 기출질문을 수록하여 채용 전반에 대비할 수 있도록 하였다.
- 온라인 모의고사 2회분을 무료로 제공하여 필기전형을 준비하는 데 부족함이 없도록 하였다.

끝으로 본 도서를 통해 한국가스공사 채용을 준비하는 모든 수험생 여러분이 합격의 기쁨을 누리기를 진심으로 기원한다.

SDC(Sidae Data Center) 씀

한국가스공사 이야기 INTRODUCE

설립목적

천연가스의 장기 · 안정적 공급기반 마련을 통한
국민 편익 증진과 공공복리 향상

비전

KOGAS, The Leader of Energy Innovation

핵심가치

안전 우선 / 미래 주도 / 열린 사고 / 소통 협력

4대 전략방향

공공성 강화 / 신성장동력 확충 / 글로벌 역량 확보 / ESG경영 선도

전략목표

- 수급 대응 물량 **600만 톤**
- 신규사업 매출 **3조 원**
- 부채 비율 **200% 이하**
- 온실가스 감축 **40%**

12대 전략과제

- 안정적 수급 관리
- 고객만족 에너지 공급
- 설비경쟁력 확보

- 해외사업 성과 극대화
- 사업 간 연계로 시너지 창출
- 수소사업 기반 조성

- 선진 안전관리 체계 확립
- 재무건전성 강화
- 성과창출형 경영시스템 구축

- 환경 중시 경영 강화(E)
- 대국민 서비스 향상(S)
- 공정 · 소통의 기업문화 정착(G)

인재상

가치창조인 혁신적인 아이디어로 신사업을 발굴하고, 사업성과를 통해 미래 가치를 창출해 내는 인재

책임실천인 주인의식을 가지고 자신의 일을 완수하며, 조직 지향적인 사고를 바탕으로 안전사회 구현을 책임감 있게 실천하는 인재

융합전문인 전문성을 통해 조직 내 시너지를 일으키며, 학습을 통해 사무와 기술을 관통하는 융합형 인재

협력소통인 청렴과 윤리의식을 바탕으로 협력 소통하며 ESG를 실천하기 위해, 더 넓은 세계로의 사회적 가치를 창출해 내는 인재

CI

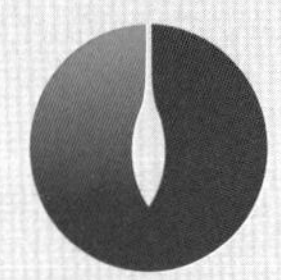

한국가스공사

한국가스공사의 심볼마크는 글로벌한 거대 기업의 이미지로서, 좋은 에너지로 좋은 세상을 만드는 세계 일류의 종합 에너지기업임을 상징적으로 표현하였다. 중심축의 백색 조형은 에너지의 핵을 의미하고, 청색 그라데이션과 백색 대비는 청정한 에너지를 의미하며, 외곽의 둥근 형태는 온누리, 온세상을 의미한다.

신입 채용 안내 INFORMATION

지원자격(공통)

❶ 연령 · 학력 · 전공 : 제한 없음
※ 단, 한국가스공사 임금피크제도에 따라 만 58세 미만인 자

❷ 병역 : 남성의 경우, 군필 또는 병역 면제자(입사지원 접수마감일 기준)

❸ 결격사항
- 한국가스공사 인사규정 제5조의 결격사유에 해당하는 자
- 공공기관에 부정한 방법으로 채용된 사실이 적발되어 합격취소, 직권면직 또는 파면 · 해임된 후 5년이 경과하지 않은 자

❹ 기초연수를 위한 연수원 입소가 가능한 자

전형 절차

필기전형

❶ **인성검사** : 한국가스공사 인재상 부합 여부 및 가치관 등을 평가하여 필기전형 시 적격자를 선발하며, 면접전형에서도 주요 참고자료로 활용됨

❷ **직업기초능력** : 업무수행에 필요한 의사소통능력, 수리능력, 문제해결능력, 자원관리능력, 정보능력 등의 영역을 평가하며, 특정 유형의 단일한 형태의 검사 문항이 아닌 단문형/장문형, 연산형/자료분석형, 추론형/분석형 등 다양한 유형의 검사 문항 제시

❸ **직무수행능력** : 직무수행 시 필요한 전공 관련 지식 평가(4년제 졸업 또는 기사 취득 수준)

❖ 위 채용안내는 2023년 채용공고를 기준으로 작성하였으므로 세부사항은 확정된 채용공고를 확인하기 바랍니다.

2023년 기출분석 ANALYSIS

총평

2023년 한국가스공사 필기전형은 모듈형의 비중이 예년보다 높아진 피듈형으로 진행되었으며, 난이도가 높고 시간 관리에 어려움이 있었다는 후기가 많았다.

의사소통능력

출제 특징	• 주제 찾기, 내용 일치, 주어진 문단 뒤에 이어질 내용 나열하기 등의 문제가 출제되었다. • 문장 수정 및 개요 수정 문제가 출제되었다. • 제시문의 길이가 긴 편이었다. • 맞춤법, 띄어쓰기 문제가 출제되었다. • 사자성어 문제가 출제되었다.
출제 키워드	• 우공이산, 수소, 기술 발전, 가상현실, 탄소중립, 친환경, LPG 등

수리능력

출제 특징	• 응용 수리 문제가 3~4문제 출제되었다(경우의 수, 일률 구하기 등). • 수추리 문제가 출제되었다. • 인원 증감률과 오차율 계산 등의 문제가 출제되었다. • 도표 변환 문제가 출제되었다.
출제 키워드	• 시차, 유람선의 속도, 인원 수, 총길이 등

문제해결능력

출제 특징	• 명제 문제가 다수 출제되었다. • 자료를 활용한 문제가 출제되었다. • 모듈형 문제가 어렵게 출제되었다.
출제 키워드	• 소프트 어프로치, 하드 어프로치, 퍼실리테이션 등

직무수행능력

구분	출제 키워드
경영	• 테일러의 과학적 관리, 페이욜, 포드, 호손실험, 위생이론, 포터의 산업구조, BCG 매트릭스, 브룸의 기대이론, 수평적 분화, 유보가격, 채찍효과, 전환사채, 현금성 자산, 재무제표 등
회계	• 대손충당금, 리스, 감모손실, 기말재고자산, 매출채권, 공정가치, 철거 비용, 법인세, 주식 발행 등
경제	• 레온티에프, 피셔방정식, 공유재, 코즈, 실질환율, 더미변수, 정부 개입, 시장실패 등

PSAT형

※ 다음은 K공단의 국내 출장비 지급 기준에 대한 자료이다. 이어지는 질문에 답하시오. [15~16]

〈국내 출장비 지급 기준〉

① 근무지로부터 편도 100km 미만의 출장은 공단 차량 이용을 원칙으로 하며, 다음 각호에 따라 "별표 1"에 해당하는 여비를 지급한다.
   ㉠ 일비
      ⓐ 근무시간 4시간 이상 : 전액
      ⓑ 근무시간 4시간 미만 : 1일분의 2분의 1
   ㉡ 식비 : 명령권자가 근무시간이 모두 소요되는 1일 출장으로 인정한 경우에는 1일분의 3분의 1 범위 내에서 지급
   ㉢ 숙박비 : 편도 50km 이상의 출장 중 출장일수가 2일 이상으로 숙박이 필요할 경우, 증빙자료 제출 시 숙박비 지급
② 제1항에도 불구하고 공단 차량을 이용할 수 없어 개인 소유 차량으로 업무를 수행한 경우에는 일비를 지급하지 않고 이사장이 따로 정하는 바에 따라 교통비를 지급한다.
③ 근무지로부터 100km 이상의 출장은 "별표 1"에 따라 교통비 및 일비는 전액을, 식비는 1일분의 3분의 2 해당액을 지급한다. 다만, 업무 형편상 숙박이 필요하다고 인정할 경우에는 출장기간에 대하여 숙박비, 일비, 식비 전액을 지급할 수 있다.

〈별표 1〉

구분	교통비				일비 (1일)	숙박비 (1박)	식비 (1일)
	철도임	선임	항공임	자동차임			
임원 및 본부장	1등급	1등급	실비	실비	30,000원	실비	45,000원
1, 2급 부서장	1등급	2등급	실비	실비	25,000원	실비	35,000원
2, 3, 4급 부장	1등급	2등급	실비	실비	20,000원	실비	30,000원
4급 이하 팀원	2등급	2등급	실비	실비	20,000원	실비	30,000원

1. 교통비는 실비를 기준으로 하되, 실비 정산은 국토해양부장관 또는 특별시장・광역시장・도지사・특별자치도지사 등이 인허한 요금을 기준으로 한다.
2. 선임 구분표 중 1등급 해당자는 특등, 2등급 해당자는 1등을 적용한다.
3. 철도임 구분표 중 1등급은 고속철도 특실, 2등급은 고속철도 일반실을 적용한다.
4. 임원 및 본부장의 식비가 위 정액을 초과하였을 경우 실비를 지급할 수 있다.
5. 운임 및 숙박비의 할인이 가능한 경우에는 할인 요금으로 지급한다.
6. 자동차임 실비 지급은 연료비와 실제 통행료를 지급한다.
   (연료비)=[여행거리(km)]×(유가)÷(연비)
7. 임원 및 본부장을 제외한 직원의 숙박비는 70,000원을 한도로 실비를 정산할 수 있다.

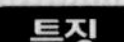

▸ 대부분 의사소통능력, 수리능력, 문제해결능력을 중심으로 출제(일부 기업의 경우 자원관리능력, 조직이해능력을 출제)
▸ 자료에 대한 추론 및 해석 능력을 요구

대행사

▸ 엑스퍼트컨설팅, 커리어넷, 태드솔루션, 한국행동과학연구소(행과연), 휴노 등

모듈형

❙ 대인관계능력

60 다음 자료는 갈등해결을 위한 6단계 프로세스이다. 3단계에 해당하는 대화의 예로 가장 적절한 것은?

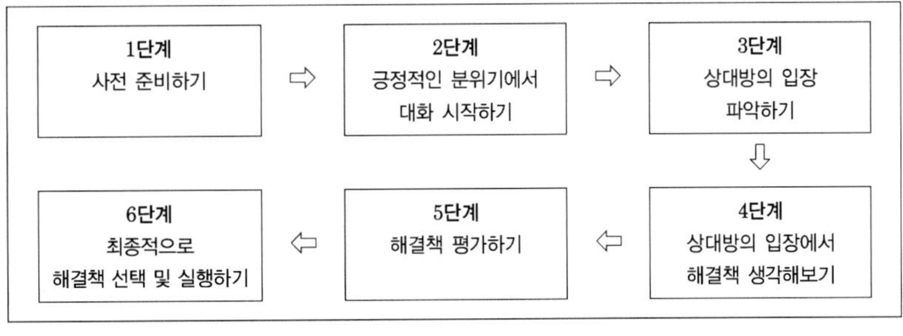

① 그럼 A씨의 생각대로 진행해 보시죠.

특징

- 이론 및 개념을 활용하여 푸는 유형
- 채용 기업 및 직무에 따라 NCS 직업기초능력평가 10개 영역 중 선발하여 출제
- 기업의 특성을 고려한 직무 관련 문제를 출제
- 주어진 상황에 대한 판단 및 이론 적용을 요구

대행사

- 인트로맨, 휴스테이션, ORP연구소 등

피듈형(PSAT형 + 모듈형)

❙ 문제해결능력

60 P회사는 직원 20명에게 나눠 줄 추석 선물 품목을 조사하였다. 다음은 유통업체별 품목 가격과 직원들의 품목 선호도를 나타낸 자료이다. 이를 참고하여 P회사에서 구매하는 물품과 업체를 바르게 연결한 것은?

〈업체별 품목 금액〉

구분		1세트당 가격	혜택
A업체	돼지고기	37,000원	10세트 이상 주문 시 배송 무료
	건어물	25,000원	
B업체	소고기	62,000원	20세트 주문 시 10% 할인
	참치	31,000원	
C업체	스팸	47,000원	50만 원 이상 주문 시 배송 무료
	김	15,000원	

〈구성원 품목 선호도〉

특징

- 기초 및 응용 모듈을 구분하여 푸는 유형
- 기초인지모듈과 응용업무모듈로 구분하여 출제
- PSAT형보다 난도가 낮은 편
- 유형이 정형화되어 있고, 유사한 유형의 문제를 세트로 출제

대행사

- 사람인, 스카우트, 인크루트, 커리어케어, 트리피, 한국사회능력개발원 등

한국가스공사

사각형 길이 ▸ 유형

03 가로, 세로의 길이가 각각 30cm, 20cm인 직사각형이 있다. 가로의 길이를 줄여서 직사각형의 넓이를 $\frac{1}{3}$ 이하로 줄이고자 할 때, 몇 cm 이상 줄여야 하는가?

① 5cm
② 10cm
③ 15cm
④ 20cm
⑤ 25cm

인구 추이 ▸ 유형

※ 다음은 인구 고령화 추이를 나타낸 자료이다. 이어지는 질문에 답하시오. [2~4]

〈인구 고령화 추이〉

(단위 : %)

구분	2002년	2007년	2012년	2017년	2022년
노인부양비	5.2	7.0	11.3	15.6	22.1
고령화지수	19.7	27.6	43.1	69.9	107.1

※ [노인부양비(%)]=(65세 이상 인구)÷(15 ~ 64세 인구)×100
※ [고령화지수(%)]=(65세 이상 인구)÷(0 ~ 14세 인구)×100

02 2002년 0 ~ 14세 인구가 50,000명이었을 때, 2002년 65세 이상 인구는 몇 명인가?

① 8,650명
② 8,750명
③ 9,850명
④ 9,950명
⑤ 10,650명

한국전력공사

증감률 ▸ 유형

2022년 적중

19 다음은 양파와 마늘의 재배에 관한 자료의 일부이다. 이에 대한 설명으로 적절하지 않은 것은?

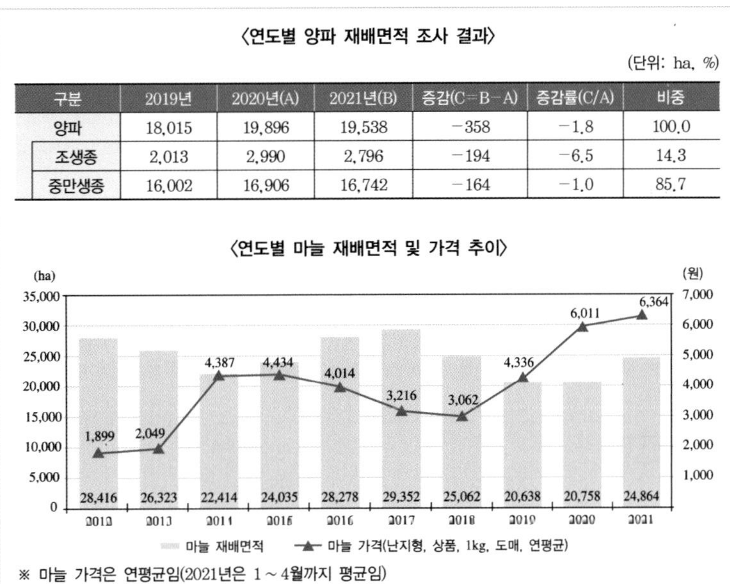

〈연도별 양파 재배면적 조사 결과〉

(단위 : ha, %)

구분	2019년	2020년(A)	2021년(B)	증감(C=B−A)	증감률(C/A)	비중
양파	18,015	19,896	19,538	−358	−1.8	100.0
조생종	2,013	2,990	2,796	−194	−6.5	14.3
중만생종	16,002	16,906	16,742	−164	−1.0	85.7

〈연도별 마늘 재배면적 및 가격 추이〉

※ 마늘 가격은 연평균임(2021년은 1 ~ 4월까지 평균임)

① 2021년 양파 재배면적의 증감률은 조생종이 중만생종보다 크다.
② 마늘 가격은 마늘 재배면적에 반비례한다.
③ 마늘의 재배면적은 2017년이 가장 넓다.
④ 2021년 재배면적은 작년보다 양파는 감소하였고, 마늘은 증가하였다.
⑤ 마늘 가격은 2018년 이래로 계속 증가하였다.

할인금액 ▸ 유형

13 S회사는 18주년을 맞이해 기념행사를 하려고 한다. 이에 걸맞은 단체 티셔츠를 구매하려고 하는데, A회사는 60장 이상 구매 시 20% 할인이 되고 B회사는 할인이 안 된다고 한다. A회사에서 50장을 구매하고 B회사에서 90장을 구매했을 때 가격은 약 399,500원이고, A회사에서 100장을 구매하고 B회사에서 40장을 구매했을 때 가격은 약 400,000원이다. A회사와 B회사의 할인 전 티셔츠 가격은?

	A회사	B회사
①	3,950원	2,100원
②	3,900원	2,200원
③	3,850원	2,300원
④	3,800원	2,400원
⑤	3,750원	2,500원

한국가스기술공사

브레인스토밍 ▶ 키워드

10 발산적 사고를 개발하기 위한 방법으로는 자유연상법, 강제연상법, 비교발상법이 있다. 다음 제시문의 보고회에서 사용된 사고 개발 방법으로 가장 적절한 것은?

> 충남 보령시는 2022년에 열리는 보령해양머드박람회와 연계할 사업을 발굴하기 위한 보고회를 개최하였다. 경제적·사회적 파급 효과의 극대화를 통한 성공적인 박람회 개최를 도모하기 위해 마련된 보고회는 각 부서의 업무에 국한하지 않은 채 가능한 많은 양의 아이디어를 자유롭게 제출하는 방식으로 진행됐다.
> 홍보미디어실에서는 박람회 기간 가상현실(VR)·증강현실(AR) 체험을 통해 사계절 머드 체험을 할 수 있도록 사계절 머드체험센터 조성을, 자치행정과에서는 박람회 임시주차장 조성 및 박람회장 전선 지중화 사업을, 교육체육과에서는 세계 태권도 대회 유치를 제안했다. 또 문화새마을과에서는 KBS 열린음악회 및 전국노래자랑 유치를, 세무과에서는 e-스포츠 전용경기장 조성을, 회계과에서는 해상케이블카 조성 및 폐광지구 자립형 농어촌 숙박단지 조성 등을 제안했다. 사회복지과에서는 여성 친화 플리마켓을, 교통과에서는 장항선 복선전철 조기 준공 및 열차 증편을, 관광과는 체험·놀이·전시 등 보령머드 테마파크 조성 등의 다양한 아이디어를 내놓았다.
> 보령시는 이번에 제안된 아이디어를 토대로 실현 가능성 등을 검토하고, 박람회 추진에 참고자료로 적극 활용할 계획이다.

① 브레인스토밍
② SCAMPER 기법
③ NM법
④ Synectics법
⑤ 육색사고모자 기법

확률 계산 ▶ 유형

12 매일의 날씨 자료를 수집 및 분석한 결과, 전날의 날씨를 기준으로 그 다음 날의 날씨가 변할 확률은 다음과 같았다. 만약 내일 날씨가 화창하다면, 사흘 뒤에 비가 올 확률은?

전날 날씨	다음 날 날씨	확률
화창	화창	25%
화창	비	30%
비	화창	40%
비	비	15%

※ 날씨는 '화창'과 '비'로만 구분하여 분석함

① 12%
② 13%
③ 14%
④ 15%
⑤ 16%

한국전기안전공사

글의 제목 ▶ 유형

05 다음 기사의 제목으로 가장 적절한 것은?

> K공사는 7 ~ 8월 두 달간 주택용 전기요금 누진제를 한시적으로 완화하기로 했다. 금액으로 치면 모두 2,761억 원가량으로, 가구당 평균 19.5%의 인하 효과가 기대된다. 이를 위해 K공사는 현행 3단계인 누진 구간 중 1단계와 2단계 구간을 확대하는 내용이 담긴 누진제 완화 방안을 발표했다. 사상 유례 없는 폭염 상황에서 7월과 8월 두 달간 누진제를 한시적으로 완화하기로 한 것이다. 누진제 완화는 현재 3단계인 누진 구간 중 1단계와 2단계 구간을 확대하는 방식으로 진행된다. 각 구간별 상한선을 높이게 되면 평소보다 시간당 100kW 정도씩 전기를 더 사용해도 상급 구간으로 이동하지 않기 때문에 누진제로 인해 높은 전기요금이 적용되는 걸 피할 수 있다.
> K공사는 누진제 완화와는 별도로 사회적 배려계층을 위한 여름철 냉방 지원 대책도 마련했다. 기초 생활수급자와 장애인, 사회복지시설 등에 적용되는 K공사의 전기요금 복지할인 규모를 7 ~ 8월 두 달간 추가로 30% 확대하기로 한 것이다. 또한, 냉방 복지 지원 대상을 출생 1년 이하 영아에서 3년 이하 영·유아 가구로 늘려 모두 46만 가구에 매년 250억 원을 추가 지원하기로 했다.
> K공사는 "폭염이 장기간 지속되면서 사회적 배려계층이 가장 큰 영향을 받기 때문에 특별히 기존 복지할인제도에 더해 추가 보완대책을 마련했다."고 설명했다. 누진제 한시 완화와 사회적 배려계층 지원 대책에 소요되는 재원에 대해서는 재난안전법 개정과 함께 재해대책 예비비 등을 활용해 정부 재정으로 지원하는 방안을 적극 강구하기로 했다.

① 사상 유례없이 장기간 지속되는 폭염
② 1단계와 2단계의 누진 구간 확대
③ 폭염에 대비한 전기요금 대책
④ 주택용 전기요금 누진제 한시적 완화

암호 ▶ 키워드

01 귀하는 최근 회사 내 업무용 개인 컴퓨터의 보안을 강화하기 위하여 다음과 같은 메일을 받았다. 메일 내용을 토대로 귀하가 취해야 할 행동으로 옳지 않은 것은?

> 발신 : 전산보안팀
>
> 수신 : 전 임직원
>
> 제목 : 업무용 개인 컴퓨터 보안대책 공유
>
> 내용 :
> 안녕하십니까. 전산팀 ○○○ 팀장입니다.
> 최근 개인정보 유출 등 전산보안 사고가 자주 발생하고 있어 각별한 주의가 필요한 상황입니다. 이에 따라 자사에서도 업무상 주요 정보가 유출되지 않도록 보안프로그램을 업그레이드하는 등 전산보안을 더욱 강화하고 있습니다. 무엇보다 업무용 개인 컴퓨터를 사용하는 분들이 특히 신경을 많이 써주셔야 철저한 보안이 실천됩니다. 번거로우시더라도 아래와 같은 사항을 따라주시길 바랍니다.
>
> • 인터넷 익스플로러를 종료할 때마다 검색기록이 삭제되도록 설정해주세요.
> • 외출 또는 외근으로 장시간 컴퓨터를 켜두어야 하는 경우에는 인터넷 검색기록을 직접 삭제해주세요.
> • 인터넷 검색기록 삭제 시, 기본 설정되어 있는 항목 외에도 '다운로드 기록', '양식 데이터', '암호', '추적방지, ActiveX 필터링 및 Do Not Track 데이터'를 모두 체크하여 삭제해주세요(단, 즐겨찾기 웹 사이트 데이터 보존 부분은 체크 해제할 것).

도서 200% 활용하기 STRUCTURES

1 기출복원문제로 출제경향 파악

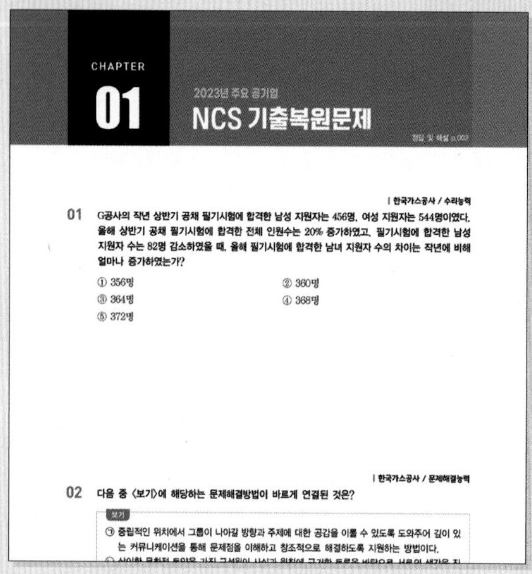

CHAPTER 01

2023년 주요 공기업

NCS 기출복원문제

정답 및 해설 p.002

| 한국가스공사 / 수리능력

01 G공사의 작년 상반기 공채 필기시험에 합격한 남성 지원자는 456명, 여성 지원자는 544명이었다. 올해 상반기 공채 필기시험에 합격한 전체 인원수는 20% 증가하였고, 필기시험에 합격한 남성 지원자 수는 82명 감소하였을 때, 올해 필기시험에 합격한 남녀 지원자 수의 차이는 작년에 비해 얼마나 증가하였는가?

① 356명 ② 360명
③ 364명 ④ 368명
⑤ 372명

| 한국가스공사 / 문제해결능력

02 다음 중 <보기>에 해당하는 문제해결방법이 바르게 연결된 것은?

보기

㉠ 중립적인 위치에서 그룹이 나아갈 방향과 주제에 대한 공감을 이룰 수 있도록 도와주어 깊이 있는 커뮤니케이션을 통해 문제점을 이해하고 창조적으로 해결하도록 지원하는 방법이다.

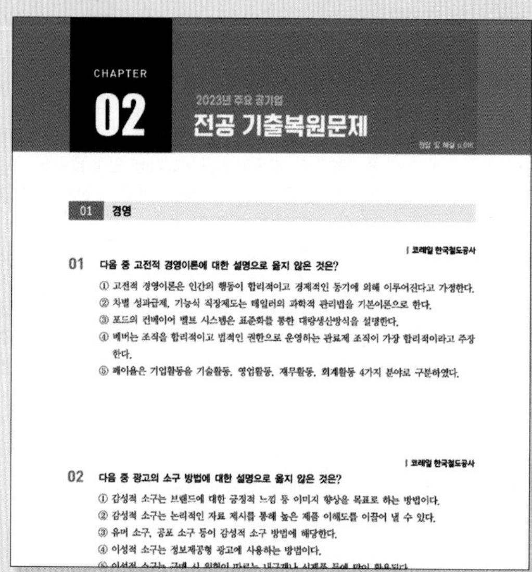

CHAPTER 02

2023년 주요 공기업

전공 기출복원문제

정답 및 해설 p.016

01 경영

| 코레일 한국철도공사

01 다음 중 고전적 경영이론에 대한 설명으로 옳지 않은 것은?

① 고전적 경영이론은 인간의 행동이 합리적이고 경제적인 동기에 의해 이루어진다고 가정한다.
② 차별 성과급제, 기능식 직장제도는 테일러의 과학적 관리법을 기본이론으로 한다.
③ 포드의 컨베이어 벨트 시스템은 표준화를 통한 대량생산방식을 설명한다.
④ 베버는 조직을 합리적이고 법적인 권한으로 운영하는 관료제 조직이 가장 합리적이라고 주장한다.
⑤ 페이욜은 기업활동을 기술활동, 영업활동, 재무활동, 회계활동 4가지 분야로 구분하였다.

| 코레일 한국철도공사

02 다음 중 광고의 소구 방법에 대한 설명으로 옳지 않은 것은?

① 감성적 소구는 브랜드에 대한 긍정적 느낌 등 이미지 향상을 목표로 하는 방법이다.
② 감성적 소구는 논리적인 자료 제시를 통해 높은 제품 이해도를 이끌어 낼 수 있다.
③ 유머 소구, 공포 소구 등이 감성적 소구 방법에 해당한다.
④ 이성적 소구는 정보제공형 광고에 사용하는 방법이다.

▸ 2023년 주요 공기업 NCS&전공 기출복원문제를 수록하여 공기업별 출제경향을 파악할 수 있도록 하였다.

2 출제유형분석+유형별 문제로 필기전형 완벽 대비

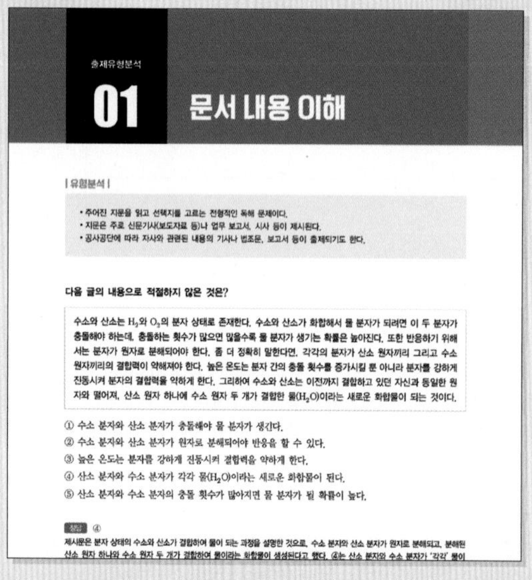

출제유형분석 01

문서 내용 이해

| 유형분석 |

- 주어진 지문을 읽고 선택지를 고르는 전형적인 독해 문제이다.
- 지문은 주로 신문기사(보도자료 등)나 업무 보고서, 시사 등이 제시된다.
- 공사공단에 따라 자사와 관련된 내용의 기사나 법조문, 보고서 등이 출제되기도 한다.

다음 글의 내용으로 적절하지 않은 것은?

수소와 산소는 H_2와 O_2의 분자 상태로 존재한다. 수소와 산소가 화합해서 물 분자가 되려면 이 두 분자가 충돌해야 하는데, 충돌하는 횟수가 많으면 많을수록 물 분자가 생기는 확률은 높아진다. 또한 반응하기 위해서는 분자가 원자로 분해되어야 한다. 좀 더 정확히 말한다면, 각각의 분자가 산소 원자끼리 그리고 수소 원자끼리의 결합력이 약해져야 한다. 높은 온도는 분자 간의 충돌 횟수를 증가시킬 뿐 아니라 분자를 강하게 진동시켜 분자의 결합력을 약하게 한다. 그리하여 수소와 산소는 이전까지 결합하고 있던 자신과 동일한 원자와 떨어져, 산소 원자 하나에 수소 원자 두 개가 결합한 물(H_2O)이라는 새로운 화합물이 되는 것이다.

① 수소 분자와 산소 분자가 충돌해야 물 분자가 생긴다.
② 수소 분자와 산소 분자가 원자로 분해되어야 반응을 할 수 있다.
③ 높은 온도는 분자를 강하게 진동시켜 결합력을 약하게 한다.
④ 산소 분자와 수소 분자가 각각 물(H_2O)이라는 새로운 화합물이 된다.
⑤ 산소 분자와 수소 분자의 충돌 횟수가 많아지면 물 분자가 될 확률이 높다.

정답 ④

제시문은 분자 상태의 수소와 산소가 결합하여 물이 되는 과정을 설명한 것으로, 수소 분자와 산소 분자가 원자로 분해되고, 분해된 산소 원자 하나와 수소 원자 두 개가 결합하여 물이라는 화합물이 생성된다고 했다. ④는 산소 분자와 수소 분자가 '각각' 물이

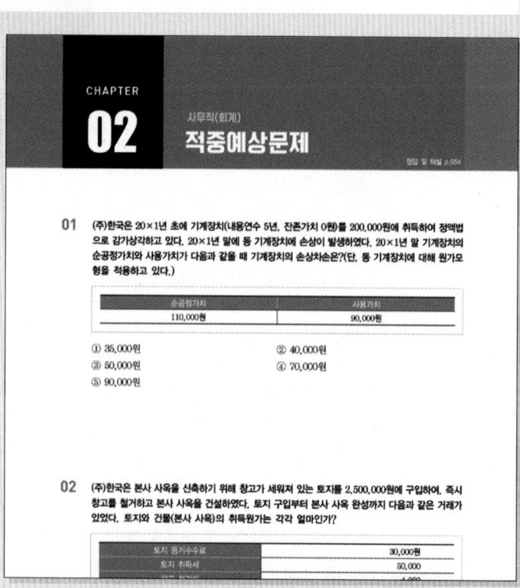

CHAPTER 02

사무직(회계)

적중예상문제

정답 및 해설 p.054

01 (주)한국은 20×1년 초에 기계장치(내용연수 5년, 잔존가치 0원)를 200,000원에 취득하여 정액법으로 감가상각하고 있다. 20×1년 말에 동 기계장치에 손상이 발생하였다. 20×1년 말 기계장치의 순공정가치와 사용가치가 다음과 같을 때 기계장치의 손상차손은?(단, 동 기계장치에 대해 원가모형을 적용하고 있다.)

순공정가치	사용가치
110,000원	90,000원

① 35,000원 ② 40,000원
③ 50,000원 ④ 70,000원
⑤ 90,000원

02 (주)한국은 본사 사옥을 신축하기 위해 창고가 세워져 있는 토지를 2,500,000원에 구입하여, 즉시 창고를 철거하고 본사 사옥을 건설하였다. 토지 구입부터 본사 사옥 완성까지 다음과 같은 거래가 있었다. 토지와 건물(본사 사옥)의 취득원가는 각각 얼마인가?

토지 등기수수료	30,000원
토지 취득세	50,000

▸ NCS 직업기초능력 출제유형분석&실전예제를 수록하여 유형별로 꼼꼼히 대비할 수 있도록 하였다.

▸ 직무수행능력(경영 · 회계 · 경제 · 법학 · 기계 · 전기) 적중예상문제를 수록하여 전공 또한 빈틈없이 학습할 수 있도록 하였다.

3 최종점검 모의고사 + OMR을 활용한 실전 연습

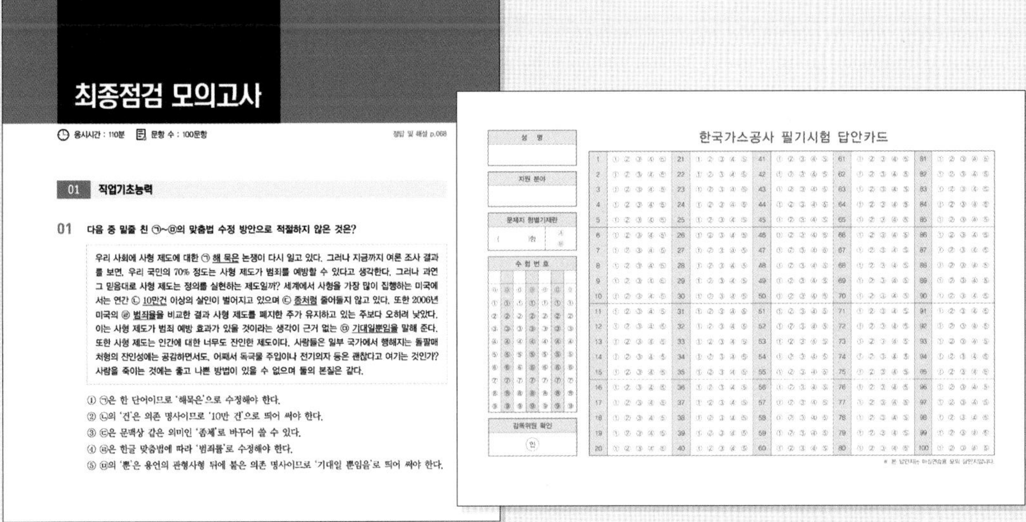

최종점검 모의고사

응시시간 : 110분 문항 수 : 100문항 정답 및 해설 p.068

01 직업기초능력

01 다음 중 밑줄 친 ㉠~㉤의 맞춤법 수정 방안으로 적절하지 않은 것은?

우리 사회에 사형 제도에 대한 ㉠ 해 묵은 논쟁이 다시 일고 있다. 그러나 지금까지 여론 조사 결과를 보면, 우리 국민의 70% 정도는 사형 제도가 범죄를 예방할 수 있다고 생각한다. 그러나 과연 그 믿음대로 사형 제도는 정의를 실현하는 제도일까? 세계에서 사형을 가장 많이 집행하는 미국에서는 연간 ㉡ 10만건 이상의 살인이 벌어지고 있으며 ㉢ 좀처럼 줄어들지 않고 있다. 또한 2006년 미국의 ㉣ 범죄율을 비교한 결과 사형 제도를 폐지한 주가 유지하고 있는 주보다 오히려 낮았다. 이는 사형 제도가 범죄 예방 효과가 있을 것이라는 생각이 근거 없는 ㉤ 기대일뿐임을 말해 준다. 또한 사형 제도는 인간에 대한 너무도 잔인한 제도이다. 사람들은 일부 국가에서 행해지는 돌팔매 처형의 잔인성에는 공감하면서도, 어째서 독극물 주입이나 전기의자 등은 괜찮다고 여기는 것인가? 사람을 죽이는 것에는 좋고 나쁜 방법이 있을 수 없으며 둘의 본질은 같다.

① ㉠은 한 단어이므로 '해묵은'으로 수정해야 한다.
② ㉡의 '건'은 의존 명사이므로 '10만 건'으로 띄어 써야 한다.
③ ㉢은 문맥상 같은 의미인 '좀체'로 바꾸어 쓸 수 있다.
④ ㉣은 한글 맞춤법에 따라 '범죄률'로 수정해야 한다.
⑤ ㉤의 '뿐'은 용언의 관형사형 뒤에 붙은 의존 명사이므로 '기대일 뿐임을'로 띄어 써야 한다.

한국가스공사 필기시험 답안카드

성명 / 지원 분야 / 문제지 형별기재란 / 수험번호 / 감독위원 확인

- 철저한 분석을 통해 실제 시험과 유사한 최종점검 모의고사를 수록하여 실력을 높일 수 있도록 하였다.
- 모바일 OMR 답안채점/성적분석 서비스를 통해 필기전형에 대비할 수 있도록 하였다.

4 인성검사부터 면접까지 한 권으로 최종 마무리

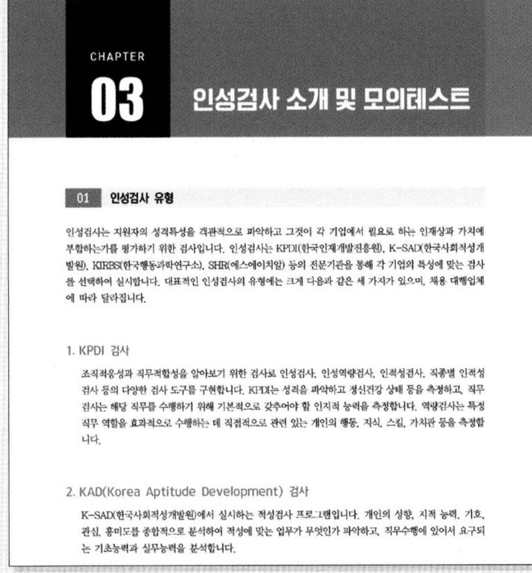

CHAPTER 03 인성검사 소개 및 모의테스트

01 인성검사 유형

인성검사는 지원자의 성격특성을 객관적으로 파악하고 그것이 각 기업에서 필요로 하는 인재상과 가치에 부합하는가를 평가하기 위한 검사입니다. 인성검사는 KPDI(한국인재개발진흥원), K-SAD(한국사회적성개발원), KIRBS(한국행동과학연구소), SHR(에스에이치알) 등의 전문기관을 통해 각 기업의 특성에 맞는 검사를 선택하여 실시합니다. 대표적인 인성검사의 유형에는 크게 다음과 같은 세 가지가 있으며, 채용 대행업체에 따라 달라집니다.

1. KPDI 검사

조직적응성과 직무적합성을 알아보기 위한 검사로 인성검사, 인성역량검사, 인적성검사, 직종별 인적성검사 등의 다양한 검사 도구를 구현합니다. KPDI는 성격을 파악하고 정신건강 상태 등을 측정하고, 직무검사는 해당 직무를 수행하기 위해 기본적으로 갖추어야 할 인지적 능력을 측정합니다. 역량검사는 특정 직무 역할을 효과적으로 수행하는 데 직접적으로 관련 있는 개인의 행동, 지식, 스킬, 가치관 등을 측정합니다.

2. KAD(Korea Aptitude Development) 검사

K-SAD(한국사회적성개발원)에서 실시하는 적성검사 프로그램입니다. 개인의 성향, 지적 능력, 기호, 관심, 흥미도를 종합적으로 분석하여 적성에 맞는 업무가 무엇인가 파악하고, 직무수행에 있어서 요구되는 기초능력과 실무능력을 분석합니다.

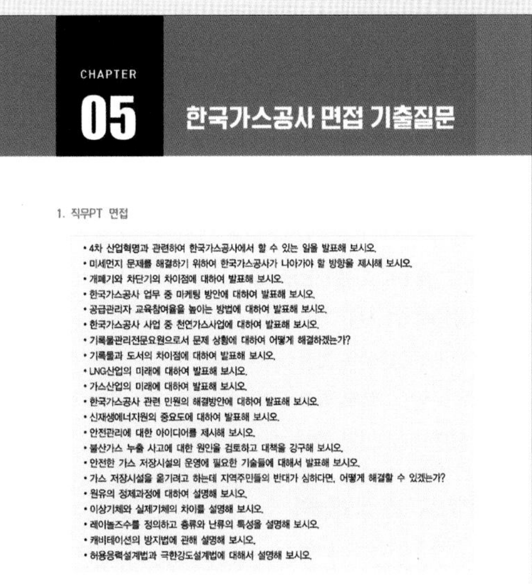

CHAPTER 05 한국가스공사 면접 기출질문

1. 직무PT 면접

- 4차 산업혁명과 관련하여 한국가스공사에서 할 수 있는 일을 발표해 보시오.
- 미세먼지 문제를 해결하기 위하여 한국가스공사가 나아가야 할 방향을 제시해 보시오.
- 개폐기와 차단기의 차이점에 대하여 발표해 보시오.
- 한국가스공사 업무 중 마케팅 방안에 대하여 발표해 보시오.
- 공급관리자 교육참여율을 높이는 방법에 대하여 발표해 보시오.
- 한국가스공사 사업 중 천연가스사업에 대하여 발표해 보시오.
- 기록물관리전문요원으로서 문제 상황에 대하여 어떻게 해결하겠는가?
- 기록물과 도서의 차이점에 대하여 발표해 보시오.
- LNG산업의 미래에 대하여 발표해 보시오.
- 가스산업의 미래에 대하여 발표해 보시오.
- 한국가스공사 관련 민원의 해결방안에 대하여 발표해 보시오.
- 신재생에너지원의 중요도에 대하여 발표해 보시오.
- 안전관리에 대한 아이디어를 제시해 보시오.
- 불산가스 누출 사고에 대한 원인을 검토하고 대책을 강구해 보시오.
- 안전한 가스 저장시설의 운영에 필요한 기술들에 대해서 발표해 보시오.
- 가스 저장시설을 옮기려고 하는데 지역주민들의 반대가 심하다면, 어떻게 해결할 수 있겠는가?
- 원유의 정제과정에 대하여 설명해 보시오.
- 이상기체와 실제기체의 차이를 설명해 보시오.
- 레이놀즈수를 정의하고 층류와 난류의 특성을 설명해 보시오.
- 캐비테이션의 방지법에 관해 설명해 보시오.
- 허용응력설계법과 극한강도설계법에 대해서 설명해 보시오.

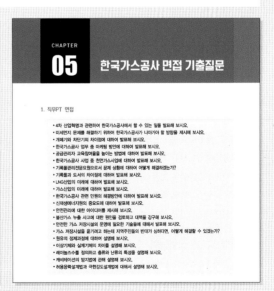

- 인성검사 모의테스트를 수록하여 인성검사 유형 및 문항을 확인할 수 있도록 하였다.
- 한국가스공사 면접 기출질문을 수록하여 면접에서 나오는 질문을 미리 파악하고 면접에 대비할 수 있도록 하였다.

이 책의 차례 CONTENTS

Add+

특별부록

CHAPTER

01 2023년 주요 공기업 NCS 기출복원문제

정답 및 해설 p.002

| 한국가스공사 / 수리능력

01 G공사의 작년 상반기 공채 필기시험에 합격한 남성 지원자는 456명, 여성 지원자는 544명이였다. 올해 상반기 공채 필기시험에 합격한 전체 인원수는 20% 증가하였고, 필기시험에 합격한 남성 지원자 수는 82명 감소하였을 때, 올해 필기시험에 합격한 남녀 지원자 수의 차이는 작년에 비해 얼마나 증가하였는가?

① 356명
② 360명
③ 364명
④ 368명
⑤ 372명

| 한국가스공사 / 문제해결능력

02 다음 중 〈보기〉에 해당하는 문제해결방법이 바르게 연결된 것은?

보기

㉠ 중립적인 위치에서 그룹이 나아갈 방향과 주제에 대한 공감을 이룰 수 있도록 도와주어 깊이 있는 커뮤니케이션을 통해 문제점을 이해하고 창조적으로 해결하도록 지원하는 방법이다.
㉡ 상이한 문화적 토양을 가진 구성원이 사실과 원칙에 근거한 토론을 바탕으로 서로의 생각을 직설적인 논쟁이나 협상을 통해 의견을 조정하는 방법이다.
㉢ 구성원이 같은 문화적 토양을 가지고 서로를 이해하는 상황에서 권위나 공감에 의지하여 의견을 중재하고, 타협과 조정을 통해 해결을 도모하는 방법이다.

	㉠	㉡	㉢
①	하드 어프로치	퍼실리테이션	소프트 어프로치
②	퍼실리테이션	하드 어프로치	소프트 어프로치
③	소프트 어프로치	하드 어프로치	퍼실리테이션
④	퍼실리테이션	소프트 어프로치	하드 어프로치
⑤	하드 어프로치	소프트 어프로치	퍼실리테이션

| 한국가스공사 / 문제해결능력

03 A ~ G 7명은 주말 여행지를 고르기 위해 투표를 진행하였다. 다음 〈조건〉과 같이 투표를 진행하였을 때, 투표를 하지 않은 사람을 모두 고르면?

> **조건**
> - D나 G 중 적어도 한 명이 투표하지 않으면, F는 투표한다.
> - F가 투표하면, E는 투표하지 않는다.
> - B나 E 중 적어도 한 명이 투표하지 않으면, A는 투표하지 않는다.
> - A를 포함하여 투표한 사람은 모두 5명이다.

① B, E　② B, F
③ C, D　④ C, F
⑤ F, G

| 한국가스공사 / 정보능력

04 다음과 같이 G마트에서 파는 물건을 상품코드와 크기에 따라 엑셀 프로그램으로 정리하였다. 상품코드가 S3310897이고, 크기가 '중'인 물건의 가격을 구하는 함수로 옳은 것은?

	A	B	C	D	E	F
1						
2		상품코드	소	중	대	
3		S3001287	18,000	20,000	25,000	
4		S3001289	15,000	18,000	20,000	
5		S3001320	20,000	22,000	25,000	
6		S3310887	12,000	16,000	20,000	
7		S3310897	20,000	23,000	25,000	
8		S3311097	10,000	15,000	20,000	
9						

① =HLOOKUP(S3310897,$B$2:$E$8,6,0)
② =HLOOKUP("S3310897",$B$2:$E$8,6,0)
③ =VLOOKUP("S3310897",$B$2:$E$8,2,0)
④ =VLOOKUP("S3310897",$B$2:$E$8,6,0)
⑤ =VLOOKUP("S3310897",$B$2:$E$8,3,0)

| 한국가스공사 / 정보능력

05 다음 중 Windows Game Bar 녹화 기능에 대한 설명으로 옳지 않은 것은?

① 〈Windows 로고 키〉+〈Alt〉+〈G〉를 통해 백그라운드 녹화 기능을 사용할 수 있다.
② 백그라운드 녹화 시간은 변경할 수 있다.
③ 녹화한 영상의 저장 위치는 변경할 수 없다.
④ 각 메뉴의 단축키는 본인이 원하는 키 조합에 맞추어 변경할 수 있다.
⑤ 게임 성능에 영향을 줄 수 있다.

| 코레일 한국철도공사 / 의사소통능력

06 다음 글의 내용으로 가장 적절한 것은?

한국철도공사는 철도시설물 점검 자동화에 '스마트 글라스'를 활용하겠다고 밝혔다. 스마트 글라스란 안경처럼 착용하는 스마트 기기로, 검사와 판독, 데이터 송수신과 보고서 작성까지 모든 동작이 음성인식을 바탕으로 작동한다. 이를 활용하여 작업자는 스마트 글라스 액정에 표시된 내용에 따라 철도 시설물을 점검하고, 음성 명령을 통해 시설물의 사진을 촬영한 후 해당 정보와 검사 결과를 전송해 보고서로 작성한다.

작업자들은 스마트 글라스의 사용을 통해 직접 자료를 조사하고 측정한 내용을 바탕으로 시스템 속에서 여러 단계를 거쳐 수기 입력하던 기존 방식으로부터 벗어날 수 있게 되었고, 이 일련의 과정들을 중앙 서버를 통해 한 번에 처리할 수 있게 되었다.

이와 같은 스마트 기기의 도입은 중앙 서버의 효율적 종합 관리를 가능하게 할 뿐만 아니라 작업자의 안전성 향상에도 크게 기여하였다. 이는 작업자들이 음성인식이 가능한 스마트 글라스를 사용함으로써 두 손이 자유로워져 추락 사고를 방지할 수 있게 되었기 때문이며, 스마트 글라스 내부 센서가 충격과 기울기를 감지할 수 있어 작업자에게 위험한 상황이 발생하면 지정된 컴퓨터에 위험 상황을 바로 통보하는 시스템을 갖추었기 때문이다.

한국철도공사는 주요 거점 현장을 시작으로 스마트 글라스를 보급하여 성과 분석을 거치고 내년부터는 보급 현장을 확대하겠다고 밝혔으며, 국내 철도 환경에 맞춰 스마트 글라스 시스템을 개선하기 위해 현장 검증을 진행하고 스마트 글라스를 통해 측정된 데이터를 총괄 제어할 수 있도록 안전점검 플랫폼망도 마련할 예정이다.

이와 더불어 스마트 글라스를 통해 기존의 인력 중심 시설점검을 간소화하여 효율성과 안전성을 향상시키고, 나아가 철도 맞춤형 스마트 기술을 도입하여 시설물 점검뿐만 아니라 유지보수 작업도 가능하도록 철도기술 고도화에 힘쓰겠다고 전했다.

① 작업자의 음성인식을 통해 철도시설물의 점검 및 보수 작업이 가능해졌다.
② 스마트 글라스의 도입으로 철도시설물 점검의 무인작업이 가능해졌다.
③ 스마트 글라스의 도입으로 철도시설물 점검 작업 시 안전사고 발생 횟수가 감소하였다.
④ 스마트 글라스의 도입으로 철도시설물 작업 시간 및 인력이 감소하고 있다.
⑤ 스마트 글라스의 도입으로 작업자의 안전사고 발생을 바로 파악할 수 있게 되었다.

07 다음 글에 대한 설명으로 적절하지 않은 것은?

> 2016년 4월 27일 오전 7시 20분경 임실역에서 익산으로 향하던 열차가 전기 공급 중단으로 멈추는 사고가 발생해 약 50여 분간 열차 운행이 중단되었다. 바로 전차선에 지어진 까치집 때문이었는데, 까치가 집을 지을 때 사용하는 젖은 나뭇가지나 철사 등이 전선과 닿거나 차로에 떨어져 합선과 단전을 일으킨 것이다.
>
> 비록 이번 사고는 단전에서 끝났지만, 고압 전류가 흐르는 전차선인 만큼 철사와 젖은 나뭇가지만으로도 자칫하면 폭발사고로 이어질 우려가 있다. 지난 5년간 까치집으로 인한 단전사고는 한 해 평균 3 ~ 4건 발생해 왔으며, 한국철도공사는 사고방지를 위해 까치집 방지 설비를 설치하고 설비가 없는 구간은 작업자가 육안으로 까치집 생성 여부를 확인해 제거하고 있는데, 이렇게 제거해 온 까치집 수가 연평균 8,000개에 달한다. 하지만 까치집은 빠르면 불과 4시간 만에 완성되어 작업자들에게 큰 곤욕을 주고 있다.
>
> 이에 한국철도공사는 전차선로 주변 까치집 제거의 효율성과 신속성을 높이기 위해 인공지능(AI)과 사물인터넷(IoT) 등 첨단 기술을 활용하기에 이르렀다. 열차 운전실에 영상 장비를 설치해 달리는 열차에서 전차선을 촬영한 화상 정보를 인공지능으로 분석함으로써 까치집 등의 위험 요인을 찾아 해당 위치와 현장 이미지를 작업자에게 실시간으로 전송하는 '실시간 까치집 자동 검출 시스템'을 개발한 것이다. 하지만 시속 150km로 빠르게 달리는 열차에서 까치집 등의 위험 요인을 실시간으로 판단해 전송하는 것이다 보니 그 정확도는 65%에 불과했다.
>
> 이에 한국철도공사는 전차선과 까치집을 정확하게 식별하기 위해 인공지능이 스스로 학습하는 '딥러닝' 방식을 도입했고, 전차선을 구성하는 복잡한 구조 및 까치집과 유사한 형태를 빅데이터로 분석해 이미지를 구분하는 학습을 실시한 결과 까치집 검출 정확도는 95%까지 상승했다. 또한 해당 이미지를 실시간 문자메시지로 작업자에게 전송해 위험 요소와 위치를 인지시켜 현장에 적용할 수 있다는 사실도 확인했다. 현재는 이와 더불어 정기열차가 운행하지 않거나 작업자가 접근하기 쉽지 않은 차량 정비 시설 등에 드론을 띄워 전차선의 까치집을 발견 및 제거하는 기술도 시범 운영하고 있다.

① 인공지능도 학습을 통해 그 정확도를 향상시킬 수 있다.
② 빠른 속도에서 인공지능의 사물 식별 정확도는 낮아진다.
③ 사람의 접근이 불가능한 곳에 위치한 까치집의 제거도 가능해졌다.
④ 까치집 자동 검출 시스템을 통해 실시간으로 까치집 제거가 가능해졌다.
⑤ 인공지능 등의 스마트 기술 도입으로 까치집 생성의 감소를 기대할 수 있다.

| 코레일 한국철도공사 / 의사소통능력

08 다음 글을 이해한 내용으로 적절하지 않은 것은?

> 열차 내에서의 범죄가 급격하게 증가함에 따라 한국철도공사는 열차 내 범죄 예방과 안전 확보를 위해 2023년까지 현재 운행하고 있는 열차의 모든 객실에 CCTV를 설치하고, 모든 열차 승무원에게 바디캠을 지급하겠다고 밝혔다.
> CCTV는 열차 종류에 따라 운전실에서 비상시 실시간으로 상황을 파악할 수 있는 '네트워크 방식'과 각 객실에서의 영상을 저장하는 '개별 독립 방식'이라는 2가지 방식으로 사용 및 설치가 진행될 예정이며, 객실에는 사각지대를 없애기 위해 4대가량의 CCTV가 설치된다. 이 중 2대는 휴대 물품 도난 방지 등을 위해 휴대 물품 보관대 주변에 위치하게 된다.
> 이에 따라 한국철도공사는 CCTV 제품 품평회를 가져 제품의 형태와 색상, 재질 등에 대한 의견을 나누고 각 제품이 실제로 열차 운행 시 진동과 충격 등에 적합한지 시험을 거친 후 도입할 예정이다.

① 현재는 모든 열차의 객실 전부에 CCTV가 설치되어 있진 않을 것이다.
② 과거에 비해 승무원에 대한 승객의 범죄행위 증거 취득이 유리해질 것이다.
③ CCTV 설치를 통해 인적 피해와 물적 피해 모두 예방할 수 있을 것이다.
④ CCTV 설치를 통해 실시간으로 모든 객실을 모니터링할 수 있을 것이다.
⑤ CCTV의 내구성뿐만 아니라 외적인 디자인도 제품 선택에 영향을 줄 수 있을 것이다.

| 코레일 한국철도공사 / 수리능력

09 작년 K대학교에 재학 중인 학생 수는 6,800명이고 남학생과 여학생의 비는 8 : 9였다. 올해 남학생 수와 여학생 수의 비가 12 : 13만큼 줄어들어 7 : 8이 되었다고 할 때, 올해 K대학교의 전체 재학생 수는?

① 4,440명 ② 4,560명
③ 4,680명 ④ 4,800명
⑤ 4,920명

10 다음 자료에 대한 설명으로 가장 적절한 것은?

• KTX 마일리지 적립
- KTX 이용 시 결제금액의 5%가 기본 마일리지로 적립됩니다.
- 더블적립(×2) 열차로 지정된 열차는 추가로 5%가 적립됩니다(결제금액의 총 10%).
  ※ 더블적립 열차는 홈페이지 및 코레일톡 애플리케이션에서만 승차권 구매 가능
- 선불형 교통카드 Rail+(레일플러스)로 승차권을 결제하는 경우 1% 보너스 적립도 제공되어 최대 11% 적립이 가능합니다.
- 마일리지를 적립받고자 하는 회원은 승차권을 발급받기 전에 코레일 멤버십카드 제시 또는 회원번호 및 비밀번호 등을 입력해야 합니다.
- 해당 열차 출발 후에는 마일리지를 적립받을 수 없습니다.

• 회원 등급 구분

구분	등급 조건	제공 혜택
VVIP	• 반기별 승차권 구입 시 적립하는 마일리지가 8만 점 이상인 고객 또는 기준일부터 1년간 16만 점 이상 고객 중 매년 반기 익월 선정	• 비즈니스 회원 혜택 기본 제공 • KTX 특실 무료 업그레이드 쿠폰 6매 제공 • 승차권 나중에 결제하기 서비스 (열차 출발 3시간 전까지)
VIP	• 반기별 승차권 구입 시 적립하는 마일리지가 4만 점 이상인 고객 또는 기준일부터 1년간 8만 점 이상 고객 중 매년 반기 익월 선정	• 비즈니스 회원 혜택 기본 제공 • KTX 특실 무료 업그레이드 쿠폰 2매 제공
비즈니스	• 철도 회원으로 가입한 고객 중 최근 1년간 온라인에서 로그인한 기록이 있거나, 회원으로 구매실적이 있는 고객	• 마일리지 적립 및 사용 가능 • 회원 전용 프로모션 참가 가능 • 열차 할인상품 이용 등 기본서비스와 멤버십 제휴서비스 등 부가서비스 이용
패밀리	• 철도 회원으로 가입한 고객 중 최근 1년간 온라인에서 로그인한 기록이 없거나, 회원으로 구매실적이 없는 고객	• 멤버십 제휴서비스 및 코레일 멤버십 라운지 이용 등의 부가서비스 이용 제한 • 휴면 회원으로 분류 시 별도 관리하며, 본인 인증 절차로 비즈니스 회원으로 전환 가능

- 마일리지는 열차 승차 다음날 적립되며, 지연료를 마일리지로 적립하신 실적은 등급 산정에 포함되지 않습니다.
- KTX 특실 무료 업그레이드 쿠폰 유효기간은 6개월이며, 반기별 익월 10일 이내에 지급됩니다.
- 실적의 연간 적립 기준일은 7월 지급의 경우 전년도 7월 1일부터 당해 연도 6월 30일까지 실적이며, 1월 지급은 전년도 1월 1일부터 전년도 12월 31일까지의 실적입니다.
- 코레일에서 지정한 추석 및 설 명절 특별수송기간의 승차권은 실적 적립 대상에서 제외됩니다.
- 회원 등급 조건 및 제공 혜택은 사전 공지 없이 변경될 수 있습니다.
- 승차권 나중에 결제하기 서비스는 총 편도 2건 이내에서 제공되며, 3회 자동 취소 발생(열차 출발 전 3시간 내 미결제) 시 서비스가 중지됩니다. 리무진+승차권 결합 발권은 2건으로 간주되며, 정기권, 특가상품 등은 나중에 결제하기 서비스 대상에서 제외됩니다.

① 코레일에서 운행하는 모든 열차는 이용 때마다 결제금액의 최소 5%가 KTX 마일리지로 적립된다.
② 회원 등급이 높아져도 열차 탑승 시 적립되는 마일리지는 동일하다.
③ 비즈니스 등급은 기업회원을 구분하는 명칭이다.
④ 6개월간 마일리지 4만 점을 적립하더라도 VIP 등급을 부여받지 못할 수 있다.
⑤ 회원 등급이 높아도 승차권을 정가보다 저렴하게 구매할 수 있는 방법은 없다.

※ 다음 자료를 보고 이어지는 질문에 답하시오. [11~13]

〈2023년 한국의 국립공원 기념주화 예약 접수〉

- 우리나라 자연환경의 아름다움과 생태 보전의 중요성을 널리 알리기 위해 K공사는 한국의 국립공원 기념주화 3종(설악산, 치악산, 월출산)을 발행할 예정임
- 예약 접수일 : 3월 2일(목) ~ 3월 17일(금)
- 배부 시기 : 2023년 4월 28일(금)부터 예약자가 신청한 방법으로 배부
- 기념주화 상세

화종	앞면	뒷면
은화Ⅰ – 설악산		
은화Ⅱ – 치악산		
은화Ⅲ – 월출산		

- 발행량 : 화종별 10,000장씩 총 30,000장
- 신청 수량 : 단품 및 3종 세트로 구분되며 단품과 세트에 중복신청 가능
  - 단품 : 1인당 화종별 최대 3장
  - 3종 세트 : 1인당 최대 3세트
- 판매 가격 : 액면금액에 판매 부대비용(케이스, 포장비, 위탁판매수수료 등)을 부가한 가격
  - 단품 : 각 63,000원(액면가 50,000원+케이스 등 부대비용 13,000원)
  - 3종 세트 : 186,000원(액면가 150,000원+케이스 등 부대비용 36,000원)
- 접수 기관 : 우리은행, 농협은행, K공사
- 예약 방법 : 창구 및 인터넷 접수
  - 창구 접수
    신분증[주민등록증, 운전면허증, 여권(내국인), 외국인등록증(외국인)]을 지참하고 우리·농협은행 영업점을 방문하여 신청
  - 인터넷 접수
    ① 우리·농협은행의 계좌를 보유한 고객은 개시일 9시부터 마감일 23시까지 홈페이지에서 신청
    ② K공사 온라인 쇼핑몰에서는 가상계좌 방식으로 개시일 9시부터 마감일 23시까지 신청
- 구입 시 유의사항
  - 수령자 및 수령지 등 접수 정보가 중복될 경우 단품별 10장, 3종 세트 10세트만 추첨 명단에 등록
  - 비정상적인 경로나 방법으로 접수할 경우 당첨을 취소하거나 배송을 제한

11 다음 중 한국의 국립공원 기념주화 발행 사업의 내용으로 옳은 것은?

① 국민들을 대상으로 예약 판매를 실시하며, 외국인에게는 판매하지 않는다.
② 1인당 구매 가능한 최대 주화 수는 10장이다.
③ 기념주화를 구입하기 위해서는 우리·농협은행 계좌를 사전에 개설해 두어야 한다.
④ 사전예약을 받은 뒤, 예약 주문량에 맞추어 제한된 수량만 생산한다.
⑤ K공사를 통한 예약 접수는 온라인에서만 가능하다.

| 코레일 한국철도공사 / 문제해결능력

12 외국인 A씨는 이번에 발행되는 기념주화를 예약 주문하려고 한다. 다음 상황을 참고했을 때 A씨가 기념주화 구매 예약을 할 수 있는 방법으로 옳은 것은?

〈외국인 A씨의 상황〉

- A씨는 국내 거주 외국인으로 등록된 사람이다.
- A씨의 명의로 국내은행에 개설된 계좌는 총 2개로, 신한은행, 한국씨티은행에 1개씩이다.
- A씨는 우리은행이나 농협은행과는 거래이력이 없다.

① 여권을 지참하고 우리은행이나 농협은행 지점을 방문한다.
② K공사 온라인 쇼핑몰에서 신용카드를 사용한다.
③ 계좌를 보유한 신한은행이나 한국씨티은행의 홈페이지를 통해 신청한다.
④ 외국인등록증을 지참하고 우리은행이나 농협은행 지점을 방문한다.
⑤ 우리은행이나 농협은행의 홈페이지에서 신청한다.

| 코레일 한국철도공사 / 문제해결능력

13 다음은 기념주화를 예약한 5명의 신청내역이다. 이 중 가장 많은 금액을 지불한 사람의 구매 금액은?

(단위 : 세트, 장)

구매자	3종 세트	단품		
		은화Ⅰ - 설악산	은화Ⅱ - 치악산	은화Ⅲ - 월출산
A	2	1	-	-
B	-	2	3	3
C	2	1	1	-
D	3	-	-	-
E	1	-	2	2

① 558,000원
② 561,000원
③ 563,000원
④ 564,000원
⑤ 567,000원

※ 다음 글을 읽고 이어지는 질문에 답하시오. [14~15]

척추는 신체를 지탱하고, 뇌로부터 이어지는 중추신경인 척수를 보호하는 중요한 뼈 구조물이다. 보통 사람들은 허리에 심한 통증이 느껴지면 허리디스크(추간판탈출증)를 떠올리는데, 디스크 이외에도 통증을 유발하는 척추 질환은 다양하다. 특히 노인 인구가 증가하면서 척추관협착증(요추관협착증)의 발병 또한 늘어나고 있다. 허리디스크와 척추관협착증은 사람들이 혼동하기 쉬운 척추 질환으로, 발병 원인과 치료법이 다르기 때문에 두 질환의 차이를 이해하고 통증 발생 시 질환에 맞춰 적절하게 대응할 필요가 있다.

허리디스크는 척추 뼈 사이에 쿠션처럼 완충 역할을 해주는 디스크(추간판)에 문제가 생겨 발생한다. 디스크는 찐득찐득한 수핵과 이를 둘러싸는 섬유륜으로 구성되는데, 나이가 들어 탄력이 떨어지거나, 젊은 나이에도 급격한 충격에 의해서 섬유륜에 균열이 생기면 속의 수핵이 빠져나오면서 주변 신경을 압박하거나 염증을 유발한다. 허리디스크가 발병하면 초기에는 허리 통증으로 시작되어 점차 허벅지에서 발까지 찌릿하게 저리는 방사통을 유발하고, 디스크에서 수핵이 흘러나오는 상황이기 때문에 허리를 굽히거나 앉아 있으면 디스크에 가해지는 압력이 높아져 통증이 더욱 심해진다. 허리디스크는 통증이 심한 질환이지만, 흘러나온 수핵은 대부분 대식세포에 의해 제거되고 자연치유가 가능하기 때문에 병원에서는 주로 통증을 줄이고, 안정을 취하는 방법으로 보존치료를 진행한다. 하지만 염증이 심해져 중앙 척수를 건드리게 되면 하반신 마비 등의 증세가 나타날 수 있는데, 이러한 경우에는 탈출된 디스크 조각을 물리적으로 제거하는 수술이 필요하다.

반면, 척추관협착증은 대표적인 척추 퇴행성 질환으로 주변 인대(황색 인대)가 척추관을 압박하여 발생한다. 척추관은 척추 가운데 신경 다발이 지나갈 수 있도록 속이 빈 공간인데, 나이가 들면서 척추가 흔들리게 되면 흔들리는 척추를 붙들기 위해 인대가 점차 두꺼워지고, 척추 뼈에 변형이 생겨 결과적으로 척추관이 좁아지게 된다. 이렇게 오랜 기간 동안 변형된 척추 뼈와 인대가 척추관 속의 신경을 눌러 발생하는 것이 척추관협착증이다. 척추관 속의 신경이 눌리게 되면 통증과 함께 저리거나 당기게 되어 보행이 힘들어지며, 지속적으로 압박받을 경우 척추 신경이 경색되어 하반신 마비 증세로 악화될 수 있다. 일반적으로 서 있을 경우보다 허리를 구부렸을 때 척추관이 더 넓어지므로 허리디스크 환자와 달리 앉아 있을 때 통증이 완화된다. 척추관협착증은 자연치유가 되지 않고 척추관이 다시 넓어지지 않으므로 발병 초기를 제외하면 일반적으로 변형된 부분을 제거하는 수술을 하게 된다.

이와 같이 허리디스크와 척추관협착증은 똑같이 허리 통증을 유발하지만 원인과 증상, 치료법이 서로 상이하다. 비교적 고령인 60대 이상의 사람이 만성적으로 서 있을 때 통증이 나타난다면 ___㉠___을/를 의심해야 하며, 비교적 젊은 20 ~ 50대의 사람이 앉아 있을 때 통증이 급작스럽게 나타날 때는 ___㉡___을/를 의심해야 한다. 척추는 우리의 몸을 지탱하는 중요한 골격이며, 신경계와 밀접한 관련이 있으므로 통증이 발생한다면 자신의 몸 상태를 잘 파악하고, 초기에 치료를 받는 것이 중요하다.

┃ 국민건강보험공단 / 의사소통능력

14 다음 중 윗글의 내용으로 적절하지 않은 것은?

① 일반적으로 허리디스크는 척추관협착증에 비해 급작스럽게 증상이 나타난다.

② 허리디스크는 서 있을 때 통증이 더 심해진다.

③ 허리디스크에 비해 척추관협착증은 외과적 수술 빈도가 높다.

④ 허리디스크와 척추관협착증 모두 증세가 심해지면 하반신 마비의 가능성이 있다.

15 다음 중 빈칸 ㉠과 ㉡에 들어갈 단어가 바르게 연결된 것은?

	㉠	㉡
①	허리디스크	추간판탈출증
②	허리디스크	척추관협착증
③	척추관협착증	요추관협착증
④	척추관협착증	허리디스크

16 다음 문단을 논리적 순서대로 바르게 나열한 것은?

(가) 주장애관리는 장애정도가 심한 장애인이 의원뿐만 아니라 병원 및 종합병원급에서 장애 유형별 전문의에게 전문적인 장애관리를 받을 수 있는 서비스이다. 이전에는 대상 관리 유형이 지체장애, 시각장애, 뇌병변장애로 제한되어 있었으나, 3단계부터는 지적장애, 정신장애, 자폐성 장애까지 확대되어 더 많은 중증장애인들이 장애관리를 받을 수 있게 되었다.

(나) 이와 같이 3단계 장애인 건강주치의 시범사업은 기존 1·2단계 시범사업보다 더욱 확대되어 많은 중증장애인들의 참여를 예상하고 있다. 장애인 건강주치의 시범사업에 신청하기 위해서는 국민건강보험공단 홈페이지의 건강IN에서 장애인 건강주치의 의료기관을 찾은 후 해당 의료기관에 방문하여 장애인 건강주치의 이용 신청사실 통지서를 작성하면 신청할 수 있다.

(다) 장애인 건강주치의 제도가 제공하는 서비스는 일반건강관리, 주(主)장애관리, 통합관리로 나누어진다. 일반건강관리 서비스는 모든 유형의 중증장애인이 만성질환 등 전반적인 건강관리를 받을 수 있는 서비스로, 의원급에서 원하는 의사를 선택하여 참여할 수 있다. 1·2단계까지의 사업에서는 만성질환관리를 위해 장애인 본인이 검사비용의 30%를 부담해야 했지만, 3단계부터는 본인부담금 없이 질환별 검사바우처로 제공한다.

(라) 마지막으로 통합관리는 일반건강관리와 주장애관리를 동시에 받을 수 있는 서비스로, 동네에 있는 의원급 의료기관에 속한 지체·뇌병변·시각·지적·정신·자폐성 장애를 진단하는 전문의가 주장애관리와 만성질환관리를 모두 제공한다. 이 3가지 서비스들은 거동이 불편한 환자를 위해 의사나 간호사가 직접 집으로 방문하는 방문 서비스를 제공하고 있으며 기존까지는 연 12회였으나, 3단계 시범사업부터 연 18회로 증대되었다.

(마) 보건복지부와 국민건강보험공단은 2021년 9월부터 3단계 장애인 건강주치의 시범사업을 진행하였다. 장애인 건강주치의 제도는 중증장애인이 인근 지역에서 주치의로 등록 신청한 의사 중 원하는 의사를 선택하여 장애로 인한 건강문제, 만성질환 등 건강상태를 포괄적이고 지속적으로 관리 받을 수 있는 제도로, 2018년 5월 1단계 시범사업을 시작으로 2단계 시범사업까지 완료되었다.

① (다) – (마) – (가) – (나) – (라)
② (다) – (가) – (라) – (마) – (나)
③ (마) – (가) – (라) – (나) – (다)
④ (마) – (다) – (가) – (라) – (나)

❙ 국민건강보험공단 / 수리능력

17 다음은 K지역의 연도별 건강보험금 부과액 및 징수액에 대한 자료이다. 직장가입자 건강보험금 징수율이 가장 높은 해와 지역가입자의 건강보험금 징수율이 가장 높은 해를 바르게 짝지은 것은?

〈건강보험금 부과액 및 징수액〉

(단위 : 백만 원)

구분		2019년	2020년	2021년	2022년
직장가입자	부과액	6,706,712	5,087,163	7,763,135	8,376,138
	징수액	6,698,187	4,898,775	7,536,187	8,368,972
지역가입자	부과액	923,663	1,003,637	1,256,137	1,178,572
	징수액	886,396	973,681	1,138,763	1,058,943

※ $(\text{징수율})=\frac{(\text{징수액})}{(\text{부과액})}\times 100$

	직장가입자	지역가입자
①	2022년	2020년
②	2022년	2019년
③	2021년	2020년
④	2021년	2019년

❙ 국민건강보험공단 / 수리능력

18 다음은 K병원의 하루 평균 이뇨제, 지사제, 진통제 사용량에 대한 자료이다. 이에 대한 설명으로 옳지 않은 것은?

〈하루 평균 이뇨제, 지사제, 진통제 사용량〉

구분	2018년	2019년	2020년	2021년	2022년	1인 1일 투여량
이뇨제	3,000mL	3,480mL	3,360mL	4,200mL	3,720mL	60mL/일
지사제	30정	42정	48정	40정	44정	2정/일
진통제	6,720mg	6,960mg	6,840mg	7,200mg	7,080mg	60mg/일

※ 모든 의약품은 1인 1일 투여량을 준수하여 투여했다.

① 전년 대비 2022년 사용량 감소율이 가장 큰 의약품은 이뇨제이다.

② 5년 동안 지사제를 투여한 환자 수의 평균은 18명 이상이다.

③ 이뇨제 사용량은 증가와 감소를 반복하였다.

④ 매년 진통제를 투여한 환자 수는 이뇨제를 투여한 환자 수의 2배 이하이다.

19 다음은 분기별 상급병원, 종합병원, 요양병원의 보건인력 현황에 대한 자료이다. 분기별 전체 보건인력 중 전체 사회복지사 인력의 비율로 옳지 않은 것은?

〈상급병원, 종합병원, 요양병원의 보건인력 현황〉

(단위 : 명)

구분		2022년 3분기	2022년 4분기	2023년 1분기	2023년 2분기
상급병원	의사	20,002	21,073	22,735	24,871
	약사	2,351	2,468	2,526	2,280
	사회복지사	391	385	370	375
종합병원	의사	32,765	33,084	34,778	33,071
	약사	1,941	1,988	2,001	2,006
	사회복지사	670	695	700	720
요양병원	의사	19,382	19,503	19,761	19,982
	약사	1,439	1,484	1,501	1,540
	사회복지사	1,887	1,902	1,864	1,862
계		80,828	82,582	86,236	86,707

※ 보건인력은 의사, 약사, 사회복지사 인력 모두를 포함한다.

① 2022년 3분기 : 약 3.65%

② 2022년 4분기 : 약 3.61%

③ 2023년 1분기 : 약 3.88%

④ 2023년 2분기 : 약 3.41%

20 다음은 건강생활실천지원금제에 대한 자료이다. 〈보기〉의 신청자 중 예방형과 관리형에 해당하는 사람을 바르게 분류한 것은?

〈건강생활실천지원금제〉

• 사업설명 : 참여자 스스로 실천한 건강생활 노력 및 건강개선 결과에 따라 지원금을 지급하는 제도
• 시범지역

지역	예방형	관리형
서울	노원구	중랑구
경기·인천	안산시, 부천시	인천 부평구, 남양주시, 고양일산(동구, 서구)
충청권	대전 대덕구, 충주시, 충남 청양군(부여군)	대전 동구
전라권	광주 광산구, 전남 완도군, 전주시(완주군)	광주 서구, 순천시
경상권	부산 중구, 대구 남구, 김해시, 대구 달성군	대구 동구, 부산 북구
강원·제주권	원주시, 제주시	원주시

• 참여대상 : 주민등록상 주소지가 시범지역에 해당되는 사람 중 아래에 해당하는 사람

구분	조건
예방형	만 20 ~ 64세인 건강보험 가입자(피부양자 포함) 중 국민건강보험공단에서 주관하는 일반건강검진 결과 건강관리가 필요한 사람*
관리형	고혈압·당뇨병 환자

*건강관리가 필요한 사람 : 다음에 모두 해당하거나 ①, ② 또는 ①, ③에 해당하는 사람
① 체질량지수(BMI) 25kg/m^2 이상
② 수축기 혈압 120mmHg 이상 또는 이완기 혈압 80mmHg 이상
③ 공복혈당 100mg/dL 이상

보기

신청자	주민등록상 주소지	체질량지수	수축기 혈압 / 이완기 혈압	공복혈당	기저질환
A	서울 강북구	22kg/m^2	117mmHg / 78mmHg	128mg/dL	–
B	서울 중랑구	28kg/m^2	125mmHg / 85mmHg	95mg/dL	–
C	경기 안산시	26kg/m^2	142mmHg / 92mmHg	99mg/dL	고혈압
D	인천 부평구	23kg/m^2	145mmHg / 95mmHg	107mg/dL	고혈압
E	광주 광산구	28kg/m^2	119mmHg / 78mmHg	135mg/dL	당뇨병
F	광주 북구	26kg/m^2	116mmHg / 89mmHg	144mg/dL	당뇨병
G	부산 북구	27kg/m^2	118mmHg / 75mmHg	132mg/dL	당뇨병
H	강원 철원군	28kg/m^2	143mmHg / 96mmHg	115mg/dL	고혈압
I	제주 제주시	24kg/m^2	129mmHg / 83mmHg	108mg/dL	–

※ 단, 모든 신청자는 만 20 ~ 64세이며, 건강보험에 가입하였다.

	예방형	관리형		예방형	관리형
①	A, E	C, D	②	B, E	F, I
③	C, E	D, G	④	F, I	C, H

21 K동에서는 임신한 주민에게 출산장려금을 지원하고자 한다. 출산장려금 지급 기준 및 K동에 거주하는 임산부에 대한 정보가 다음과 같을 때, 출산장려금을 가장 먼저 받을 수 있는 사람은?

〈K동 출산장려금 지급 기준〉

- 출산장려금 지급액은 모두 같으나, 지급 시기는 모두 다르다.
- 지급 순서 기준은 임신일, 자녀 수, 소득 수준 순서이다.
- 임신일이 길수록, 자녀가 많을수록, 소득 수준이 낮을수록 먼저 받는다(단, 자녀는 만 19세 미만의 아동 및 청소년으로 제한한다).
- 임신일, 자녀 수, 소득 수준이 모두 같으면 같은 날에 지급한다.

〈K동 거주 임산부 정보〉

임산부	임신일	자녀	소득 수준
A	150일	만 1세	하
B	200일	만 3세	상
C	200일	만 7세, 만 5세, 만 3세	중
D	200일	만 20세, 만 16세, 만 14세, 만 10세	상

① A임산부　② B임산부
③ C임산부　④ D임산부

22 다음 글의 주제로 가장 적절한 것은?

현재 우리나라의 진료비 지불제도 중 가장 주도적으로 시행되는 것은 행위별수가제이다. 행위별수가제는 의료기관에서 의료인이 제공한 의료서비스(행위, 약제, 치료 재료 등)에 대해 서비스별로 가격(수가)을 정하여 사용량과 가격에 의해 진료비를 지불하는 제도로, 의료보험 도입 당시부터 채택하고 있다. 그러나 최근 관련 전문가들로부터 이러한 지불제도를 개선해야 한다는 목소리가 많이 나오고 있다.

조사에 의하면 우리나라의 국민의료비를 증대시키는 주요 원인은 고령화로 인한 진료비 증가와 행위별수가제로 인한 비용의 무한 증식이다. 현재 우리나라의 국민의료비는 OECD 회원국 중 최상위를 기록하고 있으며 앞으로 더욱 심화될 것으로 예측된다. 특히 행위별수가제는 의료행위를 할수록 지불되는 진료비가 증가하므로 CT, MRI 등 영상검사를 중심으로 의료 남용이나 과다 이용 문제가 발생하고 있고, 병원의 이익 증대를 위하여 환자에게는 의료비 부담을, 의사에게는 업무 부담을, 건강보험에는 재정 부담을 증대시키고 있다.

이러한 행위별수가제의 문제점을 개선하기 위해 일부 질병군에서는 환자가 입원해서 퇴원할 때까지 발생하는 진료에 대하여 질병마다 미리 정해진 금액을 내는 제도인 포괄수가제를 시행 중이며, 요양병원, 보건기관에서는 입원 환자의 질병, 기능 상태에 따라 입원 1일당 정액수가를 적용하는 정액수가제를 병행하여 실시하고 있지만 비용 산정의 경직성, 의사 비용과 병원 비용의 비분리 등 여러 가지 문제점이 있어 현실적으로 효과를 내지 못하고 있다는 지적이 나오고 있다.

기획재정부와 보건복지부는 시간이 지날수록 건강보험 적자가 계속 증대되어 머지않아 고갈될 위기에 있다고 발표하였다. 당장 행위별수가제를 전면적으로 폐지할 수는 없으므로 기존의 다른 수가제의 문제점을 개선하여 확대하는 등 의료비 지불방식의 다변화가 구조적으로 진행되어야 할 것이다.

① 신포괄수가제의 정의
② 행위별수가제의 한계점
③ 의료비 지불제도의 역할
④ 건강보험의 재정 상황
⑤ 다양한 의료비 지불제도 소개

23 **다음 중 제시된 단어와 그 뜻이 바르게 연결되지 않은 것은?**

① 당위(當爲) : 마땅히 그렇게 하거나 되어야 하는 것
② 구상(求償) : 자연적인 재해나 사회적인 피해를 당하여 어려운 처지에 있는 사람을 도와줌
③ 명문(明文) : 글로 명백히 기록된 문구 또는 그런 조문
④ 유기(遺棄) : 어떤 사람이 종래의 보호를 거부하여 그를 보호받지 못하는 상태에 두는 일
⑤ 추계(推計) : 일부를 가지고 전체를 미루어 계산함

24 **질량이 2kg인 공을 지표면으로부터 높이가 50cm인 지점에서 지표면을 향해 수직으로 4m/s의 속력으로 던져 공이 튀어 올랐다. 다음 〈조건〉을 보고 가장 높은 지점에서 공의 위치에너지를 구하면?(단, 에너지 손실은 없으며, 중력가속도는 10m/s^2으로 가정한다)**

조건

- (운동에너지)=$\left[\frac{1}{2}\times(\text{질량})\times(\text{속력})^2\right]$J
  (위치에너지)=[(질량)×(중력가속도)×(높이)]J
  (역학적 에너지)=[(운동에너지)+(위치에너지)]J
- 에너지 손실이 없다면 역학적 에너지는 어떠한 경우에도 변하지 않는다.
- 공이 지표면에 도달할 때 위치에너지는 0이고, 운동에너지는 역학적 에너지와 같다.
- 공이 튀어 오른 후 가장 높은 지점에서 운동에너지는 0이고, 위치에너지는 역학적 에너지와 같다.
- 운동에너지와 위치에너지를 구하는 식에 대입하는 질량의 단위는 kg, 속력의 단위는 m/s, 중력가속도의 단위는 m/s^2, 높이의 단위는 m이다.

① 26J
② 28J
③ 30J
④ 32J
⑤ 34J

25 A부장이 시속 200km의 속력으로 달리는 기차로 1시간 30분 걸리는 출장지에 자가용을 타고 출장을 갔다. 시속 60km의 속력으로 가고 있는데, 속력을 유지한 채로 가면 약속시간보다 1시간 늦게 도착할 수 있어 도중에 시속 90km의 속력으로 달려 약속시간보다 30분 일찍 도착하였다. A부장이 시속 90km의 속력으로 달린 거리는?(단, 달리는 동안 속력은 시속 60km로 달리는 도중에 시속 90km로 바뀌는 경우를 제외하고는 그 속력을 유지하는 것으로 가정한다)

① 180km ② 210km
③ 240km ④ 270km
⑤ 300km

| 건강보험심사평가원 / 수리능력

26 S공장은 어떤 상품을 원가에 23%의 이익을 남겨 판매하였으나, 잘 팔리지 않아 판매가에서 1,300원 할인하여 판매하였다. 이때 얻은 이익이 원가의 10%일 때, 상품의 원가는?

① 10,000원 ② 11,500원
③ 13,000원 ④ 14,500원
⑤ 16,000원

| 건강보험심사평가원 / 수리능력

27 A ~ G 7명은 일렬로 배치된 의자에 다음 〈조건〉과 같이 앉는다. 이때 가능한 경우의 수는?

> 조건
> • A는 양 끝에 앉지 않는다.
> • G는 가운데에 앉는다.
> • B는 G의 바로 옆에 앉는다.

① 60가지 ② 72가지
③ 144가지 ④ 288가지
⑤ 366가지

| 건강보험심사평가원 / 수리능력

28 S유치원에 다니는 아이 11명의 평균 키는 113cm이다. 키가 107cm인 원생이 유치원을 나가게 되어 원생이 10명이 되었을 때, 남은 유치원생 10명의 평균 키는?

① 113cm
② 113.6cm
③ 114.2cm
④ 114.8cm
⑤ 115.4cm

| 서울교통공사 / 의사소통능력

29 다음 글과 같이 한자어 및 외래어를 순화한 내용으로 적절하지 않은 것은?

> 열차를 타다 보면 한 번쯤은 다음과 같은 안내방송을 들어 봤을 것이다.
> "○○역 인근 '공중사상사고' 발생으로 KTX 열차가 지연되고 있습니다."
> 이때 들리는 안내방송 중 한자어인 '공중사상사고'를 한 번에 알아듣기란 일반적으로 쉽지 않다. 실제로 S교통공사 관계자는 승객들로부터 안내방송 문구가 적절하지 않다는 지적을 받아 왔다고 밝혔으며, 이에 S교통공사는 국토교통부와 협의를 거쳐 보다 이해하기 쉬운 안내방송을 전달하기 위해 문구를 바꾸는 작업에 착수하기로 결정하였다고 전했다.
> 우선 가장 먼저 수정하기로 한 것은 한자어 및 외래어로 표기된 철도 용어이다. 그중 대표적인 것이 '공중사상사고'이다. S교통공사 관계자는 이를 '일반인의 사상사고'나 '열차 운행 중 인명사고' 등과 같이 이해하기 쉬운 말로 바꿀 예정이라고 밝혔다. 이 외에도 열차 지연 예상 시간, 사고복구 현황 등 열차 내 안내방송을 승객에게 좀 더 알기 쉽고 상세하게 전달할 것이라고 전했다.

① 열차시격 → 배차간격
② 전차선 단전 → 선로 전기 공급 중단
③ 우회수송 → 우측 선로로 변경
④ 핸드레일(Handrail) → 안전손잡이
⑤ 키스 앤 라이드(Kiss and Ride) → 환승정차구역

30 다음 글에서 언급되지 않은 내용은?

> 전 세계적인 과제로 탄소중립이 대두되자 친환경적 운송수단인 철도가 주목받고 있다. 특히 국제에너지기구는 철도를 에너지 효율이 가장 높은 운송 수단으로 꼽으며, 철도 수송을 확대하면 세계 수송 부문에서 온실가스 배출량이 그렇지 않을 때보다 약 6억 톤이 줄어들 수 있다고 하였다.
> 특히 철도의 에너지 소비량은 도로의 22분의 1이고, 온실가스 배출량은 9분의 1에 불과해, 탄소 배출이 높은 도로 운행의 수요를 친환경 수단인 철도로 전환한다면 수송 부문 총배출량이 획기적으로 감소될 것이라 전망하고 있다.
> 이에 발맞춰 우리나라의 S철도공단도 '녹색교통'인 철도 중심 교통체계를 구축하기 위해 박차를 가하고 있으며, 정부 역시 '2050 탄소중립 실현' 목표에 발맞춰 저탄소 철도 인프라 건설·관리로 탄소를 지속적으로 감축하고자 노력하고 있다.
> S철도공단은 철도 인프라 생애주기 관점에서 탄소를 감축하기 위해 먼저 철도 건설 단계에서부터 친환경·저탄소 자재를 적용해 탄소 배출을 줄이고 있다. 실제로 중앙선 안동~영천 간 궤도 설계 당시 철근 대신에 저탄소 자재인 유리섬유 보강근을 콘크리트 궤도에 적용했으며, 이를 통한 탄소 감축효과는 약 6,000톤으로 추정된다. 이 밖에도 저탄소 철도 건축물 구축을 위해 2025년부터 모든 철도건축물을 에너지 자립률 60% 이상(3등급)으로 설계하기로 결정했으며, 도심의 철도 용지는 지자체와 협업을 통해 도심 속 철길 숲 등 탄소 흡수원이자 지역민의 휴식처로 철도부지 특성에 맞게 조성되고 있다.
> S철도공단은 이와 같은 철도로의 수송 전환으로 약 20%의 탄소 감축 목표를 내세웠으며, 이를 위해서는 정부의 노력도 필요하다고 강조하였다. 특히 수송 수단 간 공정한 가격 경쟁이 이루어질 수 있도록 도로 차량에 집중된 보조금 제도를 화물차의 탄소배출을 줄이기 위한 철도 전환교통 보조금으로 확대하는 등 실질적인 방안의 필요성을 제기하고 있다.

① 녹색교통으로 철도 수송이 대두된 배경
② 철도 수송 확대를 통해 기대할 수 있는 효과
③ 국내의 탄소 감축 방안이 적용된 설계 사례
④ 정부의 철도 중심 교통체계 구축을 위해 시행된 조치
⑤ S철도공단의 철도 중심 교통체계 구축을 위한 방안

31 다음 글의 주제로 가장 적절한 것은?

> 지난 5월 아이슬란드에 각종 파이프와 열교환기, 화학물질 저장탱크, 압축기로 이루어져 있는 '조지 올라 재생가능 메탄올 공장'이 등장했다. 이곳은 이산화탄소로 메탄올을 만드는 첨단 시설로, 과거 2011년 아이슬란드 기업 '카본리사이클링인터내셔널(CRI)'이 탄소 포집・활용(CCU) 기술의 실험을 위해서 지은 곳이다.
> 이곳에서는 인근 지열발전소에서 발생하는 적은 양의 이산화탄소(CO_2)를 포집한 뒤 물을 분해해 조달한 수소(H_2)와 결합시켜 재생 메탄올(CH_3OH)을 제조하였으며, 이때 필요한 열과 냉각수 역시 지열발전소의 부산물을 이용했다. 이렇게 만들어진 메탄올은 자동차, 선박, 항공 연료는 물론 플라스틱 제조 원료로 활용되는 등 여러 곳에서 활용되었다.
> 하지만 이렇게 메탄올을 만드는 것이 미래 원료 문제의 근본적인 해결책이 될 수는 없었다. 왜냐하면 메탄올이 만드는 에너지보다 메탄올을 만드는 데 들어가는 에너지가 더 필요하다는 문제점에 더하여 액화천연가스(LNG)를 메탄올로 변환할 경우 이전보다 오히려 탄소배출량이 증가하고, 탄소배출량을 감소시키기 위해서는 태양광과 에너지 저장장치를 활용해 메탄올 제조에 필요한 에너지를 모두 조달해야만 하기 때문이다.
> 또한 탄소를 포집해 지하에 영구 저장하는 탄소포집 저장방식과 달리, 탄소를 포집해 만든 연료나 제품은 사용 중에 탄소를 다시 배출할 가능성이 있어 이에 대한 논의가 분분한 상황이다.

① 탄소 재활용의 득과 실
② 재생 에너지 메탄올의 다양한 활용
③ 지열발전소에서 탄생한 재활용 원료
④ 탄소 재활용을 통한 미래 원료의 개발
⑤ 미래의 에너지 원료로 주목받는 재활용 원료, 메탄올

| 서울교통공사 / 수리능력

32 다음은 A～C철도사의 연도별 차량 수 및 승차인원에 대한 자료이다. 이에 대한 설명으로 옳지 않은 것은?

〈철도사별 차량 수 및 승차인원〉

구분	2020년			2021년			2022년		
	A	B	C	A	B	C	A	B	C
차량 수(량)	2,751	103	185	2,731	111	185	2,710	113	185
승차인원 (천 명/년)	775,386	26,350	35,650	768,776	24,746	33,130	755,376	23,686	34,179

① C철도사가 운영하는 차량 수는 변동이 없다.
② 3년간 전체 승차인원 중 A철도사 철도를 이용하는 승차인원의 비율이 가장 높다.
③ A～C철도사의 철도를 이용하는 연간 전체 승차인원 수는 매년 감소하였다.
④ 3년간 차량 1량당 연간 평균 승차인원 수는 B철도사가 가장 적다.
⑤ C철도사의 차량 1량당 연간 승차인원 수는 200천 명 미만이다.

| 한국산업인력공단 / 수리능력

33 다음은 A～H국의 연도별 석유 생산량에 대한 자료이다. 이에 대한 설명으로 옳은 것은?

〈연도별 석유 생산량〉

(단위 : bbl/day)

국가	2018년	2019년	2020년	2021년	2022년
A	10,356,185	10,387,665	10,430,235	10,487,336	10,556,259
B	8,251,052	8,297,702	8,310,856	8,356,337	8,567,173
C	4,102,396	4,123,963	4,137,857	4,156,121	4,025,936
D	5,321,753	5,370,256	5,393,104	5,386,239	5,422,103
E	258,963	273,819	298,351	303,875	335,371
F	2,874,632	2,633,087	2,601,813	2,538,776	2,480,221
G	1,312,561	1,335,089	1,305,176	1,325,182	1,336,597
H	100,731	101,586	102,856	103,756	104,902

① 석유 생산량이 매년 증가한 국가의 수는 6개이다.
② 2018년 대비 2022년에 석유 생산량 증가량이 가장 많은 국가는 A이다.
③ 매년 E국가의 석유 생산량은 H국가 석유 생산량의 3배 미만이다.
④ 연도별 석유 생산량 상위 2개 국가의 생산량 차이는 매년 감소한다.
⑤ 2018년 대비 2022년에 석유 생산량 감소율이 가장 큰 국가는 F이다.

34 A씨는 최근 승진한 공무원 친구에게 선물로 개당 12만 원인 수석을 보내고자 한다. 다음 부정청탁 및 금품 등 수수의 금지에 관한 법률에 따라 선물을 보낼 때, 최대한 많이 보낼 수 있는 수석의 수는?(단, A씨는 공무원인 친구와 직무 연관성이 없는 일반인이며, 선물은 한 번만 보낸다)

> **금품 등의 수수 금지(부정청탁 및 금품 등 수수의 금지에 관한 법률 제8조 제1항)**
> 공직자 등은 직무 관련 여부 및 기부·후원·증여 등 그 명목에 관계없이 동일인으로부터 1회에 100만 원 또는 매 회계연도에 300만 원을 초과하는 금품 등을 받거나 요구 또는 약속해서는 아니 된다.

① 7개
② 8개
③ 9개
④ 10개
⑤ 11개

35 S대리는 업무 진행을 위해 본사에서 거래처로 외근을 가고자 한다. 본사에서 거래처까지 가는 길이 다음과 같을 때, 본사에서 출발하여 C와 G를 거쳐 거래처로 간다면 S대리의 최소 이동거리는?(단, 어떤 곳을 먼저 가도 무관하다)

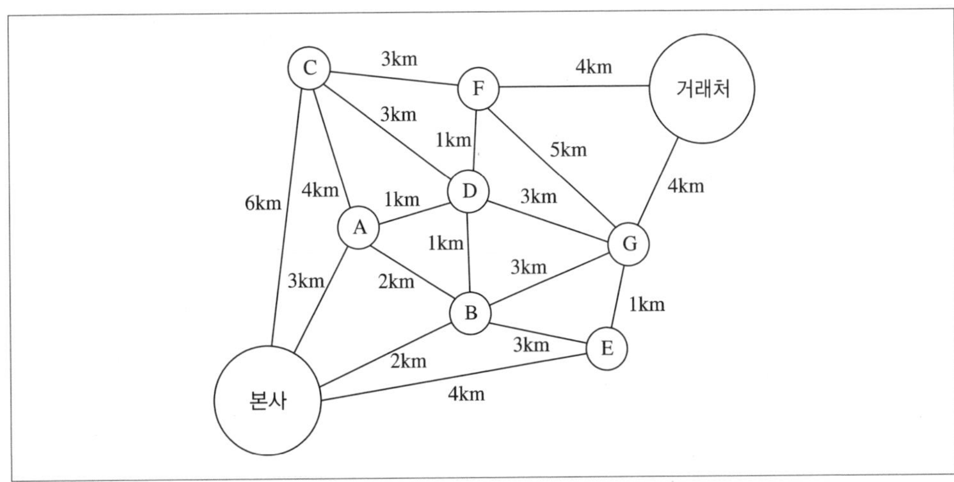

① 8km
② 9km
③ 13km
④ 16km
⑤ 18km

36 총무부에 근무하는 A사원은 각 부서에 필요한 사무용품을 조사한 결과, 볼펜 30자루, 수정테이프 8개, 연필 20자루, 지우개 5개가 필요하다고 한다. 다음 〈조건〉에 따라 비품을 구매할 때, 지불할 수 있는 가장 저렴한 금액은?(단, 필요한 비품 수를 초과하여 구매할 수 있고, 지불하는 금액은 배송료를 포함한다)

조건

• 볼펜, 수정테이프, 연필, 지우개의 판매 금액은 다음과 같다(단, 모든 품목은 낱개로 판매한다).

품목	가격(원/1EA)	비고
볼펜	1,000	20자루 이상 구매 시 개당 200원 할인
수정테이프	2,500	10개 이상 구매 시 개당 1,000원 할인
연필	400	12자루 이상 구매 시 연필 전체 가격의 25% 할인
지우개	300	10개 이상 구매 시 개당 100원 할인

• 품목당 할인을 적용한 금액의 합이 3만 원을 초과할 경우, 전체 금액의 10% 할인이 추가로 적용된다.
• 전체 금액의 10% 할인 적용 전 금액이 5만 원 초과 시 배송료는 무료이다.
• 전체 금액의 10% 할인 적용 전 금액이 5만 원 이하 시 배송료 5,000원이 별도로 적용된다.

① 51,500원
② 51,350원
③ 46,350원
④ 45,090원
⑤ 42,370원

37 S사는 개발 상품 매출 순이익에 기여한 직원에게 성과급을 지급하고자 한다. 기여도에 따른 성과급 지급 기준과 〈보기〉를 참고하여 성과급을 차등지급할 때, 가장 많은 성과급을 지급받는 직원은? (단, 팀장에게 지급하는 성과급은 기준 금액의 1.2배이다)

〈기여도에 따른 성과급 지급 기준〉

매출 순이익	개발 기여도			
	1% 이상 5% 미만	5% 이상 10% 미만	10% 이상 20% 미만	20% 이상
1천만 원 미만	–	–	매출 순이익의 1%	매출 순이익의 2%
1천만 원 이상 3천만 원 미만	5만 원	매출 순이익의 1%	매출 순이익의 2%	매출 순이익의 5%
3천만 원 이상 5천만 원 미만	매출 순이익의 1%	매출 순이익의 2%	매출 순이익의 3%	매출 순이익의 5%
5천만 원 이상 1억 원 미만	매출 순이익의 1%	매출 순이익의 3%	매출 순이익의 5%	매출 순이익의 7.5%
1억 원 이상	매출 순이익의 1%	매출 순이익의 3%	매출 순이익의 5%	매출 순이익의 10%

보기

직원	직책	매출 순이익	개발 기여도
A	팀장	4,000만 원	25%
B	팀장	2,500만 원	12%
C	팀원	1억 2,500만 원	3%
D	팀원	7,500만 원	7%
E	팀원	800만 원	6%

① A ② B

③ C ④ D

⑤ E

38 다음은 S시의 학교폭력 상담 및 신고 건수에 대한 자료이다. 이에 대한 설명으로 옳지 않은 것은?

〈학교폭력 상담 및 신고 건수〉

(단위 : 건)

구분	2022년 7월	2022년 8월	2022년 9월	2022년 10월	2022년 11월	2022년 12월
상담	977	805	3,009	2,526	1,007	871
상담 누계	977	1,782	4,791	7,317	8,324	9,195
신고	486	443	1,501	804	506	496
신고 누계	486	929	2,430	3,234	3,740	4,236
구분	2023년 1월	2023년 2월	2023년 3월	2023년 4월	2023년 5월	2023년 6월
상담	( )	( )	4,370	3,620	1,004	905
상담 누계	9,652	10,109	14,479	18,099	19,103	20,008
신고	305	208	2,781	1,183	557	601
신고 누계	4,541	4,749	7,530	( )	( )	( )

① 2023년 1월과 2023년 2월의 학교폭력 상담 건수는 같다.

② 학교폭력 상담 건수와 신고 건수 모두 2023년 3월에 가장 많다.

③ 전월 대비 학교폭력 상담 건수가 가장 크게 감소한 월과 학교폭력 신고 건수가 가장 크게 감소한 월은 다르다.

④ 전월 대비 학교폭력 상담 건수가 증가한 월은 학교폭력 신고 건수도 같이 증가하였다.

⑤ 2023년 6월까지의 학교폭력 신고 누계 건수는 10,000건 이상이다.

39 다음은 5년 동안 발전원별 발전량 추이에 대한 자료이다. 이에 대한 설명으로 옳지 않은 것은?

〈2018 ~ 2022년 발전원별 발전량 추이〉

(단위 : GWh)

발전원	2018년	2019년	2020년	2021년	2022년
원자력	127,004	138,795	140,806	155,360	179,216
석탄	247,670	226,571	221,730	200,165	198,367
가스	135,072	126,789	138,387	144,976	160,787
신재생	36,905	38,774	44,031	47,831	50,356
유류·양수	6,605	6,371	5,872	5,568	5,232
계	553,256	537,300	550,826	553,900	593,958

① 매년 원자력 자원 발전량과 신재생 자원 발전량의 증감 추이는 같다.
② 석탄 자원 발전량의 전년 대비 감소폭이 가장 큰 해는 2021년이다.
③ 신재생 자원 발전량 대비 가스 자원 발전량이 가장 큰 해는 2018년이다.
④ 매년 유류·양수 자원 발전량은 전체 발전량의 1% 이상을 차지한다.
⑤ 전체 발전량의 전년 대비 증가폭이 가장 큰 해는 2022년이다.

※ 다음 글을 읽고 이어지는 질문에 답하시오. [40~42]

우리나라에서 500MW 규모 이상의 발전설비를 보유한 발전사업자(공급의무자)는 신재생에너지 공급의무화 제도(RPS; Renewable Portfolio Standard)에 의해 의무적으로 일정 비율 이상을 기존의 화석연료를 변환시켜 이용하거나 햇빛·물·지열·강수·생물유기체 등 재생 가능한 에너지를 변환시켜 이용하는 에너지인 신재생에너지로 발전해야 한다. 이에 따라 공급의무자는 매년 정해진 의무공급비율에 따라 신재생에너지를 사용하여 전기를 공급해야 하는데 의무공급비율은 매년 확대되고 있으므로 여기에 맞춰 태양광, 풍력 등 신재생에너지 발전설비를 추가로 건설하기에는 여러 가지 한계점이 있다. ___㉠___ 공급의무자는 의무공급비율을 외부 조달을 통해 충당하게 되는데 이를 인증하는 것이 신재생에너지 공급인증서(REC; Renewable Energy Certificates)이다. 공급의무자는 신재생에너지 발전사에서 판매하는 REC를 구매하는 것으로 의무공급비율을 달성하게 되며, 이를 이행하지 못할 경우 미이행 의무량만큼 해당 연도 평균 REC 거래가격의 1.5배 이내에서 과징금이 부과된다.

신재생에너지 공급자가 공급의무자에게 REC를 판매하기 위해서는 먼저 「신에너지 및 재생에너지 개발·이용·보급 촉진법(신재생에너지법)」 제12조의7에 따라 공급인증기관(에너지관리공단 신재생에너지센터, 한국전력거래소 등)으로부터 공급 사실을 증명하는 공급인증서를 신청해야 한다. 인증 신청을 받은 공급인증기관은 신재생에너지 공급자, 신재생에너지 종류별 공급량 및 공급기간, 인증서 유효기간을 명시한 공급인증서를 발급해 주는데, 여기서 공급인증서의 유효기간은 발급받은 날로부터 3년이며, 공급량은 발전방식에 따라 실제 공급량에 가중치를 곱해 표기한다. 이렇게 발급받은 REC는 공급인증기관이 개설한 거래시장인 한국전력거래소에서 거래할 수 있으며, 거래시장에서 공급의무자가 구매하여 의무공급량에 충당한 공급인증서는 효력을 상실하여 폐기하게 된다.

RPS 제도를 통한 REC 거래는 최근 더욱 확대되고 있다. 시행 초기에는 전력거래소에서 신재생에너지 공급자와 공급의무자 간 REC를 거래하였으나, 2021년 8월 이후 에너지관리공단에서 운영하는 REC 거래시장을 통해 한국형 RE100에 동참하는 일반기업들도 신재생에너지 공급자로부터 REC를 구매할 수 있게 되었고 여기서 구매한 REC는 기업의 온실가스 감축실적으로 인정되어 인센티브 등 다양한 혜택을 받을 수 있게 된다.

| 한국남동발전 / 의사소통능력

40 **다음 중 윗글의 내용으로 적절하지 않은 것은?**

① 공급의무자는 의무공급비율 달성을 위해 반드시 신재생에너지 발전설비를 건설해야 한다.
② REC 거래를 위해서는 먼저 공급인증기관으로부터 인증서를 받아야 한다.
③ 일반기업도 REC 구매를 통해 온실가스 감축실적을 인정받을 수 있다.
④ REC에 명시된 공급량은 실제 공급량과 다를 수 있다.

| 한국남동발전 / 의사소통능력

41 **다음 중 빈칸 ㉠에 들어갈 접속부사로 가장 적절한 것은?**

① 한편
② 그러나
③ 그러므로
④ 예컨대

| 한국남동발전 / 자원관리능력

42 **다음 자료를 토대로 신재생에너지법상 바르게 거래된 것은?**

〈REC 거래내역〉

(거래일 : 2023년 10월 12일)

설비명	에너지원	인증서 발급일	판매처	거래시장 운영소
A발전소	풍력	2020.10.06	E기업	에너지관리공단
B발전소	천연가스	2022.10.12	F발전	한국전력거래소
C발전소	태양광	2020.10.24	G발전	한국전력거래소
D발전소	수력	2021.04.20	H기업	한국전력거래소

① A발전소
② B발전소
③ C발전소
④ D발전소

※ 다음 기사를 읽고 이어지는 질문에 답하시오. [43~44]

N전력공사가 밝힌 에너지 공급비중을 살펴보면 2022년 우리나라의 발전비중 중 가장 높은 것은 석탄(32.51%)이고, 두 번째는 액화천연가스(27.52%) 즉 LNG 발전이다. LNG의 경우 석탄에 비해 탄소 배출량이 적어 화석연료와 신재생에너지의 전환단계인 교량 에너지로서 최근 크게 비중이 늘었지만, 여전히 많은 양의 탄소를 배출한다는 문제점이 있다. 지구 온난화 완화를 위해 어떻게든 탄소 배출량을 줄여야 하는 상황에서 이에 대한 현실적인 대안으로 수소혼소 발전이 주목받고 있다. ＿＿(가)＿＿

수소혼소 발전이란 기존의 화석연료인 LNG와 친환경에너지인 수소를 혼합 연소하여 발전하는 방식이다. 수소는 지구에서 9번째로 풍부하여 고갈될 염려가 없고, 연소 시 탄소를 배출하지 않는 친환경에너지이다. 발열량 또한 1kg당 142MJ로, 다른 에너지원에 비해 월등이 높아 같은 양으로 훨씬 많은 에너지를 생산할 수 있다. ＿＿(나)＿＿

그러나 수소를 발전 연료로서 그대로 사용하기에는 여러 가지 문제점이 있다. 수소는 LNG에 비해 7 ~ 8배 빠르게 연소되므로 제어에 실패하면 가스 터빈에서 급격하게 발생한 화염이 역화하여 폭발할 가능성이 있다. 또한 높은 온도로 연소되므로 그만큼 공기 중의 질소와 반응하여 많은 질소산화물(NOx)을 발생시키는데, 이는 미세먼지와 함께 대기오염의 주요 원인이 된다. 마지막으로 연료로 사용할 만큼 정제된 수소를 얻기 위해서는 물을 전기분해해야 하는데, 여기에는 많은 전력이 들어가므로 수소 생산 단가가 높아진다는 단점이 있다. ＿＿(다)＿＿

이러한 수소의 문제점을 해결하기 위한 대안이 바로 수소혼소 발전이다. 인프라적인 측면에서 기존의 LNG 발전설비를 활용할 수 있기 때문에 수소혼소 발전은 친환경에너지로 전환하는 사회적·경제적 충격을 완화할 수 있다. 또한 수소를 혼입하는 비율이 많아질수록 그만큼 LNG를 대체하게 되므로 기술발전으로 인해 혼입하는 수소의 비중이 높아질수록 발전으로 인한 탄소의 발생을 줄일 수 있다. 아직 많은 기술적·경제적 문제점이 남아있지만, 세계의 많은 나라들은 탄소 배출량 저감을 위해 수소혼소 발전 기술에 적극적으로 뛰어들고 있다. 우리나라 또한 2024년 세종시에 수소혼소 발전이 가능한 열병합발전소가 들어설 예정이며, 한화, 포스코 등 많은 기업들이 수소혼소 발전 실현을 위해 사업을 추진하고 있다. ＿＿(라)＿＿

| 한국남동발전 / 의사소통능력

43 다음 중 윗글의 내용으로 적절하지 않은 것은?

① 수소혼소 발전은 기존 LNG 발전설비를 활용할 수 있다.
② 수소를 연소할 때에도 공해물질은 발생한다.
③ 수소혼소 발전은 탄소를 배출하지 않는 발전 기술이다.
④ 수소혼소 발전에서 수소를 더 많이 혼입할수록 탄소 배출량은 줄어든다.

| 한국남동발전 / 의사소통능력

44 다음 중 〈보기〉의 문장이 들어갈 위치로 가장 적절한 곳은?

보기

따라서 수소는 우리나라의 2050 탄소중립을 실현하기 위한 최적의 에너지원이라 할 수 있다.

① (가) ② (나)
③ (다) ④ (라)

45 다음은 N사의 비품 구매 신청 기준이다. 부서별로 비품 수량 현황과 기준을 참고하여 비품을 신청해야 할 때, 비품 신청 수량이 바르게 연결되지 않은 부서는?

〈비품 구매 신청 기준〉

비품	연필	지우개	볼펜	수정액	테이프
최소 수량	30자루	45개	60자루	30개	20개

- 팀별 비품 보유 수량이 비품 구매 신청 기준 이하일 때, 해당 비품을 신청할 수 있다.
- 각 비품의 신청 가능한 개수는 최소 수량에서 부족한 수량 이상 최소 보유 수량의 2배 이하이다.

예 연필 20자루, 지우개 50개, 볼펜 50자루, 수정액 40개, 테이프 30개가 있다면 지우개, 수정액, 테이프는 신청할 수 없고, 연필은 10자루 이상 60자루 이하, 볼펜은 10자루 이상 120자루 이하를 신청할 수 있다.

〈N사 부서별 비품 수량 현황〉

팀 \ 비품	연필	지우개	볼펜	수정액	테이프
총무팀	15자루	30개	20자루	15개	40개
연구개발팀	45자루	60개	50자루	20개	30개
마케팅홍보팀	40자루	40개	15자루	5개	10개
인사팀	25자루	50개	80자루	50개	5개

	팀	연필	지우개	볼펜	수정액	테이프
①	총무팀	15자루	15개	40자루	15개	0개
②	연구개발팀	0자루	0개	100자루	20개	0개
③	마케팅홍보팀	20자루	10개	50자루	50개	40개
④	인사팀	45자루	0개	0자루	0개	30개

※ 다음은 N사 인근의 지하철 노선도 및 관련 정보이다. 이어지는 질문에 답하시오. **[46~48]**

〈N사 인근 지하철 노선도〉

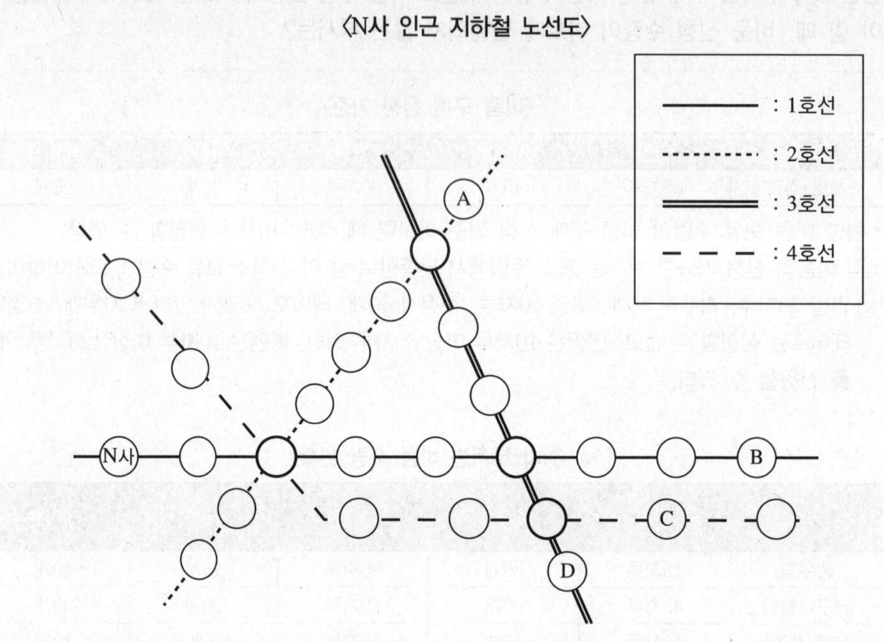

〈N사 인근 지하철 관련 정보〉

• 역간 거리 및 부과요금은 다음과 같다.

열차	역간 거리	기본요금	거리비례 추가요금
1호선	900m	1,200원	5km 초과 시 500m마다 50원 추가
2호선	950m	1,500원	5km 초과 시 1km마다 100원 추가
3호선	1,000m	1,800원	5km 초과 시 500m마다 100원 추가
4호선	1,300m	2,000원	5km 초과 시 1.5km마다 150원 추가

• 모든 노선에서 다음 역으로 이동하는 데 걸리는 시간은 2분이다.
• 모든 노선에서 환승하는 데 걸리는 시간은 3분이다.
• 기본요금이 더 비싼 열차로 환승할 때에는 부족한 기본요금을 추가로 부과하며, 기본요금이 더 저렴한 열차로 환승할 때에는 요금을 추가로 부과하거나 공제하지 않는다.
• 1회 이상 환승할 때의 거리비례 추가요금은 이용한 열차 중 기본요금이 가장 비싼 열차를 기준으로 적용한다.
  예 1호선으로 3,600m 이동 후 3호선으로 환승하여 3,000m 더 이동했다면, 기본요금 및 거리비례 추가요금은 3호선 기준이 적용되어 1,800+300=2,100원이다.

| 한국남동발전 / 문제해결능력

46 다음 중 N사와 A지점을 왕복하는 데 걸리는 최소 이동시간은?

① 28분　　② 34분
③ 40분　　④ 46분

| 한국남동발전 / 문제해결능력

47 다음 중 N사로부터 이동거리가 가장 짧은 지점은?

① A지점　　② B지점
③ C지점　　④ D지점

| 한국남동발전 / 문제해결능력

48 다음 중 N사에서 이동하는 데 드는 비용이 가장 적은 지점은?

① A지점　　② B지점
③ C지점　　④ D지점

※ 다음 글을 읽고 이어지는 질문에 답하시오. [49~51]

SF 영화나 드라마에서만 나오던 3D 푸드 프린터를 통해 음식을 인쇄하여 소비하는 모습은 더 이상 먼 미래의 모습이 아니게 되었다. 2023년 3월 21일 미국의 컬럼비아 대학교에서는 3D 푸드 프린터와 땅콩버터, 누텔라, 딸기잼 등 7가지의 반죽형 식용 카트리지로 7겹 치즈케이크를 만들었다고 국제학술지 'NPJ 식품과학'에 소개하였다. (가) 특히 이 치즈케이크는 베이킹 기능이 있는 레이저와 식물성 원료를 사용한 비건식 식용 카트리지를 통해 만들어졌다. ㉠ 그래서 이번 발표는 대체육과 같은 다른 관련 산업에서도 많은 주목을 받게 되었다.

3D 푸드 프린터는 산업 현장에서 사용되는 일반적인 3D 프린터가 사용자가 원하는 대로 3차원의 물체를 만드는 것처럼 사람이 섭취가 가능한 페이스트, 반죽, 분말 등을 카트리지로 사용하여 사용자가 원하는 디자인으로 압출·성형하여 음식을 만들어 내는 것이다. (나) 현재 3D 푸드 프린터는 산업용 3D 프린터처럼 페이스트를 층층이 쌓아서 만드는 FDM(Fused Deposition Modeling) 방식, 분말형태로 된 재료를 접착제로 굳혀 찍어내는 PBF(Powder Bed Fusion), 레이저로 굳혀 찍어내는 SLS(Selective Laser Sintering) 방식이 주로 사용된다.

(다) 3D 푸드 프린터는 아직 대중화되지 않았지만, 많은 장점을 가지고 있어 미래에 활용가치가 아주 높을 것으로 예상되고 있다. ㉡ 예를 들어 증가하는 노령인구에 맞춰 씹고 삼키는 것이 어려운 사람을 위해 질감과 맛을 조정하거나, 개인별로 필요한 영양소를 첨가하는 등 사용자의 건강관리를 수월하게 해 준다. ㉢ 또한 우주 등 음식을 조리하기 어려운 곳에서 평소 먹던 음식을 섭취할 수 있게 하는 등 활용도는 무궁무진하다. 특히 대체육 부분에서 주목받고 있는데, 3D 푸트 프린터로 육류를 제작하게 된다면 동물을 키우고 도살하여 고기를 얻는 것보다 환경오염을 줄일 수 있다. (라) 대체육은 식물성 원료를 소재로 하는 것이므로 일반적인 고기보다는 맛은 떨어지게 된다. 실제로 대체육 전문 기업인 리디파인 미트(Redefine Meat)에서는 대체육이 축산업에서 발생하는 일반 고기보다 환경오염을 95% 줄일 수 있다고 밝히고 있다.

㉣ 따라서 3D 푸드 프린터는 개발 초기 단계이므로 아직 개선해야 할 점이 많다. 가장 중요한 것은 맛이다. 3D 푸드 프린터에 들어가는 식용 카트리지의 주원료는 식물성 재료이므로 실제 음식의 맛을 내기까지는 아직 많은 노력이 필요하다. (마) 디자인의 영역도 간과할 수 없는데, 길쭉한 필라멘트(3D 프린터에 사용되는 플라스틱 줄) 모양으로 성형된 음식이 '인쇄'라는 인식과 함께 음식을 섭취하는 데 심리적인 거부감을 주는 것도 해결해야 하는 문제이다. ㉤ 게다가 현재 주로 사용하는 방식은 페이스트, 분말을 레이저나 압출로 성형하는 것이므로 만들 수 있는 요리의 종류가 매우 제한적이며, 전력 소모 또한 많다는 것도 해결해야 하는 문제이다.

49 윗글의 내용에 대한 추론으로 적절하지 않은 것은?

① 설탕 케이크 장식 제작은 SLS 방식의 3D 푸드 프린터가 적절하다.
② 3D 푸드 프린터는 식감 등으로 발생하는 편식을 줄일 수 있다.
③ 3D 푸드 프린터는 사용자 맞춤 식단을 제공할 수 있다.
④ 현재 3D 푸드 프린터로 제작된 음식은 거부감을 일으킬 수 있다.
⑤ 컬럼비아 대학교에서 만들어 낸 치즈케이크는 PBF 방식으로 제작되었다.

50 윗글의 (가)～(마) 중 삭제해야 할 문장으로 가장 적절한 것은?

① (가)　　② (나)
③ (다)　　④ (라)
⑤ (마)

51 윗글의 접속부사 ㉠～㉤ 중 문맥상 적절하지 않은 것은?

① ㉠　　② ㉡
③ ㉢　　④ ㉣
⑤ ㉤

CHAPTER

02

2023년 주요 공기업

전공 기출복원문제

정답 및 해설 p.016

01 경영

| 코레일 한국철도공사

01 다음 중 고전적 경영이론에 대한 설명으로 옳지 않은 것은?

① 고전적 경영이론은 인간의 행동이 합리적이고 경제적인 동기에 의해 이루어진다고 가정한다.
② 차별 성과급제, 기능식 직장제도는 테일러의 과학적 관리법을 기본이론으로 한다.
③ 포드의 컨베이어 벨트 시스템은 표준화를 통한 대량생산방식을 설명한다.
④ 베버는 조직을 합리적이고 법적인 권한으로 운영하는 관료제 조직이 가장 합리적이라고 주장한다.
⑤ 페이욜은 기업활동을 기술활동, 영업활동, 재무활동, 회계활동 4가지 분야로 구분하였다.

| 코레일 한국철도공사

02 다음 중 광고의 소구 방법에 대한 설명으로 옳지 않은 것은?

① 감성적 소구는 브랜드에 대한 긍정적 느낌 등 이미지 향상을 목표로 하는 방법이다.
② 감성적 소구는 논리적인 자료 제시를 통해 높은 제품 이해도를 이끌어 낼 수 있다.
③ 유머 소구, 공포 소구 등이 감성적 소구 방법에 해당한다.
④ 이성적 소구는 정보제공형 광고에 사용하는 방법이다.
⑤ 이성적 소구는 구매 시 위험이 따르는 내구재나 신제품 등에 많이 활용된다.

| 코레일 한국철도공사

03 다음 중 정가가 10,000원인 제품을 9,900원으로 판매하는 가격전략은 무엇인가?

① 명성가격
② 준거가격
③ 단수가격
④ 관습가격
⑤ 유인가격

| 코레일 한국철도공사

04 다음 중 마이클 포터의 가치사슬에 대한 설명으로 옳지 않은 것은?

① 가치사슬은 거시경제학을 기반으로 하는 분석 도구이다.
② 기업의 수행활동을 제품설계, 생산, 마케팅, 유통 등 개별적 활동으로 나눈다.
③ 구매, 제조, 물류, 판매, 서비스 등을 기업의 본원적 활동으로 정의한다.
④ 기술개발, 조달활동 등을 기업의 지원적 활동으로 정의한다.
⑤ 가치사슬에서 말하는 이윤은 수입에서 가치창출을 위해 발생한 모든 비용을 제외한 값이다.

| 코레일 한국철도공사

05 다음 〈보기〉 중 JIT시스템의 장점으로 옳지 않은 것을 모두 고르면?

보기
㉠ 현장 낭비 제거를 통한 생산성 향상
㉡ 다기능공 활용을 통한 작업자 노동부담 경감
㉢ 소 LOT 생산을 통한 재고율 감소
㉣ 단일 생산을 통한 설비 이용률 향상

① ㉠, ㉡
② ㉠, ㉢
③ ㉡, ㉢
④ ㉡, ㉣
⑤ ㉢, ㉣

| 코레일 한국철도공사

06 다음 중 주식회사의 특징으로 옳지 않은 것은?

① 구성원인 주주와 별개의 법인격이 부여된다.
② 주주는 회사에 대한 주식의 인수가액을 한도로 출자의무를 부담한다.
③ 주주는 자신이 보유한 지분을 자유롭게 양도할 수 있다.
④ 설립 시 발기인은 최소 2인 이상을 필요로 한다.
⑤ 소유와 경영을 분리하여 이사회로 경영권을 위임한다.

| 서울교통공사

07 **다음 중 주식 관련 상품에 대한 설명으로 옳지 않은 것은?**

① ELS : 주가지수 또는 종목의 주가 움직임에 따라 수익률이 결정되며, 만기가 없는 증권이다.
② ELB : 채권, 양도성 예금증서 등 안전자산에 주로 투자하며, 원리금이 보장된다.
③ ELD : 수익률이 코스피200지수에 연동되는 예금으로, 주로 정기예금 형태로 판매한다.
④ ELT : ELS를 특정금전신탁 계좌에 편입하는 신탁상품으로, 투자자의 의사에 따라 운영한다.
⑤ ELF : ELS와 ELD의 중간 형태로, ELS를 기초 자산으로 하는 펀드를 말한다.

| 서울교통공사

08 **다음 〈보기〉에 해당하는 재고유형은 무엇인가?**

보기

- 불확실한 수요 변화에 대처하기 위한 재고로, 완충재고라고도 한다.
- 생산의 불확실성, 재료확보의 불확실성에 대비하여 보유하는 재고이다.
- 품절 또는 재고부족 상황에 대비함으로써 납기일을 준수하여 고객 신뢰도를 높일 수 있다.

① 파이프라인재고
② 이동재고
③ 주기재고
④ 예비재고
⑤ 안전재고

| 서울교통공사

09 **다음 중 인사와 관련된 이론에 대한 설명으로 옳지 않은 것은?**

① 허즈버그는 욕구를 동기요인과 위생요인으로 나누었으며, 동기요인에는 인정감, 성취, 성장 가능성, 승진, 책임감, 직무 자체가 해당되고, 위생요인에는 보수, 대인관계, 감독, 직무안정성, 근무환경, 회사의 정책 및 관리가 해당된다.
② 블룸은 동기 부여에 대해 기대 이론을 적용하여 기대감, 적합성, 신뢰성을 통해 구성원의 직무에 대한 동기 부여를 결정한다고 주장하였다.
③ 매슬로는 욕구의 위계를 생리적 욕구, 안전의 욕구, 애정과 공감의 욕구, 존경의 욕구, 자아실현의 욕구로 나누어 단계별로 욕구가 작용한다고 설명하였다.
④ 맥그리거는 인간의 본성에 대해 부정적인 관점인 X이론과 긍정적인 관점인 Y이론이 있으며, 경영자는 조직목표 달성을 위해 근로자의 본성(X, Y)을 파악해야 한다고 주장하였다.
⑤ 로크는 인간이 합리적으로 행동한다는 가정하에 개인이 의식적으로 얻으려고 설정한 목표가 동기와 행동에 영향을 미친다고 주장하였다.

| 서울교통공사

10 다음 〈보기〉에 해당하는 마케팅 STP 단계는 무엇인가?

보기
- 서로 다른 욕구를 가지고 있는 다양한 고객들을 하나의 동질적인 고객집단으로 나눈다.
- 인구, 지역, 사회, 심리 등을 기준으로 활용한다.
- 전체시장을 동질적인 몇 개의 하위시장으로 구분하여 시장별로 차별화된 마케팅을 실행한다.

① 시장세분화
② 시장매력도 평가
③ 표적시장 선정
④ 포지셔닝
⑤ 재포지셔닝

| K-water 한국수자원공사

11 다음 K기업 재무회계 자료를 참고할 때, 기초부채를 계산하면 얼마인가?

- 기초자산 : 100억 원
- 기말자본 : 65억 원
- 총수익 : 35억 원
- 총비용 : 20억 원

① 35억 원
② 40억 원
③ 50억 원
④ 60억 원

| K-water 한국수자원공사

12 다음 중 ERG 이론에 대한 설명으로 옳지 않은 것은?

① 매슬로의 욕구 5단계설을 발전시켜 주장한 이론이다.
② 인간의 욕구를 중요도 순으로 계층화하여 정의하였다.
③ 인간의 욕구를 존재욕구, 관계욕구, 성장욕구의 3단계로 나누었다.
④ 상위에 있는 욕구를 충족시키지 못하면 하위에 있는 욕구는 더욱 크게 감소한다.

| K-water 한국수자원공사

13 **다음 중 기업이 사업 다각화를 추진하는 목적으로 볼 수 없는 것은?**

① 기업의 지속적인 성장 추구
② 사업위험 분산
③ 유휴자원의 활용
④ 기업의 수익성 강화

| K-water 한국수자원공사

14 **다음 중 직무관리의 절차를 순서대로 바르게 나열한 것은?**

① 직무설계 → 직무분석 → 직무기술서 / 직무명세서 → 직무평가
② 직무설계 → 직무기술서 / 직무명세서 → 직무분석 → 직무평가
③ 직무분석 → 직무기술서 / 직무명세서 → 직무평가 → 직무설계
④ 직무분석 → 직무평가 → 직무기술서 / 직무명세서 → 직무설계

| 한국중부발전

15 **다음 중 종단분석과 횡단분석의 비교가 옳지 않은 것은?**

구분	종단분석	횡단분석
방법	시간적	공간적
목표	특성이나 현상의 변화	집단의 특성 또는 차이
표본 규모	큼	작음
횟수	반복	1회

① 방법
② 목표
③ 표본 규모
④ 횟수

| 한국중부발전

16 **다음 중 향후 채권이자율이 시장이자율보다 높아질 것으로 예상될 때 나타날 수 있는 현상으로 옳은 것은?**

① 별도의 이자 지급 없이 채권발행 시 이자금액을 공제하는 방식을 선호하게 된다.
② 1년 만기 은행채, 장기신용채 등의 발행이 늘어난다.
③ 만기에 가까워질수록 채권가격 상승에 따른 이익을 얻을 수 있다.
④ 채권가격이 액면가보다 높은 가격에 거래되는 할증채 발행이 증가한다.

| 한국서부발전

17 다음 중 BCG 매트릭스에 대한 설명으로 옳은 것은?

① 스타(Star) 사업 : 높은 시장점유율로 현금창출은 양호하나, 성장 가능성은 낮은 사업이다.
② 현금젖소(Cash Cow) 사업 : 성장률과 시장점유율이 모두 낮아 철수가 필요한 사업이다.
③ 개(Dog) 사업 : 성장률과 시장점유율이 모두 높아서 계속 투자가 필요한 유망 사업이다.
④ 물음표(Question Mark) 사업 : 신규 사업 또는 현재 시장점유율은 낮으나, 향후 성장 가능성이 높은 사업이다.

| 한국서부발전

18 다음 중 인지부조화에 따른 행동 사례로 볼 수 없는 것은?

① A는 흡연자지만 동료가 담배를 필 때마다 담배를 끊을 것을 권유한다.
② B는 다이어트를 결심하고 저녁을 먹지 않을 것이라 말했지만 저녁 대신 빵을 먹었다.
③ C는 E정당의 정책방향을 지지하지만 선거에서는 F정당의 후보에게 투표하였다.
④ D는 중간고사 시험을 망쳤지만 시험 난이도가 너무 어려워 당연한 결과라고 생각하였다.

| 한국서부발전

19 다음 중 기업이 해외에 진출하려고 할 때, 계약에 의한 진출 방식으로 볼 수 없는 것은?

① 프랜차이즈
② 라이센스
③ M&A
④ 턴키

| 한국서부발전

20 다음 중 테일러의 과학적 관리법의 특징에 대한 설명으로 옳지 않은 것은?

① 작업능률을 최대로 높이기 위하여 노동의 표준량을 정한다.
② 작업에 사용하는 도구 등을 개별 용도에 따라 다양하게 제작하여 성과를 높인다.
③ 작업량에 따라 임금을 차등하여 지급한다.
④ 관리에 대한 전문화를 통해 노동자의 태업을 사전에 방지한다.

02 경제

| 서울교통공사

01 다음 중 수요의 가격탄력성에 대한 설명으로 옳지 않은 것은?

① 수요의 가격탄력성은 가격의 변화에 따른 수요의 변화를 의미한다.
② 분모는 상품 가격의 변화량을 상품 가격으로 나눈 값이다.
③ 대체재가 많을수록 수요의 가격탄력성은 탄력적이다.
④ 가격이 1% 상승할 때 수요가 2% 감소하였으면 수요의 가격탄력성은 2이다.
⑤ 가격탄력성이 0보다 크면 탄력적이라고 할 수 있다.

| 서울교통공사

02 다음 중 대표적인 물가지수인 GDP 디플레이터를 구하는 계산식으로 옳은 것은?

① (실질 GDP)÷(명목 GDP)×100
② (명목 GDP)÷(실질 GDP)×100
③ (실질 GDP)+(명목 GDP)÷2
④ (명목 GDP)−(실질 GDP)÷2
⑤ (실질 GDP)÷(명목 GDP)×2

| 서울교통공사

03 다음 〈조건〉을 참고할 때, 한계소비성향(MPC) 변화에 따른 현재 소비자들의 소비 변화폭은?

> 조건
> - 기존 소비자들의 연간 소득은 3,000만 원이며, 한계소비성향은 0.6을 나타내었다.
> - 현재 소비자들의 연간 소득은 4,000만 원이며, 한계소비성향은 0.7을 나타내었다.

① 700　② 1,100
③ 1,800　④ 2,500
⑤ 3,700

| 한국가스기술공사

04 다음 〈보기〉의 빈칸에 들어갈 단어가 바르게 나열된 것은?

보기

- 환율이 ___㉠___하면 순수출이 증가한다.
- 국내이자율이 높아지면 환율은 ___㉡___한다.
- 국내물가가 오르면 환율은 ___㉢___한다.

	㉠	㉡	㉢
①	하락	상승	하락
②	하락	상승	상승
③	하락	하락	하락
④	상승	하락	상승
⑤	상승	하락	하락

| 한국가스기술공사

05 다음 중 독점적 경쟁시장에 대한 설명으로 옳지 않은 것은?

① 독점적 경쟁시장은 완전경쟁시장과 독점시장의 중간 형태이다.
② 대체성이 높은 제품의 공급자가 시장에 다수 존재한다.
③ 시장진입과 퇴출이 자유롭다.
④ 독점적 경쟁기업의 수요곡선은 우하향하는 형태를 나타낸다.
⑤ 가격경쟁이 비가격경쟁보다 활발히 진행된다.

| 한국가스기술공사

06 다음 중 고전학파와 케인스학파에 대한 설명으로 옳지 않은 것은?

① 케인스학파는 경기가 침체할 경우, 정부의 적극적 개입이 바람직하지 않다고 주장하였다.
② 고전학파는 임금이 매우 신축적이어서 노동시장이 항상 균형상태에 이르게 된다고 주장하였다.
③ 케인스학파는 저축과 투자가 국민총생산의 변화를 통해 같아지게 된다고 주장하였다.
④ 고전학파는 실물경제와 화폐를 분리하여 설명한다.
⑤ 케인스학파는 단기적으로 화폐의 중립성이 성립하지 않는다고 주장하였다.

| 한국가스기술공사

07 다음 중 〈보기〉의 사례에서 나타나는 현상으로 옳은 것은?

> 보기
> - 물은 사용 가치가 크지만 교환 가치가 작은 반면, 다이아몬드는 사용 가치가 작지만 교환 가치는 크게 나타난다.
> - 한계효용이 작을수록 교환 가치가 작으며, 한계효용이 클수록 교환 가치가 크다.

① 매몰비용의 오류
② 감각적 소비
③ 보이지 않는 손
④ 가치의 역설
⑤ 희소성

| 한국가스기술공사

08 다음 〈조건〉을 따를 때, 실업률은 얼마인가?

> 조건
> - 생산가능인구 : 50,000명
> - 취업자 : 20,000명
> - 실업자 : 5,000명

① 10%
② 15%
③ 20%
④ 25%
⑤ 30%

| 한국중부발전

09 J기업이 다음 〈조건〉과 같이 생산량을 늘린다고 할 때, 한계비용은 얼마인가?

> 조건
> - J기업의 제품 1단위당 노동가격은 4, 자본가격은 6이다.
> - J기업은 제품 생산량을 50개에서 100개로 늘리려고 한다.
> - 평균비용 $P=2L+K+\frac{100}{Q}$ (L : 노동가격, K : 자본가격, Q : 생산량)

① 10
② 12
③ 14
④ 16

| 한국서부발전

10 **다음은 A국과 B국이 노트북 1대와 TV 1대를 생산하는 데 필요한 작업 시간을 나타낸 자료이다. A국과 B국의 비교우위에 대한 설명으로 옳은 것은?**

구분	노트북	TV
A국	6시간	8시간
B국	10시간	8시간

① A국이 노트북, TV 생산 모두 비교우위에 있다.
② B국이 노트북, TV 생산 모두 비교우위에 있다.
③ A국은 노트북 생산, B국은 TV 생산에 비교우위가 있다.
④ A국은 TV 생산, B국은 노트북 생산에 비교우위가 있다.

| 한국서부발전

11 **다음 중 다이내믹 프라이싱에 대한 설명으로 옳지 않은 것은?**

① 동일한 제품과 서비스에 대한 가격을 시장 상황에 따라 변화시켜 적용하는 전략이다.
② 호텔, 항공 등의 가격을 성수기 때 인상하고, 비수기 때 인하하는 것이 대표적인 예이다.
③ 기업은 소비자별 맞춤형 가격을 통해 수익을 극대화할 수 있다.
④ 소비자 후생이 증가해 소비자의 만족도가 높아진다.

| 한국서부발전

12 **다음 〈보기〉 중 빅맥 지수에 대한 설명으로 옳은 것을 모두 고르면?**

보기

㉠ 빅맥 지수를 최초로 고안한 나라는 미국이다.
㉡ 각 나라의 물가수준을 비교하기 위해 고안된 지수로, 구매력 평가설을 근거로 한다.
㉢ 맥도날드 빅맥 가격을 기준으로 한 이유는 전 세계에서 가장 동질적으로 판매되고 있는 상품이기 때문이다.
㉣ 빅맥 지수를 구할 때 빅맥 가격은 제품 가격과 서비스 가격의 합으로 계산한다.

① ㉠, ㉡　　② ㉠, ㉢
③ ㉡, ㉢　　④ ㉡, ㉣

| 한국서부발전

13 다음 중 확장적 통화정책의 영향으로 옳은 것은?

① 건강보험료가 인상되어 정부의 세금 수입이 늘어난다.
② 이자율이 하락하고, 소비 및 투자가 감소한다.
③ 이자율이 상승하고, 환율이 하락한다.
④ 은행이 채무불이행 위험을 줄이기 위해 더 높은 이자율과 담보 비율을 요구한다.

| 한국서부발전

14 다음 중 노동의 수요공급곡선에 대한 설명으로 옳지 않은 것은?

① 노동 수요는 파생수요라는 점에서 재화시장의 수요와 차이가 있다.
② 상품 가격이 상승하면 노동 수요곡선은 오른쪽으로 이동한다.
③ 토지, 설비 등이 부족하면 노동 수요곡선은 오른쪽으로 이동한다.
④ 노동에 대한 인식이 긍정적으로 변화하면 노동 공급곡선은 오른쪽으로 이동한다.

| 한국서부발전

15 다음 〈조건〉에 따라 S씨가 할 수 있는 최선의 선택은?

조건

- S씨는 퇴근 후 운동을 할 계획으로 헬스, 수영, 자전거, 달리기 중 하나를 고르려고 한다.
- 각 운동이 주는 만족도(이득)는 헬스 5만 원, 수영 7만 원, 자전거 8만 원, 달리기 4만 원이다.
- 각 운동에 소요되는 비용은 헬스 3만 원, 수영 2만 원, 자전거 5만 원, 달리기 3만 원이다.

① 헬스
② 수영
③ 자전거
④ 달리기

03 회계

| 한국서부발전

01 **다음 중 기업의 재무상태를 평가하는 재무비율 산식으로 옳지 않은 것은?**

① (유동비율)=(유동자산)÷(유동부채)
② (부채비율)=(부채)÷(자기자본)
③ (매출액순이익률)=(영업이익)÷(매출액)
④ (총자산회전율)=(매출액)÷(평균총자산)

| 한국서부발전

02 **다음 〈보기〉의 내용을 참고하여 S제품의 당기 제조원가를 계산하면 얼마인가?**

보기
- 재료비 : 50,000원
- 노무비 : 60,000원
- 제조비 : 30,000원
- 기초 재공품 재고액 : 40,000원
- 기말 재공품 재고액 : 20,000원
- 당기 원재료 매입액 : 20,000원

① 140,000원
② 160,000원
③ 180,000원
④ 200,000원

| 한국서부발전

03 **다음 중 유동비율에 대한 설명으로 옳지 않은 것은?**

① 유동비율은 유동자산을 유동부채로 나눈 값이다.
② 유동자산은 보통 1년 이내 현금으로 전환할 수 있는 자산을 의미한다.
③ 유동자산에는 매출채권, 재고자산이 포함된다.
④ 유동비율이 높을수록 해당 기업은 투자를 활발히 한다고 볼 수 있다.

| 한국서부발전

04 다음 〈보기〉의 내용을 참고하여 법인세 차감 전 이익을 계산하면 얼마인가?

> 보기
> - 매출액 : 100,000,000원
> - 매출원가 : 60,000,000원
> - 판관비 : 10,000,000원
> - 영업외이익 : 5,000,000원
> - 영업외비용 : 10,000,000원
> - 법인세비용 : 4,000,000원

① 19,000,000원 ② 21,000,000원
③ 25,000,000원 ④ 29,000,000원

| 한국서부발전

05 다음 중 이동평균법과 총평균법의 차이점으로 옳지 않은 것은?

① 이동평균법은 재고자산 매입시점마다 가중평균단가를 계산하는 반면, 총평균법은 일정기간 동안의 재고자산원가를 평균하여 단가를 계산한다.
② 이동평균법은 기록을 계속하기 때문에 거래가 복잡하면 작성이 어려운 반면, 총평균법은 기말에 한 번만 계산하므로 거래가 복잡해도 작성이 용이하다.
③ 이동평균법은 당기 판매된 재고자산을 모두 동일한 단가라고 가정하는 반면, 총평균법은 판매시점에 따라 재고자산의 단가를 각각 다르게 계산한다.
④ 이동평균법은 매출 시점에 매출에 따른 손익을 즉시 파악할 수 있으나, 총평균법은 매출에 따른 손익을 결산시점에 확인할 수 있다.

| 한국서부발전

06 다음 중 비교우위론에 대한 설명으로 옳지 않은 것은?

① 생산비가 상대국에 비해 낮은 상품의 생산을 각각 특화하여 교역할 경우, 양국 모두에게 이익이 발생한다.
② 비현실적인 노동가치설을 바탕으로 하며, 국가 간 생산요소 이동은 없다고 가정한다.
③ 비교우위에 있는 상품을 특화하여 교역함으로써 자유무역의 기본이론이 되었다.
④ A제품에 대해서 B의 기회비용이 C보다 작을 경우, A제품에 대해서 B국이 비교우위에 있다.

| 한국서부발전

07 다음 〈보기〉의 내용을 참고하여 S기업의 주당이익을 계산하면 얼마인가?

보기
- S기업 주식 : 보통주 10,000,000주, 우선주 200,000주
- S기업 당기순이익 : 2,000,000,000원
- S기업 우선주 주주 배당금 : 200,000,000원

① 150원　　② 160원
③ 180원　　④ 200원

| 한국서부발전

08 다음 중 외상매출금에 대한 설명으로 옳은 것은?

① 외상매출금은 당좌자산에 속한다.
② 외상매출금이 증가하면 대변에, 감소하면 차변에 기록한다.
③ 기업이 보유자산을 판매하고 받지 못한 대금은 외상매출금에 해당한다.
④ 외상매출금은 장부상 채권으로 회수 시 이자를 계산하여 수취한다.

| 한국서부발전

09 다음 중 유형자산 취득원가 계산 시 포함되지 않는 원가는 무엇인가?

① 종업원 급여　　② 광고 및 판촉활동비
③ 유형자산 설치 운송비　　④ 유형자산 제거 추정비

| 한국서부발전

10 다음 〈보기〉의 내용을 참고하여 기말 재고자산 금액을 구하면?

보기
- 기초 재고자산 금액 : 200,000,000원
- 매출원가 : 80,000,000원
- 판매가능금액 : 300,000,000원

① 120,000,000원　　② 180,000,000원
③ 220,000,000원　　④ 280,000,000원

04 법

ㅣ서울교통공사

01 다음 중 노동법의 성질이 다른 하나는?

① 산업안전보건법
② 남녀고용평등법
③ 산업재해보상보험법
④ 근로자참여 및 협력증진에 관한 법
⑤ 고용보험법

ㅣ서울교통공사

02 다음 〈보기〉 중 용익물권에 해당하는 것을 모두 고르면?

보기

가. 지상권	나. 점유권
다. 지역권	라. 유치권
마. 전세권	바. 저당권

① 가, 다, 마　② 나, 라, 바
③ 가, 라, 바　④ 다, 라, 마
⑤ 라, 마, 바

| 서울교통공사

03 다음 중 선고유예와 집행유예의 내용에 대한 분류가 옳지 않은 것은?

구분	선고유예	집행유예
실효	유예한 형을 선고	유예선고의 효력 상실
요건	1년 이하 징역·금고, 자격정지, 벌금	3년 이하 징역·금고, 500만 원 이하의 벌금형
유예기간	1년 이상 5년 이하	2년
효과	면소	형의 선고 효력 상실

① 실효
② 요건
③ 유예기간
④ 효과
⑤ 없음

| 서울교통공사

04 다음 〈보기〉 중 형법상 몰수가 되는 것은 모두 몇 개인가?

보기
- 범죄행위에 제공한 물건
- 범죄행위에 제공하려고 한 물건
- 범죄행위로 인하여 생긴 물건
- 범죄행위로 인하여 취득한 물건
- 범죄행위의 대가로 취득한 물건

① 1개
② 2개
③ 3개
④ 4개
⑤ 5개

| 서울교통공사

05 다음 중 상법상 법원이 아닌 것은?

① 판례
② 조례
③ 상관습법
④ 상사자치법
⑤ 보통거래약관

| 건강보험심사평가원

06 다음 〈보기〉의 빈칸에 들어갈 연령이 바르게 연결된 것은?

> 보기
> • 촉법소년 : 형벌 법령에 저촉되는 행위를 한 10세 이상 ___㉠___ 미만인 소년
> • 우범소년 : 성격이나 환경에 비추어 앞으로 형벌 법령에 저촉되는 행위를 할 우려가 있는 10세 이상 ___㉡___ 미만인 소년

	㉠	㉡		㉠	㉡
①	13세	13세	②	13세	14세
③	14세	14세	④	14세	19세
⑤	19세	19세			

| 건강보험심사평가원

07 다음 중 국민에게만 적용되는 기본 의무가 아닌 것은?

① 근로의 의무
② 납세의 의무
③ 교육의 의무
④ 환경보전의 의무
⑤ 국방의 의무

| 건강보험심사평가원

08 다음 중 헌법재판소의 역할로 옳지 않은 것은?

① 행정청의 처분의 효력 유무 또는 존재 여부 심판
② 탄핵의 심판
③ 국가기관 상호 간, 국가기간과 지방자치단체간 및 지방자치단체 상호 간의 권한쟁의에 관한 심판
④ 정당의 해산 심판
⑤ 법원의 제청에 의한 법률의 위헌여부 심판

| 건강보험심사평가원

09 다음 중 민법상 채권을 몇 년 동안 행사하지 아니하면 소멸시효가 완성되는가?

① 2년
② 5년
③ 10년
④ 15년
⑤ 20년

PART 1

직업기초능력

CHAPTER 01

의사소통능력

합격 Cheat Key

의사소통능력은 평가하지 않는 공사 · 공단이 없을 만큼 필기시험에서 중요도가 높은 영역으로, 세부 유형은 문서 이해, 문서 작성, 의사 표현, 경청, 기초 외국어로 나눌 수 있다. 문서 이해 · 문서 작성과 같은 지문에 대한 주제 찾기, 내용 일치 문제의 출제 비중이 높으며, 문서의 특성을 파악하는 문제도 출제되고 있다.

1 문제에서 요구하는 바를 먼저 파악하라!

의사소통능력에서 가장 중요한 것은 제한된 시간 안에 빠르고 정확하게 답을 찾아내는 것이다. 의사소통능력에서는 지문이 아니라 문제가 주인공이므로 지문을 보기 전에 문제를 먼저 파악해야 하며, 문제에 따라 전략적으로 빠르게 풀어내는 연습을 해야 한다.

2 잠재되어 있는 언어 능력을 발휘하라!

세상에 글은 많고 우리가 학습할 수 있는 시간은 한정적이다. 이를 극복할 수 있는 방법은 다양한 글을 접하는 것이다. 실제 시험장에서 어떤 내용의 지문이 나올지 아무도 예측할 수 없으므로 평소에 신문, 소설, 보고서 등 여러 글을 접하는 것이 필요하다.

3 상황을 가정하라!

업무 수행에 있어 상황에 따른 언어 표현은 중요하다. 같은 말이라도 상황에 따라 다르게 해석될 수 있기 때문이다. 그런 의미에서 자신의 의견을 효과적으로 전달할 수 있는 능력을 평가하는 것이다. 업무를 수행하면서 발생할 수 있는 여러 상황을 가정하고 그에 따른 올바른 언어표현을 정리하는 것이 필요하다.

4 말하는 이의 입장에서 생각하라!

잘 듣는 것 또한 하나의 능력이다. 상대방의 이야기에 귀 기울이고 공감하는 태도는 업무를 수행하는 관계 속에서 필요한 요소이다. 그런 의미에서 다양한 상황에서 듣는 능력을 평가하는 것이다. 말하는 이가 요구하는 듣는 이의 태도를 파악하고, 이에 따른 판단을 할 수 있도록 언제나 말하는 사람의 입장이 되는 연습이 필요하다.

출제유형분석

01 문서 내용 이해

| 유형분석 |

- 주어진 지문을 읽고 선택지를 고르는 전형적인 독해 문제이다.
- 지문은 주로 신문기사(보도자료 등)나 업무 보고서, 시사 등이 제시된다.
- 공사공단에 따라 자사와 관련된 내용의 기사나 법조문, 보고서 등이 출제되기도 한다.

다음 글의 내용으로 적절하지 않은 것은?

수소와 산소는 H_2와 O_2의 분자 상태로 존재한다. 수소와 산소가 화합해서 물 분자가 되려면 이 두 분자가 충돌해야 하는데, 충돌하는 횟수가 많으면 많을수록 물 분자가 생기는 확률은 높아진다. 또한 반응하기 위해서는 분자가 원자로 분해되어야 한다. 좀 더 정확히 말한다면, 각각의 분자가 산소 원자끼리 그리고 수소 원자끼리의 결합력이 약해져야 한다. 높은 온도는 분자 간의 충돌 횟수를 증가시킬 뿐 아니라 분자를 강하게 진동시켜 분자의 결합력을 약하게 한다. 그리하여 수소와 산소는 이전까지 결합하고 있던 자신과 동일한 원자와 떨어져, 산소 원자 하나에 수소 원자 두 개가 결합한 물(H_2O)이라는 새로운 화합물이 되는 것이다.

① 수소 분자와 산소 분자가 충돌해야 물 분자가 생긴다.
② 수소 분자와 산소 분자가 원자로 분해되어야 반응을 할 수 있다.
③ 높은 온도는 분자를 강하게 진동시켜 결합력을 약하게 한다.
④ 산소 분자와 수소 분자가 각각 물(H_2O)이라는 새로운 화합물이 된다.
⑤ 산소 분자와 수소 분자의 충돌 횟수가 많아지면 물 분자가 될 확률이 높다.

정답 ④

제시문은 분자 상태의 수소와 산소가 결합하여 물이 되는 과정을 설명한 것으로, 수소 분자와 산소 분자가 원자로 분해되고, 분해된 산소 원자 하나와 수소 원자 두 개가 결합하여 물이라는 화합물이 생성된다고 했다. ④는 산소 분자와 수소 분자가 '각각' 물이 된다고 했으므로 이는 잘못된 해석이다.

풀이 전략!

주어진 선택지에서 키워드를 체크한 후, 지문의 내용과 비교해 가면서 내용의 일치 유무를 빠르게 판단한다.

출제유형분석 01 실전예제

01 다음 글의 내용으로 가장 적절한 것은?

플라톤의 『파이드로스』에는 소크라테스가 파이드로스에게 문자의 발명에 관한 옛 이야기를 하는 대목이 있다. 이 옛 이야기에 따르면 문자뿐 아니라 숫자와 여러 문명의 이기를 고안해 낸 발명의 신 토이트가 이집트의 왕 타무스에게 자신이 발명한 문자를 온 백성에게 사용하게 하면 이집트 백성이 더욱더 현명해질 것이라는 제안을 한다.
그러나 타무스 왕은 문자가 인간을 더욱 이성적이게 하고 인간의 기억을 확장시킬 도구라는 주장에 대해서 강한 거부감을 표현한다. '죽은' 문자는 백성들을 현명하게 만들기는커녕 도리어 생동감 있고 살아있는 기억력을 퇴보시킬 것이고, 문자로 적힌 많은 글들은 다른 여타의 상황해석 없이 그저 글로 적힌 대로만 읽히고 원뜻과는 동떨어지게 오해될 소지가 다분하다는 것이다.
우리 시대의 주요한 화두이기도 한 구어문화(Orality)에 대립되는 문자문화(Literacy)의 비역동성과 수동성에 대한 비판은 이제 막 알파벳이 보급되고 문자문화가 전래의 구술적 신화문화를 대체한 플라톤 시기에 이미 논의된 것이다.
실제의 말과 사고는 본질적으로 언제나 실제 인간끼리 주고받는 콘텍스트하에 존재하는데, 문자와 글쓰기는 이러한 콘텍스트를 떠나 비현실적이고 비자연적인 세계 속에서 수동적으로 이뤄진다. 글쓰기와 마찬가지로 인쇄술과 컴퓨터는 끊임없이 동적인 소리를 정지된 공간으로 환원하고, 말을 그 살아있는 현재로부터 분리시키고 있다.
물론 인류의 문자화가 결코 '폐해'만을 낳았던 것이 아니라는 주장도 만만치 않다. 지난 20년간 컴퓨터공학과 인터넷의 발전이 우리의 삶을 얼마나 변화시켰던가. 고대의 신화적이고 구어문화 중심적인 사회에서 문자사회로의 이행기에 있어서 문자의 사용은 신이나 지배자의 명령하는 목소리에 점령되지 않는 자유공간을 만들어 내기도 했다는 주장에 주목할 필요가 있다.
이러한 주장의 근저는 소크라테스의 입을 통해서 플라톤이 주장하는 바와 맥이 닿는 것이 아닐까. 언어 행위의 근간이 되는 변증법적 작용을 무시하는 언술행위의 문자적 고착화에 대한 비판은 궁극적으로 우리가 살아가는 세상은 결코 어떠한 규정적인 개념화와 그 기계적인 강제로도 담아낼 수 없다는 것이다. 역으로 현실적인 층위에서의 물리적이고 강제적인 억압에 의해 말살될 위기에 처한 진리의 소리는 기념비적인 언술행위의 문자화를 통해서 저장되어야 한다는 것이 아닐까.
이러한 문화적 기억력의 여과과정은 결국 삶의 의미에 대한 성찰에 기반하여 문화적 구성원들의 가치 판단에 따라 이뤄질 몫이다. 문화적 기억력에 대한 성찰과 가치 판단이 부재한 시대의 새로운 매체는 단지 댓글 파노라마에 불과할 것이기 때문이다.

① 타무스 왕은 문자를 살아 있고 생동감 있는 것으로, 기억력은 죽은 것으로 생각했다.
② 플라톤 시기는 문자문화가 구술적 신화문화를 대체하기 시작한 시기였다.
③ 문자와 글쓰기는 항상 콘텍스트하에서 이뤄지는 행위이다.
④ 문자문화로 인해 진리의 소리는 물리적이고 강제적인 억압으로 말살되었다.
⑤ 문화적 기억력이 바탕에 있다면 새로운 매체는 댓글 파노라마로 자리 잡을 것이다.

02 다음은 탄소 중립에 관한 글이다. 제시된 글의 내용으로 적절하지 않은 것은?

> 2050년 탄소중립 실현을 목표로 태양광·풍력 등 에너지 기술을 확보하기 위한 국가 전략이 확정됐다. 정부는 한국의 경우 탄소 배출량이 많은 석탄 발전과 제조업 비중이 높아, 이를 해결할 기술혁신이 무엇보다 시급하다고 진단했다. 과기부, 산업통상자원부, 기획재정부 등에서 추천한 산·학·연 전문가 88명이 참여해, 우리나라에 필요한 10대 핵심기술을 선정했다.
>
> 10대 핵심기술의 첫 번째는 태양광·풍력 기술이다. 태양광의 경우 중국의 저가 기술 공세에 맞서 발전효율을 현재 27%에서 2030년까지 35%로 높인다. 풍력의 경우 대형풍력의 국산화를 통해 발전용량을 현재 5.5MW(메가와트)급에서 2030년까지 15MW급으로 늘린다.
>
> 수소와 바이오에너지 기술 수준도 높인다. 충전해 사용하는 방식인 수소는 충전단가를 kg당 7,000원에서 2030년까지 4,000원으로 절반 가까이 낮춘다. 현재 단가가 화석연료의 1.5배 수준인 바이오에너지도 2030년까지 화석연료 수준으로 낮춘다.
>
> 제조업의 탄소 배출을 줄이기 위한 신공정 개발에도 나선다. 철강·시멘트·석유화학·반도체·디스플레이 등 산업이 포함된다. 철강의 경우 2040년까지 탄소 배출이 없는 수소환원제철 방식만으로 철강 전량을 생산한다. 반도체 공정에 필요한 불화가스를 대체해 온실가스 배출을 최적화한다.
>
> 자동차 등 모빌리티 분야에서도 무탄소 기술을 개발·적용해 주행거리를 현재 406km 수준에서 2045년 975km로 늘릴 계획이다. 태양광 등으로 에너지를 자체 생산하고 추가 소비하지 않는 제로에너지 건물 의무화, 통신·데이터 저전력화, 탄소포집(CCUS) 기술 상용화 등도 10대 핵심기술에 포함되었다.
>
> 원자력 관련 기술은 이번 10대 핵심기술에서 제외됐다. 한국처럼 탄소중립을 선언한 일본, 중국이 화석연료의 비중을 낮추고 에너지 공백의 일부를 메우기 위해 탄소 배출이 없는 원자력의 비중을 높이기로 한 것과 대조된다.
>
> 규제 완화 등 정책 지원도 나선다. 탄소중립 관련 신기술의 상용화를 앞당기기 위해 관련 규제자유특구를 현재 11개에서 2025년 20개로 확대한다. 탄소중립 분야 창업을 촉진하기 위한 '녹색금융' 지원도 확대한다. 현재 탄소중립 기술의 수준이 상대적으로 낮다는 점도 고려한다. 민간 기업이 탄소중립 기술을 도입할 경우 기존 기술보다 떨어질 경제성을 보상하기 위해 인센티브 제도를 연내 마련한다. 세액공제, 매칭투자, 기술료 부담 완화 등 지원책도 검토 중이다.
>
> 철강·시멘트·석유화학·미래차 등 7개 분야의 탄소중립을 이끌 고급 연구인력을 양성하기 위해 내년에 201억 원을 지원한다. 탄소중립에 대한 국민의 이해도를 높이기 위해 과학관 교육과 전시를 확대하고 과학의 달인 다음 달에는 '탄탄대로(탄소중립, 탄소제로, 대한민국 과학기술로)' 캠페인을 추진한다. 또한 '기후변화대응 기술개발촉진법'을 제정하고 '기후대응기금'을 신설해 이런 지원을 위한 행정·제도적 기반을 만든다.
>
> 관계자는 "2050년 탄소중립 실현을 위해 시급한 기술혁신 과제들이 산재한 상황이다."라며 "과기부가 범부처 역량을 종합해 이번 전략을 선제적으로 마련했다."라고 말했다. 이어 "전략이 충실히 이행돼 탄소중립 실현을 견인할 수 있도록 관계부처와 긴밀히 협업해 나가겠다."라고 했다.

① 제조업은 이산화탄소가 많이 배출된다.
② 풍력은 2030년까지 발전용량을 현재 수준보다 2배 이상 늘리는 것을 목표로 한다.
③ 탄소배출을 줄이기 위한 10대 핵심기술에는 태양광, 풍력, 원자력 등이 있다.
④ 규제 완화를 위한 자유특구를 현재 11개에서 추후 20개까지 늘릴 예정이다.
⑤ 현재 기업이 탄소 중립 기술을 도입할 경우 경제적으로 타격을 입게 된다.

03 다음 온실가스 · 에너지 목표관리제에 관한 내용으로 적절하지 않은 것을 〈보기〉에서 모두 고르면?

○○공단은 지구온난화에 대비하는 전 세계의 흐름에 발맞춰 2010년부터 '온실가스 · 에너지 목표관리제'를 운영하고 있다. 국가온실가스 배출전망치(BAU) 대비 37%를 줄이는 것이 목표이며, ○○공단은 온실가스를 많이 배출하고 에너지 소비가 큰 업체를 매년 관리대상 업체로 지정한다. 또한 온실가스 감축, 에너지 절약 및 이용 효율과 같은 목표를 설정하고 목표 범위 이내로 온실가스 배출량과 에너지 소비량을 줄이도록 지속해서 관리한다.
관리대상으로 지정된 업체는 온실가스 · 에너지에 대한 명세서, 목표이행 계획서 및 이행실적보고서를 매년 제출해야 한다. 별도의 검증기관은 명세서가 정확히 작성됐는지 확인하며 관리업체가 목표를 달성하지 못했을 경우 정부는 과태료를 부과한다. 또한 중앙행정기관, 지자체, 공공기관 등 공공부문에서 소유하거나 임차해 사용하는 건물 및 차량에도 온실가스 · 에너지 목표관리제가 적용된다. 공공부문 역시 더욱 효과적으로 감축 계획을 이행할 수 있도록 온실가스 감축 기술 진단 및 전문컨설팅, 담당자 역량강화 교육 서비스를 지원해 온실가스를 줄이도록 독려하고 있다.
현재 온실가스 · 에너지 목표관리대상은 총 358개, 공공부문 대상기관은 824개 등으로 해마다 느는 추세다. 민관이 한마음 한뜻이 되어 지구온난화에 대비한 힘찬 발걸음을 시작한 것, 지구의 온도가 1도 내려가는 그 날이 머잖아 찾아올 것이라 기대되는 이유다.

보기

㉠ 기업체뿐만 아니라 공공부문에서도 온실가스 · 에너지 목표관리제를 적용한다.
㉡ 온실가스 감축 계획을 효과적으로 진행할 수 있도록 전문적인 교육을 했다.
㉢ 온실가스를 많이 배출하고 에너지 소비가 가장 많이 줄어든 업체를 매년 관리대상 업체로 지정한다.
㉣ 공공부문은 온실가스를 37% 이상 줄이는 것을 목표로 하고 있다.
㉤ 관리대상으로 지정된 업체는 목표이행 계획서를 제출해야 하며, 미달성한 경우 정부 업체는 과태료를 부과한다.

① ㉠, ㉡, ㉢
② ㉡, ㉢, ㉣
③ ㉡, ㉢, ㉤
④ ㉡, ㉣, ㉤
⑤ ㉢, ㉣, ㉤

출제유형분석

02 주제 · 제목 찾기

| 유형분석 |

- 주어진 지문을 파악하여 전달하고자 하는 핵심 주제를 고르는 문제이다.
- 정보를 종합하고 중요한 내용을 구별하는 능력이 필요하다.
- 설명문부터 주장, 반박문까지 다양한 성격의 지문이 제시되므로 글의 성격별 특징을 알아두는 것이 좋다.

다음 글의 제목으로 가장 적절한 것은?

구비문학에서는 기록문학과 같은 의미의 단일한 작품 또는 원본이라는 개념이 성립하기 어렵다. 윤선도의 '어부사시사'와 채만식의 『태평천하』는 엄밀하게 검증된 텍스트를 놓고 이것이 바로 그 작품이라 할 수 있지만, '오누이 장사 힘내기' 전설이라든가 '진주 낭군' 같은 민요는 서로 조금씩 다른 구연물이 다 그 나름의 개별적 작품이면서 동일 작품의 변이형으로 인정되기도 하는 것이다. 이야기꾼은 그의 개인적 취향이나 형편에 따라 설화의 어떤 내용을 좀 더 실감나게 손질하여 구연할 수 있으며, 때로는 그 일부를 생략 혹은 변경할 수 있다. 모내기할 때 부르는 '모노래'는 전승적 가사를 많이 이용하지만, 선창자의 재간과 그때그때의 분위기에 따라 새로운 노래 토막을 끼워 넣거나 일부를 즉흥적으로 개작 또는 창작하는 일도 흔하다.

① 구비문학의 현장성
② 구비문학의 유동성
③ 구비문학의 전승성
④ 구비문학의 구연성
⑤ 구비문학의 사실성

정답 ②

구비문학에서는 단일한 작품, 원본이라는 개념이 성립하기 어렵다. 선창자의 재간과 그때그때의 분위기에 따라 새롭게 변형되거나 창작되는 일이 흔하다. 다시 말해 정해진 틀이 있다기보다는 상황이나 분위기에 따라 바뀌는 것이 가능하다. 유동성이란 형편이나 때에 따라 변화될 수 있음을 뜻하는 말이다. 따라서 글의 제목은 '구비문학의 유동성'이라고 볼 수 있다.

풀이 전략!

'결국', '즉', '그런데', '그러나', '그러므로' 등의 접속어 뒤에 주제가 드러나는 경우가 많다는 것에 주의하면서 지문을 읽는다.

출제유형분석 02 실전예제

01 다음 글의 제목으로 가장 적절한 것은?

> 올해로 출시 12주년을 맞은 구글어스가 세계 환경 보안관 역할을 톡톡히 하고 있어 화제다. 구글어스는 가상 지구본 형태로 제공되는 세계 최초의 위성영상지도 서비스로서, 간단한 프로그램만 내려받으면 지구 전역의 위성사진 및 지도, 지형 등의 정보를 확인할 수 있다. 구글은 그동안 축적된 인공위성 빅데이터 등을 바탕으로 환경 및 동물 보호 활동을 지원하고 있다.
> 지구에서는 지난 10여 년간 약 230만㎢의 삼림이 사라졌다. 병충해 및 태풍, 산불 등으로 손실된 것이다. 특히 개발도상국들의 산림 벌채와 농경지 확보가 주된 이유다. 이처럼 사라지는 숲에 비해 자연의 자생력으로 복구되는 삼림은 아주 적은 편이다.
> 그런데 최근에 개발된 초고해상도 '구글어스' 이미지를 이용해 정밀 분석한 결과, 식물이 살 수 없을 것으로 여겨졌던 건조지대에서도 훨씬 많은 숲이 분포한다는 사실이 밝혀졌다. 국제연합식량농업기구(FAO) 등 13개국 20개 기관과 구글이 참여한 대규모 국제공동연구진은 구글어스로 얻은 위성 데이터를 세부 단위로 쪼개 그동안 잘 알려지지 않은 전 세계 건조지역을 집중 분석했다.
> 그 결과 강수량이 부족해 식물의 정상적인 성장이 불가능할 것으로 알려졌던 건조지대에서 약 467만㎢의 숲을 새로이 찾아냈다. 이는 한반도 면적의 약 21배에 달한다. 연구진은 이번 발견으로 세계 삼림 면적의 추정치가 9% 정도 증가할 것이라고 주장했다.
> 건조지대는 지구 육지표면의 40% 이상을 차지하지만, 명확한 기준과 자료 등이 없어 그동안 삼림 분포에 대해서는 잘 알려지지 않았다. 그러나 이번 연구결과로 인해 전 세계 숲의 이산화탄소 처리량 등에 대해 보다 정확한 계산이 가능해짐으로써 과학자들의 지구온난화 및 환경보호 연구에 많은 도움이 될 것으로 기대되고 있다.

① 구글어스로 보는 환경훼손의 심각성
② 인간의 이기심으로 사라지는 삼림
③ 사막화 현상으로 건조해지는 지구
④ 환경오염으로 심각해지는 식량난
⑤ 전 세계 환경 보안관, 구글어스

PART 1

02 다음 에너지 정책에 관한 글의 주제로 가장 적절한 것은?

> 정부는 탈원전・탈석탄 공약에 발맞춰 2030년까지 전체 국가 발전량의 20%를 신재생에너지로 채운다는 정책 목표를 수립하였다. 목표를 달성하기 위해 신재생에너지에 대한 송・변전 계획을 제8차 전력수급기본계획에 처음으로 수립하겠다는 게 정부의 방침이다.
> 정부는 기존의 수급계획이 수급안정과 경제성을 중점적으로 수립된 것에 반해, 8차 계획은 환경성과 안전성을 중점으로 하였다고 밝히고 있으며, 신규 발전설비는 원전, 석탄화력발전에서 친환경, 분산형 재생에너지와 LNG 발전을 우선시하는 방향으로 수요관리를 통합하여 합리적 목표수용 결정에 주안점을 두었다고 밝혔다.
> 그동안 많은 NGO 단체에서 에너지 분산에 관한 다양한 제안을 해왔지만 정부 차원에서 고려하거나 논의가 활발히 진행된 적은 거의 없었으며 명목상으로 포함하는 수준이었다. 그러나 이번 정부에서는 탈원전・탈석탄 공약을 제시하는 등 중앙집중형 에너지 생산시스템에서 분산형 에너지 생산시스템으로 정책의 방향을 전환하고자 한다. 이 기조에 발맞춰 분산형 에너지 생산시스템은 2018년도 지방선거에서도 해당 지역에 대한 다양한 선거공약으로 제시될 가능성이 높다.
> 중앙집중형 에너지 생산시스템은 환경오염, 송전선 문제, 지역 에너지 불균형 문제 등 다양한 사회적인 문제를 야기하였다. 하지만 그동안은 값싼 전기인 기저전력을 편리하게 사용할 수 있는 환경을 조성하고자 하는 기존 에너지계획과 전력수급계획에 밀려 중앙집중형 발전원 확대가 꾸준히 진행되었다. 그러나 현재 대통령은 중앙집중형 에너지 정책에서 분산형 에너지정책으로 전환되어야 한다는 것을 대선 공약사항으로 밝혀 왔으며, 현재 분산형 에너지정책으로 전환을 모색하기 위한 다각도의 노력을 하고 있다. 이러한 정부의 정책변화와 아울러 석탄화력발전소가 국내 미세먼지에 주는 영향과 일본 후쿠시마 원자력 발전소 문제, 국내 경주 대지진 및 최근 포항 지진 문제 등으로 인한 원자력에 대한 의구심 또한 커지고 있다.
> 제8차 전력수급계획(안)에 의하면, 우리나라의 에너지 정책은 격변기를 맞고 있다. 우리나라는 현재 중앙집중형 에너지 생산시스템이 대부분이며, 분산형 전원 시스템은 그 설비용량이 극히 적은 상태이다. 또한 우리나라의 발전설비는 2016년 말 105GW이며, 2014년도 최대 전력치를 보면 80GW 수준이므로 25GW 정도의 여유가 있는 상태이다. 25GW라는 여유는 원자력발전소 약 25기 정도의 전력생산 설비가 여유가 있는 상황이라고 볼 수 있다. 또한 제7차 전력수급기본계획의 2015 ~ 2016년 전기수요 증가율을 4.3 ~ 4.7%라고 예상하였으나 실제 증가율은 1.3 ~ 2.8% 수준에 그쳤다는 점은 우리나라의 전력 소비량 증가량이 둔화하고 있는 상태라는 것을 나타내고 있다.

① 중앙집중형 에너지 생산시스템의 발전 과정
② 에너지 분권의 필요성과 방향
③ 전력 소비량과 에너지 공급량의 문제점
④ 중앙집중형 에너지 정책의 한계점
⑤ 전력수급기본계획의 내용과 수정 방안 모색

03 다음 (가) ~ (마) 문단의 주제로 적절하지 않은 것은?

(가) 우리는 최근 '사회가 많이 깨끗해졌다.'라는 말을 많이 듣는다. 실제 우리의 일상생활은 정말 많이 깨끗해졌다. 과거에 비하면 일상생활에서 뇌물이 오가는 경우가 거의 없어진 것이다. 그런데 왜 부패인식지수가 나아지기는커녕 도리어 나빠지고 있을까? 일상생활과 부패인식지수가 전혀 다른 모습을 보이는 이유는 어디에 있을까?

(나) 부패인식지수가 산출되는 과정에서 그 물음의 답을 찾을 수 있다. 부패인식지수는 국제투명성기구에서 매년 조사하여 발표하고 있는 세계적으로 가장 권위 있는 부패 지표로, 지수는 국제적인 조사 및 평가를 실시하고 있는 여러 기관의 조사 결과를 바탕으로 산출된다. 각 기관의 조사 항목과 조사 대상은 서로 다르지만, 주요 항목은 공무원의 직권 남용 억제 기능, 공무원의 공적 권력의 사적 이용, 공공서비스와 관련한 뇌물 등으로 공무원의 뇌물과 부패에 초점이 맞추어져 있다.

(다) 부패인식지수를 이해하는 데에 주목하여야 할 또 하나의 중요한 점은 부패인식지수 계산에 사용된 각 지수의 조사 대상이다. 조사에 따라 약간의 차이가 있기는 하지만 조사는 주로 해당 국가나 해당 국가와 거래하고 있는 고위 기업인과 전문가들을 대상으로 이루어진다. 일반 시민이 아닌 기업 활동에서 공직자들과 깊숙한 관계를 맺고 있어 공직자들의 행태를 누구보다 잘 알고 있을 것으로 추정되는 사람들의 의견을 대상으로 하는 것이다. 결국 부패인식지수는 고위 기업경영인과 전문가들의 공직 사회의 뇌물과 부패에 대한 평가라 할 수 있다.

(라) 그렇다면 부패인식지수를 개선하는 방법은 무엇일까? 그간 정부는 공무원행동강령, 청탁금지법, 부패방지기구 설치 등 많은 제도적인 노력을 기울여왔다. 이러한 정부의 노력에도 불구하고 정부 반부패정책은 대부분 효과가 없는 것으로 보인다. 정부 노력에 대한 일반 시민들의 시선도 차갑기만 하다. 결국 법과 제도적 장치는 우리 사회에 만연한 연줄 문화 앞에서 힘을 쓰지 못하고 있는 것으로 해석할 수 있다.

(마) 천문학적인 뇌물을 받아도 마스크를 낀 채 휠체어를 타고 교도소를 나오는 기업경영인과 공직자들의 모습을 우리는 자주 보아왔다. 이처럼 솜방망이 처벌이 반복되는 상황에서 부패는 계속될 수밖에 없다. 예상되는 비용에 비해 기대 수익이 큰 상황에서 부패는 끊어질 수 없는 것이다. 이러한 상황이 인간의 욕망을 도리어 자극하여 사람들은 연줄을 찾아 더 많은 부당이득을 노리려 할지 모른다. 연줄로 맺어지든 다른 방식으로 이루어지든 부패로 인하여 지불해야 할 비용이 크다면 부패에 대한 유인이 크게 줄어들 수 있을 것이다.

① (가) : 일상부패에 대한 인식과 부패인식지수의 상반되는 경향에 대한 의문
② (나) : 공공분야에 맞추어진 부패인식지수의 산출과정
③ (다) : 특정 계층으로 집중된 부패인식지수의 조사 대상
④ (라) : 부패인식지수의 효과적인 개선방안
⑤ (마) : 부패가 계속되는 원인과 부패 해결 방향

출제유형분석

03 문단 나열

| 유형분석 |

- 각 문단 또는 문장의 내용을 파악하고 논리적 순서에 맞게 배열하는 복합적인 문제이다.
- 전체적인 글의 흐름을 이해하는 것이 중요하며, 각 문장의 지시어나 접속어에 주의한다.

다음 문단을 논리적 순서대로 바르게 나열한 것은?

(가) 그중에서도 우리나라의 나전칠기는 중국이나 일본보다 단조한 편이지만, 옻칠의 질이 좋고 자개 솜씨가 뛰어나 우리나라 칠공예만의 두드러진 개성을 가진다. 전래 초기에는 주로 백색의 야광패를 사용하였으나, 후대에는 청록 빛깔을 띤 복잡한 색상의 전복껍데기를 많이 사용하였다. 우리나라의 나전칠기는 일반적으로 목제품의 표면에 옻칠을 하고 그것에다 한층 치레 삼아 첨가한다.

(나) 이러한 나전칠기는 특히 통영의 것이 유명하다. 이는 예로부터 통영에서는 나전의 원료가 되는 전복이 많이 생산되었으며, 인근 내륙 및 함안지역의 질 좋은 옻이 나전칠기가 발달하는 데 주요 원인이 되었기 때문이다. 이에 통영시는 지역 명물 나전칠기를 널리 알리기 위해 매년 10월 통영 나전칠기 축제를 개최하여 400년을 이어온 통영지방의 우수하고 독창적인 공예법을 소개하고 작품도 전시하고 있다.

(다) 제작방식은 우선 전복껍데기를 얇게 하여 무늬를 만들고 백골에 모시 천을 바른 뒤, 칠과 호분을 섞어 표면을 고른다. 그 후 칠죽 바르기, 삼베 붙이기, 탄회 칠하기, 토회 칠하기를 통해 제조과정을 끝마친다. 문양을 내기 위해 나전을 잘라내는 방법에는 주름질(자개를 문양 형태로 오려낸 것), 이음질(문양구도에 따라 주름대로 문양을 이어가는 것), 끊음질(자개를 실같이 가늘게 썰어서 문양 부분에 모자이크 방법으로 붙이는 것)이 있다.

(라) 나전칠기는 기물에다 무늬를 나타내는 대표적인 칠공예의 장식기법 중 하나로, 얇게 깐 조개껍데기를 여러 가지 형태로 오려내어 기물의 표면에 감입하여 꾸미는 것을 통칭한다. 우리나라는 목기와 더불어 칠기가 발달했는데, 이러한 나전기법은 중국 주대(周代)부터 이미 유행했고 당대(唐代)에 성행하여 한국과 일본에 전해진 것으로 보인다. 나전기법은 여러 나라를 포함한 아시아 일원에 널리 보급되어 있고 지역에 따라 독특한 성격을 가진다.

① (나) – (다) – (가) – (라)　　② (나) – (가) – (다) – (라)
③ (다) – (나) – (라) – (가)　　④ (라) – (가) – (다) – (나)
⑤ (라) – (나) – (가) – (다)

정답 ④

제시문은 나전칠기의 개념을 제시하고 우리나라 나전칠기의 특징, 제작방법 그리고 더 나아가 국내의 나전칠기 특산지에 대해 설명하고 있다. 따라서 (라) 나전칠기의 개념 → (가) 우리나라 나전칠기의 특징 → (다) 나전칠기의 제작방법 → (나) 나전칠기 특산지 소개의 순서대로 나열하는 것이 적절하다.

풀이 전략!

상대적으로 시간이 부족하다고 느낄 때는 선택지를 참고하여 문장의 순서를 생각해 본다.

출제유형분석 03 실전예제

※ 다음 문단을 논리적 순서대로 바르게 나열한 것을 고르시오. [1~2]

01

(가) 2018년 정부 통계에 따르면, 우리 연안 생태계 중 갯벌의 면적은 산림의 약 4%에 불과하지만 연간 이산화탄소 흡수량은 산림의 약 37%이며 흡수 속도는 수십 배에 달합니다.

(나) 연안 생태계는 대기 중 이산화탄소 흡수에 탁월합니다. 물론 연안 생태계가 이산화탄소를 얼마나 흡수할 수 있겠냐고 말하는 분도 계실 것입니다. 하지만 연안 생태계를 구성하는 갯벌과 염습지의 염생 식물, 식물성 플랑크톤 등은 광합성을 통해 대기 중 이산화탄소를 흡수하는데, 산림보다 이산화탄소 흡수 능력이 뛰어납니다.

(다) 2019년 통계에 따르면 우리나라의 이산화탄소 배출량은 세계 11위에 해당하는 높은 수준입니다. 그동안 우리나라는 이산화탄소 배출을 줄이려 노력하고, 대기 중 이산화탄소 흡수를 위한 산림 조성에 힘써 왔습니다. 그런데 우리가 놓치고 있는 이산화탄소 흡수원이 있습니다. 바로 연안 생태계입니다.

(라) 또한 연안 생태계는 탄소의 저장에도 효과적입니다. 연안의 염생 식물과 식물성 플랑크톤은 이산화탄소를 흡수하여 갯벌과 염습지에 탄소를 저장하는데 이 탄소를 블루카본이라 합니다. 산림은 탄소를 수백 년간 저장할 수 있지만 연안은 블루카본을 수천 년간 저장할 수 있습니다. 연안 생태계가 훼손되면 블루카본이 공기 중에 노출되어 이산화탄소 등이 대기 중으로 방출됩니다. 그러므로 블루카본이 온전히 저장되어 있도록 연안 생태계를 보호해야 합니다.

① (가) – (나) – (다) – (라)
② (다) – (가) – (나) – (라)
③ (다) – (나) – (가) – (라)
④ (다) – (라) – (나) – (가)
⑤ (나) – (다) – (가) – (라)

PART 1

02

(가) 매년 수백만 톤의 황산이 애팔래치아 산맥에서 오하이오 강으로 흘러들어 간다. 이 황산은 강을 붉게 물들이고 산성으로 변화시킨다. 이렇듯 강이 붉게 물드는 것은 티오바실러스라는 세균으로 인해 생성된 침전물 때문이다. 철2가 이온(Fe^{2+})과 철3가 이온(Fe^{3+})의 용해도가 이러한 침전물의 생성에 중요한 역할을 한다.

(나) 애팔래치아 산맥의 석탄 광산에 있는 황철광에는 이황화철(FeS_2)이 함유되어 있다. 티오바실러스는 이 황철광에 포함된 이황화철(FeS_2)을 산화시켜 철2가 이온(Fe^{2+})과 강한 산인 황산을 만든다. 이 과정에서 티오바실러스는 일차적으로 에너지를 얻는다. 일단 만들어진 철2가 이온(Fe^{2+})은 티오바실러스에 의해 다시 철3가 이온(Fe^{3+})으로 산화되는데, 이 과정에서 또 다시 티오바실러스는 에너지를 이차적으로 얻는다.

(다) 이황화철(FeS_2)의 산화는 다음과 같이 가속된다. 티오바실러스에 의해 생성된 황산은 황철광을 녹이게 된다. 황철광이 녹으면 황철광 안에 들어 있던 이황화철(FeS_2)은 티오바실러스와 공기 중의 산소에 더 노출되어 화학반응이 폭발적으로 증가하게 된다. 티오바실러스의 생장과 번식에는 이와 같이 에너지의 원료가 되는 이황화철(FeS_2)과 산소 그리고 세포 구성에 필요한 무기질이 꼭 필요하다. 이러한 환경조건이 자연적으로 완비된 광산 지역에서는 일반적인 방법으로 티오바실러스의 생장을 억제하기가 힘들다. 이황화철(FeS_2)과 무기질이 다량으로 광산에 있으므로 이 경우 오하이오 강의 오염을 막기 위한 방법은 광산을 밀폐시켜 산소의 공급을 차단하는 것뿐이다.

(라) 철2가 이온(Fe^{2+})은 강한 산(pH 3.0 이하)에서 물에 녹은 상태를 유지한다. 그러한 철2가 이온(Fe^{2+})은 자연 상태에서 pH 4.0 ~ 5.0 사이가 되어야 철3가 이온(Fe^{3+})으로 산화된다. 놀랍게도 티오바실러스는 강한 산에서 잘 자라고 강한 산에 있는 철2가 이온(Fe^{2+})을 적극적으로 산화시켜 철3가 이온(Fe^{3+})을 만든다. 그리고 물에 녹지 않는 철3가 이온(Fe^{3+})은 다른 무기 이온과 결합하여 붉은 침전물을 만든다. 환경에 영향을 미칠 정도로 다량의 붉은 침전물을 만들기 위해서는 엄청난 양의 철2가 이온(Fe^{2+})과 강한 산이 있어야 한다. 이것들은 어떻게 만들어지는 것일까?

① (가) – (나) – (라) – (다)
② (가) – (라) – (나) – (다)
③ (라) – (가) – (다) – (나)
④ (라) – (나) – (가) – (다)
⑤ (라) – (나) – (다) – (가)

03 다음 문단에 이어질 (가) ~ (마)문단을 논리적 순서대로 바르게 나열한 것은?

우리는 살아가면서 얼마나 많은 것들을 알고 배우는가? 우리는 주로 우리가 '아는 것'들에 초점을 맞추지만, 사실상 살아가면서 알고 있고, 알 수 있는 것보다는 알지 못하는 것들이 훨씬 더 많다. 그러나 대부분의 사람들이 평소에 자신이 얼마나 많은 것들을 모르고 있는지에 대해서는 그다지 의식하지 못한 채 살아가고 있다. 일상생활에서는 자신의 주변과 관련하여 아는 바와 이미 습득한 지식에 대해서 의심하는 일은 거의 없을 뿐더러, 그 지식체계에 변화를 주어야 할 계기도 거의 주어지지 않기 때문이다.

(가) 그러므로 어떤 지식을 안다는 것은 어떤 지식을 알지 못하는 것에서 출발하는 것이며, 때로는 '어떤 부분에 대하여 잘 알지 못한다는 것을 앎' 자체가 하나의 지식이 될 수 있다. 『논어』 위정편에서 공자는 "아는 것을 아는 것이라 하고, 알지 못하는 것을 알지 못하는 것이라고 하는 것이 곧 안다는 것이다(知之爲知之 不知爲不知 是知也)."라고 하였다. 비슷한 시기에 서양의 소크라테스는 무지(無知)를 아는 것이 신으로부터 받은 가장 큰 지혜라고 주장하였다. '무지에 대한 지'의 중요성을 인식한 것은 동서양의 학문이 크게 다르지 않았던 것이다.

(나) 우리는 더 발전된 미래로 나아가는 힘은 '무지에 대한 지'에 있음을 자각해야 한다. 무엇을 잘못 알고 있지는 않은지, 더 알아야 할 것은 무엇인지, 끊임없이 우리 자신의 지식에 대하여 질문하고 도전해야 한다. 아는 것과 모르는 것을 구분하고, '무지에 대한 지'를 통해 얻은 것들을 단순히 지식으로 아는 데 그치지 않고 아는 것들을 실천하는 것, 그것이 성공하는 사람이 되고 성공하는 사회로 나아가는 길일 것이다.

(다) 이러한 학문적 소견과 달리 역사는 때때로 '무지에 대한 지'를 철저히 배제하는 방향으로 흘러가기도 했다. 그리하여 제대로 검증되지도 않은 어떤 신념이나 원칙을 맹목적으로 좇은 결과, 불특정다수의 사람들이나 특정 집단을 희생시키고 발전을 저해한 사례들은 역사 가운데 수도 없이 많다. 가까운 과거에는 독재와 전체주의가 그랬고, 학문과 예술 분야에서 암흑의 시기였던 중세 시대가 그랬다.

(라) 그러나 예상치 못했던 일이 발생하거나 낯선 곳에 가는 등 일상적이지 않은 상황에 놓이게 되면, 이전에는 궁금하지 않았던 것들에 대하여 알고자 하는 욕구가 커진다. 또한 공부를 하거나 독서를 하는 경우, 자신이 몰랐던 많은 것들을 알게 되고 이를 해결하기 위해 치열하게 몰입한다. 이 과정에서 자신이 잘못 알고 있던 것들을 깨닫기도 함은 물론이다.

(마) 오늘날이라고 해서 크게 다르지는 않다. 정보의 홍수라고 할 만큼 사람들은 과거에 비하여 어떤 정보에 대해 접근하기가 쉬워졌지만, 쉽게 얻을 수 있는 만큼 깊게 알려고 하지 않는다. 그러면서도 사람들은 보거나 들은 것을 마치 자신이 알고 있는 것으로 생각하는 경향이 크다.

① (라) – (마) – (가) – (다) – (나)
② (가) – (다) – (마) – (라) – (나)
③ (가) – (다) – (라) – (나) – (마)
④ (가) – (마) – (라) – (나) – (다)
⑤ (라) – (가) – (다) – (마) – (나)

출제유형분석

04 추론하기

| 유형분석 |

- 주어진 지문을 바탕으로 도출할 수 있는 내용을 찾는 문제이다.
- 선택지의 내용을 정확하게 확인하고 지문의 정보와 비교하여 추론하는 능력이 필요하다.

다음 글을 통해 추론할 수 없는 것은?

제약 연구원이란 제약 회사에서 약을 만드는 과정에 참여하는 사람을 말한다. 제약 연구원은 이러한 모든 단계에 참여하지만, 특히 신약 개발 단계와 임상 시험 단계에서 가장 중점적인 역할을 한다. 일반적으로 약을 만드는 과정은 새로운 약품을 개발하는 신약 개발 단계, 임상 시험을 통해 개발된 신약의 약효를 확인하는 임상 시험 단계, 식약처에 신약이 판매될 수 있도록 허가를 요청하는 약품 허가 요청 단계, 마지막으로 의료진과 환자를 대상으로 신약에 대해 홍보하는 영업 및 마케팅의 단계로 나눈다.

제약 연구원이 되기 위해서는 일반적으로 약학을 전공해야 한다고 생각하기 쉽지만, 약학 전공자 이외에도 생명 공학, 화학 공학, 유전 공학 전공자들이 제약 연구원으로 활발하게 참여하고 있다. 만일 신약 개발의 전문가가 되고 싶다면 해당 분야에서 오랫동안 연구한 경험이 필요하기 때문에 대학원에서 석사나 박사 학위를 취득하는 것이 유리하다.

제약 연구원이 되기 위해서는 전문적인 지식도 중요하지만, 사람의 생명과 관련된 일인 만큼, 무엇보다도 꼼꼼함과 신중함, 책임 의식이 필요하다. 또한 제약 회사라는 공동체 안에서 일을 하는 것이므로 원만한 일의 진행을 위해서 의사소통 능력도 필수적으로 요구된다. 오늘날 제약 분야가 빠르게 성장하고 있다는 점을 고려할 때, 일에 대한 도전 의식, 호기심과 탐구심 등도 제약 연구원에게 필요한 능력으로 꼽을 수 있다.

① 제약 연구원은 약품 허가 요청 단계에 참여한다.
② 오늘날 제약 연구원에게 요구되는 능력이 많아졌다.
③ 생명이나 유전 공학 전공자도 제약 연구원으로 일할 수 있다.
④ 신약 개발 전문가가 되려면 반드시 석사나 박사를 취득해야 한다.
⑤ 제약 연구원은 신약 개발 단계에서 중점적인 역할을 한다.

정답 ④

제시문에 따르면 신약 개발의 전문가가 되기 위해서는 해당 분야에서 오랫동안 연구한 경험이 필요하므로 석사나 박사 학위를 취득하는 것이 유리하다고 하였다. 그러나 석사나 박사 학위가 신약 개발 전문가가 되는 데 도움을 준다는 것일 뿐이므로 반드시 필요한 필수 조건인지는 알 수 없다. 따라서 ④는 제시문을 통해 추론할 수 없다.

풀이 전략!

주어진 지문이 어떠한 내용을 다루고 있는지 파악한 후 선택지의 키워드를 확실하게 체크하고, 지문의 정보에서 도출할 수 있는 내용을 찾는다.

출제유형분석 04 실전예제

01 다음 글의 내용을 바탕으로 추론할 수 없는 것은?

> 독일의 발명가 루돌프 디젤이 새로운 엔진에 대한 아이디어를 내고 특허를 얻은 것은 1892년의 일이었다. 1876년 오토가 발명한 가솔린 엔진의 효율은 당시에 무척 떨어졌으며, 널리 사용된 증기기관의 효율 역시 10%에 불과했고, 가동 비용도 많이 드는 단점이 있었다. 디젤의 목표는 고효율의 엔진을 만드는 것이었고, 그의 아이디어는 훨씬 더 높은 압축 비율로 연료를 연소시키는 것이었다. 일반적으로 가솔린 엔진은 기화기에서 공기와 연료를 먼저 혼합하고, 그 혼합 기체를 실린더 안으로 흡입하여 압축한 후, 점화 플러그로 스파크를 일으켜 동력을 얻는다. 이러한 과정에서 문제는 압축 정도가 제한된다는 것이다. 만일 기화된 가솔린에 너무 큰 압력을 가하면 멋대로 점화되어 버리는데, 이것이 엔진의 노킹 현상이다.
>
> 공기를 압축하면 뜨거워진다는 것은 알려져 있던 사실이다. 디젤 엔진의 기본 원리는 실린더 안으로 공기만을 흡입하여 피스톤으로 강하게 압축시킨 다음, 그 압축 공기에 연료를 분사하여 저절로 착화가 되도록 하는 것이다. 따라서 디젤 엔진에는 점화 플러그가 필요 없는 대신, 연료 분사기가 장착되어 있다. 또 압축 과정에서 공기와 연료가 혼합되지 않기 때문에 디젤 엔진은, 최대 12:1의 압축 비율을 갖는 가솔린 엔진보다 훨씬 더 높은 25:1 정도의 압축 비율을 갖는다. 압축 비율이 높다는 것은 그만큼 효율이 좋다는 것을 의미한다.
>
> 사용하는 연료의 특성도 다르다. 디젤 연료인 경유는 가솔린보다 훨씬 무겁고 점성이 강하며 증발하는 속도도 느리다. 왜냐하면 경유는 가솔린보다 훨씬 더 많은 탄소 원자가 길게 연결되어 있기 때문이다. 일반적으로 가솔린은 5 ~ 10개, 경유는 16 ~ 20개의 탄소를 가진 탄화수소들의 혼합물이다. 탄소가 많이 연결된 탄화수소물에 고온의 열을 가하면 탄소 수가 적은 탄화수소물로 분해된다. 한편, 경유는 가솔린보다 에너지 밀도가 높다. 1갤런의 경유는 약 1억 5,500만 줄(J)의 에너지를 가지고 있지만, 가솔린은 1억 3,200만 줄을 가지고 있다. 이러한 연료의 특성들이 디젤 엔진의 높은 효율과 결합되면서, 디젤 엔진은 가솔린 엔진보다 좋은 연비를 내게 되는 것이다.
>
> 발명가 디젤은 디젤 엔진이 작고 경제적인 엔진이 되어야 한다고 생각했지만, 그의 생전에는 크고 육중한 것만 만들어졌다. 하지만 그 후 디젤의 기술적 유산은 이 발명가가 꿈꾼 대로 널리 보급되었다. 디젤 엔진은 원리상 가솔린 엔진보다 더 튼튼하고 고장도 덜 난다. 디젤 엔진은 연료의 품질에 민감하지 않고 연료의 소비 면에서도 경제성이 뛰어나 오늘날 자동차 엔진용으로 확고한 자리를 잡았다. 환경론자들이 걱정하는 디젤 엔진의 분진 배출 문제도 필터 기술이 나아지면서 점차 극복되고 있다.

① 머지않아 디젤 엔진의 분진 배출 문제도 해결될 수 있을 것이다.

② 같은 크기의 차량을 움직인다면, 경유가 연료 소모가 적을 것이다.

③ 경유와 가솔린이 섞였다면 용기의 하부에서 경유를 떠낼 수 있을 것이다.

④ 디젤 엔진은 가솔린 엔진에 비해 저회전으로 작동한다.

⑤ 가솔린 엔진에 노킹이 발생한다면 실린더의 압축비를 점검할 필요가 있을 것이다.

PART 1

02 다음 지문을 토대로 〈보기〉를 해석한 내용으로 적절하지 않은 것은?

가스는 통상적으로 연료로 사용되는 기체를 의미하며, 우리 생활에는 도시가스 등이 밀접해 있다. 우리나라는 천연가스 중 LNG를 도시가스로 많이 사용한다. 천연가스는 가솔린이나 LPG에 비해 열량이 높은 청청에너지를 가지고 있지만 기체 상태이기 때문에 부피가 커서 충천과 우반, 보관 등이 어렵기 때문에 가솔린이나 디젤보다 자원으로 사용이 늦어졌으나, 20세기에 LNG를 만드는 기술이 개발되면서 상용화되었다.

천연가스는 어떻게 변환했는지에 따라, 또 공급 방식에 따라 종류가 달라진다. 먼저 PNG(Pipeline Natural Gas)는 천연가스 채굴 지역에서 소비 지역까지 배관을 통해 가스를 기체 상태로 이동시켜 사용하는 것으로 CNG나 LNG보다 경제성이 좋으나 직접 연결할 수 없는 지정학적 위치상 우리나라는 사용되지 않고 있다.

LNG(Liquefied Natural Gas)는 천연가스의 주성분이 메탄을 영하 162°도로 냉각해 액체 상태로 만드는 것으로 부피가 약 600배로 압축된 상태이다. 무색의 투명한 액체로 공해물질이 거의 없고 열량이 높아 우수한 연료이다. 초저온 탱크가 필요하기 때문에 자동차에서는 운행거리가 긴 시외버스나 대형 화물차에 사용된다.

CNG(Compressed Natural Gas)는 가정이나 공장 등에서 사용되는 LNG를 자동차 연료용으로 변환한 것으로 LNG를 상온에서 기화시킨 후 약 200기압으로 압축해서 만들어진다. LNG보다 부피가 3배 정도 커서 1회 충전으로 운행 거리가 짧기 때문에 장거리 화물차 등에는 잘 사용되지 않는다. 하지만 LNG보다 냉각과 단열 장치에 필요한 비용이 절감되어 더 경제적이다. 주로 시내버스용으로 사용되며 서울의 시내버스는 대부분 CNG 버스이다.

우리가 흔히 사용하는 LPG(Liquefied Petroleum Gas)는 천연가스와는 다른 액화석유가스로 프로판과 부탄을 상온에서 가압하여 액환 것을 말한다. 차량용, 가정용, 공업용 등 다양하게 활용할 수 있으며, 가스통 형태로 공급되기도 한다. 에너지가 크고 쉽게 액화할 수 있으나 공기보다 무겁고 물보다 가벼워 누출 시 폭발 위험성 크다.

보기

최근 들어 환경의 중요성이 대두되며 석유가스보다는 천연가스의 사용이 많아질 뿐 아니라 점점 더 중요해지고 있다. 많은 차량의 CNG가 전환되고 있으며, 가정에는 도시가스가 보급되고 있다. 우리나라는 위로 북한이 있어 배관을 연결할 수 없어서 유럽 등의 국가처럼 러시아의 천연가스를 공급받는 것은 어렵기 때문에 다른 종류를 이용하고 있다. 폭발 위험성이 큰 것은 줄이려고 하고 있지만 아직 다양한 분야에서 사용되고 있다. 천연가스는 변화하는 방법에 따라 여러 종류로 나눠지며, 천연가스를 자원화하는 것은 역사가 오래된 편이 아니다.

① PNG, CNG, LNG 등은 친환경적이다.
② 남북이 통일된다면 PNG를 활용할 수 있다.
③ CNG는 천년가스보다 부피가 작고, CNG로 전환된 차들 중 시내버스가 대표적이다.
④ 천연가스는 변환 방법에 따라 종류와 쓰임이 다르다.
⑤ 폭발 위험성이 큰 것은 가정용으로 사용하지 않는다.

03 다음 글을 바탕으로 추론한 내용으로 적절하지 않은 것은?

생태학에서 생물량, 또는 생체량으로 번역되어 오던 단어인 바이오매스(Biomass)는 태양 에너지를 받은 식물과 미생물의 광합성에 의해 생성되는 식물체, 균체, 그리고 이를 자원으로 삼는 동물체 등을 모두 포함한 생물 유기체를 일컫는다. 그리고 이러한 바이오매스를 생화학적, 또는 물리적 변환과정을 통해 액체, 가스, 고체연료, 혹은 전기나 열에너지 형태로 이용하는 기술을 화이트 바이오테크놀로지(White Biotechnology), 줄여서 '화이트 바이오'라고 부른다.
옥수수나 콩, 사탕수수와 같은 식물자원을 이용해 화학제품이나 연료를 생산하는 기술인 화이트 바이오는 재생이 가능한 데다 기존 화석원료를 통한 제조방식에서 벗어나 이산화탄소 배출을 줄일 수 있는 탄소중립적인 기술로 주목받고 있다. 한편 산업계에서는 미생물을 활용한 화이트 바이오를 통해 산업용 폐자재나 가축의 분뇨, 생활폐기물과 같이 죽은 유기물이라 할 수 있는 유기성 폐자원을 바이오매스 자원으로 활용하여 에너지를 생산하고자 연구하고 있어, 온실가스 배출, 악취 발생, 수질오염 등 환경적 문제는 물론 그 처리비용 문제도 해결할 수 있을 것으로 기대를 모으고 있다. 비록 보건 및 의료 분야의 바이오산업인 레드 바이오나 농업 및 식량 분야의 그린 바이오보다 늦게 발전을 시작했지만, 한국과학기술기획평가원이 발간한 보고서에 따르면 화이트 바이오 관련 산업은 연평균 18%의 빠른 속도로 성장하며 기존의 화학 산업을 대체할 것으로 전망되고 있다.

① 생태학에서 정의하는 바이오매스와 산업계에서 정의하는 바이오매스는 다르다.
② 산업계는 화이트 바이오를 통해 환경오염 문제를 해결할 수 있을 것으로 기대를 모으고 있다.
③ 가정에서 나온 폐기물은 바이오매스 자원으로 고려되지 않는다.
④ 화이트 바이오 산업은 아직 다른 두 바이오산업에 비해 규모가 작을 것이다.
⑤ 기존 화학 산업의 경우 탄소배출이 문제가 되고 있었다.

PART 1

출제유형분석

05 빈칸 넣기

| 유형분석 |

- 주어진 지문을 바탕으로 빈칸에 들어갈 내용을 찾는 문제이다.
- 선택지의 내용을 정확하게 확인하고 빈칸 앞뒤 문맥을 파악하는 능력이 필요하다.

다음 글의 빈칸에 들어갈 내용으로 가장 적절한 것은?

> 힐링(Healing)은 사회적 압박과 스트레스 등으로 손상된 몸과 마음을 치유하는 방법을 포괄적으로 일컫는 말이다. 우리보다 먼저 힐링이 정착된 서구에서는 질병 치유의 대체 요법 또는 영적·심리적 치료 요법 등을 지칭하고 있다. 국내에서도 최근 힐링과 관련된 갖가지 상품이 유행하고 있다. 간단한 인터넷 검색을 통해 수천 가지의 상품을 확인할 수 있을 정도이다. 종교적 명상, 자연 요법, 운동 요법 등 다양한 형태의 힐링 상품이 존재한다. 심지어 고가의 힐링 여행이나 힐링 주택 등의 상품도 나오고 있다. 그러나 ______________________________ 우선 명상이나 기도 등을 통해 내면에 눈뜨고, 필라테스나 요가를 통해 육체적 건강을 회복하여 자신감을 얻는 것부터 출발할 수 있다.

① 힐링이 먼저 정착된 서구의 힐링 상품들을 참고해야 할 것이다.
② 많은 돈을 들이지 않고서도 쉽게 할 수 있는 일부터 찾는 것이 좋을 것이다.
③ 이러한 상품들의 값이 터무니없이 비싸다고 느껴지지는 않을 것이다.
④ 자신을 진정으로 사랑하는 법을 알아야 할 것이다.
⑤ 혼자만 할 수 있는 힐링 상품을 찾는 것보다는 다른 사람과 함께 하는 힐링 상품을 찾는 것이 좋을 것이다.

정답 ②

빈칸의 전후 문장을 통해 내용을 파악해야 한다. 우선 '그러나'를 통해 빈칸에는 앞의 내용에 상반되는 내용이 오는 것임을 알 수 있다. 따라서 수천 가지의 힐링 상품이나 고가의 상품들을 참고하는 것과는 상반된 내용을 찾으면 된다. 또한, 빈칸 뒤의 내용이 주위에서 쉽게 할 수 있는 힐링 방법을 통해 자신감을 얻는 것부터 출발해야 한다는 내용이므로, 빈칸에는 많은 돈을 들이지 않고도 쉽게 할 수 있는 일부터 찾아야 한다는 내용이 담긴 문장이 오는 것이 적절하다.

풀이 전략!

빈칸 앞뒤의 문맥을 파악한 후 선택지에서 가장 어울리는 내용을 찾는다. 빈칸 앞에 접속어가 있다면 이를 활용한다.

출제유형분석 05 실전예제

※ 다음 글의 빈칸에 들어갈 내용으로 가장 적절한 것을 고르시오. [1~3]

01

태양은 지구의 생명체가 살아가는 데 필요한 빛과 열을 공급해 준다. 태양은 이런 막대한 에너지를 어떻게 계속 내놓을 수 있을까?

16세기 이전까지는 태양을 포함한 별들이 지구상의 물질을 이루는 네 가지 원소와 다른, 불변의 '제5원소'로 이루어졌다고 생각했다. 하지만 밝기가 변하는 신성(新星)이 별 가운데 하나라는 사실이 알려지면서 별이 불변이라는 통념은 무너지게 되었다. 또한, 태양의 흑점 활동이 관측되면서 태양 역시 불덩어리일지도 모른다고 생각하기 시작했다. 그 후 섭씨 5,500℃로 가열된 물체에서 노랗게 보이는 빛이 나오는 것을 알게 되면서 유사한 빛을 내는 태양의 온도도 비슷할 것이라고 추측하게 되었다.

19세기에는 에너지 보존 법칙이 확립되면서 새로운 에너지 공급이 없다면 태양의 온도가 점차 낮아져야 한다는 결론을 내렸다. 그렇다면 과거에는 태양의 온도가 훨씬 높았어야 했고, 지구의 바다가 펄펄 끓어야 했을 것이다. 하지만 실제로는 그렇지 않았고, 사람들은 태양의 온도를 일정하게 유지해 주는 에너지원이 무엇인지에 대해 생각하게 되었다.

20세기 초 방사능이 발견되면서 사람들은 방사능 물질의 붕괴에서 나오는 핵분열 에너지를 태양의 에너지원으로 생각하였다. 그러나 태양빛의 스펙트럼을 분석한 결과 태양에는 우라늄 등의 방사능 물질 대신 수소와 헬륨이 있다는 것을 알게 되었다. 즉, 방사능 물질의 붕괴에서 나오는 핵분열 에너지가 태양의 에너지원이 아니었던 것이다.

현재 태양의 에너지원은 수소 원자핵 네 개가 헬륨 원자핵 하나로 융합하는 과정의 질량 결손으로 인해 생기는 핵융합 에너지로 알려져 있다. 태양은 엄청난 양의 수소 기체가 중력에 의해 뭉쳐진 것으로, 그 중심으로 갈수록 밀도와 압력, 온도가 증가한다. 태양에서의 핵융합은 천만℃ 이상의 온도를 유지하는 중심부에서만 일어난다. 높은 온도에서만 원자핵들은 높은 운동 에너지를 가지게 되며, 그 결과로 원자핵들 사이의 반발력을 극복하고 융합되기에 충분히 가까운 거리로 근접할 수 있기 때문이다. 태양빛이 핵융합을 통해 나온다는 사실은 태양으로부터 온 중성미자가 관측됨으로써 더 확실해졌다.

중심부의 온도가 올라가 핵융합 에너지가 늘어나면 그 에너지로 인한 압력으로 수소를 밖으로 밀어내어 중심부의 밀도와 온도를 낮추게 된다. 이렇게 온도가 낮아지면 방출되는 핵융합 에너지가 줄어들며, 그 결과 압력이 낮아져서 수소가 중심부로 들어오게 되어 중심부의 밀도와 온도를 다시 높인다. 이렇듯 태양 내부에서 중력과 핵융합 반응의 평형 상태가 유지되기 때문에 ______________ 태양은 이미 50억 년간 빛을 냈고, 앞으로도 50억 년 이상 더 빛날 것이다.

① 태양의 핵융합 에너지가 폭발적으로 증가할 수 있게 된다.
② 태양 외부의 밝기가 내부 상태에 따라 변할 수 있게 된다.
③ 태양이 오랫동안 안정적으로 빛을 낼 수 있게 된다.
④ 태양이 일정한 크기를 유지할 수 있었다.
⑤ 과거와 달리 태양이 일정한 온도를 유지할 수 있게 된다.

02

일반적으로 물체, 객체를 의미하는 프랑스어 오브제(Objet)는 라틴어에서 유래된 단어로, 어원적으로는 앞으로 던져진 것을 의미한다. 미술에서 대개 인간이라는 '주체'와 대조적인 '객체'로서의 대상을 지칭할 때 사용되는 오브제가 미술사 전면에 나타나게 된 것은 입체주의 이후이다.
20세기 초 입체파 화가들이 화면에 나타나는 공간을 자연의 모방이 아닌 독립된 공간으로 인식하기 시작하면서 회화는 재현미술로서의 단순한 성격을 벗어나기 시작한다. 즉, '미술은 그 자체가 실재이다. 또한 그것은 객관세계의 계시 혹은 창조이지 그것의 반영이 아니다.'라는 세잔의 사고에 의하여 공간의 개방화가 시작된 것이다. 이는 평면에 실제 사물이 부착되는 콜라주 양식의 탄생과 함께 일상의 평범한 재료들이 회화와 자연스레 연결되는 예술과 비예술의 결합으로 차츰 변화하게 된다. 이러한 오브제의 변화는 다다이즘과 쉬르리알리슴에서 '일용의 기성품과 자연물 등을 원래의 그 기능이나 있어야 할 장소에서 분리하고, 그대로 독립된 작품으로서 제시하여 일상적 의미와는 다른 상징적·환상적인 의미를 부여하는' 것으로 일반화된다. 그리고 동시에, 기존 입체주의에서 단순한 보조 수단에 머물렀던 오브제를 캔버스와 대리석의 대체하는 확실한 표현 방법으로 완성시켰다. 이후 오브제는 그저 예술가가 지칭하는 것만으로도 우리의 일상생활과 환경 그 자체가 곧 예술작품이 될 수 있음을 주장한다. ________________ 거기에서 더 나아가 오브제는 일상의 오브제를 다양하게 전환시켜 다양성과 대중성을 내포하고, 오브제의 진정성과 상징성을 제거하는 팝아트에서 다시 한 번 새롭게 변화하기에 이른다.

① 무너진 베를린 장벽의 조각을 시내 한복판에 장식함으로써 예술과 비예술이 결합한 것이다.
② 화려하게 채색된 소변기를 통해 일상성에 환상적인 의미를 부여한 것이다.
③ 평범한 세면대일지라도 예술가에 의해 오브제로 정해진다면 일상성을 간직한 미술과 일치되는 것이다.
④ 폐타이어나 망가진 금관악기 등으로 제작된 자동차를 통해 일상의 비일상화를 나타낸 것이다.
⑤ 기존의 수프 통조림을 실크 스크린으로 동일하게 인쇄하여 손쉽게 대량생산되는 일상성을 풍자하는 것이다.

03

스마트팩토리는 인공지능(AI), 사물인터넷(IoT) 등 다양한 기술이 융합된 자율화 공장으로, 제품 설계와 제조, 유통, 물류 등의 산업 현장에서 생산성 향상에 초점을 맞췄다. 이곳에서는 기계, 로봇, 부품 등의 상호 간 정보 교환을 통해 제조 활동을 하고, 모든 공정 이력이 기록되며, 빅데이터 분석으로 사고나 불량을 예측할 수 있다. 스마트팩토리에서는 컨베이어 생산 활동으로 대표되는 산업 현장의 모듈형 생산이 컨베이어를 대체하고 IoT가 신경망 역할을 한다. 센서와 기기 간 다양한 데이터를 수집하고, 이를 서버에 전송하면 서버는 데이터를 분석해 결과를 도출한다. 서버는 AI 기계학습 기술이 적용돼 빅데이터를 분석하고 생산성 향상을 위한 최적의 방법을 제시한다.
스마트팩토리의 대표 사례로는 고도화된 시뮬레이션 '디지털 트윈'을 들 수 있다. 디지털 트윈은 데이터를 기반으로 가상공간에서 미리 시뮬레이션하는 기술이다. 시뮬레이션을 위해 빅데이터를 수집하고 분석과 예측을 위한 통신・분석 기술에 가상현실(VR), 증강현실(AR)과 같은 기술을 더한다. 이를 통해 산업 현장에서 작업 프로세스를 미리 시뮬레이션하고, VR・AR로 검증함으로써 실제 시행에 따른 손실을 줄이고, 작업 효율성을 높일 수 있다.
한편 '에지 컴퓨팅'도 스마트팩토리의 주요 기술 중 하나이다. 에지 컴퓨팅은 산업 현장에서 발생하는 방대한 데이터를 클라우드로 한 번에 전송하지 않고, 에지에서 사전 처리한 후 데이터를 선별해서 전송한다. 서버와 에지가 연동해 데이터 분석 및 실시간 제어를 수행하여 산업 현장에서 생산되는 데이터가 기하급수로 늘어도 서버에 부하를 주지 않는다. 현재 클라우드 컴퓨팅이 중앙 데이터센터와 직접 소통하는 방식이라면 에지 컴퓨팅은 기기 가까이에 위치한 일명 '에지 데이터 센터'와 소통하며, 저장을 중앙 클라우드에 맡기는 형식이다. 이를 통해 데이터 처리 지연 시간을 줄이고 즉각적인 현장 대처를 가능하게 한다.
이러한 스마트팩토리의 발전은 ________________________ 최근 선진국에서 나타나는 주요 현상 중의 하나는 바로 '리쇼어링'의 가속화이다. 리쇼어링이란 인건비 등 각종 비용 절감을 이유로 해외에 나간 자국 기업들이 다시 본국으로 돌아오는 현상을 의미하는 용어이다. 2000년대 초반까지는 국가적 차원에서 세제 혜택 등의 회유책을 통해 추진되어 왔지만, 스마트팩토리의 등장으로 인해 자국 내 스마트팩토리에서의 제조 비용과 중국이나 멕시코와 같은 제3국에서 제조 후 수출 비용에 큰 차이가 없어 리쇼어링 현상은 더욱 가속화되고 있다.

① 공장의 제조 비용을 절감시키고 있다.
② 공장의 세제 혜택을 사라지게 하고 있다.
③ 공장의 위치를 변화시키고 있다.
④ 수출 비용을 줄이는 데 도움이 된다.
⑤ 공장의 생산성을 높이고 있다.

출제유형분석

06 문장삽입

| 유형분석 |

- 논리적인 흐름에 따라 글을 이해할 수 있는지 평가한다.
- 한 문장뿐 아니라 여러 개의 문장이나 문단을 삽입하는 문제가 출제될 가능성이 있다.

다음 글에서 〈보기〉의 문장이 들어갈 위치로 가장 적절한 곳은?

밥상에 오르는 곡물이나 채소가 국내산이라고 하면 보통 그 종자도 우리나라의 것으로 생각하기 쉽다. (가) 하지만 실상은 벼, 보리, 배추 등을 제외한 많은 작물의 종자를 수입하고 있어 그 자급률이 매우 낮다고 한다. (나) 또한, 청양고추 종자는 우리나라에서 개발했음에도 현재는 외국 기업이 그 소유권을 가지고 있다. (다) 국내 채소 종자 시장의 경우 종자 매출액의 50% 가량을 외국 기업이 차지하고 있다는 조사 결과도 있다. (라) 이런 상황이 지속될 경우, 우리 종자를 심고 키우기 어려워질 것이고 종자를 수입하거나 로열티를 지급하는 데 지금보다 훨씬 많은 비용이 들어가는 상황도 발생할 수 있다. 또한, 전문가들은 세계 인구의 지속적인 증가와 기상 이변 등으로 곡물 수급이 불안정하고, 국제 곡물 가격이 상승하는 상황을 고려할 때, 결국에는 종자 문제가 식량 안보에 위협 요인으로 작용할 수 있다고 지적한다. (마)

보기

양파, 토마토, 배 등의 종자 자급률은 약 16%, 포도는 약 1%에 불과하다.

① (가)　　② (나)
③ (다)　　④ (라)
⑤ (마)

정답 ②

보기의 문장은 우리나라 작물의 낮은 자급률을 보여주는 구체적인 수치이다. 따라서 우리나라 작물의 낮은 자급률을 이야기하는 '하지만 실상은 벼, 보리, 배추 등을 제외한 많은 작물의 종자를 수입하고 있어 그 자급률이 매우 낮다고 한다.'의 뒤인 (나)에 위치하는 것이 가장 적절하다.

풀이 전략!

- 보기를 먼저 읽고, 선택지로 주어진 빈칸의 앞·뒤 문장을 읽어 본다. 그리고 빈칸 부분에 보기를 넣었을 때 그 흐름이 어색하지 않은 위치를 찾는다.
- 보기 문장의 중심이 되는 단어가 빈칸의 앞뒤에 언급되어 있는지 확인하도록 한다.

출제유형분석 06 실전예제

※ 다음 글에서 〈보기〉의 문장이 들어갈 위치로 가장 적절한 곳을 고르시오. [1~2]

01

전국(戰國)시대의 사상계가 양주(楊朱)와 묵적(墨翟)의 사상에 경도되어 유학의 영향력이 약화되고 있다고 판단한 맹자(孟子)는 유학의 수호자를 자임하면서 공자(孔子)의 사상을 계승하는 한편, 다른 학파의 사상적 도전에 맞서 유학 사상의 이론화 작업을 전개하였다. 그는 공자의 춘추(春秋) 시대에 비해 사회 혼란이 가중되는 시대적 환경 속에서 사회 안정을 위해 특히 '의(義)'의 중요성을 강조하였다. (가)

맹자가 강조한 '의'는 공자가 제시한 '의'에 대한 견해를 강화한 것이었다. 공자는 사회 혼란을 치유하는 방법을 '인(仁)'의 실천에서 찾고, '인'의 실현에 필요한 객관 규범으로서 '의'를 제시하였다. 공자가 '인'을 강조한 이유는 자연스러운 도덕 감정인 '인'을 사회 전체로 확산했을 때 비로소 사회가 안정될 것이라고 보았기 때문이다. 이때 공자는 '의'를 '인'의 실천에 필요한 합리적 기준으로서 '정당함'을 의미한다고 보았다. (나)

맹자는 공자와 마찬가지로 혈연관계에서 자연스럽게 드러나는 도덕 감정인 '인'의 확산이 필요함을 강조하면서도, '의'의 의미를 확장해 '의'를 '인'과 대등한 지위로 격상했다. (다) 그는 부모에게 효도하는 것은 '인'이고, 형을 공경하는 것은 '의'라고 하여 '의'를 가족 성원 간에도 지켜야 할 규범이라고 규정하였다. 그리고 나의 형을 공경하는 것에서 시작하여 남의 어른을 공경하는 것으로 나아가는 유비적 확장을 통해 '의'를 사회 일반의 행위 규범으로 정립하였다. (라) 나아가 그는 '의'를 개인의 완성 및 개인과 사회의 조화를 위해 필수적인 행위 규범으로 설정하였고, 사회 구성원으로서 개인은 '의'를 실천하여 사회 질서 수립과 안정에 기여해야 한다고 주장하였다.

또한 맹자는 '의'가 이익의 추구와 구분되어야 한다고 주장하였다. 이러한 입장에서 그는 사적인 욕망으로부터 비롯된 이익의 추구는 개인적으로는 '의'의 실천을 가로막고, 사회적으로는 혼란을 야기한다고 보았다. 특히 작은 이익이건 천하의 큰 이익이건 '의'에 앞서 이익을 내세우면 천하는 필연적으로 상하 질서의 문란이 초래될 것이라고 역설하였다. (마)

보기

그래서 그는 사회 안정을 위해 사적인 욕망과 결부된 이익의 추구는 '의(義)'에서 배제되어야 한다고 주장하였다.

① (가)　② (나)
③ (다)　④ (라)
⑤ (마)

02

제2차 세계대전이 끝난 뒤 미국과 소련 및 그 동맹국들 사이에서 공공연하게 전개된 제한적 대결 상태를 냉전(冷戰)이라고 한다. 냉전의 기원에 관한 논의는 냉전이 시작된 직후부터 최근까지 계속 진행되었다. 이는 단순히 냉전의 발발 시기와 이유에 대한 논의만이 아니라, 그 책임 소재를 묻는 것이기도 하다. 그 연구의 결과를 편의상 세 가지로 나누어 볼 수 있다. (가)

가장 먼저 나타난 전통주의는 냉전을 유발한 근본적 책임이 소련의 팽창주의에 있다고 보았다. 소련은 세계를 공산화하기 위한 계획을 수립했고, 이 계획을 실행하기 위해 동유럽 지역을 시작으로 적극적인 팽창 정책을 수행했다. 그리고 미국이 자유 민주주의 세계를 지켜야 한다는 도덕적 책임감에 기초하여 그에 대한 봉쇄 정책을 추구하는 와중에 냉전이 발생했다고 보았다. (나) 미국의 봉쇄 정책이 성공적으로 수행된 결과 냉전이 종식되었다는 것이 이들의 입장이다.

여기에 비판을 가한 수정주의는 기본적으로 냉전의 책임이 미국 쪽에 있고, 미국의 정책은 경제적 동기에서 비롯했다고 주장했다. 즉, 미국은 전후 세계를 자신들이 주도해 나가야 한다고 생각했고, 전쟁 중에 급증한 생산력을 유지할 수 있는 시장을 얻기 위해 세계를 개방 경제 체제로 만들고자 했다. (다) 무엇보다 소련은 미국에 비해 국력이 미약했으므로 적극적 팽창 정책을 수행할 능력이 없었다는 것이 수정주의의 기본적 입장이었다. 오히려 미국이 유럽에서 공격적인 정책을 수행했고, 소련은 이에 대응했다는 것이다.

냉전의 기원에 관한 또 다른 주장인 탈수정주의는 위의 두 가지 주장에 대한 절충적 시도로서 냉전의 책임을 일방적으로 어느 한쪽에 부과해서는 안 된다고 보았다. 즉, 냉전은 양국이 추진한 정책의 '상호 작용'에 의해 발생했다는 것이다. (라) 또 경제를 중심으로만 냉전을 보아서는 안 되며 안보 문제 등도 같이 고려하여 파악해야 한다고 보았다. (마) 소련의 목적은 주로 안보 면에서 제한적으로 추구되었는데, 미국은 소련의 행동에 과잉 반응했고, 이것이 상황을 악화시켰다는 것이다. 이로 인해 냉전 책임론은 크게 후퇴하고 구체적인 정책 형성에 대한 연구가 부각되었다.

보기

그러므로 미국 정책 수립의 기저에 깔린 것은 이념이 아니라는 것이다.

① (가)
② (나)
③ (다)
④ (라)
⑤ (마)

03 다음 글의 빈칸에 들어갈 문장을 〈보기〉에서 찾아 논리적 순서대로 바르게 나열한 것은?

우리가 사용하는 플라스틱은 석유를 증류하는 과정에서 얻어진 휘발유나 나프타를 기반으로 생산된다. ______________ 특히 폐기물의 불완전 연소에 의한 대기 오염은 심각한 환경오염의 원인으로 대두되었다. 이로 인해 자연 분해가 거의 불가능한 난분해성 플라스틱 제품에 대한 정부의 규제가 강화되었고, 플라스틱 소재 분야에서도 환경 보존을 위한 노력을 하고 있다. '바이오 플라스틱'은 옥수수, 사탕수수 등 식물체를 가공한 바이오매스를 원료로 만든 친환경 플라스틱이다. 바이오 플라스틱은 바이오매스 함유 정도에 따라, 바이오매스가 50% 이상인 '생분해성 플라스틱'과 25% 이상인 '바이오 베이스 플라스틱'으로 크게 구분된다. 생분해성 플라스틱은 일정한 조건에서 시간의 경과에 따라 완전 분해될 수 있는 플라스틱이고, 바이오 베이스 플라스틱은 바이오매스와 석유 화학 유래 물질 등을 이용하여 생산되는 플라스틱이다. 생분해성 플라스틱은 보통 3 ~ 6개월 정도의 빠른 기간에, 미생물에 의해 물과 이산화탄소 등으로 자연 분해된다. 분해 과정에서 다이옥신 등 유해 물질이 방출되지 않으며, 탄소 배출량도 적어 친환경적이다. ______________ 이로 인해 생분해성보다는 이산화탄소 저감에 중점을 두고 있는 바이오 베이스 플라스틱의 개발이 빠르게 진행되고 있다. 바이오 베이스 플라스틱은 식물 유래의 원료와 일반 플라스틱 수지를 중합하거나 결합하는 방식으로 생산되지만, 이산화탄소의 총량을 기준으로 볼 때는 환경 문제가 되지 않는다. ______________ 바이오매스 원료 중에서 가장 대표적인 것은 옥수수 전분이다. 그런데 최근에는 바이오매스 원료 중에서도 볏짚, 왕겨, 옥수숫대, 콩 껍질 등 비식용 부산물을 사용하는 기술이 발전하고 있다. 이는 지구상 곳곳에서 많은 사람들이 굶주리는 상황에서 제기된 비판이 있었기 때문이다.

바이오 베이스 플라스틱은 생분해성 플라스틱보다 내열성 및 가공성이 우수하고, 분해 기간 조절이 가능하기 때문에 비닐봉지와 음료수병, 식품 포장기는 물론 다양한 산업용품 개발에 활용되고 있다. 근래에는 전자 제품에서부터 건축 자재, 자동차용품까지 적용 분야가 확대되는 추세이다. 하지만 바이오매스와 배합되는 원료들이 완전히 분해되지는 않으므로, 바이오 베이스 플라스틱이 진정한 의미의 환경친화적 대체재라고 볼 수는 없다.

보기

㉠ 왜냐하면 플라스틱을 폐기할 때 화학 분해가 되어도 그 플라스틱의 식물성 원료가 이산화탄소를 흡수하며 성장했기 때문이다.

㉡ 하지만 내열성 및 가공성이 취약하고, 바이오매스의 가격이 비싸며, 생산 비용이 많이 드는 단점이 있다.

㉢ 석유로 플라스틱을 만드는 과정이나 소각 또는 매립하여 폐기하는 과정에서 유독 물질, 이산화탄소 등의 온실가스가 많이 배출된다.

① ㉠, ㉡, ㉢
② ㉠, ㉢, ㉡
③ ㉡, ㉠, ㉢
④ ㉡, ㉢, ㉠
⑤ ㉢, ㉡, ㉠

PART 1

출제유형분석

07 문서 작성 및 수정

| 유형분석 |

- 기본적인 어휘력과 어법에 대한 지식을 필요로 하는 문제이다.
- 글의 내용을 파악하고 문맥을 읽을 줄 알아야 한다.

다음 글에서 ㉠~㉤의 수정 방안으로 적절하지 않은 것은?

근대화는 전통 사회의 생활양식에 큰 변화를 가져온다. 특히 급속한 근대화로 인해 전통 사회의 해체 과정이 빨라진 만큼 ㉠ 급격한 변화를 일으킨다. 생활양식의 급격한 변화는 전통 사회 문화의 해체 과정이라고 보아도 ㉡ 무던할 정도이다.
전통문화의 해체는 새롭게 변화하는 사회 구조에 대해서 전통적인 문화가 당면하게 되는 적합성(適合性)의 위기에서 초래되는 현상이다. ㉢ 이처럼 근대화 과정에서 외래문화와 전통문화는 숱하게 갈등을 겪었다. ㉣ 오랫동안 생활양식으로 유지되었던 전통 사회의 문화가 사회 구조 변화의 속도에 맞먹을 정도로 신속하게 변화할 수는 없다.
㉤ 그러나 문화적 전통을 확립한다는 것은 과거의 전통문화가 고유성을 유지하면서도 현재의 변화된 사회에 적합성을 가지는 것이라 할 수 있다.

① ㉠ : 필요한 문장 성분이 생략되었으므로 '급격한' 앞에 '문화도'를 추가한다.
② ㉡ : 문맥에 어울리지 않으므로 '무방할'로 고친다.
③ ㉢ : 글의 흐름에 어긋나는 내용이므로 삭제한다.
④ ㉣ : 띄어쓰기가 올바르지 않으므로 '오랫 동안'으로 고친다.
⑤ ㉤ : 앞 문장과의 관계를 고려하여 '따라서'로 고친다.

정답 ④

'오랫동안'은 부사 '오래'와 명사 '동안'이 결합하면서 사이시옷이 들어간 합성어이다. 따라서 한 단어이므로 붙여 써야 한다.

풀이 전략!

문장에서 주어와 서술어의 호응 관계가 적절한지 주어와 서술어를 찾아 확인해 보는 연습을 하며, 문서 작성의 원칙과 주의사항은 미리 알아 두는 것이 좋다.

01 다음 글의 밑줄 친 ㉠~㉤의 수정 방안으로 적절하지 않은 것은?

> '오투오(O2O; Online to Off-line) 서비스'는 모바일 기기를 통해 소비자와 사업자를 유기적으로 이어주는 서비스를 말한다. 어디에서든 실시간으로 서비스가 가능하다는 편리함 때문에 최근 오투오 서비스의 이용자가 증가하고 있다. 스마트폰에 설치된 앱으로 택시를 부르거나 배달 음식을 주문하는 것 등이 대표적인 예이다.
>
> 오투오 서비스 운영 업체는 스마트폰에 설치된 앱을 매개로 소비자와 사업자에게 필요한 서비스를 ㉠ 제공받고 있다. 이를 통해 소비자는 시간이나 비용을 절약할 수 있게 되었고, 사업자는 홍보 및 유통 비용을 줄일 수 있게 되었다. 이처럼 소비자와 사업자 모두에게 경제적으로 유리한 환경이 조성되어 서비스 이용자가 ㉡ 증가함으로써, 오투오 서비스 운영 업체도 많은 수익을 낼 수 있게 되었다.
>
> ㉢ 게다가 오투오 서비스 시장이 성장하면서 여러 문제들이 발생하고 있다. ㉣ 또한 오투오 서비스 운영 업체의 경우에는 오프라인으로 유사한 서비스를 제공하는 기존 업체와의 갈등이 발생하고 있다. 소비자의 경우 신뢰성이 떨어지는 정보나 기대에 부응하지 못하는 서비스를 제공받는 사례가 늘어나고 있고, 사업자의 경우 관련 법규가 미비하여 수수료 문제로 오투오 서비스 운영 업체와 마찰이 생기는 사례도 증가하고 있다.
>
> 이를 해결하기 위해 소비자는 오투오 서비스에서 제공한 정보가 믿을 만한 것인지를 ㉤ 꼼꼼이 따져 합리적으로 소비하는 태도가 필요하고, 사업자는 수수료와 관련된 오투오 서비스 운영 업체와의 마찰을 해결하기 위한 다양한 방법을 강구해야 한다. 오투오 서비스 운영 업체 역시 기존 업체들과의 갈등을 조정하기 위한 구체적인 노력들이 필요하다.
>
> 스마트폰 사용자가 늘어나고 있는 추세를 고려할 때, 오투오 서비스 산업의 성장을 저해하는 문제점들을 해결해 나가면 앞으로 오투오 서비스 시장 규모는 더 커질 것으로 예상된다.

① ㉠ : 문맥을 고려하여 '제공하고'로 고친다.
② ㉡ : 격조사의 쓰임이 적절하지 않으므로 '증가함으로서'로 고친다.
③ ㉢ : 앞 문단과의 내용을 고려하여 '하지만'으로 고친다.
④ ㉣ : 글의 흐름을 고려하여 뒤의 문장과 위치를 바꾼다.
⑤ ㉤ : 맞춤법에 어긋나므로 '꼼꼼히'로 고친다.

02 행정기관의 기안문 작성방법이 다음과 같을 때, 적절하지 않은 것은?

〈기안문 작성방법〉

1. 행정기관명 : 그 문서를 기안한 부서가 속한 행정기관명을 기재한다. 행정기관명이 다른 행정기관명과 같은 경우에는 바로 위 상급 행정기관명을 함께 표시할 수 있다.
2. 수신 : 수신자명을 표시하고 그다음에 이어서 괄호 안에 업무를 처리할 보조·보좌 기관의 직위를 표시하되, 그 직위가 분명하지 않으면 ○○업무담당과장 등으로 쓸 수 있다. 다만, 수신자가 많은 경우에는 두문의 수신란에 '수신자 참조'라고 표시하고 결문의 발신명의 다음 줄의 왼쪽 기본선에 맞추어 수신자란을 따로 설치하여 수신자명을 표시한다.
3. (경유) : 경유문서인 경우에 '이 문서의 경유기관의 장은 ○○○(또는 제1차 경유기관의 장은 ○○○, 제2차 경유기관의 장은 ○○○)이고, 최종 수신기관의 장은 ○○○입니다.'라고 표시하고, 경유기관의 장은 제목란에 '경유문서의 이송'이라고 표시하여 순차적으로 이송하여야 한다.
4. 제목 : 그 문서의 내용을 쉽게 알 수 있도록 간단하고, 명확하게 기재한다.
5. 발신명의 : 합의제 또는 독임제 행정기관의 장의 명의를 기재하고, 보조기관 또는 보좌기관 상호 간에 발신하는 문서는 그 보조기관 또는 보좌기관의 명의를 기재한다. 시행할 필요가 없는 내부결재문서는 발신명의를 표시하지 않는다.
6. 기안자·검토자·협조자·결재권자의 직위 / 직급 : 직위가 있는 경우에는 직위를, 직위가 없는 경우에는 직급(각급 행정기관이 6급 이하 공무원의 직급을 대신하여 사용할 수 있도록 정한 대외 직명을 포함한다. 이하 이 서식에서 같다)을 온전하게 쓴다. 다만, 기관장과 부기관장의 직위는 간략하게 쓴다.
7. 시행 처리과명 – 연도별 일련번호(시행일), 접수 처리과명 – 연도별 일련번호(접수일) : 처리과명(처리과가 없는 행정기관은 10자 이내의 행정기관명 약칭)을 기재하고, 시행일과 접수일란에는 연월일을 각각 마침표(.)를 찍어 숫자로 기재한다. 다만, 민원문서인 경우로서 필요한 경우에는 시행일과 접수일란에 시·분까지 기재한다.
8. 우 도로명 주소 : 우편번호를 기재한 다음, 행정기관이 위치한 도로명 및 건물번호 등을 기재하고 괄호 안에 건물 명칭과 사무실이 위치한 층수와 호수를 기재한다.
9. 홈페이지 주소 : 행정기관의 홈페이지 주소를 기재한다.
10. 전화번호( ), 팩스번호( ) : 전화번호와 팩스번호를 각각 기재하되, ( )안에는 지역번호를 기재한다. 기관 내부문서의 경우는 구내 전화번호를 기재할 수 있다.
11. 공무원의 전자우편주소 : 행정기관에서 공무원에게 부여한 전자우편주소를 기재한다.
12. 공개구분 : 공개, 부분공개, 비공개로 구분하여 표시한다. 부분공개 또는 비공개인 경우에는 「공공기록물 관리에 관한 법률 시행규칙」 제18조에 따라 '부분공개( )' 또는 '비공개( )'로 표시하고, 「공공기관의 정보공개에 관한 법률」 제9조 제1항 각 호의 번호 중 해당 번호를 괄호 안에 표시한다.
13. 관인생략 등 표시 : 발신명의의 오른쪽에 관인생략 또는 서명생략을 표시한다.

① 기안자 또는 협조자의 직위가 없는 경우 직급을 기재한다.
② 연월일 날짜 뒤에는 각각 마침표(.)를 찍는다.
③ 도로명 주소를 먼저 기재한 후 우편번호를 기재한다.
④ 행정기관에서 부여한 전자우편주소를 기재해야 한다.
⑤ 전화번호를 적을 때 지역번호는 괄호 안에 기재해야 한다.

03 **다음은 '우리말 사용'에 관한 글을 쓰기 위해 작성한 개요이다. 개요의 수정 · 보완 및 자료 제시 방안으로 적절하지 않은 것은?**

1. 서론 ……………………………………………………………………㉠
2. 우리말의 오용 원인
   (1) 개인적 측면 ……………………………………………………㉡
      – 우리말에 대한 사랑과 긍지 부족
   (2) 사회적 측면
      가. 우리말의 소중함에 대한 교육 부족
      나. 바른 우리말 교육 자료의 부족
      다. 대중매체가 미치는 부정적 영향에 대한 인식 부족 ………㉢
3. 우리말을 가꾸는 방법
   (1) 개인적 차원
      가. 우리말에 대한 이해와 적극적인 관심
      나. 외국어의 무분별한 사용 지양
   (2) 사회적 차원
      가. 우리말 사용 ……………………………………………………㉣
      나. 우리말 연구 기관에 대한 정책적 지원
      다. 대중매체에 사용되는 우리말의 순화
4. 결론 : ________________________ ……………………………㉤

① ㉠ – 우리말을 잘못 사용하고 있는 사례들을 제시하여 우리말 오용 실태를 나타낸다.
② ㉡ – '3 – (1) – 나'를 고려하여 '외국어의 무분별한 사용'을 하위 항목으로 추가한다.
③ ㉢ – 영화의 한 장면을 모방하여 범죄를 저지른 비행 청소년들의 사례를 활용한다.
④ ㉣ – 내용을 구체화하기 위해 '바른 우리말 사용 교육 프로그램 개발'로 수정한다.
⑤ ㉤ – 개요의 흐름을 고려하여 결론을 '우리말을 사랑하고 가꾸기 위한 개인적 · 사회적 노력 제고'로 작성한다.

출제유형분석

08 어법 · 맞춤법

| 유형분석 |

- 주어진 문장이나 지문에서 잘못 쓰인 단어 · 표현을 바르게 고칠 수 있는지 평가한다.
- 띄어쓰기, 동의어 · 유의어 · 다의어 또는 관용적 표현 등을 찾는 문제가 출제될 가능성이 있다.

다음 밑줄 친 단어 중 문맥상 쓰임이 적절한 것은?

① 나의 바램대로 내일은 흰 눈이 왔으면 좋겠다.
② 엿가락을 고무줄처럼 늘였다.
③ 학생 신분에 알맞는 옷차림을 해야 한다.
④ 계곡물에 손을 담구니 시원하다.
⑤ 지리한 장마가 끝나고 불볕더위가 시작되었다.

정답 ②

'본디보다 더 길어지게 하다.'라는 의미로 쓰였으므로 '늘이다'로 쓰는 것이 옳다.

오답분석

① 바램 → 바람
③ 알맞는 → 알맞은
④ 담구니 → 담그니
⑤ 지리한 → 지루한

풀이 전략!

자주 틀리는 맞춤법

틀린 표현	옳은 표현	틀린 표현	옳은 표현
몇일	며칠	오랫만에	오랜만에
귀뜸	귀띔	선생으로써	선생으로서
웬지	왠지	안되	안돼
왠만하면	웬만하면	돼고 싶다	되고 싶다
어떻해	어떻게 해 / 어떡해	병이 낳았다	병이 나았다
금새	금세	내일 뵈요	내일 봬요
구지	굳이	고르던지 말던지	고르든지 말든지
서슴치	서슴지	합격하길 바래요	합격하길 바라요

01 **다음의 밑줄 친 낱말 중 맞춤법이 적절하지 않은 것은?**

① 윗층에 누가 사는지 모르겠다.
② 오뚝이는 아무리 쓰러뜨려도 잘도 일어난다.
③ 새 컴퓨터를 살 생각에 좋아서 깡충깡충 뛰었다.
④ 그의 초라한 모습이 내 호기심에 불을 당겼다.
⑤ 형은 끼니도 거른 채 일에 몰두했다.

02 **다음 중 밑줄 친 단어의 표기가 적절한 것은?**

① 그는 손가락으로 북쪽을 가르켰다.
② 뚝배기에 담겨 나와서 시간이 지나도 식지 않았다.
③ 열심히 하는 것은 좋은데 촛점이 틀렸다.
④ 몸이 너무 약해서 보약을 다려 먹어야겠다.
⑤ 벽을 가득 덮고 있는 덩쿨 덕에 여름 분위기가 난다.

03 **다음 중 띄어쓰기가 적절한 것은?**

① 이 건물을 짓는데 몇 년이나 걸렸습니까?
② 김철수군은 지금 창구로 와 주시기 바랍니다.
③ 걱정하지 마. 그 일은 내가 알아서 해결할 게.
④ 물건을 교환하시려면 1주일 내에 방문하셔야 합니다.
⑤ 다음 주에 발표할 보고서가 아직 완성이 안됐다.

출제유형분석

09 한자성어 · 속담

| 유형분석 |

- 실생활에서 활용되는 한자성어나 속담을 이해할 수 있는지 평가한다.
- 제시된 상황과 일치하는 사자성어 또는 속담을 고르거나 한자의 훈음·독음을 맞히는 등 다양한 유형이 출제된다.

다음 상황에 어울리는 속담으로 적절한 것은?

얼마 전 반장 민수는 실수로 칠판을 늦게 지운 주번 상우에게 벌점을 부과하였고, 이로 인해 벌점이 초과된 상우는 방과 후 학교에 남아 반성문을 쓰게 되었다. 이처럼 민수는 사소한 잘못을 저지른 학급 친구에게도 가차 없이 벌점을 부여하여 학급 친구들의 원망을 샀고, 결국에는 민수를 반장으로 추천했던 친구들 모두 민수에게 등을 돌렸다.

① 원님 덕에 나팔 분다.
② 듣기 좋은 꽃노래도 한두 번이지.
③ 집 태우고 바늘 줍는다.
④ 맑은 물에 고기 안 논다.
⑤ 찬물도 위아래가 있다.

정답 ④

④는 사람이 지나치게 결백하면 남이 따르지 않음을 비유적으로 이르는 말로, 지나치게 원리·원칙을 지키다 친구들의 신뢰를 잃게 된 반장 민수의 상황에 적절하다.

오답분석

① 남의 덕으로 대접을 받고 우쭐댄다.
② 아무리 좋은 일이라도 여러 번 되풀이하여 대하게 되면 싫어진다.
③ 큰 것을 잃은 후에 작은 것을 아끼려고 한다.
⑤ 무엇에나 순서가 있으니, 그 차례를 따라 하여야 한다.

풀이 전략!

- 한자성어나 속담 관련 문제의 경우 일정 수준 이상의 사전지식을 요구하므로, 지원 기업 관련 기사 및 이슈를 틈틈이 찾아보며 한자성어나 속담에 대입하는 연습을 하면 효과적으로 대처할 수 있다.
- 문제에 제시된 한자성어의 의미를 파악하기 어렵다면, 먼저 알고 있는 한자가 있는지 확인한 후 글의 문맥과 상황에 대입하며 선택지를 하나씩 소거해 나가는 것이 효율적이다.

출제유형분석 09 실전예제

※ 다음 글과 가장 관련 깊은 한자성어를 고르시오. [1~2]

01

> 지난해 동남아, 인도, 중남미 등의 신흥국이 우리나라의 수출 시장에서 차지하는 비중은 57% 수준으로 미국, 일본, 유럽 등의 선진국 시장을 앞섰다. 특히 최근 들어 중국이 차지하는 비중이 주춤하면서 다른 신흥 시장의 비중이 늘어나고 있다.
> 중국의 사드 보복과 미·중 간 무역마찰의 영향 등 중국발 위험이 커짐에 따라 여타 신흥국으로의 수출 시장을 다변화할 필요성이 대두되고 있다. 이에 따라 정부에서도 기업의 새로운 수출 시장을 개척하기 위해 마케팅과 금융지원을 강화하고 있다.
> 그러나 이러한 단기적인 대책으로는 부족하다. 신흥국과 함께하는 파트너십을 강화하는 노력이 병행되어야 한다. 신흥국과의 협력은 단기간 내에 성과를 거두기는 어렵지만, 일관성과 진정성을 갖고 꾸준히 추진한다면 해외 시장에서 어려움을 겪고 있는 우리 기업들에게 큰 도움이 될 수 있다.

① 안빈낙도(安貧樂道)
② 호가호위(狐假虎威)
③ 각주구검(刻舟求劍)
④ 우공이산(愚公移山)
⑤ 사면초가(四面楚歌)

02

> 패스트푸드 M사 사장은 국내 최고령 직원인 A씨를 축하하기 위해 서울의 한 매장을 찾았다. 일제강점기에 태어난 A씨는 6·25전쟁에 참전하여 제대 후 은행원으로 일했고, 55세에 정년으로 퇴임한 뒤 2003년부터 M사의 한 매장에서 제2의 인생을 살고 있다. 그는 매주 일 ~ 수요일 오전 9시부터 오후 1시 30분까지 근무하며, 매장 청소와 뒷정리 등을 돕는 일을 하고 있다. 고령의 나이에도 불구하고 16년간 지각 및 무단결근을 한 적이 없으며, 변하지 않는 성실함으로 다른 직원들의 귀감이 되고 있다.

① 거재두량(車載斗量)
② 득롱망촉(得隴望蜀)
③ 교주고슬(膠柱鼓瑟)
④ 격화소양(隔靴搔癢)
⑤ 시종여일(始終如一)

CHAPTER 02

수리능력

합격 Cheat Key

수리능력은 사칙 연산・통계・확률의 의미를 정확하게 이해하고 이를 업무에 적용하는 능력으로, 기초 연산과 기초 통계, 도표 분석 및 작성의 문제 유형으로 출제된다. 수리능력 역시 채택하지 않는 공사・공단이 거의 없을 만큼 필기시험에서 중요도가 높은 영역이다.

특히, 난이도가 높은 공사・공단의 시험에서는 도표 분석, 즉 자료 해석 유형의 문제가 많이 출제되고 있고, 응용 수리 역시 꾸준히 출제하는 공사・공단이 많기 때문에 기초 연산과 기초 통계에 대한 공식의 암기와 자료 해석 능력을 기를 수 있는 꾸준한 연습이 필요하다.

1 응용 수리의 공식은 반드시 암기하라!

응용 수리는 공사・공단마다 출제되는 문제는 다르지만, 사용되는 공식은 비슷한 경우가 많으므로 자주 출제되는 공식을 반드시 암기하여야 한다. 문제에서 묻는 것을 정확하게 파악하여 그에 맞는 공식을 적절하게 적용하는 꾸준한 노력과 공식을 암기하는 연습이 필요하다.

2 자료의 해석은 자료에서 즉시 확인할 수 있는 지문부터 확인하라!

수리능력 중 도표 분석, 즉 자료 해석 능력은 많은 시간을 필요로 하는 문제가 출제되므로, 증가·감소 추이와 같이 눈으로 확인이 가능한 지문을 먼저 확인한 후 복잡한 계산이 필요한 지문을 확인하는 방법으로 문제를 풀이한다면 시간을 조금이라도 아낄 수 있다. 또한, 여러 가지 보기가 주어진 문제 역시 지문을 잘 확인하고 문제를 풀이한다면 불필요한 계산을 생략할 수 있으므로 항상 지문부터 확인하는 습관을 들여야 한다.

3 도표 작성에서 지문에 작성된 도표의 제목을 반드시 확인하라!

도표 작성은 하나의 자료 혹은 보고서와 같은 수치가 표현된 자료를 도표로 작성하는 형식으로 출제되는데, 대체로 표보다는 그래프를 작성하는 형태로 많이 출제된다. 지문을 살펴보면 각 지문에서 주어진 도표에도 소제목이 있는 경우가 대부분이다. 이때, 자료의 수치와 도표의 제목이 일치하지 않는 경우 함정이 존재하는 문제일 가능성이 높으므로 도표의 제목을 반드시 확인하는 것이 중요하다.

출제유형분석

01 응용 수리

| 유형분석 |

- 문제에서 제공하는 정보를 파악한 뒤, 사칙연산을 활용하여 계산하는 전형적인 수리문제이다.
- 문제를 풀기 위한 정보가 산재되어 있는 경우가 많으므로 주어진 조건 등을 꼼꼼히 확인해야 한다.

대학 서적을 도서관에서 빌리면 10일간 무료이고, 그 이상은 하루에 100원의 연체료가 부과되며 한 달 단위로 연체료는 두 배로 늘어난다. 1학기 동안 대학 서적을 도서관에서 빌려 사용하는 데 얼마의 비용이 드는가?(단, 1학기의 기간은 15주이고, 한 달은 30일로 정한다)

① 18,000원　② 20,000원
③ 23,000원　④ 25,000원
⑤ 28,000원

정답 ④

- 1학기의 기간 : 15×7=105일
- 연체료가 부과되는 기간 : 105−10=95일
- 연체료가 부과되는 시점에서부터 한 달 동안의 연체료 : 30×100=3,000원
- 첫 번째 달부터 두 번째 달까지의 연체료 : 30×100×2=6,000원
- 두 번째 달부터 세 번째 달까지의 연체료 : 30×100×2×2=12,000원
- 95일(3개월 5일) 연체료 : 3,000+6,000+12,000+5×(100×2×2×2)=25,000원

따라서 1학기 동안 대학 서적을 도서관에서 빌려 사용한다면 25,000원의 비용이 든다.

풀이 전략!

문제에서 묻는 바를 정확하게 확인한 후, 필요한 조건 또는 정보를 구분하여 신속하게 풀어 나간다. 단, 계산에 착오가 생기지 않도록 유의한다.

출제유형분석 01 실전예제

01 A비커에는 농도가 $x\%$인 설탕물 300g이 들어 있고 B비커에는 농도가 $y\%$인 설탕물 600g이 들어 있다. B비커에서 A비커로 100g를 부어 골고루 섞은 후 다시 B비커로 옮기고 골고루 섞어 농도를 측정해 보니 A비커의 설탕물과 B비커의 설탕물의 농도는 각각 5%, 9.5%였다. 이때 $10x+10y$의 값은?

① 106
② 116
③ 126
④ 136
⑤ 146

02 영희는 회사에서 150km 떨어져 있는 지역에 운전하여 출장을 가게 되었다. 회사에서 출발하여 일정한 속력으로 가던 중 회사로부터 60km 떨어진 곳에서 차에 이상이 생겨 원래 속력에서 50%만큼 느리게 운전했다. 목적지에 도착하는 데 총 1시간 30분이 걸렸다면 고장이 나기 전 처음 속력은 얼마인가?

① 180km/h
② 160km/h
③ 140km/h
④ 120km/h
⑤ 100km/h

03 50명의 남학생 중에서 24명, 30명의 여학생 중에서 16명이 뮤지컬을 좋아한다고 한다. 전체 80명의 학생 중에서 임의로 선택한 한 명이 뮤지컬을 좋아하지 않는 학생이었을 때, 그 학생이 여학생일 확률은?

① $\frac{3}{20}$
② $\frac{1}{4}$
③ $\frac{3}{10}$
④ $\frac{7}{20}$
⑤ $\frac{2}{5}$

04 K회사에 근무하는 A, B사원은 프로젝트를 맡게 되었다. A사원이 혼자 프로젝트를 끝내려면 4일, B사원은 12일이 걸린다고 할 때, 같이 일하면 며칠 만에 끝나는가?

① 1일
② 2일
③ 3일
④ 4일
⑤ 5일

05 A는 8분에 2바퀴를 돌고, B는 6분에 1바퀴를 돈다. 두 사람이 3시 정각에 같은 방향으로 동시에 출발하였다면, 출발점에서 4번째로 만나는 시각은?

① 3시 12분
② 3시 24분
③ 3시 48분
④ 4시 36분
⑤ 5시

06 K회사의 사우회에서 참석자들에게 과자를 1인당 8개씩 나누어 주려고 한다. 10개씩 들어 있는 과자를 17상자 준비하였더니 과자가 남았고, 남은 과자를 1인당 1개씩 더 나누어 주려고 하니 부족했다. 만약 지금보다 9명이 더 참석한다면 과자 6상자를 추가해야 참석자 모두에게 1인당 8개 이상씩 나누어 줄 수 있다. 이때 사우회의 처음 참석자 수는 몇 명인가?

① 18명
② 19명
③ 20명
④ 21명
⑤ 22명

07 A지역 유권자의 $\frac{3}{5}$과 B지역 유권자의 $\frac{1}{2}$이 헌법 개정에 찬성하였다. A지역 유권자가 B지역 유권자의 4배일 때, A와 B 두 지역 유권자의 헌법 개정 찬성률은 얼마인가?

① 54%
② 56%
③ 58%
④ 60%
⑤ 64%

08 농도 5%의 설탕물 600g을 1분 동안 가열하면 10g의 물이 증발한다. 이 설탕물을 10분 동안 가열한 후, 다시 설탕물 200g을 더 넣었더니 10%의 설탕물 700g이 되었다. 이때 더 넣은 설탕물 200g의 농도는 얼마인가?(단, 용액의 농도와 관계없이 가열하는 시간과 증발하는 물의 양은 비례한다)

① 5%
② 15%
③ 20%
④ 25%
⑤ 30%

09 비누를 생산할 수 있는 두 종류의 기계 A, B가 있다. A기계 1대와 B기계 4대를 동시에 5분 동안 가동하면 100개의 비누를 생산할 수 있고, A기계 2대와 B기계 3대를 동시에 4분 동안 가동하면 100개의 비누를 생산할 수 있다. 이때 A기계 3대와 B기계 2대를 동시에 가동하여 비누 100개를 생산하는 데 걸리는 시간은?

① $\frac{10}{3}$시간
② $\frac{10}{7}$시간
③ $\frac{11}{3}$시간
④ $\frac{11}{5}$시간
⑤ $\frac{11}{7}$시간

PART 1

출제유형분석

02 도표 계산

| 유형분석 |

- 주어진 자료를 통해 문제에서 주어진 특정한 값을 찾고, 자료의 변동량을 구할 수 있는지 평가하는 유형이다.
- 각 그래프의 선이 어떤 항목을 의미하는지와 단위를 정확히 확인한다.
- 그림을 통해 계산하지 않고 눈으로 확인할 수 있는 내용(증감추이)이 있는지 확인한다.

다음은 2023년도 A지역 고등학교 학년별 도서 선호 분야 비율에 관한 자료이다. 취업 관련 도서를 선호하는 3학년 학생 수 대비 철학·종교 도서를 선호하는 1학년 학생 수의 비율로 옳은 것은?(단, 소수점 첫째 자리에서 반올림한다)

〈A지역 고등학교 학년별 도서 선호 분야 비율〉

(단위 : 명, %)

학년	사례 수	장르 소설	문학	자기 계발	취업 관련	예술·문화	역사·지리	과학·기술	정치·사회	철학·종교	경제·경영	기타
소계	1,160	28.9	18.2	7.7	6.8	5.4	6.1	7.9	5.7	4.2	4.5	4.5
1학년	375	29.1	18.1	7.0	6.4	8.7	5.3	7.8	4.1	3.0	6.5	4.0
2학년	417	28.4	18.7	8.9	7.5	3.8	6.3	8.3	8.1	5.0	3.1	1.9
3학년	368	29.3	17.8	7.1	6.6	3.7	6.8	7.6	4.8	4.5	4.1	7.7

① 42% ② 46%
③ 54% ④ 58%
⑤ 60%

정답 ②

취업 관련 도서를 선호하는 3학년 학생 수는 368×0.066≒24명이고, 철학·종교 도서를 선호하는 1학년 학생 수는 375×0.03≒11명이다.

따라서 취업 관련 도서를 선호하는 3학년 학생 수 대비 철학·종교 도서를 선호하는 1학년 학생 수의 비율은 $\frac{11}{24}\times100≒46\%$이다.

풀이 전략!

선택지에 주어진 값의 차이가 크지 않다면 어림값을 활용하는 것이 오히려 풀이 속도를 지연시킬 수 있으므로 주의해야 한다.

출제유형분석 02 실전예제

01 다음은 공공기관 청렴도 평가 현황 자료이다. 내부청렴도가 가장 높은 해와 낮은 해를 차례대로 나열하면?

〈공공기관 청렴도 평가 현황〉

(단위 : 점)

구분	2020년	2021년	2022년	2023년
종합청렴도	6.23	6.21	6.16	6.8
외부청렴도	8.0	8.0	8.0	8.1
내부청렴도				
정책고객평가	6.9	7.1	7.2	7.3
금품제공률	0.7	0.7	0.7	0.5
향응제공률	0.7	0.8	0.8	0.4
편의제공률	0.2	0.2	0.2	0.2

※ 종합청렴도, 외부청렴도, 내부청렴도, 정책고객평가는 각각 10점 만점으로, 10점에 가까울수록 청렴도가 높다는 의미이다.

※ (종합청렴도)=[(외부청렴도)×0.6+(내부청렴도)×0.3+(정책고객평가)×0.1]−(감점요인)

※ 금품제공률, 향응제공률, 편의제공률은 감점요인이다.

	가장 높은 해	가장 낮은 해
①	2020년	2022년
②	2021년	2022년
③	2021년	2023년
④	2022년	2023년
⑤	2022년	2022년

PART 1

02 다음은 폐기물협회에서 제공하는 전국 폐기물 발생 현황 자료이다. 자료의 빈칸에 해당하는 값으로 옳은 것은?(단, 소수점 둘째 자리에서 반올림한다)

〈전국 폐기물 발생 현황〉

(단위 : 톤 / 일, %)

구분		2018년	2019년	2020년	2021년	2022년	2023년
총계	발생량	359,296	357,861	365,154	373,312	382,009	382,081
	증감률	6.6	−0.4	2.0	2.2	2.3	0.02
의료 폐기물	발생량	52,072	50,906	49,159	48,934	48,990	48,728
	증감률	3.4	−2.2	−3.4	(ㄱ)	0.1	−0.5
사업장 배출시설계 폐기물	발생량	130,777	123,604	137,875	137,961	146,390	149,815
	증감률	13.9	(ㄴ)	11.5	0.1	6.1	2.3
건설 폐기물	발생량	176,447	183,351	178,120	186,417	186,629	183,538
	증감률	2.6	3.9	−2.9	4.7	0.1	−1.7

	(ㄱ)	(ㄴ)
①	−0.5	−5.5
②	−0.5	−4.5
③	−0.6	−5.5
④	−0.6	−4.5
⑤	−0.8	−5.5

03 다음은 우리나라의 LPCD(Liter Per Capita Day)에 대한 자료이다. 1인 1일 사용량에서 영업용 사용량이 차지하는 비중과 1인 1일 가정용 사용량 중 하위 두 항목이 차지하는 비중을 순서대로 바르게 나열한 것은?(단, 소수점 셋째 자리에서 반올림한다)

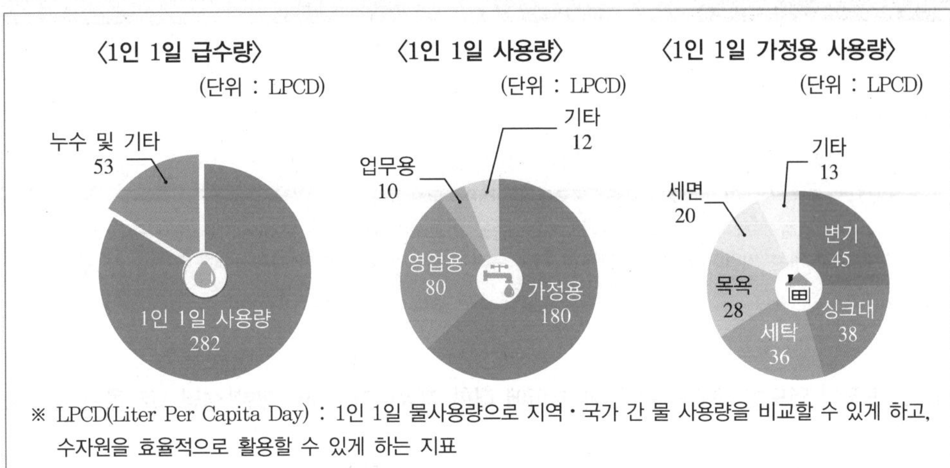

※ LPCD(Liter Per Capita Day) : 1인 1일 물사용량으로 지역·국가 간 물 사용량을 비교할 수 있게 하고, 수자원을 효율적으로 활용할 수 있게 하는 지표

① 27.57%, 16.25%
② 27.57%, 19.24%
③ 28.37%, 18.33%
④ 28.37%, 19.24%
⑤ 30.56%, 20.78%

출제유형분석

03 자료 이해

| 유형분석 |

- 제시된 표를 분석하여 선택지의 정답 유무를 판단하는 문제이다.
- 표의 수치 등을 통해 변화량이나 증감률, 비중 등을 비교하여 판단하는 문제가 자주 출제된다.
- 지원하고자 하는 기업이나 산업과 관련된 자료 등이 문제의 자료로 많이 다뤄진다.

다음은 K국의 연도별 근로자 수 변화 추이에 대한 자료이다. 이에 대한 설명으로 옳지 않은 것은?

〈연도별 근로자 수 변화 추이〉

(단위 : 천 명)

구분	전체	남성		여성	
			비중		비중
2019년	14,290	9,061	63.4%	5,229	36.6%
2020년	15,172	9,467	62.4%	5,705	37.6%
2021년	15,535	9,633	62.0%	5,902	38.0%
2022년	15,763	9,660	61.3%	6,103	38.7%
2023년	16,355	9,925	60.7%	6,430	39.3%

① 매년 남성 근로자 수가 여성 근로자 수보다 많다.

② 2023년 여성 근로자 수는 전년보다 약 5.4% 증가하였다.

③ 2019년 대비 2023년 근로자 수의 증가율은 여성이 남성보다 높다.

④ 2019 ~ 2023년 동안 남성 근로자 수와 여성 근로자 수의 차이는 매년 증가한다.

⑤ 2019 ~ 2023년 동안 남성 근로자 수와 여성 근로자 수의 차이는 매년 감소한다.

정답 ④

2019 ~ 2023년의 남성 근로자 수와 여성 근로자 수 차이를 구하면 다음과 같다.

- 2019년 : 9,061−5,229=3,832천 명
- 2020년 : 9,467−5,705=3,762천 명
- 2021년 : 9,633−5,902=3,731천 명
- 2022년 : 9,660−6,103=3,557천 명
- 2023년 : 9,925−6,430=3,495천 명

즉, 2019 ~ 2023년 동안 남성과 여성의 차이는 매년 감소한다.

오답분석

①·⑤ 제시된 자료를 통해 알 수 있다.

② 2022년 대비 2023년 여성 근로자 수의 증가율

: $\frac{6,430-6,103}{6,103} \times 100 ≒ 5.36\%$

③ 성별 2019년 대비 2023년 근로자 수의 증가율은 다음과 같다.

- 남성 : $\frac{9,925-9,061}{9,061} \times 100 ≒ 9.54\%$
- 여성 : $\frac{6,430-5,229}{5,229} \times 100 ≒ 22.97\%$

따라서 여성의 증가율이 더 높다.

풀이 전략!

자료만 보고도 풀 수 있거나 계산이 필요 없는 선택지를 먼저 해결한다. 또한 평소 변화량이나 증감률, 비중 등을 구하는 공식을 알아 두고 있어야 하며, 지원하는 기업이나 산업에 관한 자료 등을 확인하여 비교하는 연습 등을 한다.

출제유형분석 03 실전예제

01 **다음은 K신도시 쓰레기 처리 관련 통계 자료이다. 이에 대한 설명으로 옳지 않은 것은?**

〈H신도시 쓰레기 처리 관련 통계〉

구분	2020년	2021년	2022년	2023년
1kg 쓰레기 종량제 봉투 가격	100원	200원	300원	400원
쓰레기 1kg당 처리비용	400원	400원	400원	400원
K신도시 쓰레기 발생량	5,013톤	4,521톤	4,209톤	4,007톤
K신도시 쓰레기 관련 예산 적자	15억 원	9억 원	4억 원	0원

① 쓰레기 종량제 봉투 가격이 100원이었던 2020년에 비해 400원이 된 2023년에는 쓰레기 발생량이 약 20%p나 감소하였고 쓰레기 관련 예산 적자는 0원이 되었다.

② 연간 쓰레기 발생량 감소곡선보다 쓰레기 종량제 봉투 가격의 인상곡선이 더 가파르다.

③ 쓰레기 1kg당 처리비용이 인상될수록 H신도시의 쓰레기 발생량과 쓰레기 관련 예산 적자가 급격히 감소하는 것을 볼 수 있다.

④ 봉투 가격이 인상됨으로써 주민들은 비용에 부담을 느끼고 쓰레기 배출을 줄였다.

⑤ 쓰레기 종량제 봉투 가격과 K신도시의 쓰레기 발생량은 반비례한다.

02 **다음은 한국과 OECD 평균 기대여명 변화에 대한 자료이다. 자료에 대한 설명으로 적절하지 않은 것은?**

〈65세, 80세의 한국 및 OECD 평균 기대여명 변화 추이〉

(단위 : 년)

연령		남성				여성			
		1974년	1999년	2009년	2019년	1974년	1999년	2009년	2019년
65세	한국	10.2	13.4	15.5	18.2	14.9	17.5	19.6	22.4
	OECD 평균	12.7	14.7	16.3	17.9	15.6	18.4	19.8	21.3
80세	한국	4.7	6.1	6.9	8.0	6.4	7.9	8.5	10.1
	OECD 평균	5.7	6.6	7.3	8.3	6.6	8.2	8.9	10.0

① 65세, 80세 여성의 기대여명은 2019년에 OECD 평균보다 모두 높아졌다.

② 80세 남성의 기대여명은 1974 ~ 2019년 동안 OECD 평균 기대여명과의 격차가 꾸준히 줄어들었다.

③ 1974 ~ 2009년 동안 65세 연령의 성별 기대여명과 OECD 평균 기대여명과의 격차는 남성보다 여성이 더 크다.

④ 남성의 기대여명보다 여성의 기대여명이 더 높다.

⑤ 2019년 80세 여성 기대여명의 1974년 대비 증가율은 OECD 평균보다 한국이 더 크다.

03 다음은 지역별 마약류 단속에 대한 자료이다. 이에 대한 설명으로 옳은 것은?

〈지역별 마약류 단속 건수〉

(단위 : 건, %)

구분	대마	마약	향정신성 의약품	합계	
					비중
서울	49	18	323	390	22.1
인천·경기	55	24	552	631	35.8
부산	6	6	166	178	10.1
울산·경남	13	4	129	146	8.3
대구·경북	8	1	138	147	8.3
대전·충남	20	4	101	125	7.1
강원	13	0	35	48	2.7
전북	1	4	25	30	1.7
광주·전남	2	4	38	44	2.5
충북	0	0	21	21	1.2
제주	0	0	4	4	0.2
전체	167	65	1,532	1,764	100.0

※ 수도권은 서울과 인천·경기를 합한 지역임

※ 마약류는 대마, 마약, 향정신성의약품으로만 구성됨

① 대마 단속 전체 건수는 마약 단속 전체 건수의 3배 이상이다.

② 수도권의 마약류 단속 건수는 마약류 단속 전체 건수의 50% 이상이다.

③ 마약 단속 건수가 없는 지역은 5곳이다.

④ 향정신성의약품 단속 건수는 대구·경북 지역이 광주·전남 지역의 4배 이상이다.

⑤ 강원 지역은 향정신성의약품 단속 건수가 대마 단속 건수의 3배 이상이다.

PART 1

출제유형분석

04 자료 변환

| 유형분석 |

- 문제에 주어진 자료를 도표로 변환하는 문제이다.
- 주로 자료에 있는 수치와 그래프 또는 표에 있는 수치가 서로 일치하는지의 여부를 판단한다.

다음은 연도별 제주도 감귤 생산량 및 면적을 나타낸 자료이다. 〈보기〉에서 이를 바르게 나타낸 그래프를 모두 고르면?(단, 그래프의 면적 단위가 만 ha일 때는 백의 자리에서 반올림한다)

〈연도별 제주도 감귤 생산량 및 면적〉

(단위 : 톤, ha)

구분	생산량	면적	구분	생산량	면적
2012년	19,725	536,668	2018년	17,921	480,556
2013년	19,806	600,511	2019년	17,626	500,106
2014년	19,035	568,920	2020년	17,389	558,942
2015년	18,535	677,770	2021년	17,165	554,007
2016년	18,457	520,350	2022년	16,941	573,442
2017년	18,279	655,046	–	–	–

보기

ㄱ. 2012 ~ 2017년 제주도 감귤 재배면적

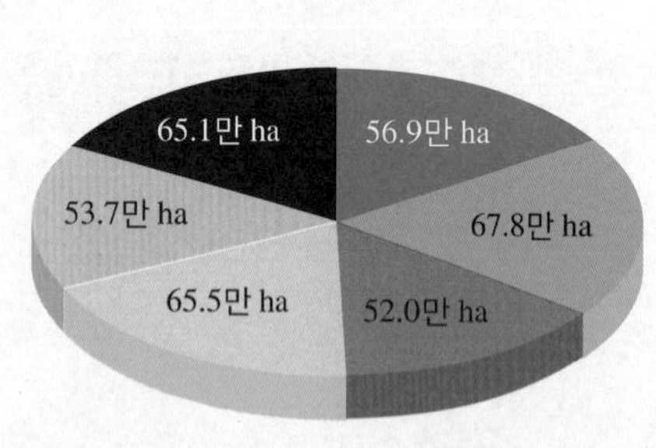

ㄴ. 2017 ~ 2022년 감귤 생산량

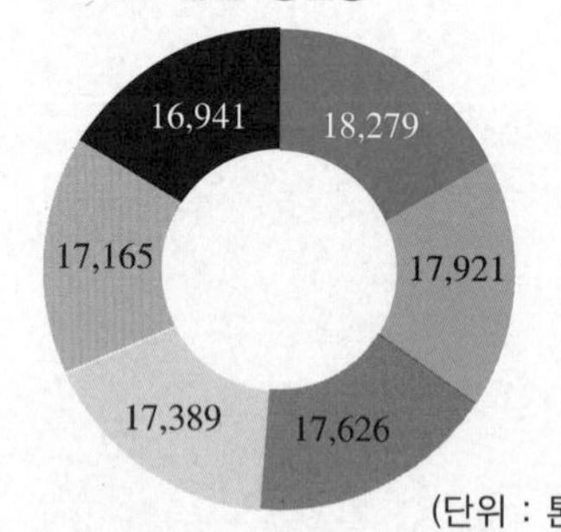

ㄷ. 2012 ~ 2022년 감귤 생산량과 면적 변화

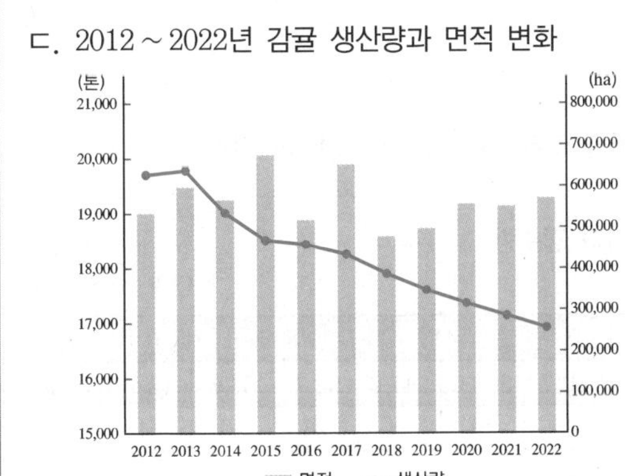

ㄹ. 2014 ~ 2022년 감귤 생산량 전년 대비 감소량

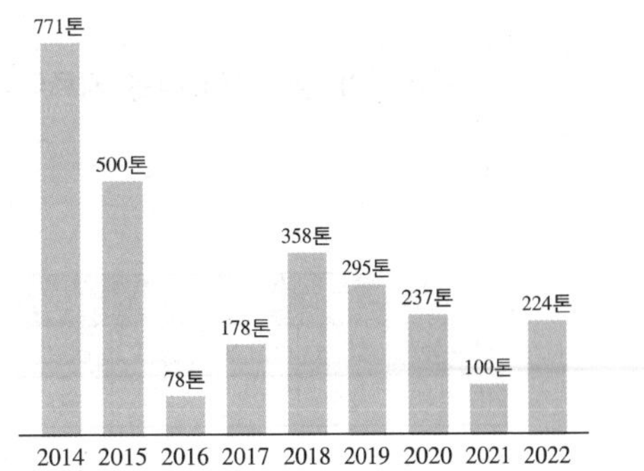

① ㄱ, ㄴ
② ㄱ, ㄷ
③ ㄴ, ㄷ
④ ㄴ, ㄹ
⑤ ㄷ, ㄹ

정답 ③

오답분석

ㄱ. 재배면적 수치가 제시된 표와 다르다.
ㄹ. 2021년 전년 대비 감소량은 2022년 전년 대비 감소량인 224톤과 같다.

풀이 전략!

각 선택지에 있는 도표의 제목을 먼저 확인한다. 그다음 제목에서 어떠한 정보가 필요한지 확인한 후, 문제에서 주어진 자료를 빠르게 확인하여 일치 여부를 판단한다

01 다음은 우리나라 강수량에 대한 자료이다. 이를 그래프로 바르게 나타낸 것은?

〈우리나라 강수량〉

(단위 : mm, 위)

구분	1월	2월	3월	4월	5월	6월	7월	8월	9월	10월	11월	12월
강수량	15.3	29.8	24.1	65.0	29.5	60.7	308.0	241.0	92.1	67.6	12.7	21.9
역대순위	32	23	39	30	44	43	14	24	26	13	44	27

①
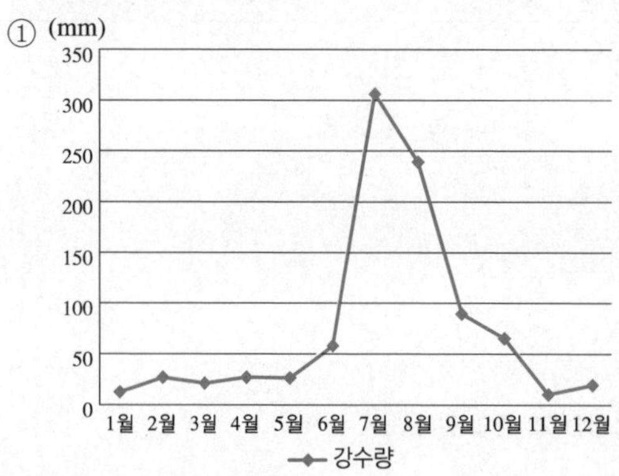

②
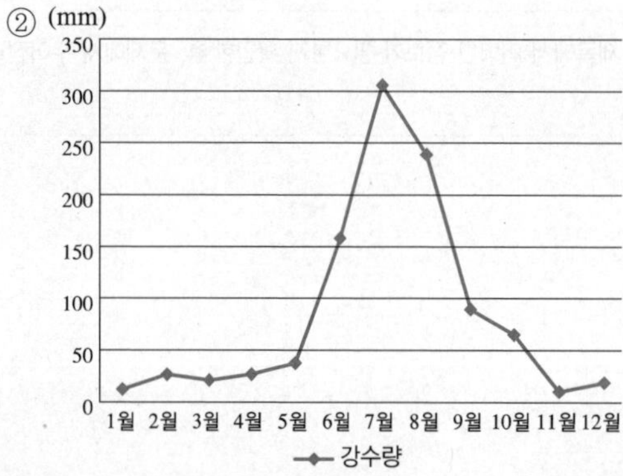

③
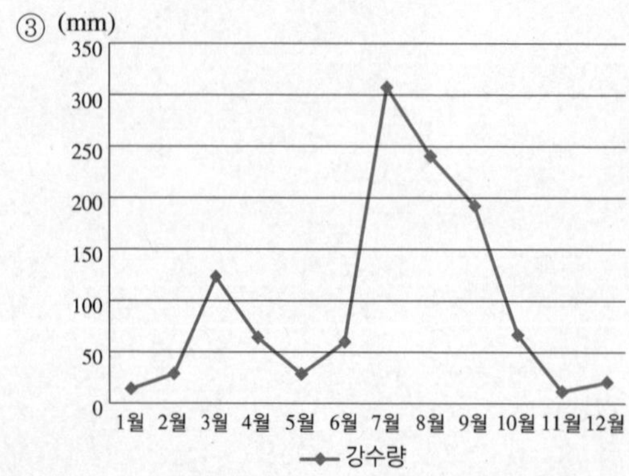

④ 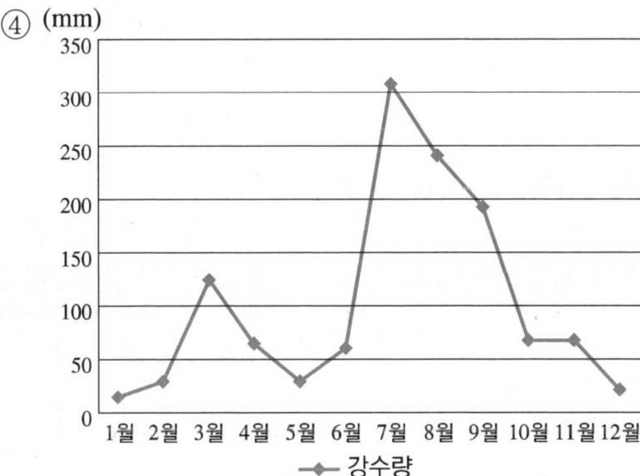
(mm)
350
300
250
200
150
100
50
0
1월 2월 3월 4월 5월 6월 7월 8월 9월 10월 11월 12월
강수량

⑤ 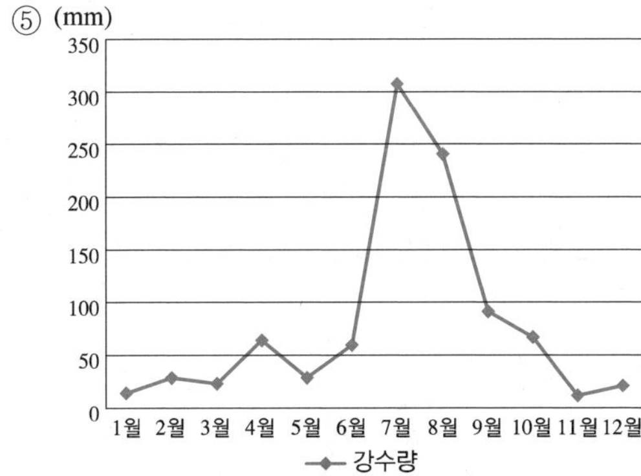
(mm)
350
300
250
200
150
100
50
0
1월 2월 3월 4월 5월 6월 7월 8월 9월 10월 11월 12월
강수량

PART 1

02 다음은 2023년도 신재생에너지 산업통계에 대한 자료이다. 이를 토대로 작성한 그래프로 옳지 않은 것은?

〈신재생에너지원별 산업 현황〉

(단위 : 억 원)

구분	기업체 수(개)	고용인원(명)	매출액	내수	수출액	해외공장매출	투자액
태양광	127	8,698	75,637	22,975	33,892	18,770	5,324
태양열	21	228	290	290	0	0	1
풍력	37	2,369	14,571	5,123	5,639	3,809	583
연료전지	15	802	2,837	2,143	693	0	47
지열	26	541	1,430	1,430	0	0	251
수열	3	46	29	29	0	0	0
수력	4	83	129	116	13	0	0
바이오	128	1,511	12,390	11,884	506	0	221
폐기물	132	1,899	5,763	5,763	0	0	1,539
합계	493	16,177	113,076	49,753	40,743	22,579	7,966

① 신재생에너지원별 기업체 수(단위 : 개)

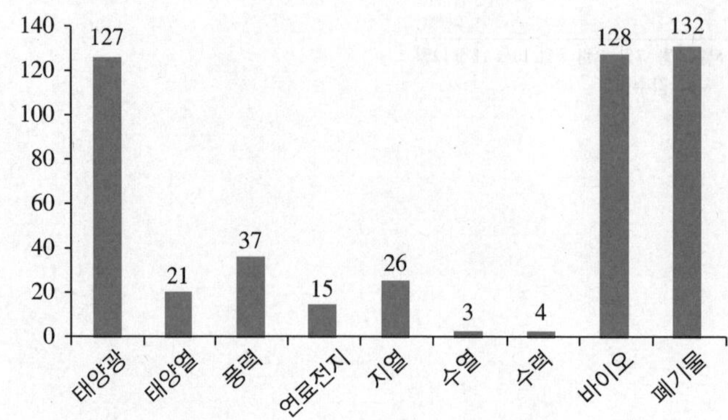

② 신재생에너지원별 고용인원(단위 : 명)

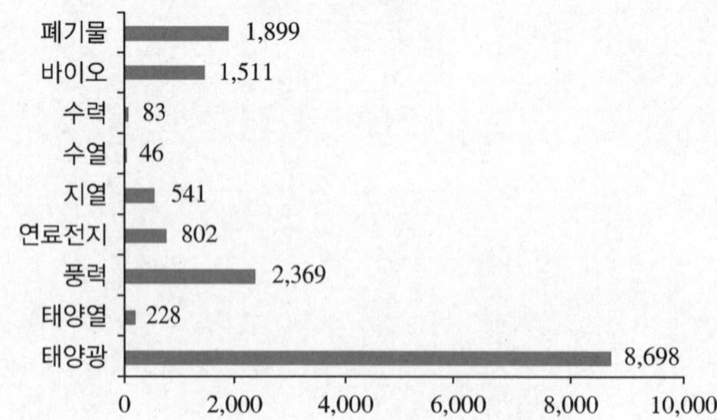

③ 신재생에너지원별 고용인원 비율

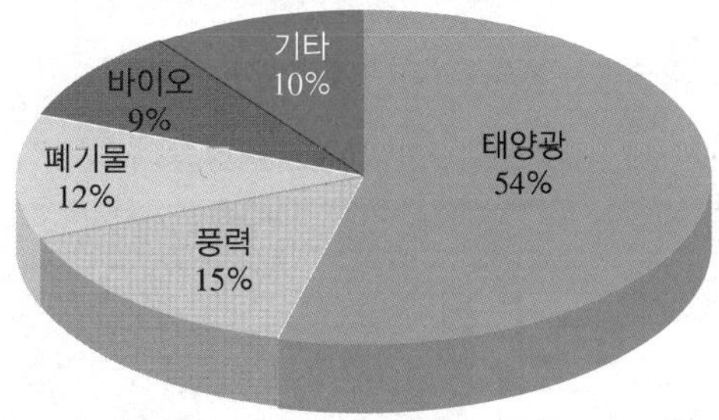

④ 신재생에너지원별 내수 현황(단위 : 억 원)

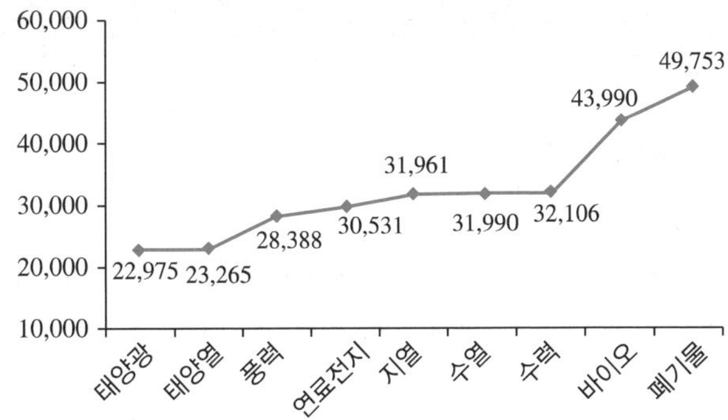

⑤ 신재생에너지원별 해외공장매출 비율

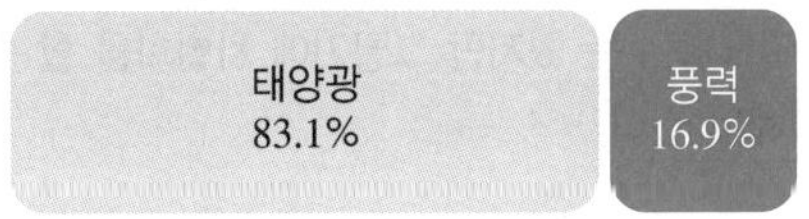

PART 1

CHAPTER 03

문제해결능력

합격 Cheat Key

문제해결능력은 업무를 수행하면서 여러 가지 문제 상황이 발생하였을 때, 창의적이고 논리적인 사고를 통하여 이를 올바르게 인식하고 적절히 해결하는 능력으로, 하위 능력에는 사고력과 문제처리능력이 있다.

문제해결능력은 NCS 기반 채용을 진행하는 대다수의 공사·공단에서 채택하고 있으며, 다양한 자료와 함께 출제되는 경우가 많아 어렵게 느껴질 수 있다. 특히, 난이도가 높은 문제로 자주 출제되기 때문에 다른 영역보다 더 많은 노력이 필요할 수는 있지만 그렇기에 차별화를 할 수 있는 득점 영역이므로 포기하지 말고 꾸준하게 노력해야 한다.

1 질문의 의도를 정확하게 파악하라!

문제해결능력은 문제에서 무엇을 묻고 있는지 정확하게 파악하여 먼저 풀이 방향을 설정하는 것이 가장 효율적인 방법이다. 특히, 조건이 주어지고 답을 찾는 창의적·분석적인 문제가 주로 출제되고 있기 때문에 처음에 정확한 풀이 방향이 설정되지 않는다면 문제를 제대로 풀지 못하게 되므로 첫 번째로 출제 의도 파악에 집중해야 한다.

2 중요한 정보는 반드시 표시하라!

출제 의도를 정확히 파악하기 위해서는 문제의 중요한 정보를 반드시 표시하거나 메모하여 하나의 조건, 단서도 잊고 넘어가는 일이 없도록 해야 한다. 실제 시험에서는 시간의 압박과 긴장감으로 정보를 잘못 적용하거나 잊어버리는 실수가 많이 발생하므로 사전에 충분한 연습이 필요하다.

3 반복 풀이를 통해 취약 유형을 파악하라!

문제해결능력은 특히 시간관리가 중요한 영역이다. 따라서 정해진 시간 안에 고득점을 할 수 있는 효율적인 문제 풀이 방법을 찾아야 한다. 이때, 반복적인 문제 풀이를 통해 자신이 취약한 유형을 파악하는 것이 중요하다. 정확하게 풀 수 있는 문제부터 빠르게 풀고 취약한 유형은 나중에 푸는 효율적인 문제 풀이를 통해 최대한 고득점을 맞는 것이 중요하다.

출제유형분석

01 명제

| 유형분석 |

- 주어진 문장을 토대로 논리적으로 추론하여 참 또는 거짓을 구분하는 문제이다.
- 대체로 연역추론을 활용한 명제 문제가 출제된다.
- 자료를 제시하고 새로운 결과나 자료에 주어지지 않은 내용을 추론해 가는 형식의 문제가 출제된다.

어느 도시에 있는 병원의 공휴일 진료 현황은 다음과 같다. 공휴일에 진료하는 병원의 수는?

- B병원이 진료를 하지 않으면, A병원은 진료를 한다.
- B병원이 진료를 하면, D병원은 진료를 하지 않는다.
- A병원이 진료를 하면, C병원은 진료를 하지 않는다.
- C병원이 진료를 하지 않으면, E병원이 진료를 한다.
- E병원은 공휴일에 진료를 하지 않는다.

① 1곳
② 2곳
③ 3곳
④ 4곳
⑤ 5곳

정답 ②

제시된 진료 현황을 각각의 명제로 보고 이들을 수식으로 설명하면 다음과 같다(단, 명제가 참일 경우 그 대우도 참이다).

- B병원이 진료를 하지 않으면 A병원이 진료한다(~B → A / ~A → B).
- B병원이 진료를 하면 D병원은 진료를 하지 않는다(B → ~D / D → ~B).
- A병원이 진료를 하면 C병원은 진료를 하지 않는다(A → ~C / C → ~A).
- C병원이 진료를 하지 않으면 E병원이 진료한다(~C → E / ~E → C).

이를 하나로 연결하면, D병원이 진료를 하면 B병원이 진료를 하지 않고, B병원이 진료를 하지 않으면 A병원은 진료를 한다. A병원이 진료를 하면 C병원은 진료를 하지 않고, C병원이 진료를 하지 않으면 E병원은 진료를 한다(D → ~B → A → ~C → E). 명제가 참일 경우 그 대우도 참이므로 ~E → C → ~A → B → ~D가 된다. E병원은 공휴일에 진료를 하지 않으므로 위의 명제를 참고하면 C와 B병원만이 진료를 하는 경우가 된다. 따라서 공휴일에 진료를 하는 병원은 2곳이다.

풀이 전략!

명제와 관련한 기본적인 논법에 대해서는 미리 학습해 두며, 이를 바탕으로 각 문장에 있는 핵심단어 또는 문구를 기호화하여 정리한 후, 선택지와 비교하여 참 또는 거짓을 판단한다.

출제유형분석 01 실전예제

01 **A ~ E는 직장에서 상여금을 받았다. 상여금은 순서와 관계없이 각각 25만 원, 50만 원, 75만 원, 100만 원, 125만 원이다. 다음 〈조건〉을 참고할 때 옳지 않은 것은?**

조건

- A의 상여금은 다섯 사람 상여금의 평균이다.
- B의 상여금은 C, D보다 적다.
- C의 상여금은 어떤 사람의 상여금의 두 배이다.
- D의 상여금은 E보다 적다.

① A의 상여금은 A를 제외한 나머지 네 명의 평균과 같다.
② A의 상여금은 반드시 B보다 많다.
③ C의 상여금은 두 번째로 많거나 두 번째로 적다.
④ C의 상여금이 A보다 많다면, B의 상여금은 C의 50%일 것이다.
⑤ C의 상여금이 D보다 적다면, D의 상여금은 E의 80%일 것이다.

02 **H공사의 A ~ C는 이번 신입사원 교육에서 각각 인사, 사업, 영업 교육을 맡게 되었다. 다음 〈조건〉을 참고할 때, 교육과 관련된 내용이 바르게 연결된 것은?**

조건

- 교육은 각각 2시간, 1시간 30분, 1시간 동안 진행된다.
- A, B, C 중 2명은 과장이며, 나머지 한 명은 부장이다.
- 부장은 B보다 짧게 교육을 진행한다.
- A가 가장 오랜 시간 동안 사업 교육을 진행한다.
- 교육 시간은 인사 교육이 가장 짧다.

	직원	담당 교육	교육 시간
①	B과장	인사 교육	1시간
②	B부장	영업 교육	1시간
③	C부장	인사 교육	1시간
④	C부장	인사 교육	1시간 30분
⑤	C과장	영업 교육	1시간 30분

PART 1

03 홍보팀, 총무팀, 연구개발팀, 고객지원팀, 법무팀, 디자인팀으로 구성된 K사가 사내 체육대회를 실시하였다. 여섯 팀이 참가한 경기가 다음 조건과 같을 때, 항상 참인 것은?

조건

- 체육대회는 모두 4종목이며 모든 팀은 적어도 한 종목에 참가해야 한다.
- 이어달리기 종목에 참가한 팀은 5팀이다.
- 홍보팀은 모든 종목에 참가하였다.
- 연구개발팀은 2종목에 참가하였다.
- 총무팀이 참가한 어떤 종목은 4팀이 참가하였다.
- 연구개발팀과 디자인팀은 같은 종목에 참가하지 않는다.
- 고객지원팀과 법무팀은 모든 종목에 항상 같이 참가하였거나 같이 참가하지 않았다.
- 디자인팀은 족구 종목에 참가하였다.

① 총무팀이 참가한 종목의 수와 법무팀이 참가한 종목의 수는 같다.
② 홍보팀과 고객지원팀이 동시에 참가하지 않는 종목은 없다.
③ 참가하는 종목이 가장 적은 팀은 디자인팀이다.
④ 연구개발팀과 법무팀이 참가한 종목의 수는 같다.
⑤ 연구개발팀과 디자인팀이 동시에 참가하지 않는 종목은 없다.

04 A ~ G 7명이 원형테이블에 〈조건〉과 같이 앉아 있을 때, 다음 중 직급이 사원인 사람과 대리인 사람을 순서대로 바르게 나열한 것은?

조건

A, B, C, D, E, F, G는 모두 사원, 대리, 과장, 차장, 팀장, 본부장, 부장 중 하나의 직급에 해당하며, 이 중 동일한 직급인 직원은 없다.

- A의 왼쪽에는 부장이, 오른쪽에는 차장이 앉아 있다.
- E는 사원과 이웃하여 앉지 않았다.
- B는 부장과 이웃하여 앉아 있다.
- C의 직급은 차장이다.
- G는 차장과 과장 사이에 앉아 있다.
- D는 A와 이웃하여 앉아 있다.
- 사원은 부장, 대리와 이웃하여 앉아 있다.

	사원	대리
①	A	F
②	B	E
③	B	F
④	D	E
⑤	D	G

05 K공사의 건물에서는 엘리베이터 여섯 대(1 ~ 6호기)를 6시간에 걸쳐 검사하고자 한다. 한 시간에 한 대씩만 검사한다고 할 때, 다음 〈조건〉에 근거하여 바르게 추론한 것은?

조건

- 제일 먼저 검사하는 엘리베이터는 5호기이다.
- 가장 마지막에 검사하는 엘리베이터는 6호기가 아니다.
- 2호기는 6호기보다 먼저 검사한다.
- 3호기는 두 번째로 먼저 검사하며, 그 다음으로 검사하는 엘리베이터는 1호기이다.

① 6호기는 4호기보다 늦게 검사한다.
② 마지막으로 검사하는 엘리베이터는 4호기가 아니다.
③ 4호기 다음으로 검사할 엘리베이터는 2호기이다.
④ 2호기는 세 번째로 1호기보다 먼저 검사한다.
⑤ 6호기는 1호기 다다음에 검사하며, 다섯 번째로 검사하게 된다.

06 이번 학기에 4개의 강좌 A ~ D가 새로 개설되는데, 강사 갑 ~ 무 중 4명이 한 강좌씩 맡으려 한다. 배정 결과를 궁금해 하는 5명은 다음 〈보기〉와 같이 예측했다. 배정 결과를 보니 갑 ~ 무의 진술 중 한 명의 진술만이 거짓이고 나머지는 참임이 드러났을 때, 다음 중 바르게 추론한 것은?

보기

갑 : 을이 A강좌를 담당하고 병은 강좌를 담당하지 않을 것이다.
을 : 병이 B강좌를 담당할 것이다.
병 : 정은 D강좌가 아닌 다른 강좌를 담당할 것이다.
정 : 무가 D강좌를 담당할 것이다.
무 : 을의 말은 거짓일 것이다.

① 갑은 A강좌를 담당한다.
② 을은 C강좌를 담당한다.
③ 병은 강좌를 담당하지 않는다.
④ 정은 D강좌를 담당한다.
⑤ 무는 B강좌를 담당한다.

출제유형분석

02 규칙 적용

| 유형분석 |

- 주어진 상황과 규칙을 종합적으로 활용하여 풀어가는 문제이다.
- 일정, 비용, 순서 등 다양한 내용을 다루고 있어 유형을 한 가지로 단일화하기 어려우므로 여러 문제를 접해 보는 것이 좋다.

갑은 다음 규칙을 참고하여 알파벳을 숫자로 변환하고자 한다. 규칙을 적용한 〈보기〉의 ㉠~㉣ 알파벳에 부여된 숫자의 규칙에 따를 때, 알파벳 Z에 해당하는 각각의 자연수를 모두 더한 값은?

〈규칙〉

① 알파벳 'A'부터 'Z'까지 순서대로 자연수를 부여한다.
예 A=2라고 하면 B=3, C=4, D=5이다.
② 단어의 음절에 같은 알파벳이 연속되는 경우 ①에서 부여한 숫자를 알파벳이 연속되는 횟수만큼 거듭제곱한다.
예 A=2이고 단어가 'AABB'이면 AA는 '2^2'이고, BB는 '3^2'이므로 '49'로 적는다.

보기

㉠ AAABBCC는 10000001020110404로 변환된다.
㉡ CDFE는 3465로 변환된다.
㉢ PJJYZZ는 1712126729로 변환된다.
㉣ QQTSR은 625282726으로 변환된다.

① 154
② 176
③ 199
④ 212
⑤ 234

정답 ④

㉠ A=100, B=101, C=102이다. 따라서 Z=125이다.
㉡ C=3, D=4, E=5, F=6이다. 따라서 Z=26이다.
㉢ P가 17임을 볼 때, J=11, Y=26, Z=27이다.
㉣ Q=25, R=26, S=27, T=28이다. 따라서 Z=34이다.
따라서 해당하는 Z값을 모두 더하면 125+26+27+34=212이다.

풀이 전략!

문제에 제시된 조건이나 규칙을 정확히 파악한 후, 선택지나 상황에 적용하여 문제를 풀어나간다.

출제유형분석 02 실전예제

01 **I사는 신제품의 품번을 다음과 같은 규칙에 따라 정한다고 한다. 제품에 설정된 임의의 영단어가 'INTELLECTUAL'이라면, 이 제품의 품번으로 옳은 것은?**

〈규칙〉

- 1단계 : 알파벳 A ~ Z를 숫자 1, 2, 3, …으로 변환하여 계산한다.
- 2단계 : 제품에 설정된 임의의 영단어를 숫자로 변환한 값의 합을 구한다.
- 3단계 : 임의의 영단어 속 자음의 합에서 모음의 합을 뺀 값의 절댓값을 구한다.
- 4단계 : 2단계와 3단계의 값을 더한 다음 4로 나누어 2단계의 값에 더한다.
- 5단계 : 4단계의 값이 정수가 아닐 경우에는 소수점 첫째 자리에서 버림한다.

① 120　② 140
③ 160　④ 180
⑤ 200

02 **A팀과 B팀은 보안등급 상에 해당하는 문서를 나누어 보관하고 있다. 이때 두 팀은 보안을 위해 아래와 같은 규칙에 따라 각 팀의 비밀번호를 지정하였다. 다음 중 A팀 또는 B팀에 들어갈 수 있는 암호배열은?**

〈규칙〉

- 1 ~ 9까지의 숫자로 (한 자리 수)×(두 자리 수)=(세 자리 수)=(두 자리 수)×(한 자리 수) 형식의 비밀번호로 구성한다.
- 가운데에 들어갈 세 자리 수의 숫자는 156이며 숫자는 중복 사용할 수 없다. 즉, 각 팀의 비밀번호에 1, 5, 6이란 숫자가 들어가지 않는다.

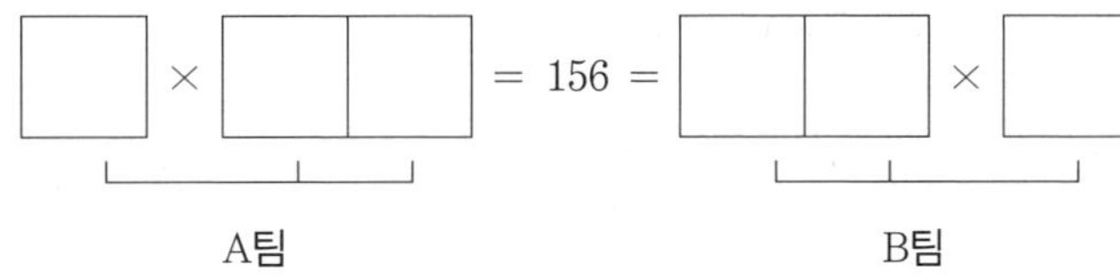

① 23　② 27
③ 29　④ 37
⑤ 39

출제유형분석

03 자료 해석

| 유형분석 |

- 주어진 자료를 해석하고 활용하여 풀어가는 문제이다.
- 꼼꼼하고 분석적인 접근이 필요한 다양한 자료들이 출제된다.

L공장에서 제조하는 볼트의 일련번호는 다음과 같이 구성된다. 일련번호는 형태 – 허용압력 – 직경 – 재질 – 용도 순으로 표시할 때, 직경이 14mm이고, 자동차에 쓰이는 스테인리스 볼트의 일련번호로 가장 적절한 것은?

구분				
형태	나사형	육각	팔각	별
	SC	HX	OT	ST
허용압력(kg/cm²)	10 ~ 20	21 ~ 40	41 ~ 60	61 이상
	L	M	H	P
직경(mm)	8	10	12	14
	008	010	012	014
재질	플라스틱	크롬 도금	스테인리스	티타늄
	P	CP	SS	Ti
용도	항공기	선박	자동차	일반
	A001	S010	M110	E100

① SCP014TiE100
② OTH014SSS010
③ STM012CPM110
④ HXL014SSM110
⑤ SCM012TiM110

 ④

오답분석

① 재질이 티타늄, 용도가 일반이므로 적절하지 않다.
② 용도가 선박이므로 적절하지 않다.
③ 재질이 크롬 도금, 직경이 12mm이므로 적절하지 않다.
⑤ 재질이 티타늄, 직경이 12mm이므로 적절하지 않다.

풀이 전략!

문제 해결을 위해 필요한 정보가 무엇인지 먼저 파악한 후, 제시된 자료를 분석적으로 읽고 해석한다.

출제유형분석 03 실전예제

01 다음 자료를 근거로 판단할 때, 연구모임 A～E 중 두 번째로 많은 지원금을 받는 모임은?

〈지원계획〉

- 지원을 받기 위해서는 모임당 6명 이상 9명 미만으로 구성되어야 한다.
- 기본지원금은 모임당 1,500천 원이다. 단, 상품개발을 위한 모임의 경우는 2,000천 원을 지원한다.
- 추가지원금

등급	상	중	하
추가지원금(천 원/명)	120	100	70

※ 추가지원금은 연구 계획 사전평가결과에 따라 달라진다.

- 협업 장려를 위해 협업이 인정되는 모임에는 위의 두 지원금을 합한 금액의 30%를 별도로 지원한다.

〈연구모임 현황 및 평가 결과〉

모임	상품개발 여부	구성원 수	연구 계획 사전평가 결과	협업 인정 여부
A	○	5	상	○
B	×	6	중	×
C	×	8	상	○
D	○	7	중	×
E	×	9	하	×

① A모임　② B모임
③ C모임　④ D모임
⑤ E모임

02 A씨와 B씨는 카셰어링 업체인 I카를 이용하여 각각 일정을 소화하였다. I카의 이용요금표와 일정이 다음과 같을 때, A씨와 B씨가 지불해야 하는 요금이 바르게 연결된 것은?

〈I카 이용요금표〉

구분	기준요금 (10분)	누진 할인요금				주행요금
		대여요금(주중)		대여요금(주말)		
		1시간	1일	1시간	1일	
모닝	880원	3,540원	35,420원	4,920원	49,240원	160원/km
레이		3,900원	39,020원	5,100원	50,970원	
아반떼	1,310원	5,520원	55,150원	6,660원	65,950원	170원/km
K3						

※ 주중 / 주말 기준
- 주중 : 일요일 20:00 ~ 금요일 12:00
- 주말 : 금요일 12:00 ~ 일요일 20:00(공휴일 및 당사 지정 성수기 포함)

※ 최소 예약은 30분이며 10분 단위로 연장할 수 있습니다(1시간 이하는 10분 단위로 환산하여 과금합니다).
※ 예약시간이 4시간을 초과하는 경우에는 누진 할인요금이 적용됩니다(24시간 한도).
※ 연장요금은 기준요금으로 부과합니다.
※ 이용시간 미연장에 따른 반납지연 패널티 요금은 초과한 시간에 대한 기준요금의 2배가 됩니다.

〈일정〉

• A씨
- 차종 : 아반떼
- 예약시간 : 3시간(토요일, 11:00 ~ 14:00)
- 주행거리 : 92km
- A씨는 저번 주 토요일, 친구 결혼식에 참석하기 위해 인천에 다녀왔다. 인천으로 가는 길은 순탄하였으나 돌아오는 길에는 고속도로에서 큰 사고가 있었던 모양인지 예상했던 시간보다 1시간 30분이 더 걸렸다. A씨는 이용시간을 연장해야 한다는 사실을 몰라 하지 못했다.

• B씨
- 차종 : 레이
- 예약시간 : 목요일, 금요일 00:00 ~ 08:00
- 주행거리 : 243km
- B씨는 납품지연에 따른 상황을 파악하기 위해 강원도 원주에 있는 거래처에 들러 이틀에 걸쳐 일을 마무리한 후 예정된 일정에 맞추어 다시 서울로 돌아왔다.

	A씨	B씨
①	61,920원	120,140원
②	62,800원	122,570원
③	62,800원	130,070원
④	63,750원	130,070원
⑤	63,750원	130,200원

03 K공사 홍보실에 근무하는 A사원은 12일부터 15일까지 워크숍을 가게 되었다. 워크숍을 떠나기 직전 A사원은 스마트폰의 날씨예보 어플을 통해 워크숍 장소인 춘천의 날씨를 확인해 보았다. 다음 중 A사원이 확인한 날씨예보의 내용으로 가장 적절한 것은?

① 워크숍 기간 중 오늘이 일교차가 가장 크므로 감기에 유의해야 한다.
② 내일 춘천 지역의 미세먼지가 심하므로 주의해야 한다.
③ 워크숍 기간 중 비를 동반한 낙뢰가 예보된 날이 있다.
④ 내일모레 춘천 지역의 최고·최저기온이 모두 영하이므로 야외활동 시 옷을 잘 챙겨 입어야 한다.
⑤ 글피엔 비가 내리지 않지만 최저기온이 영하이다.

PART 1

※ B씨는 다음 자료를 참고하여 휴가를 다녀오려고 한다. 이어지는 질문에 답하시오. **[4~5]**

〈여행경로 선정 조건〉

- 항공편 왕복 예산은 80만 원이다.
- 휴가지 후보는 태국, 싱가포르, 베트남이다.
- 중국을 경유하면 총비행금액의 20%가 할인된다.
- 제시된 항공편만 이용가능하다.

〈항공편 정보〉

비행편		출발 시각	도착 시각	금액(원)
갈 때	인천 – 베트남	09:10	14:30	341,000
	인천 – 싱가포르	10:20	15:10	580,000
	인천 – 중국	10:30	14:10	210,000
	중국 – 베트남	13:40	16:40	310,000
	인천 – 태국	10:20	15:20	298,000
	중국 – 싱가포르	14:10	17:50	405,000
올 때	태국 – 인천	18:10	21:20	203,000
	중국 – 인천	18:50	22:10	222,000
	베트남 – 인천	19:00	21:50	195,000
	싱가포르 – 인천	19:30	22:30	304,000
	베트남 – 중국	19:10	21:40	211,000
	싱가포르 – 중국	20:10	23:20	174,000

※ 항공편은 한국 시간 기준이다.

04 다음 〈보기〉에서 옳은 것을 모두 고르면?

보기

ㄱ. 인천에서 중국을 경유해서 베트남으로 갈 경우 싱가포르로 직항해서 가는 것보다 편도 비용이 15만 원 이상 저렴하다.

ㄴ. 직항 항공편만을 선택할 때, 왕복 항공편 비용이 가장 적게 드는 여행지로 여행을 간다면 베트남으로 여행을 갈 것이다.

ㄷ. 베트남으로 여행을 다녀오는 경우 왕복 항공편 최소 비용은 60만 원 미만이다.

① ㄱ
② ㄱ, ㄴ
③ ㄱ, ㄷ
④ ㄴ, ㄷ
⑤ ㄱ, ㄴ, ㄷ

05 B씨는 여행지 선정 기준을 바꾸어 태국, 싱가포르, 베트남 중 왕복 소요 시간이 가장 짧은 곳을 여행지로 선정하고자 한다. 다음 중 B씨가 여행지로 선정할 국가와 그 국가에 대한 왕복 소요 시간이 바르게 연결된 것은?

	여행지	왕복 소요 시간
①	태국	8시간 20분
②	싱가포르	7시간 50분
③	싱가포르	8시간 10분
④	베트남	7시간 50분
⑤	베트남	9시간 40분

PART 1

06 올해 리모델링하는 K호텔에서 근무하는 귀하는 호텔 비품 구매를 담당하게 되었다. 제조사별 소파 특징을 알아본 귀하는 이탈리아제의 천, 쿠션재에 패더를 사용한 소파를 구매하기로 하였다. 쿠션재는 패더와 우레탄뿐이며 이 소파는 침대 겸용은 아니지만 리클라이닝이 가능하고 '조립'이라고 표시되어 있었으며, 커버는 교환할 수 없다. 귀하가 구매하려는 소파의 제조사는?

〈제조사별 소파 특징〉

구분	특징
A사	• 쿠션재에 스프링을 사용하지 않는 경우에는 이탈리아제의 천을 사용하지 않는다. • 국내산 천을 사용하는 경우에는 커버를 교환 가능하게 하지 않는다.
B사	• 쿠션재에 우레탄을 사용하는 경우에는 국내산 천을 사용한다. • 리클라이닝이 가능하지 않으면 이탈리아제 천을 사용하지 않는다.
C사	• 쿠션재에 패더를 사용하지 않는 경우에는 국내산 천을 사용한다. • 침대 겸용 소파의 경우에는 쿠션재에 패더를 사용하지 않는다.
D사	• 쿠션재에 패더를 사용하는 경우에는 이탈리아제의 천을 사용한다. • 조립이라고 표시된 소파의 경우에는 쿠션재에 우레탄을 사용한다.

① A사 또는 B사
② A사 또는 C사
③ B사 또는 C사
④ B사 또는 D사
⑤ C사 또는 D사

CHAPTER 04

자원관리능력

합격 Cheat Key

자원관리능력은 현재 NCS 기반 채용을 진행하는 많은 공사·공단에서 핵심영역으로 자리 잡아, 일부를 제외한 대부분의 시험에서 출제되고 있다.

세부 유형은 비용 계산, 해외파견 지원금 계산, 주문 제작 단가 계산, 일정 조율, 일정 선정, 행사 대여 장소 선정, 최단거리 구하기, 시차 계산, 소요시간 구하기, 해외파견 근무 기준에 부합하는 또는 부합하지 않는 직원 고르기 등으로 나눌 수 있다.

1 시차를 먼저 계산하라!

시간 자원 관리의 대표유형 중 시차를 계산하여 일정에 맞는 항공권을 구입하거나 회의시간을 구하는 문제에서는 각각의 나라 시간을 한국 시간으로 전부 바꾸어 계산하는 것이 편리하다. 조건에 맞는 나라들의 시간을 전부 한국 시간으로 바꾸고 한국 시간과의 시차만 더하거나 빼면 시간을 단축하여 풀 수 있다.

2 선택지를 잘 활용하라!

계산을 해서 값을 요구하는 문제 유형에서는 선택지를 먼저 본 후 자리 수가 몇 단위로 끝나는지 확인해야 한다. 예를 들어 412,300원, 426,700원, 434,100원인 선택지가 있다고 할 때, 제시된 조건에서 100원 단위로 나올 수 있는 항목을 찾아 그 항목만 계산하는 방법이 있다. 또한, 일일이 계산하는 문제가 많다. 예를 들어 640,000원, 720,000원, 810,000원 등의 수를 이용해 푸는 문제가 있다고 할 때, 만 원 단위를 절사하고 계산하여 64, 72, 81처럼 요약하는 방법이 있다.

3 최적의 값을 구하는 문제인지 파악하라!

물적 자원 관리의 대표유형에서는 제한된 자원 내에서 최대의 만족 또는 이익을 얻을 수 있는 방법을 강구하는 문제가 출제된다. 이때, 구하고자 하는 값을 x, y로 정하고 연립방정식을 이용해 x, y 값을 구한다. 최소 비용으로 목표생산량을 달성하기 위한 업무 및 인력 할당, 정해진 시간 내에 최대 이윤을 낼 수 있는 업체 선정, 정해진 인력으로 효율적 업무 배치 등을 구하는 문제에서 사용되는 방법이다.

4 각 평가항목을 비교하라!

인적 자원 관리의 대표유형에서는 각 평가항목을 비교하여 기준에 적합한 인물을 고르거나, 저렴한 업체를 선정하거나, 총점이 높은 업체를 선정하는 문제가 출제된다. 이런 유형은 평가항목에서 가격이나 점수 차이에 영향을 많이 미치는 항목을 찾아 $1 \sim 2$개의 선택지를 삭제하고, 남은 $3 \sim 4$개의 선택지만 계산하여 시간을 단축할 수 있다.

출제유형분석

01 시간 계획

| 유형분석 |

- 시간 자원과 관련된 다양한 정보를 활용하여 풀어가는 문제이다.
- 대체로 교통편 정보나 국가별 시차 정보가 제공되며, 이를 근거로 '현지 도착시간 또는 약속된 시간 내에 도착하기 위한 방안'을 고르는 문제가 출제된다.

한국은 뉴욕보다 16시간 빠르고, 런던은 한국보다 8시간 느리다. 다음 비행기가 현지에 도착할 때의 시간(㉠, ㉡)으로 옳은 것은?

구분	출발 일자	출발 시간	비행 시간	도착 시간
뉴욕행 비행기	6월 6일	22:20	13시간 40분	㉠
런던행 비행기	6월 13일	18:15	12시간 15분	㉡

	㉠	㉡
①	6월 6일 09시	6월 13일 09시 30분
②	6월 6일 20시	6월 13일 22시 30분
③	6월 7일 09시	6월 14일 09시 30분
④	6월 7일 13시	6월 14일 15시 30분
⑤	6월 7일 20시	6월 14일 20시 30분

정답 ②

㉠ 뉴욕행 비행기는 한국에서 6월 6일 22시 20분에 출발하고, 13시간 40분 동안 비행하기 때문에 6월 7일 12시에 도착한다. 한국 시간은 뉴욕보다 16시간 빠르므로 현지에 도착하는 시간은 6월 6일 20시가 된다.

㉡ 런던행 비행기는 한국에서 6월 13일 18시 15분에 출발하고, 12시간 15분 동안 비행하기 때문에 현지에 6월 14일 6시 30분에 도착한다. 한국 시간은 런던보다 8시간이 빠르므로 현지에 도착하는 시간은 6월 13일 22시 30분이 된다.

풀이 전략!

문제에서 묻는 것을 정확히 파악한다. 특히 제한사항에 대해서는 빠짐없이 확인해 두어야 한다. 이후 제시된 정보(시차 등)에서 필요한 것을 선별하여 문제를 풀어간다.

출제유형분석 01 실전예제

01 K사원의 팀은 출장근무를 마치고 서울로 복귀하고자 한다. 다음 자료를 참고할 때, 서울에 가장 일찍 도착할 수 있는 예정시각은 언제인가?

〈상황〉

- K사원이 소속된 팀원은 총 4명이다.
- 대전에서 출장을 마치고 서울로 돌아가려고 한다.
- 고속버스터미널에는 은행, 편의점, 화장실, 패스트푸드점 등이 있다.

※ 시설별 소요 시간 : 은행 30분, 편의점 10분, 화장실 20분, 패스트푸드점 25분

〈대화 내용〉

A과장 : 긴장이 풀려서 그런가? 배가 출출하네. 햄버거라도 사서 먹어야겠어.
B대리 : 저도 출출하긴 한데 그것보다 화장실이 더 급하네요. 금방 다녀오겠습니다.
C주임 : 그럼 그사이에 버스표를 사야 하니 은행에 들러 현금을 찾아오겠습니다.
K사원 : 저는 그동안 편의점에 가서 버스 안에서 먹을 과자를 사 오겠습니다.
A과장 : 지금이 16시 50분이니까 다들 각자 볼일 보고 빨리 돌아와. 다 같이 타고 가야 하니까.

〈시외버스 배차정보〉

대전 출발	서울 도착	잔여 좌석수
17:00	19:00	6
17:15	19:15	8
17:30	19:30	3
17:45	19:45	4
18:00	20:00	8
18:15	20:15	5
18:30	20:30	6
18:45	20:45	10
19:00	21:00	16

① 17:45
② 19:15
③ 19:45
④ 20:15
⑤ 20:45

02 K공사의 청원경찰은 6층 회사건물을 층마다 모두 순찰한 후에 퇴근한다. 다음 〈조건〉에 따라 1층에서 출발하여 순찰을 완료하고 1층으로 돌아오기까지 소요되는 최소 시간은?(단, 〈조건〉 외의 다른 요인은 고려하지 않는다)

조건

- 층간 이동은 엘리베이터로만 해야 하며 엘리베이터가 한 개 층을 이동하는 데는 1분이 소요된다.
- 엘리베이터는 한 번에 최대 세 개 층(예 1층 → 4층)을 이동할 수 있다.
- 엘리베이터는 한 번 위로 올라갔으면, 그 다음에는 아래 방향으로 내려오고, 그 다음에는 다시 위 방향으로 올라가야 한다.
- 하나의 층을 순찰하는 데는 10분이 소요된다.

① 1시간
② 1시간 10분
③ 1시간 16분
④ 1시간 22분
⑤ 1시간 28분

03 자동차 부품을 생산하는 H기업은 반자동과 자동 생산라인을 하나씩 보유하고 있다. 최근 일본의 자동차 회사와 수출계약을 체결하여 자동차 부품 34,500개를 납품하였다. 다음 H기업의 생산조건을 고려할 때, 일본에 납품할 부품을 생산하는 데 소요된 시간은 얼마인가?

〈자동차 부품 생산조건〉

- 반자동라인은 4시간에 300개의 부품을 생산하며, 그중 20%는 불량품이다.
- 자동라인은 3시간에 400개의 부품을 생산하며, 그중 10%는 불량품이다.
- 반자동라인은 8시간마다 2시간씩 생산을 중단한다.
- 자동라인은 9시간마다 3시간씩 생산을 중단한다.
- 불량 부품은 생산 후 폐기하고 정상인 부품만 납품한다.

① 230시간
② 240시간
③ 250시간
④ 260시간
⑤ 280시간

04 다음은 K제품의 생산계획을 나타낸 자료이다. 〈조건〉에 따라 공정이 진행될 때, 첫 번째 완제품이 생산되기 위해서는 최소 몇 시간이 소요되는가?

〈K제품 생산계획〉

공정	선행공정	소요시간
A	없음	3
B	A	1
C	B, E	3
D	없음	2
E	D	1
F	C	2

조건

- 공정별로 1명의 작업 담당자가 공정을 수행한다.
- A공정과 D공정의 작업 시점은 같다.
- 공정 간 제품의 이동 시간은 무시한다.

① 6시간
② 7시간
③ 8시간
④ 9시간
⑤ 10시간

출제유형분석

02 비용 계산

| 유형분석 |

- 예산 자원과 관련된 다양한 정보를 활용하여 풀어가는 문제이다.
- 대체로 한정된 예산 내에서 수행할 수 있는 업무 및 예산 가격을 묻는 문제가 출제된다.

A사원은 이번 출장을 위해 KTX표를 미리 40% 할인된 가격에 구매하였으나, 출장 일정이 바뀌는 바람에 하루 전날 표를 취소하였다. 다음 환불 규정에 따라 16,800원을 돌려받았을 때, 할인되지 않은 KTX표의 가격은 얼마인가?

〈KTX 환불 규정〉

출발 2일 전	출발 1일 전 ~ 열차 출발 전	열차 출발 후
100%	70%	50%

① 40,000원
② 48,000원
③ 56,000원
④ 67,200원
⑤ 70,000원

정답 ①

할인되지 않은 KTX표의 가격을 x원이라 하면, 표를 40% 할인된 가격으로 구매하였으므로 구매 가격은 $(1-0.4)x=0.6x$원이다.
환불 규정에 따르면 하루 전에 표를 취소하는 경우 70%의 금액을 돌려받을 수 있으며, 식으로 정리하면 다음과 같다.

$0.6x\times0.7=16,800 \rightarrow 0.42x=16,800$

$\therefore\ x=40,000$

따라서 할인되지 않은 KTX표의 가격은 40,000원이다.

풀이 전략!

제한사항인 예산을 고려하여 문제에서 묻는 것을 정확히 파악한 후, 제시된 정보에서 필요한 것을 선별하여 문제를 풀어간다.

출제유형분석 02 실전예제

01 A씨는 H마트에서 온라인으로 주문을 하려고 한다. 다음과 같이 장바구니에 담아놓은 상품 중 선택한 상품을 구매하려고 할 때, 할인쿠폰을 적용한 최소 주문 금액은 얼마인가?

■ 장바구니

선택	상품	수량	단가
☑	완도 김	⊟ 2 ⊞	2,300원
☑	냉동 블루베리	⊟ 1 ⊞	6,900원
☐	김치	⊟ 3 ⊞	2,500원
☑	느타리 버섯	⊟ 1 ⊞	5,000원
☐	냉동 만두	⊟ 2 ⊞	7,000원
☑	토마토	⊟ 2 ⊞	8,500원

■ 할인쿠폰

적용	쿠폰	중복 할인
☐	상품 총액의 10% 할인 쿠폰	불가
☐	배송비 무료 쿠폰	가능
☐	H카드 사용 시 2% 할인 쿠폰	가능

■ 결제 방법

선택

☐ H페이

☑ 신용카드

↳ 선택

☐ K카드

☑ I카드

☐ L카드

■ 총주문금액

(주문 상품 금액)+3,000(배송비)

① 31,830원　② 32,830원

③ 33,150원　④ 34,150원

⑤ 35,830원

PART 1

02 다음은 이번 달 K사원의 초과 근무 기록이다. K사원의 연봉은 3,600만 원이고, 시급 산정 시 월평균 근무시간은 200시간이다. 이때 K사원이 받는 야근·특근 근무 수당은 얼마인가?(단, 소득세는 고려하지 않는다)

〈이번 달 초과 근무 기록〉

일요일	월요일	화요일	수요일	목요일	금요일	토요일
			1	2 18:00 ~ 19:00	3	4
5 09:00 ~ 11:00	6	7 19:00 ~ 21:00	8	9	10	11
12	13	14	15 18:00 ~ 22:00	16	17	18 13:00 ~ 16:00
19	20 19:00 ~ 20:00	21	22	23	24	25
26	27	28	29 19:00 ~ 23:00	30 18:00 ~ 21:00	31	

〈초과 근무 수당 규정〉

- 평일 야근 수당은 시급의 1.2배이다.
- 주말 특근 수당은 시급의 1.5배이다.
- 식대는 10,000원을 지급하며(야근·특근 수당에 포함되지 않는다), 평일 야근 시 20시 이상 근무할 경우에 지급한다(주말 특근에는 지급하지 않는다).
- 야근시간은 오후 7 ~ 10시이다(초과시간 수당 미지급).

① 265,500원
② 285,500원
③ 300,000원
④ 310,500원
⑤ 315,000원

03 흥민이는 베트남 여행을 위해 K국제공항에서 환전하기로 하였다. 다음은 L환전소의 당일 환율 및 수수료를 나타낸 자료이다. 흥민이가 한국 돈으로 베트남 현금 1,670만 동을 환전한다고 할 때, 수수료까지 포함하여 필요한 돈은 얼마인가?(단, 모든 계산과정에서 구한 값은 일의 자리에서 버림한다)

〈L환전소 환율 및 수수료〉

- 베트남 환율 : 483원/만 동
- 수수료 : 0.5%
- 우대사항 : 50만 원 이상 환전 시 70만 원까지 수수료 0.4%로 인하 적용
  100만 원 이상 환전 시 총금액 수수료 0.4%로 인하 적용

① 808,840원 ② 808,940원
③ 809,840원 ④ 809,940원
⑤ 810,040원

04 K씨는 개인사유로 인해 5년간 재직했던 회사를 그만두게 되었다. K씨에게 지급된 퇴직금이 1,900만 원일 때, K씨의 평균 연봉은 얼마인가?[단, 평균 연봉은 (1일 평균임금)×365이고, 천의 자리에서 올림한다]

〈퇴직금 산정 방법〉

▶ 고용주는 퇴직하는 근로자에게 계속근로기간 1년에 대해 30일분 이상의 평균임금을 퇴직금으로 지급해야 합니다.
- "평균임금"이란 이를 산정해야 할 사유가 발생한 날 이전 3개월 동안에 해당 근로자에게 지급된 임금의 총액을 그 기간의 총일수로 나눈 금액을 말합니다.
- 평균임금이 근로자의 통상임금보다 적으면 그 통상임금을 평균임금으로 합니다.

▶ 퇴직금 산정공식
(퇴직금)=[(1일 평균임금)×30일×(총계속근로기간)]÷365

① 4,110만 원 ② 4,452만 원
③ 4,650만 원 ④ 4,745만 원
⑤ 4,800만 원

출제유형분석

03 품목 확정

| 유형분석 |

- 물적 자원과 관련된 다양한 정보를 활용하여 풀어가는 문제이다.
- 주로 공정도・제품・시설 등에 대한 가격・특징・시간 정보가 제시되며, 이를 종합적으로 고려하는 문제가 출제된다.

K공사는 신축 본사에 비치할 사무실 명패를 제작하기 위해 다음과 같은 팸플릿을 참고하고 있다. 신축 본사에 비치할 사무실 명패는 사무실마다 국문과 영문을 함께 주문했고, 주문 비용이 총 80만 원이라면 사무실에 최대 몇 개의 국문과 영문 명패를 함께 비치할 수 있는가?(단, 추가 구입 가격은 1SET를 구입할 때 한 번씩만 적용된다)

〈명패 제작 가격〉

- 국문 명패 : 1SET(10개)에 10,000원, 5개 추가 시 2,000원
- 영문 명패 : 1SET(5개)에 8,000원, 3개 추가 시 3,000원

① 345개
② 350개
③ 355개
④ 360개
⑤ 365개

정답 ④

국문 명패 최저가는 15개에 12,000원이고, 영문 명패 최저가는 8개에 11,000원이다. 각 명패를 최저가에 구입하는 개수의 최소공배수를 구하면 120개이다. 이때의 비용은 (12,000×8)+(11,000×15)=96,000+165,000=261,000원이다. 따라서 한 사무실에 국문과 영문 명패를 함께 비치한다면 120개의 사무실에 명패를 비치하는 비용은 261,000원이다. 360개의 사무실에 명패를 비치한다면 783,000원이 필요하고, 남은 17,000원으로 국문 명패와 영문 명패를 동시에 구입할 수는 없다. 따라서 80만 원으로 최대 360개의 국문 명패와 영문 명패를 동시에 비치할 수 있다.

풀이 전략!

문제에서 묻고자 하는 바를 정확히 파악하는 것이 중요하다. 문제에서 제시한 물적 자원의 정보를 문제의 의도에 맞게 선별하면서 풀어간다.

출제유형분석 03 실전예제

01 K공사는 유럽의 P회사와 체결한 수출계약 건으로 물품을 20ft 컨테이너의 내부에 가득 채워 보내려고 한다. 물품은 A와 B로 구성되어 있어 개별로 포장되며, 물품 A 2박스와 물품 B 1박스가 결합했을 때 완제품이 되는데, 이를 정확히 파악하기 위해서 컨테이너에는 한 세트를 이루도록 넣고자 한다. 20ft 컨테이너 내부 규격과 물품 A와 B의 포장규격이 다음과 같다면, 총 몇 박스의 제품이 실리겠는가?

- 20ft 컨테이너 내부 규격 : (L)6,000mm×(W)2,400mm×(H)2,400mm
- 물품 A의 포장규격 : (L)200mm×(W)200mm ×(H)400mm
- 물품 B의 포장규격 : (L)400mm×(W)200mm×(H)400mm

① 1,440박스
② 1,470박스
③ 1,530박스
④ 1,580박스
⑤ 1,620박스

02 K공사는 직원용 컴퓨터를 교체하려고 한다. 다음 〈조건〉을 만족하는 컴퓨터로 옳은 것은?

〈컴퓨터별 가격 현황〉

구분	A컴퓨터	B컴퓨터	C컴퓨터	D컴퓨터	E컴퓨터
모니터	20만 원	23만 원	20만 원	19만 원	18만 원
본체	70만 원	64만 원	60만 원	54만 원	52만 원
(모니터+본체) 세트	80만 원	75만 원	70만 원	66만 원	65만 원
성능평가	중	상	중	중	하
할인혜택	-	세트로 15대 이상 구매 시 총금액에서 100만 원 할인	모니터 10대 초과 구매 시 초과 대수 15% 할인	-	-

조건

- 예산은 1,000만 원이다.
- 교체할 직원용 컴퓨터는 모니터와 본체 각각 15대이다.
- 성능평가에서 '중' 이상을 받은 컴퓨터로 교체한다.
- 컴퓨터 구매는 세트 또는 모니터와 본체 따로 구매할 수 있다.

① A컴퓨터
② B컴퓨터
③ C컴퓨터
④ D컴퓨터
⑤ E컴퓨터

03 K회사 마케팅 팀장은 팀원 50명에게 연말 선물을 하기 위해 물품을 구매하려고 한다. 다음은 업체별 품목 가격과 팀원들의 품목 선호도를 나타낸 자료이다. 〈조건〉에 따라 팀장이 구매할 물품과 업체를 순서대로 바르게 나열한 것은?

〈업체별 품목 가격〉

구분		한 벌당 가격(원)
A업체	티셔츠	6,000
	카라 티셔츠	8,000
B업체	티셔츠	7,000
	후드 집업	10,000
	맨투맨	9,000

〈팀원 품목 선호도〉

순위	품목
1	카라 티셔츠
2	티셔츠
3	후드 집업
4	맨투맨

조건

- 팀원의 선호도를 우선으로 품목을 선택한다.
- 총구매금액이 30만 원 이상이면 총금액에서 5%를 할인해 준다.
- 차순위 품목이 1순위 품목보다 총금액이 20% 이상 저렴하면 차순위를 선택한다.

① 티셔츠, A업체
② 카라 티셔츠, A업체
③ 티셔츠, B업체
④ 후드 집업, B업체
⑤ 맨투맨, B업체

04 K사진관은 올해 찍은 사진을 모두 모아서 한 개의 USB에 저장하려고 한다. 사진의 용량 및 찍은 사진 수가 자료와 같고 USB 한 개에 모든 사진을 저장하려 한다. 다음 중 최소 몇 GB의 USB가 필요한가?(단, 1MB=1,000KB, 1GB=1,000MB이며, USB 용량은 소수점 자리는 버림한다)

〈올해 찍은 사진 자료〉

구분	크기(cm)	용량	개수
반명함	3×4	150KB	8,000개
신분증	3.5×4.5	180KB	6,000개
여권	5×5	200KB	7,500개
단체사진	10×10	250KB	5,000개

① 3GB
② 4GB
③ 5GB
④ 6GB
⑤ 7GB

05 신입사원 J씨는 A～E과제 중 어떤 과제를 먼저 수행하여야 하는지를 결정하기 위해 평가표를 작성하였다. 다음 자료를 근거로 할 때 가장 먼저 수행할 과제는?(단, 평가 항목 최종 합산 점수가 가장 높은 과제부터 수행한다)

〈과제별 평가표〉

(단위 : 점)

구분	A	B	C	D	E
중요도	84	82	95	90	94
긴급도	92	90	85	83	92
적용도	96	90	91	95	83

※ 과제당 다음과 같은 가중치를 별도 부여하여 계산한다.
[(중요도)×0.3]+[(긴급도)×0.2]+[(적용도)×0.1]
※ 항목당 최하위 점수에 해당하는 과제는 선정하지 않는다.

① A
② B
③ C
④ D
⑤ E

PART 1

출제유형분석

04 인원 선발

| 유형분석 |

- 인적 자원과 관련된 다양한 정보를 활용하여 풀어가는 문제이다.
- 주로 근무명단, 휴무일, 업무할당 등의 주제로 다양한 정보를 활용하여 종합적으로 풀어가는 문제가 출제된다.

K제약회사는 상반기 신입사원 공개채용을 시행했다. 1차 서류전형과 인적성, 면접전형이 모두 끝나고 최종 면접자들의 점수를 확인하여 합격 점수 산출법에 따라 합격자를 선정하려고 한다. 총점이 80점 이상인 지원자가 합격한다고 할 때, 다음 중 합격자끼리 바르게 짝지어진 것은?

〈최종 면접 점수〉

구분	A	B	C	D	E
직업기초능력	75	65	60	68	90
의사소통능력	52	70	55	45	80
문제해결능력	44	55	50	50	49

〈합격 점수 산출법〉

• (직업기초능력)×0.6 • (의사소통능력)×0.3 • (문제해결능력)×0.4 • 총점 : 80점 0

※ 과락 점수(미만) : 직업기초능력 60점, 의사소통능력 50점, 문제해결능력 45점

① A, C ② A, D
③ B, E ④ C, E
⑤ D, E

정답 ③

A와 D는 각각 문제해결능력과 의사소통능력에서 과락이므로 제외한다.
합격 점수 산출법에 따라 계산하면
- B : 39+21+22=82점
- C : 36+16.5+20=72.5점
- E : 54+24+19.6=97.6점

따라서 B와 E가 합격자이다.

풀이 전략!

문제에서 신입사원 채용이나 인력배치 등의 주제가 출제될 경우에는 주어진 규정 혹은 규칙을 꼼꼼히 확인하여야 한다. 이를 근거로 각 선택지가 어긋나지 않는지 검토하여 문제를 풀어간다.

출제유형분석 04 실전예제

01 K공사에서는 약 2개월 동안 근무할 인턴사원을 선발하고자 다음과 같은 공고를 게시하였다. 지원한 A ~ E 중에서 K공사의 인턴사원으로 가장 적합한 지원자는?

〈인턴 모집 공고〉

- 근무기간 : 약 2개월(6 ~ 8월)
- 자격 요건
  - 1개월 이상 경력자
  - 포토샵 가능자
  - 근무 시간(9 ~ 18시) 이후에도 근무가 가능한 자
- 기타사항
  - 경우에 따라서 인턴 기간이 연장될 수 있음

지원자	내용
A지원자	• 경력사항 : 출판사 3개월 근무 • 컴퓨터 활용 능력 中(포토샵, 워드 프로세서) • 대학 휴학 중(9월 복학 예정)
B지원자	• 경력 사항 : 없음 • 포토샵 능력 우수 • 전문대학 졸업
C지원자	• 경력 사항 : 마케팅 회사 1개월 근무 • 컴퓨터 활용 능력 上(포토샵, 워드 프로세서, 파워포인트) • 4년제 대학 졸업
D지원자	• 경력 사항 : 제약 회사 3개월 근무 • 포토샵 가능 • 저녁 근무 불가
E지원자	• 경력 사항 : 마케팅 회사 1개월 근무 • 컴퓨터 활용 능력 中(워드 프로세서, 파워포인트) • 대학 졸업

① A지원자
② B지원자
③ C지원자
④ D지원자
⑤ E지원자

02 K회사에서는 신입사원 2명을 채용하기 위하여 서류와 필기 전형을 통과한 갑 ~ 정 4명의 최종 면접을 실시하려고 한다. 네 개 부서의 팀장이 각각 4명을 모두 면접하여 채용 우선순위를 결정하였다. 다음 〈보기〉 중 옳은 것을 모두 고르면?

〈면접 결과〉

순위 \ 면접관	인사팀장	경영관리팀장	영업팀장	회계팀장
1순위	을	갑	을	병
2순위	정	을	병	정
3순위	갑	정	정	갑
4순위	병	병	갑	을

※ 우선순위가 높은 사람 순으로 2명을 채용한다.
※ 동점자는 인사, 경영관리, 영업, 회계팀장 순서의 고순위자로 결정한다.
※ 각 팀장이 매긴 순위에 대한 가중치는 모두 동일하다.

보기

㉠ 을 또는 정 중 한 명이 입사를 포기하면 갑이 채용된다.
㉡ 인사팀장이 을과 정의 순위를 바꿨다면 갑이 채용된다.
㉢ 경영관리팀장이 갑과 병의 순위를 바꿨다면 정은 채용되지 못한다.

① ㉠
② ㉠, ㉡
③ ㉠, ㉢
④ ㉡, ㉢
⑤ ㉠, ㉡, ㉢

03 다음은 K학교의 성과급 기준표이다. 이를 적용해 K학교 교사들의 성과급 배점을 계산하고자 할 때, 〈보기〉의 A～E교사 중 가장 높은 배점을 받을 교사는?

〈성과급 기준표〉

구분	평가사항	배점기준	
수업 지도	주당 수업시간	24시간 이하	14점
		25시간	16점
		26시간	18점
		27시간 이상	20점
	수업 공개 유무	교사 수업 공개	10점
		학부모 수업 공개	5점
생활 지도	담임 유무	담임교사	10점
		비담임교사	5점
담당 업무	업무 곤란도	보직교사	30점
		비보직교사	20점
경력	호봉	10호봉 이하	5점
		11～15호봉	10점
		16～20호봉	15점
		21～25호봉	20점
		26～30호봉	25점
		31호봉 이상	30점

※ 수업지도 항목에서 교사 수업 공개, 학부모 수업 공개를 모두 진행했을 경우 10점으로 배점하며, 수업 공개를 하지 않았을 경우 배점은 없다.

보기

구분	주당 수업시간	수업 공개 유무	담임 유무	업무 곤란도	호봉
A교사	20시간	–	담임교사	비보직교사	32호봉
B교사	29시간	–	비담임교사	비보직교사	35호봉
C교사	26시간	학부모 수업 공개	비담임교사	보직교사	22호봉
D교사	22시간	교사 수업 공개	담임교사	보직교사	17호봉
E교사	25시간	교사 수업 공개, 학부모 수업 공개	비담임교사	비보직교사	30호봉

① A교사
② B교사
③ C교사
④ D교사
⑤ E교사

CHAPTER 05

정보능력

합격 Cheat Key

정보능력은 업무를 수행함에 있어 기본적인 컴퓨터를 활용하여 필요한 정보를 수집・분석・활용하는 능력으로, 업무와 관련된 정보를 수집하고, 이를 분석하여 의미 있는 정보를 얻는 능력을 의미한다. 세부 유형은 컴퓨터 활용, 정보 처리로 나눌 수 있다.

1 평소에 컴퓨터 활용 스킬을 틈틈이 익혀라!

윈도우(OS)에서 어떠한 설정을 할 수 있는지, 응용프로그램(엑셀 등)에서 어떠한 기능을 활용할 수 있는지를 평소에 직접 사용해 본다면 문제를 보다 수월하게 해결할 수 있다. 여건이 된다면 컴퓨터 활용 능력에 관련된 자격증 공부를 하는 것도 이론과 실무를 익히는 데 도움이 될 것이다.

2 문제의 규칙을 찾는 연습을 하라!

일반적으로 코드체계나 시스템 논리체계를 제공하고 이를 분석하여 문제를 해결하는 유형이 출제된다. 이러한 문제는 문제해결능력과 같은 맥락으로 규칙을 파악하여 접근하는 방식으로 연습이 필요하다.

3 현재 보고 있는 그 문제에 집중하라!

정보능력의 모든 것을 공부하려고 한다면 양이 너무나 방대하다. 그렇기 때문에 수험서에서 본인이 현재 보고 있는 문제들을 집중적으로 공부하고 기억하려고 해야 한다. 그러나 엑셀의 함수 수식, 연산자 등 암기를 필요로 하는 부분들은 필수적으로 암기를 해서 출제가 되었을 때 오답률을 낮출 수 있도록 한다.

4 사진 · 그림을 기억하라!

컴퓨터 활용 능력을 파악하는 영역이다 보니 컴퓨터 속 옵션, 기능, 설정 등의 사진 · 그림이 문제에 같이 나오는 경우들이 있다. 그런 부분들은 직접 컴퓨터를 통해서 하나하나 확인을 하면서 공부한다면 더 기억에 잘 남게 된다. 조금 귀찮더라도 한 번씩 클릭하면서 확인해 보도록 한다.

출제유형분석

01 정보 이해

| 유형분석 |

- 정보능력 전반에 대한 이해를 확인하는 문제이다.
- 정보능력 이론이나 새로운 정보 기술에 대한 문제가 자주 출제된다.

다음 중 정보처리 절차에 대한 설명으로 옳지 않은 것은?

① 정보의 기획은 정보의 입수대상, 주제, 목적 등을 고려하여 전략적으로 이루어져야 한다.
② 정보처리는 기획 – 수집 – 활용 – 관리의 순서로 이루어진다.
③ 다양한 정보원으로부터 목적에 적합한 정보를 수집해야 한다.
④ 정보 관리 시에 고려하여야 할 3요소는 목적성, 용이성, 유용성이다.
⑤ 정보 활용 시에는 합목적성 외에도 합법성이 고려되어야 한다.

정답 ②

정보처리는 기획 – 수집 – 관리 – 활용 순서로 이루어진다.

풀이 전략!

자주 출제되는 정보능력 이론을 확인하고, 확실하게 암기해야 한다. 특히 새로운 정보 기술이나 컴퓨터 전반에 대해 관심을 가지는 것이 좋다.

출제유형분석 01 실전예제

01 **다음 글을 읽고 정보관리의 3원칙 중 ㉠ ~ ㉢에 해당하는 내용을 바르게 나열한 것은?**

> '구슬이 서말이라도 꿰어야 보배'라는 속담처럼 여러 가지 채널과 갖은 노력 끝에 입수한 정보가 우리가 필요한 시점에 즉시 활용되기 위해서는 모든 정보가 차곡차곡 정리되어 있어야 한다. 이처럼 정보의 관리란 수집된 다양한 형태의 정보를 어떤 문제해결이나 결론도출에 사용하기 쉬운 형태로 바꾸는 일이다. 정보를 관리할 때에는 특히 ㉠ 정보에 대한 사용목표가 명확해야 하며, ㉡ 정보를 쉽게 작업할 수 있어야 하고, ㉢ 즉시 사용할 수 있어야 한다.

	㉠	㉡	㉢
①	목적성,	용이성,	유용성
②	다양성,	용이성,	통일성
③	용이성,	통일성,	다양성
④	통일성,	목적성,	유용성
⑤	통일성,	목적성,	용이성

02 **다음은 데이터베이스에 대한 설명이다. 데이터베이스의 특징으로 적절하지 않은 것은?**

> 데이터베이스란 대량의 자료를 관리하고 내용을 구조화하여 검색이나 자료 관리 작업을 효과적으로 실행하는 프로그램으로, 삽입, 삭제, 수정, 갱신 등을 통하여 항상 최신의 데이터를 유동적으로 유지할 수 있으며, 이와 같은 다량의 데이터는 사용자의 질의에 대한 신속한 응답 처리를 가능하게 한다. 또한 이러한 데이터를 여러 명의 사용자가 동시에 공유할 수 있고, 각 데이터를 참조할 때는 사용자가 요구하는 내용에 따라 참조가 가능함은 물론 응용프로그램과 데이터베이스를 독립시킴으로써 데이터를 변경시키더라도 응용프로그램은 변경되지 않는다.

① 실시간 접근성
② 계속적인 진화
③ 동시 공유
④ 내용에 의한 참조
⑤ 데이터의 논리적 의존성

03 **귀하는 거래처의 컴퓨터를 빌려서 쓰게 되었는데, 해당 컴퓨터를 부팅하고 바탕화면에 저장된 엑셀 파일을 열자 어디에 사용될지 모르는 고객의 상세한 신상정보가 담겨 있었다. 다음 중 귀하가 취해야 할 태도로 가장 적절한 것은?**

① 고객 신상 정보를 즉시 지우고 빌린 컴퓨터를 사용한다.
② 고객 신상 정보의 훼손을 방지하고자 자신의 USB에 백업해두고 보관해준다.
③ 고객 신상 정보를 저장장치에 복사해서 빌린 거래처 담당자에게 되돌려준다.
④ 거래처에 고객 신상 정보 삭제를 요청한다.
⑤ 고객 신상 정보에 나와 있는 고객에게 연락하여 알려준다.

출제유형분석

02 엑셀 함수

| 유형분석 |

- 컴퓨터 활용과 관련된 상황에서 문제를 해결하기 위한 행동이 무엇인지 묻는 문제이다.
- 주로 업무수행 중에 많이 활용되는 대표적인 엑셀 함수(COUNTIF, ROUND, MAX, SUM, COUNT, AVERAGE, …)가 출제된다.
- 종종 엑셀시트를 제시하여 각 셀에 들어갈 함수식이 무엇인지 고르는 문제가 출제되기도 한다.

다음 중 엑셀에 제시된 함수식의 결괏값으로 옳지 않은 것은?

	A	B	C	D	E	F
1						
2		120	200	20	60	
3		10	60	40	80	
4		50	60	70	100	
5						
6		함수식			결괏값	
7		=MAX(B2:E4)			㉠	
8		=MODE(B2:E4)			㉡	
9		=LARGE(B2:E4,3)			㉢	
10		=COUNTIF(B2:E4,E4)			㉣	
11		=ROUND(B2,−1)			㉤	
12						

① ㉠=200　　② ㉡=60

③ ㉢=100　　④ ㉣=1

⑤ ㉤=100

정답 ⑤

ROUND 함수는 지정한 자릿수를 반올림하는 함수이다. 함수식에서 '−1'은 일의 자리를 뜻하며, '−2'는 십의 자리를 뜻한다. 여기서 '−' 기호를 빼면 소수점 자리로 인식한다. 따라서 일의 자리를 반올림하기 때문에 결괏값은 120이다.

풀이 전략!

제시된 상황에서 사용할 엑셀 함수가 무엇인지 파악한 후, 선택지에서 적절한 함수식을 골라 식을 만들어야 한다. 평소 대표적으로 문제에 자주 출제되는 몇몇 엑셀 함수를 익혀두면 풀이시간을 단축할 수 있다.

출제유형분석 02 실전예제

01 다음은 K공사의 인사부에서 정리한 사원 목록이다. 이에 대한 설명으로 옳은 것을 〈보기〉에서 모두 고르면?

	A	B	C	D
1	사원번호	성명	직위	부서
2	869872	조재영	부장	품질보증처
3	890531	정대현	대리	품질보증처
4	854678	윤나리	사원	품질보증처
5	812365	이민지	차장	기획처
6	877775	송윤희	대리	기획처
7	800123	김가을	사원	기획처
8	856123	박슬기	부장	사업개발처
9	827695	오종민	차장	사업개발처
10	835987	나진원	사원	사업개발처
11	854623	최윤희	부장	인사처
12	847825	이경서	사원	인사처
13	813456	박소미	대리	재무실
14	856123	최영수	사원	재무실

보기

㉠ 부서를 기준으로 내림차순으로 정렬되었다.
㉡ 부서를 우선 기준으로, 직위를 다음 기준으로 정렬하였다.
㉢ 성명을 기준으로 내림차순으로 정렬되었다.

① ㉠
② ㉡
③ ㉠, ㉡
④ ㉠, ㉢
⑤ ㉡, ㉢

02 다음은 K주식회사의 공장별 9월 생산량 현황이다. 각 셀에 들어간 함수의 결괏값으로 옳지 않은 것은?

	A	B	C	D	E	F
1	〈K주식회사 공장 9월 생산량 현황〉					
2	구분	생산량	단가	금액	순위	
3					생산량 기준	금액 기준
4	안양공장	123,000	10	1,230,000		
5	청주공장	90,000	15	1,350,000		
6	제주공장	50,000	15	750,000		
7	강원공장	110,000	11	1,210,000		
8	진주공장	99,000	12	1,188,000		
9	합계	472,000		5,728,000		

① F4 : =RANK(D4,D4:D8,1) → 4

② E4 : =RANK(B4,B4:B8,0) → 1

③ E6 : =RANK(B6,B4:B8,0) → 5

④ F8 : =RANK(D8,D4:D8,0) → 2

⑤ E8 : =RANK(B8,B4:B8,0) → 3

03 다음 시트와 같이 월 ~ 금요일까지는 '업무'로, 토요일과 일요일에는 '휴무'로 표시하고자 할 때 [B2] 셀에 입력해야 할 함수식으로 옳지 않은 것은?

	A	B
1	일자	휴무, 업무
2	2024-01-07	휴무
3	2024-01-08	휴무
4	2024-01-09	업무
5	2024-01-10	업무
6	2024-01-11	업무
7	2024-01-12	업무
8	2024-01-13	업무

① =IF(OR(WEEKDAY(A2,0)=0,WEEKDAY(A2,0)=6),"휴무","업무")

② =IF(OR(WEEKDAY(A2,1)=1,WEEKDAY(A2,1)=7),"휴무","업무")

③ =IF(OR(WEEKDAY(A2,2)=6, WEEKDAY(A2,2)=7),"휴무","업무")

④ =IF(WEEKDAY(A2,2)>=6,"휴무","업무")

⑤ =IF(WEEKDAY(A2,3)>=5,"휴무","업무")

※ A씨는 지점별 매출 및 매입 현황을 정리하고 있다. 이어지는 질문에 답하시오. **[4~5]**

	A	B	C	D	E	F
1	지점명	매출	매입			
2	주안점	2,500,000	1,700,000			
3	동암점	3,500,000	2,500,000		최대 매출액	
4	간석점	7,500,000	5,700,000		최소 매출액	
5	구로점	3,000,000	1,900,000			
6	강남점	4,700,000	3,100,000			
7	압구정점	3,000,000	1,500,000			
8	선학점	2,500,000	1,200,000			
9	선릉점	2,700,000	2,100,000			
10	교대점	5,000,000	3,900,000			
11	서초점	3,000,000	1,900,000			
12	합계					

04 다음 중 매출과 매입의 합계를 구할 때 사용해야 하는 함수로 옳은 것은?

① REPT
② CHOOSE
③ SUM
④ AVERAGE
⑤ DSUM

05 다음 중 [F3] 셀을 구하는 함수식으로 옳은 것은?

① =MIN(B2:B11)
② =MAX(B2:C11)
③ =MIN(C2:C11)
④ =MAX(C2:C11)
⑤ =MAX(B2:B11)

출제유형분석

03 프로그램 언어(코딩)

| 유형분석 |

- 프로그램의 실행 결과를 코딩을 통해 파악하여 이를 풀이하는 문제이다.
- 대체로 문제에서 규칙을 제공하고 있으며, 해당 규칙을 적용하여 새로운 코드번호를 만들거나 혹은 만들어진 코드번호를 해석하는 등의 문제가 출제된다.

다음 프로그램의 실행 결과로 옳은 것은?

```
#include <stdio.h>

int main(){
        int i = 4;
        int k = 2;
        switch(i) {
                case 0:
                case 1:
                case 2:
                case 3: k = 0;
                case 4: k += 5;
                case 5: k -= 20;
                default: k++;
        }
        printf("%d", k);
}
```

① 12　　② −12

③ 10　　④ −10

정답 ②

i가 4기 때문에 case 4부터 시작한다. K는 2이고, k+=5를 하면 7이 된다. Case 5에서 k−=20을 하면 −13이 되고, default에서 1이 증가하여 결과값은 −12가 된다.

풀이 전략!

문제에서 실행 프로그램 내용이 주어지면 핵심 키워드를 확인한다. 코딩 프로그램을 통해 요구되는 내용을 알아맞혀 정답 유무를 판단한다.

출제유형분석 03 실전예제

※ 다음 프로그램의 실행 결과로 옳은 것을 고르시오. [1~2]

01

```
#include <stdio.h>
int main()
{
    int sum = 0;
    int x;
    for(x = 1;x < = 100;x+ +)
       sum+ = x;
    printf("1 + 2 + … + 100 = %d\n", sum);
      return 0;
 }
```

① 5010　　② 5020

③ 5040　　④ 5050

⑤ 6000

02

```
#include <stdio.h>
void main() {
  int i, tot = 0;
  int a[10] = {10, 37, 23, 4, 8, 71, 23, 9, 52, 41};
  for(i = 0; i < 10; I++) {
    tot+ = a[i];
    if (tot> = 100) {
        break;
    }
  }
  printf("%d₩n", tot);
}
```

① 82　　② 100

③ 143　　④ 153

⑤ 176

교육은 우리 자신의 무지를 점차 발견해 가는 과정이다.

- 윌 듀란트 -

PART 2

직무수행능력

CHAPTER 01

사무직(경영)

적중예상문제

정답 및 해설 p.052

01 **BCG연구에서 성장률이 낮고 시장점유율이 높은 상태의 사업을 지칭하는 것은?**

① 수익주종사업
② 문제사업
③ 사양사업
④ 개발사업
⑤ 유치사업

02 **다음 중 페이올(Fayol)이 주장한 경영활동에 대해 바르게 연결한 것은?**

① 기술활동 – 생산, 제조, 가공
② 상업활동 – 계획, 조직, 지휘, 조정, 통제
③ 회계활동 – 구매, 판매, 교환
④ 관리활동 – 재화 및 종업원 보호
⑤ 재무활동 – 원가관리, 예산통제

03 **다음 중 호손실험(Hawthorne experiment)의 순서를 바르게 나열한 것은?**

ㄱ. 면접실험	ㄴ. 조명실험
ㄷ. 배전기 전선작업실 관찰	ㄹ. 계전기 조립실험

① ㄱ → ㄴ → ㄷ → ㄹ
② ㄱ → ㄹ → ㄷ → ㄴ
③ ㄴ → ㄹ → ㄱ → ㄷ
④ ㄴ → ㄹ → ㄷ → ㄱ
⑤ ㄹ → ㄱ → ㄷ → ㄴ

04 **다음에서 설명하는 조직이론은?**

- 조직의 환경요인들은 상호의존적인 관계를 형성하여야 한다.
- 조직 생존의 핵심적인 요인은 자원을 획득하고 유지할 수 있는 능력이다.
- 조직은 자율성과 독립성을 유지하기 위하여 환경에 대한 영향력을 행사해야 한다.

① 세노와 이론
② 자원의존 이론
③ 조직군 생태학 이론
④ 거래비용 이론
⑤ 학습조직 이론

05 **다음 중 경영이론의 주창자와 그 내용이 옳지 않은 것은?**

① 테일러(Taylor) : 차별적 성과급제
② 메이요(Mayo) : 비공식 조직의 중시
③ 페이욜(Fayol) : 권한과 책임의 원칙
④ 포드(Ford) : 고임금 고가격의 원칙
⑤ 베버(Weber) : 규칙과 절차의 중시

PART 2

06 **다음 중 사업부제 조직에 대한 내용으로 바르지 않은 것은?**

① 인원·신제품·신시장의 추가 및 삭감이 신속하고 신축적이다.
② 사업부제 조직의 형태로는 제품별 사업부제, 지역별 사업부제, 고객별 사업부제의 형태 등이 있다.
③ 사업부는 기능조직과 같은 형태를 취하고 있으며, 회사 내의 회사라고 볼 수 있다.
④ 기능조직이 점차 대규모화됨에 따라 제품이나 지역, 고객 등을 대상으로 해서 조직을 분할하고 이를 독립채산제로 운영하는 방법이다.
⑤ 사업부간 과당경쟁으로 조직전체의 목표달성 저해를 가져올 수 있는 단점이 있다.

07 **다음 중 가격의 중요성에 해당하지 않는 것은?**

① 제품 생산을 위해 투입되어야 하는 노동, 토지, 자본, 기업자 능력 등의 여러 가지 생산요소들의 결합형태에 영향을 미친다.
② 마케팅믹스의 다른 요소들로부터 영향을 받지만 동시에 다른 요소에 영향을 미치지 않는다.
③ 제품의 시장수요 및 경쟁적 지위, 시장점유율 등에 직접적이면서 즉각적인 영향을 미치며, 기업의 수익에 밀접하게 연관성을 가진다.
④ 심리적 측면에서 보면 소비자들은 가격을 전통적인 교환비율이기보다는 품질의 지표로 이용할 수도 있으므로, 기업은 가격에 대한 소비자의 심리적 반응을 충분히 고려해야 한다.

08 **다음 중 콜옵션에 대한 설명으로 적절하지 않은 것은?**

① 매입자는 옵션을 매도한 사람에게 일정 프리미엄을 지불해야 한다.
② 권리 행사를 포기할 수 있는 선택권을 갖게 된다.
③ 주가가 높아질수록 콜옵션의 가치는 높아진다.
④ 행사가격이 높을수록 콜옵션의 가치는 높아진다.
⑤ 콜옵션을 매도한 사람은 매입자에게 기초자산을 인도해야 할 의무를 갖는다.

09 **다음 중 동기부여 이론에 관한 설명으로 적절하지 않은 것은?**

① 조직의 관점에서 동기부여는 목표달성을 위한 종업원의 지속적 노력을 효과적으로 발생시키는 것을 의미한다.
② 허즈버그의 2요인 이론에 따르면 임금수준이 높아지면 직무에 대한 만족도가 높아진다.
③ 허즈버그의 2요인 이론에서 제시된 위생요인은 불만족요인이라고도 불린다.
④ 브룸의 기대이론 중 동기부여의 2단계에서의 성과에 대한 가치는 성과가 가져다주리라고 기대되는 보상과 성과가 보상을 가져다주리라고 믿는 기대의 곱에 의해 결정된다고 본다.
⑤ 브룸의 기대이론에 따르면, 유의성은 결과에 대한 개인의 선호도를 나타내는 것으로 동기를 유발시키는 힘 또는 가치를 뜻한다.

10 **다음 자료를 이용하여 계산한 영업이익은?**

- 판매량 : 1,000단위
- 단위당 판매가격 : 5,000
- 단위당 변동비 : 2,000
- 고정비 : 1,000,000

① 1,000,000
② 2,000,000
③ 3,000,000
④ 4,000,000
⑤ 4,500,000

CHAPTER

02

사무직(회계)

적중예상문제

정답 및 해설 p.054

01 (주)한국은 20×1년 초에 기계장치(내용연수 5년, 잔존가치 0원)를 200,000원에 취득하여 정액법으로 감가상각하고 있다. 20×1년 말에 동 기계장치에 손상이 발생하였다. 20×1년 말 기계장치의 순공정가치와 사용가치가 다음과 같을 때 기계장치의 손상차손은?(단, 동 기계장치에 대해 원가모형을 적용하고 있다.)

순공정가치	사용가치
110,000원	90,000원

① 35,000원
② 40,000원
③ 50,000원
④ 70,000원
⑤ 90,000원

02 (주)한국은 본사 사옥을 신축하기 위해 창고가 세워져 있는 토지를 2,500,000원에 구입하여, 즉시 창고를 철거하고 본사 사옥을 건설하였다. 토지 구입부터 본사 사옥 완성까지 다음과 같은 거래가 있었다. 토지와 건물(본사 사옥)의 취득원가는 각각 얼마인가?

토지 등기수수료	30,000원
토지 취득세	50,000
창고 철거비	4,000
창고 철거시 발생한 폐자재 처분 수입	1,000
본사 사옥 설계비	23,000
본사 사옥 공사대금	1,700,000

	토지	건물
①	2,580,000원	1,700,000원
②	2,583,000원	1,723,000원
③	2,583,000원	1,780,000원
④	2,584,000원	1,723,000원
⑤	2,584,000원	1,780,000원

03 **다음 자료를 이용하여 계산된 (주)한국의 20×1년 기말재고자산은?**

- 20×1년 말 (주)한국의 창고에 보관 중인 기말재고자산 실사액은 10,000원이다.
- 20×1년 12월 1일 위탁한 적송품 중 기말까지 판매되지 않은 상품의 판매가는 1,000원(매출총이익은 판매가의 20%)이다.
- 20×1년 12월 11일 발송한 시송품(원가 2,000원) 중 기말 현재 80%에 대하여 고객의 매입 의사 표시가 있었다.
- 20×1년 말 현재 (주)한국이 FOB 도착지인도조건으로 매입하여 운송 중인 상품의 원가는 3,000원이다.
- 20×1년 말 현재 (주)한국이 FOB 선적지인도조건으로 매출하여 운송 중인 상품의 원가는 4,000원이다.

① 11,200원
② 11,400원
③ 14,200원
④ 15,200원
⑤ 18,200원

PART 2

04 **다음 중 유형자산의 측정, 평가 및 손상에 관한 설명으로 옳지 않은 것은?**

① 현물출자 받은 유형자산의 취득원가는 공정가치를 기준으로 결정한다.
② 최초 재평가로 인한 평가손익은 기타포괄손익에 반영한다.
③ 유형자산의 취득 이후 발생한 지출로 인해 동 자산의 미래 경제적 효익이 증가한다면, 해당 원가는 자산의 장부금액에 포함한다.
④ 유형자산의 장부금액이 순공정가치보다 크지만 사용가치보다 작은 경우 손상차손은 계상되지 않는다.
⑤ 과거기간에 인식한 손상차손은 직전 손상차손의 인식시점 이후 회수가능액을 결정하는 데 사용된 추정치에 변화가 있는 경우에만 환입한다.

05 다음 중 실제 회계처리를 할 경우가 아닌 것은?

① 현금 잔액과 실제 현금 잔액이 맞지 않는 경우
② 법인 명의로 리스차량을 운용 시 차량을 감가상각하는 경우
③ 미수수익이 발생한 경우
④ 미지급비용을 처리하는 경우
⑤ 기업이 무상증자를 시행하는 경우

06 다음 자료를 이용하여 매출원가를 구하면 얼마인가?(단, 재고자산평가손실과 재고자산감모손실은 없다)

(단위 : 원)

기초제품재고액	17,000	기말제품재고액	15,000
기초재공품재고액	3,000	기말재공품재고액	6,000
당기제품제조원가	280,000		

① 272,000원
② 274,000원
③ 280,000원
④ 282,000원
⑤ 284,000원

07 당기 포괄손익계산서상 대손상각비가 70원일 때, 기중 실제 대손으로 확정된 금액은?(단, 대손확정은 손상발생의 객관적인 증거가 파악되었으며, 기중 현금으로 회수된 회수불능 매출채권은 없다.)

구분	기초	기말
매출채권	15,000원	10,000원
대손충당금	150	100

① 120원
② 150원
③ 220원
④ 250원
⑤ 270원

08 **미래에 현금을 수취할 계약상 권리에 해당하는 금융자산과 이에 대응하여 미래에 현금을 지급할 계약상 의무에 해당하는 금융부채로 옳지 않은 것은?**

① 매출채권과 매입채무
② 받을어음과 지급어음
③ 대여금과 차입금
④ 투자사채와 사채
⑤ 선급금과 선수금

PART 2

09 **다음 중 재고자산에 관한 설명으로 옳은 것은?(단, 재고자산감모손실 및 재고자산평가손실은 없다)**

① 선입선출법 적용시 물가가 지속적으로 상승한다면, 계속기록법에 의한 기말재고자산금액이 실지재고조사법에 의한 기말재고자산 금액보다 작다.
② 선입선출법 적용시 물가가 지속적으로 상승한다면, 계속기록법에 의한 기말재고자산금액이 실지재고조사법에 의한 기말재고자산 금액보다 크다.
③ 재고자산 매입시 부담한 매입운임은 운반비로 구분하여 비용처리한다.
④ 컴퓨터제조기업이 고객관리목적으로 사용하고 있는 자사가 제조한 컴퓨터는 재고자산이다.
⑤ 부동산매매기업이 정상적인 영업과정에서 판매를 목적으로 보유하는 건물은 재고자산으로 구분한다.

10 **다음 중 차기 회계연도로 잔액이 이월되지 않는 계정과목은?**

① 집합손익
② 이익잉여금
③ 선수임대료
④ 주식발행초과금
⑤ 매도가능금융자산평가이익

CHAPTER
03 사무직(경제) 적중예상문제

정답 및 해설 p.056

01 1950년대 이후 선진국 간의 무역이 크게 증가하였다. 이러한 선진국 간의 무역 증가를 가장 잘 설명한 것은?

① 리카도의 비교우위론
② 헥셔-올린 정리
③ 요소가격균등화 정리
④ 티에프의 역설
⑤ 규모의 경제

02 다음 경제이론과 관련이 있는 것은?

> 1980년대 말 버블경제의 붕괴 이후 지난 10여 년간 일본은 장기침체를 벗어나지 못하고 있다. 이에 대한 대책의 하나로 일본 정부는 극단적으로 이자율을 낮추고 사실상 제로금리정책을 시행하고 있으나, 투자 및 소비의 활성화 등 의도했던 수요확대 효과가 전혀 나타나지 않고 있다.

① 화폐 환상
② 유동성 함정
③ 구축 효과
④ J커브 효과
⑤ 피셔 방정식

03 다음은 후생경제학에 관한 내용이다. 괄호 안에 알맞은 용어를 바르게 나열한 것은?

> • (㉮)이론에 따르면 일부의 파레토효율성 조건이 추가로 충족된다고 해서 사회후생이 증가한다는 보장은 없다.
> • 파레토효율성을 통해 (㉯)을 평가하고, 사회후생함수(사회무차별곡선)를 통해 (㉰)을 평가한다.
> • 후생경제학 제1정리에 따르면 모든 경제주체가 합리적이고 시장실패 요인이 없으면 (㉱)에서 자원배분은 파레토효율적이다.

	㉮	㉯	㉰	㉱
①	차선	효율성	공평성	완전경쟁시장
②	코즈	효율성	공평성	완전경쟁시장
③	차선	효율성	공평성	독점적경쟁시장
④	코즈	공평성	효율성	독점적경쟁시장
⑤	차선	공평성	효율성	완전경쟁시장

04 **세금은 거둬들이는 주체에 따라 국세와 지방세로 나뉜다. 우리나라 세금 항목 중 지방세로만 짝지어진 것은?**

① 취득세, 교육세, 등록세
② 취득세, 재산세, 도시계획세
③ 법인세, 주민세, 부가가치세
④ 등록세, 주세, 농어촌특별세
⑤ 교육세, 자동차세, 상속세

PART 2

05 **경기안정화 정책과 관련된 다음 설명 중 옳지 않은 것은?**

① 자동안정화 장치는 주로 재정정책과 관련된 제도적 장치이다.
② 자동안정화 장치는 정책의 내부시차와 외부시차 중에서 외부시차를 줄이기 위해 만들어진 장치이다.
③ 루카스 비판은 과거의 자료를 이용하여 추정된 계량모형을 가지고 새로운 정책의 효과를 예측하면 오류가 발생한다는 것이다.
④ 경기예측력이 제고된다면 재량적 정책의 정당성이 강화된다.
⑤ 동태적 비일관성(Time Inconsistency)의 문제가 존재한다면 재량적 정책보다는 준칙이 효과적인 방법이다.

06 **다음 〈보기〉 중 피셔(Fisher)의 2기간 최적소비선택모형에서 제1기에 소득이 소비보다 큰 소비자에 관한 설명으로 옳은 것을 모두 고르면?(단, 기간별 소비는 모두 정상재이며, 저축과 차입이 자유롭고 저축이자율과 차입이자율이 동일한 완전자본시장을 가정한다)**

보기

ㄱ. 제1기의 소득증가는 제1기의 소비를 증가시킨다.
ㄴ. 제2기의 소득증가는 제2기의 소비를 감소시킨다.
ㄷ. 실질이자율이 증가하면 제2기의 소비는 증가한다.

① ㄱ
② ㄱ, ㄴ
③ ㄱ, ㄷ
④ ㄴ
⑤ ㄴ, ㄷ

07 **사유재산권이란 개인이 재산을 소유하고 그것을 자유의사에 따라 관리·사용·처분할 수 있는 권리를 의미하는 것으로 자본주의체제의 근간이 된다. 다음 중 이에 대한 설명으로 적절하지 않은 것은?**

① 사유재산제도는 개인의 소유욕을 제도적으로 보장해 사회의 생산적 자원이 보존·유지·증식되게 만든다.

② 공정하고 투명한 생산체계와 건전한 소비를 정착시켜 소비자 주권을 확대한다.

③ 사회 구성원들이 사유재산제도를 통해 부를 나눠 갖게 되면 이에 기반을 두어 다양한 가치가 만들어지고 의사결정의 권력도 분산된다.

④ 사유재산권이 인정되지 않는 공유재의 경우 아껴 쓸 유인이 없어 결국 자원이 고갈되는 '공유지의 비극'이 발생한다.

⑤ 20세기에 들어오면서 차츰 생산수단, 특히 천연자원이나 독점적인 기업시설에 대한 사유재산권을 적당하게 제한하는 경향이 생기게 되었다.

08 **효용을 극대화하는 A의 효용함수는 $U(x,y) = \min[x,y]$이다. 소득이 1,800, X재와 Y재의 가격이 각각 10이다. X재의 가격만 8로 하락할 때, 〈보기〉 중 옳은 것을 모두 고르면?(단, x는 X재의 소비량, y는 Y재의 소비량이다)**

보기

ㄱ. X재의 소비량 변화 중 대체효과는 0이다.
ㄴ. X재의 소비량 변화 중 소득효과는 10이다.
ㄷ. 한계대체율은 하락한다.
ㄹ. X재 소비는 증가하고, Y재 소비는 감소한다.

① ㄱ, ㄴ
② ㄱ, ㄷ
③ ㄴ, ㄷ
④ ㄴ, ㄹ
⑤ ㄷ, ㄹ

09 다음은 A국과 B국의 경제에 대한 자료이다. A국의 실질환율과 수출량의 변화로 옳은 것은?

구분	2022년	2023년
A국 통화로 표시한 B국 통화 1단위의 가치	1,000	1,150
A국의 물가지수	100	107
B국의 물가지수	100	103

	실질환율	수출량
①	불변	감소
②	11% 상승	증가
③	11% 하락	감소
④	19% 상승	증가
⑤	19% 하락	증가

PART 2

10 공공재 수요자 3명이 있는 시장에서 구성원 A, B, C의 공공재에 대한 수요함수는 각각 아래와 같다. 공공재의 한계비용이 30으로 일정할 때, 공공재의 최적공급량에서 각 구성원이 지불해야 하는 가격은?(단, P는 가격, Q는 수량이다)

$$A: P_a = 10 - Q_a \qquad B: P_b = 20 - Q_b \qquad C: P_c = 20 - 2Q_c$$

① $P_a = 5,\ P_b = 15,\ P_c = 10$

② $P_a = 5,\ P_b = 10,\ P_c = 10$

③ $P_a = 10,\ P_b = 10,\ P_c = 15$

④ $P_a = 10,\ P_b = 15,\ P_c = 5$

⑤ $P_a = 15,\ P_b = 15,\ P_c = 5$

CHAPTER

04 사무직(법학) 적중예상문제

정답 및 해설 p.058

01 **다음 중 행정기관에 의하여 기본권이 침해된 경우의 구제수단으로서 부적당한 것은?**

① 행정소송
② 형사재판청구권
③ 국가배상청구권
④ 이의신청과 행정심판청구
⑤ 손실보상청구권

02 **다음 중 기본권존중주의에 대한 설명으로 옳지 않은 것은?**

① 자유와 권리의 본질적 내용은 결코 침해되어서는 아니 된다.
② 법률의 형식에 의하기만 한다면 얼마든지 기본권을 제한할 수 있다.
③ 표현의 자유에 대한 사전 검열제는 금지되어야 한다.
④ 사회적 국가원리도 기본권존중주의의 기초가 된다.
⑤ 우리나라는 헌법 제10조에서 기본권존중주의를 규정하고 있다.

03 **다음 중 생명 · 자유 · 재산에 대한 권리와 행복 · 안전을 추구하는 권리가 최초로 선언된 것은?**

① 1776년 6월 버지니아 권리장전
② 1776년 7월 미국의 독립선언
③ 1789년 프랑스 인권선언
④ 1779년 미연방헌법
⑤ 1838년 차티스트 운동

04 A, B, C, D(부담부분은 균등)는 E에 대하여 1,200만원의 연대채무를 부담하고 있다. E는 A에 대하여 연대의 면제를 하였다. 그 후 B는 무자력이 되었다. A, C, D가 최종적으로 부담하는 금액은?(다툼이 있는 경우 판례에 의함)

	A	C	D
①	100만 원	300만 원	300만 원
②	300만 원	300만 원	300만 원
③	300만 원	400만 원	400만 원
④	350만 원	350만 원	350만 원
⑤	400만 원	400만 원	400만 원

PART 2

05 다음 중 소멸시효기간의 기산점에 대한 설명으로 옳은 것은?

① 불확정기한부 권리는 채권자가 기한 도래 사실을 안 때부터 소멸시효가 진행한다.
② 동시이행항변권이 붙은 채권은 이행기가 도래하더라도 소멸시효가 진행하지 않는다.
③ 이행불능으로 인한 손해배상청구권은 이행불능이 된 때로부터 소멸시효가 진행한다.
④ 선택채권은 선택권을 행사한 때로부터 소멸시효가 진행한다.
⑤ 부작위를 목적으로 하는 채권은 성립시부터 소멸시효가 진행한다.

06 항고소송의 대상이 되는 처분에 대한 대법원 판례의 입장으로 옳지 않은 것은?

① 조례가 집행행위의 개입 없이도 그 자체로써 국민의 구체적인 권리·의무나 법적 이익에 영향을 미치는 등 법률상 효과를 발생시키는 경우 그 조례는 항고소송의 대상이 되는 처분이다.
② 내부행위나 중간처분이라도 그로써 실질적으로 국민의 권리가 제한되거나 의무가 부과되면 항고소송의 대상이 되는 처분이다. 따라서 개별공시지가결정은 처분이다.
③ 상표권의 말소등록이 이루어져도 법령에 따라 회복등록이 가능하고 회복신청이 거부된 경우에는 그에 대한 항고소송이 가능하므로 상표권의 말소등록행위 자체는 항고소송의 대상이 될 수 없다.
④ 국·공립대학교원 임용지원자가 임용권자로부터 임용거부를 당하였다면 이는 거부처분으로서 항고소송의 대상이 된다.
⑤ 어업면허에 선행하는 우선순위결정은 최종적인 법적 효과를 가져오는 것이 아니므로 처분이 아니지만 어업면허우선순위결정 대상탈락자 결정은 최종적인 법적 효과를 가져오므로 처분이다.

07 행위자가 범행을 위하여 미리 술을 마시고 취한 상태에서 계획한 범죄를 실행한 경우에 적용되는 것은?

① 추정적 승낙
② 구성요건적 착오
③ 원인에 있어서 자유로운 행위
④ 과잉방위
⑤ 정당방위

08 행정심판법상 중앙행정심판위원회의 구성에 대한 내용으로 옳은 것만을 〈보기〉에서 모두 고르면?

보기

ㄱ. 중앙행정심판위원회는 위원장 1명을 포함하여 50명 이내의 위원으로 구성하되 위원 중 상임위원은 5명 이내로 한다.
ㄴ. 중앙행정심판위원회의 위원장은 국민권익위원회의 부위원장 중 1명이 된다.
ㄷ. 중앙행정심판위원회의 상임위원은 행정심판에 관한 지식과 경험이 풍부한 사람 중에서 중앙행정심판위원회 위원장의 제청으로 국무총리를 거쳐 대통령이 임명할 수 있다.
ㄹ. 중앙행정심판위원회의 비상임위원은 변호사 자격을 취득한 후 3년 이상의 실무 경험이 있는 사람 중에서 중앙행정심판위원회 위원장의 제청으로 국무총리가 성별을 고려하여 위촉할 수 있다.
ㅁ. 중앙행정심판위원회의 회의는 소위원회 회의를 제외하고 위원장, 상임위원 및 위원장이 회의마다 지정하는 비상임위원을 포함하여 총 7명으로 구성한다.

① ㄱ
② ㄱ, ㄴ
③ ㄴ, ㄷ
④ ㄴ, ㄷ, ㄹ
⑤ ㄷ, ㄹ, ㅁ

09 다음 중 상법이 명시적으로 규정하고 있는 회사가 아닌 것은?

① 유한회사
② 유한책임회사
③ 다국적회사
④ 합자회사
⑤ 합명회사

10 다음 중 상업사용인의 의무에 대한 설명으로 옳지 않은 것은?

① 상호의 양도는 대항요건에 불과하여 등기하지 않으면 제3자에게 대항하지 못한다.
② 영업과 상호를 양수하였다고 하여 양도인의 채권·채무도 양수한 것으로 볼 수는 없다.
③ 영업과 함께 또는 영업을 폐지할 때 양도할 수 있다.
④ 상호의 양도는 재산적 가치가 인정되어 상속도 가능하다.
⑤ 상호의 양도는 상호의 양도인과 상호양수인과의 합의에 의해서 효력이 생긴다.

CHAPTER

05

기술직(기계)

적중예상문제

정답 및 해설 p.061

01 다음 설명에 해당하는 작업은?

> 튜브 형상의 소재를 금형에 넣고 유체압력을 이용하여 소재를 변형시켜 가공하는 작업으로 자동차 산업 등에서 많이 활용하는 기술이다.

① 아이어닝
② 하이드로포밍
③ 엠보싱
④ 스피닝
⑤ 딥드로잉

02 다음 〈보기〉 중 디젤 기관의 연료 장치와 관계있는 것만을 모두 고르면?

> 보기
> ㄱ. 누즐
> ㄴ. 기화기
> ㄷ. 점화 플러그
> ㄹ. 연료 분사 펌프

① ㄱ, ㄴ
② ㄱ, ㄹ
③ ㄴ, ㄷ
④ ㄷ, ㄹ
⑤ ㄴ, ㄹ

03 다음 중 센터리스 연삭의 장점으로 옳지 않은 것은?

① 센터 구멍을 뚫을 필요가 없다.
② 속이 빈 원통의 내면연삭도 가능하다.
③ 연속가공이 가능하여 생산속도가 높다.
④ 지름이 크거나 무거운 공작물의 연삭에 적합하다.
⑤ 연삭작업에 숙련을 요구하지 않는다.

04 다음 〈보기〉 중 주철에 대한 설명으로 옳은 것만을 고르면?

보기

ㄱ. 주철은 탄소강보다 용융점이 높고 유동성이 커 복잡한 형상의 부품을 제작하기 쉽다.
ㄴ. 탄소강에 비하여 충격에 약하고 고온에서도 소성가공이 되지 않는다.
ㄷ. 회주철은 진동을 잘 흡수하므로 진동을 많이 받는 기계 몸체 등의 재료로 많이 쓰인다.
ㄹ. 가단주철은 보통주철의 쇳물을 금형에 넣고 표면만 급랭시켜 단단하게 만든 주철이다.
ㅁ. 많이 사용되는 주철의 탄소 함유량은 보통 2.5~4.5[%] 정도이다.

① ㄱ, ㄴ, ㄷ
② ㄴ, ㄷ, ㅁ
③ ㄱ, ㄴ, ㄹ
④ ㄴ, ㄹ, ㅁ
⑤ ㄷ, ㄹ, ㅁ

05 다음 중 디젤기관의 일반적인 특성에 대한 설명으로 옳은 것은?

① 공기와 연료를 혼합하여 동시에 공급한다.
② 전기점화방식을 사용하여 연료를 착화한다.
③ 소음과 진동이 적어 조용한 운전이 가능하다.
④ 연료장치로 연료분사펌프와 노즐을 사용한다.
⑤ 가솔린 기관에 비해 열효율이 높고 연료비가 싸다.

06 다음 〈보기〉 중 잔류응력에 대한 설명으로 옳은 것을 모두 고르면?

보기

ㄱ. 표면에 남아있는 인장잔류응력은 피로수명과 파괴강도를 향상시킨다.
ㄴ. 표면에 남아있는 압축잔류응력은 응력부식균열을 발생시킬 수 있다.
ㄷ. 표면에 남아있는 인장잔류응력은 피로수명과 파괴강도를 저하시킨다.
ㄹ. 잔류응력은 물체 내의 온도구배(Temperature Gradient)에 의해 생길 수 있다.
ㅁ. 풀림처리(Annealing)를 하거나 소성변형을 추가시키는 방법을 통하여 잔류응력을 제거하거나 감소시킬 수 있다.
ㅂ. 실온에서도 충분한 시간을 두고 방치하면 잔류응력을 줄일 수 있다.

① ㄱ, ㄴ, ㄷ, ㄹ,
② ㄱ, ㄴ, ㄹ, ㅁ
③ ㄱ, ㄷ, ㅁ, ㅂ
④ ㄴ, ㄷ, ㄹ, ㅁ
⑤ ㄷ, ㄹ, ㅁ, ㅂ

07 **다음 중 내연기관에 사용되는 윤활유의 점도에 대한 설명으로 옳지 않은 것은?**

① SAE 번호가 높을수록 윤활유의 점도가 높다.

② SAE 번호는 윤활유의 사용가능한 외기온도를 나타내는 지표가 된다.

③ 점도지수(Viscosity Index)가 높은 것일수록 온도변화에 대한 점도변화가 크다.

④ 절대점도의 단위로 Pa·s 또는 Poise를 사용한다.

⑤ 점도는 일반적으로 온도가 상승하면 현저하게 낮아지고, 압력이 상승하면 현저하게 높아진다.

PART 2

08 **다음은 어떤 주조법의 특징을 설명한 것인가?**

- 영구주형을 사용한다.
- 비철금속의 주조에 적용한다.
- 고온 체임버식과 저온 체임버식으로 나뉜다.
- 용융금속이 응고될 때까지 압력을 가한다.

① 스퀴즈캐스팅(Squeeze Casting)

② 원심주조법(Centrifugal Casting)

③ 다이캐스팅(Die Casting)

④ 인베스트먼트주조법(Investment Casting)

⑤ 일렉트로 슬래그 주조법(Electro Slag Casting)

09 **다음 중 펌프(Pump)에 대한 설명으로 옳지 않은 것은?**

① 송출량 및 송출압력이 주기적으로 변화하는 현상을 수격현상(Water Hammering)이라 한다.
② 왕복펌프는 회전수에 제한을 받지 않아 고양정에 적합하다.
③ 원심펌프는 회전차가 케이싱 내에서 회전할 때 발생하는 원심력을 이용한다.
④ 축류 펌프는 유량이 크고 저양정인 경우에 적합하다.
⑤ 공동현상이 계속 발생하면 펌프의 효율이 저하된다.

10 **지름이 50[mm]인 황동봉을 주축의 회전수 2,000[rpm]인 조건으로 원통 선삭할 때 최소절삭동력 [kW]은?(단, 주절삭분력은 60[N]이다)**

① 0.1π
② 0.2π
③ π
④ 2π
⑤ 4π

CHAPTER

06

기술직(전기)

적중예상문제

정답 및 해설 p.064

01 다음 중 직류 발전기의 전기자 반작용을 없애는 방법으로 옳지 않은 것은?

① 보상권선 설치
② 보극 설치
③ 브러시 위치를 전기적 중성점으로 이동
④ 균압환 설치
⑤ 계자 기전력 강화

02 15F의 정전용량을 가진 커패시터에 270J의 전기에너지를 저장할 때, 커패시터 전압은?

① 3V ② 6V
③ 9V ④ 12V
⑤ 15V

03 공장의 어떤 부하가 단상 220V/60Hz 전력선으로부터 0.5의 지상 역률로 22kW를 소비하고 있다. 이때 공장으로 유입되는 전류의 실횻값은?

① 50A ② 100A
③ 150A ④ 200A
⑤ 250A

04 어떤 회로에 $V=200\sin\omega t$의 전압을 가했더니 $I=50\sin\left(\omega t+\frac{\pi}{2}\right)$ 전류가 흘렀다. 다음 중 이 회로는?

① 저항회로
② 유도성회로
③ 용량성회로
④ 임피던스회로
⑤ 부성저항회로

05 그림과 같이 자기인덕턴스가 $L_1=8\text{H}$, $L_2=4\text{H}$, 상호인덕턴스가 $M=4\text{H}$인 코일에 5A의 전류를 흘릴 때, 전체 코일에 축적되는 자기에너지는?

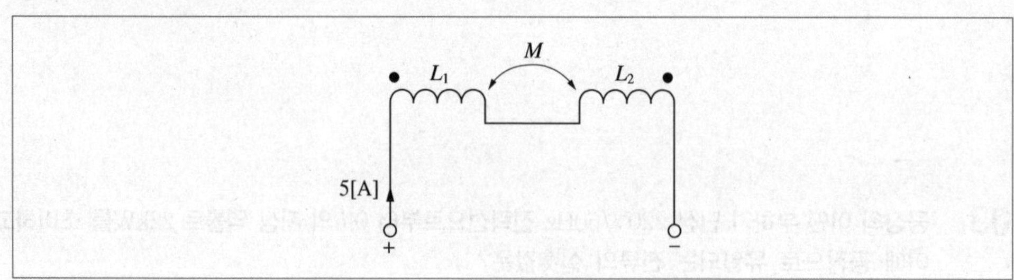

① 10J
② 25J
③ 50J
④ 75J
⑤ 100J

06 다음 회로와 같이 평형 3상 전원을 평형 3상 △ 결선 부하에 접속하였을 때 △ 결선 부하 1상의 유효전력이 P[W]였다. 각 상의 임피던스 Z를 그대로 두고 Y결선으로 바꾸었을 때 Y결선 부하의 총전력은?

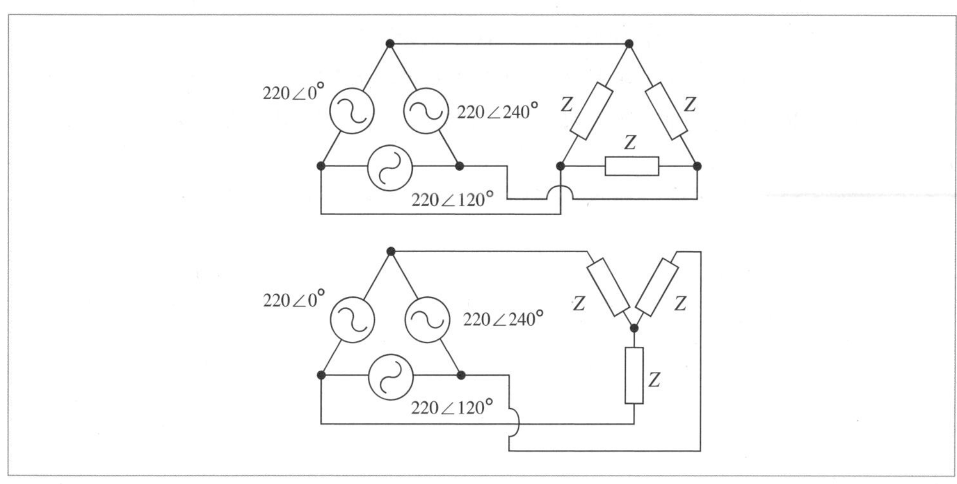

① $\dfrac{P}{3}$[W]
② P[W]
③ $\sqrt{3}\,P$[W]
④ $3P$[W]
⑤ $\sqrt{2}\,P$[W]

07 어떤 회로에 $v=100\sqrt{2}\sin\left(120\pi t+\dfrac{\pi}{4}\right)$V의 전압을 가했더니 $i=10\sqrt{2}\sin\left(120\pi t-\dfrac{\pi}{4}\right)$A의 전류가 흘렀다. 이 회로의 역률은?

① 0
② $\dfrac{1}{\sqrt{2}}$
③ 0.1
④ 1
⑤ 1.5

08 **다음 중 정현파 교류전압의 실횻값에 대한 물리적 의미로 옳은 것은?**

① 실횻값은 교류전압의 최댓값을 나타낸다.

② 실횻값은 교류전압 반주기에 대한 평균값이다.

③ 실횻값은 교류전압의 최댓값과 평균값의 비율이다.

④ 실횻값은 교류전압의 최댓값을 최솟값으로 나눈 값이다.

⑤ 실횻값은 교류전압이 생성하는 전력 또는 에너지의 효능을 내포한 값이다.

09 **다음 중 전기기계의 철심을 성층하는 이유로 가장 적절한 것은?**

① 기계손을 적게 하기 위하여

② 표유부하손을 적게 하기 위하여

③ 히스테리시스손을 적게 하기 위하여

④ 와류손을 적게 하기 위하여

⑤ 저항을 적게 하기 위하여

10 **자체 인덕턴스가 각각 $L_1 = 10\text{mH}$, $L_2 = 10\text{mH}$인 두 개의 코일이 있고, 두 코일 사이의 결합계수가 0.5일 때, L_1 코일의 전류를 0.1초 동안 10A 변화시키면 L_2에 유도되는 기전력의 양(절댓값)은?**

① 10mV
② 100mV
③ 50mV
④ 500mV
⑤ 1,000mV

PART 3

최종점검 모의고사

최종점검 모의고사

※ 한국가스공사 최종점검 모의고사는 채용공고를 기준으로 구성한 것으로, 실제 시험과 다를 수 있습니다.

※ 모바일 OMR 답안분석 서비스

사무직(경영)

사무직(회계)

사무직(경제)

사무직(법학)

기술직(기계)

기술직(전기)

■ 취약영역 분석

번호	O/×	영역	번호	O/×	영역	번호	O/×	영역
01		의사소통능력	21		문제해결능력	41		정보능력
02			22			42		
03			23			43		
04			24			44		
05			25			45		
06			26			46		
07			27			47		
08			28			48		
09			29			49		
10			30			50		
11		수리능력	31		자원관리능력			
12			32					
13			33					
14			34					
15			35					
16			36					
17			37					
18			38					
19			39					
20			40					

번호	51	52	53	54	55	56	57	58	59	60	61	62	63	64	65	66	67	68	69	70
O/×																				
영역	경영 / 회계 / 경제 / 법학 / 기계 / 전기																			
번호	71	72	73	74	75	76	77	78	79	80	81	82	83	84	85	86	87	88	89	90
O/×																				
영역	경영 / 회계 / 경제 / 법학 / 기계 / 전기																			
번호	91	92	93	94	95	96	97	98	99	100										
O/×	경영 / 회계 / 경제 / 법학 / 기계 / 전기																			

평가문항	100문항	평가시간	110분
시작시간	:	종료시간	:
취약영역			

최종점검 모의고사

응시시간 : 110분 문항 수 : 100문항 정답 및 해설 p.068

01 직업기초능력

01 다음 중 밑줄 친 ㉠~㉤의 맞춤법 수정 방안으로 적절하지 않은 것은?

> 우리 사회에 사형 제도에 대한 ㉠ 해 묵은 논쟁이 다시 일고 있다. 그러나 지금까지 여론 조사 결과를 보면, 우리 국민의 70% 정도는 사형 제도가 범죄를 예방할 수 있다고 생각한다. 그러나 과연 그 믿음대로 사형 제도는 정의를 실현하는 제도일까? 세계에서 사형을 가장 많이 집행하는 미국에서는 연간 ㉡ 10만건 이상의 살인이 벌어지고 있으며 ㉢ 좀처럼 줄어들지 않고 있다. 또한 2006년 미국의 ㉣ 범죄율을 비교한 결과 사형 제도를 폐지한 주가 유지하고 있는 주보다 오히려 낮았다. 이는 사형 제도가 범죄 예방 효과가 있을 것이라는 생각이 근거 없는 ㉤ 기대일뿐임을 말해 준다. 또한 사형 제도는 인간에 대한 너무도 잔인한 제도이다. 사람들은 일부 국가에서 행해지는 돌팔매 처형의 잔인성에는 공감하면서도, 어째서 독극물 주입이나 전기의자 등은 괜찮다고 여기는 것인가? 사람을 죽이는 것에는 좋고 나쁜 방법이 있을 수 없으며 둘의 본질은 같다.

① ㉠은 한 단어이므로 '해묵은'으로 수정해야 한다.
② ㉡의 '건'은 의존 명사이므로 '10만 건'으로 띄어 써야 한다.
③ ㉢은 문맥상 같은 의미인 '좀체'로 바꾸어 쓸 수 있다.
④ ㉣은 한글 맞춤법에 따라 '범죄률'로 수정해야 한다.
⑤ ㉤의 '뿐'은 용언의 관형사형 뒤에 붙은 의존 명사이므로 '기대일 뿐임을'로 띄어 써야 한다.

02 다음은 '건강을 위한 신발 선택'을 주제로 하는 글의 개요이다. 개요를 수정·보완할 내용으로 가장 적절한 것은?

1. 서론
   (1) 건강에 대한 최근의 관심
   (2) 신발이 건강에 미치는 영향 ··········· ㉠
2. 신발 선택의 일반적 기준과 문제점 ··········· ㉡
   (1) 일반적 기준
      ㉮ 유행
      ㉯ 모양새
   (2) 잘못된 신발 선택의 폐해
      ㉮ 질병과 사고 발생
      ㉯ 능률 저하
      ㉰ 교통비 감소 ··········· ㉢
3. 신발 선택의 바람직한 기준과 이점
   (1) 신발 선택의 바람직한 기준
      ㉮ 건강
      ㉯ 용도
   (2) 건강과 용도에 따른 신발 선택의 이점
      ㉮ 건강 증진
      ㉯ 능률 향상
      ________________ ··········· ㉣
4. 결론 : 건강과 용도를 고려한 신발 선택 강조 ··········· ㉤

① ㉠에서는 '1－(1)'과 '1－(2)'의 순서를 맞바꾼다.
② ㉡에서는 '2'의 제목을 '신발 선택의 합리적 기준'으로 바꾼다.
③ ㉢에서는 '㉰ 교통비 감소' 항목을 삭제한다.
④ ㉣에서는 새로운 항목을 설정해 '㉰ 혈액 순환 촉진'을 추가 작성한다.
⑤ ㉤에서는 결론을 '걷기 운동의 생활화'로 교체한다.

PART 3

03 다음 글의 내용으로 적절한 것은?

매년 급증하는 신재생에너지 공급의무화제도(RPS) 의무량 목표 달성을 위해서는 신재생에너지원 중에서 상대적으로 대용량 신재생에너지 공급 인증서(REC) 확보가 용이한 것을 선택해야 한다. 그리고 그것이 바로 연료전지 사업이다. 이에 K공사는 연료전지 사업에 박차를 가하고 있으며, 첫 주자로 신인천발전본부에서 연료전지 건설 사업을 추진하고 있다.

연료전지는 수소와 산소가 화학에너지를 전기에너지로 변환하는 고효율, 친환경 미래 에너지 시스템이다. 수소와 산소를 결합하면 물이 만들어지는데, 이때 발생하는 에너지를 전기 형태로 바꾸는 방식이다. 반응할 때 생기는 수소와 산소의 전기화학 반응으로 전기와 열을 생산하기 때문에 고효율의 신재생에너지를 기대할 수 있다. 정부가 이미 연료전지를 신에너지원으로 분류하고 RPS 이행수단으로 인정한 만큼 K공사는 경제적인 RPS 이행을 위해 신인천발전본부 내에 연료전지 건설 사업을 추진하고, 이를 시작으로 신재생에너지 확대에 본격적으로 나서 현재 3%에 불과한 신재생에너지 비중을 2030년에는 20%까지 올릴 계획이다.

연료전지는 설치 장소에 제약이 적다는 장점이 있다. 규모와 관계없이 일정한 효율을 낼 수 있어 소형 발전소부터 MW급 발전소까지 다양하게 활용될 수 있다. 또한 중간에 발전기와 같은 장치를 사용하지 않고, 수소와 산소의 반응으로 전기를 직접 생산하기 때문에 발전효율이 높다. 무엇보다 소음, 유해가스 배출이 거의 없어 부지 확보가 어려운 도심에도 설치할 수 있다. 연료전지의 이 같은 특징에 부합하고 장점을 살릴 수 있는 곳이 신인천발전본부라 K공사가 연료전지 사업을 이곳에서 시작하는 이유기도 하다.

신인천발전본부 연료전지 사업은 K공사가 최초로 도입하는 발전 사업으로, 신인천발전본부의 유휴부지를 활용해 설비용량 20MW 연료전지 발전설비를 건설하게 된다. 총사업비 1,100억 원이 투입되는 이 사업은 2018년 8월 상업운전을 목표로 시작되었다. 대규모 사업비가 투입되는 대형 사업인 만큼 지난해 4월 정부 예비타당성조사에 착수, 약 10개월 동안 한국개발연구원 예비타당성조사를 완료했고, 올 3월 이사회에서 연료전지 건설 기본계획을 의결했다. 이후 6월 연료전지 건설 관련 계약 체결이 완료되면서 1단계 연료전지 사업을 15개월 동안 진행할 예정이며, 연이어 2단계 사업 진행을 검토하고 있다.

K공사는 연료전지 사업에 다소 늦게 뛰어든 후발주자라 할 수 있다. 하지만 나중에 솟은 돌이 더 우뚝 서는 법. 복합화력의 비중이 높은 점을 내세워 향후 연료전지를 확대할 수 있는 저변이 마련돼 있다는 점에서 선제 우위를 점할 수 있다. 20MW 신인천발전본부 연료전지 사업이 완료되면 K공사는 예상 RPS 의무량의 약 12%를 충당할 수 있으며, 신인천발전본부 또한 연간 매출을 430억 원 이상 증대해 복합발전소 수익구조 개선에 기여할 것으로 기대된다.

① 연료전지는 전기에너지를 화학에너지로 변환하는 친환경 미래에너지 시스템이다.
② 아직 연료전지를 신에너지원으로 분류하고 있지 않지만 곧 지정될 예정이다.
③ 연료전지는 규모에 영향을 많이 받기 때문에 일정한 효율을 원한다면 적절한 설치 장소가 필요하다.
④ 연료전지는 소음과 유해가스 배출이 거의 없어 도심에 설치하기에 적절하다.
⑤ 연료전지 건설 사업을 통해 신재생에너지 비중을 2030년에 10%까지 올릴 계획이다.

04 다음 〈보기〉 뒤에 이어질 문단을 논리적 순서대로 바르게 나열한 것은?

> 보기
>
> ESS(에너지 저장 시스템)란 장치 혹은 물리적 매체를 이용하여 에너지를 저장하는 것을 말한다.

(가) 또한 피크 수요 시점의 전력 부하를 조절해 발전 설비에 대한 과잉 투자를 막아주며, 돌발적인 정전 시에도 안정적으로 전력을 공급할 수 있도록 해준다. 즉, 불규칙한 수요와 공급을 조절하고 수시로 변화하는 주파수를 조정해 전력망의 신뢰도를 향상시킬 수 있도록 해준다는 것이다.

(나) 이러한 ESS가 관심 받고 있는 이유는 스마트 그리드에서 중요하게 쓰이기 때문이다. 이것을 이용하면 원하는 시간에 생산하기 어려운 태양광, 풍력 등의 신재생에너지를 미리 저장했다가 필요한 시간대에 사용할 수 있기 때문이다.

(다) 이로 인해 일본과 미국은 이미 과거부터 ESS에 대해 적극적으로 지원한 바 있으며, 우리나라 또한 2011년부터 2020년을 목표로 연구 개발 및 설비 투자를 정부 지원하에 추진하고 있다.

(라) 또, 이 에너지를 저장하는 데 쓰이는 장치를 축압기라고 하고, 일반적으로 수백 kWh이상의 전력을 저장할 수 있으며 저장방식에 따라 크게 물리적 에너지저장과 화학적 에너지저장으로 구분할 수 있다.

① (나) – (가) – (다) – (라)
② (나) – (가) – (라) – (다)
③ (라) – (가) – (나) – (다)
④ (라) – (나) – (가) – (다)
⑤ (라) – (나) – (다) – (가)

PART 3

05 다음 중 어법이 맞고 자연스러운 문장은?

① 문학은 다양한 삶의 체험을 보여 주는 예술의 장르로서 문학을 즐길 예술적 본능을 지닌다.
② 그는 부모님의 말씀을 거스른 적이 없고 그는 친구들과 어울리다가도 정해진 시간에 반드시 들어오곤 했다.
③ 피로연은 성대하게 치러졌다. 신랑과 신부는 결혼식을 마치고 신혼여행을 떠났다. 하례객들이 식당 안으로 옮겨 앉으면서 시작되었다.
④ 신은 인간을 사랑하기도 하지만, 때로는 인간에게 시련의 고통을 주기도 한다.
⑤ 주가가 다음 주부터는 오를 전망입니다.

06 다음 중 띄어쓰기가 적절한 것은?

① 그녀가 사는 데는 회사에서 한참 멀다.
② KTX를 타면 서울과 목포간에 3시간이 걸린다.
③ 드실 수 있는만큼만 가져가 주십시오.
④ 비가 올 것 같은 데 우산을 챙겨가야지.
⑤ 철수가 떠난지가 한 달이 지났다.

07 다음 사자성어 중 의미가 다른 것은?

① 각골통한(刻骨痛恨)
② 비분강개(悲憤慷慨)
③ 원철골수(怨徹骨髓)
④ 교아절치(咬牙切齒)
⑤ 절차탁마(切磋琢磨)

08 다음 글의 주제로 가장 적절한 것은?

> 발전된 산업 사회는 인간을 단순한 도구로 지배하기 위해 새로운 수단을 발전시키고 있다. 여러 사회 과학과 심층 심리학이 이를 위해 동원되고 있다. 목적이나 이념의 문제를 배제하고 가치 판단으로부터의 중립을 표방하는 사회 과학들은 인간 조종을 위한 기술적·합리적인 수단을 개발해 대중 지배에 이바지한다. 마르쿠제는 이런 발전된 산업 사회에서의 도구화된 지성을 비판하면서 이것을 '현대인의 일차원적 사유'라고 불렀다. 비판과 초월을 모르는 도구화된 사유라는 것이다.
> 발전된 산업 사회는 이처럼 사회 과학과 도구화된 지성을 동원해 인간을 조종하고 대중을 지배할 뿐만 아니라 향상된 생산력을 통해 인간을 매우 효율적으로 거의 완전하게 지배한다. 즉 발전된 산업 사회는 높은 생산력을 통해 늘 새로운 수요들을 창조하고, 모든 선전 수단을 동원하여 이러한 새로운 수요들을 인간의 삶을 위해 불가결한 것으로 만든다. 그리하여 인간이 새로운 수요들을 지향하지 않을 수 없게 한다. 이렇게 산업 사회는 늘 새로운 수요의 창조와 공급을 통해 인간의 삶을 지배하고 그의 인격을 사로잡아 버리는 것이다.

① 산업 사회에서 도구화된 지성의 문제점
② 산업 사회의 발전과 경제력 향상
③ 산업 사회의 특징과 문제점
④ 산업 사회의 대중 지배 양상
⑤ 산업 사회의 새로운 수요의 창조와 공급

09 다음 글을 읽고 추론한 내용으로 옳지 않은 것은?

세계적으로 기후 위기의 심각성이 커지면서 '탄소 중립'은 거스를 수 없는 흐름이 되고 있다. 이에 맞춰 정부의 에너지정책도 기존 화석연료 발전 중심의 전력공급체계를 태양광과 풍력 등 재생 에너지 중심으로 빠르게 재편하는 작업이 추진되고 있다. 이러한 재생 에너지 보급 확대는 기존 전력설비 부하의 가중으로 이어질 수밖에 없다. 재생 에너지 사용 확대에 앞서 송배전 시스템의 확충이 필수적인 이유다.

K공사는 재생 에너지 발전사업자의 접속지연 문제를 해소하기 위해 기존 송배전 전력 설비의 재생 에너지 접속용량을 확대하는 특별대책을 시행하고 나섰다. 한전은 그동안 재생 에너지 발전설비 밀집 지역을 중심으로 송배전설비의 접속 가능용량이 부족할 경우 설비보강을 통해 문제를 해결해왔다. 2016년 10월부터 1MW 이하 소규모 신재생 에너지 발전사업자가 전력계통 접속을 요청하면 K공사가 비용을 부담해 공용전력망을 보강하고 접속을 보장해주는 방식이었다. 덕분에 신재생 에너지 발전 사업자들의 참여가 늘어났지만 재생 에너지 사용량이 기하급수적으로 늘면서 전력계통설비의 연계용량 부족 문제가 뒤따랐다.

이에 K공사는 산업통상자원부가 운영하는 '재생 에너지 계통접속 특별점검단'에 참여해 대책을 마련했다. 배전선로에 상시 존재하는 최소부하를 고려한 설비 운영 개념을 도입해 변전소나 배전선로 증설 없이 재생 에너지 접속용량을 확대하는 방안이다. 재생 에너지 발전 시 선로에 상시 존재하는 최소부하 용량만큼 재생 에너지 발전량이 상쇄되고, 잔여 발전량이 전력계통으로 유입되기 때문에 상쇄된 발전량만큼 재생 에너지의 추가접속을 가능케 하는 방식이다. K공사는 현장 실증을 통해 최소부하가 1MW를 초과하는 경우 배전선로별 재생 에너지 접속허용용량을 기존 12MW에서 13MW로 확대했다. 또 재생 에너지 장기 접속지연이 발생한 변전소에 대해서는 최소부하를 고려해 재생 에너지 접속허용용량을 200MW에서 평균 215MW로 상향했다. 이 같은 개정안이 전기위원회 심의를 통과하면서 변전소 및 배전선로 보강 없이도 재생 에너지 317MW의 추가 접속이 가능해졌다.

① 기존의 화석 연료 중심의 에너지 발전은 탄소 배출량이 많아 환경에 악영향을 주었다.
② 태양광 에너지는 고갈 염려가 없다고 볼 수 있기 때문에 주목받는 신재생 에너지이다.
③ 재생 에너지 사업 확충에 노후 된 송전 설비는 걸림돌이 된다.
④ 현재까지는 재생 에너지 사업 확충에 따른 문제들을 해결하는 것은 설비 보강이 가장 좋은 해결법이다.
⑤ 별도로 설비를 보강하지 않아도 재생 에너지 과부하 문제를 해결할 수 있는 방안이 제시되었다.

PART 3

10 다음 빈칸에 들어갈 내용으로 가장 적절한 것은?

오존층 파괴의 주범인 프레온 가스로 대표되는 냉매는 그 피해를 감수하고도 사용할 수밖에 없는 필요악으로 인식되어 왔다. 지구 온난화 문제를 해결할 수 있는 대체 물질이 요구되는 이러한 상황에서 최근 이를 만족할 수 있는 4세대 신냉매가 새롭게 등장해 각광을 받고 있다. 그중 온실가스 배출량을 크게 줄인 대표적인 4세대 신냉매가 수소불화올레핀(HFO)계 냉매이다.
HFO는 기존 냉매에 비해 비싸고 불에 탈 수 있다는 단점이 있으나, 온실가스 배출이 거의 없고 에너지 효율성이 높은 장점이 있다. 이러한 장점으로 4세대 신냉매에 대한 관심이 최근 급격히 증가하고 있다. 지난 2003 ~ 2017년 중 냉매 관련 특허 출원 건수는 총 686건이었고, 온실가스 배출량을 크게 줄인 4세대 신냉매 관련 특허 출원들은 꾸준히 늘어나고 있다. 특히 2008년부터 HFO계 냉매를 포함한 출원 건수가 큰 폭으로 증가하면서 같은 기간의 HFO계 비중이 65%까지 증가했다. 이러한 출원 경향은 국제 규제로 2008년부터 온실가스를 많이 배출하는 기존 3세대 냉매의 생산과 사용을 줄이면서 4세대 신냉매가 필수적으로 요구됐기 때문으로 분석된다.
냉매는 자동차, 냉장고, 에어컨 등 우리 생활 곳곳에 사용되는 물질로서 시장 규모가 대단히 크지만, 최근 환경 피해와 관련된 엄격한 국제 표준이 요구되고 있다. 우수한 친환경 냉매가 조속히 개발될 수 있도록 관련 특허 동향을 제공해야 한다. 4세대 신냉매 개발은 ________________

① 인공지능 기술의 확장을 열게 될 것이다.
② 엄격한 환경 국제 표준을 약화시킬 것이다.
③ 또 다른 오존층 파괴의 원인으로 이어질 것이다.
④ 지구 온난화 문제 해결의 열쇠가 될 것이다.
⑤ 새로운 일자리 창출에 많은 도움이 될 것이다.

※ 다음은 에너지원별 발전설비와 발전량에 대한 자료이다. 이어지는 질문에 답하시오. **[11~12]**

〈에너지원별 발전설비 추이〉

설비별 \ 연도	2014년	2015년	2016년	2017년	2018년	2019년	2020년	2021년	2022년	2023년
원자력	13,716	15,716	15,716	16,716	17,716	17,716	17,716	17,716	17,716	17,716
수력	3,876	3,876	3,877	3,883	3,883	5,485	5,492	5,505	5,515	5,525
석탄	15,531	15,931	15,931	17,465	17,965	18,465	20,465	23,705	24,205	24,205
유류	4,868	4,660	6,011	4,666	4,710	4,790	5,404	5,407	5,438	4,831
가스	12,868	13,618	14,518	15,746	16,447	17,436	17,948	17,969	17,850	19,417
집단	–	–	–	1,382	1,382	1,382	893	1,460	1,610	2,617
대체	–	–	–	104	156	240	351	728	1,036	1,768
합계	50,859	53,801	56,053	59,962	62,259	65,514	68,269	72,490	73,370	76,079

〈에너지원별 발전량 추이〉

설비별 \ 연도	2014년	2015년	2016년	2017년	2018년	2019년	2020년	2021년	2022년	2023년
원자력	112,133	119,103	129,672	130,715	146,779	148,749	142,937	150,958	147,771	147,474
수력	4,151	5,311	6,887	5,861	5,189	5,189	5,042	5,561	5,641	6,567
석탄	110,333	118,022	120,276	127,158	133,658	139,205	154,674	173,508	193,216	197,917
유류	28,156	25,095	26,526	18,512	17,732	16,598	18,131	10,094	14,083	22,351
가스	30,451	38,943	39,090	55,999	58,118	68,302	78,427	75,809	65,274	90,846
집단	–	–	–	3,553	2,759	2,597	3,084	5,336	5,827	5,897
대체	–	–	–	350	404	511	829	1,090	1,791	3,159
합계	285,224	306,474	322,451	342,148	364,639	381,151	403,124	422,356	433,603	474,211

11 2023년 원자력 발전설비 점유율은 2022년에 비해 약 몇 % 감소했는가?(단, 소수점 둘째 자리에서 반올림한다)

① 0.4%p
② 0.8%p
③ 1.2%p
④ 1.4%p
⑤ 1.6%p

12 2023년 석탄은 전체 에너지원 발전량의 약 몇 %를 차지했는가?(단, 소수점 첫째 자리에서 반올림한다)

① 30%
② 34%
③ 38%
④ 42%
⑤ 50%

※ 다음은 2 ~ 7월 이산가족 교류 성사현황이다. 자료를 읽고 이어지는 질문에 답하시오. **[13~14]**

〈이산가족 교류 성사현황〉

(단위 : 건)

구분	2월	3월	4월	5월	6월	7월
접촉신청	18,193	18,200	18,204	18,205	18,206	18,221
생사확인	11,791	11,793	11,795	11,795	11,795	11,798
상봉	6,432	6,432	6,432	6,432	6,432	6,432
서신교환	12,267	12,272	12,274	12,275	12,276	12,288

13 다음은 이산가족 교류 성사현황에 대한 설명이다. 〈보기〉에서 옳은 것을 모두 고르면?

보기

ㄱ. 접촉신청 건수는 3월부터 6월까지 매월 증가하였다.
ㄴ. 2월부터 7월까지 생사확인 건수와 서신교환 건수의 증감추세는 동일하다.
ㄷ. 5월 생사확인 건수는 접촉신청 건수의 70% 이하이다.
ㄹ. 4월보다 7월에 상봉 건수 대비 서신교환 건수 비율은 감소하였다.

① ㄱ, ㄴ ② ㄱ, ㄷ
③ ㄴ, ㄷ ④ ㄴ, ㄹ
⑤ ㄷ, ㄹ

14 다음은 이산가족 교류 성사현황을 토대로 작성한 보고서이다. 밑줄 친 부분 중 내용이 옳지 않은 것을 모두 고르면?

통일부는 올해 2월부터 7월까지 이산가족 교류 성사현황을 발표하였다. 발표한 자료에 따르면 ㉠ 2월부터 생사확인 건수는 꾸준히 증가하였다. 그러나 상봉 건수는 남북 간의 조율결과 매월 일정 수준을 유지하고 있다. ㉡ 서신교환의 경우, 2월 대비 7월 증가율은 2% 미만이나, 꾸준한 증가추세를 보이고 있다. ㉢ 접촉신청 건수는 6월 전월 대비 불변한 것을 제외하면 꾸준히 증가추세를 보이고 있다. 통일부는 접촉신청, 생사확인, 상봉, 서신교환 외에도 다른 형태의 이산가족 교류를 추진하고 특히 상봉을 확대할 계획이라고 밝혔다. ㉣ 전문가들은 전체 이산가족 교류 건수가 증가추세에 있음을 긍정적으로 평가하고 있다.

① ㉠, ㉡ ② ㉠, ㉢
③ ㉡, ㉢ ④ ㉡, ㉣
⑤ ㉢, ㉣

15 어떤 동굴의 한 석순의 길이를 10년 단위로 측정한 결과가 다음과 같다. 2050년에 이 석순의 길이를 측정할 때 그 길이는?

〈석순의 길이 변화〉

(단위 : cm)

연대	1960년	1970년	1980년	1990년	2000년
석순의 길이	10	12	13	15	16

① 22cm
② 23cm
③ 24cm
④ 25cm
⑤ 26cm

16 설탕물 200g이 들어있는 비커에서 물 50g를 증발시킨 후 설탕 5g를 더 녹였더니 농도가 처음의 3배가 되었다. 처음 설탕물의 농도는?

① 약 0.5%
② 약 1.2%
③ 약 1.9%
④ 약 2.6%
⑤ 약 3.3%

17 1부터 9까지의 자연수가 하나씩 적힌 9장의 카드가 있다. 갑은 숫자 2, 5, 9가 적힌 카드를, 을은 숫자 1, 7, 8이 적힌 카드를, 병은 숫자 3, 4, 6이 적힌 카드를 각각 가지고 있다. 갑, 을, 병 세 사람이 동시에 카드를 한 장씩 꺼낼 때, 카드에 적힌 숫자가 가장 큰 사람이 갑이 되는 경우의 수는?

① 8가지
② 9가지
③ 10가지
④ 11가지
⑤ 12가지

18 다음은 1회차부터 500회차까지 복권 당첨번호 통계자료이다. 자료를 그래프로 나타낸 것으로 적절하지 않은 것은?(단, 비율은 소수점 둘째 자리에서 반올림한다)

〈복권 당첨번호 당첨횟수〉

번호	1	2	3	4	5	6	7	8	9
색상	노랑	노랑	노랑	노랑	노랑	노랑	노랑	노랑	노랑
횟수	68	73	28	68	44	49	84	74	47

번호	10	11	12	13	14	15	16	17	18	19
색상	파랑	파랑	파랑	파랑	파랑	파랑	파랑	파랑	파랑	파랑
횟수	44	38	68	74	83	73	78	44	53	51

번호	20	21	22	23	24	25	26	27	28	29
색상	빨강	빨강	빨강	빨강	빨강	빨강	빨강	빨강	빨강	빨강
횟수	39	78	80	102	78	70	99	73	35	74

번호	30	31	32	33	34	35	36	37	38	39
색상	회색	회색	회색	회색	회색	회색	회색	회색	회색	회색
횟수	59	66	74	48	52	93	89	111	98	90

번호	40	41	42	43	44	45
색상	초록	초록	초록	초록	초록	초록
횟수	95	48	44	51	63	50

※ 1번대(1 ~ 9), 10번대(10 ~ 19), 20번대(20 ~ 29), 30번대(30 ~ 39), 40번대(40 ~ 45)
※ 복권 당첨번호는 회차마다 6개이다.

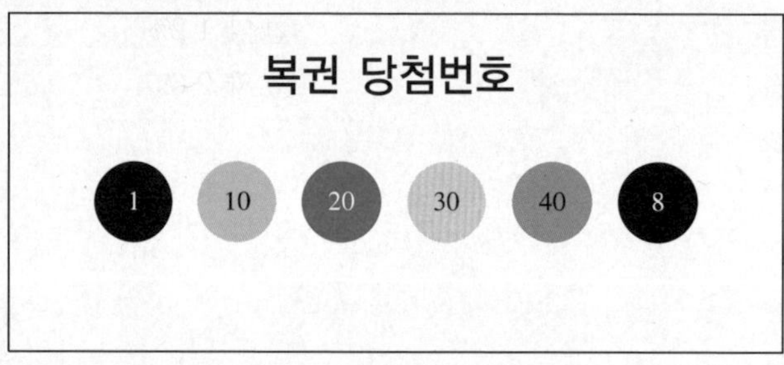

① 번호 구간별 당첨횟수

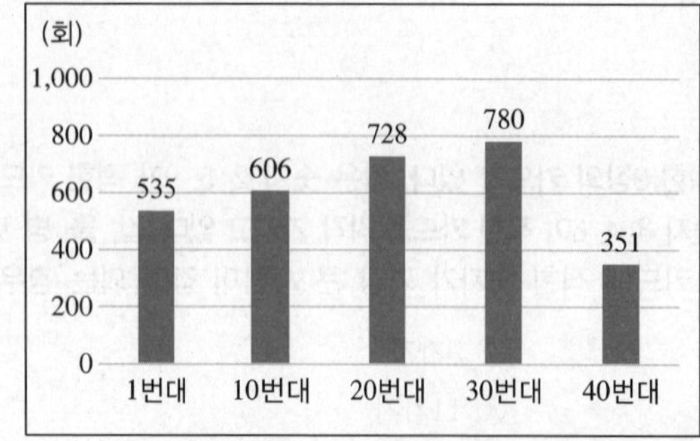

② 전체 당첨횟수 대비 구간별 당첨횟수 비율

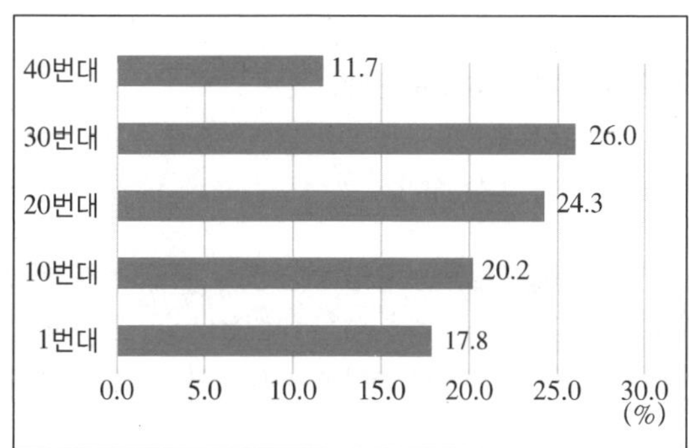

③ 색상별 당첨횟수

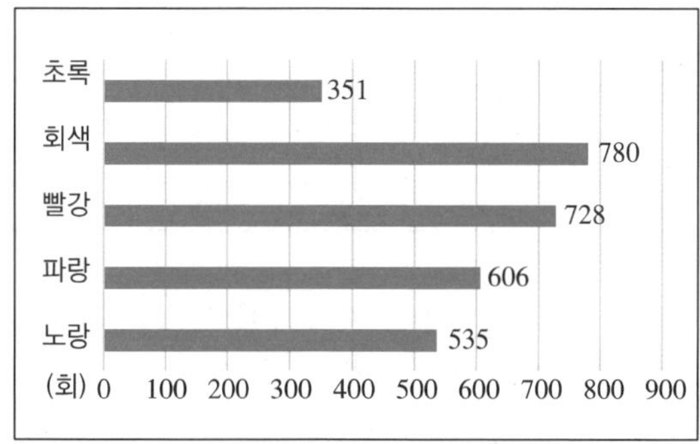

④ 전체 당첨횟수 대비 색상별 당첨횟수 비율

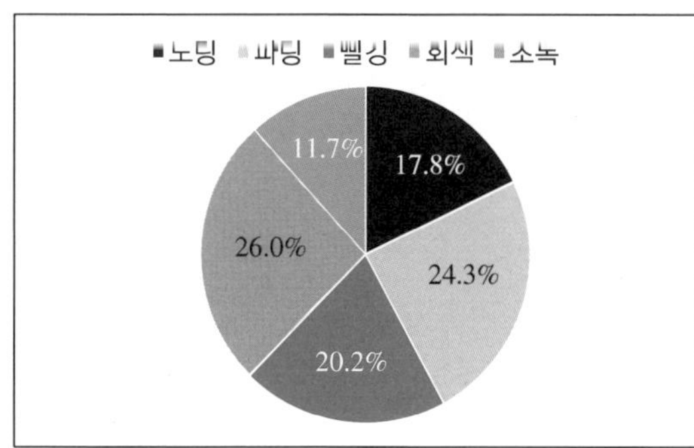

⑤ 당첨횟수 상위 5개 당첨번호 횟수

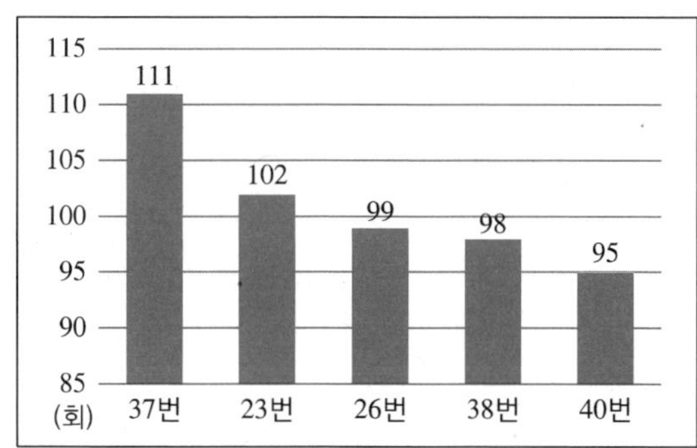

19 다음은 K신문사의 인터넷 여론 조사에서 "여러분이 길거리에서 침을 뱉거나, 담배꽁초를 버리다가 단속반에 적발되어 처벌을 받는다면 어떤 생각이 들겠습니까?"라는 질문에 대하여 1,200명이 응답한 결과 자료이다. 조사 결과 자료에 대한 해석으로 옳은 것은?

〈여론 조사 결과〉

(단위 : %)

변수 \ 응답 구분		법을 위반했으므로 처벌받는 것은 당연하다.	재수가 없는 경우라고 생각한다.	도덕적으로 비난받을 수 있으나 처벌은 지나치다.
전체		54.9	11.4	33.7
연령	20대	42.2	16.1	41.7
	30대	55.2	10.9	33.9
	40대	55.9	10.0	34.1
	50대 이상	71.0	6.8	22.2
학력	초졸 이하	65.7	6.0	28.3
	중졸	57.2	10.2	32.6
	고졸	54.9	10.5	34.6
	대학 재학 이상	59.3	5.3	35.4

① 응답자들의 준법의식은 나이가 많을수록 그리고 학력이 높을수록 높은 것으로 나타난다.

② 학력이 높을수록 처벌보다는 도덕적인 차원에서 제재를 가하는 것이 바람직하다고 보는 응답자의 비율이 높다.

③ '재수가 없는 경우라고 생각한다.'라고 응답한 사람의 수는 대졸자보다 중졸자가 더 많았다.

④ 1,200명은 충분히 큰 사이즈의 표본이므로 이 여론조사의 결과는 우리나라 사람들의 의견을 충분히 대표한다고 볼 수 있다.

⑤ 학력이 대학 재학 이상보다 초졸 이하가 준법의식이 10%p 정도 더 높다.

20 다음 그래프를 해석한 내용으로 가장 적절한 것은?

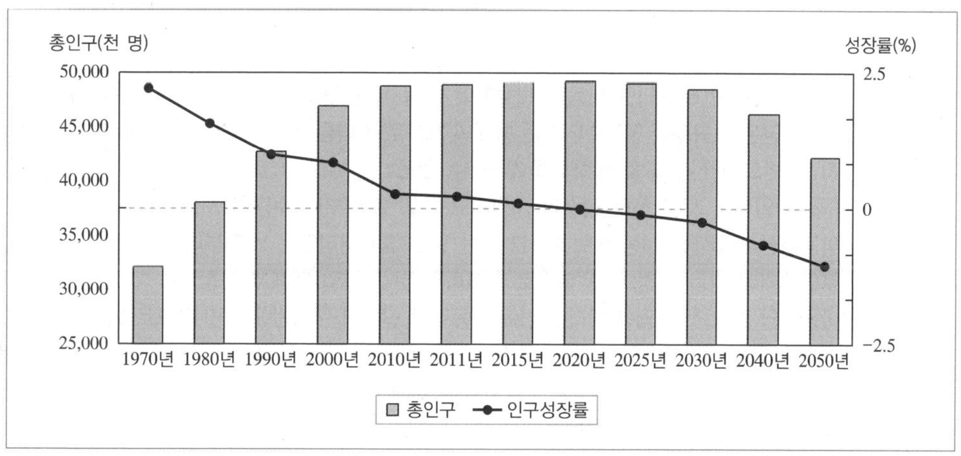

① 인구성장률은 2025년에 잠시 성장하다가 다시 감소할 것이다.
② 2011년부터 총인구는 감소할 것이다.
③ 2000 ~ 2010년 기간보다 2025 ~ 2030년 기간의 인구증가가 덜할 것이다.
④ 2040년에 총인구는 1990년 인구보다 적을 것이다.
⑤ 총인구는 2000년부터 계속해서 감소하는 모습을 보이고 있다.

21 L전자는 3일 동안 진행되는 국제 전자제품 박람회에 참가하여 휴대폰, 가전, PC 총 3개의 부스를 마련하였다. 〈조건〉에 따라 근무한다고 할 때, 다음 중 옳지 않은 것은?

조건

- 마케팅팀 K과장, T대리, Y사원, P사원과 개발팀 S과장, D대리, O대리, C사원이 부스에 들어갈 수 있다.
- 부스에는 마케팅팀 1명과 개발팀 1명이 들어가는데, 각 부스 근무자는 매일 바뀐다.
- 모든 직원은 3일 중 2일을 근무해야 한다.
- 같은 직급끼리 한 부스에 근무하지 않으며, 한번 근무한 부스는 다시 근무하지 않는다.
- T대리는 1일 차에 가전 부스에서 근무한다.
- S과장은 2일 차에 휴대폰 부스에서 근무한다.
- PC 부스는 2일 차와 3일 차 연속으로 개발팀 근무자가 대리이다.
- 3일 차에 과장들은 출장을 가기 때문에 어느 부스에서도 근무하지 않는다.
- 휴대폰 부스는 장비 문제로 1일 차에는 운영하지 않는다.

① 1일 차에 근무하는 마케팅팀 사원은 없다.
② 개발팀 대리들은 휴대폰 부스에 근무하지 않는다.
③ 3일 차에 P사원이 가전 부스에 근무하면 Y사원은 PC 부스에 근무한다.
④ PC 부스는 과장이 근무하지 않는다.
⑤ 가전 부스는 마케팅팀 과장과 개발팀 과장이 모두 근무한다.

PART 3

22 다음은 아동수당에 대한 매뉴얼이다. 고객의 문의에 대해 적절하게 처리한 것을 모두 고르면?

〈아동수당〉

- 아동수당은 만 6세 미만 아동의 보호자에게 월 10만 원의 수당을 지급하는 제도
- 아동수당은 보육료나 양육수당과는 별개의 제도로서 다른 복지급여를 받고 있어도 수급이 가능하지만, 반드시 신청을 해야 혜택을 받을 수 있음
- 6월 20일부터 사전 신청 접수가 시작되고, 9월 21일부터 수당이 지급
- 아동수당 수급대상 아동을 보호하고 있는 보호자나 대리인은 20일부터 아동 주소지 읍·면·동 주민센터에 방문 신청 또는 복지로 홈페이지 및 모바일 앱에서 신청
- 아동수당 제도 첫 도입에 따라 초기에 아동수당 신청이 한꺼번에 몰릴 것으로 예상돼 연령별 신청기간을 운영(각 연령별 신청기간은 만 0～1세는 20～25일, 만 2～3세는 26～30일, 만 4～5세는 7월 1～5일, 전 연령은 7월 6일부터)
- 아동수당은 신청한 달의 급여분(사전신청은 제외)부터 지급. 따라서 9월분 아동수당을 받기 위해서는 9월 말까지 아동수당을 신청(단, 소급 적용은 되지 않음)
- 아동수당 관련 신청서 작성요령이나 수급 가능성 등 자세한 내용은 아동수당 홈페이지에서 확인 가능

고객 : 저희 아이가 만 5세인데요. 아동수당을 지급받을 수 있나요?
(가) : 네, 만 6세 미만의 아동이면 9월 21일부터 10만 원의 수당을 지급받을 수 있습니다.
고객 : 제가 보육료를 지원받고 있는데, 아동수당도 받을 수 있는 건가요?
(나) : 아동수당은 보육료와는 별개의 제도로 신청만 하면 수당을 받을 수 있어요.
고객 : 그럼 아동수당을 신청을 하려면 어떻게 해야 하나요?
(다) : 아동 주소지의 주민센터를 방문하거나 복지로 홈페이지나 모바일 앱에서 신청하시면 됩니다.
고객 : 따로 정해진 신청기간은 없나요?
(라) : 6월 20일부터 사전 신청 접수가 시작되고, 9월 말까지 아동수당을 신청하면 되지만 소급 적용이 되지 않습니다. 10월에 신청하시면 9월 아동수당은 지급받을 수 없으므로 9월 말까지 신청해 주시면 될 것 같습니다.
고객 : 네, 감사합니다.
(마) : 아동수당 관련 신청서 작성요령이나 수급 가능성 등의 자세한 내용은 메일로 문의해 주세요.

① (가), (나)　　② (가), (다)
③ (가), (나), (다)　　④ (나), (다), (라)
⑤ (나), (다), (마)

23 **이벤트에 당첨된 A ~ C에게 다음과 같은 〈조건〉에 따라 경품을 지급하였다. 〈보기〉 중 옳은 진술을 모두 고르면?**

조건

- 지급된 경품은 냉장고, 세탁기, 에어컨, 청소기가 각각 프리미엄형과 일반형 1대씩이었고, 전자레인지는 1대였다.
- 당첨자 중 1등은 A, 2등은 B, 3등은 C였으며, 이 순서대로 경품을 각각 3개씩 가져갔다.
- A는 프리미엄형 경품을 총 2대 골랐는데, 청소기 프리미엄형은 가져가지 않았다.
- B는 청소기를 고르지 않았다.
- C가 가져간 경품 중 A와 겹치는 종류가 1개 있다.
- B와 C가 가져간 경품 중 겹치는 종류가 1개 있다.
- 한 사람이 같은 종류의 경품을 2개 이상 가져가지 않았다.

보기

㉠ C는 반드시 전자레인지를 가져갔을 것이다.
㉡ A는 청소기를 가져갔을 수도, 그렇지 않을 수도 있다.
㉢ B가 가져간 프리미엄형 가전은 최대 1개이다.
㉣ C는 프리미엄형 가전을 가져가지 못했을 것이다.

① ㉠, ㉡
② ㉢, ㉣
③ ㉠, ㉢
④ ㉡, ㉣
⑤ ㉠, ㉣

24 **다음 중 〈보기〉에서 설명하고 있는 문제해결 방법은?**

보기

깊이 있는 커뮤니케이션을 통해 서로의 문제점을 이해하고 공감함으로써 창조적인 문제해결을 도모하며, 구성원의 동기가 강화되고 팀워크도 한층 강화된다는 특징을 보인다. 이 방법을 이용한 문제해결은 구성원이 자율적으로 실행하는 것으로 예정된 결론이 도출되어 가도록 해서는 안 된다.

① 소프트 어프로치
② 명목집단법
③ 하드 어프로치
④ 델파이법
⑤ 퍼실리테이션

25 다음 〈보기〉의 ㉠~㉥을 원인 분석 단계의 절차에 따라 순서대로 바르게 나열한 것은?

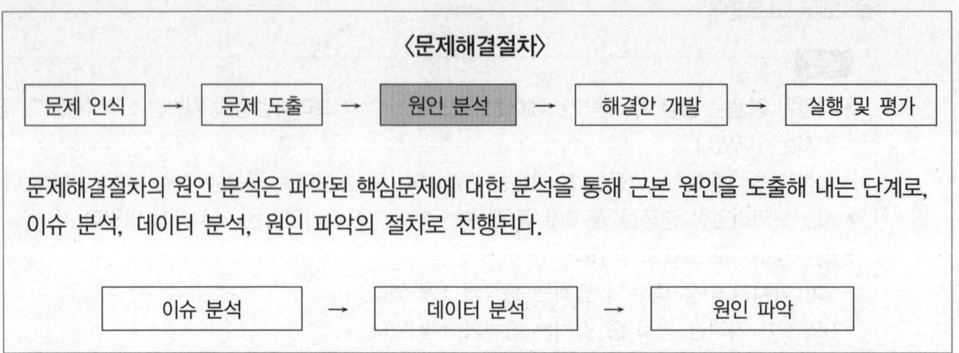

〈문제해결절차〉
문제 인식
문제 도출
원인 분석
해결안 개발
실행 및 평가
문제해결절차의 원인 분석은 파악된 핵심문제에 대한 분석을 통해 근본 원인을 도출해 내는 단계로, 이슈 분석, 데이터 분석, 원인 파악의 절차로 진행된다.
이슈 분석
데이터 분석
원인 파악

보기

㉠ 가설검증계획에 의거하여 분석결과를 미리 이미지화한다.
㉡ 데이터 수집계획을 세운 후 목적에 따라 정량적이고 객관적인 사실을 수집한다.
㉢ 인터뷰 및 설문조사 등을 활용하여 현재 수행하고 있는 업무에 가장 크게 영향을 미치는 문제를 선정한다.
㉣ 이슈와 데이터 분석을 통해 얻은 결과를 바탕으로 최종 원인을 확인한다.
㉤ 자신의 경험, 지식 등에 의존하여 이슈에 대한 일시적인 결론을 예측해보는 가설을 설정한다.
㉥ 목적에 따라 수집된 정보를 항목별로 분류・정리한 후 'What', 'Why', 'How' 측면에서 의미를 해석한다.

① ㉠-㉢-㉤-㉡-㉥-㉣
② ㉡-㉥-㉢-㉤-㉠-㉣
③ ㉢-㉤-㉠-㉡-㉥-㉣
④ ㉢-㉠-㉤-㉥-㉡-㉣
⑤ ㉤-㉠-㉢-㉡-㉥-㉣

26 산타 할아버지가 크리스마스를 맞아 선물을 배달하고 있다. 3일 전 알아본 집 A~G의 가족구성원과 나이는 아래와 같고, 다음 〈조건〉에 맞춰 선물을 배달할 때 5번째로 배달하는 집은 어디인가?

A	B	C	D	E	F	G
아버지(47)	아버지(45)	아버지(46)	아버지(45)	아버지(45)	아버지(42)	아버지(40)
어머니(42)	어머니(41)	어머니(38)	어머니(44)	어머니(36)	어머니(39)	어머니(42)
아들(9)	딸(2)	아들(2)	아들(11)	아들(4)	딸(7)	딸(10)
딸(3)			딸(8)	아들(2)	딸(2)	아들(4)
			딸(3)			아들(2)

조건

산타 할아버지가 선물을 배달하는 우선순위는 다음과 같다.
(1) 집에서 가장 어린 사람의 나이가 적을수록 먼저 배달한다.
(2) 집에서 10세 이하 아동이 많은 집에 먼저 배달한다.
(3) 부모의 나이를 합친 숫자가 많을수록 먼저 배달한다.
(4) 부모 중 나이가 어린 사람과 자녀 중 나이가 많은 사람의 나이 차가 적을수록 먼저 배달한다.

① A　② B
③ C　④ D
⑤ E

PART 3

※ 다음은 2024년 K공사 상반기 신입사원 채용공고이다. 이어지는 질문에 답하시오. **[27~28]**

〈2024년 상반기 K공사 신입사원 채용공고〉

• 채용인원 및 선발분야 : 총 000명(기술직 000명, 행정직 000명)
• 지원 자격

구분	주요내용
학력	– 기술직 : 해당 분야 전공자 또는 관련 자격 소지자 – 행정직 : 학력 및 전공 제한 없음
자격	– 기술직의 경우 관련 자격증 소지 여부 확인 – 외국어 능력 성적 보유자에 한해 성적표 제출
연령	– 만 18세 이상(채용공고일 2024. 01. 23. 기준)
병역	– 병역법에 명시한 병역기피 사실이 없는 자 (단, 현재 군복무 중인 경우 채용예정일 이전 전역 예정자 지원 가능)
기타	– 2024년 상반기 신입사원 채용부터 지역별 지원 제한 폐지

• 채용전형 순서 : 서류전형 – 필기전형 – 면접전형 – 건강검진 – 최종합격
• 채용예정일 : 2024년 2월 15일

27 **K공사 채용 Q&A 게시판에 다음과 같은 질문이 올라왔다. 이에 대한 답변으로 옳은 것은?**

> 안녕하세요.
> 이번 K공사 채용공고를 보고 지원하려고 하는데, 지원 자격 관련하여 여쭤보려고 합니다. 대학을 졸업하고 현재 군인 신분인 제가 이번 채용에서 행정직에 지원할 수 있는지 확인하고 싶어서요. 답변 부탁드립니다.

① 죄송하지만 이번 채용에서는 대학 졸업예정자만을 대상으로 하고 있습니다.
② 채용예정일 이전 전역 예정자라면 지원 가능합니다.
③ 기술직의 경우 필요한 자격증을 보유하고 있다면 군복무 여부에 관계없이 지원 가능합니다.
④ 지역별로 지원 제한이 있으므로 확인하시고 지원하시기 바랍니다.
⑤ 외국어 능력 성적을 보유하셔야 지원 가능합니다.

28 **다음 중 K공사에 지원할 수 없는 사람은 누구인가?**

① 최종학력이 고등학교 졸업인 A
② 관련 학과를 전공하고 기술직에 지원한 B
③ 2024년 2월 10일 기준으로 만 18세가 된 C
④ 현재 군복무 중으로 2024년 2월 5일 전역 예정인 D
⑤ 외국어 능력 성적표를 제출하지 않은 E

29 **다음 명제가 참일 때 항상 옳은 것은?**

- 수학 수업을 듣지 않는 학생들은 국어 수업을 듣지 않는다.
- 모든 학생들은 국어 수업을 듣는다.
- 수학 수업을 듣는 어떤 학생들은 영어 수업을 듣는다.

① 모든 학생들은 영어 수업을 듣는다.
② 모든 학생들은 국어, 수학, 영어 수업을 듣는다.
③ 어떤 학생들은 국어와 영어 수업만 듣는다.
④ 어떤 학생들은 국어, 수학, 영어 수업을 듣는다.
⑤ 모든 학생들은 국어와 영어 수업을 듣는다.

PART 3

30 **다음 〈조건〉을 바탕으로 할 때, 〈보기〉의 내용을 바르게 판단한 것은?**

조건

- 영업을 잘하면 기획을 못한다.
- 편집을 잘하면 영업을 잘한다.
- 디자인을 잘하면 편집을 잘한다.

보기

A : 디자인을 잘하면 기획을 못한다.
B : 편집을 잘하면 기획을 잘한다.

① A만 옳다.
② B만 옳다.
③ A, B 모두 옳다.
④ A, B 모두 틀리다.
⑤ A, B 모두 옳은지 틀린지 판단할 수 없다.

31 인사팀의 11월 월간 일정표와 〈조건〉을 고려하여 인사팀의 1박 2일 워크숍 날짜를 결정하려고 한다. 다음 중 인사팀의 워크숍 날짜로 적절한 것은?

〈11월 월간 일정표〉

월요일	화요일	수요일	목요일	금요일	토요일	일요일
	1	2 **오전 10시** 연간 채용계획 발표(A팀장)	3	4 **오전 10시** 주간업무보고 **오후 7시** B대리 송별회	5	6
7	8 **오후 5시** 총무팀과 팀 연합회의	9	10	11 **오전 10시** 주간업무보고	12	13
14 **오전 11시** 승진대상자 목록 취합 및 보고(C차장)	15	16	17 A팀장 출장	18 **오전 10시** 주간업무보고	19	20
21 **오후 1시** 팀미팅 (30분 소요 예정)	22	23 D사원 출장	24 외부인사 방문 일정	25 **오전 10시** 주간업무보고 외부인사 방문	26	27
28 E대리 휴가	29	30				

조건

- 워크숍은 평일로 한다.
- 워크숍에는 모든 팀원들이 빠짐없이 참석해야 한다.
- 워크숍 일정은 첫날 오후 3시 출발부터 다음날 오후 2시까지이다.
- 다른 팀과 함께 하는 업무가 있는 주에는 워크숍 일정을 잡지 않는다.
- 매월 말일에는 월간 업무 마무리를 위해 워크숍 일정을 잡지 않는다.

① 11월 9 ~ 10일 ② 11월 18 ~ 19일

③ 11월 21 ~ 22일 ④ 11월 28 ~ 29일

⑤ 11월 29 ~ 30일

32 K기업은 창고업체를 통해 아래 세 제품군을 보관하고 있다. 각 제품군에 대한 정보를 참고하여, 다음 〈조건〉에 따라 K기업이 보관료로 지급해야 할 총금액은 얼마인가?

구분	매출액(억 원)	용량	
		용적(CUBIC)	무게(톤)
A제품군	300	3,000	200
B제품군	200	2,000	300
C제품군	100	5,000	500

조건

- A제품군은 매출액의 1%를 보관료로 지급한다.
- B제품군은 1CUBIC당 20,000원의 보관료를 지급한다.
- C제품군은 1톤당 80,000원의 보관료를 지급한다.

① 3억 2천만 원
② 3억 4천만 원
③ 3억 6천만 원
④ 3억 8천만 원
⑤ 4억 원

PART 3

※ K공사는 하반기에 기술개발 R&D에서 우수한 성과를 보인 협력사에게 포상을 수여하고자 한다. 포상수여 기준과 각 협력사에 대한 정보는 다음과 같다. 자료를 읽고 이어지는 질문에 답하시오. **[33~34]**

〈하반기 포상수여 기준〉

- 하반기 포상 점수가 가장 높은 협력사 두 곳에 포상을 수여한다.
- 포상 점수는 기술개선 점수(35점), 실용화 점수(30점), 경영 점수(15점), 성실 점수(20점)를 합산하여 산출한다.
- 기술개선 점수
  - 기술개선 점수는 출원 점수와 등록 점수를 합산하여 산출한다.

출원특허개수	0개	1 ~ 10개	11 ~ 20개	21개 이상
출원 점수	0점	5점	10점	15점

등록특허개수	0개	1 ~ 5개	6 ~ 10개	11개 이상
등록 점수	0점	10점	15점	20점

- 실용화 점수
  - 실용화 점수는 상품화 단계에 따라 부여한다.

상품화 단계	연구단계	상품개발단계	국내출시단계	수출개시단계
실용화 점수	5점	15점	25점	30점

- 경영 점수
  - 경영 점수는 건전성 등급에 따라 부여한다.

건전성 등급	A등급	B등급	C등급	D등급
경영 점수	20점	15점	10점	0점

- 성실 점수
  - 성실 점수는 하반기 성과제출 성실도에 따라 부여한다.

성과제출 성실도	기한 내 제출	기한 미준수	미제출
성실 점수	20점	10점	0점

〈하반기 협력사 정보〉

구분	출원특허개수	등록특허개수	상품화 단계	건전성 등급	성과제출 성실도
A사	13개	11개	상품개발단계	B등급	기한 내 제출
B사	8개	5개	연구단계	A등급	기한 미준수
C사	21개	9개	상품개발단계	B등급	기한 미준수
D사	3개	3개	수출개시단계	C등급	기한 내 제출
E사	16개	9개	국내출시단계	A등급	미제출

33 하반기 포상수여 기준에 따라 협력사 중 두 곳에 포상을 수여할 때, 포상을 받을 협력사로만 바르게 연결된 것은?

① A사, B사
② A사, D사
③ B사, C사
④ B사, E사
⑤ D사, E사

PART 3

34 하반기 포상수여 기준에서 기술개선 점수, 성실 점수 부분이 다음과 같이 수정되고, 동점업체 처리 기준이 추가되었다고 한다. 수정된 포상수여 기준에 따라 포상을 수여할 협력사 두 곳을 선정할 때, 포상을 받을 협력사로만 바르게 연결된 것은?

• 기술개선 점수
 – 기술개선 점수는 출원 점수와 등록 점수를 합산하여 산출한다.

출원특허개수	0개	1 ~ 5개	6 ~ 15개	16개 이상
출원 점수	0점	10점	15점	20점

등록특허개수	0개	1 ~ 10개	11 ~ 20개	20개 이상
등록 점수	0점	5점	10점	15점

• 성실 점수
 – 성실 점수는 하반기 성과제출 성실도에 따라 부여한다.

성과제출 성실도	기한 내 제출	기한 미준수	미제출
성실 점수	20점	15점	10점

• 포상 점수가 동점인 경우, 기술개선 점수가 더 높은 협력사를 선정한다.

① A사, D사
② A사, E사
③ B사, C사
④ B사, D사
⑤ D사, E사

※ K공사는 해외기술교류를 위해 외국으로 파견할 팀을 구성하고자 한다. 다음은 파견팀장 선발에 대한 내용이다. 이어지는 질문에 답하시오. **[35~36]**

〈해외기술교류 파견팀장 선발 방식〉

1. 파견팀장 자격요건
   - 공학계열 학위 보유자
   - 지원 접수마감일 기준 6개월 이내에 발급된 종합건강검진 결과서 제출자

2. 파견팀장 선발 방식
   - 다음 항목에 따른 점수를 합산하여 선발 점수(100점)를 산정함
   - 선발점수가 가장 높은 1인을 파견팀장으로 선발
   - 학위 점수(30점)

학위	학사	석사	박사
점수	18	25	30

   - 현장경험 점수(30점)

해외파견 횟수	없음	1 ~ 2회	3 ~ 4회	5회 이상
점수	22	26	28	30

   - 어학능력 점수(20점)

자체시험 점수 (500점 만점)	0점 이상 150점 미만	150점 이상 250점 미만	250점 이상 350점 미만	350점 이상 450점 미만	450점 이상 500점 이하
점수	5	10	14	17	20

   - 근속연수 점수(20점)

근속연수	5년 미만	5년 이상 10년 미만	10년 이상 15년 미만	15년 이상
점수	12	16	18	20

〈파견팀장 지원자 현황〉

지원자	학위	해외파견 횟수	자체시험 점수	근속연수	종합건강검진 결과서 발급일
A	기계공학 박사	1회	345	8년	2023. 04. 29
B	전자공학 석사	2회	305	11년	2023. 08. 18
C	국제관계학 학사	3회	485	5년	2023. 07. 09
D	전자공학 학사	1회	400	9년	2023. 06. 05
E	재료공학 석사	없음	365	16년	2023. 08. 16

35 인사관리과에서는 파견팀장 지원 접수를 2023년 8월 20일에 마감하였다. 파견팀장 선발 방식에 따를 때, 다음 중 파견팀장으로 선발될 지원자는?

① A ② B
③ C ④ D
⑤ E

PART 3

36 인사관리과는 현지 관계자들의 의견에 따라 파견팀장 자격요건을 변경하고 2023년 8월 30일까지 새로 지원 접수를 받았다. 변경된 파견팀장 자격요건이 다음과 같을 때, 파견팀장으로 선발될 지원자는?

〈변경된 파견팀장 자격요건〉

1. 파견팀장 자격요건
   - 공학계열 혹은 국제관계학 학위 보유자
   - 지원 접수마감일 기준 3개월 이내에 발급된 종합건강검진 결과서 제출자

① A ② B
③ C ④ D
⑤ E

37 A도시락 전문점은 요일별 도시락 할인 이벤트를 진행하고 있다. K공사가 지난 한 주간 A도시락 전문점에서 구매한 내역이 〈보기〉와 같을 때, K공사의 지난주 도시락 구매비용은?

〈A도시락 요일별 할인 이벤트〉

요일	월		화		수		목		금	
할인품목	치킨마요		동백		돈까스		새치고기		진달래	
구분	원가	할인가	원가	할인가	원가	할인가	원가	할인가	원가	할인가
가격(원)	3,400	2,900	5,000	3,900	3,900	3,000	6,000	4,500	7,000	5,500

요일	토		일				매일			
할인품목	치킨제육		육개장		김치찌개		치킨(대)		치킨(중)	
구분	원가	할인가	원가	할인가	원가	할인가	원가	할인가	원가	할인가
가격(원)	4,300	3,400	4,500	3,700	4,300	3,500	10,000	7,900	5,000	3,900

※ 요일별 할인품목이 아닌 품목들은 원가로 계산한다.

보기

〈K공사의 A도시락 구매내역〉

요일	월	화	수	목	금	토	일
구매내역	동백 3개 치킨마요 10개	동백 10개 김치찌개 3개	돈까스 8개 치킨(중) 2개	새치고기 4개 치킨(대) 2개	진달래 4개 김치찌개 7개	돈까스 2개 치킨제육 10개	육개장 10개 새치고기 4개

① 316,400원
② 326,800원
③ 352,400원
④ 375,300원
⑤ 392,600원

38 K기업의 본사는 대전에 있다. C부장은 목포에 있는 물류창고 정기점검을 위하여 내일 오전 10시에 출장을 갈 예정이다. 출장 당일 오후 1시에 물류창고 관리담당자와 미팅이 예정되어 있어 늦지 않게 도착하고자 한다. 주어진 교통편을 고려하였을 때, 다음 중 C부장이 선택할 가장 적절한 경로는?(단, 1인당 출장지원 교통비 한도는 5만 원이며, 도보이동에 따른 소요시간은 고려하지 않는다)

• 본사에서 대전역까지 비용

구분	소요시간	비용	비고
버스	30분	2,000원	–
택시	15분	6,000원	–

• 교통수단별 이용정보

구분	열차	출발시각	소요시간	비용	비고
직통	새마을호	10:00 / 10:50	2시간 10분	28,000원	–
직통	무궁화	10:20 / 10:40 10:50 / 11:00	2시간 40분	16,000원	–
환승	KTX	10:10 / 10:50	20분	6,000원	환승 10분 소요
	KTX	–	1시간 20분	34,000원	
환승	KTX	10:00 / 10:30	1시간	20,000원	환승 10분 소요
	새마을호	–	1시간	14,000원	

• 목포역에서 물류창고까지 비용

구분	소요시간	비용	비고
버스	40분	2,000원	–
택시	20분	9,000원	–

① 버스 – 새마을호(직통) – 버스
② 택시 – 무궁화(직통) – 택시
③ 버스 – KTX / KTX(환승) – 택시
④ 택시 – KTX / 새마을호(환승) – 택시
⑤ 택시 – 새마을호(직통) – 택시

PART 3

※ K회사는 1년에 15개의 연차를 제공하고, 매달 3개까지 연차를 쓸 수 있다. 이어지는 질문에 답하시오. [39~40]

〈A ~ E사원의 연차 사용 내역(1 ~ 9월)〉

1 ~ 2월	3 ~ 4월	5 ~ 6월	7 ~ 9월
• 1월 9일 : D, E사원 • 1월 18일 : C사원 • 1월 20 ~ 22일 : B사원 • 1월 25일 : D사원	• 3월 3 ~ 4일 : A사원 • 3월 10 ~ 12일 : B, D사원 • 3월 23일 : C사원 • 3월 25 ~ 26일 : E사원	• 5월 6 ~ 8일 : E사원 • 5월 12 ~ 14일 : B, C사원 • 5월 18 ~ 20일 : A사원	• 7월 7일 : A사원 • 7월 18 ~ 20일 : C, D사원 • 7월 25 ~ 26일 : E사원 • 9월 9일 : A, B사원 • 9월 28일 : D사원

39 다음 중 연차를 가장 적게 쓴 사원은 누구인가?

① A사원 ② B사원
③ C사원 ④ D사원
⑤ E사원

40 K회사에서는 11월을 집중 근무 기간으로 정하여 연차를 포함한 휴가를 전면 금지할 것이라고 9월 30일 현재 발표하였다. 이런 상황에서 휴가에 관한 손해를 보지 않는 사원은?

① A, C사원 ② B, C사원
③ B, D사원 ④ C, D사원
⑤ D, E사원

41 다음 시트에서 판매수량과 추가판매의 합계를 구하기 위해서 [B6] 셀에 들어갈 수식으로 적절한 것은?

	A	B	C
1	일자	판매수량	추가판매
2	06월19일	30	8
3	06월20일	48	
4	06월21일	44	
5	06월22일	42	12
6	합계	164	

① =SUM(B2,C2,C5) ② =LEN(B2:B5, 3)
③ =COUNTIF(B2:B5,">=12") ④ =SUM(B2:B5)
⑤ =SUM(B2:B5,C2,C5)

42 T사 인사팀에 근무하는 L주임은 다음과 같이 하반기 공채 지원자들의 PT면접 점수를 입력한 후 면접 결과를 정리하고자 한다. 이를 위해 [F3] 셀에 〈보기〉와 같은 함수를 입력하고, 채우기 핸들을 이용하여 [F6] 셀까지 드래그했을 때, [F3] ~ [F6] 셀에 나타나는 결괏값으로 적절한 것은?

	A	B	C	D	E	F
1						(단위 : 점)
2	이름	발표내용	발표시간	억양	자료준비	결과
3	조재영	85	92	75	80	
4	박슬기	93	83	82	90	
5	김현진	92	95	86	91	
6	최승호	95	93	92	90	

보기

=IF(AVERAGE(B3:E3)>=90,"합격","불합격")

	[F3]	[F4]	[F5]	[F6]
①	불합격	불합격	합격	합격
②	합격	합격	불합격	불합격
③	합격	불합격	합격	불합격
④	불합격	합격	불합격	합격
⑤	불합격	불합격	불합격	합격

43 다음 중 빈칸 ㉠, ㉡에 들어갈 기능으로 옳은 것은?

___㉠___은/는 특정 값의 변화에 따른 결괏값의 변화 과정을 한 번의 연산으로 빠르게 계산하여 표의 형태로 표시해 주는 도구이고, ___㉡___은/는 비슷한 형식의 여러 데이터의 결과를 하나의 표로 통합하여 요약해 주는 도구이다.

	㉠	㉡
①	데이터 표	통합
②	정렬	시나리오 관리자
③	데이터 표	피벗 테이블
④	해 찾기	데이터 유효성 검사
⑤	통합	정렬

44 다음은 K사 영업팀의 실적을 정리한 파일이다. 고급 필터의 조건 범위를 [E1:G3] 영역으로 지정한 후 고급필터를 실행했을 때 나타나는 데이터에 대한 설명으로 옳은 것은?(단, [G3] 셀에는 「=C2>=AVERAGE($C$2:$C$8)」이 입력되어 있다)

	A	B	C	D	E	F	G
1	부서	사원	실적		부서	사원	식
2	영업2팀	최지원	250,000		영업1팀	*수	
3	영업1팀	김창수	200,000		영업2팀		TRUE
4	영업1팀	김홍인	200,000				
5	영업2팀	홍상진	170,000				
6	영업1팀	홍상수	150,000				
7	영업1팀	김성민	120,000				
8	영업2팀	황준하	100,000				

① 부서가 '영업1팀'이고 이름이 '수'로 끝나거나, 부서가 '영업2팀'이고 실적이 실적의 평균 이상인 데이터

② 부서가 '영업1팀'이거나 이름이 '수'로 끝나고, 부서가 '영업2팀'이거나 실적이 실적의 평균 이상인 데이터

③ 부서가 '영업1팀'이고 이름이 '수'로 끝나거나, 부서가 '영업2팀'이고 실적의 평균이 250,000 이상인 데이터

④ 부서가 '영업1팀'이거나 이름이 '수'로 끝나고, 부서가 '영업2팀'이거나 실적의 평균이 250,000 이상인 데이터

⑤ 부서가 '영업1팀'이고 이름이 '수'로 끝나고, 부서가 '영업2팀'이고 실적의 평균이 250,000 이상인 데이터

45 다음 중 엑셀의 메모에 대한 설명으로 옳지 않은 것은?

① 새 메모를 작성하려면 바로가기 키 [Shift]+[F2]를 누른다.

② 작성된 메모가 표시되는 위치를 자유롭게 지정할 수 있고, 메모가 항상 표시되도록 설정할 수 있다.

③ 피벗 테이블의 셀에 메모를 삽입한 경우 데이터를 정렬하면 메모도 데이터와 함께 정렬된다.

④ 메모의 텍스트 서식을 변경하거나 메모에 입력된 텍스트에 맞도록 메모 크기를 자동으로 조정할 수 있다.

⑤ [메모서식]에서 채우기 효과를 사용하면 이미지를 삽입할 수 있다.

46 **다음 중 워드프로세서의 커서 이동키에 대한 설명으로 옳은 것은?**

① [Home] : 커서를 현재 문서의 맨 처음으로 이동시킨다.
② [End] : 커서를 현재 문단의 맨 마지막으로 이동시킨다.
③ [Back Space] : 커서를 화면의 맨 마지막으로 이동시킨다.
④ [Page Down] : 커서를 한 화면 단위로 하여 아래로 이동시킨다.
⑤ [Alt]+[Page Up] : 커서를 파일의 맨 처음으로 이동시킨다.

47 **다음 시트에서 [C2:C5] 영역을 선택하고 선택된 셀들의 내용을 모두 지우려고 할 때, 결과가 다르게 나타나는 것은?**

	A	B	C	D	E
1	성명	출석	과제	실기	총점
2	박경수	20	20	55	95
3	이정수	15	10	60	85
4	경동식	20	14	50	84
5	김미경	5	11	45	61

① 키보드의 [Back Space] 키를 누른다.
② 마우스의 오른쪽 버튼을 눌러서 나온 바로가기 메뉴에서 [내용 지우기]를 선택한다.
③ [홈]－[편집]－[지우기] 메뉴에서 [내용 지우기]를 선택한다.
④ 키보드의 [Delete] 키를 누른다.
⑤ [홈]－[편집]－[지우기] 메뉴에서 [모두 지우기]를 선택한다.

※ K공사에 근무 중인 S사원은 체육대회를 준비하고 있다. S사원은 체육대회에 사용될 물품 구입비를 다음과 같이 엑셀로 정리하였다. 자료를 참고하여 이어지는 질문에 답하시오. **[48~49]**

	A	B	C	D	E
1	구분	물품	개수	단가(원)	비용(원)
2	의류	A팀 체육복	15	20,000	300,000
3	식품류	과자	40	1,000	40,000
4	식품류	이온음료수	50	2,000	100,000
5	의류	B팀 체육복	13	23,000	299,000
6	상품	수건	20	4,000	80,000
7	상품	USB	10	10,000	100,000
8	의류	C팀 체육복	14	18,000	252,000
9	식품류	김밥	30	3,000	90,000

48 S사원은 표에서 단가가 두 번째로 높은 물품의 금액을 알고자 한다. S사원이 입력해야 할 함수로 적절한 것은?

① =MAX(D2:D9,2)

② =MIN(D2:D9,2)

③ =MID(D2:D9,2)

④ =LARGE(D2:D9,2)

⑤ =INDEX(D2:D9,2)

49 S사원은 구입물품 중 의류의 총개수를 파악하고자 한다. S사원이 입력해야 할 함수로 적절한 것은?

① =SUMIF(A2:A9,A2,C2:C9)

② =COUNTIF(C2:C9,C2)

③ =VLOOKUP(A2,A2:A9,1,0)

④ =HLOOKUP(A2,A2:A9,1,0)

⑤ =AVERAGEIF(A2:A9,A2,C2:C9)

50 **다음 중 워크시트의 인쇄에 대한 설명으로 옳지 않은 것은?**

① 인쇄 영역에 포함된 도형은 기본적으로 인쇄가 되지 않으므로 인쇄를 하려면 도형의 [크기 및 속성] 대화 상자에서 '개체 인쇄' 옵션을 선택해야 한다.

② 인쇄하기 전에 워크시트를 미리 보려면 [Ctrl]+[F2] 키를 누른다.

③ 기본적으로 화면에 표시되는 열 머리글(A, B, C 등)이나 행 머리글(1, 2, 3 등)은 인쇄되지 않는다.

④ 워크시트의 내용 중 특정 부분만을 인쇄 영역으로 설정하여 인쇄할 수 있다.

⑤ 워크시트의 셀 구분선을 그대로 인쇄하려면 페이지 설정 대화상자의 [시트] 탭에서 '눈금선'을 선택하면 된다.

PART 3

| 01 | 사무직(경영)

51 다음 중 테일러(F. Taylor)의 과학적 관리법에 대한 설명으로 옳지 않은 것은?

① 시간연구와 동작연구
② 관리활동의 기능별 분업
③ 공정한 작업량 설정
④ 조직적 태업 방지
⑤ 시간제 임금지급을 통한 차별적 성과급제

52 다음 중 보스턴컨설팅그룹(BCG)가 말하는 경험곡선의 요인에 해당하지 않는 것은?

① 규모의 효과
② 기술의 진보
③ 노동자의 급여
④ 노동자의 작업숙련
⑤ 용구・설비개선을 위한 투자

53 다음 중 일정시점의 기업의 재무상태를 나타내는 재무제표는 무엇인가?

① 재무상태표
② 포괄손익계산서
③ 자본변동표
④ 현금흐름표
⑤ 자금순환표

54 다음 중 시장을 세분화하기 위한 행동적 변수에 해당하지 않는 것은?

① 개성
② 추구편익
③ 상표애호도
④ 고객생애가치
⑤ 사용량

55 다음 〈보기〉 중 물가의 지속적 상승과 기말재고수량이 기초재고수량보다 많음을 가정하는 경우 후입선출법의 단점을 모두 고르면?

보기

가. 낮은 당기순이익
나. 세금 과다로 인한 현금흐름 악화
다. 대응원칙에 위배
라. 기말 재고자산의 부적절한 평가
마. 가격정책결정에 불리
바. 실제 물량흐름과 불일치

① 가, 다, 라
② 가, 라, 바
③ 나, 다, 바
④ 나, 마, 바
⑤ 라, 마, 바

56 가격관리에서 다음의 상황을 가장 적절하게 설명할 수 있는 것은?

1,000원짜리 제품에서 150원 미만의 가격인상은 느끼지 못하지만, 150원 이상의 가격인상은 알아차린다.

① JND(Just Noticeable Difference)
② 단수가격(Odd-Number Pricing)
③ 유보가격(Reservation Price)
④ 베버의 법칙(Weber's Law)
⑤ 매몰비용(Sunk Cost)

57 다음 〈보기〉의 사례를 통해 알 수 있는 용어로 가장 적절한 것은?

> 보기
>
> 여러 기업, 광고 업계에서는 대부분 대중에게 평판이 좋은 연예인을 광고 모델로 선호한다. 연예계에서도 성실함, 호감적 성품으로 대중에게 평판이 나 있는 연예인이 광고 모델로 사용할 때 기업은 높은 효과를 창출할 수 있다.

① 후광효과(Halo Effect)
② 채찍효과(Bullwhip Effect)
③ 펀마케팅(Fun Marketing)
④ 위약효과(Placebo Effect)
⑤ 고백 효과(Confession Effect)

58 다음 중 특정 기업이 자사 제품을 경쟁제품과 비교하여 유리하고 독특한 위치를 차지하도록 하는 마케팅 전략은?

① 관계마케팅
② 포지셔닝
③ 표적시장 선정
④ 일대일 마케팅
⑤ 시장세분화

59 리더십의 상황적합이론 중 특히 하급자의 성숙도를 강조하는 리더십의 상황모형을 제시하는 이론은?

① 피들러의 상황적합이론
② 브롬과 예튼의 규범이론
③ 하우스의 경로-목표이론
④ 허시와 블랜차드의 3차원적 유효성이론
⑤ 베르탈란피의 시스템이론

60 다음 내용이 설명하고 있는 조직구조는?

- 수평적 분화에 중점을 두고 있다.
- 각자의 전문분야에서 작업능률을 증대시킬 수 있다.
- 생산, 회계, 인사, 영업, 총무 등의 기능을 나누고 각 기능을 담당할 부서단위로 조직된 구조이다.

① 기능 조직
② 사업부 조직
③ 매트릭스 조직
④ 수평적 조직
⑤ 네트워크 조직

61 다음 중 기계적 조직과 유기적 조직에 대한 설명으로 옳지 않은 것은?

① 기계적 조직은 공식화 정도가 낮고, 유기적 조직은 공식화 정도가 높다.
② 기계적 조직은 경영관리 위계가 수직적이고, 유기적 조직은 경영관리 위계가 수평적이다.
③ 기계적 조직은 직무 전문화가 높고, 유기적 조직은 직무 전문화가 낮다.
④ 기계적 조직은 의사결정권한이 집중화되어 있고, 유기적 조직은 의사결정권한이 분권화되어 있다.
⑤ 기계적 조직은 수직적 의사소통이고, 유기적 조직은 수평적 의사소통이다.

62 다음 중 인적자원관리(HRM)에 대한 설명으로 옳지 않은 것은?

① 조직의 목표를 이루기 위해 필요한 인적 자본을 확보·개발·활용하는 활동을 계획하고 관리하는 일련의 과정이다.
② 인적자원의 교육, 훈련, 육성, 역량개발, 경력관리 및 개발 등을 관리한다.
③ 조직에 필요한 인력자원을 동원(채용)하고 관리(사기증진과 능력발전)함으로써 행정의 효율을 제고하려는 관리전략을 의미한다.
④ 유능한 인재의 확보와 관리는 개인의 사기앙양과 능력발전은 물론, 행정의 생산성에도 결정적인 요소이다.
⑤ 인력을 단순한 통제의 대상으로 보지 않고 조직목표 달성의 핵심적인 자산(Asset), 즉 인적자원(Human Resource)으로 인식하며 인적자원의 관리를 조직의 전략적관리와 연계시킬 것을 강조한다.

63 **다음 중 3C 분석에 관한 설명으로 옳지 않은 것은?**

① 3C는 Company, Cooperation, Competitor로 구성되어 있다.

② 3C는 자사, 고객, 경쟁사로 기준을 나누어 현 상황을 파악하는 분석방법이다.

③ 3C는 기업들이 마케팅이나 서비스를 진행할 때 가장 먼저 실행하는 분석 중 하나이다.

④ 3C의 Company 영역은 외부요인이 아닌 내부 자원에 관한 역량 파악이다.

⑤ 3C는 SWOT 분석과 PEST 분석에 밀접한 관련이 있다.

64 **다음은 마케팅 분석 툴 중 가장 BCG 제품 포트폴리오 매트릭스에 관한 설명이다. BCG 매트릭스의 문제점에 해당하지 않는 것은?**

① 시장점유율과 사업성장률 두 가지 측면에서 해당 사업의 매력도를 책정할 수 있다.

② 시장점유율과 수익성은 반드시 정비례하지 않는다.

③ 기준점에 따라서 시장 정의가 바뀔 수 있다.

④ 시장 성장률만이 시장 기회를 결정하지 않는다.

⑤ 고성장 사업(제품)이 반드시 더 많은 자본을 필요로 하지 않을 수도 있다.

65 **다음 중 동기부여 과정이론에서 공정성 이론의 한계점이 아닌 것은?**

① 과소보상이나 과다보상에 대한 느낌에 개인차가 있다.

② 급여에 대한 공정성 지각은 직무성과, 조직몰입과 정의 상관관계를 가진다.

③ 불공정의 지각은 만족도를 줄이고, 대인 갈등을 증가시키는 경향이 있다.

④ 사람들은 때때로 자기 나름대로의 내적인 공정성 기준으로 자신과 타인을 비교한다.

⑤ 공정성이론에서의 투입과 산출의 개념 이해가 선행되어야 한다.

66 **다음 퇴직연금제도에 대한 설명 중 옳지 않은 것은?**

① 근로자들의 노후 소득보장과 생활 안정을 목적으로 한다.
② 근로자 재직기간 중 사용자가 퇴직급여 지급 재원을 금융회사에 적립한다.
③ 퇴직연금제도는 퇴직금과 동일하다.
④ 사용자(기업) 또는 근로자가 운용하여 근로자 퇴직 시 연금 또는 일시금으로 지급하는 제도이다.
⑤ 확정급여형 확정기여형 개인형퇴직연금으로 구분된다.

PART 3

67 **다음 중 관리회계에 대한 설명으로 옳지 않은 것은?**

① 내부정보이용자에게 유용한 정보이다.
② 재무제표 작성을 주목적으로 한다.
③ 경영자에게 당면한 문제를 해결하기 위한 정보를 제공한다.
④ 경영계획이나 통제를 위한 정보를 제공한다.
⑤ 법적 강제력이 없다.

68 **다음 〈보기〉 중 채권 금리가 결정되는 일반적인 원칙으로 옳은 것을 모두 고르면?**

보기

가. 다른 조건이 같으면 만기가 길수록 채권 금리는 높아진다.
나. 경기가 좋아지면 국채와 회사채 간 금리 차이가 줄어든다.
다. 일반적으로 국채 금리가 회사채 금리보다 낮다.
라. 예상 인플레이션율이 낮을수록 금리는 높아진다.

① 가, 나
② 나, 라
③ 다, 라
④ 가, 나, 다
⑤ 가, 나, 다, 라

69 **다음 중 회계상의 거래가 아닌 것은?**

① 화재로 재고 ₩10,000,000이 소실되었다.
② 비품을 ₩500,000에 외상으로 구입하였다.
③ 복사기를 ₩1,000,000에 주문하였다.
④ 은행에서 ₩20,000,000을 차입하였다.
⑤ 주주에게 현금으로 배당금 ₩5,000,000을 지급하였다.

70 **정부가 직접 벤처기업이나 창투조합에 투자하지 않고 대형 펀드를 만들어 놓은 후 벤처캐피털에 출자하는 방식을 통해 벤처기업에 자금을 간접 지원하는 방식을 나타내는 용어는?**

① 사모펀드
② 모태펀드
③ 국부펀드
④ 상장지수펀드
⑤ 메자닌펀드

71 **다음 중 재무상태표에서 비유동자산에 해당하는 계정과목은?**

① 영업권
② 매입채무
③ 매출채권
④ 자기주식
⑤ 법정적립금

72 **다음 보기 중 현금 및 현금성자산의 총액에 변동을 초래하지 않는 거래는 무엇인가?**

① 보통예금통장에 이자수익 20,000원이 입금되었다.
② 물품대금으로 받은 타인발행수표 1,200,000원을 보통예금에 예입하였다.
③ 외상매입금 750,000원을 당좌수표를 발행하여 거래처에 지급하였다.
④ 외상매출금 1,000,000원을 90일 만기 양도성예금증서로 받았다.
⑤ 회사의 수도료 160,000원을 현금으로 지급하였다.

73 **다음 중 브랜드 전략에 관한 설명으로 적절하지 않은 것은?**

① 브랜드 확장은 기존 브랜드와 다른 상품범주에 속하는 신상품에 기존브랜드를 붙이는 것으로 카테고리확장이라고도 한다.
② 하향 확장의 경우 기존 브랜드의 고급 이미지를 희석시키는 희석효과를 초래할 수 있다.
③ 같은 브랜드의 상품이 서로 다른 유통경로로 판매될 경우 경로 간의 갈등이 해소된다.
④ 신규 브랜드 전략은 새로운 제품 범주에서 출시하고자 하는 신제품을 대상으로 새로운 브랜드를 개발하는 경우이다.
⑤ 라인확장 전략이란 동일한 제품 범주 내에서 새로운 제품을 추가시키면서 기존의 브랜드를 이용하는 전략이다.

74 **다음 중 맥킨지사의 MECE(Mutually Exclusive Collectively Exhaustive)법에 대한 설명으로 적절하지 않은 것은?**

① MECE는 다양한 항목들이 서로 겹치지 않으면서 그 항목들의 모음이 전체가 되는 것을 의미한다.
② 수학적으로 풀면 전체집합(U)은 각 A, B, C 집합을 포함하며 여집합이 없는 상태고, A, B, C 각 집합은 교집합이 없어야 하는 상태이다.
③ MECE가 기획을 하는 데 있어서 많은 도움이 되는 이유는 바로 명확성과 간결성을 가지는 사고방식이기 때문이다.
④ 사고 자체를 단계적으로 구축하며 그것을 정리하고 보다 효과적으로 사용할 수 있게끔 하는 데 도움을 준다.
⑤ 창의적인 문제해결이 필요한 경우에도 MECE를 활용하여 문제를 간략하게 해결할 수 있다.

75 **다음 중 가격관리와 관련된 설명으로 옳지 않은 것은?**

① 명성가격결정법은 가격이 높으면 품질이 좋을 것이라고 느끼는 효과를 이용하여 수요가 많은 수준에서 고급상품의 가격결정에 이용된다.

② 침투가격정책은 신제품을 도입하는 초기에 저가격을 설정하여 신속하게 시장에 침투하는 전략으로 수요가 가격에 민감하지 않은 제품에 많이 사용된다.

③ 상층흡수가격정책은 신제품을 시장에 도입하는 초기에는 고소득층을 대상으로 높은 가격을 받고 그 뒤 차차 가격을 인하하여 저소득층에 침투하는 것이다.

④ 탄력가격정책은 한 기업의 제품이 여러 제품계열을 포함하는 경우 품질, 성능, 스타일에 따라 서로 다른 가격을 결정하는 것이다.

⑤ 고가격정책은 신제품을 개발한 기업들이 초기에 그 시장의 소득층으로부터 많은 이익을 얻기 위해 높은 가격을 설정하는 전략이다.

76 **다음은 스키너의 '강화이론'의 '단속적 강화'에 관한 기사이다. 해당 기사의 밑줄 친 부분을 통해 해당 예시의 알맞은 용어를 고르면?**

> 교사 차등성과급제 폐지 목소리가 커지고 있다. 전국시도교육감협의회가 100% 균등 분배를 교육부에 요청한 데 이어 전교조도 "교육공동체를 무너뜨리는 차등성과급제를 폐지하라."고 촉구했다. 전교조는 서울과 충청 · 경남 · 전북 · 제주를 포함한 전국에서 기자회견을 갖고 "교사에 등급을 매기고 성과급을 차별하는 제도가 갈등만 유발하면서 '교육적폐' 1순위로 지목되고 있다."며 성과급 균등지급을 요구했다. 특히 지난해는 코로나19로 정상적인 교육활동이 불가능해 성과상여금 지급을 위한 다면평가나 등급 산정도 현실적으로 불가능한 만큼 이 기회에 차등성과급제를 폐지해야 한다는 주장이다.

① 고정 간격법
② 고정 강화법
③ 고정 비율법
④ 변동 간격법
⑤ 변동 비율법

77 **다음은 마이클포터(Michael E. Proter)의 산업구조분석모델(5F; Five Force Model)이다. 빈칸 A에 들어갈 용어로 알맞은 것은?**

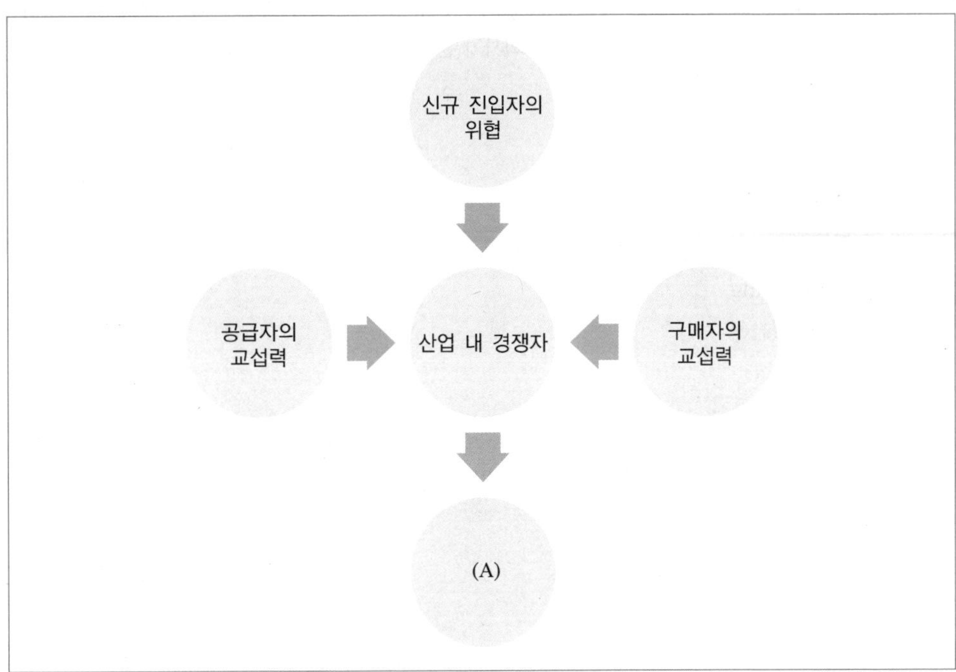

① 정부의 규제 완화
② 고객 충성도
③ 공급 업체 규모
④ 가격의 탄력성
⑤ 대체재의 위협

PART 3

78 다음은 민츠버그의 5P 전략 중 하나에 대한 설명이다. 설명에 알맞은 전략은 무엇인가?

> 기존의 패러다임, 사업의 방식을 변형하는 것을 말한다. 예를 들어 환자가 내원 하는 것이 병원의 주된 사업 논리라고 한다면, 병원의 의사가 환자가 원할 때 내원하지 않고 직접 방문하여 의료서비스를 제공하는 것이다.

① Ploy
② Plan
③ Pattern
④ Positioning
⑤ Perspective

79 다음은 노무관련법무 상담에 대한 내용을 닮은 글이다. 빈칸에 들어갈 알맞은 용어는?

> 〈질문〉
> 당사는 ________ 설치대상이나 현재 미설치된 상태로 ________ 미설치 시 처벌받는다고 하는데 어떠한 처벌조항이 있는지요? 또한 ________을(를) 언제 설치해야 하는지 궁금합니다.
> 〈답변〉
> 근로자참여 및 협력증진에 관한 법률(근참법)에 의하면, ________란 근로자와 사용자가 참여와 협력을 통하여 근로자의 복지증진과 기업의 건전한 발전을 도모하기 위하여 구성하는 협의기구를 말합니다. 동법 제4조 제1항에 의거 ________는 근로조건에 대한 결정권이 있는 상시 30명 이상을 사용하는 사업이나 사업장 단위로 설치하여야 하고, 동법 제12조 제1항에 의거 ________는 3개월마다 정기적으로 회의를 개최하여야 하며 처벌조항으로는 동법 제32조에 의하면, 사용자가 제12조 제1항을 위반하여 ________를 정기적으로 개최하지 아니하면, 200만 원 이하의 벌금이 부과되며, 근참법 제33조는 사용자가 제18조를 위반하여 ________ 규정을 제출하지 아니한 때에는 200만 원 이하의 과태료가 부과된다고 규정하고 있습니다.

① 위기대책대응부서
② 소비자권익보호부서
③ 안전방화시설
④ 노무법률상담부서
⑤ 노사협의회

80 다음 중 자본시장선(CML)과 증권시장선(SML)에 대한 설명으로 적절하지 않은 것은?

① 자본시장선에 위치한 위험자산과 시장포트폴리오 간의 상관계수는 항상 1이다.
② 증권시장선의 균형 기대수익률보다 높은 수익률이 기대되는 주식은 과소평가된 자산에 속한다.
③ 자본시장선의 기울기는 시장포트폴리오의 기대수익률에서 무위험자산수익률(무위험이자율)을 차감한 값으로 표현된다.
④ 증권시장선은 모든 자산의 체계적위험(베타)과 기대수익률간의 선형적인 관계를 설명한다.
⑤ 증권시장선은 자본시장선과 달리 모든 개별주식이 표현되어 있다.

81 다음은 집단 의사결정의 문제점과 문제점에 대한 해결방안에 대한 내용이다. 빈칸에 들어갈 용어로 알맞은 것은?

A. 집단 의사결정의 문제점
_________ : 대립이나 토론의 상황에 놓여 있는 양 집단이 서로간의 상호작용을 거치면서 점차 극단적인 입장과 태도를 취하게 되는 현상.
1) 집단 구성원들이 상대집단과 상호작용하며 스스로 소속감을 재확인 받는 외적경로와
2) 집단 내부에서 발생하는 몰입의 심화현상으로 서로의 주장만을 강화해주는 의견만을 선택적으로 청취하는 내적경로를 통해 발현

B. 해결방안
_________ : 전문가들에 의해 행해지는 비대면적 무기명 토론방식으로서, 문제나 이슈에 대해 각 전문가들이 생각하는 바를 각자가 작성하여 토론진행자에게 송부하면 진행자는 코멘트를 정리하여 다시 각 당사자에게 보내고 각 당사자는 이를 다시 읽어보고 자신의 견해를 덧붙이는 방법이다. 이는 보통 최적의 대안이 도출될 때 까지 반복하며 많은 실증연구에 의해서 효과성이 검증된 기법이나 전문가들이 중간에 탈락하는 것(사망, 무응답)을 통제하기 어려우며 토론진행자의 역량에 크게 효과성이 좌우된다.

	A. 집단 의사결정의 문제점	B. 해결방안
①	집단사고	브레인스토밍
②	집단사고	명목집단법
③	책임소재의 부재	델파이법
④	집단 양극화	델파이법
⑤	집단 양극화	캔미팅

82 **다음 중 상품매출원가를 산정하는 산식으로 올바른 것은?**

① 기초상품재고액+당기상품매출액−기말상품재고액
② 당기상품매입액+기말상품재고액−기초상품재고액
③ 기말상품재고액+기초상품재고액−당기상품매입액
④ 기초상품재고액+당기상품매입액−기말상품매입액
⑤ 당기상품재고액+기초상품매입액−기말상품매입액

83 **다음 중 최저임금제의 필요성으로 옳지 않은 것은?**

① 계약자유 원칙의 한계 보완
② 저임금 노동자 보호
③ 임금인하 경쟁 방지
④ 유효수요 창출
⑤ 소비자 부담 완화

84 **총투자금액 10억 원을 A, B, C, D 네 개의 증권에 각각 10%, 20%, 30%, 40% 비중으로 분산투자하려고 한다. A, B, C, D 증권의 기대수익률은 차례대로 20%, 15%, 10%, 5%이다. 이 포트폴리오의 기대수익률은 얼마인가?**

① 6%
② 8%
③ 10%
④ 12%
⑤ 15%

85 자산이 800억 원(비유동자산 428억 원), 자본 300억 원인 기업이 있다. 이 기업이 일반적으로 양호하다고 평가되는 유동비율의 최소자격을 갖추었다면 기업의 비유동부채는 얼마인가?

① 186억 원
② 235억 원
③ 279억 원
④ 314억 원
⑤ 325억 원

86 (주)태양은 가격이 800만 원인 기계의 구입 여부를 검토하고 있는데, 만약 오늘 기계를 구입 하면 구입시점으로 1년 뒤 1,100만 원, 2년 뒤 1,210만 원의 수입이 예상된다. 이자율이 10%라면 기계를 구입 할 때의 순현재가치는 얼마인가?(단, 기계의 잔존가치는 0이며 계산 시 소수점 이하는 생략한다)

① 800만 원
② 900만 원
③ 1,000만 원
④ 1,100만 원
⑤ 1,200만 원

87 다음은 (주)한국의 재무상태와 관련한 자료이다. 해당 자료를 활용하여 총자산회전율을 바르게 구한 것은?

자본 : 200억 원 부채 : 100억 원 매출액 : 600억 원

① 2.0
② 2.5
③ 3.0
④ 3.5
⑤ 4.0

88 **신제품 가격결정방법 중 초기고가전략(Skimming Pricing)을 채택하기 어려운 경우는?**

① 수요의 가격탄력성이 높은 경우

② 생산 및 마케팅 비용이 높은 경우

③ 경쟁자의 시장진입이 어려운 경우

④ 제품의 혁신성이 큰 경우

⑤ 독보적인 기술이 있는 경우

89 **다음 중 촉진믹스(Promotion Mix) 활동에 해당하지 않는 것은?**

① 광고
② 인적판매
③ 판매촉진
④ 간접마케팅
⑤ 개방적 유통

90 **최종품목 또는 완제품의 주생산일정계획(Master Production Schedule)을 기반으로 제품생산에 필요한 각종 원자재, 부품, 중간조립품의 주문량과 주문시기를 결정하는 재고관리방법은?**

① 자재소요계획(MRP)

② 적시(JIT) 생산시스템

③ 린(lean) 생산

④ 공급사슬관리(SCM)

⑤ 칸반(kanban) 시스템

91 **다음 중 네트워크 붕괴를 목적으로 다수의 잘못된 통신이나 서비스 요청을 특정 네트워크 또는 웹 서버에 보내는 방식을 의미하는 것은?**

① 스푸핑(Spoofing)
② 스니핑(Sniffing)
③ 서비스 거부 공격(Denial of Service Attack)
④ 신원도용(Identity Theft)
⑤ 피싱(Phishing)

92 **제품/시장 매트릭스(Product/Market Matrix)에서 신제품을 가지고 신시장에 진출하는 성장전략은?**

① 다각화 전략
② 제품개발 전략
③ 집중화 전략
④ 시장침투 전략
⑤ 시장개발 전략

93 **다음 〈보기〉 중 재무제표의 표시와 작성에 대한 올바른 설명을 모두 고르면?**

보기

가. 재무상태표에 표시되는 자산과 부채는 반드시 유동자산과 비유동자산, 유동부채와 비유동부채로 구분하여 표시한다.
나. 영업활동을 위한 자산의 취득시점부터 그 자산이 현금이나 현금성자산으로 실현되는 시점까지 소요되는 기간이 영업주기이다.
다. 비용의 기능에 대한 정보가 미래현금흐름을 예측하는 데 유용하기 때문에 비용을 성격별로 분류하는 경우에는 비용의 기능에 대한 추가 정보를 공시하는 것이 필요하다.
라. 자본의 구성요소인 기타포괄손익누계액과 자본잉여금은 포괄손익계산서와 재무상태표를 연결시키는 역할을 한다.
마. 현금흐름표는 기업의 활동을 영업활동, 투자활동, 재무활동으로 구분한다.

① 가, 나
② 가, 다
③ 나, 다
④ 나, 마
⑤ 다, 마

94 **기업의 재무제표는 재무상태표, 포괄손익계산서, 자본변동표, 현금흐름표, 그리고 주석으로 구성된다. 현금흐름표에 대한 다음 설명 중 옳지 않은 것은?**

① 현금흐름표는 한 회계기간 동안의 현금흐름을 영업활동과 투자활동으로 나누어 보고한다.
② 재화의 판매와 관련한 현금 유입은 영업활동 현금흐름에 해당한다.
③ 유형자산의 취득과 관련한 현금 유출은 투자활동 현금흐름에 해당한다.
④ 영업활동 현금흐름을 표시하는 방식에는 직접법과 간접법 모두 인정된다.
⑤ 직접법은 현금유출입액에 대하여 각각의 원천별로 표시하므로 정보이용자의 이해가능성이 높다.

95 **다음 중 공기업에 대한 설명으로 옳지 않은 것은?**

① 영리성을 목적으로 하지 않는다.
② 창의성 운영에 유리하다.
③ 공공성을 추구한다.
④ 공공서비스를 증대한다.
⑤ 독립채산제 경영 방식이다.

96 **다음 설명에 해당하는 직무설계는?**

- 직무성과가 경제적 보상보다는 개인의 심리적 만족에 있다고 전제한다.
- 종업원에게 직무의 정체성과 중요성을 높여주고 일의 보람과 성취감을 느끼게 한다.
- 종업원에게 많은 자율성과 책임을 부여하여 직무경험의 기회를 제공한다.

① 직무 순환
② 직무 전문화
③ 직무 특성화
④ 수평적 직무확대
⑤ 직무 충실화

97 다음 중 캐리 트레이드(Carry Trade)에 대한 설명으로 옳지 않은 것은?

① 토빈세(Tobin's Tax)는 캐리 트레이드를 활성화하기 위한 세금이다.
② 재정거래(Arbitrage)와 관련이 깊다.
③ 금리 차이와 환율 움직임에 따라 수익률이 좌우된다.
④ 최근 금리가 낮은 대표적 국가로는 미국, 일본, 유럽 등을 꼽을 수 있다.
⑤ 금리가 낮은 나라에서 자금을 조달해 금리가 높은 나라의 자산에 투자하는 것이다.

98 다음 〈보기〉의 사례에서 A에게 인지적 평가이론이 적용되었다고 가정한다면, B의 행동에 따른 A의 행동을 예상한 결과로 가장 적절한 것은?

보기

A는 사진찍는 것을 취미로 한다. A는 사진 찍는 것을 너무 좋아해서 더 나은 사진을 찍기 위해 여러 가지 노력을 기울이고 시간을 들여 다양한 방법을 배우는 일을 즐긴다. 어느 날 A가 찍은 사진을 본 B는 사진이 마음에 들어 앞으로 자신만을 위한 사진을 찍어 주면 그에 대한 보상을 지급하겠다고 제안하였다.

① A는 B에게 줄 특별한 사진을 위해 고민에 빠진다.
② A는 보상에 대한 인상을 요구한다.
③ A는 점차 더 이상 사진 찍는 것에 대한 흥미를 잃어버렸다.
④ A는 B를 위해 특별한 사진을 찍는 방법을 연구한다.
⑤ A는 B에게 작업료를 선불로 요구한다.

99 다음 중 유럽형 옵션(European Option)에 관한 내용으로 옳은 것은?

① 미국형 옵션보다 비싼 경향이 있다.
② 언제든지 권리를 행사할 수 있다.
③ 만기일 이전에는 반대매매로 청산이 불가하다.
④ 매수자에게 불리하다.
⑤ 만기일에만 권리를 행사할 수 있다.

100 다음 중 콘체른(Konzern)에 관한 설명으로 옳지 않은 것은?

① 콘체른은 생산콘체른, 판매콘체른 및 금융콘체른으로 분류할 수 있다.
② 독일에 흔한 기업 집단이다.
③ 법률적으로 독립되어 있으나, 경제적으로는 통일된 지배를 받는 기업집단이다.
④ 금융적 방법에 의하여 형성되는 집중형태로서 대부관계와 주식보유 두 가지 방법이 있다.
⑤ 콘체른의 결합형태는 동종업종에만 결합 가능하다.

| 02 | 사무직(회계)

51 **다음 중 유동자산으로 분류되지 않는 것은?**

① 기업의 정상영업주기 내에 실현될 것으로 예상하는 자산
② 주로 단기매매 목적으로 보유하고 있는 자산
③ 보고기간 후 12개월 이내에 실현될 것으로 예상하는 자산
④ 현금이나 현금성자산으로서, 교환이나 부채 상환 목적으로의 사용에 대한 제한 기간이 보고기간 후 12개월 미만인 자산
⑤ 정상영업주기 및 보고기간 후 12개월 이내에 소비할 의도가 없는 자산

PART 3

52 **(주)대한의 20×1년 말 창고에 보관 중인 재고자산실사액은 10,000원이다. 다음 자료를 반영할 경우 20×1년 말 재고자산은?**

- 은행에서 자금을 차입하면서 담보로 원가 1,000원의 상품을 제공하였으며, 동 금액은 상기 재고실사금액에 포함되어 있지 않다.
- 수탁자에게 인도한 위탁상품의 원가는 2,000원이며 이 중 70%만 최종소비자에게 판매되었다.
- (주)미국에게 도착지인도조건으로 판매하여 기말 현재 운송 중인 상품은 원가가 3,000원이며 20×2년 1월 2일 도착 예정이다.

① 10,600원
② 11,600원
③ 13,600원
④ 14,600원
⑤ 15,600원

53 **(주)대한은 20×1년 1월 1일 유형자산(취득원가 10,000원, 내용연수 4년, 잔존가치 0원)을 취득하고 이를 연수합계법으로 상각해왔다. 그 후 20×2년 12월 31일 동 자산을 4,000원에 처분하였다. 동 유형자산의 감가상각비와 처분손익이 20×2년 당기순이익에 미치는 영향의 합계는?**

① 4,000원 감소
② 3,000원 감소
③ 2,000원 감소
④ 1,000원 감소
⑤ 1,000원 증가

54 (주)대한의 당기 신기술 개발프로젝트와 관련하여 발생한 지출은 다음과 같다. 연구단계와 개발단계로 구분이 곤란한 항목은 기타로 구분하였으며, 개발단계에서 발생한 지출은 무형자산의 인식조건을 충족한다. 동 지출과 관련하여 당기에 비용으로 인식할 금액과 무형자산으로 인식할 금액은? (단, 무형자산의 상각은 고려하지 않는다)

구분	연구단계	개발단계	기타
원재료 사용액	100원	200원	
연구원 급여	200원	400원	
자문료			300원

	비용	무형자산		비용	무형자산
①	300원	600원	②	400원	800원
③	450원	750원	④	600원	600원
⑤	1,200원	0원			

55 다음 중 보조부문원가 배부방법에 대한 설명으로 옳지 않은 것은?

① 직접배부법은 보조부문 상호 간의 용역수수관계를 전혀 고려하지 않는 방법이다.
② 단계배부법은 보조부문원가의 배부순서를 정하여 그 순서에 따라 단계적으로 보조부문원가를 다른 보조부문과 제조부문에 배부하는 방법이다.
③ 단계배부법은 보조부문 상호 간의 용역수수관계를 일부 고려하는 방법이다.
④ 상호배부법은 보조부문 상호 간의 용역수수관계가 중요하지 않을 때 적용하는 것이 타당하다.
⑤ 상호배부법은 보조부문 상호 간의 용역수수관계를 모두 고려하여 보조부문원가를 다른 보조부문과 제조부문에 배부하는 방법이다.

56 **다음 중 유동부채에 대한 설명으로 옳지 않은 것은?**

① 일반적으로 정상영업주기 내 또는 보고기간 후 12개월 이내에 결제하기로 되어 있는 부채이다.

② 미지급비용, 선수금, 수선충당부채, 퇴직급여부채 등은 유동부채에 포함된다.

③ 매입채무는 일반적 상거래에서 발생하는 부채로 유동부채에 속한다.

④ 유동부채는 보고기간 후 12개월 이상 부채의 결제를 연기할 수 있는 무조건의 권리를 가지고 있지 않다.

⑤ 종업원 및 영업원가에 대한 미지급비용 항목은 보고기간 후 12개월 후에 결제일이 도래한다 하더라도 유동부채로 분류한다.

57 **기업은 성장할수록 자금의 수요가 증가하여 원활한 자금조달이 필연적이다. 기업의 자금조달 방법은 크게 2가지로 분류하면 타인자본에 의한 자본조달 즉 간접금융과 자기자본에 의한 조달 즉 직접금융으로 볼 수 있다. 그렇다면 다음 중 직접금융에 해당하는 자본조달방법은 무엇인가?**

① 기업이 일정금액을 나타내는 증권을 발행한 후 증권시장에서 일반 투자자들에게 판매하여 장기자금을 조달하는 방법

② 장기 혹은 단기 차입금을 통한 자금조달 방법

③ 정부 각 부처에서 실시중인 정책금융으로 통한 자금조달 방법

④ 불특정 다수인으로부터 사채발행을 통한 자금조달 방법

⑤ 경영활동의 결과 발생한 순이익에서 배당금으로 외부에 유출된 부분을 제외하고 기업 내부에 유보된 이익잉여금을 통한 자금조달 방법

58 **다음 보기는 (주)한국의 거래내용이다. 다음 중 2023년 10월 1일 거래에 대한 회계처리과정에서 나타나는 계정과 금액으로 옳은 것은 무엇인가?(단, 자기주식의 회계처리는 원가법을 적용한다)**

보기

- 2023년 1월 1일, 보통주자본금은 10,000원이고 주식발행초과금은 2,000원이며 이익잉여금은 1,000원이다.
- 2023년 5월 1일, 자기주식 10주를 주당 700원에 취득하였고 취득한 자기주식은 주당 600원(주당액면금액500원)에 발행한 보통주였다.
- 2023년 10월 1일, 당해연도 5월 1일에 취득한 자기주식 5주를 소각하였다.

① 자기주식처분손실 1,000원

② 감자차익 600원

③ 감자차손 500원

④ 자기주식처분이익 1,000원

⑤ 자기주식처분손실 1,500원

59 (주)대한은 매출채권의 손상차손 인식과 관련하여 대손상각비와 대손충당금 계정을 사용한다. 20×1년 초 매출채권과 대손충당금은 각각 2,000,000원과 100,000원이었다. 다음은 20×1년에 발생한 거래와 20×1년 말 손상차손 추정과 관련한 자료이다. 20×1년의 대손상각비는?

- 20×1년 2월 거래처 파산 등의 사유로 대손 확정된 금액이 200,000원이다.
- 2월에 제거된 상기 매출채권 중 80,000원을 8월에 현금으로 회수하였다.
- 20×1년 말 매출채권 잔액 3,300,000원의 3%를 대손충당금으로 설정한다.

① 99,000원　② 105,000원
③ 119,000원　④ 199,000원
⑤ 204,000원

60 다음 중 금융자산과 관련한 회계처리로 옳지 않은 것은?

① 지분상품은 만기보유금융자산으로 분류할 수 없다.
② 매도가능금융자산에서 발행하는 배당금 수령액은 기타포괄이익으로 계상한다.
③ 매 회계연도말 지분상품은 공정가치로 측정하는 것이 원칙이다.
④ 최초 인식시점에 매도가능금융자산으로 분류하였다면 이후 회계연도에는 당기손익인식금융자산으로 재분류할 수 없다.
⑤ 최초 인식 이후 만기보유금융자산은 유효이자율법을 사용하여 상각후원가로 측정한다.

61 다음 자료를 이용하여 계산된 매출원가는?(단, 계산의 편의상 1년은 360일, 평균 재고자산은 기초와 기말의 평균이다)

• 기초재고자산	90,000원
• 기말재고자산	210,000
• 재고자산보유(회전)기간	120일

① 350,000원　② 400,000원
③ 450,000원　④ 500,000원
⑤ 550,000원

62 **다음은 (주)대한의 20×1년 말 재무비율분석 자료의 일부이다.**

• 유동비율 250%	• 당좌비율 200%

20×1년 초 재고자산은 80,000원이고, 20×1년 말 유동부채는 120,000원이다. 20×1년 매출원가가 350,000원일 때 재고자산회전율은?(단, 유동자산은 당좌자산과 재고자산만으로 구성되어 있다고 가정한다)

① 2회
② 3회
③ 4회
④ 5회
⑤ 6회

63 **다음 중 자산을 증가시키는 거래에 해당되지 않는 것은?**

① 비품을 외상으로 구입하다.
② 차입금 상환을 면제받다.
③ 주주로부터 현금을 출자받다.
④ 은행으로부터 현금을 차입하다.
⑤ 이자를 현금으로 수령하다.

64 **다음 중 재무제표에 대한 설명으로 옳은 것은?**

① 재무상태표는 일정기간의 재무성과에 관한 정보를 제공해 준다.
② 포괄손익계산서는 일정시점에 기업의 재무상태에 관한 정보를 제공해 준다.
③ 자본변동표는 일정기간 동안의 자본구성요소의 변동에 관한 정보를 제공해 준다.
④ 현금흐름표는 특정시점에서의 현금의 변화를 보여주는 보고서이다.
⑤ 재무제표는 재무상태표, 손익계산서, 시산표, 자본변동표로 구성한다.

65 (주)한국은 단위당 판매가격이 1,000원인 제품 A를 생산 · 판매하고 있으며, 제품 A의 단위당 제조원가는 다음과 같다. (주)한국은 제품 A 1,000개를 개당 800원에 구입하겠다는 특별주문을 받았다. 동 주문에 대해서는 개당 80의 특수포장원가가 추가로 발생하고, 동 주문에 대한 생산은 유휴설비로 처리될 수 있다. (주)한국이 특별주문을 수락하여 생산 · 판매할 경우 이익 증가액은?(단, 특별주문은 기존 제품판매에 영향을 미치지 않고, 기초 및 기말재고는 없다)

직접재료원가	250원	직접노무원가	150원
변동제조간접원가	200	고정제조간접원가	50

① 70,000원　② 120,000원
③ 220,000원　④ 270,000원
⑤ 320,000원

66 다음 중 활동기준원가계산에 대한 설명으로 옳지 않은 것은?

① 전통적인 원가계산에 비해 배부기준의 수가 많다.
② 활동이 자원을 소비하고 제품이 활동을 소비한다는 개념을 이용한다.
③ 제조원가뿐만 아니라 비제조원가도 원가동인에 의해 배부할 수 있다.
④ 활동을 분석하고 원가동인을 파악하는데 시간과 비용이 많이 발생한다.
⑤ 직접재료원가 이외의 원가를 고정원가로 처리한다.

67 (주)한국은 20×1년 초에 3년 후 만기가 도래하는 사채(액면금액 1,000,000원, 표시이자율 연 10%, 유효이자율 연 12%, 이자는 매년 말 후급)를 951,963원에 취득하고 만기보유금융자산으로 분류하였다. (주)한국이 20×1년도에 인식할 이자수익은?(단, 금액은 소수점 첫째자리에서 반올림하며 단수차이가 있으면 가장 근사치를 선택한다)

① 100,000원　② 114,236원
③ 115,944원　④ 117,857원
⑤ 120,000원

68 **20×1년 5월에 사업을 개시한 (주)한국은 20×1년도에 제품을 60,000원에 판매하였으며, 제품의 보증기간은 1년이다. 제품보증비용은 판매액의 5%가 발생할 것으로 예상되며, 이는 충당부채인식 요건을 충족한다. 동 판매와 관련하여 20×1년도에 실제 발생한 제품보증금액이 2,000원일 경우 옳은 것은?(단, 충당부채설정법을 적용한다)**

① 20×1년도 매출액은 57,000원이다.

② 20×1년 말 이연제품보증수익은 3,000원이다.

③ 20×1년도 제품보증비용은 1,000원이다.

④ 20×1년 말 제품보증충당부채는 1,000원이다.

⑤ 제품보증비용 2,000원이 실제 발생한 경우 관련 매출을 감소시킨다.

69 **다음 중 무형자산 회계처리에 대한 설명으로 옳지 않은 것은?**

① 내용연수가 비한정인 무형자산은 상각하지 아니한다.

② 제조과정에서 사용된 무형자산의 상각액은 재고자산의 장부금액에 포함한다.

③ 내용연수가 유한한 경우 상각은 자산을 사용할 수 있는 때부터 시작한다.

④ 내용연수가 유한한 무형자산의 상각기간과 상각방법은 적어도 매 회계연도 말에 검토한다.

⑤ 내용연수가 비한정인 무형자산의 내용연수를 유한 내용연수로 변경하는 것은 회계정책의 변경에 해당한다.

70 **다음 중 현금흐름표상 영업활동 현금흐름에 대한 설명으로 옳은 것은?**

① 영업활동 현금흐름은 직접법 또는 간접법 중 하나의 방법으로 보고할 수 있으나, 한국채택국제회계기준에서는 직접법을 사용할 것을 권장하고 있다.

② 단기매매목적으로 보유하는 유가증권의 판매에 따른 현금은 영업활동으로부터의 현금유입에 포함되지 않는다.

③ 일반적으로 법인세로 납부한 현금은 영업활동으로 인한 현금유출에 포함되지 않는다.

④ 직접법은 당기순이익의 조정을 통해 영업활동 현금흐름을 계산한다.

⑤ 간접법은 영업을 통해 획득한 현금에서 영업을 위해 지출한 현금을 차감하는 방식으로 영업활동 현금흐름을 계산한다.

71 **다음 중 투자부동산에 대한 설명으로 옳지 않은 것은?**

① 투자부동산은 임대수익이나 시세차익을 얻기 위하여 보유하는 부동산을 말한다.
② 본사 사옥으로 사용하고 있는 건물은 투자부동산이 아니다.
③ 최초 인식 후 예외적인 경우를 제외하고 원가모형과 공정가치모형 중 하나를 선택하여 모든 투자부동산에 적용한다.
④ 원가모형을 적용하는 투자부동산은 손상회계를 적용한다.
⑤ 투자부동산에 대해 공정가치모형을 적용할 경우 공정가치 변동으로 발생하는 손익은 발생한 기간의 기타 포괄손익에 반영한다.

72 **다음 중 회계거래의 기록과 관련된 설명으로 옳지 않은 것은?**

① 분개란 복식부기의 원리를 이용하여 발생한 거래를 분개장에 기록하는 절차이다.
② 분개장의 거래기록을 총계정원장의 각 계정에 옮겨 적는 것을 전기라고 한다.
③ 보조 회계장부로는 분개장과 현금출납장이 있다.
④ 시산표의 차변 합계액과 대변 합계액이 일치하는 경우에도 계정기록의 오류가 존재할 수 있다.
⑤ 시산표는 총계정원장의 차변과 대변의 합계액 또는 잔액을 집계한 것이다.

73 **다음 중 유용한 재무정보의 질적 특성에 대한 설명으로 옳지 않은 것은?**

① 명확하고 간결하게 분류되고 특징지어져 표시된 정보는 이해가능성이 높다.
② 어떤 재무정보가 예측가치나 확인가치 또는 이 둘 모두를 갖는다면 그 재무정보는 이용자의 의사결정에 차이가 나게 할 수 있다.
③ 검증가능성은 정보가 나타내고자 하는 경제적 현상을 충실히 표현하는지를 정보이용자가 확인하는데 도움을 주는 근본적 질적 특성이다.
④ 적시성은 정보이용자가 의사결정을 내릴 때 사용되어 그 결정에 영향을 줄 수 있도록 제때에 이용가능함을 의미한다.
⑤ 어떤 정보의 누락이나 오기로 인해 정보이용자의 의사결정이 바뀔 수 있다면 그 정보는 중요한 정보이다.

74 다음 중 당기순이익에 영향을 미치는 항목이 아닌 것은?

① 감자차익
② 재고자산평가손실
③ 유형자산손상차손
④ 단기매매금융자산평가손실
⑤ 매도가능금융자산처분이익

75 다음 중 회계상 거래로 적절하지 않은 것은?

① 거래처의 부도로 인하여 매출채권 회수가 불가능하게 되었다.
② 임대수익이 발생하였으나 현금으로 수취하지는 못하였다.
③ 기초에 매입한 단기매매금융자산의 공정가치가 기말에 상승하였다.
④ 재고자산 실사결과 기말재고 수량이 장부상 수량보다 부족한 것을 확인하였다.
⑤ 기존 차입금에 대하여 금융기관의 요구로 부동산을 담보로 제공하였다.

76 (주)한국의 유동비율은 150%, 당좌비율은 70%이다. (주)한국이 은행으로부터 자금대출을 받기 위해서는 유동비율이 120% 이상이고 당좌비율이 100% 이상이어야 한다. (주)한국이 자금대출을 받기 위해 취해야 할 전략으로 옳은 것은?

① 기계장치를 현금으로 매입한다.
② 장기차입금을 단기차입금으로 전환한다.
③ 외상거래처의 협조를 구해 매출채권을 적극적으로 현금화한다.
④ 단기매매금융자산(주식)을 추가 취득하여 현금비중을 줄인다.
⑤ 재고자산 판매를 통해 현금을 조기 확보하고 재고자산을 줄인다.

77 **다음 중 제조업을 영위하는 (주)한국의 현금흐름표에 대한 설명으로 옳지 않은 것은?**

① 단기매매목적으로 보유하는 유가증권의 취득과 판매에 따른 현금흐름은 재무활동현금흐름으로 분류한다.

② 현금흐름표는 회계기간 동안 발생한 현금흐름을 영업활동, 투자활동 및 재무활동으로 분류하여 보고한다.

③ 유형자산 또는 무형자산 처분에 따른 현금유입은 투자활동현금흐름으로 분류한다.

④ 차입금의 상환에 따른 현금유출은 재무활동현금흐름으로 분류한다.

⑤ 법인세로 인한 현금흐름은 별도로 공시하며, 재무활동과 투자활동에 명백히 관련되지 않는 한 영업활동현금흐름으로 분류한다.

78 **다음 중 당기순이익을 감소시키는 거래가 아닌 것은?**

① 거래처 직원 접대 후 즉시 현금 지출

② 영업용 건물에 대한 감가상각비 인식

③ 판매사원용 피복 구입 후 즉시 배분

④ 영업부 직원에 대한 급여 미지급

⑤ 토지(유형자산)에 대한 취득세 지출

79 **(주)한국은 20×1년 7월 초 (주)대한의 주식 1,000주(액면가액 7,000원)를 주당 7,500원에 매입하여 공정가치 변동을 당기손익으로 인식하는 금융자산으로 분류하였다. (주)한국은 20×1년 9월 초 (주)대한의 주식 400주를 주당 8,500원에 처분하였고, 20×1년 말 (주)대한 주식의 주당 공정가치는 8,000원이다. 동 주식과 관련하여 (주)한국이 20×1년 포괄손익계산서에 인식할 당기이익은?**

① 500,000원 ② 700,000원

③ 1,000,000원 ④ 1,200,000원

⑤ 1,500,000원

80 **다음 중 유형자산의 재평가에 대한 설명으로 옳은 것은?**

① 재평가가 단기간에 수행되며 계속적으로 갱신된다면, 동일한 분류에 속하는 자산이라 하더라도 순차적으로 재평가할 수 없다.
② 감가상각대상 유형자산을 재평가할 때, 그 자산의 최초원가를 재평가금액으로 조정하여야 한다.
③ 특정 유형자산을 재평가할 때, 해당 자산이 포함되는 유형자산 분류 전체를 재평가한다.
④ 자산의 장부금액이 재평가로 인하여 감소된 경우에 그 자산에 대한 재평가잉여금의 잔액이 있더라도 재평가감소액 전부를 당기손익으로 인식한다.
⑤ 유형자산 항목과 관련하여 자본에 계상된 재평가잉여금은 그 자산이 제거될 때 이익잉여금으로 직접 대체할 수 없다.

PART 3

81 **다음 중 재무정보의 질적 특성에 대한 설명으로 옳지 않은 것은?**

① 검증가능성은 합리적인 판단력이 있고 독립적인 서로 다른 관찰자가 어떤 서술이 표현충실성이라는 데 대체로 의견이 일치할 수 있다는 것을 의미한다.
② 재무정보에 예측가치, 확인가치 또는 이 둘 모두가 있다면 의사결정에 차이가 나도록 할 수 있다.
③ 완벽하게 표현충실성을 위해서 서술은 완전하고, 중립적이며, 오류가 없어야 할 것이다.
④ 이해가능성은 정보이용자가 항목 간의 유사점과 차이점을 식별하고 이해할 수 있게 하는 질적 특성이다.
⑤ 적시성은 의사결정에 영향을 미칠 수 있도록 의사결정자가 정보를 제때에 이용가능하게 하는 것을 의미한다.

82 **다음 자료를 이용할 경우 재무상태표에 표시될 현금 및 현금성 자산은?**

당좌예금	1,000원	당좌개설보증금	350원
배당금지급통지표	455	수입인지	25
임차보증금	405	우편환증서	315
차용증서	950	타인발행수표	200

① 1,655원
② 1,970원
③ 2,375원
④ 2,400원
⑤ 2,725원

83 다음 중 재고자산의 회계처리에 대한 설명으로 옳은 것은?

① 완성될 제품이 원가 이상으로 판매될 것으로 예상하는 경우에는 그 생산에 투입하기 위해 보유하는 원재료 및 기타 소모품을 감액하지 아니한다.

② 선입선출법은 기말재고자산의 평가관점에서 현행원가를 적절히 반영하지 못한다.

③ 선입선출법은 먼저 매입 또는 생산된 재고자산이 기말에 재고로 남아 있고 가장 최근에 매입 또는 생산된 재고자산이 판매되는 것을 가정한다.

④ 통상적으로 상호 교환될 수 없는 재고자산 항목의 원가와 특정 프로젝트별로 생산되고 분리되는 재화 또는 용역의 원가는 총평균법을 사용하여 결정한다.

⑤ 총평균법은 계속기록법에 의하여 평균법을 적용하는 것으로 상품의 매입시마다 새로운 평균 단가를 계산한다.

84 포괄손익계산서의 보험료가 500원이고, 기말의 수정분개가 다음과 같을 경우 수정전시산표와 기말 재무상태표의 선급보험료 금액으로 가능한 것은?

〈수정분개〉

(차변) 보험료 300원 (대변) 선급보험료 300원

	수정전시산표의 선급보험료	기말 재무상태표의 선급보험료
①	1,300원	1,500원
②	2,000원	1,700원
③	2,500원	2,800원
④	2,500원	3,000원
⑤	3,000원	2,500원

85 **다음 중 수정전시산표에 대한 설명으로 옳지 않은 것은?**

① 통상 재무제표를 작성하기 이전에 거래가 오류없이 작성되었는지 자기검증하기 위하여 작성한다.
② 총계정원장의 총액 혹은 잔액을 한 곳에 모아놓은 표이다.
③ 결산 이전의 오류를 검증하는 절차로 원장 및 분개장과 더불어 필수적으로 작성해야 한다.
④ 복식부기의 원리를 전제로 한다.
⑤ 차변합계와 대변합계가 일치하더라도 계정분류, 거래인식의 누락 등에서 오류가 발생했을 수 있다.

PART 3

86 **독립된 외부감사인이 충분하고 적합한 감사증거를 입수하였고 왜곡표시가 재무제표에 개별적 또는 집합적으로 중요하지만 전반적이지는 않다는 결론을 내리는 경우 표명하는 감사의견은?**

① 의견거절
② 한정의견
③ 부적정의견
④ 적정의견
⑤ 재검토의견

87 **(주)한국의 기초와 기말 재무상태표에 계상되어 있는 미수임대료와 선수임대료 잔액은 다음과 같다.**

구분	기초	기말
미수임대료	500	0
선수임대료	600	200

당기 포괄손익계산서의 임대료가 700일 경우, 현금주의에 의한 임대료 수취액은?

① 500
② 600
③ 700
④ 800
⑤ 900

88 (주)한국의 영업활동으로 인한 현금흐름이 500,000원일 때, 다음 자료를 기초로 당기순이익을 계산하면?

• 매출채권(순액) 증가	50,000원
• 재고자산 감소	40,000
• 미수임대료의 증가	20,000
• 매입채무의 감소	20,000
• 유형자산처분손실	30,000

① 420,000원
② 450,000원
③ 520,000원
④ 540,000원
⑤ 570,000원

89 제조간접원가가 직접노무원가의 3배일 때 기초재공품 원가는?

• 기본원가	250,000원	• 전환원가(또는 가공원가)	600,000원
• 당기제품제조원가	1,000,000	• 기말재공품	250,000

① 400,000원
② 450,000원
③ 500,000원
④ 550,000원
⑤ 600,000원

90 (주)한국은 표준원가계산제도를 도입하고 있다. 지난 달 직접재료 600kg을 240,000원에 구입하였고, 이 가운데 450kg을 제품생산에 투입하였다. 제품단위당 표준직접재료수량은 4.0kg이며, 예상 생산량은 150단위이다. 직접재료원가의 가격차이는 4,500원(유리)이었고, 수량차이는 13,940원(불리)이었다. 실제 생산량은?(단, 가격차이 분석시점을 분리하지 않는다)

① 104단위
② 108단위
③ 110단위
④ 118단위
⑤ 121단위

91 (주)한국은 직접노무시간을 기준으로 제조간접원가를 예정배부하고 있다. 20×1년도 예산 직접노무시간은 20,000시간이며, 제조간접원가 예산은 640,000원이다. 20×1년도 제조간접원가 실제 발생액은 700,000원이고, 180,000원이 과대배부되었다. 실제 직접노무시간은?

① 16,250시간
② 18,605시간
③ 24,450시간
④ 25,625시간
⑤ 27,500시간

PART 3

92 (주)한국은 20×1년도 예산자료를 다음과 같이 예측하였다. 만약 판매량이 20% 증가한다면 영업이익은 얼마나 증가하는가?

• 매출액	5,000,000원
• 고정원가	1,512,500
• 공헌이익률	44%

① 137,500원
② 220,000원
③ 302,500원
④ 380,500원
⑤ 440,000원

93 (주)한국은 20×1년 초에 설비(내용연수 4년, 잔존가치 200원)를 2,000원에 취득하여, 정액법으로 감가상각하고 있다. 20×1년 말에 동 설비를 1,400원에 처분하였다면 인식할 처분손익은?

① 150원 손실
② 200원 이익
③ 450원 손실
④ 600원 손실
⑤ 650원 이익

94 20×1년 말 화재로 인해 창고에 보관 중인 상품이 모두 소실되었다. 상품과 관련된 자료는 다음과 같다. 화재로 인해 소실된 상품의 추정금액은?

기초상품	1,260원
총매입액	2,200
매입환출	100
총매출액	3,700
매출에누리	200
과거 평균매출총이익률	20%

① 520원
② 560원
③ 640원
④ 660원
⑤ 860원

95 12월 한 달간 상품판매와 관련된 자료가 다음과 같을 때 매출액은?(단, 상품판매가격은 단위당 100으로 동일하다)

- 12월 1일에 상품 200개를 5개월 할부로 판매하고, 대금은 매월 말에 20%씩 받기로 하다.
- 12월 17일에 상품 100개를 판매하였다.
- 12월 28일에 위탁상품 50개를 수탁자에게 발송하였고, 12월 31일 현재 수탁자가 판매하지 않고 전량 보유 중이다.
- 12월 30일에 상품 50개를 도착지인도조건으로 판매하여 다음 달에 도착할 예정이다.

① 14,000
② 15,000
③ 19,000
④ 24,000
⑤ 30,000

96 **다음 중 자본변동표에서 확인할 수 없는 항목은?**

① 자기주식의 취득
② 유형자산의 재평가이익
③ 매도가능금융자산평가이익
④ 현금배당
⑤ 주식분할

97 **(주)대한은 2023년 총계약금액 500,000원의 용역계약을 수주하였다. 예상 총용역원가는 400,000이고, 2023년에 실제 발생 용역원가는 120,000원이다. 2023년의 용역제공과 관련된 설명으로 옳지 않은 것은?**

① 용역제공거래의 결과를 신뢰성 있게 추정할 수 있다면 진행기준에 따라 수익을 인식한다.
② 발생원가 기준에 따른 용역 진행률은 30%이다.
③ 발생원가를 기준으로 진행기준을 적용할 경우 이익인식액은 30,000이다.
④ 용역제공거래의 성과를 신뢰성 있게 추정할 수 없는 경우 인식할 수 있는 용역수익의 최대 금액은 120,000원이다.
⑤ 발생원가의 회수가능성이 높지 않은 경우 발생원가 120,000원은 자산으로 계상한 후 손상차손 여부를 판단한다.

PART 3

98 **다음 중 표준원가계산의 고정제조간접원가 차이분석에 대한 설명으로 옳지 않은 것은?**

① 예산(소비)차이는 실제 발생한 고정제조간접원가와 기초에 설정한 고정제조간접원가 예산의 차이를 말한다.
② 고정제조간접원가는 조업도의 변화에 따라 능률적으로 통제할 수 있는 원가가 아니므로 능률차이를 계산하는 것은 무의미하다.
③ 조업도차이는 기준조업도와 실제생산량이 달라서 발생하는 것으로, 기준조업도 미만으로 실제조업을 한 경우에는 불리한 조업도차이가 발생한다.
④ 조업도차이는 고정제조간접원가 자체의 통제가 잘못되어 발생한 것으로 원가통제 목적상 중요한 의미를 갖는다.
⑤ 원가차이 중에서 불리한 차이는 표준원가보다 실제원가가 크다는 의미이므로 차이계정의 차변에 기입된다.

99 다음 중 수익의 인식 및 측정에 대한 설명으로 옳은 것은?

① 거래와 관련된 경제적 효익의 유입가능성이 높지 않더라도 수익금액을 신뢰성 있게 측정할 수 있다면 수익을 인식할 수 있다.

② 용역제공거래의 결과를 신뢰성 있게 추정할 수 있다면 용역의 제공으로 인한 수익은 용역의 제공이 완료된 시점에 인식한다.

③ 판매자가 판매대금의 회수를 확실히 할 목적만으로 해당 재화의 법적 소유권을 계속 가지고 있다면 소유에 따른 중요한 위험과 보상이 이전되었더라도 해당 거래를 수익으로 인식하지 않는다.

④ 수익으로 인식한 금액이 추후에 회수가능성이 불확실해지는 경우에는 인식한 수익금액을 조정할 수 있다.

⑤ 동일한 거래나 사건에 관련된 수익과 비용은 동시에 인식한다. 그러나 관련된 비용을 신뢰성 있게 측정할 수 없다면 수익을 인식할 수 없다.

100 다음 중 회계정보의 기능 및 역할, 적용환경에 대한 설명으로 옳지 않은 것은?

① 외부 회계감사를 통해 회계정보의 신뢰성이 제고된다.

② 회계정보의 수요자는 기업의 외부이용자뿐만 아니라 기업의 내부이용자도 포함된다.

③ 회계정보는 한정된 경제적 자원이 효율적으로 배분되도록 도와주는 기능을 담당한다.

④ 회계감사는 재무제표가 일반적으로 인정된 회계기준에 따라 적정하게 작성되었는지에 대한 의견표명을 목적으로 한다.

⑤ 모든 기업은 한국채택국제회계기준을 적용하여야 한다.

| 03 | 사무직(경제)

51 **다음 〈보기〉 중 도덕적 해이(Moral Hazard)를 해결하는 방안에 해당하는 것을 모두 고르면?**

보기

가. 스톡옵션(Stock Option)
나. 은행담보대출
다. 자격증 취득
라. 전자제품 다년간 무상수리
마. 사고 건수에 따른 보험료 할증

① 가, 나
② 가, 라
③ 다, 마
④ 가, 나, 마
⑤ 나, 라, 마

52 **다음 제시문의 상황을 의미하는 경제용어로 알맞은 것은?**

일본의 장기불황과 미국의 금융위기 사례에서와 같이 금리를 충분히 낮추는 확장적 통화정책을 실시해도 가계와 기업이 시중에 돈을 풀어놓지 않는 상황을 말한다. 특히 일본의 경우 1990년대 제로 금리를 고수했음에도 불구하고 소위 '잃어버린 10년'이라고 불리는 장기 불황을 겪었다. 불황 탈출을 위해 확장적 통화정책을 실시했지만 경제성장률은 계속 낮았다. 이후 경기 비관론이 팽배해지고 디플레이션이 심화되면서 모든 경제 주체가 투자보다는 현금을 보유하려는 유동성 선호경향이 강해졌다.

① 유동성 함정(Liquidity Trap)
② 공개시장조작
③ 용의자의 딜레마
④ 동태적 비일관성
⑤ 구축효과(Crowding-out Effect)

53 **디지털 카메라의 등장으로 기존의 필름산업이 쇠퇴하여 필름산업 종사자들이 일자리를 잃을 때 발생하는 실업은?**

① 마찰적 실업
② 구조적 실업
③ 계절적 실업
④ 경기적 실업
⑤ 만성적 실업

54 다음 중 총수요와 총공급 모형에서 총수요곡선을 이동시키는 요인으로 옳지 않은 것은?

① 주요 원자재 가격의 하락
② 신용카드사기 증가로 인한 현금사용의 증가
③ 가계의 신용카드 사용액에 대한 소득공제 축소
④ 가계의 미래소득에 대한 낙관적인 전망
⑤ 유럽의 재정위기로 인한 유로지역 수출 감소

55 다음 빈칸에 들어갈 용어를 순서대로 나열한 것은?

> 기업들에 대한 투자세액공제가 확대되면, 대부자금에 대한 수요가 ____한다. 이렇게 되면 실질이자율이 ____하고 저축이 늘어난다. 그 결과, 대부자금의 균형거래량은 ____한다(단, 실질이자율에 대하여 대부자금 수요곡선은 우하향하고, 대부자금 공급곡선은 우상향한다).

① 증가, 상승, 증가
② 증가, 하락, 증가
③ 증가, 상승, 감소
④ 감소, 하락, 증가
⑤ 감소, 하락, 감소

56 다음 〈보기〉 중 정부실패(Government Failure)의 원인이 되는 것을 모두 고르면?

> 보기
>
> 가. 이익집단의 개입
> 나. 정책당국의 제한된 정보
> 다. 정책당국의 인지시차 존재
> 라. 민간부문의 통제 불가능성
> 마. 정책 실행시차의 부재

① 가, 나, 라
② 나, 다, 마
③ 가, 나, 다, 라
④ 가, 나, 라, 마
⑤ 가, 나, 다, 라, 마

57 다음 〈보기〉 중 인플레이션에 대한 설명으로 옳지 않은 것을 모두 고르면?

> **보기**
>
> 가. 인플레이션이 예상되지 못한 경우, 채무자에게서 채권자에게로 부가 재분배된다.
> 나. 인플레이션이 예상된 경우, 메뉴비용이 발생하지 않는다.
> 다. 인플레이션이 발생하면 현금 보유의 기회비용이 증가한다.
> 라. 인플레이션이 발생하면 수출이 감소하고 경상수지가 악화된다.

① 가, 나
② 가, 다
③ 나, 다
④ 나, 라
⑤ 다, 라

PART 3

58 다음은 '경제 이론 A'를 설명하고 있는 교수가 사례로 제시한 것이다. 경제 이론 A로 적절한 것은?

> A아파트 주민들은 샤워 중에 갑자기 수압이 낮아져 난감해지는 일을 종종 겪는다. 주민들은 언제 수압이 약해지는지를 파악하기 위해서 동사무소, 상수도 사업본부, 이웃 주민 등 도움이 될 만한 곳은 하나도 빠지지 않고 문의한다. 수압이 약해지는 시간대를 파악하여 샤워를 성공적으로 하기 위함이다.

① 손실 기피 이론
② 현시 선호 이론
③ 소비자 선호 이론
④ 사회적 후생 이론
⑤ 합리적 기대이론

59 다음 중 게임이론에 대한 설명으로 옳지 않은 것은?

① 순수전략들로만 구성된 내쉬 균형이 존재하지 않는 게임도 있다.
② 우월전략이란 상대 경기자들이 어떤 전략들을 사용하든지 상관없이 자신의 전략들 중에서 항상 가장 낮은 보수를 가져다주는 전략을 말한다.
③ 죄수의 딜레마 게임에서 두 용의자 모두가 자백하는 것은 우월전략균형이면서 동시에 내쉬균형이다.
④ 참여자 모두에게 상대방이 어떤 전략을 선택하는가에 관계없이 자신에게 더 유리한 결과를 주는 전략이 존재할 때 그 전략을 참여자 모두가 선택하면 내쉬균형이 달성된다.
⑤ 커플이 각자 선호하는 취미활동을 따로 하는 것보다 동일한 취미를 함께 할 때 더 큰 만족을 줄 수 있는 상황에서는 복수의 내쉬균형이 존재할 수 있다.

60 A국과 B국은 자동차와 시계를 생산하며 두 재화에 대한 동일한 상대수요곡선을 가지고 있다. 양국의 교역은 헥셔-올린(Heckscher-ohlin) 모형을 따르며 요소부존량이 다음 표와 같이 주어져 있을 경우 옳지 않은 것은?(단, 자동차는 자본집약적 재화이고 시계는 노동집약적 재화이다)

구분	A국	B국
노동	150	225
자본	250	300

① A국은 B국에 비해 자본이 상대적으로 풍부하다.
② B국은 시계를 생산하는 데 비교우위를 가진다.
③ 양국은 무역을 통해 이익을 창출할 수 있다.
④ 무역을 하면 양국에서 자동차의 시계에 대한 상대가격은 수렴한다.
⑤ 무역을 하면 A국에서 자본에 대한 노동의 상대요소가격은 상승한다.

61 다음 중 공공재 및 시장실패에 관한 설명으로 적절하지 않은 것은?

① 긍정적인 외부효과가 있는 재화의 경우 시장에서 사회적 최적수준에 비해 과소 생산된다.
② 공유지의 비극(Tragedy of the commons)은 배제성은 없으나 경합성이 있는 재화에서 발생한다.
③ 일단 공공재가 공급되고 나면, 비용을 부담하지 않더라도 소비에서 배제시킬 수 없다.
④ 거래비용이 없이 협상할 수 있다면 당사자들이 자발적으로 외부효과로 인한 비효율성을 줄일 수 있다.
⑤ 공공재의 경우 개인들의 한계편익을 합한 것이 한계비용보다 작다면 공공재 공급을 증가시키는 것이 바람직하다.

62 정부가 소득세 감면, 정부 부채 증가 등의 재정정책을 시행하여 경기를 진작시켰다고 한다. 이러한 확대 재정정책의 효과가 커질 수 있는 조건은?

① 소득에 대한 한계소비성향이 낮다.
② 정부 부채 증가가 이자율 상승을 초래한다.
③ 소비자가 미래 중심으로 소비에 임한다.
④ 신용제약에 걸려 은행으로부터 차입하기 어려운 소비자들이 존재한다.
⑤ 소비자들이 정부 부채 증가를 미래에 조세 증가로 메울 것으로 기대한다.

63 다음은 (가)국과 (나)국의 지니계수 추이를 나타낸 것이다. 이에 대한 설명이나 추론으로 적절하지 않은 것은?

구분	2013	2014	2015
(가)	0.310	0.302	0.295
(나)	0.405	0.412	0.464

① (가)국과 (나)국의 지니계수는 0과 1 사이의 값을 가진다.
② (가)국은 소득불평등도가 줄어드는 반면 (나)국은 소득불평등도가 심화되고 있다.
③ (나)국은 소득불평등도를 줄이기 위해 교육과 건강에 대한 보조금 정책을 도입할 필요가 있다.
④ (나)국의 로렌츠곡선은 45도 대각선에 점차 가까워질 것이다.
⑤ 소득재분배를 위해 과도하게 누진세를 도입할 경우 저축과 근로 의욕을 저해할 수 있다.

PART 3

64 다음 중 통화정책과 재정정책에 대한 설명으로 옳지 않은 것은?

① 경제가 유동성 함정에 빠져 있을 경우에는 통화정책보다는 재정정책이 효과적이다.
② 전통적인 케인스 경제학자들은 통화정책이 재정정책보다 더 효과적이라고 주장했다.
③ 재정정책과 통화정책을 적절히 혼합하여 사용하는 것을 정책혼합(Policy Mix)이라고 한다.
④ 화폐공급의 증가가 장기에서 물가만을 상승시킬 뿐 실물변수에는 아무런 영향을 미치지 못하는 현상을 화폐의 장기중립성이라고 한다.
⑤ 정부지출의 구축효과란 정부지출을 증가시키면 이자율이 상승하여 민간 투자지출이 감소하는 효과를 말한다.

65 다음 중 통화정책 및 재정정책에 관한 케인스경제학자와 통화주의자의 견해로 옳지 않은 것은?

① 케인스는 투자의 이자율 탄력성이 매우 크다고 주장한다.
② 케인스는 통화정책의 외부시차가 길다는 점을 강조한다.
③ 통화주의자는 $k\%$ 준칙에 따른 통화정책을 주장한다.
④ 케인스에 따르면 이자율이 매우 낮을 때 화폐시장에 유동성함정이 존재할 수 있다.
⑤ 동일한 재정정책에 대해서 통화주의자가 예상하는 구축효과는 케인스가 예상하는 구축효과보다 크다.

66 **새케인스학파의 주장으로 옳지 않은 것은?**

① 화폐는 중립적이다.

② 임금과 물가의 경직성(Rigidity)이 있다.

③ 가격조정비용(Menu Cost)이 존재한다.

④ 가격협상에 대한 조정실패(Coordination Failure)가 존재한다.

⑤ 총수요의 외부효과(Aggregate Demand Externality)가 발생한다.

67 **다음 중 애로우(K.J. Arrow)의 불가능성 정리(Impossibility Theorem)에 대한 설명으로 적절하지 않은 것은?**

① 애로우의 불가능성 정리에 따르면 개인의 선호를 집약하여 사회우선순위를 도출하는 합리적인 법칙이 존재하지 않는다.

② 독립성은 사회상태 X와 Y에 관한 사회우선순위는 개인들의 우선순위에만 기초를 두어야 하며 기수적으로 측정되어야 한다.

③ 완비성이란 모든 대안은 다른 어떤 대안과 비교하여도 더 좋은지 더 나쁜지 혹은 동일한지가 구별될 수 있어야 함을 의미한다.

④ 파레토원칙에 따르면 X와 Y라는 두 대안 중 집단의 구성원 전부가 X를 Y보다 더 선호한다면 채택된 집단적 의사결정 방식의 결과 역시 X를 Y보다 더 선호하는 결과를 가져와야 한다.

⑤ 비제한성은 개인들의 선호를 어떤 특정한 선호로만 국한시켜서는 안 된다는 것을 의미한다.

68 **다음 중 칼도어(N.Kaldor)의 정형화된 사실(Stylized Facts)의 내용으로 옳지 않은 것은?**

① 자본수익률은 지속적으로 증가한다.

② 1인당 산출량(Y/L)이 지속적으로 증가한다.

③ 산출량-자본비율(Y/K)은 대체로 일정한 지속성(Steady)을 보인다.

④ 총소득에서 자본에 대한 분배와 노동에 대한 분배간의 비율은 일정하다.

⑤ 생산성 증가율은 국가 간의 상당한 차이가 있다.

69 **다음은 A국의 중앙은행이 준수하는 테일러 법칙이다. 현재 인플레이션율은 4%이고 GDP 격차가 1%일 때, A국의 통화정책에 대한 설명으로 옳지 않은 것은?**

> 보기
>
> $$r = 0.03 + \frac{1}{4}(\pi - 0.02) - \frac{3}{4} \times \frac{Y^{*} - Y}{Y^{*}}$$
>
> ※ r은 중앙은행의 목표이자율, π는 인플레이션율, Y*는 잠재GDP, Y는 실제 GDP이다.

① 목표 이자율은 균형 이자율보다 높다.
② 목표 인플레이션율은 2%이다.
③ 균형 이자율은 3%이다.
④ 다른 조건이 일정할 때, 인프레이션갭 1%p 증가에 대해 목표 이자율은 0.25%p 증가한다.
⑤ 목표 인플레이션율이 증가하면 현재 인플레이션율은 감소한다.

PART 3

70 **다음 적응적 기대가설에서 필립스곡선에 대한 설명 중 옳지 않은 것은?**

① 단기 필립스곡선은 총수요 확장정책이 효과적임을 의미한다.
② 단기 필립스곡선은 희생률(Sacrifice Ratio) 개념이 성립함을 의미한다.
③ 단기 필립스곡선은 본래 임금 상승률과 실업률 사이의 관계에 기초한 것이다.
④ 밀턴 프리드만(M. Friedman)에 의하면 필립스곡선은 장기에 우하향한다.
⑤ 예상 인플레이션율이 상승하면 단기 필립스곡선은 오른쪽으로 이동한다.

71 **다음 중 디플레이션(Deflation)에 대한 설명으로 옳은 것을 모두 고르면?**

> 보기
>
> 가. 명목금리가 마이너스(−)로 떨어져 투자수요와 생산 감소를 유발할 수 있다.
> 나. 명목임금의 하방경직성이 있는 경우 실질임금의 하락을 초래한다.
> 다. 기업 명목부채의 실질상환 부담을 증가시킨다.
> 라. 기업의 채무불이행 증가로 금융기관 부실화가 초래될 수 있다.

① 가, 나
② 가, 다
③ 나, 다
④ 나, 라
⑤ 다, 라

72 **다음 기사문의 일부를 읽고 옳게 분석한 것을 〈보기〉에서 모두 고르면?**

> 6월 30일 한국은행이 발표한 '2015년 6월 기업경기실사지수(BSI)'에 따르면 제조업의 6월 업황 BSI는 66으로 5월(73)보다 7p 하락했다.

보기

가. 제조업체의 66%가 현재 경기를 좋게 보고 있다.
나. 경기를 나쁘게 보고 있는 제조업체가 전월에 비해 많아졌다.
다. BSI 값이 양수이므로 기업에 체감하는 이달의 경기가 좋다.
라. 경기를 나쁘게 보고 있는 제조업체가 좋게 보고 있는 제조업체보다 많다.

① 가, 나
② 가, 다
③ 나, 다
④ 나, 라
⑤ 다, 라

73 **화폐수량방정식은 $M \times V = P \times Y$이다(M은 통화량, V는 화폐유통속도, P는 산출물의 가격, Y는 산출량이고, 화폐유통속도는 일정함). 甲국의 화폐유통속도가 乙국의 화폐유통속도보다 크고 양국의 중앙은행이 각각 통화량을 5% 증가시켰다. 이때 화폐수량설에 따른 추론으로 옳은 것은?(단, 甲국과 乙국에서 화폐수량설이 독립적으로 성립한다)**

① 물가상승률은 甲국이 乙국보다 높다.
② 물가상승률은 乙국이 甲국보다 높다.
③ 산출량증가율은 甲국이 乙국보다 높다.
④ 산출량증가율은 乙국이 甲국보다 높다.
⑤ 甲국과 乙국의 명목산출량은 각각 5% 증가한다.

74 다음 기사와 관련한 설명으로 적절하지 않은 것은?

금융감독원의 '올해 9월 말 은행 및 은행지주사 국제결제은행(BIS) 자본비율 현황'에 따르면 국내은행 BIS 기준 총자본비율은 16.02%로 전분기 말 대비 1.46%포인트 상승했다. 이는 코로나19 확산 전인 지난 2018년 말(15.41%)과 지난해 말(15.26%) 보다 오히려 각각 1.11%포인트, 1.26%포인트 오른 것이다.
신한(18.77%) · 우리(17.64%) · 하나(15.36%) · 국민(17.22%) · 농협(18.12%) 등 대형 은행을 비롯한 주요 은행의 총자본비율은 15 ~ 18%로 안정적인 수준이었다. 은행지주회사들의 자산건전성도 개선됐다. 9월 말 은행지주회사의 BIS 기준 총 자본비율은 14.72%로 전분기 말 대비 1.02%포인트 올랐다.
그러나 이러한 상승세는 금융당국이 바젤Ⅲ 최종안 중 신용리스크 산출방법 개편안을 앞당겨 도입한 영향이 컸다는 분석이다. 금융위원회는 바젤Ⅲ 최종안을 당초 오는 2023년 1월 도입하려 했으나, 중소기업 등 실물경제에 대한 은행의 지원 역량을 강화하기 위해 조기 시행했다.
한국신용평가(한신평)도 이러한 자본적정성 개선 현상은 현 금융규제 유연화방안에 따른 '착시효과'라고 평가했다.
한신평 선임연구원은 "3분기 상당수 은행이 바젤Ⅲ 개편안을 적용해 BIS 자기자본비율이 직전 분기보다 큰 폭으로 상승했는데, 단순기본자본비율은 소폭 상승하는 데 그쳤고 오히려 작년 말 대비로는 하락했다."며 "실질적인 자본완충력은 크지 않은 것으로 판단되며, 기존 자본적정성 지표를 보완할 수 있는 단순기본자본비율을 모니터링할 필요가 있다."고 짚었다.
금융당국도 "바젤Ⅲ 등 건전성 규제 유연화 등에 기인한 측면이 있다."며 "코로나19로 인한 불확실성이 지속되고 있어 충분한 손실흡수능력을 확보하고 자금공급기능을 유지할 수 있도록 자본확충 · 내부유보 확대 등을 지도할 예정"이라고 말했다.

① BIS비율은 은행의 자기자본을 위험가중자산으로 나눈 값이다.
② 우리나라의 현행 규정상 은행의 BIS비율은 10.5% 이상을 유지해야 한다.
③ 바젤Ⅲ 개편안에서는 위험자산에 대한 가중치를 하향 조정하였다.
④ 바젤Ⅲ 개편안에서는 기업 무담보대출의 부도 시 손실률을 상향 조정하였다.
⑤ 단순기본자본비율은 위험의 양적인 측면만을 고려하는 지표이다.

75 다음 사례들은 시장에서 기업들이 행하는 마케팅이다. 이에 대한 설명으로 옳지 않은 것은?

- A백화점은 휴대폰으로 백화점 어플을 설치하면 구매 금액의 5%를 할인해 주는 정책을 시행하고 있다.
- B교육업체는 일찍 강의를 수강신청하고 결제하면 강의료의 10% 할인해 주는 얼리버드 마케팅을 진행하고 있다.
- C전자회사는 해외에서 자사 제품을 국내보다 더 낮은 가격으로 판매하고 있다.

① 소비자후생이 감소하여 사회후생이 줄어든다.
② 기업은 이윤을 증대시키는 것이 목적이다.
③ 기업이 소비자를 지급용의에 따라 분리할 수 있어야 한다.
④ 소비자들 간에 차익거래가 이뤄지지 않도록 하는 것이 중요하다.
⑤ 일정 수준의 시장지배력이 있어야 이런 행위가 가능하다.

76 다음 중 파레토 최적에 대한 설명으로 옳지 않은 것은?

① 파레토 효율성이란 일반적으로 한정된 자원의 효율적인 사용과 관련된 의미이다.
② 외부성이 존재해도 완전경쟁만 이루어진다면 파레토 최적의 자원배분은 가능하다.
③ 재화 간 소비자의 주관적 교환비율인 한계대체율이 생산자의 한계변환율과 서로 같아야 한다.
④ 후생경제학 제1정리에 의하여 시장실패요인이 없다면 일반경쟁균형하에서의 자원배분은 파레토 최적이다.
⑤ 파레토 효율성과 관련된 후생경제학의 제1정리와 제2정리에 있어서 소비자의 선호체계에 대한 기본 가정은 동일하지 않다.

77 다음 중 사회후생함수에 대한 설명으로 가장 적절한 것은?(단, U_A와 U_B는 각각 사회구성원 A와 B의 후생수준을 나타낸다)

① 애로우(Arrow)의 불가능성 정리는 개인 간 후생수준의 비교가 가능하다는 것을 전제한다.
② 공리주의 사회후생함수의 경우 높은 수준의 효용을 누리고 있는 사람의 효용에는 작은 가중치를 부여한다.
③ 베르누이-내쉬(Bernoulli-Nash)의 사회후생함수는 최빈자의 후생을 가장 중요시하는 사회후생함수로 $SW=\min[U_A, U_B]$으로 표현된다.
④ 롤스(J. Rawls)의 사회후생함수는 사회구성원 중 고소득층의 후생수준에 의하여 결정되며 $SW=\max[U_A, U_B]$으로 표현된다.
⑤ 효용가능경계상의 두 점에서 A와 B의 후생수준이 각각 ($U_A=60$, $U_B=60$)과 ($U_A=70$, $U_B=30$)일 때 가중치가 동일한 공리주의 사회후생함수에서는 전자의 사회후생수준을 높게 평가한다.

78 **다음과 같은 경제 현상의 특징으로 올바른 것은?**

> ㉮ 경제 주체의 어떤 경제활동은 다른 경제 주체에 부정적인 영향을 미치지만 그것이 시장가격에 반영되지 않을 수도 있다.
> ㉯ 이윤을 극대화하기 위해 다른 기업의 시장 진입을 제한하고 상품의 공급량을 조절하여 시장가격을 인상하려는 기업이 존재한다.
> ㉰ 다수의 소비자가 재화를 소비하더라도 개별 소비량이 감소하지 않고 가격을 지불하지 않은 소비자를 재화의 소비로부터 배제시키는 것이 어려운 재화가 존재한다.

① ㉮, ㉯, ㉰ 모두 정부실패에 해당하는 사례이다.
② ㉮, ㉯, ㉰ 모두 정부의 시장개입을 반대하는 근거로 사용한다.
③ ㉮, ㉯, ㉰ 모두 시장 기능만으로는 자원 배분이 최적으로 달성되지 않는다.
④ ㉯는 공해 등 환경문제에 해당하는 내용이며, 사용량에 따라 탄소세를 부과하는 해결책이 존재한다.
⑤ ㉰는 공공재 문제에 해당하는 내용이며, 무임승차 문제를 해결하기 위해 시장이 공공재를 공급하는 정책을 실행해야 한다.

79 **다음 중 외부효과와 코즈 정리에 대한 설명으로 옳지 않은 것은?**

① 코즈 정리에 따르면 시장이 효율적인 결과에 도달하는지의 여부는 이해당사자들의 법적 권리가 누구에게 있는가에 따라 달라진다.
② 외부불경제(Negative Externality)를 정부 개입을 통해 해결하려는 방식에는 피구세(교정적 조세)가 있다.
③ 외부불경제(Negative Externality)는 완전경쟁시장이나 불완전경쟁시장 모두에서 발생할 수 있다.
④ 외부경제(Positive Externality)로 인한 과소 생산 문제는 보조금을 통해 내부화시킴으로써 해결할 수 있다.
⑤ 코즈 정리는 현실적으로 거래 당사자를 파악하기 어렵다는 한계가 있다.

80 **다음 중 조세부과에 대한 설명으로 옳지 않은 것은?(단, 수요곡선은 우하향하며, 공급곡선은 우상향한다)**

① 공급자에게 조세 납부의 책임이 있는 경우 소비자에게는 조세 부담이 전혀 없다.
② 조세 부과로 인해 시장 가격은 상승한다.
③ 조세 부과로 인해 사회적 후생이 감소한다.
④ 가격탄력성에 따라 조세 부담의 정도가 달라진다.
⑤ 우리나라 국세 중 비중이 가장 높은 세금은 부가가치세이다.

81 **다음 〈보기〉 중 국내총생산(GDP) 통계에 대한 설명으로 옳은 것을 모두 고르면?**

보기

가. 여가가 주는 만족은 삶의 질에 매우 중요한 영향을 미치므로 GDP에 반영된다.
나. 환경오염으로 파괴된 자연을 치유하기 위해 소요된 지출은 GDP에 포함된다.
다. 우리나라의 지하경제 규모는 엄청나므로 한국은행은 이것을 포함하여 GDP를 측정한다.
라. 가정주부의 가사노동은 GDP에 불포함되지만 가사도우미의 가사노동은 GDP에 포함된다.

① 가, 다
② 가, 라
③ 나, 다
④ 나, 라
⑤ 다, 라

82 **A국가의 1분기 경제지표는 GNP는 3.0% 감소했는데, GNI는 1.5% 증가하였다. 이러한 경제지표를 통해 유추하기 어려운 것은?**

① 국내 총생산이 서비스 부문을 중심으로 증가하였다.
② 환율이 하락하여 국민들의 대외구매력이 증가하였다.
③ 수출 제품의 가격보다 수입 제품의 가격이 더 하락하였다.
④ 국민들의 실질적인 소득 수준은 감소하였다.
⑤ 경상수지의 흑자가 더 커졌을 가능성이 높다.

83 다음 〈보기〉 중 항상소득이론에 근거한 설명으로 옳은 것을 모두 고르면?

보기

가. 직장에서 승진하여 소득이 증가하였으나 이로 인한 소비는 증가하지 않는다.
나. 경기호황기에는 임시소득이 증가하여 저축률이 상승한다.
다. 항상소득에 대한 한계소비성향이 임시소득에 대한 한계소비성향보다 더 작다.
라. 소비는 현재소득뿐 아니라 미래소득에도 영향을 받는다.

① 가, 나
② 가, 라
③ 나, 다
④ 나, 라
⑤ 다, 라

84 다음 중 IS곡선에 대한 설명으로 적절하지 않은 것은?

① IS곡선 하방의 한 점은 생산물시장이 초과수요 상태임을 나타낸다.
② 한계저축성향(s)이 클수록 IS곡선은 급경사이다.
③ 정부지출과 조세가 동액만큼 증가하더라도 IS곡선은 우측으로 이동한다.
④ 피구(Pigou)효과를 고려하게 되면 IS곡선의 기울기는 보다 가팔라진다.
⑤ 수입은 소득의 증가함수이므로 개방경제하의 IS곡선은 폐쇄경제하의 IS곡선보다 가파르다.

85 다음 〈보기〉 중 IS-LM 모형에서 확장적인 재정정책이 국민소득에 미치는 효과에 대한 설명으로 옳은 것을 모두 고르면?

보기

가. 화폐수요의 이자율탄력성이 높을수록 소득증가 효과가 커진다.
나. 민간투자의 이자율탄력성이 작을수록 소득증가 효과가 커진다.
다. 한계소비성향이 높을수록 소득증가효과가 커진다.
라. 소득세율이 낮을수록 소득증가효과가 커진다.

① 가, 나
② 가, 라
③ 나, 다
④ 나, 다, 라
⑤ 가, 나, 다, 라

86 **다음 중 경기부양정책에 대한 설명으로 옳지 않은 것은?**

① 재정정책은 통화정책보다 경기부양의 효과가 직접적이다.
② 통화정책은 재정정책보다 정책의 실행이 신속하다.
③ 통화정책은 투자를 증대시키지만 재정정책은 투자를 위축시킬 수 있다.
④ 재정정책이나 통화정책으로 경기를 부양하면 일반적으로 물가가 오른다.
⑤ 재정정책과 통화정책은 총공급곡선의 기울기가 클수록 효과적이다.

87 **인플레이션은 경제에 여러 영향을 끼치므로 통화당국은 과도한 인플레이션이 생기지 않도록 노력한다. 다음 중 인플레이션의 해악으로 보기 어려운 것은?**

① 인플레이션은 기업의 가격조정 비용을 야기 시킨다.
② 기대한 인플레이션은 채무자와 채권자 사이에 부를 재분배시킨다.
③ 인플레이션은 상대가격을 혼란시켜 자원의 효율적 배분을 저해한다.
④ 인플레이션이 심하면 정상적인 거래를 방해해 거래를 감소시킨다.
⑤ 인플레이션이 심해지면 현금 보유를 줄이기 위해 노력하는 과정에서 비용이 발생한다.

88 **다음 중 필립스곡선 및 자연실업률가설에 대한 설명으로 옳은 것은?**

① 필립스곡선은 명목임금상승률과 실업률 간의 관계를 나타내는 우상향의 곡선이다.
② 필립스곡선은 단기총공급곡선을 나타내며 기대인플레이션율이 상승하면 아래쪽으로 이동한다.
③ 자연실업률가설에 따르면 정부가 총수요확대정책을 실시한 경우에 단기적으로 기업과 노동자가 이를 정확하게 인식하지 못하기 때문에 실업률을 낮출 수 있다.
④ 자연실업률가설에 따르면 장기적으로 필립스곡선은 수직이며, 이 경우 총수요확대정책은 자연실업률보다 낮은 실업률을 달성한다.
⑤ 단기필립스곡선에서 재화와 서비스에 대한 총수요가 증가하면 물가수준은 하락하고 총산출량은 증가하는데, 산출량이 많을수록 기업의 노동자 고용은 늘어난다.

89 다음 중 내생적 성장이론에 대한 설명으로 옳지 않은 것은?

① 지속적인 경제성장이 일어나게 만드는 요인을 모형 안에서 찾으려는 이론이다.
② 연구개발 투자 및 인적자본의 중요성을 강조하는 이론이다.
③ 선진국과 개도국간의 생활수준 격차가 더 벌어질 가능성이 있다는 것을 설명한다.
④ 내생적 성장에 관한 학습효과(Learning-by-Doing)모형은 의도적인 교육투자의 중요성을 강조한다.
⑤ 저축률이 상승하면 경제성장률은 지속적으로 높아진다.

PART 3

90 다음 국제거래 중 우리나라의 경상수지 흑자를 증가시키는 것은?

① 외국인이 우리나라 기업의 주식을 매입하였다.
② 우리나라 학생의 해외유학이 증가하였다.
③ 미국 기업은 우리나라에 자동차 공장을 건설하였다.
④ 우리나라 기업이 중국기업으로부터 특허료를 지급받았다.
⑤ 우리나라 기업이 외국인에게 주식투자에 대한 배당금을 지급하였다.

91 다음에서 설명하는 정책에 대한 내용으로 옳지 않은 것은?

중앙은행의 정책으로 금리 인하를 통한 경기부양 효과가 한계에 다다랐을 때 중앙은행이 국채매입 등을 통해 유동성을 시중에 직접 푸는 정책을 뜻한다.

① 경기후퇴를 막음으로써 시장의 자신감을 향상시킨다.
② 디플레이션을 초래할 수 있다.
③ 수출 증대의 효과가 있다.
④ 유동성을 무제한으로 공급하는 것이다.
⑤ 중앙은행은 이율을 낮추지 않고 돈의 흐름을 늘릴 수 있다.

92 **다음 중 후방굴절형 노동공급곡선이 발생하는 이유는?**

① 여가가 정상재이고, 소득효과가 대체효과보다 크기 때문이다.
② 여가가 정상재이고, 대체효과가 소득효과보다 크기 때문이다.
③ 여가가 열등재이고, 소득효과가 대체효과보다 크기 때문이다.
④ 여가가 열등재이고, 대체효과가 소득효과보다 크기 때문이다.
⑤ 여가가 정상재이고, 소득효과와 대체효과가 같기 때문이다.

93 **완전경쟁시장에서 개별기업의 평균총비용곡선 및 평균가변비용곡선은 U자형이며, 현재 생산량은 50이다. 이 생산량 수준에서 한계비용은 300, 평균총비용은 400, 평균가변비용은 200일 때 옳은 것을 〈보기〉에서 모두 고르면?(단, 시장가격은 300으로 주어져 있다)**

보기

ㄱ. 현재의 생산량 수준에서 평균총비용곡선 및 평균가변비용곡선은 우하향한다.
ㄴ. 현재의 생산량 수준에서 평균총비용곡선은 우하향하고 평균가변비용곡선은 우상향한다.
ㄷ. 개별기업은 현재 양의 이윤을 얻고 있다.
ㄹ. 개별기업은 현재 음의 이윤을 얻고 있다.
ㅁ. 개별기업은 단기에 조업을 중단하는 것이 낫다.

① ㄱ, ㄷ
② ㄱ, ㅁ
③ ㄴ, ㄷ
④ ㄴ, ㄹ
⑤ ㄴ, ㄹ, ㅁ

94 **다음 중 리카도 대등정리(Ricardian Equivalence Theorem)에 대한 설명으로 옳은 것은?**

① 국채 발행을 통해 재원이 조달된 조세삭감은 소비에 영향을 미치지 않는다.
② 국채 발행이 증가하면 이자율이 하락한다.
③ 경기침체 시에는 조세 대신 국채 발행을 통한 확대재정정책이 더 효과적이다.
④ 소비이론 중 절대소득가설에 기초를 두고 있다.
⑤ 소비자들이 유동성제약에 직면해 있는 경우 이 이론의 설명력이 더 커진다.

95 **다음 중 효율임금이론(Efficiency Wage Theory)에 대한 설명으로 옳은 것은?**

① 실질임금이 인상되면 노동생산성도 증가된다고 주장한다.
② 기업이 임금을 시장균형임금보다 낮게 설정하여 이윤극대화를 추구한다는 이론이다.
③ 기업은 숙련노동자에 대한 정보가 완전하기 때문에 해당 노동자에 대해서 항상 높은 임금을 지불한다는 이론이다.
④ 비자발적 실업이 발생하는 경우 효율적인 임금 수준이 재조정되므로 임금이 하락하는 이유를 설명할 수 있다.
⑤ 기업이 기존 노동자의 임금을 높게 유지하고, 신규 노동자의 임금을 낮게 유지하는 경우를 설명한다.

PART 3

96 **다음 중 두 상품의 선택모형에서 소비자 A의 무차별곡선에 대한 설명으로 옳지 않은 것은?**

① 두 상품이 각각 재화(Goods)와 비재화(Bads)인 경우 무차별곡선은 우상향한다.
② 두 상품이 모두 재화(Goods)인 경우 한계대체율체감의 법칙이 성립하면, 무차별곡선은 원점에 대하여 볼록하다.
③ 서로 다른 두 무차별곡선은 교차하지 않는다.
④ 두 상품이 완전대체재인 경우 무차별곡선의 형태는 L자형이다.
⑤ 두 상품이 모두 재화(Goods)인 경우 무차별곡선이 원점으로부터 멀어질수록 무차별곡선이 나타내는 효용수준이 높아진다.

97 **국민소득, 소비, 투자, 정부지출, 순수출, 조세를 각각 Y, C, I, G, NX, T라고 표현한다. 국민경제의 균형이 다음과 같이 결정될 때, 균형재정승수(Balanced Budget Multiplier)는?**

C=100+0.8(Y−T)
Y=C+I+G+NX

① 0.8
② 1
③ 4
④ 5
⑤ 7

98 현물환율이 1,000원/달러, 선물환율이 1,200원/달러, 한국의 이자율이 3%, 미국의 이자율이 2%이고, 이자율평가설이 성립할 때, 〈보기〉 중 옳지 않은 것을 모두 고르면?

보기

가. 한국의 이자율이 상승할 것이다.
나. 미국의 이자율이 상승할 것이다.
다. 현물환율이 상승할 것이다.
라. 현재 한국에 투자하는 것이 유리하다.

① 가, 나
② 가, 다
③ 나, 다
④ 나, 라
⑤ 다, 라

99 다음 〈보기〉의 설명 중 레버리지(Leverage)에 대한 설명으로 옳은 것을 모두 고르면?

보기

ㄱ. 레버리지 효과가 발생하기 위해서는 투자액의 일부를 부채를 통해 조달하여야 한다.
ㄴ. 일반적으로 레버리지 효과는 저축과 달리 투자에서 발생하는 개념이다.
ㄷ. 투자 레버리지란, 총투자액을 부채로 나눈 것을 가리킨다.
ㄹ. 불확실성이 커 경기침체가 발생한 경우, 레버리지는 투자의 안전장치 역할을 한다.

① ㄱ, ㄴ
② ㄱ, ㄷ
③ ㄴ, ㄷ
④ ㄴ, ㄹ
⑤ ㄷ, ㄹ

100 다음 〈보기〉 중 변동환율제도하에서 국내 원화의 가치가 상승하는 요인을 모두 고르면?

보기

ⓐ 외국인의 국내 부동산 구입 증가
ⓑ 국내 기준금리 인상
ⓒ 미국의 확대적 재정정책 시행
ⓓ 미국의 국채이자율의 상승

① ⓐ, ⓑ
② ⓐ, ⓒ
③ ⓑ, ⓒ
④ ⓑ, ⓓ
⑤ ⓒ, ⓓ

| 04 | 사무직(법학)

51 **다음 중 행정행위의 직권취소 및 철회에 대한 설명으로 옳지 않은 것은?(단, 다툼이 있는 경우 판례에 의함)**

① 수익적 행정행위의 철회는 법령에 명시적인 규정이 있거나 행정행위의 부관으로 그 철회권이 유보되어 있는 등의 경우가 아니라면, 원래의 행정행위를 존속시킬 필요가 없게 된 사정변경이 생겼거나 또는 중대한 공익상의 필요가 발생한 경우 등의 예외적인 경우에만 허용된다.

② 행정행위의 처분권자는 취소사유가 있는 경우 별도의 법적 근거가 없더라도 직권취소를 할 수 있다.

③ 행정청이 행한 공사중지명령의 상대방은 그 명령 이후에 그 원인사유가 소멸하였음을 들어 행정청에게 공사중지명령의 철회를 요구할 수 있는 조리상의 신청권이 없다.

④ 외형상 하나의 행정처분이라 하더라도 가분성이 있거나 그 처분대상의 일부가 특정될 수 있다면 그 일부만의 취소도 가능하고 그 일부의 취소는 당해 취소부분에 관하여 효력이 생긴다.

⑤ 직권취소는 처분의 성격을 가지므로, 이유제시절차 등의 행정절차법상 처분절차에 따라야 하며, 특히 수익적 행위의 직권취소는 상대방에게 침해적 효과를 발생시키므로 행정절차법에 따른 사전통지, 의견청취의 절차를 거쳐야 한다.

52 **다음 중 행정심판에 있어서 당사자와 관계인에 대한 설명으로 옳지 않은 것은?**

① 심판청구의 대상과 관계되는 권리나 이익을 양수한 자는 위원회의 허가를 받아 청구인의 지위를 승계할 수 있다.

② 법인이 아닌 사단 또는 재단으로서 대표자나 관리인이 정하여져 있는 경우에는 그 대표자나 관리인의 이름으로 심판청구를 할 수 있다.

③ 청구인이 피청구인을 잘못 지정한 경우에는 위원회는 직권으로 또는 당사자의 신청에 의하여 결정으로써 피청구인을 경정할 수 있다.

④ 행정심판의 경우 여러 명의 청구인이 공동으로 심판청구를 할 때에는 청구인들 중에서 3명 이하의 선정대표자를 선정할 수 있다.

⑤ 참가인은 행정심판 절차에서 당사자가 할 수 있는 심판절차상의 행위를 할 수 있다.

53 **다음 중 지방자치단체에 대한 설명으로 옳지 않은 것은?**

① 지방자치단체는 독자적으로 자치권을 행사하는 공법인이다.
② 지방자치단체는 관할 구역, 주민, 위임사무를 구성의 3대 요소로 한다.
③ 지방자치단체는 행정 주체로서 권한을 행사하고 의무를 진다.
④ 지방자치단체의 종류는 법률로 정한다.
⑤ 지방자치단체는 법령이나 상급지방자치단체의 조례에 위반되지 않아야 한다.

54 **다음 중 중앙선거관리위원회의 사무에 해당되지 않는 것은?**

① 선거소송에 대한 심판
② 정당관리
③ 국민투표의 관리
④ 당선자의 결정
⑤ 하급 선거관리위원회 지휘 · 감독

55 **다음 중 현행 헌법상의 신체의 자유에 대한 설명으로 적절한 것은?**

① 법률과 적법한 절차에 의하지 아니하고는 강제노역을 당하지 아니한다.
② 누구든지 체포 · 구금을 받을 때에는 그 적부의 심사를 법원에 청구할 수 없다.
③ 체포, 구속, 수색, 압수, 심문에는 검사의 신청에 의하여 법관이 발부한 영장이 제시되어야 한다.
④ 법관에 대한 영장신청은 검사 또는 사법경찰관이 한다.
⑤ 특별한 경우, 형사상 자기에게 불리한 진술을 강요받을 수 있다.

56 **다음 중 직업선택의 자유에 대한 설명으로 적절하지 않은 것은?**

① 경제적 자유로서의 성격이 강하다.
② 바이마르헌법에서 최초로 규정되었으며 법인에게도 인정된다.
③ 헌법상 근로의 의무가 있으므로 무직업의 자유는 인정되지 않는다.
④ 그 내용으로는 직업결정의 자유, 직업수행의 자유, 영업의 자유가 포함된다.
⑤ 노동을 통한 인격발전과 관련하여 주관적 공권의 일종이라 할 수 있다.

PART 3

57 **다음 중 사회권적 기본권에 해당하는 것은?**

① 사유재산권
② 교육을 받을 권리
③ 국가배상청구권
④ 직업선택의 자유
⑤ 언론 출판의 자유

58 **법률행위의 부관에 대한 설명으로 옳은 것은?(단, 다툼이 있는 경우 판례에 의함)**

① 기성조건이 해제조건이면 조건 없는 법률행위로 한다.
② 불능조건이 정지조건이면 조건 없는 법률행위로 한다.
③ 불법조건이 붙어 있는 법률행위는 불법조건만 무효이며, 법률행위 자체는 무효로 되지 않는다.
④ 기한의 효력은 기한 도래시부터 생기며 당사자가 특약을 하더라도 소급효가 없다.
⑤ 어느 법률행위에 어떤 조건이 붙어 있었는지 여부는 법률행위 해석의 문제로서 당사자가 주장하지 않더라도 법원이 직권으로 판단한다.

59 **다음 중 지명채권의 양도에 대한 설명으로 옳은 것은?(단, 다툼이 있는 경우 판례에 의함)**

① 지명채권의 양도는 채권자의 통지 또는 채무자의 승낙에 의하여 효력이 발생한다.

② 양도인이 양도통지만을 한 때에는 채무자는 그 통지를 받은 때까지 양도인에 대하여 생긴 사유로써 양수인에게 대항할 수 있다.

③ 양도금지의 특약이 있는 채권은 압류가 금지된다.

④ 채권이 이중으로 양도된 경우, 양수인 상호 간의 우열은 양도 통지 증서의 확정일자 선후로 결정한다.

⑤ 채권양도의 통지는 관념의 통지로서, 양도인이 직접 하여야 하며 대리가 허용되지 않는다.

60 **다음 중 청약과 승낙에 대한 설명으로 옳은 것은?**

① 청약과 승낙의 의사표시는 특정인에 대해서만 가능하다.

② 승낙자가 청약에 변경을 가하지 않고 조건만을 붙여 승낙한 경우에는 계약이 성립된다.

③ 청약자는 청약이 상대방에게 도달하기 전에는 임의로 이를 철회할 수 있다.

④ 당사자 간에 동일한 내용의 청약이 상호교차된 경우에는 양 청약의 통지가 상대방에게 발송된 때에 계약이 성립한다.

⑤ 승낙의 기간을 정한 청약은 승낙자가 그 기간 내에 승낙의 통지를 발송하지 아니한 때에는 그 효력을 잃는다.

61 **다음 중 해제와 해지에 대한 설명으로 옳은 것은?(단, 다툼이 있는 경우 판례에 의함)**

① 해제는 상대방에 대한 의사표시로 하고 상대방에게 도달한 때부터 그 효력이 생긴다.

② 계약이 합의해제되기 위해서는 명시적인 합의가 있어야 하며 묵시적인 합의해제는 인정되지 않는다.

③ 특별한 사정이 없는 한, 당사자의 일방 또는 쌍방이 수인인 경우에 해지나 해제의 권리가 당사자 1인에 대하여 소멸하여도 다른 당사자에게는 영향을 미치지 않는다.

④ 채무자의 책임 없는 사유로 채무의 이행이 불능하게 된 경우에도 채권자는 계약을 해제할 수 있다.

⑤ 계약이 해지된 경우, 계약은 소급적으로 그 효력을 잃기 때문에 이미 이행된 급부는 부당이득으로 상대방에게 반환하여야 한다.

62 甲은 사제폭탄을 제조 丁 소유의 가옥에 투척하여 乙을 살해하고 丙에게 상해를 입혔다. 그리고 丁 소유의 가옥은 파손되었다. 이러한 경우 살인죄, 상해죄, 손괴죄의 관계는?

① 누범
② 포괄일죄
③ 상상적 경합범
④ 경합범
⑤ 미수범

PART 3

63 다음 중 국가형벌권의 발동과 관련하여 범죄인의 인권보장과 관계되는 것은?

① 보장적 기능
② 보호적 기능
③ 규제적 기능
④ 사회보전적 기능
⑤ 강제적 기능

64 다음 중 회사의 해산사유에 해당하지 않는 것은?

① 사장단의 동의 또는 결의
② 존립기간의 만료
③ 정관으로 정한 사유의 발생
④ 법원의 해산명령 · 해산판결
⑤ 회사의 합병 · 파산

65 다음 중 상법상 주식회사에 대한 설명으로 옳지 않은 것은?

① 회사가 공고를 하는 방법은 정관의 절대적 기재사항이다.
② 회사가 가진 자기주식에도 의결권이 있다.
③ 각 발기인은 서면에 의하여 주식을 인수하여야 한다.
④ 창립총회에서는 이사와 감사를 선임하여야 한다.
⑤ 정관은 공증인의 인증을 받음으로써 효력이 생긴다.

66 다음 중 상법의 특색(이념)과 거리가 먼 것은?

① 영리성
② 집단성
③ 통일성
④ 개인책임의 가중과 경감
⑤ 기업의 유지 강화

67 다음 〈보기〉 중 상법상 손해보험에 해당하는 것은 모두 몇 개인가?

보기

ㄱ. 책임보험	ㄴ. 화재보험
ㄷ. 해상보험	ㄹ. 생명보험
ㅁ. 상해보험	ㅂ. 재보험

① 2개 ② 3개
③ 4개 ④ 5개
⑤ 6개

68 **다음 중 상법상 보험자의 면책사유에 해당하지 않는 것은?**

① 보험사고가 보험계약자의 고의로 발생한 경우
② 보험사고가 피보험자의 실수로 발생한 경우
③ 보험사고가 보험계약자의 중대한 과실로 발생한 경우
④ 보험사고가 전쟁 기타의 변란으로 발생한 경우
⑤ 보험사고가 보험수익자의 과실로 발생한 경우

PART 3

69 **상법 제9조의 반대해석으로 소상인에 대해서도 적용하는 상법의 규정은?**

① 지배인
② 상업장부
③ 상호
④ 영업양도
⑤ 상업등기

70 **다음 중 상업사용인의 의무에 대한 설명으로 옳지 않은 것은?**

① 상업사용인은 영업주의 허락이 없이는 본인이 아닌 제3자의 계산으로라도 영업주의 영업부류에 속한 거래를 할 수 없다.
② 상업사용인은 영업주의 허락 없이 다른 상인의 사용인이 되지 못한다.
③ 의무를 위반한 상업사용인은 영업주에 대하여 손해를 배상할 책임이 있다.
④ 의무를 위반하여 한 거래행위는 원칙적으로 무효이다.
⑤ 영업주는 상업사용인의 의무 위반 거래행위를 안 날로부터 2주간을 경과하거나 그 거래가 있은 날로부터 1년을 경과하면 손해배상을 청구할 수 없다.

71 다음은 상법상 합명회사에 대한 규정이다. 빈칸에 들어갈 숫자로 옳은 것은?

> 회사의 설립의 무효는 그 사원에 한하여, 설립의 취소는 그 취소권 있는 자에 한하여 회사성립의 날로부터 ____년 내에 소만으로 이를 주장할 수 있다.

① 1　② 2
③ 3　④ 4
⑤ 5

72 다음 중 상법상 주식회사 설립 시 정관의 절대적 기재사항이 아닌 것은?

① 목적
② 상호
③ 청산인
④ 본점의 소재지
⑤ 회사가 발행할 주식의 총수

73 다음 중 회사의 권리능력에 대한 설명으로 잘못된 것은?

① 회사는 유증(遺贈)을 받을 수 있다.
② 회사는 상표권을 취득할 수 있다.
③ 회사는 다른 회사의 무한책임사원이 될 수 있다.
④ 회사는 명예권과 같은 인격권의 주체가 될 수 있다.
⑤ 회사는 합병을 할 수 있다.

74 **다음 중 상법상 보험계약자의 의무가 아닌 것은?**

① 보험료지급의무
② 보험증권교부의무
③ 위험변경증가 통지의무
④ 중요사항에 대한 고지의무
⑤ 위험유지의무

PART 3

75 **다음 중 상법상 피보험이익에 대한 설명으로 옳지 않은 것은?**

① 인보험계약의 본질적인 요소이다.
② 적법하고 금전으로 산정할 수 있는 이익이어야 한다.
③ 보험계약의 동일성을 결정하는 기준이다.
④ 피보험이익의 주체를 피보험자라 한다.
⑤ 피보험이익을 금전으로 평가한 가액을 보험가액이라고 한다.

76 **다음 중 빈칸에 들어갈 용어를 순서대로 나열한 것은?**

보험계약은 ________가 약정한 보험료를 지급하고 재산 또는 생명이나 신체에 불확정한 사고가 발생할 경우에 ________가 일정한 보험금이나 그 밖의 급여를 지급할 것을 약정함으로써 효력이 생긴다.

① 피보험자, 보험수익자
② 피보험자, 보험계약자
③ 보험계약자, 피보험자
④ 보험계약자, 보험자
⑤ 보험계약자, 보험수익자

77 **근로3권에 대한 설명으로 옳지 않은 것은?(단, 다툼이 있는 경우 대법원 및 헌법재판소 판례에 의함)**

① 노동조합으로 하여금 행정관청이 요구하는 경우 결산결과와 운영상황을 보고하도록 하고 그 위반 시 과태료에 처하도록 하는 것은 노동조합의 단결권을 침해하는 것이 아니다.

② 근로자에게 보장된 단결권의 내용에는 단결할 자유뿐만 아니라 노동조합을 결성하지 아니할 자유나 노동조합에 가입을 강제당하지 아니할 자유, 그리고 가입한 노동조합을 탈퇴할 자유도 포함된다.

③ 국가비상사태 하에서라도 단체교섭권·단체행동권이 제한되는 근로자의 범위를 구체적으로 제한함이 없이 그 허용 여부를 주무관청의 조정결정에 포괄적으로 위임하고 이에 위반할 경우 형사처벌하도록 규정하는 것은 근로3권의 본질적인 내용을 침해하는 것이다.

④ 노동조합 및 노동관계조정법상의 근로자성이 인정되는 한, 출입국관리 법령에 의하여 취업활동을 할 수 있는 체류자격을 얻지 아니한 외국인 근로자도 노동조합의 결성 및 가입이 허용되는 근로자에 해당된다.

⑤ 하나의 사업 또는 사업장에 두 개 이상의 노동조합이 있는 경우 단체교섭에 있어 그 창구를 단일화하도록 하고 교섭대표가 된 노동조합에게만 단체교섭권을 부여한 교섭창구단일화제도는 교섭대표노동조합이 되지 못한 노동조합의 단체교섭권을 침해하는 것이 아니다.

78 **1년 이상의 징역형 선고를 받고 그 집행이 종료되지 아니한 사람의 선거권을 제한하는 공직선거법 조항이 청구인들의 선거권을 침해하는지 여부에 대한 설명으로 옳지 않은 것을 〈보기〉에서 모두 고르면?(단, 다툼이 있는 경우 헌법재판소 판례에 의함)**

보기

ㄱ. 이 사건 법률조항에 의한 선거권 박탈은 범죄자에 대해 가해지는 형사적 제재의 연장으로 범죄에 대한 응보적 기능을 갖는다.
ㄴ. 선거권이 제한되는 수형자의 범위를 정함에 있어서 선고형이 중대한 범죄여부를 결정하는 합리적 기준이 될 수 있다.
ㄷ. 형 집행 중 가석방 처분을 받았다는 후발적 사유를 고려하지 아니하고 1년 이상의 징역형 선고를 받은 사람의 선거권을 일률적으로 제한하는 것은 불필요한 제한에 해당한다.
ㄹ. 1년 이상의 징역형을 선고받은 사람은 공동체에 상당한 위해를 가하였다는 점이 재판과정에서 인정된 자이므로 이들에게 사회적·형사적 제재를 가하고 준법의식을 제고할 필요가 있다.
ㅁ. 1년 이상의 징역형을 선고받은 사람의 범죄행위가 국가적·사회적 법익이 아닌 개인적 법익을 침해하는 경우라면 사회적·법률적 비난가능성의 정도는 달리 판단할 수 있다.

① ㄱ, ㄴ
② ㄴ, ㅁ
③ ㄷ, ㅁ
④ ㄱ, ㄴ, ㄹ
⑤ ㄴ, ㄷ, ㅁ

79 다음 중 대통령의 사면권 행사에 대한 설명으로 옳지 않은 것을 〈보기〉에서 모두 고르면?(단, 다툼이 있는 경우 헌법재판소 판례에 의함)

보기

ㄱ. 복권은 형의 집행이 끝나지 아니한 자 또는 집행이 면제되지 아니한 자에 대하여는 하지 아니한다.
ㄴ. 협의의 사면이라 함은 형사소송법이나 그 밖의 형사법규의 절차에 의하지 아니하고, 형의 선고의 효과 또는 공소권을 소멸시키거나 형집행을 면제시키는 국가원수의 특권을 의미한다. 넓은 의미의 사면은 협의의 사면은 물론이고 감형과 복권까지 포괄하는 개념이다.
ㄷ. 대통령의 일반사면권 행사에는 국회의 동의가 불필요하다.
ㄹ. 일반사면이란 범죄의 종류를 지정하여, 이에 해당하는 모든 범죄인에 대하여 형의 선고의 효과를 전부 또는 일부 소멸시키거나, 형의 선고를 받지 아니한 자에 대해서는 공소권을 소멸시키는 것을 말한다.
ㅁ. 특별사면이라 함은 이미 형의 선고를 받은 특정인에 대하여 형의 집행을 면제하는 것을 말한다.
ㅂ. 전두환, 노태우 전대통령에 대한 특별사면 위헌확인 사건에서 헌법재판소는 일반국민이 특별사면으로 인하여 자신의 법적 이익 또는 권리를 직접적으로 침해당했기 때문에 헌법소원심판 청구의 적법성을 인정했다.

① ㄱ
② ㄴ, ㅁ
③ ㄷ, ㄹ
④ ㄷ, ㅂ
⑤ ㄱ, ㄷ, ㅂ

PART 3

80 다음 중 국적에 대한 설명으로 옳은 것은?

① 평창올림픽을 앞두고 아이스하키 분야에 매우 우수한 능력을 보유한 자로서 대한민국의 국익에 기여할 것으로 인정되는 자는 대한민국에 주소가 없어도 귀화허가를 받을 수 있다.
② 대한민국에서 출생한 자로서 부 또는 모가 대한민국에서 출생한 자에 해당하는 외국인이 대한민국에 1년 이상 계속하여 주소가 있는 때에는 귀화허가를 받을 수 있다.
③ 복수국적자로서 외국 국적을 선택하려는 자는 외국에 주소가 없어도 법무부 장관에게 대한민국 국적을 이탈한다는 뜻을 신고할 수 있다.
④ 출생 당시 모가 자녀에게 외국 국적을 취득하게 할 목적으로 외국에서 체류 중이었던 사실이 인정되는 자는 대한민국에서 외국 국적을 행사하지 않겠다는 서약을 한 후 대한민국 국적을 선택한다는 뜻을 신고할 수 있다.
⑤ 배우자가 대한민국 국민인 외국인으로서 그 배우자와 혼인한 후 3년이 지나고 혼인한 상태로 대한민국에 1년 이상 계속하여 주소가 있는 자는 귀화 허가를 받을 수 있다.

81 **다음 중 국정감사 및 조사에 관한 법률상 국정감사 및 조사에 대한 설명으로 옳지 않은 것은?**

① 국정감사 또는 조사를 하는 위원회는 그 의결로 필요한 경우 2명 이상의 위원으로 별도의 소위원회나 반을 구성하여 감사 또는 조사를 하게 할 수 있다.
② 지방자치단체에 대한 감사는 둘 이상의 위원회가 합동으로 반을 구성하여 할 수 있다.
③ 위원회는 그 의결로 감사 또는 조사와 관련된 보고 또는 서류 등의 제출을 관계인 또는 그 밖의 기관에 요구하고, 증인·감정인·참고인의 출석을 요구하고 검증을 할 수 있다. 다만, 위원회가 감사 또는 조사와 관련된 서류 등의 제출을 요구하는 경우에는 재적위원 3분의 1 이상의 요구로 할 수 있다.
④ 위원회가 국정감사 또는 조사를 마쳤을 때에는 지체 없이 그 감사 또는 조사 보고서를 작성하여 의장에게 제출하여야 하며, 보고서를 제출받은 의장은 이를 지체 없이 본회의에 보고하여야 한다.
⑤ 국회는 국정전반에 관하여 소관 상임위원회별로 매년 정기회 집회일 이전 국정감사 시작일부터 30일 이내의 기간을 정하여 감사를 실시한다. 이때 감사는 상임위원장이 각 교섭단체 대표의원과 협의하여 작성한 감사계획서에 따라 한다.

82 **국회법 및 공직선거법에 따를 때, A~E 중 가장 큰 수는?**

- 대통령선거에서 후보자의 등록은 선거일 전 (A)일부터 2일간 관할선거구선거관리위원회에 서면으로 신청하여야 한다.
- 정부에 대한 질문을 제외하고는 의원의 발언 시간은 (B)분을 초과하지 아니하는 범위에서 의장이 정한다.
- 국회의원지역구의 공정한 획정을 위하여 임기만료에 따른 국회의원선거의 선거일 전 (C)개월부터 해당 국회의원선거에 적용되는 국회의원지역구의 명칭과 그 구역이 확정되어 효력을 발생하는 날까지 국회의원선거구획정위원회를 설치·운영한다.
- 대통령선거의 선거기간은 (D)일이다.
- 의원 (E)명 이상의 연서에 의한 동의로 본회의 의결이 있거나 의장이 각 교섭단체 대표의원과 협의하여 필요하다고 인정할 때에는 의장은 회기 전체 의사일정의 일부를 변경하거나 당일 의사일정의 안건 추가 및 순서 변경을 할 수 있다.

① A　　② B
③ C　　④ D
⑤ E

83 **재산권에 대한 설명으로 옳지 않은 것은?(단, 다툼이 있는 경우 판례에 의함)**

① 보유기간이 1년 이상 2년 미만인 자산이 공용 수용으로 양도된 경우에도 중과세하는 구 소득세법 조항은 재산권을 침해하지 않는다.

② 법인이 과밀억제권역 내에 본점의 사업용 부동산으로 건축물을 신축하여 이를 취득하는 경우 취득세를 중과세하는 구 지방세법 조항은, 인구유입이나 경제력집중의 유발 효과가 없는 신축 또는 증축으로 인한 부동산의 취득의 경우에도 모두 취득세 중과세 대상에 포함시키는 것이므로 재산권을 침해한다.

③ 계약의 이행으로 받은 금전을 계약 해제에 따른 원상회복으로서 반환하는 경우 그 받은 날로부터 이자를 지급하도록 한 민법 조항은, 계약 해제의 경위・계약 당사자의 귀책사유 등 제반 사정을 계약 해제로 인한 손해배상의 범위를 정할 때 고려하게 되므로, 원상회복의 무자의 재산권을 침해하지 않는다.

④ 가축전염병의 확산을 막기 위한 방역조치로서 도축장 사용정지・제한명령은 공익목적을 위하여 이미 형성된 구체적 재산권을 박탈하거나 제한하는 헌법 제23조 제3항의 수용・사용 또는 제한에 해당하는 것이 아니라, 도축장 소유자들이 수인하여야 할 사회적 제약으로서 헌법 제23조 제1항의 재산권의 내용과 한계에 해당한다.

⑤ 친일반민족행위자 재산의 국가귀속에 관한 특별법(이하 '친일재산귀속법'이라 한다)에 따라 그 소유권이 국가에 귀속되는 '친일재산'의 범위를 '친일반민족행위자가 국권침탈이 시작된 러・일전쟁 개전시부터 1945년 8월 15일까지 일본제국주의에 협력한 대가로 취득하거나 이를 상속받은 재산 또는 친일재산임을 알면서 유증 증여를 받은 재산'으로 규정하고 있는 친일재산귀속법 조항은 재산권을 침해하지 않는다.

84 **다음의 ㉠과 ㉡이 의미하는 행정구제제도의 명칭이 바르게 연결된 것은?**

> ㉠ 지방자치단체가 건설한 교량이 시공자의 흠으로 붕괴되어 지역주민들에게 상해를 입혔을 때, 지방자치단체가 상해를 입은 주민들의 피해를 구제해 주었다.
> ㉡ 도로확장사업으로 인하여 토지를 수용당한 주민들의 피해를 국가가 변상하여 주었다.

	㉠	㉡
①	손실보상	행정소송
②	손해배상	행정심판
③	행정소송	손실보상
④	손해배상	손실보상
⑤	행정소송	손해배상

PART 3

85 **다음 중 국가공무원법에 명시된 공무원의 복무의무로 옳지 않은 것은?**

① 범죄 고발의 의무
② 친절·공정의 의무
③ 비밀엄수의 의무
④ 정치운동의 금지
⑤ 복종의 의무

86 **법무부장관이 외국인 A에게 귀화를 허가한 경우, 선거관리위원장은 귀화 허가가 무효가 아닌 한 귀화 허가에 하자가 있더라도 A가 한국인이 아니라는 이유로 선거권을 거부할 수 없다. 이처럼 법무부장관의 귀화 허가에 구속되는 행정행위의 효력은 무엇인가?**

① 공정력
② 구속력
③ 형식적 존속력
④ 구성요건적 효력
⑤ 실질적 존속력

87 **권력관계에 있어서 국가와 기타 행정주체의 의사는 비록 설립에 흠이 있을지라도 당연무효의 경우를 제외하고는 일단 적법·유효하다는 추정을 받으며, 권한 있는 기관이 직권 또는 쟁송절차를 거쳐 취소하기 전에는 누구라도 이에 구속되고 그 효력을 부정하지 못하는 우월한 힘이 있는데, 이를 행정행위의 무엇이라고 하는가?**

① 확정력
② 불가쟁력
③ 공정력
④ 강제력
⑤ 불가변력

88 **다음 중 행정주체와 국민과의 관계를 가장 잘 나타낸 것은?**

① 권력관계이다.
② 공법관계뿐이다.
③ 사법관계이다.
④ 근로관계이다.
⑤ 사법관계일 때도 있고 공법관계일 때도 있다.

PART 3

89 **다음 중 행정처분에 대한 설명으로 옳지 않은 것은?**

① 행정처분은 행정청이 행하는 공권력 작용이다.
② 행정처분에는 조건을 부가할 수 없다.
③ 경미한 하자있는 행정처분에는 공정력이 인정된다.
④ 행정처분에 대해서만 항고소송을 제기할 수 있다.
⑤ 법규에 위반하면 위법처분으로서 행정심판·행정소송의 대상이 된다.

90 **다음 중 행정행위의 특징으로 볼 수 없는 것은?**

① 행정처분에 대한 내용적인 구속력인 기판력
② 일정기간이 지나면 그 효력을 다투지 못하는 불가쟁성
③ 당연무효를 제외하고는 일단 유효함을 인정받는 공정력
④ 법에 따라 적합하게 이루어져야 하는 법적합성
⑤ 일정한 행정행위의 경우 그 성질상 행정청 스스로도 직권취소나 변경이 제한되는 불가변성

91 다음 중 행정행위에 해당하는 것은?

① 도로의 설치
② 건축허가
③ 국유재산의 매각
④ 토지수용에 대한 협의
⑤ 자동차의 처분

92 다음 중 지방자치단체의 조직에 대한 설명으로 옳지 않은 것은?

① 지방자치단체에 주민의 대의기관인 의회를 둔다.
② 지방자치단체의 장은 주민이 보통·평등·직접·비밀선거에 따라 선출한다.
③ 지방자치단체의 장은 법령의 범위 안에서 자치에 대한 조례를 제정할 수 있다.
④ 지방자치단체의 종류는 법률로 정한다.
⑤ 지방의회의원의 임기는 4년으로 한다.

93 다음 중 행정기관에 대한 설명으로 옳은 것은?

① 다수 구성원으로 이루어진 합의제 행정청이 대표적인 행정청의 형태이며, 지방자치단체의 경우 지방의회가 행정청이다.
② 감사기관은 다른 행정기관의 사무나 회계처리를 검사하고 그 적부에 관해 감사하는 기관이다.
③ 자문기관은 행정청의 내부 실·국의 기관으로 행정청의 권한 행사를 보좌한다.
④ 의결기관은 행정청의 의사결정에 참여하는 권한을 가진 기관이지만 행정청의 의사를 법적으로 구속하지는 못한다.
⑤ 집행기관은 채권자의 신청에 의하여 강제집행을 실시할 직무를 갖지 못한다.

94 **다음 중 국가배상에 대한 설명으로 옳은 것은?**

① 도로건설을 위해 자신의 토지를 수용당한 개인은 국가배상청구권을 가진다.
② 공무원이 직무수행 중에 적법하게 타인에게 손해를 입힌 경우 국가가 배상책임을 진다.
③ 도로 · 하천 등의 설치 또는 관리에 하자가 있어 손해를 받은 개인은 국가가 배상책임을 진다.
④ 공무원은 어떤 경우에도 국가배상청구권을 행사할 수 없다.
⑤ 국가배상법에서 규정하고 있는 손해배상은 손실보상으로도 볼 수 있다.

95 **경찰관이 목전에 급박한 장해를 제거할 필요가 있거나 그 성질상 미리 의무를 명할 시간적 여유가 없을 때, 자신이 근무하는 국가중요시설에 무단으로 침입한 자의 신체에 직접 무기를 사용하여 저지하는 행위는?**

① 행정대집행
② 행정상 즉시강제
③ 행정상 강제집행
④ 집행벌
⑤ 행정상 손해배상

96 **행정심판에 의해 구제받지 못한 자가 위법한 행정행위에 대하여 최종적으로 법원에 구제를 청구하는 절차는?**

① 헌법소원
② 손해배상청구
③ 손실보상청구
④ 행정소송
⑤ 경정청구

97 우리나라 헌법은 1948년 이후 몇 차례의 개정이 있었는가?

① 5차 ② 7차
③ 8차 ④ 9차
⑤ 10차

98 다음 중 우리나라 헌법에 대한 설명으로 옳지 않은 것은?

① 대통령의 계엄선포권을 규정하고 있다.
② 국무총리의 긴급재정경제처분권을 규정하고 있다.
③ 국가의 형태로서 민주공화국을 채택하고 있다.
④ 국제평화주의를 규정하고 있다.
⑤ 실질적 의미의 헌법은 국가의 통치조직·작용의 기본원칙에 대한 규범을 총칭한다.

99 다음 설명 중 근대 입헌주의적 의미의 헌법에 해당하는 것은?

① 권력분립과 기본권 보장이 없는 국가는 헌법이 없다.
② 영국을 제외하고 모든 나라는 헌법을 가지고 있다.
③ 국가라고 하는 법적 단체가 있는 곳에는 헌법이 있다.
④ 공산주의 국가에도 헌법은 있다.
⑤ 헌법을 불문화할 필요가 있다.

100 다음 중 헌법개정에 대한 설명으로 옳지 못한 것은?

① 헌법에 규정된 개정절차에 따라야 한다.
② 국민투표를 요구하는 방법, 특별헌법회의를 필요로 하는 방법 등을 볼 수 있다.
③ 헌법의 형식이나 내용에 변경을 가하는 것이다.
④ 헌법의 파괴는 개정이 아니다.
⑤ 헌법의 기본적 동일성이 변경되는 것이다.

| 05 | 기술직(기계)

51 허용인장강도 600MPa의 연강봉에 50kN의 축방향 인장하중이 작용할 때 안전율이 7이라면, 강봉의 최소 지름은?

① 약 2.7cm
② 약 3.4cm
③ 약 5.7cm
④ 약 7.3cm
⑤ 약 9.4cm

52 다음 중 탄성계수(E), 전탄탄성계수(G), 푸아송 비(ν)의 관계로 옳은 것은?

① $G=\frac{E}{(1+2\mu)}$
② $G=\frac{3E}{2(1+\mu)}$
③ $G=\frac{2E}{(1+\mu)}$
④ $G=\frac{E}{2(1+\mu)}$
⑤ $G=\frac{2(1+\mu)}{E}$

53 다음 중 무차원수가 아닌 것은?

① 레이놀즈수
② 푸아송비
③ 탄성계수
④ 비중
⑤ 항력계수

54 수면에 떠 있는 선체의 저항 측정시험과 풍동실험을 통해 자동차 공기저항 측정시험을 하고자 한다. 이때, 모형과 원형 사이에 서로 역학적 상사를 이루려면 두 시험에서 공통적으로 고려해야 하는 무차원수는?

① 마하수(Ma)
② 레이놀즈수(Re)
③ 오일러수(Eu)
④ 프루드수(Fr)
⑤ 웨버수(We)

55 강의 담금질 열처리에서 냉각속도가 가장 느린 경우에 나타나는 조직은?

① 소르바이트
② 잔류 오스테나이트
③ 트루스타이트
④ 마텐자이트
⑤ 베이나이트

56 나무토막의 절반이 물에 잠긴 채 떠 있다. 이 나무토막에 작용하는 부력과 중력에 관한 설명으로 옳은 것은?

① 알 수 없다.
② 부력과 중력의 크기가 같다.
③ 부력에 비해 중력의 크기가 더 크다.
④ 중력에 비해 부력의 크기가 더 크다.
⑤ 물의 온도에 따라 어떤 것이 더 큰지 다르다.

57 그림과 같이 단면적이 $0.36m^2$이고 한쪽 벽이 고정되지 않은 실린더를 가열하여 벽이 40cm 이동하였다. 내부 압력이 50kPa으로 일정하고 내부에너지의 변화량이 13.5kJ일 때, 실린더가 얻은 열량은?

① 13.5kJ
② 16.1kJ
③ 18.5kJ
④ 20.7kJ
⑤ 22.3kJ

58 구동풀리의 직경이 250mm, 종동풀리의 직경이 600mm이고 구동풀리와 종동풀리의 축간 거리가 1,000mm일 때, 벨트로 두 풀리를 평행걸기로 연결한다면 벨트의 길이는?(단, $\pi=3$이다)

① 약 2,555.6mm
② 약 2,705.6mm
③ 약 3,305.6mm
④ 약 3,455.7mm
⑤ 약 3,687.6mm

59 어떤 기체의 정압비열이 1.075kJ/kg · K이다. 이 기체의 정적비열은?(단, 기체상수는 0.287kJ/kg · K이다)

① 0.9315kJ/kg · K
② 0.788kJ/kg · K
③ 0.6445kJ/kg · K
④ 0.501kJ/kg · K
⑤ 0.3575kJ/kg · K

PART 3

60 다음 중 점성계수가 μ인 유체가 지름이 D인 원형 직관 안에서 Q의 유량으로 흐르고 있다. 길이 L을 지나는 동안 발생한 압력 손실의 크기는?

① $\dfrac{32\mu QL}{\pi D^4}$
② $\dfrac{48\mu QL}{\pi D^4}$
③ $\dfrac{64\mu QL}{\pi D^4}$
④ $\dfrac{128\mu QL}{\pi D^4}$
⑤ $\dfrac{256\mu QL}{\pi D^4}$

61 다음 중 정상유동이 일어나는 경우는 무엇인가?

① 유체의 위치에 따른 속력의 변화가 0일 때
② 유체의 시간에 따른 속력의 변화가가 일정할 때
③ 유체의 유동상태가 시간에 따라 점차적으로 변화할 때
④ 유체의 모든 순간에 유동상태가 이웃하는 점들과 같을 때
⑤ 유체의 유동상태가 모든 점에서 시간에 따라 변화하지 않을 때

62 다음 중 동력의 단위가 아닌 것은?

① J/s ② HP

③ kcal ④ W

⑤ $kg \cdot m^2/s^3$

63 다음 중 표준대기압이 아닌 것은?

① 14.7psi ② 760mmHg

③ 1.033mAq ④ 1.013bar

⑤ 1,013hPa

64 다음 중 동점성계수에 대한 설명으로 옳은 것을 〈보기〉에서 모두 고르면?

보기

ㄱ. 유체의 압력을 밀도로 나눈 값이다.
ㄴ. 유체의 점성계수를 밀도로 나눈 값이다.
ㄷ. 단위는 Poise(P)이다.
ㄹ. 단위는 Stoke(St)이다.
ㅁ. 단위로는 cm/s^2를 사용한다.

① ㄱ, ㄷ ② ㄱ, ㅁ

③ ㄴ, ㄷ ④ ㄴ, ㄹ

⑤ ㄴ, ㅁ

65 압력 50kPa, 온도 25℃인 일정량의 이상기체가 있다. 부피를 일정하게 유지하면서 압력이 처음의 1.5배가 되었을 때, 기체의 온도는 몇 ℃가 되는가?

① 약 37.51℃
② 약 78.18℃
③ 약 122.33℃
④ 약 174.08℃
⑤ 약 207.52℃

PART 3

66 다음 중 공작물의 회전운동에 의하여 절삭이 이루어지는 공작기계는?

① 선반
② 슬로터
③ 프레스
④ 플레이너
⑤ 드릴링 머신

67 다음 중 절삭 시 발생하는 칩에 대한 설명으로 옳은 것을 〈보기〉에서 모두 고르면?

보기

ㄱ. 칩이 공구의 날 끝에 붙어 원활하게 흘러가지 못하면 균열형 칩이 생성된다.
ㄴ. 메짐성이 큰 재료를 저속으로 절삭하면 열단형 칩이 생성된다.
ㄷ. 공구의 진행 방향 위쪽으로 압축되면서 불연속적인 미끄럼이 생기면 전단형 칩이 생성된다.
ㄹ. 연성재료에서 절삭조건이 맞고 절삭저항 변동이 작으면 유동형 칩이 생성된다.

① ㄱ, ㄴ
② ㄱ, ㄹ
③ ㄴ, ㄷ
④ ㄴ, ㄹ
⑤ ㄷ, ㄹ

68 바깥지름이 5cm이고 안지름이 3cm인 원의 극관성모멘트(I_P)는?

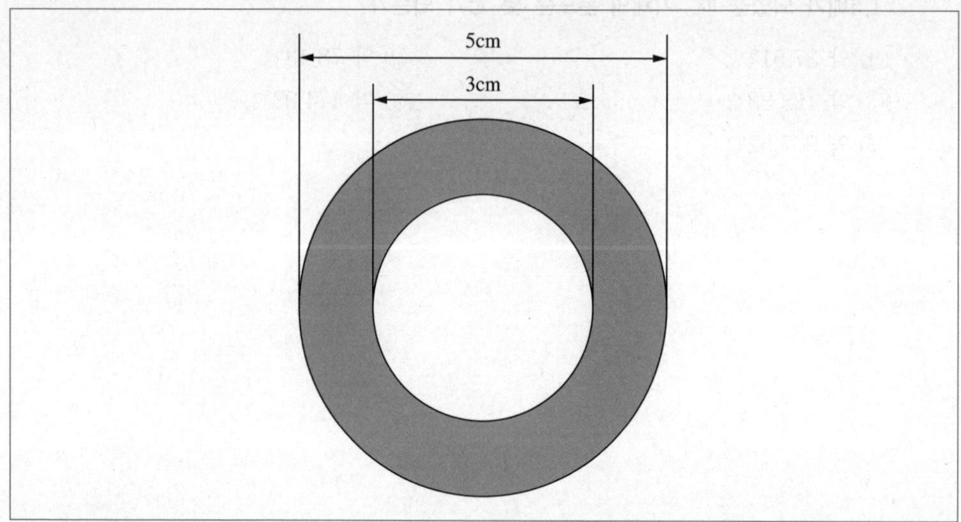

① 약 45.2cm^4
② 약 53.4cm^4
③ 약 61.3cm^4
④ 약 69.7cm^4
⑤ 약 75.4cm^4

69 전단 탄성계수가 80GPa인 강봉에 전단응력이 1kPa이 발생했다면 이 부재에 발생한 전단변형률 γ은?

① 12.5×10^{-3}
② 12.5×10^{-6}
③ 12.5×10^{-9}
④ 12.5×10^{-12}
⑤ 12.5×10^{-15}

70 **다음 중 사각형의 단면계수를 구하는 식으로 옳은 것은?**

① $Z=\dfrac{bh^2}{3}$

② $Z=\dfrac{bh^3}{30}$

③ $Z=\dfrac{\pi d^3}{32}$

④ $Z=\dfrac{bh^2}{6}$

⑤ $Z=\dfrac{bh^3}{36}$

71 **다음 중 축의 위험속도에 대한 내용으로 가장 적절한 것은?**

① 축의 고유진동수

② 축의 최대인장강도

④ 축에 작용하는 최대굽힘모멘트

④ 축에 작용하는 최대비틀림모멘트

⑤ 축베어링이 견딜 수 있는 최고회전속도

72 **다음 중 레이놀즈수에 대한 설명으로 옳지 않은 것은?**

① 관성력과 점성력의 비를 나타낸다.

② 층류와 난류를 구별하여 주는 척도가 된다.

③ 유동단면의 형상이 변하면 임계 레이놀즈수도 변한다.

④ 레이놀즈수가 작은 경우에는 점성력이 크게 영향을 미친다.

⑤ 층류에서 난류로 변하는 레이놀즈수를 하임계 레이놀즈수라고 한다.

73 **직경이 50cm인 어떤 관에 동점성계수가 $5\text{cm}^2/\text{s}$인 기름이 층류로 흐를 때, 기름의 유속은?(단, 관마찰계수는 0.04이다)**

① 1.2m/s

② 1.4m/s

③ 1.6m/s

④ 1.8m/s

⑤ 2m/s

74 어떤 관의 직경이 0.5m이고 관의 길이가 10m에 유체가 10m/s의 속도로 흐르고 있다. Darcy-Weisbach식에 의한 마찰손실이 4.5m일 때, 이 유체의 레이놀즈수는?(단, 유체의 흐름상태는 층류이다)

① 약 1,165
② 약 1,286
③ 약 1,451
④ 약 1,512
⑤ 약 1,763

75 탱크에 저장되어 있는 물을 직경이 5cm인 원형 관을 통해 빼내려고 한다. 관속 흐름의 형태가 층류일 때, 유속은?(단, 층류와 난류의 경계가 되는 Reynolds수는 2,000이고 $\nu = 1.3101 \times 10^{-2}$ cm^2이다)

① 약 3.6m/s
② 약 4.8m/s
③ 약 5.2m/s
④ 약 6.6m/s
⑤ 약 7.4m/s

76 지름이 30mm이고 길이가 100cm인 연강봉에 인장하중이 50kN이 작용할 때, 탄성에너지의 크기는?(단, 연강봉의 탄성계수는 303.8GPa이다)

① 약 1.59J
② 약 2.91J
③ 약 5.82J
④ 약 8.73J
⑤ 약 11.64J

77 다음 중 안전율을 가장 크게 고려해야 하는 하중은?

① 정하중
② 교번하중
③ 반복하중
④ 충격하중
⑤ 모두 같다.

78 어떤 밸브의 기호가 다음과 같을 때 이 밸브를 포트 수, 위치 수, 방향 수로 바르게 나타낸 것은?

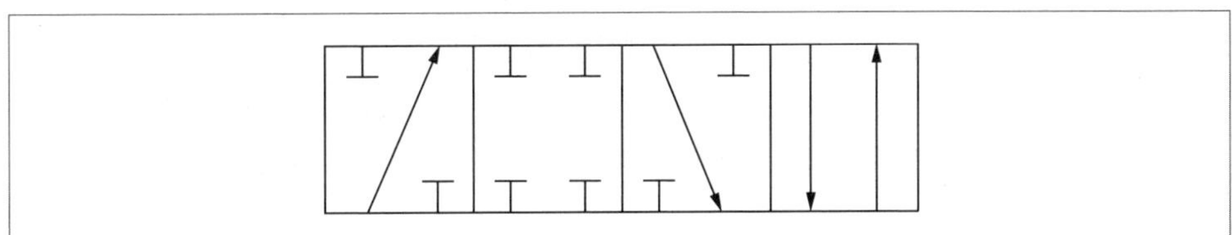

① 4포트 2위치 4방향 밸브
② 4포트 4위치 4방향 밸브
③ 4포트 8위치 4방향 밸브
④ 8포트 1위치 4방향 밸브
⑤ 8포트 3위치 4방향 밸브

79 다음 중 공압 시스템에 대한 설명으로 옳지 않은 것은?

① 유압 시스템에 비해 먼지나 습기에 민감하다.
② 유압 시스템에 비해 온도에 영향을 적게 받는다.
③ 유압 시스템에 비해 압축성이 크므로 응답속도가 늦다.
④ 유압 시스템에 비해 점성이 작으므로 압력 강하가 적다.
⑤ 유압 시스템에 비해 마찰이 적으므로 급유를 할 필요가 없다.

80 **다음 중 조밀육방격자들로만 이루어진 금속은?**

① W, Ni, Mo, Cr
② Mg, Ce, Ti, Co
③ V, Li, Ce, Zn
④ Mg, Ti, Zn, Cr
⑤ Zn, Ag, Ni, Y

81 **다음 소성가공 중 가공법과 설명이 바르게 연결된 것은?**

① 노칭(Notching)은 전단가공의 한 종류이다.
② 냉간가공은 재결정온도 이상의 온도에서 가공한다.
③ 가공경화는 소성가공 중 재료가 약해지는 현상이다.
④ 열간가공은 금속을 가열해 단단하게 해서 가공하는 방법이다.
⑤ 압연 시 압하율이 크면 롤 간격에서의 접촉호가 길어지므로 최고압력이 감소한다.

82 **탄성한도, 허용응력 및 사용응력 사이의 관계로 옳은 것은?**

① 탄성한도 > 허용응력 ≥ 사용응력
② 탄성한도 > 사용응력 ≥ 허용응력
③ 허용응력 ≥ 사용응력 > 탄성한도
④ 사용응력 ≥ 허용응력 > 탄성한도
⑤ 사용응력 ≥ 허용응력 > 탄성한도

83 **밑변이 20cm이고 높이가 30cm인 삼각형 단면이 있다. 이 삼각형의 밑변과 평행하고 도심을 지나는 축에 대한 단면 2차 모멘트의 크기는?**

① 5,000cm^4
② 15,000cm^4
③ 25,000cm^4
④ 35,000cm^4
⑤ 45,000cm^4

84 다음 중 냉간가공에 대한 특징으로 옳지 않은 것은?

① 가공면이 아름답다.
② 제품의 치수를 정확하게 가공할 수 있다.
③ 가공방향에 따른 강도 변화가 거의 없다.
④ 재결정온도 이하에서 가공하는 소성가공이다.
⑤ 재결정온도 이상으로 어닐링하여 변형응력을 제거하는 과정을 거쳐야 한다.

PART 3

85 다음과 같은 벤추리관에 비중이 γ_{oil} 인 기름이 흐를 때, 2지점에서의 속력(v_2)을 D_1, D_2, h, γ_{oil}, γ_m 으로 표현한 것으로 옳은 것은?

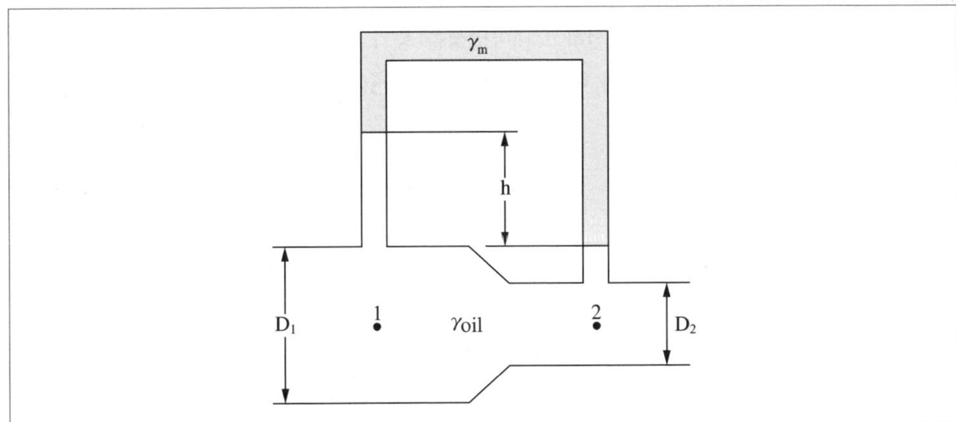

① $\sqrt{\dfrac{gh(\dfrac{\gamma_m}{\gamma_{oil}}-1)}{1-(\dfrac{D_2}{D_1})^4}}$

② $\sqrt{\dfrac{2gh(\dfrac{\gamma_m}{\gamma_{oil}}-1)}{1-(\dfrac{D_2}{D_1})^4}}$

③ $\sqrt{\dfrac{gh(\dfrac{\gamma_m}{\gamma_{oil}}-1)}{1-(\dfrac{D_2}{D_1})^2}}$

④ $\sqrt{\dfrac{2gh(\dfrac{\gamma_m}{\gamma_{oil}}-1)}{1-(\dfrac{D_2}{D_1})^2}}$

⑤ $2\sqrt{\dfrac{gh(\dfrac{\gamma_m}{\gamma_{oil}}-1)}{1-(\dfrac{D_2}{D_1})^2}}$

86 **다음 중 증기압축식 냉동기에서 냉매가 움직이는 경로를 순서대로 바르게 나열한 것은?**

① 압축기 → 증발기 → 응축기 → 팽창밸브 → 압축기
② 압축기 → 증발기 → 팽창밸브 → 응축기 → 압축기
③ 압축기 → 응축기 → 증발기 → 팽창밸브 → 압축기
④ 압축기 → 응축기 → 팽창밸브 → 증발기 → 압축기
⑤ 압축기 → 팽창밸브 → 증발기 → 응축기 → 압축기

87 **다음 중 합금강에 첨가하는 원소와 얻을 수 있는 효과를 바르게 연결한 것은?**

① W－경도를 낮추어 가공성 강화
② Ni－내식성이 증가되고 크리프 저항을 증가
③ Mn－청열 메짐을 방지하고 내마모성을 증가
④ Cr－전자기적 성질을 개선하고 내마멸성을 증가
⑤ Mo－담금질 깊이를 깊게 하고 크리프 저항을 증가

88 **다음 중 Y합금의 주요 성분을 바르게 나열한 것은?**

① Al－Cu－Ni
② Al－Cu－Cr
③ Co－Cr－W－Ni
④ Al－Cu－Mg－Ni
⑤ Al－Cu－Mg－Mn

89 **알루미늄에 많이 적용되며 다양한 색상의 유기염료를 사용하여 소재표면에 안정되고 오래가는 착색피막을 형성하는 표면처리방법으로 옳은 것은?**

① 침탄법
② 화학증착법
③ 양극산화법
④ 크로마이징
⑤ 고주파경화법

90 실린더 내부 유체가 외부로부터 68kJ/kg의 일을 받아 외부로 36kJ/kg의 열을 방출하였다. 이때, 유체의 내부에너지의 변화로 옳은 것은?

① 내부에너지는 32kJ/kg 증가하였다.
② 내부에너지는 32kJ/kg 감소하였다.
③ 내부에너지는 36kJ/kg 증가하였다.
④ 내부에너지는 104kJ/kg 감소하였다.
⑤ 내부에너지는 104kJ/kg 증가하였다.

PART 3

91 분자량이 30인 에탄의 기체상수는?

① 약 0.033J/g · K
② 약 0.277J/g · K
③ 약 2.499J/g · K
④ 약 2.778J/g · K
⑤ 약 249.92J/g · K

92 다음 중 1냉동톤(1RT)에 대한 정의로 옳은 것은?

① 4℃인 물 1kg을 1시간 동안 0℃의 얼음으로 만들 때 냉각해야 할 열량
② 0℃인 물 1kg을 1시간 동안 0℃의 얼음으로 만들 때 냉각해야 할 열량
③ 0℃인 물 1kg을 24시간 동안 0℃의 얼음으로 만들 때 냉각해야 할 열량
④ 0℃인 물 1,000kg을 1시간 동안 0℃의 얼음으로 만들 때 냉각해야 할 열량
⑤ 0℃인 물 1,000kg을 24시간 동안 0℃의 얼음으로 만들 때 냉각해야 할 열량

93 **다음 중 고압 증기터빈에서 저압 증기터빈으로 유입되는 증기의 건도를 높여 상대적으로 높은 보일러압력을 사용할 수 있게 하고, 터빈일을 증가시키며 터빈출구의 건도를 높이는 사이클은?**

① 재열사이클　　② 재생사이클
③ 과열사이클　　④ 스털링사이클
⑤ 카르노사이클

94 **다음 중 절삭가공에 대한 설명으로 옳은 것은?**

① 경질재료일수록 절삭저항이 감소하여 표면조도가 양호하다.
② 절삭속도를 증가시키면 유동형 칩이 생성되어 수명이 연장된다.
③ 절삭깊이를 감소시키면 구성인선이 감소하여 표면조도가 양호하다.
④ 절삭속도를 증가시키면 절삭저항이 증가하여 표면조도가 불량하다.
⑤ 절삭속도를 감소시키면 구성인선이 감소하여 표면조도가 양호하다.

95 **다음 카르노 사이클의 T-S 선도에서 단열압축이 발생한 후의 온도는?**

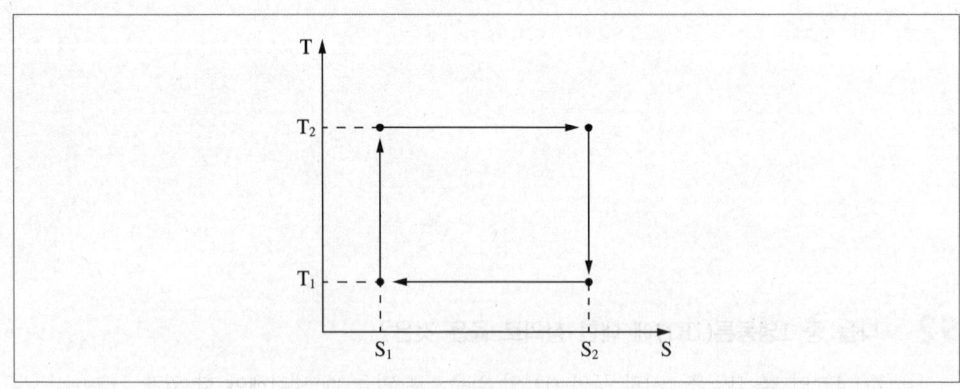

① T_1　　② $\frac{1}{2}(T_1+T_2)$
③ T_2　　④ S_1+S_2
⑤ $(S_2-S_1)(T_2-T_1)$

96 다음 오토 사이클의 P－V 선도에서 단열과정에 해당하는 과정을 모두 고르면?

① 0 → 1, 1 → 0
② 2 → 3, 4 → 1
③ 1 → 2, 2 → 3
④ 3 → 4, 4 → 1
⑤ 1 → 2, 3 → 4

97 어떤 사무실에 열전도율이 0.6W/(m · K)이고 두께가 1cm이고 면적이 $10m^2$인 유리벽이 있다. 이 사무실의 실내와 실외의 온도 차이가 10℃일 때, 1시간동안 실외에서 유리를 통해 실내로 들어오는 열량은?(단, 실내온도가 더 낮고 실내에서 실외로 빠져나가는 열은 없으며 1J＝0.24cal이다)

① 약 4,965kcal
② 약 5,038kcal
③ 약 5,097kcal
④ 약 5,184kcal
⑤ 약 5,241kcal

98 모터사이클의 현가시스템의 구성과 응답이 다음과 같을 때 이 시스템에 해당하는 감쇠비로 옳은 것은?

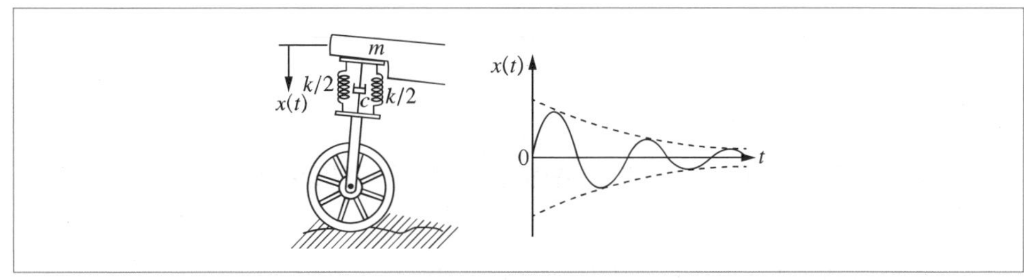

① $\zeta<0$
② $\zeta=0$
③ $0<\zeta<1$
④ $\zeta=1$
⑤ $\zeta>1$

99 **다음 Fe-C 상변화도에서 ㉠에 해당하는 탄소강은?**

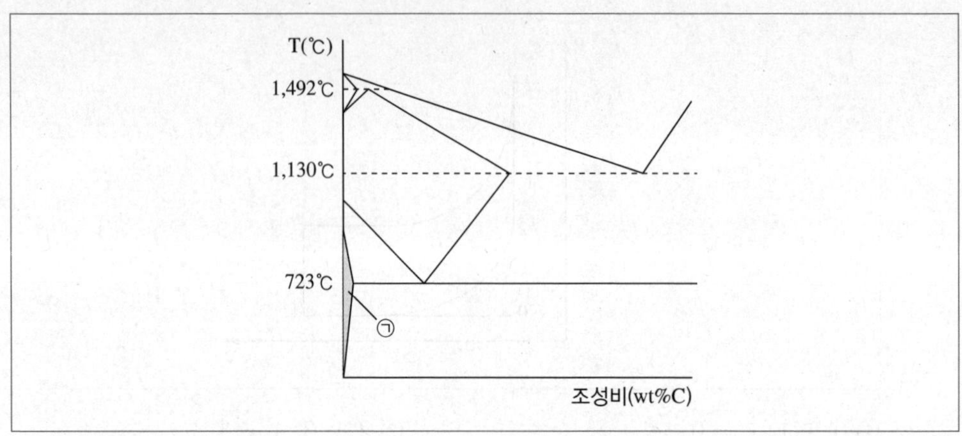

① δ-Fe
② 페라이트
③ 펄라이트
④ 시멘타이트
⑤ 오스테나이트

100 **다음 중 구조용 강의 공칭응력 – 변형률선도에 대한 설명으로 옳지 않은 것은?**

① 극한응력은 선도에서의 최대응력이다.
② 비례한도까지는 응력과 변형률이 정비례의 관계를 유지한다.
③ 항복점에서는 하중이 증가하더라도 시험편의 변형이 일어나지 않는다.
④ 네킹구간은 극한 강도를 지나면서 재료의 단면이 줄어들어 길게 늘어나는 구간이다.
⑤ 탄성한도에 이를 때까지는 하중을 제거하면, 시험편이 최초의 변형이 없는 상태로 돌아간다.

| 06 | 기술직(전기)

51 어떤 커패시터에 가하는 전압을 2배로 늘릴 때 커패시터 용량의 변화는?(단, 전하량은 변하지 않는다)

① 4배 감소한다.
② 2배 감소한다.
③ 변하지 않는다.
④ 2배 증가한다.
⑤ 4배 증가한다

52 면적이 100cm^2이고 간극이 1mm인 평행판 콘덴서 사이에 비유전율이 4인 유전체를 채우고 10kV의 전압을 가할 때, 극판에 저장되는 전하량은?

① 1.87×10^{-6}C
② 3.54×10^{-6}C
③ 5.23×10^{-6}C
④ 1.05×10^{-4}C
⑤ 2.23×10^{-4}C

53 자기저항이 2×10^7AT/Wb인 철심이 있는 환상 솔레노이드에 5×10^{-5}Wb의 자속이 통과할 때, 철심의 기자력은?

① 1,000AT
② 1,200AT
③ 1,400AT
④ 1,600AT
⑤ 1,700AT

54 어떤 전위 함수가 $V(x,\ y,\ z)=5x+6y^2$로 주어질 때, 점(2, −1, 3)에서 전계의 세기는?

① 10V/m
② 12V/m
③ 13V/m
④ 15V/m
⑤ 16V/m

55 다음과 같은 회로에서 $a-b$ 사이에 걸리는 전압의 크기는?

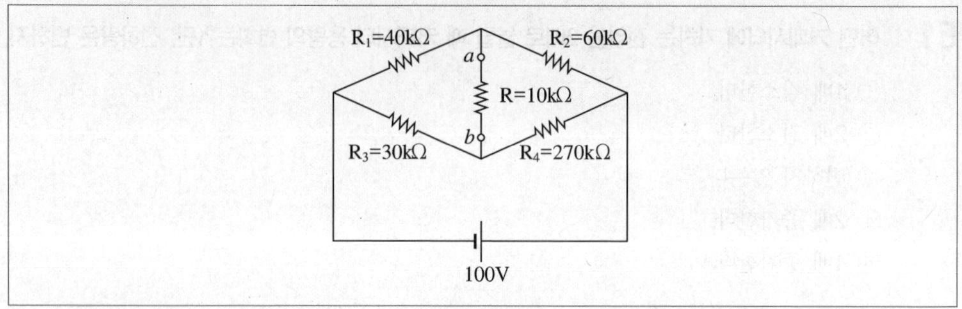

① 0V
② 15V
③ 30V
④ 45V
⑤ 60V

56 다음 중 저항 R의 크기에 대한 설명으로 옳은 것을 〈보기〉에서 모두 고르면?

보기

ㄱ. 저항은 고유저항에 비례한다.
ㄴ. 저항은 단면적의 넓이에 비례한다.
ㄷ. 저항은 길이에 비례한다.
ㄹ. 저항의 길이가 n배, 단면적의 넓이가 n배 증가하면 저항의 크기는 n^2배 증가한다.

① ㄱ, ㄷ
② ㄴ, ㄷ
③ ㄱ, ㄷ, ㄹ
④ ㄴ, ㄷ, ㄹ
⑤ ㄱ, ㄴ, ㄷ, ㄹ

57 **다음 중 발전기의 안정도를 향상시킬 수 있는 방안으로 옳지 않은 것은?**

① 제동권선을 설치한다.

② 속응여자방식을 채택한다.

③ 조속기의 감도를 예민하게 한다.

④ 단락비를 크게 하여 동기리액턴스의 크기를 감소시킨다.

⑤ 전압변동률을 작게 하여 동기리액턴스의 크기를 감소시킨다.

PART 3

58 **다음 중 과도응답시간 특성에 대한 설명으로 옳지 않은 것은?**

① 감쇠비(ζ)가 0인 경우 시스템은 즉시 정지한다.

② 과도응답의 감쇠속도는 시정수의 크기에 영향을 받는다.

③ $0<$[감쇠비(ζ)]<1일 때, 진폭이 점차 감소하는 진동을 보인다.

④ 지연시간은 출력값이 처음으로 정상 출력값의 50%에 도달하기까지 걸리는 시간이다.

⑤ 상승시간은 출력값이 정상 출력값의 10%에서 90% 값에 도달하기까지 걸리는 시간이다.

59 **소모 전력이 150kW인 어떤 공장의 부하역률이 60%일 때, 역률을 90%로 개선하기 위해 필요한 전력용 콘덴서의 용량은?**

① 약 67.1kVA

② 약 86.7kVA

③ 약 103.9kVA

④ 약 112.1kVA

⑤ 약 127.3kVA

60 **다음 중 동기발전기를 병렬로 운전할 수 있는 조건으로 적절하지 않은 것은?**

① 기전력의 크기가 같을 것
② 기전력의 위상이 같을 것
③ 기전력의 주파수가 같을 것
④ 발전기의 초당 회전수가 같을 것
⑤ 기련력의 상회전 방향이 같을 것

61 **무손실 선로의 분포 정수 회로에서 감쇠정수(α)와 위상정수(β)의 값은?**

	α	β
①	0	$\omega\sqrt{LC}$
②	0	$\frac{1}{\sqrt{LC}}$
③	$\sqrt{RG}$	$\omega\sqrt{LC}$
④	$\sqrt{LG}$	$\frac{1}{\sqrt{LC}}$
⑤	$G\sqrt{RL}$	$\sqrt{\frac{L}{C}}$

62 **다음 리플프리(Ripple-Free) 직류를 설명한 글에서 빈칸에 들어갈 수로 옳은 것은?**

> 리플프리 직류란 직류 성분에 대하여 ___㉠___ %를 넘지 않는 실효값을 갖는 직류 전압을 말한다. 공칭 전압 120V 리플프리 직류 전원 시스템에서 최고 첨두치 전압은 140V를 넘지 않으며, 리플프리 직류 전원 60V에서 최고 첨두치 전압은 70V를 넘지 않는다.

① 1
② 2
③ 5
④ 10
⑤ 37

63 30극, 360rpm의 3상 동기 발전기가 있다. 전 슬롯수 240, 2층권 각 코일의 권수 6, 전기자 권선은 성형으로, 단자 전압 6,600V인 경우 1극의 자속은 얼마인가?(단, 권선 계수는 0.85라 한다)

① 약 0.035Wb
② 약 0.375Wb
③ 약 0.066Wb
④ 약 0.762Wb
⑤ 약 0.085Wb

64 인덕턴스가 100mH인 코일에 전류가 0.5초 사이에 10A에서 20A로 변할 때, 이 코일에 유도되는 평균기전력과 자속의 변화량은?(단, 코일은 1회 감겨 있다)

	평균기전력[V]	자속의 변화량[Wb]
①	1	0.5
②	1	1
③	2	0.5
④	2	1
⑤	3	2

65 다음 회로에서 두 점 a, b의 전위차는?

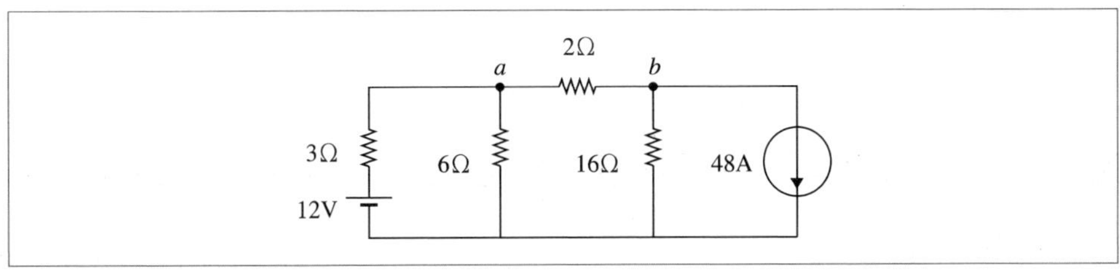

① 33.2V
② 46.2V
③ 68.8V
④ 77.6V
⑤ 80.8V

66 **3상 동기 발전기의 상간 접속을 Y결선으로 하는 이유로 옳지 않은 것은?**

① 중성점을 이용할 수 있다.

② 선간전압이 상전압의 $\sqrt{3}$ 배가 된다.

③ 선간전압에 제3고조파가 나타나지 않는다.

④ 같은 선간전압의 결선에 비하여 절연이 어렵다.

⑤ 지락이나 단락 발생시 보호계전기가 즉각 동작될 수 있도록 접지할 수 있기 때문이다.

67 **N회 감긴 환상코일의 단면적이 $S\mathrm{m}^2$ 이고 평균길이가 $l\mathrm{m}$일 때, 이 코일의 권수는 3배로 증가시키고 인덕턴스를 일정하게 유지하기 위한 조건으로 옳은 것은?**

① 단면적을 1/9배로 좁힌다.

② 비투자율을 1/3배로 조정한다.

③ 비투자율을 3배로 조정한다.

④ 전류의 세기를 9배로 늘린다.

⑤ 길이를 3배로 늘린다.

68 **실효값 7A, 주파수 fHz, 위상 60° 인 전류의 순시값 i를 수식으로 옳게 표현한 것은?**

① $7\sqrt{2}\,sin(2\pi ft+\frac{\pi}{6})$

② $7\sin(2\pi ft+\frac{\pi}{6})$

③ $7\sqrt{2}\,sin(2\pi ft-\frac{\pi}{3})$

④ $7\sqrt{2}\,sin(2\pi ft+\frac{\pi}{3})$

⑤ $7\sin(2\pi ft+\frac{\pi}{3})$

69 **공통 중성선 다중 접지 3상 4선식 배전선로에서 고압측(1차측) 중성선과 저압측(2차측)중성선을 전기적으로 연결하는 목적으로 가장 적절한 것은?**

① 저압측의 단락사고를 검출하기 위해
② 저압측의 접지사고를 검출하기 위해
③ 주상변압기의 중성선측 부싱을 생략하기 위해
④ 고압측의 단락사고시 고장전류를 검출하기 위해
⑤ 고저압 혼촉시 수용가에 침입하는 상승전압을 억제하기 위해

70 **다음 〈보기〉에서 비유전율에 대한 설명으로 옳은 것의 개수는?**

보기
ㄱ. 모든 유전체의 비유전율은 1보다 크다.
ㄴ. 비유전율의 단위는 [C/m]이다.
ㄷ. 어떤 물질의 비유전율은 진공 중의 유전율에 대한 물질의 유전율의 비이다.
ㄹ. 비유전율은 절연물의 종류에 따라 다르다.
ㅁ. 산화티탄 자기의 비유전율이 유리의 비유전율보다 크다.
ㅂ. 진공 중의 비유전율은 0이다.
ㅅ. 진공 중의 유전율은 $\frac{1}{36\pi}\times10^{9}$[F/m]로 나타낼 수 있다.

① 0개　　② 1개
③ 2개　　④ 3개
⑤ 4개

PART 3

71 **다음 중 가공지선의 설치 목적으로 옳은 것을 〈보기〉에서 모두 고르면?**

보기

ㄱ. 직격뢰로부터의 차폐
ㄴ. 선로정수의 평형
ㄷ. 유도뢰로부터의 차폐
ㄹ. 통신선유도장애 경감

① ㄴ, ㄹ
② ㄱ, ㄴ, ㄹ
③ ㄱ, ㄷ, ㄹ
④ ㄴ, ㄷ, ㄹ
⑤ ㄱ, ㄴ, ㄷ, ㄹ

72 **도전율 σ, 투자율 μ인 도체에 주파수가 f인 교류전류가 흐를 때, 표피효과에 대한 설명으로 옳은 것은?**

① σ가 클수록, μ, f가 작을수록 표피효과는 커진다.
② μ가 클수록, σ, f가 작을수록 표피효과는 커진다.
③ μ, f가 클수록 σ가 작을수록 표피효과는 커진다.
④ σ, μ, f가 작을수록 표피효과는 커진다.
⑤ σ, μ, f가 클수록 표피효과는 커진다.

73 **다음 중 동기발전기 전기자 반작용에 대한 설명으로 옳은 것은?**

① 유기 기전력과 전기자 전류가 동상인 경우 직축 반작용을 한다.
② 뒤진역률일 경우, 즉 전류가 전압보다 90° 뒤질 때는, 증자작용을 한다.
③ 전기자 전류에 의해 발생한 자기장이 계자 자속에 영향을 주는 현상이다.
④ 계자전류에 의한 자속이 전기자전류에 의한 자속에 영향을 주는 현상이다.
⑤ 앞선역률일 경우, 즉 전류가 전압보다 90° 앞설 때는, 교차 자화 작용을 한다.

74 저항이 5Ω 인 $R-L$ 직렬회로에 실효값 200V인 정현파 전원을 연결하였다. 이 때 실효값 10A의 전류가 흐른다면 회로의 역률은?

① 0.25
② 0.4
③ 0.5
④ 0.75
⑤ 0.8

75 어떤 회로에 전압 100V를 인가하였다. 이때 유효전력이 300W이고 무효전력이 400Var라면 회로에 흐르는 전류는?

① 2A
② 3A
③ 4A
④ 5A
⑤ 6A

76 자기장의 코일이 있다. 이것의 권수 $N=2{,}000$, 저항 $R=12\Omega$ 으로 전류 $I=10$A를 통했을 때의 자속이 $\Phi=6\times10^{-2}$Wb이다. 이 회로의 시상수는?

① 0.01초
② 0.1s초
③ 1초
④ 10초
⑤ 60초

77 다음 회로의 역률과 유효전력을 바르게 짝지은 것은?

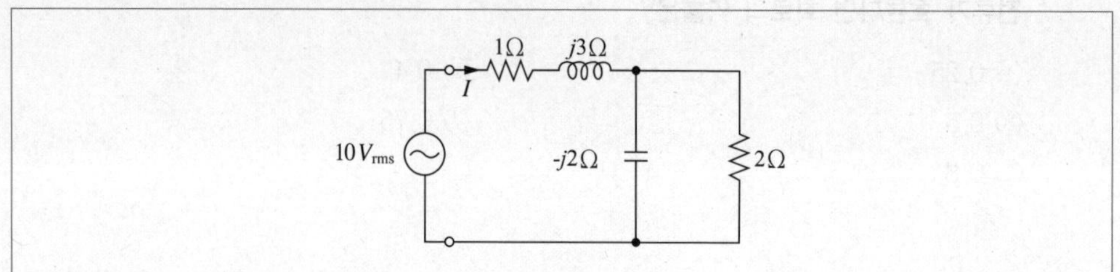

	역률	유효전력[W]
①	0.5	25
②	0.5	50
③	$\frac{\sqrt{2}}{2}$	25
④	$\frac{\sqrt{2}}{2}$	50
⑤	1	25

78 다음 중 저항 R, 인덕터 L, 커패시터 C 등의 회로 소자들을 직렬회로로 연결했을 경우에 나타나는 특성에 대한 설명으로 옳은 것을 〈보기〉에서 모두 고르면?

보기

ㄱ. 인덕터 L만으로 연결된 회로에서 유도 리액턴스 $X_L = \omega L\,\Omega$이고, 전류는 전압보다 위상이 90° 앞선다.

ㄴ. 저항 (R)과 인덕터 (L)를 직렬로 연결했을 때의 합성임피던스는 $|Z|=\sqrt{R^2+(wL)^2}\,\Omega$이다.

ㄷ. 저항 (R)과 커패시터 (C)를 직렬로 연결했을 때의 합성임피던스는 $|Z|=\sqrt{R^2+(wC)^2}\,\Omega$이다.

ㄹ. 저항 (R), 인덕터 (L), 커패시터 (C)를 직렬로 연결했을 때의 양호도는 $Q=\frac{1}{R}\sqrt{\frac{L}{C}}$으로 정의한다.

① ㄱ, ㄴ
② ㄴ, ㄹ
③ ㄱ, ㄷ, ㄹ
④ ㄴ, ㄷ, ㄹ
⑤ ㄱ, ㄴ, ㄷ, ㄹ

79 다음 중 RLC병렬회로의 동작에 대한 설명으로 옳은 것을 〈보기〉에서 모두 고르면?

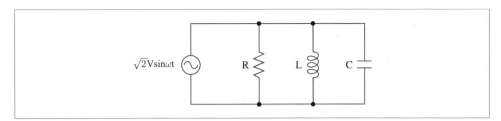

보기

ㄱ. 각 소자 R, L, C의 양단에 걸리는 전압은 전원전압과 같다.

ㄴ. 회로의 어드미턴스 $Y=\frac{1}{R}+j\left(\omega L-\frac{1}{\omega C}\right)$이다.

ㄷ. ω를 변화시켜 공진일 때 전원에서 흘러나오는 모든 전류는 R에만 흐른다.

ㄹ. L에 흐르는 전류와 C에 흐르는 전류는 동상(In Phase)이다.

ㅁ. 모든 에너지는 저항 R에서만 소비된다.

① ㄱ, ㅁ
② ㄱ, ㄴ, ㄹ
③ ㄱ, ㄷ, ㅁ
④ ㄴ, ㄷ, ㄹ
⑤ ㄴ, ㄹ, ㅁ

80 다음 회로에 대한 전송 파라미터 행렬이 다음 식으로 주어질 때, 파라미터 A와 D는?

$$\begin{bmatrix} V_1 \\ I_1 \end{bmatrix} = \begin{bmatrix} A & B \\ C & D \end{bmatrix} \begin{bmatrix} V_2 \\ -I_2 \end{bmatrix}$$

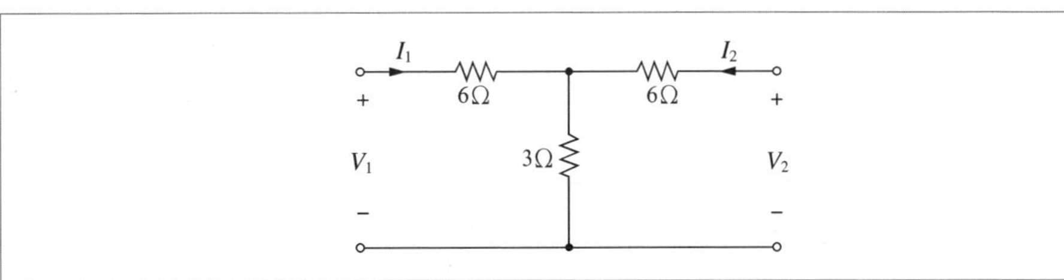

	A	D
①	3	2
②	3	3
③	4	3
④	4	4
⑤	6	2

81 **다음 중 직류 및 교류 송전에 대한 설명으로 옳지 않은 것은?**

① 교류 송전은 유도장해가 발생한다.

② 직류 송전은 비동기 연계가 가능하다.

③ 직류 송전은 코로나손 및 전력손실이 작다.

④ 교규 송전은 차단 및 전압의 승압과 강압이 쉽다.

⑤ 직류 송전은 차단기 설치 및 전압의 변성이 쉽다.

82 **다음 송전선로의 코로나 손실을 나타내는 Peek의 계산식에서 E_0가 의미하는 것은?**

$$P=\frac{241}{\delta}(f+25)\sqrt{\frac{d}{2D}})(E-E_0)^2\times10^{-5}$$

① 송전단 전압

② 수전단 전압

③ 코로나 임계전압

④ 기준충격 절연강도 전압

⑤ 전선에 걸리는 대지전압

83 **다음은 교류 정현파의 최댓값과 다른 값들과의 상관관계를 나타낸 것이다. 실효값(A)과 파고율(B)은?**

파형	최댓값	실횻값	파형률	파고율
교류 정현파	V_m	(A)	$\frac{\pi}{2\sqrt{2}}$	(B)

	(A)	(B)
①	$\frac{V_m}{\sqrt{2}}$	$\frac{1}{\sqrt{2}}$
②	$\frac{V_m}{\sqrt{2}}$	$\sqrt{2}$
③	$\sqrt{2}\,V_m$	$\frac{1}{\sqrt{2}}$
④	$\sqrt{2}\,V_m$	$\sqrt{2}$
⑤	$2\sqrt{2}\,V_m$	$\frac{1}{\sqrt{2}}$

84 RLC 병렬회로에서 저항 10Ω, 인덕턴스 100H, 정전용량 $10^4\mu\text{F}$일 때, 공진 현상이 발생하였다. 이때, 공진 주파수는?

① $\frac{1}{2\pi}\times 10^{-3}\text{Hz}$
② $\frac{1}{2\pi}\text{Hz}$
③ $\frac{1}{\pi}\text{Hz}$
④ $\frac{10}{\pi}\text{Hz}$
⑤ πHz

85 3상 변압기의 임피던스가 Z이고, 선간 전압이 V, 정격 용량이 P일 때 $\%Z$의 값은?

① $\frac{PZ}{V}$
② $\frac{10PZ}{V}$
③ $\frac{PZ}{10V^2}$
④ $\frac{PZ}{100V^2}$
⑤ $\frac{PZ}{1,000V^2}$

PART 3

86 **다음 중 권선형 유도 전동기와 농형 유도 전동기를 비교하여 설명한 것으로 옳은 것은?**

① 권현형 유도 전동기는 농형 유도 전동기보다 저렴하다.

② 권선형 유도 전동기는 농형 유도 전동기보다 용량이 크다.

③ 권선형 유도 전동기는 농형 유도 전동기보다 구동토크가 크다.

④ 권선형 유도 전동기는 농형 유도 전동기보다 기동 전류가 크다.

⑤ 권선형 유도 전동기는 농형 유도 전동기보다 구조가 복잡하다.

87 **다음 중 고압회로의 큰 전류를 적은 전류로 변성하여 사용하는 전류 변성기는?**

① PT　② CT

③ OVR　④ OCR

⑤ DSR

88 **다음 중 정상특성과 응답속응성을 동시에 개선할 수 있는 제어동작은?**

① 비례동작(P동작)　② 적분동작(I동작)

③ 비례미분동작(PD동작)　④ 비례적분동작(PI동작)

⑤ 비례적분미분동작(PID동작)

89 **다음 중 배전방식에 대한 설명으로 옳지 않은 것은?**

① 망상식 방식은 건설비가 비싸다.
② 망상식 방식은 무정전 공급이 가능하다.
③ 환상식 방식은 전류 통로에 대한 융통성이 있다.
④ 뱅킹 방식은 전압 강하 및 전력 손실을 경감한다.
⑤ 수지식 방식은 전압 변동이 크고 정전 범위가 좁다.

90 **다음 중 정전계 내 도체가 있을 때, 이에 대한 설명으로 옳지 않은 것은?**

① 도체표면은 등전위면이다.
② 도체내부의 정전계 세기는 영이다.
③ 등전위면의 간격이 좁을수록 정전계 세기가 크게 된다.
④ 도체표면상에서 정전계 세기는 모든 점에서 표면의 접선방향으로 향한다.
⑤ 도체에 작용하는 전기력선은 서로 교차하지 않으며, 양에서 음으로 향한다.

91 **논리식 $f = \mathrm{A}\overline{\mathrm{B}} + \overline{\mathrm{A}}\mathrm{B} + \mathrm{A}\mathrm{B}$을 간단히 하면?**

① $f = \overline{\mathrm{A}} + \overline{\mathrm{B}}$
② $f = \mathrm{A}\mathrm{B}$
③ $f = \overline{\mathrm{A}}\mathrm{B} + \overline{\mathrm{B}}\mathrm{A}$
④ $f = \mathrm{A} + \mathrm{B}$
⑤ $f = \overline{\mathrm{A}}(\mathrm{A} + \mathrm{B}) +$

PART 3

92 **다음 중 펄스 파형에서 오버슈트란?**

① 상승 파형에서 이상적인 펄스의 파형보다 높은 부분
② 펄스의 파형 중 이상적인 펄스 진폭의 50%를 넘는 부분
③ 이상적인 파형에 비하여 10%의 크기가 되는 데 걸리는 시간
④ 증폭기에서 고역 차단 주파수와 저역 차단 주파수 사이의 주파수 폭
⑤ 하강 파형에서 이상적인 펄스파의 기본 레벨보다 아래로 내려가는 높이

93 **다음 중 신호파의 변화를 반송파의 주파수 변화로 변조하여 전송하는 변조 방식은?**

① 위상 변조
② 진폭 변조
③ 델타 변조
④ 펄스 코드 변조
⑤ 주파수 변조

94 **다음과 같은 회로의 명칭은?**

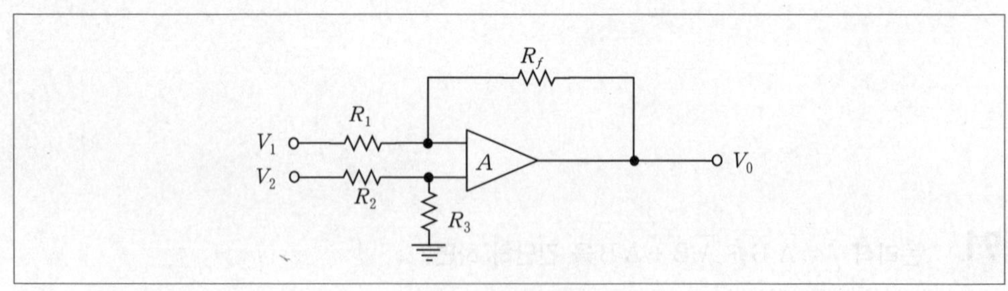

① 가산 증폭기
② 미분 증폭기
③ 부호 변환 증폭기
④ 차동 증폭기
⑤ 적분 증폭기

95 다음 중 함수 $f(t)$와 라플라스 변환한 $\mathcal{L}(f)$의 값이 바르게 짝지어지지 않은 것은?

	$f(t)$	$\mathcal{L}(f)$
①	$4\cos wt - 3\sin wt$	$\dfrac{4s-3w}{s^2+w^2}$
②	$3t^2-4t+1$	$\dfrac{18}{s^3}-\dfrac{8}{s^2}+\dfrac{1}{s}$
③	$e^{2t}+5e^t-6$	$\dfrac{1}{s-2}+\dfrac{5}{s-1}-\dfrac{6}{s}$
④	$\cosh 5t$	$\dfrac{s}{s^2-25}$
⑤	3	$\dfrac{3}{s}$

PART 3

96 $e=\sqrt{2}\,V\sin\theta$의 단상 전압을 SCR 한 개로 반파 정류하여 부하에 전력을 공급하는 경우, $\alpha=60°$ 에서 점호하면 직류분 전압은?

① 0.338V
② 0.395V
③ 0.672V
④ 0.785V
④ 0.826V

97 다음 그림과 같은 단상 전파 정류에서 직류 전압 100V를 얻는 데 필요한 변압기 2차 한상의 전압은?(단, 부하는 순저항으로 하고 변압기 내의 전압 강하는 무시하고 정류기의 전압 강하는 10V로 한다)

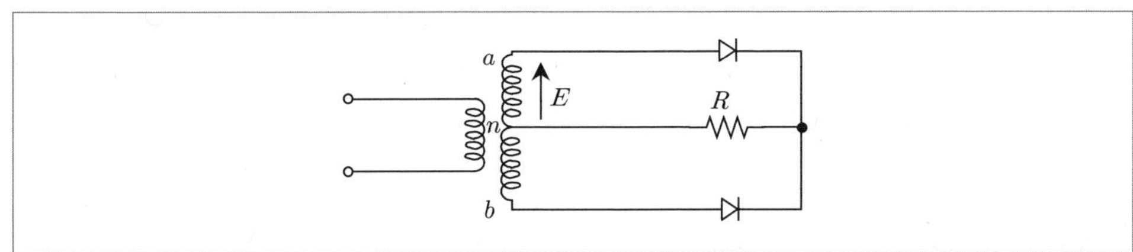

① 108V
② 122V
③ 136V
④ 150V
⑤ 164V

98 다음 그림과 같은 단상 반파 정류 회로에서 R에 흐르는 직류 전류는?(단, V=100V, $R=10\sqrt{2}$ 이다)

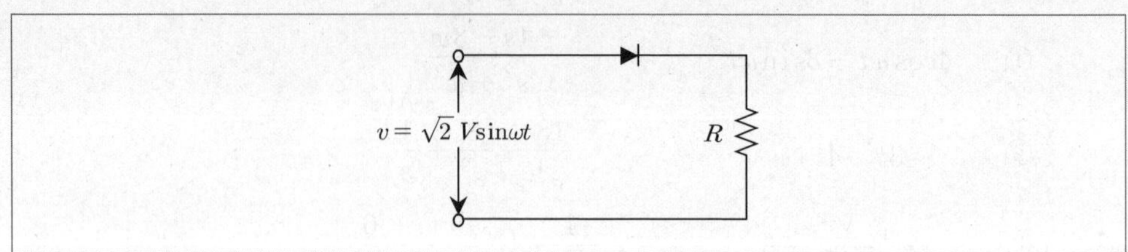

① 약 2.28A ② 약 3.2A
③ 약 4.5A ④ 약 7.07A
⑤ 약 10.01A

99 다음 중 PN접합 다이오드의 역할로 가장 적절한 것은?

① 증폭작용 ② 발진작용
③ 정류작용 ④ 변조작용
⑤ 승압작용

100 다음 소자 중 자기소호 기능이 가장 좋은 것은?

① GTO ② SCR
③ TRIAC ④ LASCR
⑤ UJT

PART 4
채용 가이드

CHAPTER 01

블라인드 채용 소개

1. 블라인드 채용이란?

채용 과정에서 편견이 개입되어 불합리한 차별을 야기할 수 있는 출신지, 가족관계, 학력, 외모 등의 편견요인은 제외하고, 직무능력만을 평가하여 인재를 채용하는 방식입니다.

2. 블라인드 채용의 필요성

- 채용의 공정성에 대한 사회적 요구
  - 누구에게나 직무능력만으로 경쟁할 수 있는 균등한 고용기회를 제공해야 하나, 아직도 채용의 공정성에 대한 불신이 존재
  - 채용상 차별금지에 대한 법적 요건이 권고적 성격에서 처벌을 동반한 의무적 성격으로 강화되는 추세
  - 시민의식과 지원자의 권리의식 성숙으로 차별에 대한 법적 대응 가능성 증가
- 우수인재 채용을 통한 기업의 경쟁력 강화 필요
  - 직무능력과 무관한 학벌, 외모 위주의 선발로 우수인재 선발기회 상실 및 기업경쟁력 약화
  - 채용 과정에서 차별 없이 직무능력중심으로 선발한 우수인재 확보 필요
- 공정한 채용을 통한 사회적 비용 감소 필요
  - 편견에 의한 차별적 채용은 우수인재 선발을 저해하고 외모・학벌 지상주의 등의 심화로 불필요한 사회적 비용 증가
  - 채용에서의 공정성을 높여 사회의 신뢰수준 제고

3. 블라인드 채용의 특징

편견요인을 요구하지 않는 대신 직무능력을 평가합니다.

블라인드 채용 = 편견유발 요인제외 + 직무능력 중심평가

※ 직무능력중심 채용이란?
기업의 역량기반 채용, NCS기반 능력중심 채용과 같이 직무수행에 필요한 능력과 역량을 평가하여 선발하는 채용방식을 통칭합니다.

4. 블라인드 채용의 평가요소

직무수행에 필요한 지식, 기술, 태도 등을 과학적인 선발기법을 통해 평가합니다.

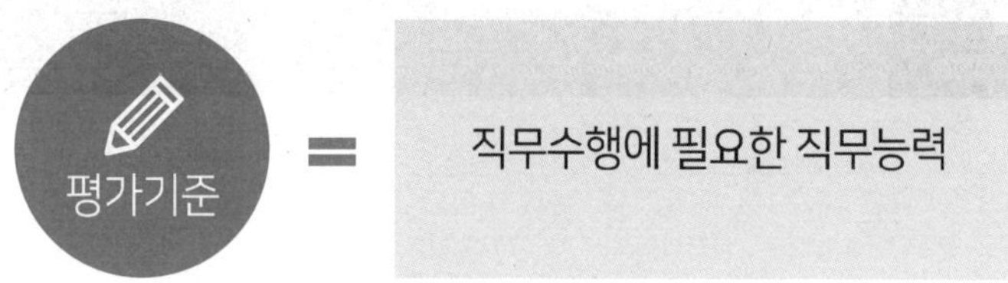

※ 과학적 선발기법이란?
직무분석을 통해 도출된 평가요소를 서류, 필기, 면접 등을 통해 체계적으로 평가하는 방법으로 입사지원서, 자기소개서, 직무수행능력평가, 구조화 면접 등이 해당됩니다.

5. 블라인드 채용 주요 도입 내용

- 입사지원서에 인적사항 요구 금지
  - 인적사항에는 출신지역, 가족관계, 결혼여부, 재산, 취미 및 특기, 종교, 생년월일(연령), 성별, 신장 및 체중, 사진, 전공, 학교명, 학점, 외국어 점수, 추천인 등이 해당
  - 채용 직무를 수행하는 데 있어 반드시 필요하다고 인정될 경우는 제외
    예 특수경비직 채용 시 : 시력, 건강한 신체 요구
    연구직 채용 시 : 논문, 학위 요구 등
- 블라인드 면접 실시
  - 면접관에게 응시자의 출신지역, 가족관계, 학교명 등 인적사항 정보 제공 금지
  - 면접관은 응시자의 인적사항에 대한 질문 금지

6. 블라인드 채용 도입의 효과성

- 구성원의 다양성과 창의성이 높아져 기업 경쟁력 강화
  - 편견을 없애고 직무능력 중심으로 선발하므로 다양한 직원 구성 가능
  - 다양한 생각과 의견을 통하여 기업의 창의성이 높아져 기업경쟁력 강화
- 직무에 적합한 인재선발을 통한 이직률 감소 및 만족도 제고
  - 사전에 지원자들에게 구체적이고 상세한 직무요건을 제시함으로써 허수 지원이 낮아지고, 직무에 적합한 지원자 모집 가능
  - 직무에 적합한 인재가 선발되어 직무이해도가 높아져 업무효율 증대 및 만족도 제고
- 채용의 공정성과 기업이미지 제고
  - 블라인드 채용은 사회적 편견을 줄인 선발 방법으로 기업에 대한 사회적 인식 제고
  - 채용과정에서 불합리한 차별을 받지 않고 실력에 의해 공정하게 평가를 받을 것이라는 믿음을 제공하고, 지원자들은 평등한 기회와 공정한 선발과정 경험

CHAPTER

02 서류전형 가이드

01 채용공고문

1. 채용공고문의 변화

기존 채용공고문	변화된 채용공고문
• 취업준비생에게 불충분하고 불친절한 측면 존재 • 모집분야에 대한 명확한 직무관련 정보 및 평가기준 부재 • 해당분야에 지원하기 위한 취업준비생의 무분별한 스펙 쌓기 현상 발생	• NCS 직무분석에 기반한 채용공고를 토대로 채용전형 진행 • 지원자가 입사 후 수행하게 될 업무에 대한 자세한 정보 공지 • 직무수행내용, 직무수행 시 필요한 능력, 관련된 자격, 직업기초능력 제시 • 지원자가 해당 직무에 필요한 스펙만을 준비할 수 있도록 안내
• 모집부문 및 응시자격 • 지원서 접수 • 전형절차 • 채용조건 및 처우 • 기타사항	• 채용절차 • 채용유형별 선발분야 및 예정인원 • 전형방법 • 선발분야별 직무기술서 • 우대사항

2. 지원 유의사항 및 지원요건 확인

채용 직무에 따른 세부사항을 공고문에 명시하여 지원자에게 적격한 지원 기회를 부여함과 동시에 채용과정에서의 공정성과 신뢰성을 확보합니다.

구성	내용	확인사항
모집분야 및 규모	고용형태(인턴 계약직 등), 모집분야, 인원, 근무지역 등	채용직무가 여러 개일 경우 본인이 해당되는 직무의 채용규모 확인
응시자격	기본 자격사항, 지원조건	지원을 위한 최소자격요건을 확인하여 불필요한 지원을 예방
우대조건	법정·특별·자격증 가점	본인의 가점 여부를 검토하여 가점 획득을 위한 사항을 사실대로 기재
근무조건 및 보수	고용형태 및 고용기간, 보수, 근무지	본인이 생각하는 기대수준에 부합하는지 확인하여 불필요한 지원을 예방
시험방법	서류·필기·면접전형 등의 활용방안	전형방법 및 세부 평가기법 등을 확인하여 지원전략 준비
전형일정	접수기간, 각 전형 단계별 심사 및 합격자 발표일 등	본인의 지원 스케줄을 검토하여 차질이 없도록 준비
제출서류	입사지원서(경력·경험기술서 등), 각종 증명서 및 자격증 사본 등	지원요건 부합 여부 및 자격 증빙서류 사전에 준비
유의사항	임용취소 등의 규정	임용취소 관련 법적 또는 기관 내부 규정을 검토하여 해당여부 확인

02 직무기술서

직무기술서란 직무수행의 내용과 필요한 능력, 관련 자격, 직업기초능력 등을 상세히 기재한 것으로 입사 후 수행하게 될 업무에 대한 정보가 수록되어 있는 자료입니다.

1. 채용분야

설명

NCS 직무분류 체계에 따라 직무에 대한 「대분류 – 중분류 – 소분류 – 세분류」 체계를 확인할 수 있습니다. 채용 직무에 대한 모든 직무기술서를 첨부하게 되며 실제 수행 업무를 기준으로 세부적인 분류정보를 제공합니다.

채용분야	분류체계			
사무행정	대분류	중분류	소분류	세분류
분류코드	02. 경영·회계·사무	03. 재무·회계	01. 재무	01. 예산
				02. 자금
			02. 회계	01. 회계감사
				02. 세무

2. 능력단위

설명

직무분류 체계의 세분류 하위능력단위 중 실질적으로 수행할 업무의 능력만 구체적으로 파악할 수 있습니다.

능력단위	(예산)	03. 연간종합예산수립 05. 확정예산 운영	04. 추정재무제표 작성 06. 예산실적 관리
	(자금)	04. 자금운용	
	(회계감사)	02. 자금관리 05. 회계정보시스템 운용 07. 회계감사	04. 결산관리 06. 재무분석
	(세무)	02. 결산관리 07. 법인세 신고	05. 부가가치세 신고

3. 직무수행내용

설명

세분류 영역의 기본정의를 통해 직무수행내용을 확인할 수 있습니다. 입사 후 수행할 직무내용을 구체적으로 확인할 수 있으며, 이를 통해 입사서류 작성부터 면접까지 직무에 대한 명확한 이해를 바탕으로 자신의 희망직무인지 아닌지, 해당 직무가 자신이 알고 있던 직무가 맞는지 확인할 수 있습니다.

직무수행내용	(예산) 일정기간 예상되는 수익과 비용을 편성, 집행하며 통제하는 일
	(자금) 자금의 계획 수립, 조달, 운용을 하고 발생 가능한 위험 관리 및 성과평가
	(회계감사) 기업 및 조직 내·외부에 있는 의사결정자들이 효율적인 의사결정을 할 수 있도록 유용한 정보를 제공, 제공된 회계정보의 적정성을 파악하는 일
	(세무) 세무는 기업의 활동을 위하여 주어진 세법범위 내에서 조세부담을 최소화시키는 조세전략을 포함하고 정확한 과세소득과 과세표준 및 세액을 산출하여 과세당국에 신고·납부하는 일

4. 직무기술서 예시

태도	(예산) 정확성, 분석적 태도, 논리적 태도, 타 부서와의 협조적 태도, 설득력
	(자금) 분석적 사고력
	(회계 감사) 합리적 태도, 전략적 사고, 정확성, 적극적 협업 태도, 법률준수 태도, 분석적 태도, 신속성, 책임감, 정확한 판단력
	(세무) 규정 준수 의지, 수리적 정확성, 주의 깊은 태도
우대 자격증	공인회계사, 세무사, 컴퓨터활용능력, 변호사, 워드프로세서, 전산회계운용사, 사회조사분석사, 재경관리사, 회계관리 등
직업기초능력	의사소통능력, 문제해결능력, 자원관리능력, 대인관계능력, 정보능력, 조직이해능력

5. 직무기술서 내용별 확인사항

항목	확인사항
모집부문	해당 채용에서 선발하는 부문(분야)명 확인 예 사무행정, 전산, 전기
분류체계	지원하려는 분야의 세부직무군 확인
주요기능 및 역할	지원하려는 기업의 전사적인 기능과 역할, 산업군 확인
능력단위	지원분야의 직무수행에 관련되는 세부업무사항 확인
직무수행내용	지원분야의 직무군에 대한 상세사항 확인
전형방법	지원하려는 기업의 신입사원 선발전형 절차 확인
일반요건	교육사항을 제외한 지원 요건 확인(자격요건, 특수한 경우 연령)
교육요건	교육사항에 대한 지원요건 확인(대졸 / 초대졸 / 고졸 / 전공 요건)
필요지식	지원분야의 업무수행을 위해 요구되는 지식 관련 세부항목 확인
필요기술	지원분야의 업무수행을 위해 요구되는 기술 관련 세부항목 확인
직무수행태도	지원분야의 업무수행을 위해 요구되는 태도 관련 세부항목 확인
직업기초능력	지원분야 또는 지원기업의 조직원으로서 근무하기 위해 필요한 일반적인 능력사항 확인

03 입사지원서

1. 입사지원서의 변화

기존지원서		능력중심 채용 입사지원서
직무와 관련 없는 학점, 개인신상, 어학점수, 자격, 수상경력 등을 나열하도록 구성	VS	해당 직무수행에 꼭 필요한 정보들을 제시할 수 있도록 구성

기존지원서		능력중심 채용 입사지원서	
직무기술서	→	인적사항	성명, 연락처, 지원분야 등 작성 (평가 미반영)
직무수행내용		교육사항	직무지식과 관련된 학교교육 및 직업교육 작성
요구지식 / 기술		자격사항	직무관련 국가공인 또는 민간자격 작성
관련 자격증 사전직무경험		경력 및 경험사항	조직에 소속되어 일정한 임금을 받거나(경력) 임금 없이(경험) 직무와 관련된 활동 내용 작성

2. 교육사항

- 지원분야 직무와 관련된 학교 교육이나 직업교육 혹은 기타교육 등 직무에 대한 지원자의 학습 여부를 평가하기 위한 항목입니다.
- 지원하고자 하는 직무의 학교 전공교육 이외에 직업교육, 기타교육 등을 기입할 수 있기 때문에 전공 제한 없이 직업교육과 기타교육을 이수하여 지원이 가능하도록 기회를 제공합니다.
  (기타교육 : 학교 이외의 기관에서 개인이 이수한 교육과정 중 지원직무와 관련이 있다고 생각되는 교육내용)

구분	교육과정(과목)명	교육내용	과업(능력단위)

PART 4

3. 자격사항

- 채용공고 및 직무기술서에 제시되어 있는 자격 현황을 토대로 지원자가 해당 직무를 수행하는 데 필요한 능력을 가지고 있는지를 평가하기 위한 항목입니다.
- 채용공고 및 직무기술서에 기재된 직무관련 필수 또는 우대자격 항목을 확인하여 본인이 보유하고 있는 자격사항을 기재합니다.

자격유형	자격증명	발급기관	취득일자	자격증번호

4. 경력 및 경험사항

- 직무와 관련된 경력이나 경험 여부를 표현하도록 하여 직무와 관련한 능력을 갖추었는지를 평가하기 위한 항목입니다.
- 해당 기업에서 직무를 수행함에 있어 필요한 사항만을 기록하게 되어 있기 때문에 직무와 무관한 스펙을 갖추지 않아도 됩니다.
- 경력 : 금전적 보수를 받고 일정기간 동안 일했던 경우
- 경험 : 금전적 보수를 받지 않고 수행한 활동

※ 기업에 따라 경력 / 경험 관련 증빙자료 요구 가능

구분	조직명	직위 / 역할	활동기간(년 / 월)	주요과업 / 활동내용

Tip

입사지원서 작성 방법

○ 경력 및 경험사항 작성
- 직무기술서에 제시된 지식, 기술, 태도와 지원자의 교육사항, 경력(경험)사항, 자격사항과 연계하여 개인의 직무역량에 대해 스스로 판단 가능

○ 인적사항 최소화
- 개인의 인적사항, 학교명, 가족관계 등을 노출하지 않도록 유의

부적절한 입사지원서 작성 사례
- 학교 이메일을 기입하여 학교명 노출
- 거주지 주소에 학교 기숙사 주소를 기입하여 학교명 노출
- 자기소개서에 부모님이 재직 중인 기업명, 직위, 직업을 기입하여 가족관계 노출
- 자기소개서에 석·박사 과정에 대한 이야기를 언급하여 학력 노출
- 동아리 활동에 대한 내용을 학교명과 더불어 언급하여 학교명 노출

04 자기소개서

1. 자기소개서의 변화

- 기존의 자기소개서는 지원자의 일대기나 관심 분야, 성격의 장·단점 등 개괄적인 사항을 묻는 질문으로 구성되어 지원자가 자신의 직무능력을 제대로 표출하지 못합니다.
- 능력중심 채용의 자기소개서는 직무기술서에 제시된 직업기초능력(또는 직무수행능력)에 대한 지원자의 과거 경험을 기술하게 함으로써 평가 타당도의 확보가 가능합니다.

1. 우리 회사와 해당 지원 직무분야에 지원한 동기에 대해 기술해 주세요.

2. 자신이 경험한 다양한 사회활동에 대해 기술해 주세요.

3. 지원 직무에 대한 전문성을 키우기 위해 받은 교육과 경험 및 경력사항에 대해 기술해 주세요.

4. 인사업무 또는 팀 과제 수행 중 발생한 갈등을 원만하게 해결해 본 경험이 있습니까? 당시 상황에 대한 설명과 갈등의 대상이 되었던 상대방을 설득한 과정 및 방법을 기술해 주세요.

5. 과거에 있었던 일 중 가장 어려웠었던(힘들었었던) 상황을 고르고, 어떤 방법으로 그 상황을 해결했는지를 기술해 주세요.

Tip

자기소개서 작성 방법

① 자기소개서 문항이 묻고 있는 평가 역량 추측하기

> 예시
> - 팀 활동을 하면서 갈등 상황 시 상대방의 니즈나 의도를 명확히 파악하고 해결하여 목표 달성에 기여했던 경험에 대해서 작성해 주시기 바랍니다.
> - 다른 사람이 생각해내지 못했던 문제점을 찾고 이를 해결한 경험에 대해 작성해 주시기 바랍니다.

② 해당 역량을 보여줄 수 있는 소재 찾기(시간×역량 매트릭스)

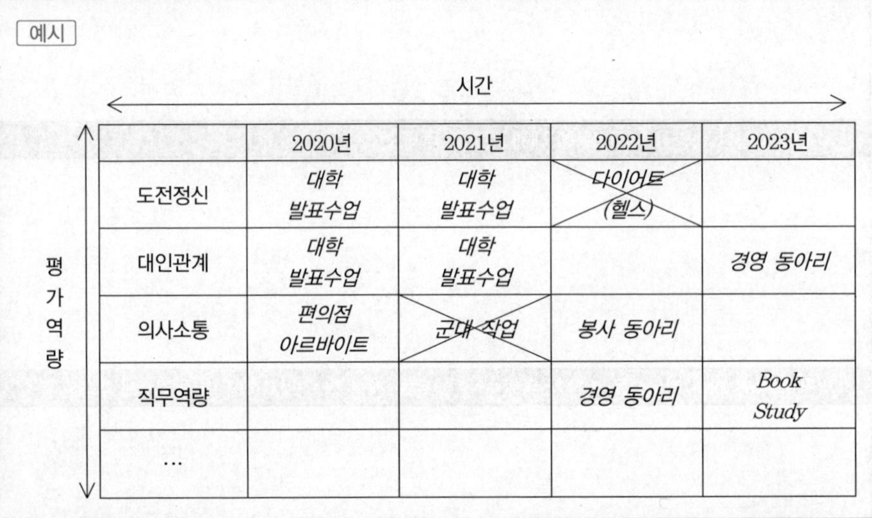

예시

시간

평가역량

	2020년	2021년	2022년	2023년
도전정신	*대학 발표수업*	*대학 발표수업*	~~*다이어트(헬스)*~~	
대인관계	*대학 발표수업*	*대학 발표수업*		*경영 동아리*
의사소통	*편의점 아르바이트*	~~*군대 작업*~~	*봉사 동아리*	
직무역량			*경영 동아리*	*Book Study*
…				

③ 자기소개서 작성 Skill 익히기
- 두괄식으로 작성하기
- 구체적 사례를 사용하기
- '나'를 중심으로 작성하기
- 직무역량 강조하기
- 경험 사례의 차별성 강조하기

CHAPTER

03 인성검사 소개 및 모의테스트

01 인성검사 유형

인성검사는 지원자의 성격특성을 객관적으로 파악하고 그것이 각 기업에서 필요로 하는 인재상과 가치에 부합하는가를 평가하기 위한 검사입니다. 인성검사는 KPDI(한국인재개발진흥원), K-SAD(한국사회적성개발원), KIRBS(한국행동과학연구소), SHR(에스에이치알) 등의 전문기관을 통해 각 기업의 특성에 맞는 검사를 선택하여 실시합니다. 대표적인 인성검사의 유형에는 크게 다음과 같은 세 가지가 있으며, 채용 대행업체에 따라 달라집니다.

PART 4

1. KPDI 검사

조직적응성과 직무적합성을 알아보기 위한 검사로 인성검사, 인성역량검사, 인적성검사, 직종별 인적성검사 등의 다양한 검사 도구를 구현합니다. KPDI는 성격을 파악하고 정신건강 상태 등을 측정하고, 직무검사는 해당 직무를 수행하기 위해 기본적으로 갖추어야 할 인지적 능력을 측정합니다. 역량검사는 특정 직무 역할을 효과적으로 수행하는 데 직접적으로 관련 있는 개인의 행동, 지식, 스킬, 가치관 등을 측정합니다

2. KAD(Korea Aptitude Development) 검사

K-SAD(한국사회적성개발원)에서 실시하는 적성검사 프로그램입니다. 개인의 성향, 지적 능력, 기호, 관심, 흥미도를 종합적으로 분석하여 적성에 맞는 업무가 무엇인가 파악하고, 직무수행에 있어서 요구되는 기초능력과 실무능력을 분석합니다.

3. SHR 직무적성검사

직무수행에 필요한 종합적인 사고 능력을 다양한 적성검사(Paper and Pencil Test)로 평가합니다. SHR의 모든 직무능력검사는 표준화 검사입니다. 표준화 검사는 표본집단의 점수를 기초로 규준이 만들어진 검사이므로 개인의 점수를 규준에 맞추어 해석·비교하는 것이 가능합니다. S(Standardized Tests), H(Hundreds of Version), R(Reliable Norm Data)을 특징으로 하며, 직군·직급별 특성과 선발 수준에 맞추어 검사를 적용할 수 있습니다.

02 인성검사와 면접

인성검사는 특히 면접질문과 관련성이 높습니다. 면접관은 지원자의 인성검사 결과를 토대로 질문을 하기 때문입니다. 일관적이고 이상적인 답변을 하는 것이 가장 좋지만, 실제 시험은 매우 복잡하여 전문가라 해도 일정 성격을 유지하면서 답변을 하는 것이 힘듭니다. 또한, 인성검사에는 라이 스케일(Lie Scale) 설문이 전체 설문 속에 교묘하게 섞여 들어가 있으므로 겉치레적인 답을 하게 되면 회답태도의 허위성이 그대로 드러나게 됩니다. 예를 들어 '거짓말을 한 적이 한 번도 없다.'에 '예'로 답하고, '때로는 거짓말을 하기도 한다.'에 '예'라고 답하여 라이 스케일의 득점이 올라가게 되면 모든 회답의 신빙성이 사라지고 '자신을 돋보이게 하려는 사람'이라는 평가를 받을 수 있으므로 주의해야 합니다. 따라서 모의테스트를 통해 인성검사의 유형과 실제 시험 시 어떻게 문제를 풀어야 하는지 연습해 보고 체크한 부분 중 자신의 단점과 연결되는 부분은 면접에서 질문이 들어왔을 때 어떻게 대처해야 하는지 생각해 보는 것이 좋습니다.

03 유의사항

1. 기업의 인재상을 파악하라!

인성검사를 통해 개인의 성격 특성을 파악하고 그것이 기업의 인재상과 가치에 부합하는지를 평가하는 시험이기 때문에 해당 기업의 인재상을 먼저 파악하고 시험에 임하는 것이 좋습니다. 모의테스트에서 인재상에 맞는 가상의 인물을 설정하고 문제에 답해 보는 것도 많은 도움이 됩니다.

2. 일관성 있는 대답을 하라!

짧은 시간 안에 다양한 질문에 답을 해야 하는데, 그 안에는 중복되는 질문이 여러 번 나옵니다. 이때 앞서 자신이 체크했던 대답을 잘 기억해뒀다가 일관성 있는 답을 하는 것이 중요합니다.

3. 모든 문항에 대답하라!

많은 문제를 짧은 시간 안에 풀려다 보니 다 못 푸는 경우도 종종 생깁니다. 하지만 대답을 누락하거나 끝까지 다 못했을 경우 좋지 않은 결과를 가져올 수도 있으니 최대한 주어진 시간 안에 모든 문항에 답할 수 있도록 해야 합니다.

04 KPDI 모의테스트

※ 모의테스트는 질문 및 답변 유형 연습을 위한 것으로 실제 시험과 다를 수 있습니다.
※ 인성검사는 정답이 따로 없는 유형의 검사이므로 결과지를 제공하지 않습니다.

번호	내용	예	아니요
001	나는 솔직한 편이다.	☐	☐
002	나는 리드하는 것을 좋아한다.	☐	☐
003	법을 어겨서 말썽이 된 적이 한 번도 없다.	☐	☐
004	거짓말을 한 번도 한 적이 없다.	☐	☐
005	나는 눈치가 빠르다.	☐	☐
006	나는 일을 주도하기보다는 뒤에서 지원하는 것을 선호한다.	☐	☐
007	앞일은 알 수 없기 때문에 계획은 필요하지 않다.	☐	☐
008	거짓말도 때로는 방편이라고 생각한다.	☐	☐
009	사람이 많은 술자리를 좋아한다.	☐	☐
010	걱정이 지나치게 많다.	☐	☐
011	일을 시작하기 전 재고하는 경향이 있다.	☐	☐
012	불의를 참지 못한다.	☐	☐
013	처음 만나는 사람과도 이야기를 잘 한다.	☐	☐
014	때로는 변화가 두렵다.	☐	☐
015	나는 모든 사람에게 친절하다.	☐	☐
016	힘든 일이 있을 때 술은 위로가 되지 않는다.	☐	☐
017	결정을 빨리 내리지 못해 손해를 본 경험이 있다.	☐	☐
018	기회를 잡을 준비가 되어 있다.	☐	☐
019	때로는 내가 정말 쓸모없는 사람이라고 느낀다.	☐	☐
020	누군가 나를 챙겨주는 것이 좋다.	☐	☐
021	자주 가슴이 답답하다.	☐	☐
022	나는 내가 자랑스럽다.	☐	☐
023	경험이 중요하다고 생각한다.	☐	☐
024	전자기기를 분해하고 다시 조립하는 것을 좋아한다.	☐	☐

025	감시받고 있다는 느낌이 든다.	☐	☐
026	난처한 상황에 놓이면 그 순간을 피하고 싶다.	☐	☐
027	세상엔 믿을 사람이 없다.	☐	☐
028	잘못을 빨리 인정하는 편이다.	☐	☐
029	지도를 보고 길을 잘 찾아간다.	☐	☐
030	귓속말을 하는 사람을 보면 날 비난하고 있는 것 같다.	☐	☐
031	막무가내라는 말을 들을 때가 있다.	☐	☐
032	장래의 일을 생각하면 불안하다.	☐	☐
033	결과보다 과정이 중요하다고 생각한다.	☐	☐
034	운동은 그다지 할 필요가 없다고 생각한다.	☐	☐
035	새로운 일을 시작할 때 좀처럼 한 발을 떼지 못한다.	☐	☐
036	기분 상하는 일이 있더라도 참는 편이다.	☐	☐
037	업무능력은 성과로 평가받아야 한다고 생각한다.	☐	☐
038	머리가 맑지 못하고 무거운 느낌이 든다.	☐	☐
039	가끔 이상한 소리가 들린다.	☐	☐
040	타인이 내게 자주 고민상담을 하는 편이다.	☐	☐

05 SHR 모의테스트

※ 모의테스트는 질문 및 답변 유형 연습을 위한 것으로 실제 시험과 다를 수 있습니다.
※ 인성검사는 정답이 따로 없는 유형의 검사이므로 결과지를 제공하지 않습니다.

※ 이 성격검사의 각 문항에는 서로 다른 행동을 나타내는 네 개의 문장이 제시되어 있습니다. 이 문장들을 비교하여, 자신의 평소 행동과 가장 가까운 문장을 'ㄱ' 열에 표기하고, 가장 먼 문장을 'ㅁ' 열에 표기하십시오.

01 나는 ____________________

	ㄱ	ㅁ
A. 실용적인 해결책을 찾는다.	☐	☐
B. 다른 사람을 돕는 것을 좋아한다.	☐	☐
C. 세부 사항을 잘 챙긴다.	☐	☐
D. 상대의 주장에서 허점을 잘 찾는다.	☐	☐

02 나는 ____________________

	ㄱ	ㅁ
A. 매사에 적극적으로 임한다.	☐	☐
B. 즉흥적인 편이다.	☐	☐
C. 관찰력이 있다.	☐	☐
D. 임기응변에 강하다.	☐	☐

03 나는 ____________________

	ㄱ	ㅁ
A. 무서운 영화를 잘 본다.	☐	☐
B. 조용한 곳이 좋다.	☐	☐
C. 가끔 울고 싶다.	☐	☐
D. 집중력이 좋다.	☐	☐

04 나는 ____________________

	ㄱ	ㅁ
A. 기계를 조립하는 것을 좋아한다.	☐	☐
B. 집단에서 리드하는 역할을 맡는다.	☐	☐
C. 호기심이 많다.	☐	☐
D. 음악을 듣는 것을 좋아한다.	☐	☐

PART 4

05 나는 ______________________

A. 타인을 늘 배려한다.
B. 감수성이 예민하다.
C. 즐겨하는 운동이 있다.
D. 일을 시작하기 전에 계획을 세운다.

	ㄱ	ㅁ
A	☐	☐
B	☐	☐
C	☐	☐
D	☐	☐

06 나는 ______________________

A. 타인에게 설명하는 것을 좋아한다.
B. 여행을 좋아한다.
C. 정적인 것이 좋다.
D. 남을 돕는 것에 보람을 느낀다.

	ㄱ	ㅁ
A	☐	☐
B	☐	☐
C	☐	☐
D	☐	☐

07 나는 ______________________

A. 기계를 능숙하게 다룬다.
B. 밤에 잠이 잘 오지 않는다.
C. 한 번 간 길을 잘 기억한다.
D. 불의를 보면 참을 수 없다.

	ㄱ	ㅁ
A	☐	☐
B	☐	☐
C	☐	☐
D	☐	☐

08 나는 ______________________

A. 종일 말을 하지 않을 때가 있다.
B. 사람이 많은 곳을 좋아한다.
C. 술을 좋아한다.
D. 휴양지에서 편하게 쉬고 싶다.

	ㄱ	ㅁ
A	☐	☐
B	☐	☐
C	☐	☐
D	☐	☐

09 나는 ______________________

A. 뉴스보다는 드라마를 좋아한다.
B. 길을 잘 찾는다.
C. 주말엔 집에서 쉬는 것이 좋다.
D. 아침에 일어나는 것이 힘들다.

ㄱ	ㅁ
☐	☐
☐	☐
☐	☐
☐	☐

10 나는 ______________________

A. 이성적이다.
B. 할 일을 종종 미룬다.
C. 어른을 대하는 게 힘들다.
D. 불을 보면 매혹을 느낀다.

ㄱ	ㅁ
☐	☐
☐	☐
☐	☐
☐	☐

11 나는 ______________________

A. 상상력이 풍부하다.
B. 예의 바르다는 소리를 자주 듣는다.
C. 사람들 앞에 서면 긴장한다.
D. 친구를 자주 만난다.

ㄱ	ㅁ
☐	☐
☐	☐
☐	☐
☐	☐

12 나는 ______________________

A. 나만의 스트레스 해소 방법이 있다.
B. 친구가 많다.
C. 책을 자주 읽는다.
D. 활동적이다.

ㄱ	ㅁ
☐	☐
☐	☐
☐	☐
☐	☐

CHAPTER

04 면접전형 가이드

01 면접유형 파악

1. 면접전형의 변화

기존 면접전형에서는 일상적이고 단편적인 대화나 지원자의 첫인상 및 면접관의 주관적인 판단 등에 의해서 입사 결정 여부를 판단하는 경우가 많았습니다. 이러한 면접전형은 면접 내용의 일관성이 결여되거나 직무 관련 타당성이 부족하였고, 면접에 대한 신뢰도에 영향을 주었습니다.

기존 면접(전통적 면접)		능력중심 채용 면접(구조화 면접)
• 일상적이고 단편적인 대화 • 인상, 외모 등 외부 요소의 영향 • 주관적인 판단에 의존한 총점 부여 ⇩ • 면접 내용의 일관성 결여 • 직무관련 타당성 부족 • 주관적인 채점으로 신뢰도 저하	VS	• 일관성 – 직무관련 역량에 초점을 둔 구체적 질문 목록 – 지원자별 동일 질문 적용 • 구조화 – 면접 진행 및 평가 절차를 일정한 체계에 의해 구성 • 표준화 – 평가 타당도 제고를 위한 평가 Matrix 구성 – 척도에 따라 항목별 채점, 개인 간 비교 • 신뢰성 – 면접진행 매뉴얼에 따라 면접위원 교육 및 실습

2. 능력중심 채용의 면접 유형

① 경험 면접
- 목적 : 선발하고자 하는 직무 능력이 필요한 과거 경험을 질문합니다.
- 평가요소 : 직업기초능력과 인성 및 태도적 요소를 평가합니다.

② 상황 면접
- 목적 : 특정 상황을 제시하고 지원자의 행동을 관찰함으로써 실제 상황의 행동을 예상합니다.
- 평가요소 : 직업기초능력과 인성 및 태도적 요소를 평가합니다.

③ 발표 면접
- 목적 : 특정 주제와 관련된 지원자의 발표와 질의응답을 통해 지원자 역량을 평가합니다.
- 평가요소 : 직무수행능력과 인지적 역량(문제해결능력)을 평가합니다.

④ 토론 면접
- 목적 : 토의과제에 대한 의견수렴 과정에서 지원자의 역량과 상호작용능력을 평가합니다.
- 평가요소 : 직무수행능력과 팀워크를 평가합니다.

02 면접유형별 준비 방법

1. 경험 면접

① 경험 면접의 특징

- 주로 직업기초능력에 관련된 지원자의 과거 경험을 심층 질문하여 검증하는 면접입니다.
- 직무능력과 관련된 과거 경험을 평가하기 위해 심층 질문을 하며, 이 질문은 지원자의 답변에 대하여 '꼬리에 꼬리를 무는 형식'으로 진행됩니다.

> - 능력요소, 정의, 심사 기준
>   - 평가하고자 하는 능력요소, 정의, 심사기준을 확인하여 면접위원이 해당 능력요소 관련 질문을 제시합니다.
> - Opening Question
>   - 능력요소에 관련된 과거 경험을 유도하기 위한 시작 질문을 합니다.
> - Follow-up Question
>   - 지원자의 경험 수준을 구체적으로 검증하기 위한 질문입니다.
>   - 경험 수준 검증을 위한 상황(Situation), 임무(Task), 역할 및 노력(Action), 결과(Result) 등으로 질문을 구분합니다.

경험 면접의 형태

[면접관 1] [면접관 2] [면접관 3]

[지원자]

〈일대다 면접〉

[면접관 1] [면접관 2] [면접관 3]

[지원자 1] [지원자 2] [지원자 3]

〈다대다 면접〉

PART 4

② 경험 면접의 구조

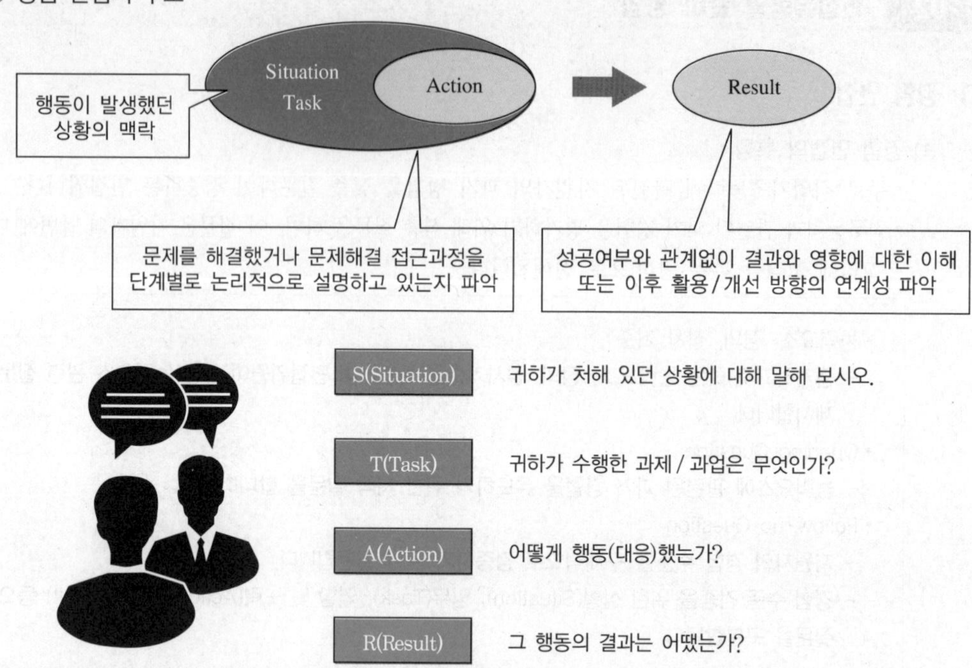
Situation
Task
Action
Result
행동이 발생했던 상황의 맥락
문제를 해결했거나 문제해결 접근과정을 단계별로 논리적으로 설명하고 있는지 파악
성공여부와 관계없이 결과와 영향에 대한 이해 또는 이후 활용/개선 방향의 연계성 파악
S(Situation) 귀하가 처해 있던 상황에 대해 말해 보시오.
T(Task) 귀하가 수행한 과제/과업은 무엇인가?
A(Action) 어떻게 행동(대응)했는가?
R(Result) 그 행동의 결과는 어땠는가?

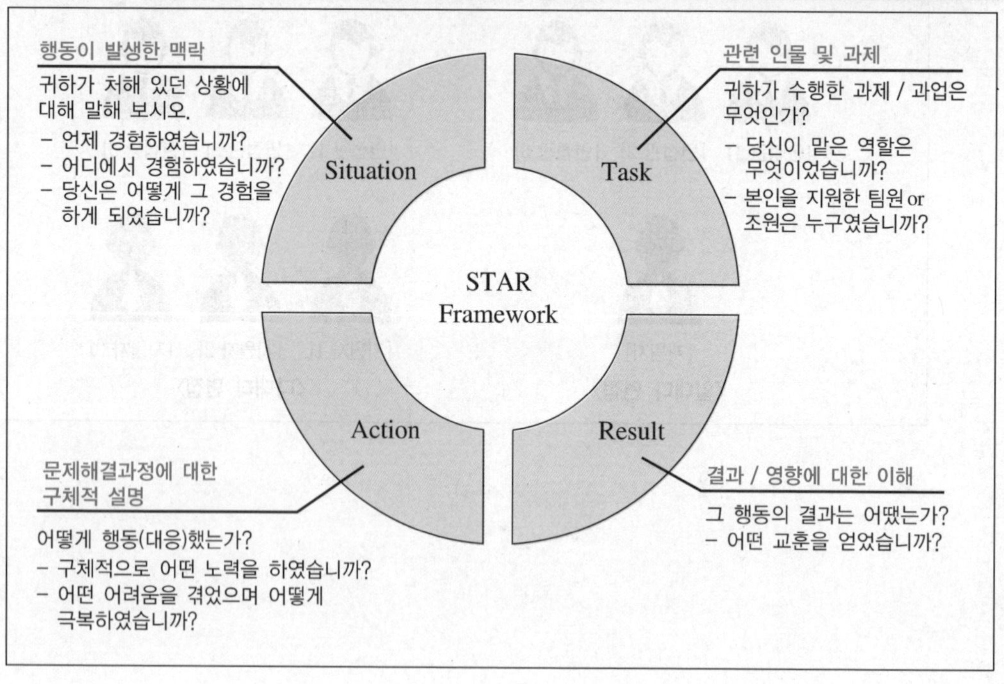
(　　　　)에 관한 과거 경험에 대하여 말해 보시오.
행동이 발생한 맥락
귀하가 처해 있던 상황에 대해 말해 보시오.
- 언제 경험하였습니까?
- 어디에서 경험하였습니까?
- 당신은 어떻게 그 경험을 하게 되었습니까?
관련 인물 및 과제
귀하가 수행한 과제/과업은 무엇인가?
- 당신이 맡은 역할은 무엇이었습니까?
- 본인을 지원한 팀원 or 조원은 누구였습니까?
Situation
Task
STAR Framework
Action
Result
문제해결과정에 대한 구체적 설명
어떻게 행동(대응)했는가?
- 구체적으로 어떤 노력을 하였습니까?
- 어떤 어려움을 겪었으며 어떻게 극복하였습니까?
결과/영향에 대한 이해
그 행동의 결과는 어땠는가?
- 어떤 교훈을 얻었습니까?

③ 경험 면접 질문 예시(직업윤리)

시작 질문	
1	남들이 신경 쓰지 않는 부분까지 고려하여 절차대로 업무(연구)를 수행하여 성과를 낸 경험을 구체적으로 말해 보시오.
2	조직의 원칙과 절차를 철저히 준수하며 업무(연구)를 수행한 것 중 성과를 향상시킨 경험에 대해 구체적으로 말해 보시오.
3	세부적인 절차와 규칙에 주의를 기울여 실수 없이 업무(연구)를 마무리한 경험을 구체적으로 말해 보시오.
4	조직의 규칙이나 원칙을 고려하여 성실하게 일했던 경험을 구체적으로 말해 보시오.
5	타인의 실수를 바로잡고 원칙과 절차대로 수행하여 성공적으로 업무를 마무리하였던 경험에 대해 말해 보시오.

후속 질문		
상황 (Situation)	상황	구체적으로 언제, 어디에서 경험한 일인가?
		어떤 상황이었는가?
	조직	어떤 조직에 속해 있었는가?
		그 조직의 특성은 무엇이었는가?
		몇 명으로 구성된 조직이었는가?
	기간	해당 조직에서 얼마나 일했는가?
		해당 업무는 몇 개월 동안 지속되었는가?
	조직규칙	조직의 원칙이나 규칙은 무엇이었는가?
임무 (Task)	과제	과제의 목표는 무엇이었는가?
		과제에 적용되는 조직의 원칙은 무엇이었는가?
		그 규칙을 지켜야 하는 이유는 무엇이었는가?
	역할	당신이 조직에서 맡은 역할은 무엇이었는가?
		과제에서 맡은 역할은 무엇이었는가?
	문제의식	규칙을 지키지 않을 경우 생기는 문제점 / 불편함은 무엇인가?
		해당 규칙이 왜 중요하다고 생각하였는가?
역할 및 노력 (Action)	행동	업무 과정의 어떤 장면에서 규칙을 철저히 준수하였는가?
		어떻게 규정을 적용시켜 업무를 수행하였는가?
		규정은 준수하는 데 어려움은 없었는가?
	노력	그 규칙을 지키기 위해 스스로 어떤 노력을 기울였는가?
		본인의 생각이나 태도에 어떤 변화가 있었는가?
		다른 사람들은 어떤 노력을 기울였는가?
	동료관계	동료들은 규칙을 철저히 준수하고 있었는가?
		팀원들은 해당 규칙에 대해 어떻게 반응하였는가?
		규칙에 대한 태도를 개선하기 위해 어떤 노력을 하였는가?
		팀원들의 태도는 당신에게 어떤 자극을 주었는가?
	업무추진	주어진 업무를 추진하는 데 규칙이 방해되진 않았는가?
		업무수행 과정에서 규정을 어떻게 적용하였는가?
		업무 시 규정을 준수해야 한다고 생각한 이유는 무엇인가?

결과 (Result)	평가	규칙을 어느 정도나 준수하였는가?
		그렇게 준수할 수 있었던 이유는 무엇이었는가?
		업무의 성과는 어느 정도였는가?
		성과에 만족하였는가?
		비슷한 상황이 온다면 어떻게 할 것인가?
	피드백	주변 사람들로부터 어떤 평가를 받았는가?
		그러한 평가에 만족하는가?
		다른 사람에게 본인의 행동이 영향을 주었다고 생각하는가?
	교훈	업무수행 과정에서 중요한 점은 무엇이라고 생각하는가?
		이 경험을 통해 느낀 바는 무엇인가?

2. 상황 면접

① 상황 면접의 특징

직무 관련 상황을 가정하여 제시하고 이에 대한 대응능력을 직무관련성 측면에서 평가하는 면접입니다.

- 상황 면접 과제의 구성은 크게 2가지로 구분
  - 상황 제시(Description) / 문제 제시(Question or Problem)
- 현장의 실제 업무 상황을 반영하여 과제를 제시하므로 직무분석이나 직무전문가 워크숍 등을 거쳐 현장성을 높임
- 문제는 상황에 대한 기본적인 이해능력(이론적 지식)과 함께 실질적 대응이나 변수 고려능력(실천적 능력) 등을 고르게 질문해야 함

상황 면접의 형태

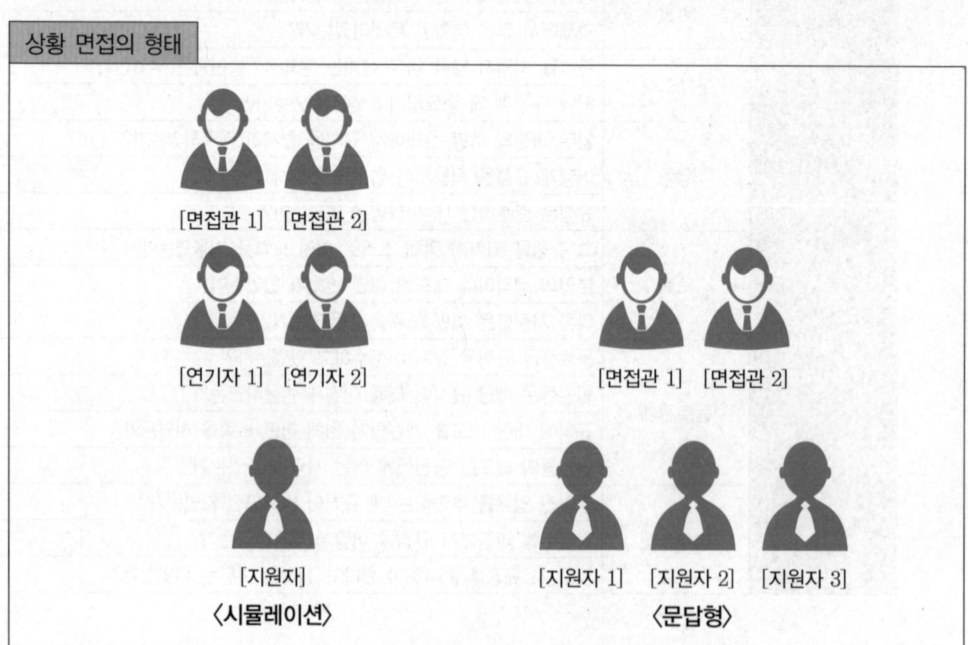

② 상황 면접 예시

상황 제시	인천공항 여객터미널 내에는 다양한 용도의 시설(사무실, 통신실, 식당, 전산실, 창고 면세점 등)이 설치되어 있습니다.	실제 업무 상황에 기반함
	금년에 소방배관의 누수가 잦아 메인 배관을 교체하는 공사를 추진하고 있으며, 당신은 이번 공사의 담당자입니다.	배경 정보
	주간에는 공항 운영이 이루어져 주로 야간에만 배관 교체 공사를 수행하던 중, 시공하는 기능공의 실수로 배관 연결 부위를 잘못 건드려 고압배관의 소화수가 누출되는 사고가 발생하였으며, 이로 인해 인근 시설물에 누수에 의한 피해가 발생하였습니다.	구체적인 문제 상황
문제 제시	일반적인 소방배관의 배관연결(이음)방식과 배관의 이탈(누수)이 발생하는 원인에 대해 설명해 보시오.	문제 상황 해결을 위한 기본 지식 문항
	담당자로서 본 사고를 현장에서 긴급히 처리하는 프로세스를 제시하고, 보수완료 후 사후적 조치가 필요한 부분 및 재발방지 방안에 대해 설명해 보시오.	문제 상황 해결을 위한 추가 대응 문항

3. 발표 면접

① 발표 면접의 특징

- 직무관련 주제에 대한 지원자의 생각을 정리하여 의견을 제시하고, 발표 및 질의응답을 통해 지원자의 직무능력을 평가하는 면접입니다.
- 발표 주제는 직무와 관련된 자료로 제공되며, 일정 시간 후 지원자가 보유한 지식 및 방안에 대한 발표 및 후속 질문을 통해 직무적합성을 평가합니다.

> • 주요 평가요소
> – 설득적 말하기 / 발표능력 / 문제해결능력 / 직무관련 전문성
> • 이미 언론을 통해 공론화된 시사 이슈보다는 해당 직무분야에 관련된 주제가 발표면접의 과제로 선정되는 경우가 최근 들어 늘어나고 있음
> • 짧은 시간 동안 주어진 과제를 빠른 속도로 분석하여 발표문을 작성하고 제한된 시간 안에 면접관에게 효과적인 발표를 진행하는 것이 핵심

발표 면접의 형태

[면접관 1] [면접관 2]

[면접관 1] [면접관 2]

[지원자]

〈개별 과제 발표〉

[지원자 1] [지원자 2] [지원자 3]

〈팀 과제 발표〉

※ 면접관에게 시각적 효과를 사용하여 메시지를 전달하는 쌍방향 커뮤니케이션 방식
※ 심층면접을 보완하기 위한 방안으로 최근 많은 기업에서 적극 도입하는 추세

PART 4

② 발표 면접 예시

1. 지시문

당신은 현재 A사에서 직원들의 성과평가를 담당하고 있는 팀원이다. 인사팀은 지난주부터 사내 조직문화관련 인터뷰를 하던 도중 성과평가제도에 관련된 개선 니즈가 제일 많다는 것을 알게 되었다. 이에 팀장님은 인터뷰 결과를 종합하려 성과평가제도 개선 아이디어를 A4용지에 정리하여 신속 보고할 것을 지시하셨다. 당신에게 남은 시간은 1시간이다. 자료를 준비하는 대로 당신은 팀원들이 모인 회의실에서 5분 간 발표할 것이며, 이후 질의응답을 진행할 것이다.

2. 배경자료

〈성과평가제도 개선에 대한 인터뷰〉

최근 A사는 회사 사세의 급성장으로 인해 작년보다 매출이 두 배 성장하였고, 직원 수 또한 두 배로 증가하였다. 회사의 성장은 임금, 복지에 대한 상승 등 긍정적인 영향을 주었으나 업무의 불균형 및 성과보상의 불평등 문제가 발생하였다. 또한 수시로 입사하는 신입직원과 경력직원, 퇴사하는 직원들까지 인원들의 잦은 변동으로 인해 평가해야 할 대상이 변경되어 현재의 성과평가제도로는 공정한 평가가 어려운 상황이다.

[생산부서 김상호]
우리 팀은 지난 1년 동안 생산량이 급증했기 때문에 수십 명의 신규인력이 급하게 채용되었습니다. 이 때문에 저희 팀장님은 신규 입사자들의 이름조차 기억 못할 때가 많이 있습니다. 성과평가를 제대로 하고 있는지 의문이 듭니다.

[마케팅 부서 김흥민]
개인의 성과평가의 취지는 충분히 이해합니다. 그러나 현재 평가는 실적기반이나 정성적인 평가가 많이 포함되어 있어 객관성과 공정성에는 의문이 드는 것이 사실입니다. 이러한 상황에서 평가제도를 재수립하지 않고, 인센티브에 계속 반영한다면, 평가제도에 대한 반감이 커질 것이 분명합니다.

[교육부서 홍경민]
현재 교육부서는 인사팀과 밀접하게 일하고 있습니다. 그럼에도 인사팀에서 실시하는 성과평가제도에 대한 이해가 부족한 것 같습니다.

[기획부서 김경호 차장]
저는 저의 평가자 중 하나가 연구부서의 팀장님인데, 일 년에 몇 번 같이 일하지 않는데 어떻게 저를 평가할 수 있을까요? 특히 연구팀은 저희가 예산을 배정하는데, 저에게는 좋지만….

4. 토론 면접

① 토론 면접의 특징

- 다수의 지원자가 조를 편성해 과제에 대한 토론(토의)을 통해 결론을 도출해가는 면접입니다.
- 의사소통능력, 팀워크, 종합인성 등의 평가에 용이합니다.

> • 주요 평가요소
>   – 설득적 말하기, 경청능력, 팀워크, 종합인성
> • 의견 대립이 명확한 주제 또는 채용분야의 직무 관련 주요 현안을 주제로 과제 구성
> • 제한된 시간 내 토론을 진행해야 하므로 적극적으로 자신 있게 토론에 임하고 본인의 의견을 개진할 수 있어야 함

토론 면접의 형태

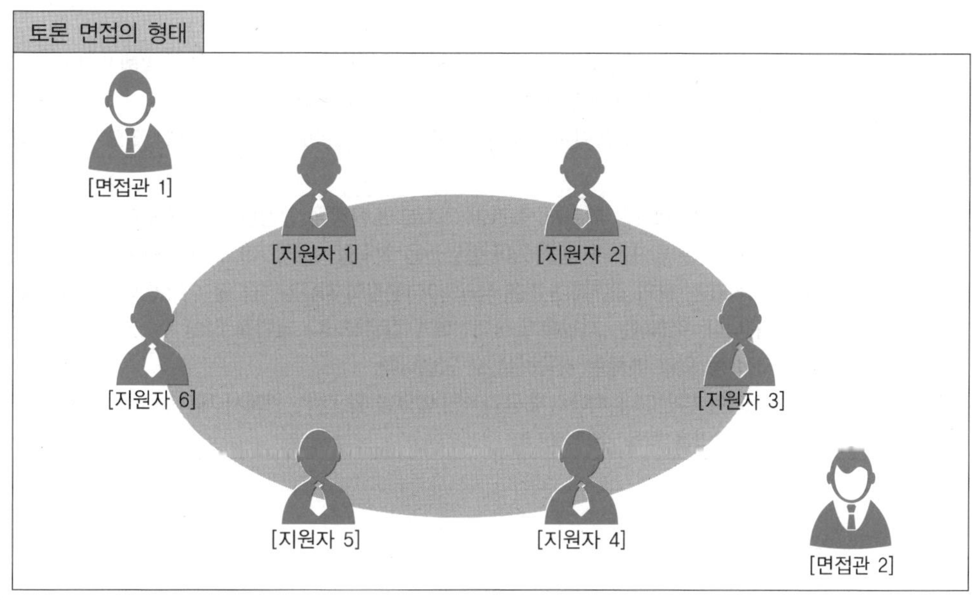

② 토론 면접 예시

고객 불만 고충처리
1. 들어가며
최근 우리 상품에 대한 고객 불만의 증가로 고객고충처리 TF가 만들어졌고 당신은 여기에 지원해 배치받았다. 당신의 업무는 불만을 가진 고객을 만나서 애로사항을 듣고 처리해 주는 일이다. 주된 업무로는 고객의 니즈를 파악해 방향성을 제시해 주고 그 해결책을 마련하는 일이다. 하지만 경우에 따라서 고객의 주관적인 의견으로 인해 제대로 된 방향으로 의사결정을 하지 못할 때가 있다. 이럴 경우 설득이나 논쟁을 해서라도 의견을 관철시키는 것이 좋을지 아니면 고객의 의견대로 진행하는 것이 좋을지 결정해야 할 때가 있다. 만약 당신이라면 이러한 상황에서 어떤 결정을 내릴 것인지 여부를 자유롭게 토론해 보시오.
2. 1분 자유 발언 시 준비사항
• 당신은 의견을 자유롭게 개진할 수 있으며 이에 따른 불이익은 없습니다. • 토론의 방향성을 이해하고, 내용의 장점과 단점이 무엇인지 문제를 명확히 말해야 합니다. • 합리적인 근거에 기초하여 개선방안을 명확히 제시해야 합니다. • 제시한 방안을 실행 시 예상되는 긍정적·부정적 영향요인도 동시에 고려할 필요가 있습니다.
3. 토론 시 유의사항
• 토론 주제문과 제공해드린 메모지, 볼펜만 가지고 토론장에 입장할 수 있습니다. • 사회자의 지정 또는 발표자가 손을 들어 발언권을 획득할 수 있으며, 사회자의 통제에 따릅니다. • 토론회가 시작되면, 팀의 의견과 논거를 정리하여 1분간의 자유발언을 할 수 있습니다. 순서는 사회자가 지정합니다. 이후에는 자유롭게 상대방에게 질문하거나 답변을 하실 수 있습니다. • 핸드폰, 서적 등 외부 매체는 사용하실 수 없습니다. • 논제에 벗어나는 발언이나 지나치게 공격적인 발언을 할 경우, 위에서 제시한 유의사항을 지키지 않을 경우 불이익을 받을 수 있습니다.

03 면접 Role Play

1. 면접 Role Play 편성

- 교육생끼리 조를 편성하여 면접관과 지원자 역할을 교대로 진행합니다.
- 지원자 입장과 면접관 입장을 모두 경험해 보면서 면접에 대한 적응력을 높일 수 있습니다.

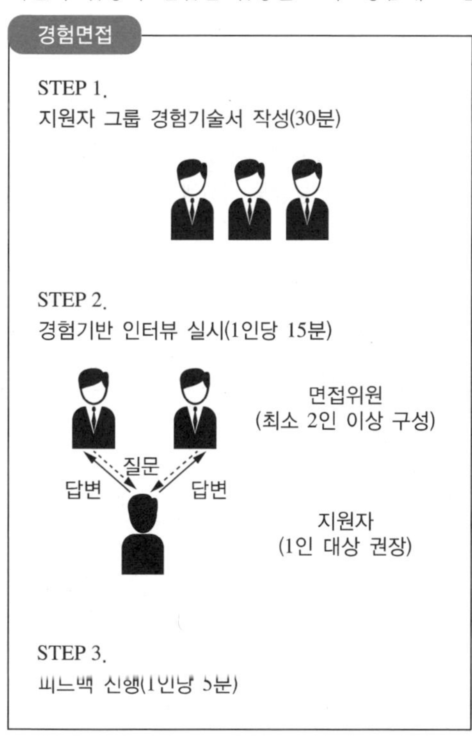

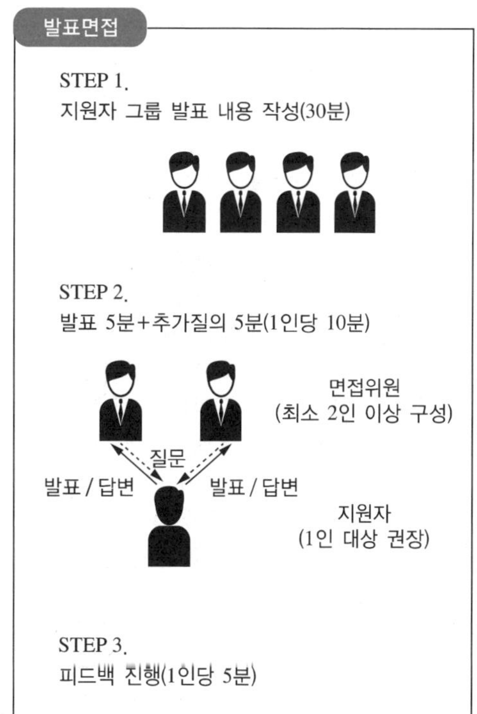

Tip

면접 준비하기

1. 면접 유형 확인 필수
   - 기업마다 면접 유형이 상이하기 때문에 해당 기업의 면접 유형을 확인하는 것이 좋음
   - 일반적으로 실무진 면접, 임원면접 2차례에 거쳐 면접을 실시하는 기업이 많고 실무진 면접과 임원면접에서 평가요소가 다르기 때문에 유형에 맞는 준비방법이 필요
2. 후속 질문에 대한 사전 점검
   - 블라인드 채용 면접에서는 주요 질문과 함께 후속 질문을 통해 지원자의 직무능력을 판단
     → STAR 기법을 통한 후속 질문에 미리 대비하는 것이 필요

CHAPTER

05 한국가스공사 면접 기출질문

1. 직무PT 면접

- 4차 산업혁명과 관련하여 한국가스공사에서 할 수 있는 일을 발표해 보시오.
- 미세먼지 문제를 해결하기 위하여 한국가스공사가 나아가야 할 방향을 제시해 보시오.
- 개폐기와 차단기의 차이점에 대하여 발표해 보시오.
- 한국가스공사 업무 중 마케팅 방안에 대하여 발표해 보시오.
- 공급관리자 교육참여율을 높이는 방법에 대하여 발표해 보시오.
- 한국가스공사 사업 중 천연가스사업에 대하여 발표해 보시오.
- 기록물관리전문요원으로서 문제 상황에 대하여 어떻게 해결하겠는가?
- 기록물과 도서의 차이점에 대하여 발표해 보시오.
- LNG산업의 미래에 대하여 발표해 보시오.
- 가스산업의 미래에 대하여 발표해 보시오.
- 한국가스공사 관련 민원의 해결방안에 대하여 발표해 보시오.
- 신재생에너지원의 중요도에 대하여 발표해 보시오.
- 안전관리에 대한 아이디어를 제시해 보시오.
- 불산가스 누출 사고에 대한 원인을 검토하고 대책을 강구해 보시오.
- 안전한 가스 저장시설의 운영에 필요한 기술들에 대해서 발표해 보시오.
- 가스 저장시설을 옮기려고 하는데 지역주민들의 반대가 심하다면, 어떻게 해결할 수 있겠는가?
- 원유의 정제과정에 대하여 설명해 보시오.
- 이상기체와 실제기체의 차이를 설명해 보시오.
- 레이놀즈수를 정의하고 층류와 난류의 특성을 설명해 보시오.
- 캐비테이션의 방지법에 관해 설명해 보시오.
- 허용응력설계법과 극한강도설계법에 대해서 설명해 보시오.

2. 직업기초면접

- 살면서 불합리한 일을 개선한 적이 있는가?
- 자기주도적으로 한 일을 말해 보시오.
- 프로젝트를 진행한 경험이 있는가? 있다면 그 경험을 통해 얻은 것과 보완하고 싶은 것을 말해 보시오.
- 지원한 분야와 관련하여 가장 열정적으로 임했던 업무에 대해 말해 보시오.
- 전공에 대한 지식을 업무에 어떻게 녹여낼 것인지 말해 보시오.
- 분쟁 시 어떻게 해결할지 그 과정을 말해 보시오.
- 포기하지 않고 일을 완수한 경험을 말해 보시오.
- 창의적인 경험으로 문제를 해결했던 적이 있는가?
- 트라우마 극복 방법을 말해 보시오.
- 한국가스공사에 지원하게 된 동기는 무엇인가?
- 한국가스공사가 하는 일에 대하여 알고 있는가?
- 지원자가 입사하게 된다면 하고 싶은 업무는 무엇인가?
- 업무와 관련해서 지인과 충돌이 발생한다면 어떻게 대처하겠는가?
- 직장상사가 만취했다면 어떻게 할 것인가?
- 상사와의 의견충돌이 있다면 어떻게 할 것인가?
- 학생과 직장인의 차이점은 무엇이라 생각하는가?
- 지원자만의 좌우명이나 생활신조가 있는가?
- 본인의 성실함에 점수를 준다면 몇 점이라고 생각하는가?
- 가장 최근에 접한 한국가스공사의 기사가 있다면 무슨 내용이었는지 말해 보시오.
- 한국가스공사에 대하여 생각나는 단어 한 가지를 말해 보시오.
- 안전한 업무 추진을 위한 방안으로 무엇이 있겠는가?
- 다른 직장을 다니고 있는데, 이직하려는 이유가 무엇인가?
- 본인의 장단점을 말해 보시오.
- 한국가스공사 채용 준비는 어떻게 했는가?
- 한국가스공사의 현장업무나 교대근무에 지장이 없겠는가?
- 한국가스공사에서 추구하는 인재상을 제시해 보시오.
- 귀하의 모습 중 한국가스공사의 인재상에 부합하는 것이 있는가?
- 부당한 일을 지시하는 상사를 만나면 어떻게 하겠는가?
- 가장 끈기있게 해 본 일은 무엇인가?
- 본인이 입사를 하게 된다면 한국가스공사에 어떻게 기여할 수 있겠는가?
- 최근 본 사람 중 가장 열정적인 사람이 있는가?
- 직장인으로서 양보와 자기주장은 몇 대 몇이 가장 이상적이라고 생각하는가?
- 새로운 사람들을 만날 때, 빨리 친해지는 본인만의 방법이 있는가?
- 팀프로젝트를 진행할 때, 본인이 가장 중요시하는 것은 무엇인가?
- 본인이 해 본 조별과제 중 제일 어려웠던 과제는?
- 신재생에너지에 대하여 아는 대로 말해 보시오.
- 공공기관 이전에 대하여 어떻게 생각하는가?
- 한국가스공사의 비전에 대하여 알고 있는가?
- 봉사활동을 해 본 경험이 있는가?

- 일반근무와 교대근무 중 어떤 근무를 하고싶은가?
- 본인이 가장 힘들었던 경험에 대하여 말해 보시오.
- 입사 후 포부를 밝혀 보시오.
- 도시재생과 관련하여 우리 공사가 해야 할 일이 무엇일지 말해 보시오.
- 공공주택과 임대주택의 차이가 무엇인지 말해 보시오.
- 구도시의 개발 및 활성화에 대한 귀하의 생각을 말해 보시오.
- 서울주택도시공사의 사회적 책무에 대해 말해 보시오.
- 4차 산업혁명 기술이 가져온 주거 환경의 변화에 대해 아는 대로 말해 보시오.
- 기존의 틀을 깨고 새로운 시도를 한 결과 일이 잘 풀리지 않았던 경험을 말해 보시오.
- 거짓말을 해서 사업이 잘 풀리는 상황이 있을 때, 본인은 어떻게 행동할지 말해 보시오.
- 동료직원과 상사의 의견 충돌이 있을 경우 본인은 어떻게 행동할지 말해 보시오.
- 직장 생활에서 중요한 것 한 가지를 말해 보시오.
- 지원한 업무가 본인의 마음에 들지 않을 경우에 어떻게 할 것인지 말해 보시오.
- 우리 공사의 업무를 위해 어떤 노력을 할 수 있는지 말해 보시오.
- 면접장까지 오는 데 얼마나 걸렸는가?
- 한국가스공사를 어떻게 알게 되었는가?
- 3상 발전에 대하여 알고 있는가?
- 커리어 플랜이 어떻게 되는가?
- 제도를 개혁하고 이어나간 경험에 대해 말해 보시오.
- 오지에 발령받는다면 어떻게 할 것인가?
- 갈등을 중재하거나 해결한 경험이 있는가? 이를 통해 어떤 결과를 창출해 냈는가?
- 직장상사와 갈등이 생긴다면 해결방안은 무엇인가?
- 가장 힘들었던 기억과 극복과정에 대해서 말해 보시오.
- 자신은 어떠한 삶을 살아왔다고 생각하는가?
- 일을 처리할 때 혼자 진행하는 것이 좋은가? 팀으로 진행하는 것이 좋은가?
- 조직 생활에서 가장 중요한 요소는 무엇이라고 생각하는가?
- 입사 후 참여하고 싶은 사업을 말해 보시오.
- 본인이 원하지 않는 부서에 배치받았다면 어떻게 할 것인가?
- 현재 우리나라 경제 상황에 대한 의견을 말해 보시오.
- 한국가스공사와 관련된 뉴스나 기사를 보면서 떠오르는 생각은 무엇인지 말해 보시오.
- 행정조직의 개편에 대해서 어떻게 생각하는지 말해 보시오.
- 한국가스공사의 핵심가치 중 가장 중요하게 생각하는 것은 무엇인가?

현재 나의 실력을 객관적으로 파악해 보자!

모바일 OMR 답안채점 / 성적분석 서비스

도서에 수록된 모의고사에 대한 객관적인 결과(정답률, 순위)를 종합적으로 분석하여 제공합니다.

OMR 입력

성적분석

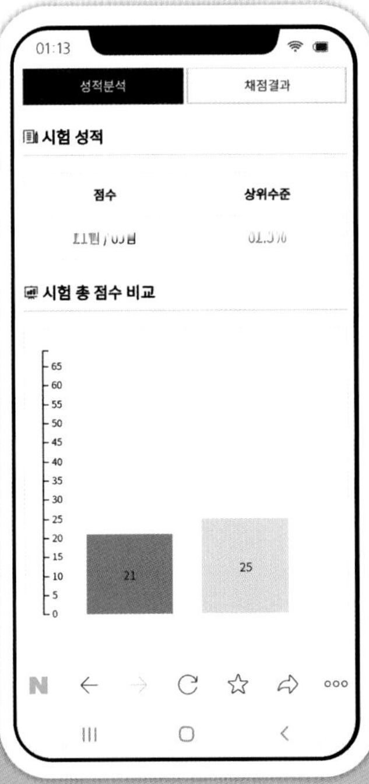

채점결과

※OMR 답안채점 / 성적분석 서비스는 등록 후 30일간 사용 가능합니다.

참여 방법

도서 내 모의고사 우측 상단에 위치한 QR코드 찍기 →

로그인 하기 →

'시작하기' 클릭 →

'응시하기' 클릭 → 나의 답안을 모바일 OMR 카드에 입력 →

'성적분석 & 채점결과' 클릭 → 현재 내 실력 확인하기

SD에듀 2024 최신판 All-New 100% 전면개정

한국 가스공사

정답 및 해설

한국가스공사 최종모의고사와 100% 다른 문제

합격의 별을 따자

2023년 공기업 기출복원문제

NCS 출제유형 + 전공

모의고사 3회

SDC는 SD에듀 데이터 센터의 약자로 약 30만 개의 NCS · 적성 문제 데이터를 바탕으로 최신출제경향을 반영하여 문제를 출제합니다.

합격의 공식 SD에듀 www.sdedu.co.kr

Add+

특별부록

CHAPTER

01 2023년 주요 공기업 NCS 기출복원문제

01	02	03	04	05	06	07	08	09	10	11	12	13	14	15	16	17	18	19	20
③	②	④	⑤	③	⑤	⑤	④	④	②	⑤	④	①	②	④	④	①	④	③	③
21	22	23	24	25	26	27	28	29	30	31	32	33	34	35	36	37	38	39	40
③	②	②	①	④	①	③	②	③	④	①	④	⑤	②	④	④	①	⑤	④	①
41	42	43	44	45	46	47	48	49	50	51									
③	③	③	②	③	②	④	②	⑤	④	④									

01

정답 ③

작년 G공사 상반기 공채 필기시험에 합격한 전체 인원은 456+544=1,000명이고, 합격한 남녀 지원자 수의 차이는 544−456=88명이다.

올해 G공사 상반기 공채 필기시험에 합격한 전체 인원은 작년에 비해 20% 증가한 1,000×1.2=1,200명이고 남성 합격자 수는 82명 감소하였으므로 456−82=374명이며, 여성 합격자 수는 1,200−374=826명이다. 따라서 올해 합격한 남녀 지원자 수의 차이는 826−374=452명이므로 작년에 비해 452−88=364명 증가하였다.

02

정답 ②

㉠ 퍼실리테이션(Facilitation)이란 '촉진'을 의미하며, 어떤 그룹이나 집단이 의사결정을 잘하도록 도와주는 일을 가리킨다. 최근 많은 조직에서는 보다 생산적인 결과를 가져올 수 있도록 그룹이 나아갈 방향을 알려 주고, 주제에 대한 공감을 이룰 수 있도록 능숙하게 도와주는 퍼실리테이터를 활용하고 있다. 퍼실리테이션에 의한 문제해결방법은 깊이 있는 커뮤니케이션을 통해 서로의 문제점을 이해하고 공감함으로써 창조적인 문제해결을 도모한다. 소프트 어프로치나 하드 어프로치 방법은 타협점의 단순 조정에 그치지만, 퍼실리테이션에 의한 방법은 초기에 생각하지 못했던 창조적인 해결 방법을 도출한다. 동시에 구성원의 동기가 강화되고 팀워크도 한층 강화된다는 특징을 보인다. 이 방법을 이용한 문제해결은 구성원이 자율적으로 실행하는 것이며, 제3자가 합의점이나 줄거리를 준비해 놓고 예정대로 결론이 도출되어 가도록 해서는 안 된다.

㉡ 하드 어프로치에 의한 문제해결방법은 상이한 문화적 토양을 가지고 있는 구성원을 가정하여 서로의 생각을 직설적으로 주장하고 논쟁이나 협상을 통해 의견을 조정해 가는 방법이다. 이때 중심적 역할을 하는 것이 논리, 즉 사실과 원칙에 근거한 토론이다. 제3자는 이것을 기반으로 구성원에게 지도와 설득을 하고 전원이 합의하는 일치점을 찾아내려고 한다. 이러한 방법은 합리적이긴 하지만 잘못하면 단순한 이해관계의 조정에 그치고 말아서 그것만으로는 창조적인 아이디어나 높은 만족감을 이끌어내기 어렵다.

㉢ 소프트 어프로치에 의한 문제해결방법은 대부분의 기업에서 볼 수 있는 전형적인 스타일로, 조직 구성원들은 같은 문화적 토양을 가지고 이심전심으로 서로를 이해하는 상황을 가정한다. 코디네이터 역할을 하는 제3자는 결론으로 끌고 갈 지점을 미리 머릿속에 그려가면서 권위나 공감에 의지하여 의견을 중재하고, 타협과 조정을 통하여 해결을 도모한다. 결론이 애매하게 끝나는 경우가 적지 않으나, 그것은 그것대로 이심전심을 유도하여 파악하면 된다. 소프트 어프로치에서는 문제해결을 위해서 직접 표현하는 것이 바람직하지 않다고 여기며, 무언가를 시사하거나 암시를 통하여 의사를 전달하고 기분을 서로 통하게 함으로써 문제해결을 도모하려고 한다.

03

정답 ④

네 번째 조건을 제외한 모든 조건과 그 대우를 논리식으로 표현하면 다음과 같다.

- $\sim(D \cup G) \rightarrow F$ / $\sim F \rightarrow (D \cap G)$
- $F \rightarrow \sim E$ / $E \rightarrow \sim F$
- $\sim(B \cup E) \rightarrow \sim A$ / $A \rightarrow (B \cap E)$

네 번째 조건에 따라 A가 투표를 하였으므로, 세 번째 조건의 대우에 의해 B와 E 모두 투표를 하였다. 또한 E가 투표를 하였으므로, 두 번째 조건의 대우에 따라 F는 투표하지 않았으며, F가 투표하지 않았으므로 첫 번째 조건의 대우에 따라 D와 G는 모두 투표하였다. A, B, D, E, G 5명이 모두 투표하였으므로 네 번째 조건에 따라 C는 투표하지 않았다. 따라서 투표를 하지 않은 사람은 C와 F이다.

04

정답 ⑤

VLOOKUP 함수는 열의 첫 열에서 수직으로 검색하여 원하는 값을 출력하는 함수이다. 함수의 형식은 「=VLOOKUP(찾을 값,범위,열 번호,찾기 옵션)」이며 이 중 근사값을 찾기 위해서는 찾기 옵션에 1을 입력하고, 정확히 일치하는 값을 찾기 위해서는 0을 입력해야 한다. 상품코드 S3310897의 값을 일정한 범위에서 찾아야 하는 것이므로 범위는 절대참조로 지정해야 하며, 크기 중은 범위 중 3번째 열에 위치하고, 정확히 일치하는 값을 찾아야 하므로 입력해야 하는 함수식은 「=VLOOKUP("S3310897",$B$2:$E$8,3,0)」이다.

오답분석

① · ② HLOOKUP 함수를 사용하려면 찾고자 하는 값은 '중'이고, [B2:E8] 범위에서 찾고자 하는 행 'S3310897'은 6번째 행이므로 「=HLOOKUP("중",$B$2:$E$8,6,0)」을 입력해야 한다.

③ · ④ '중'은 테이블 범위에서 3번째 열이다.

05

정답 ③

Windows Game Bar로 녹화한 영상의 저장 위치는 파일 탐색기를 사용하여 [내 PC] – [동영상] – [캡처] 폴더를 원하는 위치로 옮겨 변경할 수 있다.

06

정답 ⑤

제시문의 세 번째 문단을 통해 스마트 글라스 내부 센서를 통해 충격과 기울기를 감지할 수 있어, 작업자에게 위험한 상황이 발생할 경우 통보 시스템을 통해 바로 파악할 수 있게 되었음을 알 수 있다.

오답분석

① 첫 번째 문단을 통해 스마트 글라스를 통한 작업자의 음성인식만으로 철도시설물 점검이 가능해졌음을 알 수 있지만, 다섯 번째 문단에 따르면 아직 철도시설물 보수 작업은 가능하지 않음을 알 수 있다.

② 첫 번째 문단을 통해 스마트 글라스의 도입 이후에도 사람의 작업이 필요함을 알 수 있다.

③ 세 번째 문단을 통해 스마트 글라스의 도입으로 추락 사고나 그 밖의 위험한 상황을 미리 예측할 수 있어 이를 방지할 수 있게 되었음을 알 수 있지만, 실제로 안전사고 발생 횟수가 감소하였는지는 알 수 없다.

④ 두 번째 문단을 통해 여러 단계를 거치던 기존 작업 방식에서 스마트 글라스의 도입으로 작업을 한 번에 처리할 수 있게 된 것을 통해 작업 시간이 단축되었음을 알 수 있지만, 필요한 작업 인력의 감소 여부는 알 수 없다.

07

정답 ⑤

네 번째 문단에 따르면 인공지능 등의 스마트 기술 도입으로 까치집 검출 정확도는 95%까지 상승하였으므로 까치집 제거율 또한 상승할 것임을 예측할 수 있으나, 근본적인 문제인 까치집 생성의 감소를 기대할 수는 없다.

오답분석

① 세 번째 문단과 네 번째 문단에 따르면 정확도가 65%에 불과했던 인공지능의 까치집 식별 능력이 딥러닝 방식의 도입으로 95%까지 상승했음을 알 수 있다.

② 세 번째 문단에서 시속 150km로 빠르게 달리는 열차에서의 까치집 식별 정확도는 65%에 불과하다는 내용으로 보아, 빠른 속도에서는 인공지능의 사물 식별 정확도가 낮음을 알 수 있다.
③ 네 번째 문단에 따르면 작업자의 접근이 어려운 곳에는 드론을 띄워 까치집을 발견 및 제거하는 기술도 시범 운영하고 있다고 하였다.
④ 세 번째 문단에 따르면 실시간 까치집 자동 검출 시스템 개발로 실시간으로 위험 요인의 위치와 이미지를 작업자에게 전달할 수 있게 되었다.

08

정답 ④

제시문의 두 번째 문단에 따르면 CCTV는 열차 종류에 따라 운전실에서 실시간으로 상황을 파악할 수 있는 네트워크 방식과 각 객실에서의 영상을 저장하는 개별 독립 방식으로 설치된다고 하였다. 따라서 개별 독립 방식으로 설치된 일부 열차에서는 각 객실의 상황을 실시간으로 파악하지 못할 수 있다.

오답분석

① 첫 번째 문단에 따르면 2023년까지 현재 운행하고 있는 열차의 모든 객실에 CCTV를 설치하겠다는 내용으로 보아, 현재 모든 열차의 모든 객실에 CCTV가 설치되지 않았음을 유추할 수 있다.
② 첫 번째 문단에 따르면 2023년까지 모든 열차 승무원에게 바디 캠을 지급하겠다고 하였다. 이에 따라 승객이 승무원을 폭행하는 등의 범죄 발생 시 해당 상황을 녹화한 바디 캠 영상이 있어 수사의 증거자료로 사용할 수 있게 되었다.
③ 두 번째 문단에 따르면 CCTV는 사각지대 없이 설치되며 일부는 휴대 물품 보관대 주변에도 설치된다고 하였다. 따라서 인적 피해와 물적 피해 모두 예방할 수 있게 되었다.
⑤ 세 번째 문단에 따르면 CCTV 품평회와 시험을 통해 제품의 형태와 색상, 재질, 진동과 충격 등에 대한 적합성을 고려한다고 하였다.

09

정답 ④

작년 K대학교의 재학생 수는 6,800명이고 남학생 수와 여학생 수의 비가 8 : 9이므로, 남학생 수는 $6{,}800\times\frac{8}{8+9}=3{,}200$명이고, 여학생 수는 $6{,}800\times\frac{9}{8+9}=3{,}600$명이다. 올해 줄어든 남학생 수와 여학생 수의 비가 12 : 13이므로 올해 K대학교에 재학 중인 남학생 수와 여학생 수의 비는 $(3{,}200-12k):(3{,}600-13k)=7:8$이다.

$7\times(3{,}600-13k)=8\times(3{,}200-12k)$
$\rightarrow 25{,}200-91k=25{,}600-96k$
$\rightarrow 5k=400$
$\therefore\ k=80$

따라서 올해 K대학교에 재학 중인 남학생 수는 $3{,}200-12\times80=2{,}240$명이고, 여학생 수는 $3{,}600-13\times80=2{,}560$명이므로 올해 K대학교의 전체 재학생 수는 $2{,}240+2{,}560=4{,}800$명이다.

10

정답 ②

마일리지 적립 규정에 회원 등급과 관련된 내용은 없으며, 마일리지 적립은 지불한 운임의 액수, 더블적립 열차 탑승 여부, 선불형 교통카드 Rail+ 사용 여부에 따라서만 결정된다.

오답분석

① KTX 마일리지는 KTX 열차 이용 시에만 적립된다.
③ 비즈니스 등급은 기업회원 여부와 관계없이 최근 1년간의 활동내역을 기준으로 부여된다.
④ 반기 동안 추석 및 설 명절 특별수송기간 탑승 건을 제외하고 4만 점을 적립하면 VIP 등급을 부여받는다.
⑤ VVIP 등급과 VIP 등급 고객은 한정된 횟수 내에서 무료 업그레이드 쿠폰으로 KTX 특실을 KTX 일반실 가격에 구매할 수 있다.

11

정답 ⑤

K공사를 통한 예약 접수는 온라인 쇼핑몰 홈페이지를 통해서만 가능하며, 오프라인(방문) 접수는 우리·농협은행의 창구를 통해서만 이루어진다.

오답분석

① 구매자를 대한민국 국적자로 제한한다는 내용은 없다.
② 단품으로 구매 시 1인당 화종별 최대 3장으로 총 9장, 세트로 구매할 때도 1인당 최대 3세트로 총 9장까지 신청이 가능하며, 세트와 단품은 중복신청이 가능하므로 1인당 구매 가능한 최대 개수는 18장이다.
③ 우리·농협은행의 계좌가 없다면, K공사 온라인 쇼핑몰을 이용하거나 우리·농협은행에 직접 방문하여 구입할 수 있다.
④ 총발행량은 예약 주문 이전부터 화종별 10,000장으로 미리 정해져 있다.

12

정답 ④

우리·농협은행 계좌 미보유자인 외국인 A씨가 예약 신청을 할 수 있는 방법은 두 가지이다. 하나는 신분증인 외국인등록증을 지참하고 우리·농협은행의 지점을 방문하여 신청하는 것이고, 다른 하나는 K공사 온라인 쇼핑몰에서 가상계좌 방식으로 신청하는 것이다.

오답분석

① A씨는 외국인이므로 창구 접수 시 지참해야 하는 신분증은 외국인등록증이다.
② K공사 온라인 쇼핑몰에서는 가상계좌 방식을 통해서만 예약 신청이 가능하다.
③ 홈페이지를 통한 신청이 가능한 은행은 우리은행과 농협은행뿐이다.
⑤ 우리·농협은행의 홈페이지를 통해 예약 접수를 하려면 해당 은행에 미리 계좌가 개설되어 있어야 한다.

13

정답 ①

3종 세트는 186,000원, 단품은 각각 63,000원이므로 5명의 구매 금액을 계산하면 다음과 같다.

- A : (186,000×2)+63,000=435,000원
- B : 63,000×8=504,000원
- C : (186,000×2)+(63,000×2)=498,000원
- D : 186,000×3=558,000원
- E : 186,000+(63,000×4)=438,000원

따라서 가장 많은 금액을 지불한 사람은 D이며, 구매 금액은 558,000원이다.

14

정답 ②

허리디스크는 디스크의 수핵이 탈출하여 생긴 질환이므로 허리를 굽히거나 앉아 있을 때 디스크에 가해지는 압력이 높아져 통증이 더 심해진다. 반면 척추관협착증의 경우 서 있을 때 척추관이 더욱 좁아지게 되어 통증이 더욱 심해진다.

오답분석

① 허리디스크는 디스크의 탄력 손실이나 갑작스런 충격으로 인해 균열이 생겨 발생하고, 척추관협착증은 오랜 기간 동안 황색인대가 두꺼워져 척추관에 변형이 일어나 발생하므로 허리디스크가 더 급작스럽게 증상이 나타난다.
③ 허리디스크는 자연치유가 가능하지만, 척추관협착증은 불가능하다. 따라서 허리디스크는 주로 통증을 줄이고 안정을 취하는 보존치료를 하지만, 척추관협착증은 변형된 부분을 제거하는 외과적 수술을 한다.
④ 허리디스크와 척추관협착증 모두 척추 중앙의 신경 다발(척수)이 압박받을 수 있으며, 심할 경우 하반신 마비 증세를 보일 수 있으므로 빠른 치료를 받는 것이 중요하다.

15

정답 ④

고령인 사람이 서 있을 때 통증이 나타난다면 퇴행성 척추질환인 척추관협착증(요추관협착증)일 가능성이 높다. 반면 허리디스크(추간판탈출증)는 젊은 나이에도 디스크에 급격한 충격이 가해지면 발생할 수 있고, 앉아 있을 때 통증이 심해진다. 따라서 ㉠에는 척추관협착증, ㉡에는 허리디스크가 들어가야 한다.

16

정답 ④

제시문은 장애인 건강주치의 시범사업을 소개하며 3단계 시범사업에서 기존과 달라지는 내용을 위주로 설명하고 있다. 따라서 가장 처음에 와야 할 문단은 3단계 장애인 건강주치의 시범사업을 소개하는 (마) 문단이다. 이어서 장애인 건강주치의 시범사업 세부 서비스를 소개하는 문단이 와야 하는데, 서비스 종류를 소개하는 문장이 있는 (다) 문단이 이어지는 것이 가장 자연스럽다. 그리고 2번째 서비스인 주장애관리를 소개하는 (가) 문단이 와야 하며, 그 다음으로 3번째 서비스인 통합관리 서비스와 추가적으로 방문 서비스를 소개하는 (라) 문단이 오는 것이 적절하다. 마지막으로 장애인 건강주치의 시범사업에 신청하는 방법을 소개하며 글을 끝내는 것이 적절하므로 (나) 문단이 이어져야 한다. 따라서 글의 순서를 바르게 나열하면 (마) – (다) – (가) – (라) – (나)이다.

17

정답 ①

- 2019년 직장가입자 건강보험금 및 지역가입자 건강보험금 징수율
  - 직장가입자 : $\frac{6,698,187}{6,706,712}\times 100 \fallingdotseq 99.87\%$
  - 지역가입자 : $\frac{886,396}{923,663}\times 100 \fallingdotseq 95.97\%$
- 2020년 직장가입자 건강보험금 및 지역가입자 건강보험금 징수율
  - 직장가입자 : $\frac{4,898,775}{5,087,163}\times 100 \fallingdotseq 96.3\%$
  - 지역가입자 : $\frac{973,681}{1,003,637}\times 100 \fallingdotseq 97.02\%$
- 2021년 직장가입자 건강보험금 및 지역가입자 건강보험금 징수율
  - 직장가입자 : $\frac{7,536,187}{7,763,135}\times 100 \fallingdotseq 97.08\%$
  - 지역가입자 : $\frac{1,138,763}{1,256,137}\times 100 \fallingdotseq 90.66\%$
- 2022년 직장가입자 건강보험금 및 지역가입자 건강보험금 징수율
  - 직장가입자 : $\frac{8,368,972}{8,376,138}\times 100 \fallingdotseq 99.91\%$
  - 지역가입자 : $\frac{1,058,943}{1,178,572}\times 100 \fallingdotseq 89.85\%$

따라서 직장가입자 건강보험금 징수율이 가장 높은 해는 2022년이고, 지역가입자 건강보험금 징수율이 가장 높은 해는 2020년이다.

18

정답 ④

이뇨제의 1인 투여량은 60mL/일이고 진통제의 1인 투여량은 60mg/일이므로 이뇨제를 투여한 환자 수와 진통제를 투여한 환자 수의 비는 이뇨제 사용량과 진통제 사용량의 비와 같다.

- 2018년 : $3,000\times 2 < 6,720$
- 2019년 : $3,480\times 2 = 6,960$
- 2020년 : $3,360\times 2 < 6,840$
- 2021년 : $4,200\times 2 > 7,200$
- 2022년 : $3,720\times 2 > 7,080$

따라서 2018년과 2020년에 진통제를 투여한 환자 수는 이뇨제를 투여한 환자 수의 2배보다 많다.

오답분석

① 2022년에 사용량이 감소한 의약품은 이뇨제와 진통제로 이뇨제의 사용량 감소율은 $\frac{3,720-4,200}{4,200}\times 100 \fallingdotseq -11.43\%$이고, 진통제의 사용량 감소율은 $\frac{7,080-7,200}{7,200}\times 100 \fallingdotseq -1.67\%$이다. 따라서 전년 대비 2022년 사용량 감소율이 가장 큰 의약품은 이뇨제이다.

② 5년 동안 지사제 사용량의 평균은 $\frac{30+42+48+40+44}{5}=40.8$정이고, 지사제의 1인 1일 투여량은 2정이다. 따라서 지사제를 투여한 환자 수의 평균은 $\frac{40.8}{2}=20.4$이므로 약 20명이다.

③ 이뇨제 사용량은 매년 '증가 – 감소 – 증가 – 감소'를 반복하였다.

19

정답 ③

분기별 사회복지사 인력의 합은 다음과 같다.

- 2022년 3분기 : 391+670+1,887=2,948명
- 2022년 4분기 : 385+695+1,902=2,982명
- 2023년 1분기 : 370+700+1,864=2,934명
- 2023년 2분기 : 375+720+1,862=2,957명

분기별 전체 보건인력 중 사회복지사 인력의 비율은 다음과 같다.

- 2022년 3분기 : $\frac{2,948}{80,828}\times100 ≒ 3.65\%$
- 2022년 4분기 : $\frac{2,982}{82,582}\times100 ≒ 3.61\%$
- 2023년 1분기 : $\frac{2,934}{86,236}\times100 ≒ 3.40\%$
- 2023년 2분기 : $\frac{2,957}{86,707}\times100 ≒ 3.41\%$

따라서 옳지 않은 것은 ③이다.

20

정답 ③

건강생활실천지원금제 신청자 목록에 따라 신청자별로 확인하면 다음과 같다.

- A : 주민등록상 주소지는 시범지역에 속하지 않는다.
- B : 주민등록상 주소지는 관리형에 속하지만, 고혈압 또는 당뇨병 진단을 받지 않았다.
- C : 주민등록상 주소지는 예방형에 속하고, 체질량지수와 혈압이 건강관리가 필요한 사람이므로 예방형이다.
- D : 주민등록상 주소지는 관리형에 속하고, 고혈압 진단을 받았으므로 관리형이다.
- E : 주민등록상 주소지는 예방형에 속하고, 체질량지수와 공복혈당 건강관리가 필요한 사람이므로 예방형이다.
- F : 주민등록상 주소지는 시범지역에 속하지 않는다.
- G : 주민등록상 주소지는 관리형에 속하고, 당뇨병 진단을 받았으므로 관리형이다.
- H : 주민등록상 주소지는 시범지역에 속하지 않는다.
- I : 주민등록상 주소지는 예방형에 속하지만, 필수조건인 체질량지수가 정상이므로 건강관리가 필요한 사람에 해당하지 않는다.

따라서 예방형 신청이 가능한 사람은 C, E이고, 관리형 신청이 가능한 사람은 D, G이다.

21

정답 ③

출산장려금 지급 시기의 가장 우선순위인 임신일이 가장 긴 임산부는 B, C, D임산부이다. 이 중에서 만 19세 미만인 자녀 수가 많은 임산부는 C, D임산부이고, 소득 수준이 더 낮은 임산부는 C임산부이다. 따라서 C임산부가 가장 먼저 출산장려금을 받을 수 있다.

22

정답 ②

제시문은 행위별수가제에 대한 것으로 환자, 의사, 건강보험 재정 등 많은 곳에서 한계점이 있다고 설명하면서 건강보험 고갈을 막기 위해 다양한 지불방식을 도입하는 등 구조적인 개편이 필요함을 설명하고 있다. 따라서 글의 주제로 '행위별수가제의 한계점'이 가장 적절하다.

23

정답 ②

• 구상(求償) : 무역 거래에서 수량·품질·포장 따위에 계약 위반 사항이 있는 경우, 매주(賣主)에게 손해 배상을 청구하거나 이의를 제기하는 일
• 구제(救濟) : 자연적인 재해나 사회적인 피해를 당하여 어려운 처지에 있는 사람을 도와줌

24

정답 ①

• (운동에너지)$=\frac{1}{2}\times$(질량)$\times$(속력)$^2=\frac{1}{2}\times 2\times 4^2=16$J
• (위치에너지)=(질량)×(중력가속도)×(높이)$=2\times 10\times 0.5=10$J
• (역학적 에너지)=(운동에너지)+(위치에너지)$=16+10=26$J

공의 역학적 에너지는 26J이고, 튀어 오를 때 가장 높은 지점에서 운동에너지가 0이므로 역학적 에너지는 위치에너지와 같다. 따라서 공이 튀어 오를 때 가장 높은 지점에서의 위치에너지는 26J이다.

25

정답 ④

출장지까지 거리는 $200\times 1.5=300$km이므로 시속 60km의 속력으로 달릴 때 걸리는 시간은 5시간이고, 약속시간보다 1시간 늦게 도착하므로 약속시간은 4시간 남았다. 300km를 시속 60km의 속력으로 달리다 도중에 시속 90km의 속력으로 달릴 때 약속시간보다 30분 일찍 도착했으므로, 이때 걸린 시간은 $4-\frac{1}{2}=\frac{7}{2}$시간이다.

시속 90km의 속력으로 달린 거리를 $x$km라 하면

$\frac{300-x}{60}+\frac{x}{90}=\frac{7}{2}$

→ $900-3x+2x=630$

∴ $x=270$

따라서 A부장이 시속 90km의 속력으로 달린 거리는 270km이다.

26

정답 ①

상품의 원가를 x원이라 하면 처음 판매가격은 $1.23x$원이다.

여기서 1,300원을 할인하여 판매했을 때 얻은 이익은 원가의 10%이므로

$(1.23x-1,300)-x=0.1x$

→ $0.13x=1,300$

∴ $x=10,000$

따라서 상품의 원가는 10,000원이다.

27

정답 ③

G와 B의 자리를 먼저 고정하고, 양 끝에 앉을 수 없는 A의 위치를 토대로 경우의 수를 계산하면 다음과 같다.

• G가 가운데에 앉고, B가 G의 바로 왼쪽에 앉는 경우의 수

	A	B	G			
		B	G	A		
		B	G		A	

3×4!=72가지

• G가 가운데에 앉고, B가 G의 바로 오른쪽에 앉는 경우의 수

	A		G	B		
		A	G	B		
			G	B	A	

$3\times4!=72$가지

따라서 조건과 같이 앉을 때 가능한 경우의 수는 $72+72=144$가지이다.

28

정답 ②

유치원생이 11명일 때 평균 키는 113cm이므로 유치원생 11명의 키의 합은 $113\times11=1,243$cm이다. 키가 107cm인 유치원생이 나갔으므로 남은 유치원생 10명의 키의 합은 $1,243-107=1,136$cm이다. 따라서 남은 유치원생 10명의 키의 평균은 $\frac{1,136}{10}=$ 113.6cm이다.

29

정답 ③

'우회수송'은 사고 등의 이유로 직통이 아닌 다른 경로로 우회하여 수송한다는 뜻이기 때문에 '우측 선로로 변경'은 순화로 적절하지 않다.

오답분석

① '열차시격'에서 '시격'이란 '사이에 뜬 시간'이라는 뜻의 한자어로, 열차와 열차 사이의 간격, 즉 배차간격으로 순화할 수 있다.
② '전차선'이란 선로를 의미하고, '단전'은 전기의 공급이 중단됨을 말한다. 따라서 바르게 순화되었다.
④ '핸드레일(Handrail)'은 난간을 뜻하는 영어 단어로, 우리말로는 '안전손잡이'로 순화할 수 있다.
⑤ '키스 앤 라이드(Kiss and Ride)'는 헤어질 때 키스를 하는 영미권 문화에서 비롯된 용어로, 환승정차구역을 지칭한다.

30

정답 ④

세 번째 문단을 통해 정부가 철도 중심 교통체계 구축을 위해 노력하고 있음을 알 수는 있으나, 구체적으로 시행된 조치는 언급되지 않았다.

오답분석

① 첫 번째 문단을 통해 전 세계적으로 탄소중립이 주목받자 이에 대한 방안으로 등장한 것이 철도 수송임을 알 수 있다.
② 첫 번째 문단과 두 번째 문단을 통해 철도 수송의 확대가 온실가스 배출량의 획기적인 감축을 가져올 것임을 알 수 있다.
③ 네 번째 문단을 통해 '중앙선 안동～영천 간 궤도' 설계 시 탄소 감축 방안으로 저탄소 자재인 유리섬유 보강근이 철근 대신 사용되었음을 알 수 있다.
⑤ 네 번째 문단을 통해 S철도공단은 철도 중심 교통체계 구축을 위해 건설 단계에서부터 친환경・저탄소 자재를 적용하였고, 탄소 감축을 위해 2025년부터는 모든 철도건축물을 일정한 등급 이상으로 설계하기로 결정하였음을 알 수 있다.

31

정답 ①

제시문을 살펴보면 먼저 첫 번째 문단에서는 이산화탄소로 메탄올을 만드는 곳이 있다며 관심을 유도하고, 두 번째 문단에서 메탄올을 어떻게 만들고 어디에서 사용하는지 구체적으로 설명함으로써 탄소 재활용의 긍정적인 측면을 부각하고 있다. 하지만 세 번째 문단에서는 앞선 내용과 달리 이렇게 만들어진 메탄올의 부정적인 측면을 설명하고, 네 번째 문단에서는 이와 같은 이유로 탄소 재활용에 대한 결론이 나지 않았다며 글이 마무리되고 있다. 따라서 글의 주제로 적절한 것은 탄소 재활용의 이면을 모두 포함하는 내용인 ①이다.

오답분석

② 두 번째 문단에 한정된 내용이므로 제시문 전체를 다루는 주제로 보기에는 적절하지 않다.
③ 지열발전소의 부산물을 통해 메탄올이 만들어진 것은 맞지만, 새롭게 탄생된 연료로 보기는 어려우며, 글의 전체를 다루는 주제로 보기에도 적절하지 않다.

④·⑤ 제시문의 첫 번째 문단과 두 번째 문단에서는 버려진 이산화탄소 및 부산물의 재활용을 통해 '메탄올'을 제조함으로써 미래 원료를 해결할 수 있을 것처럼 보이지만, 이어지는 세 번째 문단과 네 번째 문단에서는 이렇게 만들어진 '메탄올'이 과연 미래 원료로 적합한지 의문점이 제시되고 있다. 따라서 글의 주제로 보기에는 적절하지 않다.

32

정답 ④

A～C철도사의 차량 1량당 연간 승차인원 수는 다음과 같다.

• 2020년

– A철도사 : $\frac{775,386}{2,751}$ ≒ 281.86천 명/년/1량

– B철도사 : $\frac{26,350}{103}$ ≒ 255.83천 명/년/1량

– C철도사 : $\frac{35,650}{185}$ ≒ 192.7천 명/년/1량

• 2021년

– A철도사 : $\frac{768,776}{2,731}$ ≒ 281.5천 명/년/1량

– B철도사 : $\frac{24,746}{111}$ ≒ 222.94천 명/년/1량

– C철도사 : $\frac{33,130}{185}$ ≒ 179.08천 명/년/1량

• 2022년

– A철도사 : $\frac{755,376}{2,710}$ ≒ 278.74천 명/년/1량

– B철도사 : $\frac{23,686}{113}$ ≒ 209.61천 명/년/1량

– C철도사 : $\frac{34,179}{185}$ ≒ 184.75천 명/년/1량

따라서 3년간 차량 1량당 연간 평균 승차인원 수는 C철도사가 가장 적다.

오답분석

① 2020～2022년의 C철도사 차량 수는 185량으로 변동이 없다.

② 2020～2022년의 연간 승차인원 비율은 모두 A철도사가 가장 높다.

③ A～C철도사의 2020년의 전체 연간 승차인원 수는 775,386+26,350+35,650=837,386천 명, 2021년의 전체 연간 승차인원 수는 768,776+24,746+33,130=826,652천 명, 2022년의 전체 연간 승차인원 수는 755,376+23,686+34,179=813,241천 명으로 매년 감소하였다.

⑤ 2020～2022년의 C철도사 차량 1량당 연간 승차인원 수는 각각 192.7천 명, 179.08천 명, 184.75천 명이므로 모두 200천 명 미만이다.

33

정답 ⑤

2018년 대비 2022년에 석유 생산량이 감소한 국가는 C, F이며, 석유 생산량 감소율은 다음과 같다.

• C : $\frac{4,025,936-4,102,396}{4,102,396}\times100$ ≒ −1.9%

• F : $\frac{2,480,221-2,874,632}{2,874,632}\times100$ ≒ −13.7%

따라서 석유 생산량 감소율이 가장 큰 국가는 F이다.

오답분석

① 석유 생산량이 매년 증가한 국가는 A, B, E, H로 총 4개이다.

② 2018년 대비 2022년에 석유 생산량이 증가한 국가의 석유 생산량 증가량은 다음과 같다.

• A : 10,556,259−10,356,185=200,074bbl/day

• B : 8,567,173−8,251,052=316,121bbl/day
• D : 5,442,103−5,321,753=120,350bbl/day
• E : 335,371−258,963=76,408bbl/day
• G : 1,336,597−1,312,561=24,036bbl/day
• H : 104,902−100,731=4,171bbl/day

따라서 석유 생산량 증가량이 가장 많은 국가는 B이다.

③ E국가의 연도별 석유 생산량을 H국가의 석유 생산량과 비교하면 다음과 같다.

• 2018년 : $\frac{258,963}{100,731} \fallingdotseq 2.6$
• 2019년 : $\frac{273,819}{101,586} \fallingdotseq 2.7$
• 2020년 : $\frac{298,351}{102,856} \fallingdotseq 2.9$
• 2021년 : $\frac{303,875}{103,756} \fallingdotseq 2.9$
• 2022년 : $\frac{335,371}{104,902} \fallingdotseq 3.2$

따라서 2022년 E국가의 석유 생산량은 H국가 석유 생산량의 약 3.2배이므로 옳지 않다.

④ 석유 생산량 상위 2개국은 매년 A, B이며, 매년 석유 생산량의 차이는 다음과 같다.

• 2018년 : 10,356,185−8,251,052=2,105,133bbl/day
• 2019년 : 10,387,665−8,297,702=2,089,963bbl/day
• 2020년 : 10,430,235−8,310,856=2,119,379bbl/day
• 2021년 : 10,487,336−8,356,337=2,130,999bbl/day
• 2022년 : 10,556,259−8,567,173=1,989,086bbl/day

따라서 A와 B국가의 석유 생산량의 차이는 '감소 − 증가 − 증가 − 감소'를 보이므로 옳지 않다.

34

정답 ②

제시된 법에 따라 공무원인 친구가 받을 수 있는 선물의 금액은 1회에 100만 원이다.

$12x < 100 \rightarrow x < \frac{100}{12} = \frac{25}{3} \fallingdotseq 8.33$

따라서 A씨는 수석을 최대 8개 보낼 수 있다.

35

정답 ④

거래처로 가기 위해 C와 G를 거쳐야 하므로, C를 먼저 거치는 최소 이동거리와 G를 먼저 거치는 최소 이동거리를 비교해 본다.

• 본사 − C − D − G − 거래처
6+3+3+4=16km
• 본사 − E − G − D − C − F − 거래처
4+1+3+3+3+4=18km

따라서 최소 이동거리는 16km이다.

36

정답 ④

• 볼펜을 30자루 구매하면 개당 200원씩 할인되므로 800×30=24,000원이다.
• 수정테이프를 8개 구매하면 2,500×8=20,000원이지만, 10개를 구매하면 개당 1,000원이 할인되어 1,500×10=15,000원이므로 10개를 구매하는 것이 더 저렴하다.
• 연필을 20자루 구매하면 연필 가격의 25%가 할인되므로 400×20×0.75=6,000원이다.
• 지우개를 5개 구매하면 300×5=1,500원이며 지우개에 대한 할인은 적용되지 않는다.

따라서 총금액은 24,000+15,000+6,000+1,500=46,500원이고 3만 원을 초과했으므로 10% 할인이 적용되어 46,500×0.9=41,850원이다. 또한 할인 적용 전 금액이 5만 원 이하이므로 배송료 5,000원이 추가로 부과되어 41,850+5,000=46,850원이 된다. 그런데 만약 비품을 3,600원어치 추가로 주문하면 46,500+3,600=50,100원이므로 할인 적용 전 금액이 5만 원을 초과하여 배송료가 무료가 되고, 총금액이 3만 원을 초과했으므로 지불할 금액은 10% 할인이 적용된 50,100×0.9=45,090원이 된다. 그러므로 지불 가능한 가장 저렴한 금액은 45,090원이다.

37

정답 ①

A～E가 받는 성과급을 구하면 다음과 같다.

직원	직책	매출 순이익	기여도	성과급 비율	성과급
A	팀장	4,000만 원	25%	매출 순이익의 5%	1.2×4,000×0.05=240만 원
B	팀장	2,500만 원	12%	매출 순이익의 2%	1.2×2,500×0.02=60만 원
C	팀원	1억 2,500만 원	3%	매출 순이익의 1%	12,500×0.01=125만 원
D	팀원	7,500만 원	7%	매출 순이익의 3%	7,500×0.03=225만 원
E	팀원	800만 원	6%	-	0원

따라서 가장 많은 성과급을 받는 사람은 A이다.

38

정답 ⑤

2023년 6월의 학교폭력 신고 건수는 7,530+1,183+557+601=9,871건으로, 10,000건 미만이다.

오답분석

① • 2023년 1월의 학교폭력 상담 건수 : 9,652−9,195=457건
  • 2023년 2월의 학교폭력 상담 건수 : 10,109−9,652=457건
  따라서 2023년 1월과 2023년 2월의 학교폭력 상담 건수는 같다.

② 학교폭력 상담 건수와 신고 건수 모두 2023년 3월에 가장 많다.

③ 전월 대비 학교폭력 상담 건수가 가장 크게 감소한 때는 2023년 5월이지만, 학교폭력 신고 건수가 가장 크게 감소한 때는 2023년 4월이다.

④ 전월 대비 학교폭력 상담 건수가 증가한 월은 2022년 9월과 2023년 3월이고, 이때 학교폭력 신고 건수 또한 전월 대비 증가하였다.

39

정답 ④

연도별 전체 발전량 대비 유류·양수 자원 발전량은 다음과 같다.

• 2018년 : $\frac{6,605}{553,256}\times100≒1.2\%$

• 2019년 : $\frac{6,371}{537,300}\times100≒1.2\%$

• 2020년 : $\frac{5,872}{550,826}\times100≒1.1\%$

• 2021년 : $\frac{5,568}{553,900}\times100≒1\%$

• 2022년 : $\frac{5,232}{593,958}\times100≒0.9\%$

따라서 2022년의 유류·양수 자원 발전량은 전체 발전량의 1% 미만이다.

오답분석

① 원자력 자원 발전량과 신재생 자원 발전량은 매년 증가하였다.

② 연도별 석탄 자원 발전량의 전년 대비 감소폭은 다음과 같다.
  • 2019년 : 226,571−247,670=−21,099GWh
  • 2020년 : 221,730−226,571=−4,841GWh
  • 2021년 : 200,165−221,730=−21,565GWh
  • 2022년 : 198,367−200,165=−1,798GWh
  따라서 석탄 자원 발전량의 전년 대비 감소폭이 가장 큰 해는 2021년이다.

③ 연도별 신재생 자원 발전량 대비 가스 자원 발전량은 다음과 같다.

- 2018년 : $\frac{135,072}{36,905}\times 100 \fallingdotseq 366\%$
- 2019년 : $\frac{126,789}{38,774}\times 100 \fallingdotseq 327\%$
- 2020년 : $\frac{138,387}{44,031}\times 100 \fallingdotseq 314\%$
- 2021년 : $\frac{144,976}{47,831}\times 100 \fallingdotseq 303\%$
- 2022년 : $\frac{160,787}{50,356}\times 100 \fallingdotseq 319\%$

따라서 연도별 신재생 자원 발전량 대비 가스 자원 발전량이 가장 큰 해는 2018년이다.

⑤ 전체 발전량이 증가한 해는 2020 ~ 2022년이며, 그 증가폭은 다음과 같다.

- 2020년 : 550,826－537,300＝13,526GWh
- 2021년 : 553,900－550,826＝3,074GWh
- 2022년 : 593,958－553,900＝40,058GWh

따라서 전체 발전량의 전년 대비 증가폭이 가장 큰 해는 2022년이다.

40

정답 ①

RPS 제도 이행을 위해 공급의무자는 일정 비율 이상(의무공급비율)을 신재생에너지로 발전해야 한다. 하지만 의무공급비율은 매년 확대되고 있고, 여기에 맞춰 신재생에너지 발전설비를 계속 추가하는 것은 시간적, 물리적으로 어려우므로 공급의무자는 신재생에너지 공급자로부터 REC를 구매하여 의무공급비율을 달성한다.

오답분석

② 신재생에너지 공급자가 공급의무자에게 REC를 판매하기 위해서는 에너지관리공단 신재생에너지센터, 한국전력거래소 등 공급인증기관으로부터 공급 사실을 증명하는 공급인증서를 신청해 발급받아야 한다.

③ 2021년 8월 이후 에너지관리공단에서 운영하는 REC 거래시장을 통해 일반기업도 REC를 구매하여 온실가스 감축실적으로 인정받을 수 있게 되었다.

④ REC에 명시된 공급량은 발전방식에 따라 가중치를 곱해 표기하므로 실제 공급량과 다를 수 있다.

41

정답 ③

빈칸 ㉠의 앞 문장은 공급의무자가 신재생에너지 발전설비 확대를 통한 RPS 달성에는 한계점이 있음을 설명하고, 뒷 문장은 이에 대한 대안으로서 REC 거래를 설명하고 있다. 따라서 빈칸에 들어갈 접속부사는 ‘그러므로’가 가장 적절하다.

42

정답 ③

오답분석

① 인증서의 유효기간은 발급일로부터 3년이다. 2020년 10월 6일에 발급받은 REC의 만료일은 2023년 10월 6일이므로 이미 만료되어 거래할 수 없다.

② 천연가스는 화석연료이므로 REC를 발급받을 수 없다.

④ 기업에 판매하는 REC는 에너지관리공단에서 거래시장을 운영한다.

43

정답 ③

수소는 연소 시 탄소를 배출하지 않는 친환경에너지이지만, 수소혼소 발전은 수소와 함께 액화천연가스(LNG)를 혼합하여 발전하므로 기존 LNG 발전에 비해 탄소 배출량은 줄어들지만, 여전히 탄소를 배출한다.

오답분석

① 수소혼소 발전은 기존의 LNG 발전설비를 활용할 수 있기 때문에 화석연료 발전에서 친환경에너지 발전으로 전환하는 데 발생하는 사회적·경제적 충격을 완화할 수 있다.
② 높은 온도로 연소되는 수소는 공기 중의 질소와 반응하여 질소산화물(NOx)을 발생시키며, 이는 미세먼지와 함께 대기오염의 주요 원인으로 작용한다.
④ 수소혼소 발전에서 수소를 혼입하는 양이 많아질수록 발전에 사용하는 LNG를 많이 대체하므로 탄소 배출량은 줄어든다.

44

정답 ②

보기에 주어진 문장은 접속부사 '따라서'로 시작하므로 수소가 2050 탄소중립 실현을 위한 최적의 에너지원이 되는 이유 뒤에 와야 한다. 따라서 보기는 수소 에너지의 장점과 이어지는 (나)에 들어가는 것이 가장 적절하다.

45

정답 ③

• 총무팀 : 연필, 지우개, 볼펜, 수정액의 수량이 기준 수량보다 적다.
  - 최소 주문 수량 : 연필 15자루, 지우개 15개, 볼펜 40자루, 수정액 15개
  - 최대 주문 수량 : 연필 60자루, 지우개 90개, 볼펜 120자루, 수정액 60개
• 연구개발팀 : 볼펜, 수정액의 수량이 기준 수량보다 적다.
  - 최소 주문 수량 : 볼펜 10자루, 수정액 10개
  - 최대 주문 수량 : 볼펜 120자루, 수정액 60개
• 마케팅홍보팀 : 지우개, 볼펜, 수정액, 테이프의 수량이 기준 수량보다 적다.
  - 최소 주문 수량 : 지우개 5개, 볼펜 45자루, 수정액 25개, 테이프 10개
  - 최대 주문 수량 : 지우개 90개, 볼펜 120자루, 수정액 60개, 테이프 40개
• 인사팀 : 연필, 테이프의 수량이 기준 수량보다 적다.
  - 최소 주문 수량 : 연필 5자루, 테이프 15개
  - 최대 주문 수량 : 연필 60자루, 테이프 40개

따라서 비품 신청 수량이 바르지 않은 팀은 마케팅홍보팀이다.

46

정답 ②

N사에서 A지점으로 가려면 1호선으로 역 2개를 지난 후 2호선으로 환승하여 역 5개를 더 가야 한다.
따라서 편도로 이동하는 데 걸리는 시간은 $(2\times2)+3+(2\times5)=17$분이므로 왕복하는 데 걸리는 시간은 $17\times2=34$분이다.

47

정답 ④

• A지점 : $(900\times2)+(950\times5)=6,550$m
• B지점 : $900\times8=7,200$m
• C지점 : $(900\times2)+(1,300\times4)=7,000$m 또는 $(900\times5)+1,000+1,300=6,800$m
• D지점 : $(900\times5)+(1,000\times2)=6,500$m 또는 $(900\times2)+(1,300\times3)+1,000=6,700$m

따라서 이동거리가 가장 짧은 지점은 D지점이다.

48

정답 ②

• A지점 : 이동거리는 6,550m이고 기본요금 및 거리비례 추가비용은 2호선 기준이 적용되므로 1,500+100=1,600원이다.
• B지점 : 이동거리는 7,200m이고 기본요금 및 거리비례 추가비용은 1호선 기준이 적용되므로 1,200+50×4=1,400원이다.
• C지점 : 이동거리는 7,000m이고 기본요금 및 거리비례 추가비용은 4호선 기준이 적용되므로 2,000+150=2,150원이다.
  또는 이동거리가 6,800m일 때, 기본요금 및 거리비례 추가비용은 4호선 기준이 적용되므로 2,000+150=2,150원이다.
• D지점 : 이동거리는 6,500m이고 기본요금 및 거리비례 추가비용은 3호선 기준이 적용되므로 1,800+100×3=2,100원이다.
  또는 이동거리가 6,700m일 때, 기본요금 및 거리비례 추가비용은 4호선 기준이 적용되므로 2,000+150=2,150원이다.

따라서 이동하는 데 드는 비용이 가장 적은 지점은 B지점이다.

49

정답 ⑤

미국 컬럼비아 대학교에서 만들어낸 치즈케이크는 7가지의 반죽형 식용 카트리지로 만들어졌다. 따라서 페이스트를 층층이 쌓아서 만드는 FDM 방식을 사용하여 제작하였음을 알 수 있다.

오답분석

① PBF / SLS 방식 3D 푸드 프린터는 설탕 같은 분말 형태의 재료를 접착제나 레이저로 굳혀 제작하는 것이므로 설탕 케이크 장식을 제작하기에 적절한 방식이다.
② 3D 푸드 프린터는 질감을 조정하거나, 맛을 조정하여 음식을 제작할 수 있으므로 식감 등으로 발생하는 편식을 줄일 수 있다.
③ 3D 푸드 프린터는 음식을 제작할 때 개인별로 필요한 영양소를 첨가하는 등 사용자 맞춤 식단을 제공할 수 있다는 장점이 있다.
④ 네 번째 문단에서 현재 3D 푸드 프린터의 한계점을 보면 디자인적 · 심리적 요소로 인해 3D 푸드 프린터로 제작된 음식에 거부감이 들 수 있다고 하였다.

50

정답 ④

(라) 문장이 포함된 문단은 3D 푸드 프린터의 장점에 대해 설명하는 문단이며, 특히 대체육 프린팅의 장점에 대해 소개하고 있다. 그러나 (라) 문장은 대체육의 단점에 대해 서술하고 있으므로 네 번째 문단에 추가로 서술하거나 삭제하는 것이 적절하다.

오답분석

① (가) 문장은 컬럼비아 대학교에서 3D 푸드 프린터로 만들어 낸 치즈케이크의 특징을 설명하는 문장이므로 적절하다.
② (나) 문장은 현재 주로 사용되는 3D 푸드 프린터의 작동 방식을 설명하는 문장이므로 적절하다.
③ (다) 문장은 3D 푸드 프린터의 장점을 소개하는 세 번째 문단의 중심내용이므로 적절하다.
⑤ (마) 문장은 3D 푸드 프린터의 한계점인 '디자인으로 인한 심리적 거부감'을 서술하고 있으므로 적절하다.

51

정답 ④

네 번째 문단은 3D 푸드 프린터의 한계 및 개선점을 설명한 문단으로, 3D 푸드 프린터의 장점을 설명한 세 번째 문단과 역접관계에 있다. 따라서 '그러나'가 적절한 접속부사이다.

오답분석

① ㉠ 앞에서 서술된 치즈케이크의 특징이 대체육과 같은 다른 관련 산업에서 주목하게 된 이유가 되므로 '그래서'는 적절한 접속부사이다.
② ㉡ 앞의 문장은 3D 푸드 프린터의 장점을 소개하는 세 번째 문단의 중심내용이고 뒤의 문장은 이에 대한 예시를 설명하고 있으므로 '예를 들어'는 적절한 접속부사이다.
③ ㉢의 앞과 뒤는 다른 내용이지만 모두 3D 푸드 프린터의 장점을 나열한 것이므로 '또한'은 적절한 접속부사이다.
⑤ ㉤의 앞과 뒤는 다른 내용이지만 모두 3D 푸드 프린터의 단점을 나열한 것이므로 '게다가'는 적절한 접속부사이다.

CHAPTER 02

2023년 주요 공기업

전공 기출복원문제

01 경영

01	02	03	04	05	06	07	08	09	10	11	12	13	14	15	16	17	18	19	20
⑤	②	③	①	④	④	①	⑤	②	①	③	④	④	③	③	④	④	④	③	②

01

정답 ⑤

페이욜은 기업활동을 기술활동, 영업활동, 재무활동, 회계활동, 관리활동, 보전활동 6가지 분야로 구분하였다.

오답분석

② 차별 성과급제, 기능식 직장제도, 과업관리, 계획부 제도, 작업지도표 제도 등은 테일러의 과학적 관리법을 기본이론으로 한다.
③ 포드의 컨베이어 벨트 시스템은 생산원가를 절감하기 위해 표준 제품을 정하고 대량생산하는 방식을 정립한 것이다.
④ 베버의 관료제 조직은 계층에 의한 관리, 분업화, 문서화, 능력주의, 사람과 직위의 분리, 비개인성의 6가지 특징을 가지며, 이를 통해 조직을 가장 합리적이고 효율적으로 운영할 수 있다고 주장한다.

02

정답 ②

논리적인 자료 제시를 통해 높은 이해도를 이끌어 내는 것은 이성적 소구에 해당된다.

오답분석

① 감성적 소구는 감정전이형 광고라고도 하며, 브랜드 이미지 제고, 호의적 태도 등을 목표로 한다.
③ 감성적 소구 방법으로 유머 소구, 공포 소구, 성적 소구 등이 해당된다.
④ 이성적 소구는 자사 제품이 선택되어야만 하는 이유 또는 객관적 근거를 제시하고자 하는 방법이다.
⑤ 이성적 소구는 위험성이 있거나 새로운 기술이 적용된 제품 등의 지식과 정보를 제공함으로써 표적소비자들이 제품을 선택할 수 있게 한다.

03

정답 ③

단수가격은 심리학적 가격 결정으로, 1,000원, 10,000원의 단위로 가격을 결정하지 않고 900원, 990원, 9,900원 등 단수로 가격을 결정하여 상대적으로 저렴하게 보이게 하는 가격전략이다.

오답분석

① 명성가격 : 판매자의 명성이나 지위를 나타내는 제품을 수요가 증가함에 따라 높게 설정하는 가격이다.
② 준거가격 : 소비자가 상품 가격을 평가할 때 자신의 기준이나 경험을 토대로 생각하는 가격이다.
④ 관습가격 : 소비자들이 오랜 기간 동안 일정금액으로 구매해 온 상품의 특정 가격이다.
⑤ 유인가격 : 잘 알려진 제품을 저렴하게 판매하여 소비자들을 유인하기 위한 가격이다.

04

정답 ①

가치사슬은 미시경제학 또는 산업조직론을 기반으로 하는 분석 도구이다.

오답분석

② 가치사슬은 기업의 경쟁우위를 강화하기 위한 기본적 분석 도구로, 기업이 수행하는 활동을 개별적으로 나누어 분석한다.
③ 구매, 제조, 물류, 판매, 서비스 등을 기업의 본원적 활동으로 정의한다.
④ 인적자원 관리, 인프라, 기술개발, 조달활동 등을 기업의 지원적 활동으로 정의한다.
⑤ 각 가치사슬의 이윤은 전체 수입에서 가치창출을 위해 발생한 모든 비용을 제외한 값이다.

05

정답 ④

㉡ 자동화 기계 도입에 따른 다기능공 활용이 늘어나면, 작업자는 여러 기능을 숙달해야 하는 부담이 증가한다.
㉣ 혼류 생산을 통해 공간 및 설비 이용률을 향상시킨다.

오답분석

㉠ 현장 낭비 제거를 통해 원가를 낮추고 생산성을 향상시킬 수 있다.
㉢ 소 LOT 생산을 통해 재고율을 감소시켜 재고비용, 공간 등을 줄일 수 있다.

06

정답 ④

주식회사 발기인의 인원 수는 별도의 제한이 없다.

오답분석

① 주식회사의 법인격에 대한 설명이다.
② 출자자의 유한책임에 대한 설명이다(상법 제331조).
③ 주식은 자유롭게 양도할 수 있는 것이 원칙이다.
⑤ 주식회사는 사원(주주)의 수가 다수인 경우가 많기 때문에 사원이 직접 경영에 참여하기보다는 이사회로 경영권을 위임한다.

07

정답 ①

ELS는 주가연계증권으로, 사전에 정해진 조건에 따라 수익률이 결정되며 만기가 있다.

오답분석

② 주가연계파생결합사채(ELB)에 대한 설명이다.
③ 주가지수연동예금(ELD)에 대한 설명이다.
④ 주가연계신탁(ELT)에 대한 설명이다.
⑤ 주가연계펀드(ELF)에 대한 설명이다.

08

정답 ⑤

오답분석

①·② 파이프라인재고 또는 이동재고는 구매대금은 지급하였으나, 이동 중에 있는 재고를 말한다.
③ 주기재고는 주기적으로 일정한 단위로 품목을 발주함에 따라 발생하는 재고를 말한다.
④ 예비재고는 미래에 수요가 상승할 것을 기대하고 사전에 비축하는 재고를 말한다.

09

정답 ②

블룸의 기대이론에 대한 설명으로, 기대감, 수단성, 유의성을 통해 구성원의 직무에 대한 동기 부여를 결정한다고 주장하였다.

오답분석

① 허즈버그의 2요인이론에 대한 설명이다.
③ 매슬로의 욕구 5단계이론에 대한 설명이다.
④ 맥그리거의 XY이론에 대한 설명이다.
⑤ 로크의 목표설정이론에 대한 설명이다.

10

정답 ①

시장세분화 단계에서는 시장을 기준에 따라 세분화하고, 각 세분시장의 고객 프로필을 개발하여 차별화된 마케팅을 실행한다.

오답분석

②·③ 표적시장 선정 단계에서는 각 세분시장의 매력도를 평가하여 표적시장을 선정한다.
④ 포지셔닝 단계에서는 각각의 시장에 대응하는 포지셔닝을 개발하고 전달한다.
⑤ 재포지셔닝 단계에서는 자사와 경쟁사의 경쟁위치를 분석하여 포지셔닝을 조정한다.

11

정답 ③

• (당기순이익)=(총수익)−(총비용)=35억−20억=15억 원
• (기초자본)=(기말자본)−(당기순이익)=65억−15억=50억 원
• (기초부채)=(기초자산)−(기초자본)=100억−50억=50억 원

12

정답 ④

상위에 있는 욕구를 충족시키지 못하면 하위에 있는 욕구는 더욱 크게 증가하여, 하위욕구를 충족시키기 위해 훨씬 더 많은 노력이 필요하게 된다.

오답분석

① 심리학자 앨더퍼가 인간의 욕구에 대해 매슬로의 욕구 5단계설을 발전시켜 주장한 이론이다.
②·③ 존재욕구를 기본적 욕구로 정의하며, 관계욕구, 성장욕구로 계층화하였다.

13

정답 ④

사업 다각화는 무리하게 추진할 경우 수익성에 악영향을 줄 수 있다는 단점이 있다.

오답분석

① 지속적인 성장을 추구하여 미래 유망산업에 참여하고, 구성원에게 더 많은 기회를 줄 수 있다.
② 기업이 한 가지 사업만 영위하는 데 따르는 위험에 대비할 수 있다.
③ 보유자원 중 남는 자원을 활용하여 범위의 경제를 실현할 수 있다.

14

정답 ③

직무분석 → 직무기술서 / 직무명세서 → 직무평가 → 직무설계의 순서로 직무관리를 진행하며, 직무분석을 통해 업무특성과 업무담당자의 특성을 파악하고, 이를 토대로 어떤 직무가 적합할지 평가하여 대상자의 최종 직무를 설계한다.

15

정답 ③

종단분석은 시간과 비용의 제약으로 인해 표본 규모가 작을수록 좋으며, 횡단분석은 집단의 특성 또는 차이를 분석해야 하므로 표본이 일정 규모 이상일수록 정확하다.

16

정답 ④

채권이자율이 시장이자율보다 높아지면 채권가격은 액면가보다 높은 가격에 거래된다. 단, 만기에 가까워질수록 채권가격이 하락하여 가격위험에 노출된다.

오답분석

①·②·③ 채권이자율이 시장이자율보다 낮은 할인채에 대한 설명이다.

17

정답 ④

물음표(Question Mark) 사업은 신규 사업 또는 현재 시장점유율은 낮으나, 향후 성장 가능성이 높은 사업이다. 기업 경영 결과에 따라 개(Dog) 사업 또는 스타(Star) 사업으로 바뀔 수 있다.

오답분석

① 스타(Star) 사업 : 성장률과 시장점유율이 모두 높아서 계속 투자가 필요한 유망 사업이다.
② 현금젖소(Cash Cow) 사업 : 높은 시장점유율로 현금창출은 양호하나, 성장 가능성은 낮은 사업이다.
③ 개(Dog) 사업 : 성장률과 시장점유율이 모두 낮아 철수가 필요한 사업이다.

18

정답 ④

시험을 망쳤음에도 불구하고 난이도를 이유로 괜찮다고 생각하는 자기합리화의 사례로 볼 수 있다.

오답분석

①·②·③ 인지부조화의 사례로서 개인이 가지고 있는 신념, 태도, 감정 등에 대해 일관성을 가지지 못하고 다르게 행동하는 것을 의미한다.

19

정답 ③

M&A는 해외 직접투자에 해당하는 진출 방식이다.

오답분석

①·②·④ 계약에 의한 해외 진출 방식이다.

20

정답 ②

테일러의 과학적 관리법에서는 작업에 사용하는 도구 등을 표준화하여 관리 비용을 낮추고 효율성을 높이는 것을 추구한다.

오답분석

① 과학적 관리법의 특징 중 표준화에 대한 설명이다.
③ 과학적 관리법의 특징 중 동기부여에 대한 설명이다.
④ 과학적 관리법의 특징 중 통제에 대한 설명이다.

02 경제

01	02	03	04	05	06	07	08	09	10	11	12	13	14	15					
⑤	②	①	④	⑤	①	④	③	③	④	④	③	①	③	④					

01

정답 ⑤

가격탄력성이 1보다 크면 탄력적이라고 할 수 있다.

오답분석

①·② 수요의 가격탄력성은 가격의 변화에 따른 수요의 변화를 의미하며, 분모는 상품 가격의 변화량을 상품 가격으로 나눈 값이며, 분자는 수요량의 변화량을 수요량으로 나눈 값이다.

③ 대체재가 많을수록 해당 상품 가격 변동에 따른 수요의 변화는 더 크게 반응하게 된다.

02

정답 ②

GDP 디플레이터는 명목 GDP를 실질 GDP로 나누어 물가상승 수준을 예측할 수 있는 물가지수로, 국내에서 생산된 모든 재화와 서비스 가격을 반영한다. 따라서 GDP 디플레이터를 구하는 계산식은 (명목 GDP)÷(실질 GDP)×100이다.

03

정답 ①

한계소비성향은 소비의 증가분을 소득의 증가분으로 나눈 값으로, 소득이 1,000만 원 늘었을 때 현재 소비자들의 한계소비성향이 0.7이므로 소비는 700만 원이 늘었다고 할 수 있다. 따라서 소비의 변화폭은 700이다.

04

정답 ④

㉠ 환율이 상승하면 제품을 수입하기 위해 더 많은 원화를 필요로 하고, 이에 따라 수입이 감소하게 되므로 순수출이 증가한다.

㉡ 국내이자율이 높아지면 국내자산 투자수익률이 좋아져 해외로부터 자본유입이 확대되고, 이에 따라 환율은 하락한다.

㉢ 국내물가가 상승하면 상대적으로 가격이 저렴한 수입품에 대한 수요가 늘어나 환율은 상승한다.

05

정답 ⑤

독점적 경쟁시장은 광고, 서비스 등 비가격경쟁이 가격경쟁보다 더 활발히 진행된다.

06

정답 ①

케인스학파는 경기침체 시 정부가 적극적으로 개입하여 총수요의 증대를 이끌어야 한다고 주장하였다.

오답분석

② 고전학파의 거시경제론에 대한 설명이다.

③ 케인스학파의 거시경제론에 대한 설명이다.

④ 고전학파의 이분법에 대한 설명이다.

⑤ 케인스학파의 화폐중립성에 대한 설명이다.

07

정답 ④

오답분석

① 매몰비용의 오류 : 이미 투입한 비용과 노력 때문에 경제성이 없는 사업을 지속하여 손실을 키우는 것을 의미한다.
② 감각적 소비 : 제품을 구입할 때, 품질, 가격, 기능보다 디자인, 색상, 패션 등을 중시하는 소비 패턴을 의미한다.
③ 보이지 않는 손 : 개인의 사적 영리활동이 사회 전체의 공적 이익을 증진시키는 것을 의미한다.
⑤ 희소성 : 사람들의 욕망에 비해 그 욕망을 충족시켜 주는 재화나 서비스가 부족한 현상을 의미한다.

08

정답 ③

- (실업률)=(실업자)÷(경제활동인구)×100
- (경제활동인구)=(취업자)+(실업자)

∴ 5,000÷(20,000+5,000)×100=20%

09

정답 ③

(한계비용)=(총비용 변화분)÷(생산량 변화분)

- 생산량이 50일 때 총비용 : 16(평균비용)×50(생산량)=800
- 생산량이 100일 때 총비용 : 15(평균비용)×100(생산량)=1,500

따라서 한계비용은 700÷50=14이다.

10

정답 ④

A국은 노트북을 생산할 때 기회비용이 더 크기 때문에 TV 생산에 비교우위가 있고, B국은 TV를 생산할 때 기회비용이 더 크기 때문에 노트북 생산에 비교우위가 있다.

구분	노트북 1대	TV 1대
A국	TV 0.75	노트북 1.33
B국	TV 1.25	노트북 0.8

11

정답 ④

다이내믹 프라이싱의 단점은 소비자 후생이 감소해 소비자의 만족도가 낮아진다는 것이다. 이로 인해 기업이 소비자의 불만에 직면할 수 있다는 리스크가 발생한다.

12

정답 ③

빅맥 지수는 동질적으로 판매되는 상품의 가치는 동일하다는 가정하에 나라별 화폐로 해당 제품의 가격을 평가하여 구매력을 비교하는 것이다.

맥도날드의 대표적 햄버거인 빅맥 가격을 기준으로 한 이유는 전 세계에서 가장 동질적으로 판매되고 있기 때문이며, 이처럼 품질, 크기, 재료가 같은 물건이 세계 여러 나라에서 팔릴 때 나라별 물가를 비교하기 수월하다.

오답분석

㉠ 빅맥 지수는 영국 경제지인 이코노미스트에서 최초로 고안하였다.
㉣ 빅맥 지수에 사용하는 빅맥 가격은 제품 가격만 반영하고 서비스 가격은 포함하지 않기 때문에 나라별 환율에 대한 상대적 구매력 평가 외에 다른 목적으로 사용하기에는 측정값이 정확하지 않다.

13

정답 ①

확장적 통화정책은 국민소득을 증가시켜 이에 따른 보험료 인상 등 세수확대 요인으로 작용한다.

오답분석

② 이자율이 하락하고, 소비 및 투자가 증가한다.
③·④ 긴축적 통화정책이 미치는 영향이다.

14

정답 ③

토지, 설비 등이 부족하면 한계 생산가치가 떨어지기 때문에 노동자를 많이 고용하는 게 오히려 손해이다. 따라서 노동 수요곡선은 왼쪽으로 이동한다.

오답분석

① 노동 수요는 재화에 대한 수요가 아닌 재화를 생산하기 위해 파생되는 수요이다.
② 상품 가격이 상승하면 기업은 더 많은 제품을 생산하기 위해 노동자를 더 많이 고용한다.
④ 노동에 대한 인식이 긍정적으로 변화하면 노동시장에 더 많은 노동력이 공급된다.

15

정답 ④

S씨가 달리기를 선택할 경우 (기회비용)=1(순편익)+8(암묵적 기회비용)=9로 기회비용이 가장 작다.

오답분석

① 헬스를 선택할 경우
(기회비용)=2(순편익)+8(암묵적 기회비용)=10
② 수영을 선택할 경우
(기회비용)=5(순편익)+8(암묵적 기회비용)=13
③ 자전거를 선택할 경우
(기회비용)=3(순편익)+7(암묵적 기회비용)=10

03 회계

01	02	03	04	05	06	07	08	09	10										
③	②	④	③	③	①	③	①	②	③										

01

정답 ③

매출액순이익률은 당기순이익을 매출액으로 나눈 값이다.

오답분석

① 유동비율은 유동자산을 유동부채로 나눈 값으로 안정성 비율에 해당한다.
② 부채비율은 부채를 자기자본으로 나눈 값으로 안정성 비율에 해당한다.
④ 총자산회전율은 매출액을 평균총자산으로 나눈 값으로 활동성 비율에 해당한다.

02

정답 ②

(당기 제조원가)=(당기 총제조원가)+[(기초 재공품 재고액)−(기말 재공품 재고액)]
(당기 총제조원가)=(재료비)+(노무비)+(제조비)=140,000원
(당기 제조원가)=140,000+(40,000−20,000)=160,000원

03

정답 ④

유동비율이 높다는 것은 기업이 보유하고 있는 현금성 자산이 많다는 의미로 활발한 투자와는 거리가 있다.

오답분석

①·② 유동비율은 1년 이내 현금화가 가능한 자산을 1년 이내 갚아야 하는 부채로 나눈 값이다.
③ 유동자산에 매출채권, 재고자산이 포함됨에 따라 매출이 부진하여 재고가 많이 쌓인 기업의 유동비율이 높게 나타나는 경우도 있다.

04

정답 ③

(매출총이익)=(매출액)−(매출원가)=100,000,000−60,000,000=40,000,000원
(영업이익)=(매출총이익)−(판관비)=40,000,000−10,000,000=30,000,000원
(법인세 차감 전 이익)=(영업이익)+(영업외이익)−(영업외비용)=30,000,000+5,000,000−10,000,000=25,000,000원
법인세비용은 당기순이익을 계산할 때 사용한다.

05

정답 ③

당기 판매된 재고자산을 모두 동일한 단가라고 가정하는 것은 총평균법에 대한 설명이다.

06

정답 ①

애덤 스미스의 절대우위론에 대한 설명이다.

오답분석

②·③ 리카르도의 비교우위론에 대한 설명이다.
④ 제품 생산에 따른 기회비용이 더 낮은 국가가 상대국에 비해 해당 제품 생산에서 비교우위에 있다고 할 수 있다.

07

정답 ③

(주당이익)=(보통주 귀속 당기순이익)÷(보통주 주식 수)
(보통주 귀속 당기순이익)=(전체 당기순이익)−(우선주 주주 배당금)=2,000,000,000−200,000,000=1,800,000,000원
(주당이익)=1,800,000,000원÷10,000,000주=180원

08

정답 ①

외상매출금은 거래처와의 거래에 의하여 발생하는 영업상 미수채권으로 대표적인 유동자산(당좌자산)이다.

오답분석

② 증가하면 차변에, 감소하면 대변에 기록한다.
③ 기업이 보유자산을 판매하고 받지 못한 대금은 미수금에 해당한다.
④ 외상매출금은 원칙적으로 이자가 붙지 않는다.

09

정답 ②

(유형자산 취득원가)=(구입가격)+(직접관련원가)+(추정복구원가)
광고 및 판촉활동 원가는 기타관련원가로 취득원가 계산 시 포함하지 않는다.

오답분석

① · ③ 직접관련원가에 해당한다.
④ 추정복구원가에 해당한다.

10

정답 ③

(기초 재고자산 금액)+(당기매입액)=(매출원가)+(기말 재고자산 금액)
(당기매입액)=(판매가능금액)-(기초 재고자산 금액)=300,000,000-200,000,000=100,000,000원
200,000,000+100,000,000=80,000,000+(기말 재고자산)
(기말 재고자산)=220,000,000원

04 법

01	02	03	04	05	06	07	08	09											
④	①	③	⑤	②	④	④	①	③											

01

정답 ④

근로자참여 및 협력증진에 관한 법은 집단적 노사관계법으로, 노동조합과 사용자단체 간의 노사관계를 규율한 법이다. 노동조합 및 노동관계조정법, 근로자참여 및 협력증진에 관한 법, 노동위원회법, 교원의 노동조합설립 및 운영 등에 관한 법률, 공무원직장협의회법 등이 이에 해당한다.
나머지는 근로자와 사용자의 근로계약을 체결하는 관계에 대해 규율한 법으로, 개별적 근로관계법이라고 한다. 근로기준법, 최저임금법, 산업안전보건법, 직업안정법, 남녀고용평등법, 선원법, 산업재해보상보험법, 고용보험법 등이 이에 해당한다.

02

정답 ①

용익물권은 타인의 토지나 건물 등 부동산의 사용가치를 지배하는 제한물권으로, 민법상 지상권, 지역권, 전세권이 이에 속한다.

용익물권의 종류
- 지상권 : 타인의 토지에 건물이나 수목 등을 설치하여 사용하는 물권
- 지역권 : 타인의 토지를 자기 토지의 편익을 위하여 이용하는 물권
- 전세권 : 전세금을 지급하고 타인의 토지 또는 건물을 사용·수익하는 물권

03

③

- 선고유예 : 형의 선고유예를 받은 날로부터 2년이 경과한 때에는 면소된 것으로 간주한다(형법 제60조).
- 집행유예 : 양형의 조건을 참작하여 그 정상에 참작할 만한 사유가 있는 때에는 1년 이상 5년 이하의 기간 형의 집행을 유예할 수 있다(형법 제62조 제1항).

04

정답 ⑤

몰수의 대상(형법 제48조 제1항)

1. 범죄행위에 제공하였거나 제공하려고 한 물건
2. 범죄행위로 인하여 생겼거나 취득한 물건
3. 제1호 또는 제2호의 대가로 취득한 물건

05

정답 ②

상법상 법원에는 상사제정법(상법전, 상사특별법령, 상사조약), 상관습법, 판례, 상사자치법(회사의 정관, 이사회 규칙), 보통거래약관, 조리 등이 있다. 조례는 해당되지 않는다.

06

정답 ④

촉법소년의 적용 연령은 10세 이상 14세 미만이고, 우범소년의 적용 연령은 10세 이상의 소년(19세 미만)이다.

보호의 대상과 송치 및 통고(소년법 제4조 제1항)

다음 각 호의 어느 하나에 해당하는 소년은 소년부의 보호사건으로 심리한다.

1. 죄를 범한 소년(범죄소년)
2. 형벌 법령에 저촉되는 행위를 한 10세 이상 14세 미만인 소년(촉법소년)
3. 다음 각 목에 해당하는 사유가 있고 그의 성격이나 환경에 비추어 앞으로 형벌 법령에 저촉되는 행위를 할 우려가 있는 10세 이상인 소년(우범소년)
   가. 집단으로 몰려다니며 주위 사람들에게 불안감을 조성하는 성벽이 있는 것
   나. 정당한 이유 없이 가출하는 것
   다. 술을 마시고 소란을 피우거나 유해환경에 접하는 성벽이 있는 것

07

정답 ④

환경보전의 의무는 국민뿐만 아니라 국가에도 적용되는 기본 의무이다.

헌법에 명시된 기본 의무

- 교육의 의무 : 모든 국민은 그 보호하는 자녀에게 적어도 초등교육과 법률이 정하는 교육을 받게 할 의무를 진다(헌법 제31조 제2항).
- 근로의 의무 : 모든 국민은 근로의 의무를 진다. 국가는 근로의 의무의 내용과 조건을 민주주의 원칙에 따라 법률로 정한다(헌법 제32조 제2항).
- 환경보전의 의무 : 모든 국민은 건강하고 쾌적한 환경에서 생활할 권리를 가지며, 국가와 국민은 환경보전을 위하여 노력하여야 한다(헌법 제35조 제1항).
- 납세의 의무 : 모든 국민은 법률이 정하는 바에 의하여 납세의 의무를 진다(헌법 제38조).
- 국방의 의무 : 모든 국민은 법률이 정하는 바에 의하여 국방의 의무를 진다(헌법 제39조 제1항).

08

정답 ①

행정청의 처분의 효력 유무 또는 존재 여부를 확인하는 심판은 행정심판의 종류 중 무효등확인심판에 해당한다(행정심판법 제5조 제2호).

> **헌법 제111조 제1항**
> 헌법재판소는 다음 사항을 관장한다.
> 1. 법원의 제청에 의한 법률의 위헌여부 심판
> 2. 탄핵의 심판
> 3. 정당의 해산 심판
> 4. 국가기관 상호 간, 국가기관과 지방자치단체 간 및 지방자치단체 상호 간의 권한쟁의에 관한 심판
> 5. 법률이 정하는 헌법소원에 관한 심판

09

정답 

채권 · 재산권의 소멸시효(민법 제162조)

① 채권은 10년간 행사하지 아니하면 소멸시효가 완성한다.

② 채권 및 소유권 이외의 재산권은 20년간 행사하지 아니하면 소멸시효가 완성한다.

PART 1

직업기초능력

CHAPTER

01 의사소통능력

출제유형분석 01 실전예제

01

정답 ②

플라톤 시기에는 이제 막 알파벳이 보급되고, 문자문화가 전래의 구술적 신화문화를 대체하기 시작한 시기였다.

오답분석

① 타무스 왕은 문자를 죽었다고 표현하며, 생동감 있고 살아있는 기억력을 퇴보시킬 것이라 보았다.
③ 문자와 글쓰기는 콘텍스트를 떠나 비현실적이고 비자연적인 세계 속에서 수동적으로 이뤄진다.
④ 물리적이고 강제적인 억압에 의해 말살될 위기에 처한 진리의 소리는 기념비적인 언술행위의 문자화를 통해서 저장되어야 한다고 보는 입장이 있다.
⑤ 문화적 기억력에 대한 성찰과 가치 판단이 부재하다면 새로운 매체는 단지 댓글 파노라마에 불과할 것이다.

02

정답 ③

원자력 관련 기술은 이번 10대 핵심기술에서 제외되었다.

오답분석

① 한국은 석탄 발전과 제조업의 비중이 높은데 이들 모두 탄소 배출량이 많다.
② 대형풍력의 국산화를 통해 현재 5.5MW급에서 2030년까지 15MW급으로 늘린다고 명시돼 있다.
④ 규제자유특구를 현재 11개에서 2025년 20개로 확대할 예정에 있다.
⑤ 현재는 탄소중립 기술의 수준이 상대적으로 낮기 때문에 기존 기술보다 경제성이 떨어진다. 따라서 이를 위한 인센티브 제도를 마련할 계획에 있다.

03

정답 ⑤

○○공단은 온실가스를 많이 배출하고 에너지 소비가 큰 업체를 매년 관리대상 업체로 지정하며, 공공부문은 온실가스를 30% 이상 줄이는 것을 목표로 하고 있다. 또한 관리대상으로 지정된 업체는 목표 미달성 시 상부 업체가 아닌 정부가 과태료를 부과한다. 따라서 적절하지 않은 것은 ㉢, ㉣, ㉤이다.

출제유형분석 02 실전예제

01

정답 ⑤

제시문은 위성영상지도 서비스인 구글어스로 건조지대에도 숲이 존재한다는 사실을 발견했다는 내용의 글이다. 첫 문장에서 '구글어스가 세계 환경의 보안관 역할을 톡톡히 하고' 있다고 하였으므로, 제목으로는 ⑤가 가장 적절하다.

02

정답 ②

제시문은 '탈원전 · 탈석탄 공약에 맞는 제8차 전력공급기본계획(안) 수립 → 분산형 에너지 생산시스템으로의 정책 방향 전환 → 분산형 에너지 생산시스템에 대한 대통령의 강한 의지 → 중앙집중형 에너지 생산시스템의 문제점 노출 → 중앙집중형 에너지 생산시스템의 비효율성'의 내용으로 전개되고 있다. 즉, 제시문은 일관되게 '에너지 분권의 필요성과 나아갈 방향을 모색해야 한다.'는 점을 말하고 있다.

오답분석

① · ③ 제시문에서 언급되지 않았다.

④ 다양한 사회적 문제점들과 기후, 천재지변 등에 의한 문제점들을 언급하고 있으나, 이는 글의 주제를 뒷받침하기 위한 이슈이므로 글 전체의 주제로 보기는 어렵다.

⑤ 전력수급기본계획의 수정 방안을 제시하고 있지는 않다.

03

정답 ④

(라) 문단에서는 부패를 개선하기 위한 정부의 제도적 노력에도 불구하고 반부패정책 대부분이 효과가 없었음을 이야기하고 있다. 따라서 부패인식지수의 개선방안이 아닌 '정부의 부패인식지수 개선에 대한 노력의 실패'가 (라) 문단의 주제로 적절하다.

출제유형분석 03 실전예제

01

정답 ③

먼저 이산화탄소 흡수원의 하나인 연안 생태계를 소개하는 (다) 문단이 오는 것이 적절하며, 다음으로 이러한 연안 생태계의 장점을 소개하는 (나) 문단이 오는 것이 자연스럽다. 다음으로는 (나)에서 언급한 연안 생태계의 장점 중 갯벌의 역할을 부연 설명하는 (가) 문단이 오는 것이 적절하며, (가) 문단 뒤로는 '또한'으로 시작하며 연안 생태계의 또 다른 장점을 소개하는 (라) 문단이 오는 것이 매끄럽다. 따라서 (다) – (나) – (가) – (라) 순으로 나열되어야 한다.

02

정답 ②

제시문은 강이 붉게 물들고 산성으로 변화하는 이유인 티오바실러스와 강이 붉어지는 것을 막기 위한 방법에 대하여 설명하고 있다. 따라서 (가) 철2가 이온(Fe^{2+})과 철3가 이온(Fe^{3+})의 용해도가 침전물 생성에 중요한 역할을 함 → (라) 티오바실러스가 철2가 이온(Fe^{2+})을 산화시켜 만든 철3가 이온(Fe^{3+})이 붉은 침전물을 만듦 → (나) 티오바실러스는 이황화철(FeS_2)을 산화시켜 철2가 이온(Fe^{2+}), 철3가 이온(Fe^{3+})을 얻음 → (다) 티오바실러스에 의한 이황화철(FeS_2)의 가속적인 산화를 막기 위해서는 광산의 밀폐가 필요함의 순서대로 나열하는 것이 적절하다.

03

정답 ⑤

제시문은 '무지에 대한 앎'을 설명하면서 과거와 현재의 사례를 통해 이에 대한 중요성을 주장하고 있다. 제시된 첫 문단에서는 대부분의 사람들이 자신의 무지에 대해 무관심하다는 상황에 대한 언급이므로, 다음으로는 역접 기능의 접속어 '그러나'로 시작하는 문단이 오는 것이 적절하다. 따라서 (라) 무지의 영역에 대한 지식 확장이 필요한 경우 → (가) '무지에 대한 앎'의 중요성과 이와 관련된 성인들의 주장 → (다) '무지에 대한 앎'을 배제하는 방향으로 흘러간 경우의 예시 → (마) 현대 사회에서 나타나는 '무지에 대한 앎'이 배제되는 경우의 예시 → (나) '무지에 대한 앎'의 중요성의 순서대로 나열하는 것이 올바르다.

출제유형분석 04 실전예제

01

정답 ④

디젤 엔진이 가솔린 엔진에 비해 저회전으로 작동하는 것은 사실이나, 제시문을 통해서는 추론할 수 없는 내용이다.

02

정답 ⑤

LPG는 폭발 위험성이 크지만 가정용으로 사용되며, 대표적으로 가스레인지 등에 사용되는 가스통 형태가 있다.

오답분석

① PNG, CNG, LNG 등은 천연가스로 천연가스는 열량이 높은 청정에너지로 친환경적이다.
② PNG는 생산지에서 배관으로 직업 가스를 공급하는 것으로 북한과 통일된다면 천연가스가 풍부한 나라처럼 생산지에서 배관을 연결하여 PNG를 활용할 수 있다.
③ CNG는 LNG를 자동차 연료로 변환한 것으로 부피는 LNG(천연가스 약 600배 압축)보다 3배 크지만, 천연가스보다는 부피가 작다. 현재 서울 시내버스는 대부분 CNG를 사용한다.
④ 천연가스를 냉각하여 액체로 변화하는 것이 LNG이고, LNG를 기화시킨 후 다시 압축한 것이 CNG이다.

03

정답 ③

제시문을 통해 산업 및 가정에서 배출된 생활폐기물을 바이오매스 자원으로 활용하여 에너지를 생산하기 위한 화이트 바이오 연구가 진행되고 있음을 알 수 있다.

오답분석

① 바이오매스를 살아있는 유기물로 정의하는 생태학과 달리, 산업계에서는 산업용 폐자재나 가축의 분뇨, 생활폐기물과 같이 죽은 유기물이라 할 수 있는 유기성 폐자원 또한 바이오매스로 정의하고 있다.
② 산업계는 미생물을 활용한 화이트 바이오를 통해 온실가스 배출, 악취 발생, 수질오염 등 환경적 문제를 해결할 것으로 기대하고 있다.
④ 보건 및 의료 분야의 바이오산업인 레드 바이오나, 농업 및 식량 분야의 그린 바이오보다 늦게 발전을 시작했다는 점에서 앞선 두 바이오산업에 비해 규모가 작을 것임을 추측할 수 있다.
⑤ 화이트 바이오 산업이 대체하려는 기존 화학 산업의 경우 화석원료를 이용하는 제조방식으로 인한 이산화탄소 배출이 문제가 되고 있음을 추측할 수 있다.

출제유형분석 05 실전예제

01

정답 ③

제시문은 태양의 온도를 일정하게 유지해 주는 에너지원에 대한 설명이다. 태양의 온도가 일정하게 유지되는 이유는 태양 중심부의 온도가 올라가 핵융합 에너지가 늘어나면 에너지의 압력으로 수소를 밖으로 밀어내어 중심부의 밀도와 온도를 낮춰주기 때문이다. 즉 태양 내부에서 중력과 핵융합 반응의 평형상태가 유지되기 때문에 태양은 50억 년간 빛을 낼 수 있었고, 앞으로도 50억 년 이상 더 빛날 수 있는 것이다. 따라서 빈칸에 들어갈 내용으로 '태양이 오랫동안 안정적으로 빛을 낼 수 있게 된다.'가 가장 적절하다.

PART 1

02

정답 ③

제시문은 오브제의 정의와 변화 과정에 대한 글이다. 네 번째 문단의 빈칸 앞에서는 예술가의 선택에 의해 기성품 그 본연의 모습으로 예술작품이 되는 오브제를, 빈칸 이후에는 나아가 진정성과 상징성이 제거된 팝아트에서의 오브제 기법에 대하여 서술하고 있다. 즉, 빈칸에는 예술가의 선택에 의해 기성품 본연의 모습으로 오브제가 되는 ③의 사례가 오는 것이 가장 적절하다.

03

정답 ③

빈칸 뒤의 문장은 최근 선진국에서는 스마트팩토리로 인해 해외로 나간 자국 기업들이 다시 본국으로 돌아오는 현상인 '리쇼어링'이 가속화되고 있다는 내용이다. 즉, 스마트팩토리의 발전이 공장의 위치를 해외에서 본국으로 변화시키고 있으므로 빈칸에는 ③이 가장 적절하다.

출제유형분석 06 실전예제

01

정답 ⑤

보기는 '그'가 이익의 추구는 의(義)에서 배제되어야 한다고 주장했다는 것으로, 이러한 내용은 의(義)가 이익의 추구와 구분되어야 한다고 맹자가 주장했다는 마지막 문단의 내용과 연결된다. 또한 보기에는 앞의 내용이 뒤의 내용의 원인이나 근거가 될 때 쓰는 접속 부사 '그래서'가 있으므로 보기의 문장은 마지막 문단의 끝부분인 (마)에 들어가는 것이 가장 적절하다.

02

정답 ③

세 번째 문단에서 설명하는 수정주의는 미국이 시장을 얻기 위해 세계를 개방 경제 체제로 만들려는 과정에서 냉전이 비롯됐다며 냉전의 발생 원인을 미국의 경제적 동기에서 찾고 있다. 보기에서 언급한 것처럼 (정치적) 이념 때문이 아니라는 것이다. 따라서 보기의 문장은 (다)에 들어가는 것이 가장 적절하다.

03

정답 ⑤

- 첫 번째 빈칸 : 빈칸 앞 문장의 플라스틱은 석유를 증류하는 과정에서 얻어진다는 내용과 빈칸 뒤 문장의 폐기물의 불완전 연소에 의한 대기 오염이 환경오염의 원인이 된다는 내용을 통해 빈칸에는 석유로 플라스틱을 만드는 과정과 이를 폐기하는 과정에서 온실가스가 많이 배출된다는 내용의 ⓒ이 적절함을 알 수 있다.
- 두 번째 빈칸 : 빈칸 앞 문장에서는 생분해성 플라스틱의 친환경적인 분해 과정을 이야기하고 있으나, 빈칸 뒤 문장에서는 생분해성 플라스틱보다 바이오 베이스 플라스틱의 개발을 진행하고 있다고 이야기한다. 따라서 빈칸에는 생분해성 플라스틱의 단점을 언급하는 ⓛ이 적절함을 알 수 있다.
- 세 번째 빈칸 : ㉠은 빈칸 앞 문장에서 언급한 '이산화탄소의 총량을 기준으로 볼 때 바이오 베이스 플라스틱이 환경 문제가 되지 않는' 이유와 연결된다. 따라서 빈칸에는 ㉠이 적절하다.

출제유형분석 07 실전예제

01

정답 ②

'-로써'는 어떤 일의 수단이나 도구를 나타내는 격조사이며, '-로서'는 지위나 신분 또는 자격을 나타내는 격조사이다. 서비스 이용자의 증가가 오투오 서비스 운영 업체에 많은 수익을 내도록 한 수단이 되므로 ㉡에는 '증가함으로써'가 적절하다.

02

정답 ③

8번 항목의 '우 도로명주소' 항목에 따르면 우편번호를 먼저 기재한 다음, 행정기관이 위치한 도로명 및 건물번호 등을 기재해야 한다.

오답분석

① 6번 항목에 따르면 직위가 있는 경우에는 직위를 쓰고, 직위가 없는 경우에는 직급을 온전하게 써야 한다.
② 7번 항목에 따르면 시행일과 접수일란에 기재하는 연월일은 각각 마침표(.)를 찍어 숫자로 기재하여야 한다.
④ 11번 항목에 따르면 전자우편주소는 행정기관에서 공무원에게 부여한 것을 기재하여야 한다.
⑤ 10번 항목에 따르면 지역번호는 괄호 안에 기재해야 한다.

03

정답 ③

㉢은 '2. 우리말의 오용 원인' 중 '(2) 사회적 측면'의 하위 항목이므로 대중매체에서 잘못 사용되고 있는 우리말의 사례를 활용해야 한다. ③은 우리말이 잘못 사용되고 있는 사례로 보기 어려우므로 활용 방안으로 적절하지 않다.

출제유형분석 08 실전예제

01

정답 ①

'웃-' 및 '윗-'은 명사 '위'에 맞추어 통일한다.

예 윗넓이, 윗니, 윗도리 등

다만 된소리나 거센소리 앞에서는 '위-'로 한다.

예 위짝, 위쪽, 위층 등

오답분석

⑤ '채'는 '이미 있는 상태 그대로 있다.'는 뜻을 나타내는 의존명사이므로 띄어 쓴다.

02

정답 ②

'찌개 따위를 끓이거나 설렁탕 따위를 담을 때 쓰는 그릇'을 뜻하는 어휘는 '뚝배기'이다.

오답분석

① '손가락 따위로 어떤 방향이나 대상을 집어서 보이거나 말하거나 알리다.'의 의미를 가진 어휘는 '가리키다'이다.
③ '사람들의 관심이나 주의가 집중되는 사물의 중심 부분'의 의미를 가진 어휘는 '초점'이다.
④ '액체 따위를 끓여서 진하게 만들다, 약재 따위에 물을 부어 우러나도록 끓이다.'의 의미를 가진 어휘는 '달이다'이다.(다려 → 달여)
⑤ '길게 뻗어 나가면서 다른 물건을 감기도 하고 땅바닥에 퍼지기도 하는 식물의 줄기'의 의미를 가진 어휘는 '넝쿨', '덩굴'이다.

03

정답 ④

'내'가 일부 시간적·공간적 범위를 나타내는 명사와 함께 쓰여, 일정한 범위의 안을 의미할 때는 의존 명사이므로 띄어 쓴다.

오답분석

① 짓는데 → 짓는 데
② 김철수군은 → 김철수 군은
③ 해결할 게. → 해결할게.
⑤ 안됐다. → 안 됐다.

PART 1

출제유형분석 09 실전예제

01

정답 ④

제시문에서는 중국발 위험이 커짐에 따라 수출 시장의 변화가 필요하고, 이를 위해 정부는 신흥국과의 꾸준한 협력을 추진해야 한다고 주장한다. 따라서 제시문과 관련 있는 한자성어로는 '우공이 산을 옮긴다.'는 뜻의 '어떤 일이든 끊임없이 노력하면 반드시 이루어짐'을 의미하는 '우공이산(愚公移山)'이 가장 적절하다.

오답분석

① 안빈낙도(安貧樂道) : 가난한 생활을 하면서도 편안한 마음으로 도를 즐겨 지킴
② 호가호위(狐假虎威) : 여우가 호랑이의 위세를 빌려 호기를 부린다는 뜻으로, 남의 권세를 빌려 위세를 부리는 모습을 이르는 말
③ 각주구검(刻舟求劍) : 칼이 빠진 자리를 배에 새겨 찾는다는 뜻으로, 어리석고 미련해서 융통성이 없다는 의미
⑤ 사면초가(四面楚歌) : 사방이 초나라(적군)의 노래라는 뜻으로, 아무에게도 도움을 받지 못하는 외롭고 곤란한 지경에 빠진 형편을 이르는 말

02

정답 ⑤

시종여일(始終如一) : 처음부터 끝까지 변함없이 한결같음을 이르는 말

오답분석

① 거재두량(車載斗量) : 수레에 싣고 말로 된다는 뜻으로, 물건이나 인재 따위가 많아서 그다지 귀하지 않음을 이르는 말
② 득롱망촉(得隴望蜀) : 농(隴)을 얻고서 촉(蜀)까지 취하고자 한다는 뜻으로, 만족할 줄을 모르고 계속 욕심을 부리는 경우를 비유적으로 이르는 말
③ 교주고슬(膠柱鼓瑟) : 아교풀로 비파나 거문고의 기러기발을 붙여 놓으면 음조를 바꿀 수 없다는 뜻으로, 고지식하여 조금도 융통성이 없음을 이르는 말
④ 격화소양(隔靴搔癢) : 신을 신고 발바닥을 긁는다는 뜻으로, 성에 차지 않거나 철저하지 못한 안타까움. 하는 행동에 비해 그 효과가 적거나 없음을 이르는 말

CHAPTER

02 수리능력

출제유형분석 01 실전예제

01

정답 ④

• B비커의 설탕물 100g을 A비커의 설탕물과 섞은 후 각 비커의 설탕의 양

– A비커 : $\left(\frac{x}{100}\times 300+\frac{y}{100}\times 100\right)$g – B비커 : $\left(\frac{y}{100}\times 500\right)$g

• A비커의 설탕물 100g을 B비커의 설탕물과 섞은 후 각 비커의 설탕의 양

– A비커 : $\left(\frac{3x+y}{400}\times 300\right)$g – B비커 : $\left(\frac{y}{100}\times 500+\frac{3x+y}{400}\times 100\right)$g

설탕물을 모두 옮긴 후 두 비커에 들어 있는 설탕물의 농도는 다음과 같다.

$$\frac{\frac{3x+y}{400}\times 300}{300}\times 100=5 \cdots ㉠$$

$$\frac{\frac{y}{100}\times 500+\frac{3x+y}{400}\times 100}{600}\times 100=9.5 \cdots ㉡$$

㉡에 ㉠을 대입하여 정리하면 $5y+5=57$, $y=\frac{52}{5}$이고 $x=\frac{20-\frac{52}{5}}{3}=\frac{16}{5}$이다.

따라서 $10x+10y=10\times\frac{16}{5}+10\times\frac{52}{5}=32+104=136$이다.

02

정답 ②

처음 속력을 $x$km/h라 하면(단, $x>0$), 차에 이상이 생긴 후 속력은 $0.5x$km/h이다. 이때 전체 걸린 시간이 1시간 30분이므로 식을 세우면 다음과 같다.

$\frac{60}{x}+\frac{90}{0.5x}=\frac{3}{2} \rightarrow 60+180=\frac{3}{2}x$

$\therefore x=160$

03

정답 ④

주어진 정보를 표로 정리하면 다음과 같다.

구분	뮤지컬 좋아함	뮤지컬 좋아하지 않음	합계
남학생	24	26	50
여학생	16	14	30
합계	40	40	80

따라서 뮤지컬을 안 좋아하는 사람을 골랐을 때, 그 사람이 여학생일 확률은 $\frac{14}{40}=\frac{7}{20}$이다.

04

정답 ③

일의 양을 1이라고 하면 A사원이 하루에 하는 일의 양은 $\frac{1}{4}$이며, B사원은 하루에 $\frac{1}{12}$의 일을 한다. A, B사원이 같이 일을 끝내는 데 걸리는 기간을 x일이라고 하자.

$\left(\frac{1}{4}+\frac{1}{12}\right)\times x=1 \rightarrow \frac{3+1}{12}\times x=1$

$\therefore x=\frac{12}{4}=3$

따라서 A, B사원이 같이 일하며 프로젝트를 끝내는 데 걸리는 기간은 3일이다.

05

정답 ③

A가 1바퀴를 도는 데 걸리는 시간은 4분, B가 1바퀴를 도는 데 걸리는 시간은 6분이다. 따라서 두 사람이 처음으로 출발점에서 만나는 시간은 4와 6의 최소공배수인 12분이다. 즉, 4번째로 만나는 시간은 $12\times4=48$분이다.

∴ 3시 48분

06

정답 ②

처음 참석한 사람의 수를 x명이라 하면 다음과 같다.

i) $8x<17\times10 \rightarrow x<\frac{170}{8}\fallingdotseq21.3$

ii) $9x>17\times10 \rightarrow x>\frac{170}{9}\fallingdotseq18.9$

iii) $8(x+9)<10\times(17+6) \rightarrow x<\frac{230}{8}-9\fallingdotseq19.75$

따라서 세 식을 모두 만족해야 하므로 처음의 참석자 수는 19명이다.

07

정답 ③

B지역 유권자의 수를 x명(단, $x>0$)이라고 하면, A지역 유권자의 수는 $4x$명이다.

- A지역 찬성 유권자 수 : $4x\times\frac{3}{5}=\frac{12}{5}x$명
- B지역 찬성 유권자 수 : $\frac{1}{2}x$명

따라서 A, B 두 지역 유권자의 헌법 개정 찬성률은 $\frac{\frac{12}{5}x+\frac{1}{2}x}{4x+x}\times100=\frac{\frac{29}{10}x}{5x}\times100=58\%$이다.

08

정답 ③

- 5% 설탕물 600g에 들어있는 설탕의 양 : $\frac{5}{100}\times600=30\text{g}$
- 10분 동안 가열한 후 남은 설탕물의 양 : $600-(10\times10)=500\text{g}$
- 가열 후 남은 설탕물의 농도 : $\frac{30}{500}\times100=6\%$

여기에 더 넣은 설탕물 200g의 농도를 $x\%$라 하면 다음과 같다.

$\frac{6}{100}\times500+\frac{x}{100}\times200=\frac{10}{100}\times700 \rightarrow 2x+30=70$

$\therefore x=20$

09

정답 ①

A기계, B기계가 1분 동안 생산하는 비누의 수를 각각 x, y개라 하면

$5(x+4y)=100 \cdots$ ㉠

$4(2x+3y)=100 \cdots$ ㉡

두 식을 정리하면

$x+4y=20 \cdots$ ㉠'

$2x+3y=25 \cdots$ ㉡'

㉠', ㉡'을 연립하면 $5y=15$, $y=3 \rightarrow x=8$이다.

따라서 A기계 3대와 B기계 2대를 동시에 가동하여 비누 100개를 생산하는 데 걸리는 시간은

$\frac{100}{(8\times3)+(3\times2)}=\frac{100}{30}=\frac{10}{3}$ 시간이다.

출제유형분석 02 실전예제

01

정답 ③

종합청렴도 식은 (종합청렴도)=[(외부청렴도)×0.6+(내부청렴도)×0.3+(정책고객평가)×0.1]−(감점요인)이므로, 내부청렴도에 관한 공식을 만들어보면 다음과 같다.

(내부청렴도)=[(종합청렴도)−(외부청렴도)×0.6−(정책고객평가)×0.1+(감점요인)]×$\frac{10}{3}$

위 식에 연도별 수치를 대입하여 내부청렴도를 구한다.

- 2020년 : $[6.23-8.0\times0.6-6.9\times0.1+(0.7+0.7+0.2)]\times\frac{10}{3}=2.34\times\frac{10}{3}=7.8$
- 2021년 : $[6.21-8.0\times0.6-7.1\times0.1+(0.7+0.8+0.2)]\times\frac{10}{3}=2.4\times\frac{10}{3}=8.0$
- 2022년 : $[6.16-8.0\times0.6-7.2\times0.1+(0.7+0.8+0.2)]\times\frac{10}{3}=2.34\times\frac{10}{3}=7.8$
- 2023년 : $[6.8-8.1\times0.6-7.3\times0.1+(0.5+0.4+0.2)]\times\frac{10}{3}=2.31\times\frac{10}{3}=7.7$

따라서 내부청렴도가 가장 높은 해는 2021년, 가장 낮은 해는 2023년이다.

02

정답 ①

(ㄱ)은 2020년 대비 2021년 의료 폐기물의 증감률로

$\frac{48,934-49,159}{49,159}\times100 ≒ -0.5\%$이고,

(ㄴ)은 2018년 대비 2019년 사업장 배출시설계 폐기물의 증감률로

$\frac{123,604-130,777}{130,777}\times100 ≒ -5.5\%$이다.

03

정답 ③

- 1인 1일 사용량에서 영업용 사용량이 차지하는 비중 : $\frac{80}{282}\times100 ≒ 28.37\%$
- 1인 1일 가정용 사용량 중 하위 두 항목이 차지하는 비중 : $\frac{20+13}{180}\times100 ≒ 18.33\%$

출제유형분석 03 실전예제

01

정답 ③

쓰레기 1kg당 처리비용은 400원으로 동결상태이다. 오히려 쓰레기 종량제 봉투 가격이 인상될수록 K신도시의 쓰레기 발생량과 쓰레기 관련 예산 적자가 급격히 감소하는 것을 볼 수 있다.

02

정답 ③

1974 ~ 2009년 동안 65세 연령의 성별 기대여명과 OECD 평균 기대여명과의 연도별 격차는 다음과 같다.

• 남성
- 1974년 : 12.7−10.2=2.5년
- 1999년 : 14.7−13.4=1.3년
- 2009년 : 16.3−15.5=0.8년

• 여성
- 1974년 : 15.6−14.9=0.7년
- 1999년 : 18.4−17.5=0.9년
- 2009년 : 19.8−19.6=0.2년

따라서 적절하지 않은 설명이다.

오답분석

① 65세, 80세 여성의 기대여명은 2019년 이전까지 모두 OECD 평균보다 낮았으나, 2019년에 OECD 평균보다 모두 높아진 것을 확인할 수 있다.

② 연도별 80세 남성의 기대여명과 OECD 평균과의 격차는 다음과 같다.
- • 1974년 : 5.7−4.7=1.0년
- • 1999년 : 6.6−6.1=0.5년
- • 2009년 : 7.3−6.9=0.4년
- • 2019년 : 8.3−8.0=0.3년

따라서 80세 남성의 기대여명은 1974 ~ 2019년 동안 OECD 평균과의 격차가 꾸준히 줄어들었다.

④ 연령별 및 연도별 남성의 기대여명보다 여성의 기대여명이 더 높은 것을 확인할 수 있다.

⑤ 한국의 2019년 80세 여성 기대여명의 1974년 대비 증가율은 $\frac{10.1-6.4}{6.4}\times100 \fallingdotseq 57.8\%$이고, OECD 평균의 증가율은 $\frac{10.0-6.6}{6.6}\times100 \fallingdotseq 51.5\%$이므로 적절한 설명이다.

03

정답 ②

수도권은 서울과 인천·경기를 합한 지역을 의미한다. 따라서 전체 마약류 단속 건수 중 수도권의 마약류 단속 건수의 비중은 22.1+35.8=57.9%이다.

오답분석

① • 대마 단속 전체 건수 : 167건
• 마약 단속 전체 건수 : 65건

65×3=195>167이므로 옳지 않은 설명이다.

③ 마약 단속 건수가 없는 지역은 강원, 충북, 제주로 3곳이다.

④ • 대구·경북 지역의 향정신성의약품 단속 건수 : 138건
• 광주·전남 지역의 향정신성의약품 단속 건수 : 38건

38×4=152>138이므로 옳지 않은 설명이다.

⑤ • 강원 지역의 향정신성의약품 단속 건수 : 35건
• 강원 지역의 대마 단속 건수 : 13건

13×3=39>35이므로 옳지 않은 설명이다.

PART 1

출제유형분석 04 실전예제

01

정답 ⑤

강수량의 증감추이를 나타내면 다음과 같다.

1월	2월	3월	4월	5월	6월
–	증가	감소	증가	감소	증가
7월	**8월**	**9월**	**10월**	**11월**	**12월**
증가	감소	감소	감소	감소	증가

이와 동일한 추이를 보이는 그래프는 ⑤이다.

오답분석

① 증감추이는 같지만 4월의 강수량이 50mm 이하로 표현되어 있다.

02

정답 ④

내수 현황을 누적으로 나타냈으므로 적절하지 않다.

오답분석

①·② 제시된 자료를 통해 알 수 있다.

③ 신재생에너지원별 고용인원 비율을 구하면 다음과 같다.

- 태양광 : $\frac{8,698}{16,177}\times100\fallingdotseq54\%$
- 풍력 : $\frac{2,369}{16,177}\times100\fallingdotseq15\%$
- 폐기물 : $\frac{1,899}{16,177}\times100\fallingdotseq12\%$
- 바이오 : $\frac{1,511}{16,177}\times100\fallingdotseq9\%$
- 기타 : $\frac{1,700}{16,177}\times100\fallingdotseq10\%$

⑤ 신재생에너지원별 해외공장매출 비율을 구하면 다음과 같다.

- 태양광 : $\frac{18,770}{22,579}\times100\fallingdotseq83.1\%$
- 풍력 : $\frac{3,809}{22,579}\times100\fallingdotseq16.9\%$

CHAPTER

03 문제해결능력

출제유형분석 01 실전예제

01

정답 ④

• 첫 번째 조건에 의해 A가 받는 상여금은 75만 원이다.
• 두 번째, 네 번째 조건에 의해 B<C, B<D<E이므로 B가 받는 상여금은 25만 원이다.
• 세 번째 조건에 의해 C가 받는 상여금은 50만 원 또는 100만 원이다.

이를 정리하여 가능한 경우를 표로 나타내면 다음과 같다.

구분	A	B	C	D	E
경우 1	75만 원	25만 원	50만 원	100만 원	125만 원
경우 2	75만 원	25만 원	100만 원	50만 원	125만 원

따라서 경우 2의 B의 상여금은 C의 25%이다.

02

정답 ③

주어진 조건에 따르면 가장 오랜 시간 동안 사업 교육을 진행하는 A와 부장보다 길게 교육을 진행하는 B는 부장이 될 수 없으므로 C가 부장임을 알 수 있다. 이때, 다섯 번째 조건에 따라 C부장은 교육 시간이 가장 짧은 인사 교육을 담당하는 것을 알 수 있다. 이를 표로 정리하면 다음과 같다.

구분	인사 교육	영업 교육	사업 교육
시간	1시간	1시간 30분	2시간
담당	C	B	A
직급	부장	과장	과장

따라서 바르게 연결된 것은 ③이다.

03

정답 ③

• 경우 1) 연구개발팀이 이어달리기에 참가하지 않았을 경우

연구개발팀과 디자인팀은 동시에 같은 종목에 참가하지 않았으므로 만약 연구개발팀이 이어달리기에 참가하지 않았다면 디자인팀이 족구에 참가하므로 연구개발팀은 족구에 참가하지 않고 남은 두 종목에 반드시 참가해야 한다. 이때, 총무팀이 모든 종목에 참가하더라도 고객지원팀과 법무팀은 항상 동시에 참가하므로 총무팀이 참가한 종목이 4팀인 종목은 존재할 수 없다.

구분	홍보팀	총무팀	연구개발팀	고객지원팀	법무팀	디자인팀
이어달리기	○	○	×	○	○	○
족구	○	–	×	–	–	○
X	○	–	○	–	–	×
Y	○	–	○	–	–	×

• 경우 2) 연구개발팀이 이어달리기에 참가한 경우

연구개발팀이 이어달리기에 참가하면 디자인팀이 족구팀에 참가하므로 족구에 참가하지 않고 남은 두 종목 중 한 종목에 참가한다. 남은 한 종목는 반드시 참가하지 않으며 이 때, 연구개발팀이 참가하지 않은 종목에서 디자인팀이 참가하지 않고 고객지원팀, 법무팀이 참가하면 총무팀이 참가하는 종목 중 참가하는 팀이 4팀인 종목이 나올 수 있다.

구분	홍보팀	총무팀	연구개발팀	고객지원팀	법무팀	디자인팀
이어달리기	○	○	○	○	○	×
족구	○	–	×	–	–	○
X	○	–	○	–	–	×
Y	○	○	×	○	○	×

구분	홍보팀	총무팀	연구개발팀	고객지원팀	법무팀	디자인팀
이어달리기	○	○	○	○	○	×
족구	○	–	×	–	–	○
X	○	○	×	○	○	×
Y	○	–	○	–	–	×

따라서 참가하는 종목이 가장 적은 팀은 족구만 참가하는 디자인팀이다.

오답분석

① 족구와 남은 두 종목에서 총무팀과 법무팀이 동시에 참가하지 않는 종목이 있을 수 있다.

② 고객지원팀은 족구에 참가하지 않을 수 있다.

④ 법무팀은 모든 종목에 참가할 수 있다.

⑤ 주어진 조건을 모두 만족하는 경우는 2가지이며 이 경우 모두 연구개발팀과 디자인팀이 동시에 참가하지 않는 경우이다.

04

 정답 ③

주어진 조건을 토대로 다음과 같이 정리해 볼 수 있다. 원형테이블은 회전시켜도 좌석 배치는 동일하므로 좌석에 1 ~ 7번으로 번호를 붙이고, A가 1번 좌석에 앉았다고 가정하여 배치하면 다음과 같다.

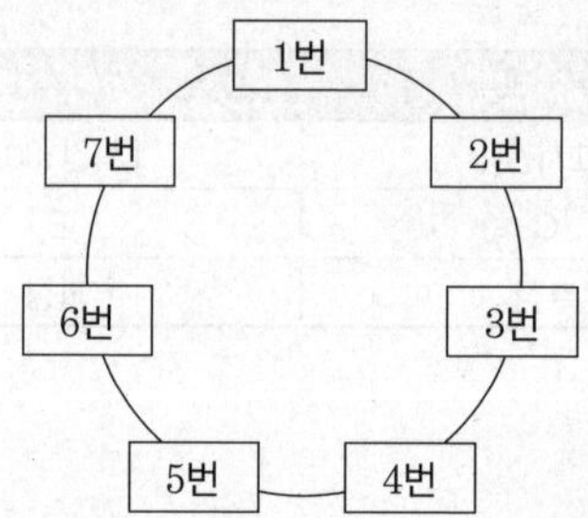

첫 번째 조건에 따라 2번에는 부장이, 7번에는 차장이 앉게 된다.

세 번째 조건에 따라 부장과 이웃한 자리 중 비어 있는 3번 자리에 B가 앉게 된다.

네 번째 조건에 따라 7번에 앉은 사람은 C가 된다.

다섯 번째 조건에 따라 5번에 과장이 앉게 되고, 과장과 차장 사이인 6번에 G가 앉게 된다.

여섯 번째 조건에 따라 A와 이웃한 자리 중 직원명이 정해지지 않은 2번 부장 자리에 D가 앉게 된다.

일곱 번째 조건에 따라 4번 자리에는 대리, 3번 자리에는 사원이 앉는 것을 알 수 있으며, 3번 자리에 앉은 B가 사원 직급임을 알 수 있다.

두 번째 조건에 따라 E는 사원과 이웃하지 않았고 직원명이 정해지지 않은 5번 과장 자리에 해당하는 것을 알 수 있다.

이를 정리하면 다음과 같은 좌석 배치가 되며, F는 이 중 유일하게 빈자리인 4번 대리 자리에 해당한다.

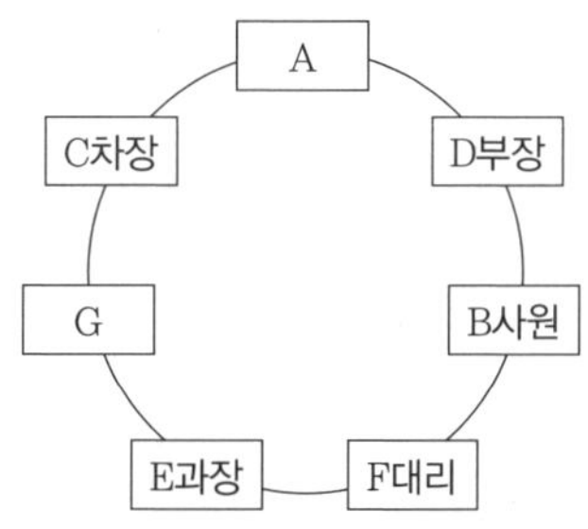

그러므로 사원 직급은 B, 대리 직급은 F가 해당하는 것을 도출할 수 있다.

05

정답 ⑤

주어진 조건에 따라 엘리베이터 검사 순서를 추론해 보면 다음과 같다.

첫 번째	5호기
두 번째	3호기
세 번째	1호기
네 번째	2호기
다섯 번째	6호기
여섯 번째	4호기

따라서 1호기 다음은 2호기, 그 다음이 6호기이고, 6호기는 5번째로 검사한다.

06

정답 ③

을과 무의 진술이 모순되므로 둘 중 한 명은 참, 다른 한 명은 거짓이다. 여기서 을의 진술이 참일 경우 갑의 진술도 거짓이 되어 두 명이 거짓을 진술한 것이 되므로 문제의 조건에 위배된다. 따라서 을의 진술이 거짓, 무의 진술이 참이다. 그러므로 A강좌는 을이, B와 C강좌는 갑과 정이, D강좌는 무가 담당하고, 병은 강좌를 담당하지 않는다.

출제유형분석 02 실전예제

01

정답 ④

알파벳 순서에 따라 숫자로 변환하면 다음과 같다.

A	B	C	D	E	F	G	H	I	J	K	L	M
1	2	3	4	5	6	7	8	9	10	11	12	13
N	O	P	Q	R	S	T	U	V	W	X	Y	Z
14	15	16	17	18	19	20	21	22	23	24	25	26

'INTELLECTUAL'의 품번을 규칙에 따라 정리하면 다음과 같다.

- 1단계 : 9(I), 14(N), 20(T), 5(E), 12(L), 12(L), 5(E), 3(C), 20(T), 21(U), 1(A), 12(L)
- 2단계 : 9+14+20+5+12+12+5+3+20+21+1+12=134
- 3단계 : |(14+20+12+12+3+20+12)−(9+5+5+21+1)|=|93−41|=52
- 4단계 : (134+52)÷4+134=46.5+134=180.5
- 5단계 : 180.5를 소수점 첫째 자리에서 버림하면 180이다.

따라서 제품의 품번은 '180'이다.

02

정답 ⑤

규칙에 따라 사용할 수 있는 숫자는 1, 5, 6을 제외한 나머지 2, 3, 4, 7, 8, 9로, 총 6개이다. (한 자리 수)×(두 자리 수)=156이 되는 수를 알기 위해서는 156의 소인수를 구해보면 된다. 156의 소인수는 3, 2^2, 13으로, 156이 되는 수의 곱 중에 조건을 만족하는 것은 2×78과 4×39이다. 따라서 선택지 중에서 A팀 또는 B팀에 들어갈 수 있는 암호배열은 39이다.

출제유형분석 03 실전예제

01

정답 ④

지원계획을 보면 지원금을 받을 수 있는 모임의 구성원은 6명 이상 9명 미만이므로, A모임과 E모임은 제외한다. 나머지 B, C, D모임의 총지원금을 구하면 다음과 같다.

- B모임 : 1,500+(100×6)=2,100천 원
- C모임 : 1.3×(1,500+120×8)=3,198천 원
- D모임 : 2,000+(100×7)=2,700천 원

따라서 D모임이 두 번째로 많은 지원금을 받는다.

02

정답 ②

A씨와 B씨의 일정에 따라 요금을 계산하면 다음과 같다.

- A씨
  - 이용요금 : 1,310원×6×3=23,580원
  - 주행요금 : 92×170원=15,640원
  - 반납지연에 따른 패널티 요금 : (1,310원×9)×2=23,580원
  - ∴ 23,580+15,640+23,580=62,800원
- B씨
  - 이용요금
    목요일 : 39,020원
    금요일 : 880원×6×8=42,240원 → 81,260원
  - 주행요금 : 243×170원=41,310원
  - ∴ 39,020+81,260+41,310=122,570원

03

정답 ⑤

글피는 모레의 다음날로 15일이다. 15일은 비가 내리지 않고 최저기온은 영하이다.

오답분석

① 12 ~ 15일의 일교차를 구하면 다음과 같다.
- 12일 : 11−0=11℃
- 13일 : 12−3=9℃
- 14일 : 3−(−5)=8℃
- 15일 : 8−(−4)=12℃

따라서 일교차가 가장 큰 날은 15일이다.

② 제시된 자료에서 미세먼지에 관한 내용은 확인할 수 없다.

③ 14일의 경우 비가 예보되어 있지만 낙뢰에 관한 예보는 확인할 수 없다.

④ 14일의 최저기온은 영하이지만 최고기온은 영상이다.

04

정답 ③

ㄱ. 인천에서 중국을 경유해서 베트남으로 가는 경우에는 (210,000+310,000)×0.8=416,000원이 들고, 싱가포르로의 직항의 경우에는 580,000원이 든다. 따라서 164,000원이 더 저렴하다.

ㄷ. 갈 때는 직항으로 가는 것이 가장 저렴하여 341,000원 소요되고, 올 때도 직항이 가장 저렴하여 195,000원이 소요되므로, 최소 총비용은 536,000원이다.

오답분석

ㄴ. 태국은 왕복 298,000+203,000=501,000원, 싱가포르는 580,000+304,000=884,000원, 베트남은 341,000+195,000 =536,000원이 소요되기 때문에 비용이 가장 적게 드는 태국을 선택할 것이다.

05

정답 ②

직항이 중국을 경유하는 것보다 소요 시간이 적으므로 직항 경로별 소요 시간을 도출하면 다음과 같다.

여행지	경로	왕복 소요 시간
베트남	인천 → 베트남(5시간 20분) 베트남 → 인천(2시간 50분)	8시간 10분
태국	인천 → 태국(5시간) 태국 → 인천(3시간 10분)	8시간 10분
싱가포르	인천 → 싱가포르(4시간 50분) 싱가포르 → 인천(3시간)	7시간 50분

따라서 소요 시간이 가장 짧은 싱가포르로 여행을 갈 것이며, 7시간 50분이 소요될 것이다.

06

정답 ③

구매하려는 소파의 특징에 맞는 제조사를 찾기 위해 제조사별 특징을 대우로 정리하면 다음과 같다.

- A사 : 이탈리아제 천을 사용하면 쿠션재에 스프링을 사용한다. 커버를 교환 가능하게 하면 국내산 천을 사용하지 않는다. → ×
- B사 : 국내산 천을 사용하지 않으면 쿠션재에 우레탄을 사용하지 않는다. 이탈리아제의 천을 사용하면 리클라이닝이 가능하다. → ○
- C사 : 국내산 천을 사용하지 않으면 쿠션재에 패더를 사용한다. 쿠션재에 패더를 사용하면 침대 겸용 소파가 아니다. → ○
- D사 : 이탈리아제 천을 사용하지 않으면 쿠션재에 패더를 사용하지 않는다. 쿠션재에 우레탄을 사용하지 않으면 조립이라고 표시된 소파가 아니다. → ×

따라서 B사 또는 C사의 소파를 구매할 것이다.

CHAPTER

04 자원관리능력

출제유형분석 01 실전예제

01

정답 ③

대화 내용을 살펴보면 A과장은 패스트푸드점, B대리는 화장실, C주임은 은행, K사원은 편의점을 이용한다. 이는 동시에 이루어지는 일이므로 가장 오래 걸리는 일의 시간만 고려하면 된다. 은행이 30분으로 가장 오래 걸리므로 17:20에 모두 모이게 된다. 따라서 17:00, 17:15에 출발하는 버스는 이용하지 못하며, 17:30에 출발하는 버스는 잔여석이 부족하여 이용하지 못한다. 따라서 17:45에 출발하는 버스를 탈 수 있고, 가장 빠른 서울 도착 예정시각은 19:45이다.

02

정답 ③

엘리베이터는 한 번에 최대 세 개 층을 이동할 수 있으며, 올라간 다음에는 반드시 내려와야 한다는 조건에 따라 청원경찰이 최소 시간으로 6층을 순찰하고, 1층으로 돌아올 수 있는 방법은 다음과 같다.

• 1층 → 3층 → 2층 → 5층 → 4층 → 6층 → 3층 → 4층 → 1층

이때, 이동에만 소요되는 시간은 총 2분+1분+3분+1분+2분+3분+1분+3분=16분이다.

따라서 청원경찰이 6층을 모두 순찰하고 1층으로 돌아오기까지 소요되는 시간은 총 60분(10분×6층)+16분=76분=1시간 16분이다.

03

정답 ③

자동차 부품 생산조건에 따라 반자동라인과 자동라인의 시간당 부품 생산량을 구해보면 다음과 같다.

• 반자동라인 : 4시간에 300개의 부품을 생산하므로, 8시간에 300개×2=600개의 부품을 생산한다. 하지만 8시간마다 2시간씩 생산을 중단하므로, 8+2=10시간에 600개의 부품을 생산하는 것과 같다. 따라서 시간당 부품 생산량은 $\frac{600\text{개}}{10\text{시간}}$=60개이다.
  이때 반자동라인에서 생산된 부품의 20%는 불량이므로, 시간당 정상 부품 생산량은 60개×(1−0.2)=48개이다.
• 자동라인 : 3시간에 400개의 부품을 생산하므로, 9시간에 400개×3=1,200개의 부품을 생산한다. 하지만 9시간마다 3시간씩 생산을 중단하므로, 9+3=12시간에 1,200개의 부품을 생산하는 것과 같다. 따라서 시간당 부품 생산량은 $\frac{1{,}200\text{개}}{12\text{시간}}$=100개이다.
  이때 자동라인에서 생산된 부품의 10%는 불량이므로, 시간당 정상 제품 생산량은 100개×(1−0.1)=90개이다.

따라서 반자동라인과 자동라인에서 시간당 생산하는 정상 제품의 생산량은 48+90=138개이므로, 34,500개를 생산하는 데 $\frac{34{,}500\text{개}}{138\text{개/h}}$=250시간이 소요되었다.

04

정답 ④

공정별 순서는 $\begin{matrix} A \to B \searrow \\ \qquad C \to F \\ D \to E \nearrow \end{matrix}$이고, C공정을 시작하기 전에 B공정과 E공정이 선행되어야 하는데 B공정까지 끝나려면 4시간이 소요되고 E공정까지 끝나려면 3시간이 소요된다. 선행작업이 완료되어야 이후 작업을 할 수 있으므로, C공정을 진행하기 위해서는 최소 4시간이 걸린다. 따라서 완제품은 F공정이 완료된 후 생산되므로 첫 번째 완제품 생산의 소요시간은 9시간이다.

출제유형분석 02 실전예제

01

정답 ②

장바구니에서 선택된 상품의 총액을 구하면 다음과 같다.

선택	상품	수량	단가	금액
☑	완도 김	⊟ 2 ⊞	2,300원	4,600원
☑	냉동 블루베리	⊟ 1 ⊞	6,900원	6,900원
☐	김치	⊟ 3 ⊞	2,500원	0원
☑	느타리 버섯	⊟ 1 ⊞	5,000원	5,000원
☐	냉동 만두	⊟ 2 ⊞	7,000원	0원
☑	토마토	⊟ 2 ⊞	8,500원	17,000원
총액				33,500원

중복이 불가한 상품 총액의 10% 할인 쿠폰을 적용하였을 때의 금액과 중복이 가능한 배송비 무료 쿠폰과 H카드 사용 시 2% 할인 쿠폰을 중복하여 적용하였을 때의 금액을 비교해야 한다.

- 상품 총액의 10% 할인 쿠폰 적용
  (33,500×0.9)+3,000=33,150원
- 배송비 무료 쿠폰과 H카드 사용 시 2% 할인 쿠폰을 중복 적용
  33,500×0.98=32,830원

따라서 배송비 무료 쿠폰과 H카드 사용 시 2% 할인 쿠폰을 중복 적용했을 때 32,830원으로 가장 저렴하다.

02

정답 ④

i) 연봉 3,600만 원인 I사원의 월 수령액은 3,600만÷12=3,000,000원이다.
월평균 근무시간은 200시간이므로 시급은 300만÷200=15,000원/시간이다.

ii) 야근 수당
K사원이 평일에 야근한 시간은 2+3+1+3+2=11시간이므로 야근 수당은 15,000×11×1.2=198,000원이다.

iii) 특근 수당
K사원이 주말에 특근한 시간은 2+3=5시간이므로 특근 수당은 15,000×5×1.5=112,500원이다.
이때 식대는 야근·특근 수당에 포함되지 않는다.

따라서 K사원의 이번 달 야근·특근 근무 수당의 총액은 198,000+112,500=310,500원이다.

03

정답 ④

흥민이가 베트남 현금 1,670만 동을 환전하기 위해 필요한 한국 돈은 수수료를 제외하고 1,670만 동×483원/만 동=806,610원이다. 우대사항에서 50만 원 이상 환전 시 70만 원까지 수수료가 0.4%로 낮아진다. 70만 원의 수수료는 0.4%가 적용되고 나머지는 0.5%가 적용되어 총수수료를 구하면 700,000×0.004+(806,610−700,000)×0.005=2,800+533.05≒3,330원이다.
따라서 흥민이가 원하는 금액을 환전하기 위해서 필요한 총금액은 806,610+3,330=809,940원임을 알 수 있다.

04

정답 ④

1일 평균임금을 x원이라 놓고 퇴직금 산정공식을 이용하여 계산하면 다음과 같다.
1,900만 원=[$30x$×(5×365)]÷365 → 1,900만=$150x$ → x≒13만(∵ 천의 자리에서 올림)
따라서 1일 평균임금이 13만 원이므로, K씨의 평균 연봉을 계산하면 13만×365=4,745만 원이다.

PART 1

출제유형분석 03 실전예제

01

정답 ⑤

물품 A 2박스와 물품 B 1박스를 한 묶음으로 보면 다음과 같이 쌓을 수 있다.

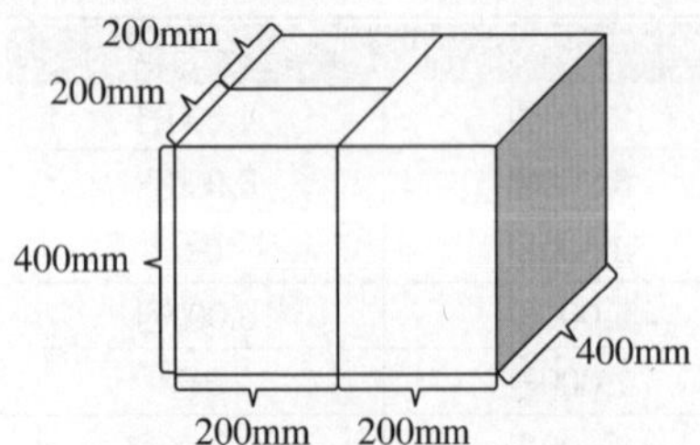

최종적으로 물품 한 세트의 규격은 (L)400mm×(W)400mm×(H)400mm로 볼 수 있다.
해당 규격으로 20ft 컨테이너에 넣게 되면 다음과 같아진다.

- 6,000mm÷400mm=15세트
- 2,400mm÷400mm=6세트
- 2,400mm÷400mm=6세트

따라서 모두 15×6×6=540세트를 넣을 수 있고, 총 3박스가 결합되어야 하므로 540×3=1,620박스를 실을 수 있다.

02

정답 ④

어떤 컴퓨터를 구매하더라도 모니터와 본체를 각각 사는 것보다 세트로 사는 것이 이득이다. 하지만 세트 혜택이 아닌 다른 혜택에 해당되는 조건에 대해서도 비용을 비교해 봐야 한다. 성능평가에서 '하'를 받은 E컴퓨터를 제외하고 컴퓨터별 구매 비용을 계산하면 다음과 같다.

- A컴퓨터 : 80만 원×15대=1,200만 원
- B컴퓨터 : (75만 원×15대)-100만 원=1,025만 원
- C컴퓨터 : (20만 원×10대)+(20만 원×0.85×5대)+(60만 원×15대)=1,185만 원 또는 70만 원×15대=1,050만 원
- D컴퓨터 : 66만 원×15대=990만 원

D컴퓨터만 예산 범위인 1,000만 원 내에서 구매할 수 있으므로 조건을 만족하는 컴퓨터는 D컴퓨터이다.

03

정답 ①

두 번째 조건에서 총구매금액이 30만 원 이상이면 총금액에서 5%를 할인해 주므로 한 벌당 가격이 300,000÷50=6,000원 이상인 품목은 할인적용이 들어간다. 업체별 품목 금액을 보면 모든 품목이 6,000원 이상이므로 5% 할인 적용대상이다. 따라서 모든 품목에 할인이 적용되어 정가로 비교가 가능하다.
세 번째 조건에서 차순위 품목이 1순위 품목보다 총금액이 20% 이상 저렴한 경우 차순위를 선택한다고 했으므로 한 벌당 가격으로 계산하면 1순위인 카라 티셔츠의 20% 할인된 가격은 8,000×0.8=6,400원이다. 정가가 6,400원 이하인 품목은 A업체의 티셔츠이므로 팀장은 1순위인 카라 티셔츠보다 2순위인 A업체의 티셔츠를 구입할 것이다.

04

정답 ③

사진별로 개수에 따른 총용량을 구하면 다음과 같다.

- 반명함 : 150×8,000=1,200,000KB(1,200MB)
- 신분증 : 180×6,000=1,080,000KB(1,080MB)
- 여권 : 200×7,500=1,500,000KB(1,500MB)
- 단체사진 : 250×5,000=1,250,000KB(1,250MB)

모든 사진의 총용량을 더하면 1,200+1,080+1,500+1,250=5,030MB이다.
5,030MB는 5.030GB이므로, 필요한 USB 최소 용량은 5GB이다.

05

정답 ③

각 과제의 최종 점수를 구하기 전에, 항목당 최하위 점수가 부여된 과제는 제외하므로, 중요도에서 최하위 점수가 부여된 B, 긴급도에서 최하위 점수가 부여된 D, 적용도에서 최하위 점수가 부여된 E를 제외한다. 나머지 두 과제에 대하여 주어진 조건에 의해 각 과제의 최종 평가 점수를 구해보면 다음과 같다. 가중치는 별도로 부여되므로 추가 계산한다.

- A : (84+92+96)+(84×0.3)+(92×0.2)+(96×0.1)=325.2
- C : (95+85+91)+(95×0.3)+(85×0.2)+(91×0.1)=325.6

따라서 C를 가장 먼저 수행해야 한다.

PART 1

출제유형분석 04 실전예제

01

정답 ③

오답분석

- A지원자 : 9월에 복학 예정이기 때문에 인턴 기간이 연장될 경우 근무할 수 없으므로 부적합하다.
- B지원자 : 경력 사항이 없으므로 부적합하다.
- D지원자 : 근무 시간(9 ~ 18시) 이후에 업무가 불가능하므로 부적합하다.
- E지원자 : 포토샵을 활용할 수 없으므로 부적합하다.

02

정답 ③

㉠ 각 팀장이 매긴 순위에 대한 가중치는 모두 동일하다고 했으므로 1, 2, 3, 4순위의 가중치를 각각 4, 3, 2, 1점으로 정해 네 사람의 면접점수를 산정하면 다음과 같다.

- 갑 : 2+4+1+2=9
- 을 : 4+3+4+1=12
- 병 : 1+1+3+4=9
- 정 : 3+2+2+3=10

면접점수가 높은 을, 정 중 한 명이 입사를 포기하면 갑, 병 중 한 명이 채용된다. 갑과 병의 면접점수는 9점으로 동점이지만 조건에 따라 인사팀장이 부여한 순위가 높은 갑을 채용하게 된다.

㉢ 경영관리팀장이 갑과 병의 순위를 바꿨을 때, 네 사람의 면접점수를 산정하면 다음과 같다.

- 갑 : 2+1+1+2=6
- 을 : 4+3+4+1=12
- 병 : 1+4+3+4=12
- 정 : 3+2+2+3=10

즉, 을과 병이 채용되므로 정은 채용되지 못한다.

오답분석

㉡ 인사팀장이 을과 정의 순위를 바꿨을 때, 네 사람의 면접점수를 산정하면 다음과 같다.

- 갑 : 2+4+1+2=9
- 을 : 3+3+4+1=11
- 병 : 1+1+3+4=9
- 정 : 4+2+2+3=11

즉, 을과 정이 채용되므로 갑은 채용되지 못한다.

03

정답 ④

성과급 기준표를 토대로 A～E교사에 대한 성과급 배점을 정리하면 다음과 같다.

구분	주당 수업시간	수업 공개 유무	담임 유무	업무 곤란도	호봉	합계
A교사	14점	–	10점	20점	30점	74점
B교사	20점	–	5점	20점	30점	75점
C교사	18점	5점	5점	30점	20점	78점
D교사	14점	10점	10점	30점	15점	79점
E교사	16점	10점	5점	20점	25점	76점

따라서 D교사가 가장 높은 배점을 받게 된다.

CHAPTER

05 정보능력

출제유형분석 01 실전예제

01

정답 ①

정보관리의 3원칙
• 목적성 : 사용목표가 명확해야 한다.
• 용이성 : 쉽게 작업할 수 있어야 한다.
• 유용성 : 즉시 사용할 수 있어야 한다.

02

정답 ⑤

제시문에서는 '응용프로그램과 데이터베이스를 독립시킴으로써 데이터를 변경시키더라도 응용프로그램은 변경되지 않는다.'라고 하였다. 따라서 데이터의 논리적 의존성이 아니라, 데이터의 논리적 독립성이 적절하다.

오답분석

① '다량의 데이터는 사용자의 질의에 대한 신속한 응답 처리를 가능하게 한다.'라는 내용은 실시간 접근성에 해당한다.
② '삽입, 삭제, 수정, 갱신 등을 통하여 항상 최신의 데이터를 유동적으로 유지할 수 있으며'라는 내용을 통해 데이터베이스는 그 내용을 변화시키면서 계속적인 진화를 하고 있음을 알 수 있다.
③ '여러 명의 사용자가 동시에 공유가 가능하고'라는 부분에서 동시 공유가 가능함을 알 수 있다.
④ '각 데이터를 참조할 때는 사용자가 요구하는 내용에 따라 참조가 가능함'이라는 문장을 통해 내용에 의한 참조인 것을 알 수 있다.

03

정답 ③

고객의 신상정보의 경우 유출하거나 삭제하는 것 등의 행동을 해서는 안 되며, 거래처에서 빌린 컴퓨터에서 나왔기 때문에 거래처 담당자에게 되돌려주는 것이 가장 적절하다.

출제유형분석 02 실전예제

01

정답 ②

㉡ 부서를 우선 기준으로 하며, 다음은 직위순으로 정렬되었다.

오답분석

㉠ 부서를 기준으로 오름차순으로 정렬되었다.
㉢ 성명을 기준으로 정렬되지 않았다.

02

정답 ④

RANK 함수에서 0은 내림차순, 1은 오름차순이다. 따라서 F8셀의 '=RANK(D8,D4:D8,0)' 함수의 결괏값은 4이다.

03

정답 ①

WEEKDAY 함수는 일정 날짜의 요일을 나타내는 1에서 7까지의 수를 구하는 함수다. WEEKDAY 함수의 두 번째 인수에 '1'을 입력해주면 '일요일(1)~토요일(7)'숫자로 표시되고 '2'를 넣으면 '월요일(1)~일요일(7)'로 표시되며 '3'을 입력하면 '월요일(0)~일요일(6)'로 표시된다.

04

정답 ③

SUM 함수는 인수들의 합을 구할 수 있다.

- [B12] : SUM(B2:B11)
- [C12] : SUM(C2:C11)

오답분석

① REPT : 텍스트를 지정한 횟수만큼 반복한다.
② CHOOSE : 인수 목록 중에서 하나를 고른다.
④ AVERAGE : 인수들의 평균을 구한다.
⑤ DSUM : 지정한 조건에 맞는 데이터베이스에서 필드 값들의 합을 구한다.

05

정답 ⑤

- MAX : 최댓값을 구한다.
- MIN : 최솟값을 구한다.

출제유형분석 03 실전예제

01

정답 ④

1부터 100까지의 값은 변수 x에 저장한다. 1, 2, 3, …에서 초기값은 1이고, 최종값은 100이며, 증분값은 1씩 증가시키면 된다. 즉, 1부터 100까지를 덧셈하려면 99단계를 반복 수행해야 하므로 결과는 5050이 된다.

02

정답 ④

반복문을 통해 배열의 요소를 순회하면서 각 요소의 값을 더하여 tot에 저장하는 프로그램이다. 요소들의 값이 누적되어 있는 tot의 값이 100보다 크거나 같다면 break 문으로 인해 반복문을 종료하고 현재 tot 값을 출력한다. 따라서 10+37+23+4+8+71일 때 100보다 커져 반복문이 종료되므로 마지막에 더해진 값은 153이 된다.

PART 2
직무수행능력

CHAPTER

01

사무직(경영)

적중예상문제

01	02	03	04	05	06	07	08	09	10										
①	①	③	②	④	①	②	④	②	②										

01

정답 ①

사업 포트폴리오 매트릭스는 1970년 보스턴 컨설팅 그룹(BCG)에 의하여 개발된 자원배분의 도구로, 전략적 계획수립에 널리 이용되어 왔다. 높은 시장경쟁으로 인하여 낮은 성장률을 가지고 있는 성숙기에 처해 있는 경우로, 이 사업은 시장기반은 잘 형성되어 있으나 원가를 낮추어 생산해야 하는데 이러한 사업을 수익주종사업이라 칭한다.

02

정답 ①

페이욜은 일반관리론에서 어떠한 경영이든 '경영의 활동'에는 다음 6가지 종류의 활동 또는 기능이 있다고 보았다.

• 기술적 활동(생산, 제조, 가공)
• 상업적 활동(구매, 판매, 교환)
• 재무적 활동(자본의 조달과 운용)
• 보호적 활동(재화와 종업원의 보호)
• 회계적 활동(재산목록, 대차대조표, 원가, 통계 등)
• 관리적 활동(계획, 조직, 명령, 조정, 통제)

03

정답 ③

호손실험의 순서는 ㄴ. 조명실험 → ㄹ. 계전기 조립실험 → ㄱ. 면접실험 → ㄷ. 배전기 전선작업실 관찰이다.

04

정답 ②

자원의존이론에 대한 설명이다. 조직이 생존하기 위해서는 환경으로부터 전략적으로 자원을 획득하고 적극적으로 환경에 대처한다는 이론이다.

오답분석

① 제도화 이론 : 조직의 생존을 위해 이해관계자들로부터 정당성을 얻는 것이 중요하며, 조직들이 서로 모방하기 때문에 동일 산업 내의 조직형태 및 경영관행 등이 유사성을 보인다는 이론
③ 조직군 생태학 이론 : 환경에 따른 조직들의 형태와 그 존재 및 소멸 이유를 설명하는 이론
④ 거래비용 이론 : 기업의 조직이나 형태는 기업의 거래비용을 절약하는 방향으로 결정된다는 이론
⑤ 학습조직 이론 : 기업은 조직원이 학습할 수 있도록 환경을 제공하고 그 학습결과에 따라 지속적으로 조직을 변화시킨다는 이론

05

정답 ④

포드는 고임금 저가격의 원칙을 주장하였다.

06

정답 ①

인원・신제품・신시장의 추가 및 삭감이 신속하고 신축적인 것은 기능별 조직에 대한 설명이다.

07

정답 ②

기업에서 신제품을 개발하거나 기존제품의 품질을 개선하려는 제품에 대한 의사결정은 그러한 조치에 수반되는 비용을 소비자들이 기꺼이 부담해 줄 경우에나 수렴 가능하므로 원가와 적정이윤을 보상하려는 가격결정은 마케팅믹스의 타요소들에 영향을 미친다.

PART 2

08

정답 ④

콜옵션은 옵션거래에서 특정한 기초자산을 만기일이나 만기일 이전에 미리 정한 행사가격으로 살 수 있는 권리를 말한다. 여기는 행사를 포기할 권리도 포함되므로 선택권(옵션)인 것이다. 옵션은 선물과 달리 권리만 존재하며 의무가 없기 때문에 매입자는 매도자에게 일정 프리미엄을 지불해야 한다. 현재가격이 행사가격보다 높을 경우 매입자는 권리를 행사함으로써 그 차액만큼의 이익을 얻을 수 있으며, 현재가격이 행사가격보다 낮을 경우에는 권리행사를 포기할 수 있다.

09

정답 ②

허즈버그는 직무만족에 영향을 주는 요인을 "동기요인(Motivator)"이라고 하고, 직무불만족 요인을 "위생요인(Hygiene Factor)"이라고 명명하였다. 동기요인에는 성취, 인정, 책임소재, 업무의 질 등이 있고, 위생요인에는 회사의 정책, 작업조건, 동료직원과의 관계, 임금, 지위 등이 있다. 허즈버그는 인간이 자신의 일에 만족감을 느끼지 못하게 되면 위생요인에 관심을 기울이게 되고 이들에 대해 만족하지 못할 경우에는 일의 능률이 크게 저하된다고 주장했다.

10

정답 ②

- 총수익=판매량×판매가격=1,000단위×5,000=5,000,000
- 총비용=고정비+변동비=1,000,000+(1,000단위×2,000)=3,000,000

영업이익=총수익−총비용=2,000,000

CHAPTER 02

사무직(회계)

적중예상문제

01	02	03	04	05	06	07	08	09	10										
③	②	①	②	①	④	①	⑤	⑤	①										

01

정답 ③

손상차손=장부금액－회수가능액

※ 회수가능액은 순공정가치와 사용가치 중 큰 금액으로 한다.

• 20×1년 말 감가상각액$=\frac{\text{취득원가}-\text{잔존가치}}{\text{내용연수}}=\frac{200,000-0}{5\text{년}}=40,000$원

• 20×1년 말 장부금액=200,000－40,000=160,000원

∴ 손상차손=160,000－110,000=50,000원

02

정답 ②

• 토지의 취득원가=2,500,000+30,000+50,000+4,000－1,000
=2,583,000원

※ 창고 철거비용은 토지의 취득원가에 산입하고, 철거된 창고의 폐자재를 처분하여 얻은 수입은 취득원가에서 차감한다.

• 건물(본사 사옥)의 취득원가=23,000+1,700,000=1,723,000원

03

정답 ①

• 적송품 중 미판매분 원가 → 가산 : 1,000×0.8=800원 (∵매출이 20%라 했으므로 미판매분은 80%)
• 시송품 중 매입의사 미표시분 원가 → 가산 : 2,000×0.2=400원 (∵의사표시분이 80%이므로 미표시분은 20%)
• 도착지인도조건 매입분=매도자 재고자산 → 조정하지 아니한다.
• 선적지인도조건 매출분=매입자 재고자산 → 조정하지 아니한다.
• 기말재고자산원가=실사액 10,000+위탁상품 800+시송품 400=11,200원

04

정답 ②

최초 재평가로 인한 평가이익은 재평가잉여금(기타포괄손익누계액)으로, 최초의 손실은 재평가손실(당기비용)로 처리한다.

05

정답 ①

현금과부족계정은 알 수 없는 이유로 장부상의 현금 잔액과 실제 현금 잔액이 맞지 않는 경우에 설정하는 임시 계정으로서, 장부상 현금잔액을 실제 보유금액으로 일치시키고 재무제표에는 실제 회계처리하지 않는다. 다만, 원인이 밝혀지면 해당 계정으로 대체를 하고 원인을 알 수 없는 경우 당기손익으로 대체하여 소멸시킨다.

06

정답 ④

1) 매출원가를 계산하는 문제에서 당기제품제조원가가 주어진 경우
공식 이용 : 당기제품제조원가(280,000)+기초제품(17,000)−기말제품(15,000)=₩282,000
2) 다음과 같이 제품계정을 이용하는 방법도 있다.

제품

기초재고액	17,000	매출원가	282,000
당기제품제조원가	280,000	기말재고액	15,000

07

정답 ①

대손확정금액=기초대손충당금(150)+대손상각비(70)−기말대손충당금(100)=120원

대손충당금

기말대손충당금	100원	기초대손충당금	150원
대손확정금액	(120)	대손상각비	70
	220		220

08

정답 ⑤

선급금과 선수금은 각각 비금융자산과 비금융부채에 해당한다.

금융자산과 금융부채

구분	자산	부채
금융	현금 및 현금성 자산, 매출채권, 대여금, 받을어음, 지분상품 및 채무상품 등	매입채무, 지급어음, 차입금, 사채 등
비금융	선급금, 선급비용, 재고자산, 유형자산, 무형자산 등	선수금, 선수수익, 충당부채, 미지급법인세 등

09

정답 ⑤

오답분석

① · ② 선입선출법의 경우에는 계속기록법을 적용하든, 실지재고조사법을 적용하든 기말재고자산, 매출원가, 매출총이익 모두 동일한 결과가 나온다.
③ 매입운임은 매입원가에 포함한다.
④ 고객관리목적으로 사용하고 있는 자사 제조 컴퓨터는 판매할 목적 등에 소비되는 자산이 아니므로 재고자산에 포함되지 않는다.

10

정답 ①

차기 회계연도로 잔액이 이월되는 계정은 자산, 부채, 자본계정이다. 이익잉여금은 자본, 선수임대료는 부채, 주식발행초과금은 자본, 매도가능금융자산평가이익은 자본에 해당한다.

CHAPTER

03

사무직(경제)

적중예상문제

01	02	03	04	05	06	07	08	09	10										
⑤	②	①	②	②	③	②	①	②	①										

01

정답 ⑤

산업 내 무역이론의 발생 원인으로는 규모의 경제, 독점적 경쟁 등이 있다. 리카도의 비교우위론과 헥셔－올린 정리, 요소가격균등화정리는 모두 산업 간 무역을 설명하는 이론이다. 또한 티에프의 역설은 헥셔－올린 정리와 정반대되는 티에프의 실증분석을 의미한다.

02

정답 ②

유동성 함정은 금리가 한계금리 수준까지 낮아져 통화량을 늘려도 소비·투자 심리가 살아나지 않는 현상을 말한다.

오답분석

① 화폐 환상 : 화폐의 실질적 가치에 변화가 없는데도 명목단위가 오르면 임금이나 소득도 올랐다고 받아들이는 현상
③ 구축 효과 : 정부의 재정적자 또는 확대 재정정책으로 이자율이 상승하여 민간의 소비와 투자활동이 위축되는 효과
④ J커브 효과 : 환율의 변동과 무역수지와의 관계를 나타낸 것으로, 무역수지 개선을 위해 환율상승을 유도하면 초기에는 무역수지가 오히려 악화되다가 상당기간이 지난 후에야 개선되는 현상
⑤ 피셔 방정식 : 명목이자율은 실질이자율과 인플레이션율의 합으로 나타나는 공식

03

정답 ①

차선이론이란 모든 파레토효율성 조건이 동시에 충족되지 못하는 상황에서 더 많은 효율성 조건이 충족된다고 해서 더 효율적인 자원배분이라는 보장이 없다는 이론이다. 차선이론에 따르면 점진적인 제도개혁을 통해서 일부의 효율성 조건을 추가로 충족시킨다고 해서 사회후생이 증가한다는 보장이 없다. 한편, 후생경제학에서 효율성은 파레토효율성을 통하여 평가하고, 공평성은 사회후생함수(사회무차별곡선)를 통해 평가한다. 후생경제학의 제1정리를 따르면 모든 경제주체가 합리적이고 시장실패 요인이 없으면 완전경쟁시장에서 자원배분은 파레토효율적이다.

04

정답 ②

취득세, 등록세, 면허세, 주민세, 재산세, 자동차세, 공동시설세, 지역개발세, 도시계획세 등이 지방세에 해당하는 항목이다.

05

정답 ②

자동안정화 장치는 주로 재정정책과 관련된 제도적 장치이다. 재정정책의 경우 정책당국의 정책변경 사항이 국회의 심의를 거쳐 정책당국이 정책을 수립하고 시행해야 하므로 내부시차가 긴 반면 직접 유효수요에 영향을 미치므로 외부시차는 짧다. 자동안정화가 잘 작동하는 상태에서는 경기침체 시 정책당국이 경기침체를 인식하거나 조세감면을 실행하지 않더라도 자동으로 세금을 덜 걷게 되어 경기침체가 완화된다. 그러므로 자동안정화 장치는 인식시차와 실행시차를 합한 내부시차를 줄이는 역할을 한다.

06

정답 ③

1기와 2기의 소득이 증가하면 소득효과로 1기와 2기의 소비가 모두 증가한다. 실질이자율이 상승하면 대체효과와 소득효과가 발생한다. 따라서 현재소비의 기회비용의 상승에 따른 대체효과에 의해 개인은 현재소비를 감소하고, 저축은 증가하여 2기의 소비가 증가한다.

07

정답 ②

소비자 주권은 소비자들이 어떤 물건을 얼마나 사느냐에 따라 기업들이 생산하는 물건의 종류와 수량이 정해지고, 이에 따라 사회적 자원배분이 결정된다는 의미이다. 즉, 자본주의체제에서는 무엇을 생산할 것인가가 소비자들의 선택에 달려 있다는 의미이므로 사유재산제도와는 직접적 연관이 없다.

오답분석

① 누구나 사용할 수 있는 공유재산은 누구의 재화도 아니라는 인식으로 인해 제대로 보존·유지되지 못하는 반면, 사유재산제도는 개인의 소유욕을 제도적으로 보장하여 사회의 생산적 자원이 보존·유지·증식되도록 한다.
③ 부의 분산에 기반하여 다양한 가치가 만들어지고 의사결정의 권력도 분산된다.

PART 2

08

정답 ①

레온티에프형 효용함수는 항상 소비비율이 일정하게 유지되는 완전보완재적인 효용함수이므로, X재의 가격이 변화해도 소비량은 일정하게 유지된다. 그러므로 대체효과는 0이고, 효용극대화점에서 효용함수가 ㄱ자형으로 꺾인 형태이기 때문에 한계대체율은 정의되지 않는다. 따라서 ㄱ은 옳고 ㄷ은 옳지 않다. 또한 소비비율이 일정하게 유지되는 특성으로 가격변화 시 두 재화의 소비방향은 항상 같은 방향으로 변화하므로 ㄹ도 옳지 않다.

효용극대화 모형을 풀면 $MAX\ U(x,y)=MIN[x,y]\quad s.t.p_x x+p_x y=M$ 에서 효용극대화조건 $x=y$를 제약식에 대입하면 $x=\dfrac{M}{P_x+P_y}$,$y=\dfrac{M}{P_x+PLSUBy}$ 이다.

$P_x=P_y=10$, M=1,800을 대입하면 $x=y=90$이고, $P_x=8, P_y=10, M=1{,}800$을 대입하면 $x=y=100$이므로, 소득효과는 10이다. 따라서 옳은 것은 ㄱ, ㄴ이다.

09

정답 ②

표에 제시된 'A국 통화로 표시한 B국 통화 1단위의 가치'란 A국통화의 명목환율을 의미한다. 명목환율을 e, 실질환율을 ε, 외국 물가를 P_f, 국내 물가를 P라고 할 때, 실질환율은 $\varepsilon=\dfrac{e\times P_f}{P}$로 표현된다.

이것을 각 항목의 변화율에 대한 식으로 바꾸면, $\dfrac{\Delta\varepsilon}{\varepsilon}=\dfrac{\Delta e}{e}+\dfrac{\Delta P_f}{P_f}-\dfrac{\Delta P}{P}$ 이 된다. 제시된 자료에서 명목환율은 15%, A국(자국) 물가지수는 7%, B국(외국) 물가지수는 3% 증가하였으므로, 앞의 식에 대입하면 실질환율(ε)의 변화율은 15%+3%−7%=11%(상승)이다. 실질환율이 상승하면 수출품의 가격이 하락하게 되므로 수출량은 증가한다.

10

정답 ①

공공재 적정공급모형 : 사무엘슨 모형
공공재 시장수요곡선 : 개별수요곡선의 수직합
공공재 시장균형에 따라 가격이 결정되면 각 수요자의 수요함수(곡선)에 따라 개별소비자들이 분한다.
공공재 시장수요곡선은 개별수요곡선의 수직합인 $PM=(10-Q)+(20-Q)+(20-2Q)=50-4Q$
공공재 시장균형 : 시장가격(P_M)=한계비용(MC) → $50-4Q=30$, ∴ $Q=5$
개별소비자 지불가격 : $P_a=10-5=5$, $P_b=20-5=15$, $P_c=20-2\times5=10$

CHAPTER

04

사무직(법학)

적중예상문제

01	02	03	04	05	06	07	08	09	10										
②	②	①	③	③	④	③	③	③	②										

01

정답 ②

행정기관에 의한 기본권이 침해된 경우 행정쟁송(이의신청과 행정심판청구, 행정소송)을 제기하거나 국가배상 · 손실보상을 청구할 수 있다. 형사재판청구권은 원칙적으로 검사만이 가지고(형사소송법 제246조), 일반국민은 법률상 이것을 가지지 아니하는 것이 원칙이다.

02

정답 ②

기본권 보장은 국가권력의 남용으로부터 국민의 기본권을 보호하려는 것이기 때문에 국가의 입법에 의한 제한에도 불구하고 그 본질적인 내용의 침해는 금지된다. 우리 헌법은 본질적 내용의 침해를 금지하는 규정을 제37조 제2항에 명시하고 있다.

03

정답 ①

개인주의와 자유주의 사상을 배경으로 한 근대적 기본권인 생명 · 자유 · 행복추구권 등은 미국의 독립선언(1776년)에 규정되어 있으나, 재산권의 보장 등을 최초로 규정한 것은 버지니아 권리장전(1776년)이다.

04

정답 ③

우선 A, B, C, D의 부담부분은 균등하므로, E에 대한 1,200만 원의 연대채무 중 각자의 부담부분은 300만 원이다. 여기서 B가 무자력이 되었기 때문에 나머지 A, C, D가 균등하게 100만 원씩 추가로 부담하지만 A의 경우에는 E로부터 연대의 면제를 받았으므로, A가 기존에 부담하던 300만 원 외에 B의 무자력으로 인한 추가적인 부담금 100만 원은 연대의 면제를 한 E가 부담하게 된다. 따라서 최종적으로 부담하는 금액은 A : 300만 원, C : 400만 원, D : 400만 원이 되며, 나머지 100만 원은 E가 부담한다.

05

정답 ③

오답분석

① 채무이행의 불확정한 기한이 있는 경우에는 채무자는 기한이 도래함을 안 때로부터 지체책임이 있다(민법 제387조 제1항).
② 이 사건 부동산에 대한 매매대금 채권이 비록 소유권이전등기청구권과 동시이행의 관계에 있다 할지라도 매도인은 매매대금의 지급기일 이후 언제라도 그 대금의 지급을 청구할 수 있는 것이며, 다만 매수인은 매도인으로부터 그 이전등기에 대한 이행의 제공을 받기까지 그 지급을 거절할 수 있는 데 지나지 아니하므로 매매대금청구권은 그 지급기일 이후 시효의 진행에 걸린다고 할 것이다(대판 1991.3.22, 90다9797).
④ 선택채권의 소멸시효는 그 선택권을 행사할 수 있는 때로부터 진행한다.
⑤ 부작위를 목적으로 하는 채권은 위반행위를 한 때부터 소멸시효가 진행한다.

06

정답 ④

대법원에 의하면 국·공립대학교원 임용지원자는 임용권자에게 임용 여부에 대한 응답을 신청할 법규상 또는 조리상 권리가 없으므로 국·공립대학교원 임용지원자가 임용권자로부터 임용거부를 당하였다면 이는 거부처분으로서 항고소송의 대상이 되지 않는다(대판 2003.10.23. 2002두12489).

오답분석

① 대판 1996.9.20. 95누8003
② 대법원에 의하면 개별공시지가결정은 내부행위나 중간처분이지만 그로써 실질적으로 국민의 권리가 제한되거나 의무가 부과되는 행위이므로 항고소송의 대상이 되는 처분이다(대판 1993.1.15. 92누12407).
③ 대법원에 의하면 상표원부에 상표권자인 법인에 대한 청산종결등기가 되었음을 이유로 상표권의 말소등록이 이루어졌다고 해도 이는 상표권이 소멸하였음을 확인하는 사실적·확인적 행위에 지나지 않고, 말소등록으로 비로소 상표권 소멸의 효력이 발생하는 것이 아니어서, 상표권의 말소등록은 국민의 권리의무에 직접적으로 영향을 미치는 행위라고 할 수 없다. 한편 상표권 설정등록이 말소된 경우에도 등록령 제27조에 따른 회복등록의 신청이 가능하고, 회복신청이 거부된 경우에는 거부처분에 대한 항고소송이 가능하다. 이러한 점들을 종합하면, 상표권자인 법인에 대한 청산종결등기가 되었음을 이유로 한 상표권의 말소등록행위는 항고소송의 대상이 될 수 없다(대판 2015.10.29. 2014두2362).
⑤ 대법원에 의하면 어업권면허에 선행하는 우선순위결정은 행정청이 우선권자로 결정된 자의 신청이 있으면 어업권면허처분을 하겠다는 것을 약속하는 행위로서 강학상 확약에 불과하고 행정처분은 아니다(대판 1995.1.20. 94누 6529). 그러나 어업면허우선순위결정 대상탈락자 결정은 최종 법적 효과를 가져오기 때문에 행정처분이다.

PART 2

07

정답 ③

심신장애로 인하여 사물을 변별할 능력이 없거나 의사를 결정할 능력이 없는 자의 행위는 벌하지 아니하고 그 능력이 미약한 자의 행위는 형을 감경할 수 있지만(임의적 감경사유), 위험의 발생을 예견하고 자의로 심신장애를 야기한 자의 행위는 형을 면제하거나 감경하지 아니한다(형법 제10조).

08

정답 ③

ㄴ. (O) 행정심판법 제8조 제2항
ㄷ. (O) 중앙행정심판위원회의 상임위원은 일반직공무원으로서 국가공무원법 제26조의5에 따른 임기제공무원으로 임명하되, 3급 이상 공무원 또는 고위공무원단에 속하는 일반직공무원으로 3년 이상 근무한 사람이나 그 밖에 행정심판에 관한 지식과 경험이 풍부한 사람 중에서 중앙행정심판위원회 위원장의 제청으로 국무총리를 거쳐 대통령이 임명한다(행정심판법 제8조 제3항).

오답분석

ㄱ. (×) 중앙행정심판위원회는 위원장 1명을 포함하여 70명 이내의 위원으로 구성하되, 위원 중 상임위원은 4명 이내로 한다(행정판법 제8조 제1항).
ㄹ. (×) 중앙행정심판위원회의 비상임위원은 제7조 제4항 각 호의 어느 하나에 해당하는 사람 중에서 중앙행정심판위원회 위원장의 제청으로 국무총리가 성별을 고려하여 위촉한다(행정심판법 제8조 제4항).

제7조(행정심판위원회의 구성)

④ 행정심판위원회의 위원은 해당 행정심판위원회가 소속된 행정청이 다음 각 호의 어느 하나에 해당하는 사람 중에서 성별을 고려하여 위촉하거나 그 소속 공무원 중에서 지명한다.
1. 변호사 자격을 취득한 후 5년 이상의 실무 경험이 있는 사람
2. 고등교육법 제2조 제1호부터 제6호까지의 규정에 따른 학교에서 조교수 이상으로 재직하거나 재직하였던 사람
3. 행정기관의 4급 이상 공무원이었거나 고위공무원단에 속하는 공무원이었던 사람
4. 박사학위를 취득한 후 해당 분야에서 5년 이상 근무한 경험이 있는 사람
5. 그 밖에 행정심판과 관련된 분야의 지식과 경험이 풍부한 사람

ㅁ. (×) 중앙행정심판위원회의 회의(제6항에 따른 소위원회 회의는 제외한다)는 위원장, 상임위원 및 위원장이 회의마다 지정하는 비상임위원을 포함하여 총 9명으로 구성한다(행정심판법 제8조 제5항).

09

정답 ③

상법에서 명시적으로 규정하고 있는 회사의 종류는 합명회사, 합자회사, 유한책임회사, 주식회사, 유한회사의 5종이다. 사원의 인적 신용이 회사신용의 기초가 되는 회사를 인적 회사(예 개인주의적 회사, 합명회사·합자회사)라 하고, 회사재산이 회사신용의 기초가 되는 회사를 물적 회사(예 단체주의적 회사, 주식회사·유한회사)라 한다.

회사의 종류

구분	유형	내용
인적 회사	합명회사	무한책임사원만으로 구성되는 회사
	합자회사	무한책임사원과 유한책임사원으로 구성되는 복합적 조직의 회사
물적 회사	유한회사	사원이 회사에 대하여 출자금액을 한도로 책임을 질 뿐, 회사채권자에 대하여 아무 책임도 지지 않는 사원으로 구성된 회사
	유한책임회사	주주들이 자신의 출자금액 한도에서 회사채권자에 대하여 법적인 책임을 부담하는 회사로서 이사, 감사의 선임의무가 없으며 사원 아닌 자를 업무집행자로 선임할 수 있다.
	주식회사	사원인 주주(株主)의 출자로 이루어지며 권리·의무의 단위로서의 주식으로 나누어진 일정한 자본을 가지고 모든 주주는 그 주식의 인수가액을 한도로 하는 출자의무를 부담할 뿐, 회사채무에 대하여 아무런 책임도 지지 않는 회사

10

정답 ②

영업과 상호를 양수하면 양도인의 채권·채무도 양수한 것으로 보는 것이 원칙이다(상법 제42조 참조).

오답분석

① 상법 제25조 제2항
③ 상법 제25조 제1항

CHAPTER

05

기술직(기계)

적중예상문제

01	02	03	04	05	06	07	08	09	10										
②	②	④	②	④	⑤	③	③	①	①										

PART 2

01

정답 ②

하이드로포밍(Hydro – Forming)은 강관이나 알루미늄 압축튜브를 소재로 사용하며, 금형 내부에 액체를 넣고 강한 압력을 가하여 소재를 변형시킴으로써 복잡한 형상의 제품을 성형하는 제조방법이다.

오답분석

① 아이어닝(Ironing) : 딥드로잉된 컵 형상의 판재 두께를 균일하게 감소시키는 프레스가공법으로 아이어닝 효과라고도 한다. 제품 용기의 길이를 보다 길게 하는 장점이 있으나 지나친 아이어닝 가공은 제품을 파단시킬 수 있다.

③ 엠보싱(Embossing) : 얇은 판재를 서로 반대 형상으로 만들어진 펀치와 다이로 눌러 성형시키는 가공법으로 주로 올록볼록한 형상의 제품 제작에 사용한다.

④ 스피닝(Spinning) : 선반의 주축에 제품과 같은 형상의 다이를 장착한 후 심압대로 소재를 다이와 밀착시킨 후 함께 회전시키면서 강체 공구나 롤러로 소재의 외부를 강하게 눌러서 축에 대칭인 원형의 제품 만드는 박판(얇은 판) 성형가공법이다. 탄소강 판재로 이음매 없는 국그릇이나 알루미늄 주방용품을 소량 생산할 때 사용하는 가공법으로 보통선반과 작업방법이 비슷하다.

02

정답 ②

오답분석

ㄴ·ㄷ. 기화기와 점화 플러그는 가솔린과 LPG 연료 장치와 관련된 장치이다.

03

정답 ④

센터리스 연삭은 긴 홈이 있는 가공물이나 대형 또는 중량물의 연삭은 곤란하다.

센터리스 연삭의 특징

- 연삭 여유가 작아도 된다.
- 연삭작업에 숙련을 요구하지 않는다.
- 연속작업이 가능하여 대량생산에 적합하다.
- 연삭 깊이는 거친 연삭의 경우 0.2[mm] 정도이다.
- 센터가 필요하지 않아 센터구멍을 가공할 필요가 없다.
- 센터구멍이 필요 없는 중공물의 원통 연삭에 편리하다.
- 가늘고 긴 공작물을 센터나 척으로 지지하지 않고 가공한다.
- 일반적으로 조정 숫돌은 연삭축에 대하여 경사시켜 가공한다.
- 긴 홈이 있는 가공물 및 대형 또는 중량물의 연삭은 곤란하다.
- 연삭숫돌의 폭이 커서 숫돌의 지름방향으로 마멸이 적고 수명이 길다.

04

정답 ②

오답분석

ㄱ. 주철은 탄소강보다 용융점이 낮다.

ㄹ. 가단주철 – 백주철을 고온에서 장시간 열처리하여 시멘타이트 조직을 분해하거나 소실시켜 조직의 인성과 연성을 개선한 주철로, 가단성이 부족했던 주철을 강인한 조직으로 만들기 때문에 단조작업이 가능한 주철이다. 제작 공정이 복잡해서 시간과 비용이 상대적으로 많이 든다.

05

정답 ④

디젤기관은 공기를 실린더에 넣고 발화점 이상이 되도록 단열압축하여 온도가 올라가면 연료분사펌프를 통해 디젤을 분출시켜 기체가 점화되면서 폭발하여 피스톤운동을 하는 기관이다. 이 기관은 소음과 진동이 커서 정숙한 운전이 힘들다.

06

정답 ⑤

오답분석

ㄱ. 표면에 남아있는 인장잔류응력은 피로수명과 파괴강도를 저하시킨다.

ㄴ. 표면에 남아있는 압축잔류응력은 기계적인 성질이고, 응력부식 균열은 화학적 성질이므로 서로 관련이 없다.

07

정답 ③

점도(Viscosity)

유체의 흐름에 대한 저항력의 척도로 유체의 끈끈한 정도로 이해하면 쉽다. 따라서 점도지수가 높으면 그만큼 분자 간 결합력이 큰 것이므로 온도변화에 대한 점도변화는 점도지수가 낮을 때보다 더 작게 된다.

08

정답 ③

다이캐스팅주조법(Die Casting)이란 용융금속을 금형(다이)에 고속으로 충진한 뒤 응고 시까지 고압을 계속 가해, 주물을 얻는 주조법이다.

다이캐스팅주조법의 특징

- 영구주형을 사용한다.
- 비철금속의 주조에 적용한다.
- 고온 체임버식과 저온 체임버식으로 나뉜다.
- 냉각속도가 빨라서 생산속도가 빠르다.
- 용융금속이 응고될 때까지 압력을 가한다.

오답분석

① 스퀴즈캐스팅(Squeeze Casting) : 단조가공과 주조를 혼합한 주조법으로 먼저 용탕을 주형에 주입한 후 금형으로 압력을 가하여 제품에 기공이 없애고 기계적 성질을 좋게 한다.

② 원심주조법(Centrifugal Casting) : 고속 회전하는 사형이나 금형주형에 용탕을 주입한 후 약 300~3,000rpm으로 회전시키면 원심력에 의해 주형의 내벽에 용탕이 압착된 상태에서 응고시켜 주물을 얻는 주조법이다.

④ 인베스트먼트주조법(Investment Casting) : 제품과 동일한 형상의 모형을 왁스(양초)나 파라핀으로 만든 다음 그 주변을 슬러리상태의 내화재료로 도포한다. 그리고 가열하면 주형은 경화되면서 왁스로 만들어진 내부 모형이 용융되어 밖으로 빠지고 주형이 완성되는 주조법이다.

⑤ 일렉트로 슬래그 주조법(Electro Slag Casting) : 일렉트로 슬래그 용접(ESW)의 용해 현상을 이용한 용융 금속 생성과 주조 현상을 이용한 국부적 금속 응고 현상을 차례로 연속하는 성형 방법이다.

09

정답 ①

수격현상이란 송출량 및 송출압력이 주기적으로 변하는 것이 아니라, 관내를 흐르는 유체의 유속이 급히 바뀌며 유체의 운동에너지가 압력에너지로 변하면서 관내압력이 비정상적으로 상승하는 현상이다. 송출량과 송출압력이 주기적으로 변하는 것은 맥동현상이다.

맥동현상(서징현상, Surging)

펌프 운전 중 압력계의 눈금이 주기적이며 큰 진폭으로 흔들림과 동시에 토출량도 변하면서 흡입과 토출배관에서 주기적으로 진동과 소음을 동반하는 현상이며 영어로는 서징(Surging)현상이라고 한다.

10

정답 ①

먼저 회전수(v)를 구하면 다음과 같다.

$$v=\frac{\pi dn}{1,000}[\text{m/min}]=\frac{\pi\times50\times2,000}{1,000\times60[s]}=1.66\pi[\text{m/s}]$$

이를 동력(H) 구하는 식에 효율(η)을 달리해서 대입하면 다음과 같이 정리된다.

- $\eta=100[\%]$임을 가정하면

$$H=\frac{F\times v}{102\times9.8\times\eta}[\text{W}]$$

$$=\frac{60\times1.66\pi}{102\times9.8\times1}=\frac{99.6\pi}{999.6}\fallingdotseq0.09\pi\fallingdotseq0.1\pi$$

- $\eta=1[\%]$임을 가정하면

$$H=\frac{F\times v}{102\times9.8\times\eta}[\text{W}]$$

$$=\frac{60\times1.66\pi}{102\times9.8\times0.01}=\frac{99.6\pi}{9.9}\fallingdotseq10.06\pi\fallingdotseq10\pi$$

따라서 최소동력은 0.1π가 된다.

동력 구하는 식

$$H=\frac{F\times v}{102\times9.8\times\eta}[\text{W}]$$

PART 2

CHAPTER 06

기술직(전기)

적중예상문제

01	02	03	04	05	06	07	08	09	10										
④	②	④	③	③	②	①	⑤	④	④										

01

정답 ④

균압환은 중권에서 공극의 불균일에 의한 전압 불평형 발생 시 흐르는 순환전류가 생기지 않도록 하려고 설치한다.

02

정답 ②

$$W=\frac{1}{2}CV^2[\text{J}]$$

$$V=\sqrt{\frac{2W}{C}}=\sqrt{\frac{2\times 270}{15}}=\sqrt{36}=6\text{V}$$

03

정답 ④

$$P=VI\cos\theta$$

$$I=\frac{P}{V\cos\theta}=\frac{22\times 10^3}{220\times 0.5}=200\text{A}$$

04

정답 ③

전류 $\mathrm{i}=50\sin\left(\omega\mathrm{t}+\frac{\pi}{2}\right)$의 $\frac{\pi}{2}$는 90°를 뜻하고 +이므로, 전류가 전압보다 90° 앞서는 콘덴서회로에 해당하는 용량성회로이다.

용량성 회로의 전압, 전류 및 전하의 순시값

- 전압 $\mathrm{v}=\mathrm{V}_m\sin\omega\mathrm{t}[\mathrm{V}]$
- 전류 $\mathrm{i}=\mathrm{I}_m\sin(\omega\mathrm{t}+\pi/2)[\mathrm{A}]$
- 전하 $\mathrm{q}=\mathrm{C}^*\mathrm{v}=\mathrm{CV}_m\sin\omega\mathrm{t}\ [\mathrm{C}]$

용량성 회로의 특성

- 정전기에서 콘덴서의 전하는 전압에 비례한다.
- 전압과 전류는 동일 주파수의 사인파이다.
- 전류는 전압보다 위상이 90° 앞선다.

05

정답 ③

감극성 $L_{eq} = L_1 + L_2 - 2M - 8 + 4 - (2\times4) - 4\text{H}$

코일에 축적되는 에너지를 구하면 다음과 같다.

$$W = \frac{1}{2}LI^2 = \frac{1}{2}\times4\times(5)^2 = 50\text{J}$$

06

정답 ②

3상 전력은 Y결선과 △결선에 관계없이 모두 같다.

∴ △결선 유효전력 $P = Y$결선 유효전력 P

07

정답 ①

$\theta = \theta_v - \theta_i = 45° - (-45) = 90°$

∴ cos90°=0이므로 역률은 0이 된다.

08

정답 ⑤

$$(\text{실횻값}) = \frac{(\text{최댓값})}{\sqrt{2}}$$

즉, 실횻값은 실제 효력을 나타내는 값(rms)으로서 교류전압이 생성하는 전력 또는 에너지의 효능을 가지는 값이다.

09

정답 ④

철심을 얇게 여러 층으로 쌓는 이유는 철심으로 인한 철손 중 와류손(맴돌이전류손) 감소를 위해서이다.

10

정답 ④

상호 인덕턴스

$M = k\sqrt{L_1 L_2} = 0.5\times\sqrt{10\times10} = 0.5\times10 = 5\text{mH}$

$$\therefore\ e = -M\frac{di}{dt} = 5\times\frac{10}{0.1} = 500\text{mV}$$

아이들이 답이 있는 질문을 하기 시작하면 그들이 성장하고 있음을 알 수 있다.

- 존 J. 플롬프 -

PART 3

최종점검 모의고사

최종점검 모의고사

01 직업기초능력

01	02	03	04	05	06	07	08	09	10	11	12	13	14	15	16	17	18	19	20
④	③	④	④	④	①	⑤	③	④	④	②	④	②	②	③	③	④	④	②	③
21	22	23	24	25	26	27	28	29	30	31	32	33	34	35	36	37	38	39	40
④	③	③	⑤	③	③	②	③	④	①	③	④	②	②	①	⑤	①	④	①	③
41	42	43	44	45	46	47	48	49	50										
⑤	①	①	①	③	④	①	④	①	①										

01

정답 ④

한글 맞춤법에 따르면 모음이나 'ㄴ' 받침 뒤에 이어지는 '률'은 '율'로 적어야 한다.
따라서 ㉣은 '범죄율'이 올바른 표기이다.

02

정답 ③

㉢에서 ㉰는 '2 – (2)'의 하위 항목이므로 신발을 잘못 선택해 생기는 폐해를 다뤄야 한다. 그러나 '교통비 감소'는 상위 항목인 '2 – (2)'와 무관하므로 삭제하는 것이 적절하다.

오답분석

① ㉠에서 건강에 대한 관심이 증가했기 때문에 신발이 건강에 미치는 영향에 대한 관심도 증가한 것이므로 '1'의 (1)과 (2)는 순서를 맞바꾸면 논리적 흐름이 부자연스럽게 된다.
② ㉡에서 '2'의 제목을 '신발 선택의 합리적 기준'으로 바꾸면 그 하위 항목인 '(2) 잘못된 신발 선택의 폐해'를 포괄할 수 없게 된다.
④ ㉣에서 '혈액 순환 촉진'은 '3 – (2) – ㉮ 건강 증진'에 포함될 내용으로 적절하다. 따라서 '혈액 순환 촉진'이라는 ㉰를 새로 추가하면 '㉮ 건강 증진'과 중복된다.
⑤ ㉤에서 '건강과 용도를 고려한 신발 선택 강조'는 글 전체의 내용을 포괄하는 주제로 적절하다. '걷기 운동의 생활화'는 건강 증진을 위한 실천 방안일 뿐이며, 앞의 내용과의 관련성이 낮다.

03

정답 ④

오답분석

① 연료전지는 화학에너지를 전기에너지로 변환하는 고효율·친환경 미래에너지 시스템이다.
② 이미 정부에서 연료전지를 신에너지원으로 분류하고 RPS 이행수단으로 인정하였다.
③ 연료전지는 설치 장소에 제약이 적고 규모와 관계없이 일정한 효율을 낼 수 있기 때문에 소형 발전소부터 MW급 발전소까지 다양하게 활용될 수 있다.
⑤ 연료전지 건설 사업을 통해 신재생에너지 비중을 2030년에는 20%까지 올릴 계획이다.

04

정답 ④

보기는 ESS에 대한 설명이므로 〈보기〉 바로 뒤에는 ESS의 축압기와 ESS의 저장방식을 구분하여 설명하는 (라)가 오는 것이 적절하다. 다음으로는 이러한 ESS가 관심 받고 있는 이유로 ESS의 장점을 설명하는 (나)가 (라) 뒤에 이어지는 것이 적절하며, (나) 다음으로는 ESS의 또 다른 장점을 설명하는 (가)가 오는 것이 적절하다. 마지막으로 이러한 ESS의 장점으로 인해 정부의 지원이 추진되고 있다는 내용의 (다)로 이어지는 것이 적절하다. 따라서 올바른 순서는 (라) – (나) – (가) – (다)이다.

05

정답 ④

오답분석

① '~문학을 즐길 예술적 본능을 지닌다.'의 주어가 생략되었다.
② '그는'이 중복되었다.
③ '~시작되었다.'의 주어가 생략되었다.
⑤ '전망'은 동작성 명사이므로, '~ㄹ 것으로 전망됩니다.'처럼 쓰인다.

06

정답 ①

'데'는 '장소'를 의미하는 의존명사이므로 띄어 쓴다.

오답분석

② 목포간에 → 목포 간에 : '간'은 '한 대상에서 다른 대상까지의 사이'를 의미하는 의존명사이므로 띄어 쓴다.
③ 있는만큼만 → 있는 만큼만 : '만큼'은 '정도'를 의미하는 의존명사이므로 띄어 쓴다.
④ 같은 데 → 같은데 : '데'가 연결형 어미일 때는 붙여 쓴다.
⑤ 떠난지가 → 떠난 지가 : '지'는 '어떤 일이 있었던 때로부터 지금까지의 동안'을 나타내는 의존명사이므로 띄어 쓴다.

07

정답 ⑤

'원한'을 주제로 삼고 있는 ①·②·③·④와 달리 '절차탁마(切磋琢磨)'는 옥이나 돌을 갈고 닦아서 빛을 낸다는 뜻으로 학문이나 인격을 갈고 닦음의 의미를 나타낸다.

오답분석

① 각골통한(刻骨痛恨) : 뼈에 새겨 놓을 만큼 잊을 수 없고 고통스러운 원한
② 비분강개(悲憤慷慨) : 의롭지 못한 일이나 잘못되어 가는 세태가 슬프고 분하여 마음이 북받침을 일컫는 말
③ 원철골수(怨徹骨髓) : 원한이 깊어 골수에 사무친다는 뜻으로 원한이 잊을 수 없을 정도로 깊음
④ 교아절치(咬牙切齒) : 어금니를 악물고 이를 갈면서 몹시 분해 함

08

정답 ③

산업 사회의 여러 가지 특징에 대해 설명함으로써 산업 사회가 가지고 있는 문제점들을 강조하고 있다.

09

정답 ④

재생 에너지 사업이 기하급수적으로 늘어남에 따라 전력계통설비의 연계용량 부족 문제가 또 발생하였는데, 이것은 설비 보강만으로는 해결하기 어렵기 때문에 최소부하를 고려한 설비 운영 방식으로 해결하고자 하였다.

오답분석

① 탄소 중립을 위해 재생 에너지 발전 작업이 추진되고 있다고 하였으므로 합리적인 추론이다.
② 재생 에너지의 예시로 태양광이 제시되었다.
③ 재생 에너지 확충으로 인해 기존 송배전 전력 설비가 과부하 되는 문제가 있다고 하였다.
⑤ 최소부하를 고려한 설비 운영 개념을 도입해 변전소나 배전선로 증설 없이 재생 에너지 접속용량을 확대하는 방안이 있다고 하였다.

10

정답 ④

제시문을 통해 4세대 신냉매는 온실가스를 많이 배출하는 기존 3세대 냉매의 대체 물질로 사용되어 지구 온난화 문제를 해결하는 열쇠가 될 것임을 알 수 있다.

11

정답 ②

[해당 연도의 특정 발전설비 점유율(%)]$=\frac{(\text{특정 발전설비})}{(\text{전체 발전설비})}\times 100$이다.

- 2023년 점유율 : $\frac{17,716}{76,079}\times 100 ≒ 23.3\%$
- 2022년 점유율 : $\frac{17,716}{73,370}\times 100 ≒ 24.1\%$

∴ $24.1-23.3=0.8\%p$

12

정답 ④

2023년 석탄은 전체 발전량의 $\frac{197,917}{474,211}\times 100 ≒ 42\%$를 차지했다.

13

정답 ②

ㄱ. 표를 보면 접촉신청 건수는 3월부터 6월까지 매월 증가한 것을 알 수 있다.
ㄷ. 5월 생사확인 건수는 11,795건으로 접촉신청 건수 18,205건의 70%인 약 12,744건 이하이다. 따라서 옳은 설명이다.

오답분석

ㄴ. 5월부터 6월까지 생사확인 건수는 전월과 동일하였으나, 서신교환 건수는 증가하였으므로 옳지 않은 설명이다.
ㄹ. 4월과 7월에 상봉 건수는 동일하다. 따라서 서신교환 건수만 비교해 보면, 7월은 4월보다 12,288−12,274=14건이 더 많으므로 상봉 건수 대비 서신교환 건수 비율은 증가하였음을 알 수 있다.

14

정답 ②

㉠ 표에 따르면 생사확인 건수는 5월과 6월에 전월 대비 불변이므로 옳지 않은 설명이다.
㉢ 접촉신청 건수는 표에서 6월을 포함하여 매월 증가하고 있으므로 옳지 않은 설명이다.

오답분석

㉡ 서신교환의 경우, 2월 대비 7월 증가율은 $\frac{12,288-12,267}{12,267}\times 100 ≒ 0.2\%$로 2% 미만이며, 매월 증가세를 보이고 있으므로 옳은 설명이다.
㉣ 전체 이산가족 교류 건수는 항목별 매월 동일하거나 증가하므로 옳은 설명이다.

15

정답 ③

10년 단위로 2cm, 1cm이 반복하여 자랐다.

- 2010년 : 16+2=18cm
- 2020년 : 18+1=19cm
- 2030년 : 19+2=21cm
- 2040년 : 21+1=22cm
- 2050년 : 22+2=24cm

따라서 2050년에 이 석순의 길이를 측정한다면 24cm일 것이다.

16

정답 ③

처음 설탕물의 농도를 x%라 하면 $\frac{\frac{x}{100}\times 200+5}{200-50+5}\times 100=3x$이다.

따라서 $200x+500=465x$이므로 $x=\frac{100}{53}\fallingdotseq 1.9$%이다.

17

정답 ④

갑, 을, 병이 각각 꺼낸 3장의 카드에 적힌 숫자 중 갑이 꺼낸 카드에 적힌 숫자가 가장 큰 수가 되는 경우는 다음과 같다.

I) 갑이 숫자 2가 적힌 카드를 꺼낼 경우

병이 가진 카드에 적힌 숫자가 모두 2보다 큰 수이므로 갑이 꺼낸 카드에 적힌 숫자가 가장 큰 수가 되는 경우의 수는 0

ii) 갑이 숫자 5가 적힌 카드를 꺼낼 경우

갑이 꺼낸 카드에 적힌 숫자가 가장 큰 수가 되려면 을은 숫자 5보다 작은 숫자인 1이 적힌 카드, 병은 숫자 5보다 작은 숫자인 3 또는 4가 적힌 카드를 꺼내야 한다.

그러므로 갑이 꺼낸 카드에 적힌 숫자가 가장 큰 수가 되는 경우의 수는 $1\times 2=2$

iii) 갑이 숫자 9가 적힌 카드를 꺼낼 경우

을과 병이 가지고 있는 카드에 적힌 숫자가 모두 9보다 작은 수이므로 어떠한 카드를 꺼내도 갑이 꺼낸 카드에 적힌 숫자가가장 크다.

그러므로 갑이 꺼낸 카드에 적힌 숫자가 가장 큰 수가 되는 경우의 수는 $3\times 3=9$

따라서 카드에 적힌 숫자가 가장 큰 사람이 갑이 되는 경우의 수는 $0+2+9=11$가지이다.

18

정답 ④

파랑과 빨강의 전체 당첨횟수($500\times 6=3,000$회) 대비 색상별 당첨횟수 비율이 바뀌었다. 파랑은 10번대 비율과 같고, 빨강은 20번대 비율과 같다.

19

정답 ②

학력이 높을수록 도덕적 제재를 선호하는 비중이 증가한다.

오답분석

① 학력과는 무관하게 나타났다.
③ 대졸자와 중졸자의 응답자 수를 알 수 없으므로 판단할 수 없다.
④ 인터넷 여론조사는 젊은 층 위주의 편향된 결과를 낳기 때문에 전 국민의 의견을 반영한다고 볼 수 없다(인터넷 미사용층의 배제).
⑤ $65.7-59.3=6.4$%p이므로 초졸 이하의 준법의식이 6.4%p 더 높다.

20

정답 ③

인구성장률 그래프의 경사가 완만할수록 인구수 변동이 적다.

오답분석

① 인구성장률은 1970년 이후 계속 감소하고 있다.
② 총인구가 감소하려면 인구성장률 그래프가 (−)값을 가져야 하는데 2011년과 2015년에는 (+)값을 갖는다.
④ 그래프를 통해 1990년 인구가 더 적다는 것을 알 수 있다.
⑤ 그래프를 통해 2020년부터 총인구가 감소하는 모습을 보이고 있음을 알 수 있다.

21

정답 ④

5번째 ~ 7번째 조건에 따라 가전 부스 1일 차 마케팅팀 근무자는 T대리, 2일 차 휴대폰 부스 개발팀 근무자는 S과장, 2일 차와 3일 차 PC 부스의 개발팀 근무자는 D대리와 O대리이다. 3일 차에는 과장들이 근무하지 않으므로 3일 차 가전 부스의 마케팅팀 근무자는 Y사원 또는 P사원이고, 이때 개발팀 근무자는 같은 직급일 수 없으므로 D대리 또는 O대리이다. 따라서 3일 차 휴대폰 부스의 개발팀 근무자는 C사원이고, 3일 차 휴대폰 부스의 마케팅팀 근무자는 T대리, 3일 차 PC 부스의 마케팅팀 근무자는 Y사원 또는 P사원이다. 한편, T대리는 1일 차와 3일 차에 근무하므로 2일 차 마케팅팀 근무자는 가전제품 부스에 K과장, 휴대폰 부스와 PC 부스에 Y사원 또는 P사원이 근무한다. 따라서 1일 차의 PC 부스 마케팅팀 근무자는 K과장, 개발팀 근무자는 C사원이고, 1일 차 가전 부스의 개발팀 근무자는 S과장이다. 이를 정리하면 다음과 같다.

구분	1일 차		2일 차		3일 차	
	마케팅팀	개발팀	마케팅팀	개발팀	마케팅팀	개발팀
휴대폰			Y사원 or P사원	S과장	T대리	C사원
가전	T대리	S과장	K과장	D대리 or O대리	P사원 or Y사원	O대리 or D대리
PC	K과장	C사원	P사원 or Y사원	O대리 or D대리	Y사원 or P사원	D대리 or O대리

PC 부스의 1일 차 마케팅팀 근무자가 과장이므로 ④는 옳지 않다.

22

정답 ③

아동수당 제도 첫 도입에 따라 초기에 아동수당 신청이 한꺼번에 몰릴 것으로 예상돼 연령별 신청기간을 운영한다.
따라서 만 5세 아동은 7월 1 ~ 5일 사이에 접수를 하거나, 연령에 관계없는 7월 6일 이후에 신청하는 것으로 안내하는 것이 적절하다. 또한, 아동수당 관련 신청서 작성요령이나 수급 가능성 등 자세한 내용은 아동수당 홈페이지에서 확인이 가능한데, 어떤 홈페이지로 접속해야 하는지 안내를 하지 않았다. 따라서 (라), (마)는 옳지 않은 답변이다.

23

 ③

3번째 조건에 따라 A는 청소기를 제외한 프리미엄형 가전을 총 2개 골랐는데, B가 청소기를 가져가지 않으므로 A는 청소기 일반형, C는 청소기 프리미엄형을 가져가야 한다. 또한, 5번째 조건을 만족시키기 위해 A가 가져가는 프리미엄형 가전 종류의 일반형을 B가 가져가야 하며, 6번째 조건을 만족시키기 위해 전자레인지는 C가 가져가야 한다. 이를 정리하면 다음과 같다.

구분	A	B	C
경우 1	냉장고(프) 세탁기(프) 청소기(일)	냉장고(일) 세탁기(일) 에어컨(프 or 일)	에어컨(프 or 일) 청소기(프) 전자레인지
경우 2	세탁기(프) 에어컨(프) 청소기(일)	세탁기(일) 에어컨(일) 냉장고(프 or 일)	냉장고(프 or 일) 청소기(프) 전자레인지
경우 3	냉장고(프) 에어컨(프) 청소기(일)	냉장고(일) 에어컨(일) 세탁기(프 or 일)	세탁기(프 or 일) 청소기(프) 전자레인지

㉠ C는 항상 전자레인지를 가져간다.
㉢ B는 반드시 일반형 가전 2대를 가져가며, 나머지 한 대는 프리미엄형일 수도, 일반형일 수도 있다.

오답분석

㉡ A는 어떤 경우에도 청소기를 가져간다.
㉣ C는 청소기 프리미엄형을 가져간다.

24

정답 ⑤

퍼실리테이션(Facilitation)은 촉진을 의미하며, 어떤 그룹이나 집단이 의사결정을 잘할 수 있도록 도와주는 일을 가리킨다. 소프트 어프로치나 하드 어프로치 방법은 타협점의 단순 조정에 그치지만, 퍼실리테이션에 의한 방법은 초기에 생각하지 못했던 창조적인 해결 방법을 도출한다. 동시에 구성원의 동기가 강화되고 팀워크도 한층 강화된다는 특징을 보인다.

오답분석

① 소프트 어프로치 : 소프트 어프로치에 의한 문제해결방법은 대부분의 기업에서 볼 수 있는 전형적인 스타일로 조직 구성원들은 같은 문화적 토양을 가지고 이심전심으로 서로를 이해하는 상황을 가정한다. 소프트 어프로치에서는 문제해결을 위해서 직접 표현하는 것이 바람직하지 않다고 여기며, 무언가를 시사하거나 암시를 통하여 의사를 전달하고 기분을 서로 통하게 함으로써 문제해결을 도모하려고 한다.

② 명목집단법 : 참석자들로 하여금 서로 대화에 의한 의사소통을 못하게 하고, 서면으로 의사를 개진하게 함으로써 집단의 각 구성원들이 마음속에 생각하고 있는 바를 끄집어내 문제해결을 도모하는 방법이다.

③ 하드 어프로치 : 하드 어프로치에 의한 문제해결방법은 상이한 문화적 토양을 가지고 있는 구성원을 가정하여 서로의 생각을 직설적으로 주장하고 논쟁이나 협상을 통해 의견을 조정해 가는 방법이다. 이러한 방법은 합리적이긴 하지만, 잘못하면 단순한 이해관계의 조정에 그치고 말아서 그것만으로는 창조적인 아이디어나 높은 만족감을 이끌어 내기 어렵다.

④ 델파이법 : 전문가들에게 개별적으로 설문을 전하고 의견을 받아서 반복수정하는 절차를 거쳐서 문제해결에 대한 의사결정을 하는 방법이다.

PART 3

25

정답 ③

먼저 이슈 분석은 현재 수행하고 있는 업무에 가장 큰 영향을 미치는 핵심이슈 설정, 이슈에 대한 일시적인 결론을 예측해보는 가설 설정, 가설검증계획에 의거하여 분석결과를 이미지화하는 Output 이미지 결정의 절차를 거쳐 수행된다. 다음으로 데이터 분석은 목적에 따라 데이터 수집 범위를 정하는 데이터 수집계획 수립, 정량적이고 객관적인 사실을 수집하는 데이터 수집, 수집된 정보를 항목별로 분류・정리한 후 의미를 해석하는 데이터 분석의 절차를 거쳐 수행된다. 마지막으로 원인 파악 단계에서는 이슈와 데이터 분석을 통해서 얻은 결과를 바탕으로 최종 원인을 확인한다.
따라서 원인 분석 단계는 ⓒ → ⓜ → ㉠ → ⓛ → ⓑ → ⓔ의 순서로 진행된다.

26

정답 ③

각 조건에 해당하는 숫자를 표로 정리해 보면 다음과 같다.

구분	A	B	C	D	E	F	G
(1) – 소	3	2	2	3	2	2	2
(2) – 대	2	1	1	2	2	2	3
(3) – 대	89	86	84	89	81	81	82
(4) – 소	33	39	36	33	32	32	30

위 표를 토대로 배달 순서를 나타내면 G→E・F→B→C→D・A 순서와 같다.
그러므로 5번째로 배달하는 집은 C이다.

27

정답 ②

병역부문에서 채용예정일 이전 전역 예정자는 지원이 가능하다고 제시되어 있다.

오답분석

① 이번 채용에서 행정직에 학력상의 제한은 없다.
③ 자격증을 보유하고 있더라도 채용예정일 이전 전역 예정자가 아니라면 지원할 수 없다.
④ 지역별 지원 제한은 2024년 상반기 신입사원 채용부터 폐지되었다.
⑤ 외국어 능력 성적은 필수사항이 아니다.

28

정답 ③

채용공고일(2024. 01. 23.) 기준으로 만 18세 이상이어야 지원 자격이 주어진다.

오답분석

① 행정직에는 학력 제한이 없으므로 A는 행정직에 지원가능하다.
② 기술직 관련 학과 전공자이므로 B는 지원가능하다.
④ 채용예정일 이전에 전역 예정이므로 D는 지원가능하다.
⑤ 외국어 능력 성적표는 필수사항이 아니므로 E는 지원가능하다.

29

정답 ④

첫 번째 명제의 대우와 두 번째 명제를 정리하면 '모든 학생 → 국어 수업 → 수학 수업'이 되어 '모든 학생은 국어 수업과 수학 수업을 듣는다.'가 성립한다. 세 번째 명제에서 수학 수업을 듣는 '어떤' 학생들이 영어 수업을 듣는다고 했으므로, '어떤 학생들은 국어, 수학, 영어 수업을 듣는다.'가 성립한다.

30

정답 ①

- A : 디자인을 잘하면 편집을 잘하고, 편집을 잘하면 영업을 잘한다. 영업을 잘하면 기획은 못한다.
- B : 편집을 잘하면 영업을 잘하고, 영업을 잘하면 기획을 못한다.

31

정답 ③

11월 21일의 팀미팅은 워크숍 시작시간 전 오후 1시 30분에 끝나므로 3시에 출발 가능하며, 22일의 일정은 없다. 따라서 11월 21～22일이 워크숍 날짜로 가능하다.

오답분석

① 11월 9～10일 : 다른 팀과 함께하는 업무가 있는 주이므로 워크숍 불가능
② 11월 18～19일 : 19일은 주말이므로 워크숍 불가능
④ 11월 28～29일 : E대리가 휴가이므로 모든 팀원 참여 불가능
⑤ 11월 29～30일 : 말일이므로 워크숍 불가능

32

정답 ④

제품군별 지급해야 할 보관료는 다음과 같다.

- A제품군 : 300×0.01=3억 원
- B제품군 : 2,000×20,000=4천만 원
- C제품군 : 500×80,000=4천만 원

따라서 K기업이 보관료로 지급해야 할 총금액은 3억 8천만 원(=3억+4천만+4천만)이다.

33

정답 ②

하반기 포상수여 기준에 따라 협력사별 포상 점수를 산출하면 다음과 같다.

구분	기술개선 점수		실용화 점수	경영 점수	성실 점수	합계
	출원 점수	등록 점수				
A사	10	20	15	15	20	80
B사	5	10	5	20	10	50
C사	15	15	15	15	10	70
D사	5	10	30	10	20	75
E사	10	15	25	20	0	70

따라서 포상을 수여받을 업체는 포상 점수가 가장 높은 A사와 D사이다.

34

정답 ②

변경된 포상수여 기준에 따른 협력사별 포상 점수를 산출하면 다음과 같다.

구분	기술개선 점수		실용화 점수	경영 점수	성실 점수	합계
	출원 점수	등록 점수				
A사	15	10	15	15	20	75
B사	15	5	5	20	15	60
C사	20	5	15	15	15	70
D사	10	5	30	10	20	75
E사	20	5	25	20	10	80

포상 점수가 가장 높은 업체는 E사이며, A사와 D사가 75점으로 동점이다.
A사와 D사 중 기술개선 점수가 높은 업체는 A사이므로 최종적으로 A사와 E사가 선정된다.

35

정답 ①

파견팀장 선발 방식에 따라 지원자들의 점수를 정리하면 다음과 같다.

지원자	학위 점수	현장경험 점수	어학능력 점수	근속연수 점수	선발 점수
A	30	26	14	16	86
B	25	26	14	18	83
C	불인정	–	–	–	자격미달
D	18	26	17	16	77
E	25	22	17	20	84

C의 경우, 자격요건인 공학계열 학위를 보유하고 있지 않으므로 자격미달이다. 따라서 86점으로 가장 높은 선발 점수를 받은 A가 파견팀장으로 선발된다.

36

정답 ⑤

변경된 파견팀장 자격요건을 반영해 지원자들의 점수를 정리하면 다음과 같다.

지원자	학위 점수	현장경험 점수	어학능력 점수	근속연수 점수	선발 점수
A	자격미달				
B	25	26	14	18	83
C	18	28	20	16	82
D	18	26	17	16	77
E	25	22	17	20	84

A의 경우, 제출한 종합건강검진 결과서가 지원 접수 마감일인 2023년 8월 30일의 3개월 이내에 발급된 것이 아니므로 자격미달이다. 따라서 84점으로 가장 높은 선발 점수를 받은 E가 파견팀장으로 선발된다.

37

정답 ①

도시락 구매비용을 요일별로 계산하면 다음과 같다.

- 월요일 : (5,000×3)+(2,900×10)=44,000원
- 화요일 : (3,900×10)+(4,300×3)=51,900원
- 수요일 : (3,000×8)+(3,900×2)=31,800원
- 목요일 : (4,500×4)+(7,900×2)=33,800원
- 금요일 : (5,500×4)+(4,300×7)=52,100원
- 토요일 : (3,900×2)+(3,400×10)=41,800원
- 일요일 : (3,700×10)+(6,000×4)=61,000원

따라서 K공사의 지난주 도시락 구매비용은 총 316,400원이다.

38

정답 ④

C부장은 목적지까지 3시간 내로 이동하여야 하는데, 택시를 타고 대전역까지 15분, 열차대기 15분, KTX / 새마을호 이동시간 2시간, 환승 10분, 목포역에서 물류창고까지 택시 20분이 소요된다. 따라서 총 3시간이 걸리므로 적절하다. 비용은 택시 6,000원, KTX 20,000원, 새마을호 14,000원, 택시 9,000원으로 총 49,000원이 되며, 출장지원 교통비 한도 이내이므로 적절하다.

오답분석

①·②·⑤ 이동시간이 3시간이 넘어가므로 적절하지 않다.
③ 이동시간은 3시간 이내이지만, 출장지원 교통비 한도를 넘기 때문에 적절하지 않다.

39

정답 ①

- A사원 : 7일
- B사원 : 10일
- C사원 : 8일
- D사원 : 9일
- E사원 : 8일

∴ A사원이 총 7일로 연차를 가장 적게 썼다.

40

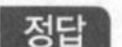
정답 ③

A회사에서는 연차를 한 달에 3일로 제한하고 있으므로, 11월에 휴가를 쓸 수 없다면 앞으로 총 6일(10월 3일, 12월 3일)의 연차를 쓸 수 있다. 휴가에 관해서 손해를 보지 않으려면 이미 9일 이상의 연차를 썼어야 한다. 이에 해당하는 사원은 B와 D이다.

41

정답 ⑤

「=SUM(합계를 구할 처음 셀:합계를 구할 마지막 셀)」으로 표시해야 한다. 판매수량과 추가판매를 더하는 것은 비연속적인 셀을 더하는 것이지만 연속하는 영역을 입력하고 ','로 구분해준 뒤 다음 영역을 다시 지정해주면 되므로 「=SUM(B2:B5,C2,C5)」이 옳다.

42

정답 ①

'AVERAGE(B3:E3)'는 [B3:E3] 범위의 평균을 나타낸다. 또한, IF함수는 논리 검사를 수행하여 TRUE나 FALSE에 해당하는 값을 반환해주는 함수이다. 즉, 「=IF(AVERAGE(B3:E3)>=90,"합격","불합격")」 함수는 [B3:E3] 범위의 평균이 90 이상일 경우 '합격'이, 그렇지 않을 경우 '불합격'이 입력된다. [F3]~[F6]의 각 셀에 나타나는 [B3:E3], [B4:E4], [B5:E5], [B6:E6]의 평균값은 83, 87, 91, 92.5이므로 [F3]~[F6] 셀에 나타나는 결괏값은 ①이다.

43

정답 ①

특정 값의 변화에 따른 결괏값의 변화를 알아보는 경우는 '시나리오'와 '데이터 표' 2가지가 있다. 2가지(시나리오, 데이터 표) 중 표 형태로 표시해주는 것은 '데이터 표'에 해당한다. 비슷한 형식의 여러 데이터 결과를 요약해주는 경우는 '부분합'과 '통합'이 있다. 2가지(부분합, 통합) 중 통합하여 요약해주는 것은 '통합'(데이터 통합)에 해당한다. 참고로 '부분합'은 하나로 통합하지 않고 그룹끼리 모아서 계산한다.

PART 3

44

정답 ①

엑셀 고급필터 조건 범위의 해석법은 다음과 같다. 우선 같은 행의 값은 '이고'로 해석한다(AND 연산 처리). 다음으로 다른 행의 값은 '거나'로 해석한다(OR 연산 처리). 그리고 엑셀에서는 AND 연산이 OR 연산에 우선한다(행우선). 그리고 [G3] 셀의 「=C2>=AVERAGE($C$2:$C$8)」은 [C2]~[C8]의 실적이 [C2:C8]의 실적 평균과 비교되어 그 이상이 되면 TRUE(참)를 반환하고, 미만이라면 FALSE(거짓)를 반환하게 된다. 따라서 부서가 '영업1팀'이고 이름이 '수'로 끝나거나, 부서가 '영업2팀'이고 실적이 실적의 평균 이상인 데이터가 나타난다.

45

정답 ③

피벗 테이블의 셀에 메모를 삽입한 경우 데이터를 정렬하여도 메모는 피벗 테이블의 셀에 고정되어 있다.

46

정답 ④

오답분석

① [Home] : 커서를 행의 맨 처음으로 이동시킨다.
② [End] : 커서를 행의 맨 마지막으로 이동시킨다.
③ [Back Space] : 커서 앞의 문자를 하나씩 삭제한다.
⑤ [Alt]+[Page Up] : 커서를 한 쪽 앞으로 이동시킨다.

47

정답 ①

블록을 잡고 [Back Space] 키를 누르면 '20'만 지워진다.

오답분석

②·③·④·⑤ 블록 부분이 다 지워진다.

48

정답 ④

LARGE 함수는 데이터 집합에서 N번째로 큰 값을 구하는 함수이다.
따라서 ④번 함수의 결괏값으로는 [D2:D9] 범위에서 두 번째로 큰 값인 20,000이 산출된다.

오답분석

① MAX 함수는 최댓값을 구하는 함수이다.
② MIN 함수는 최솟값을 구하는 함수이다.
③ MID 함수는 문자열의 지정 위치에서 문자를 지정한 개수만큼 돌려주는 함수이다.
⑤ INDEX 함수는 범위 내에서 값이나 참조 영역을 구하는 함수이다.

49

정답 ①

SUMIF 함수는 주어진 조건에 의해 지정된 셀들의 합을 구하는 함수이며, 「=SUMIF(조건 범위, 조건, 계산할 범위)」로 구성된다.
따라서 ①번 함수의 결괏값으로는 계산할 범위 [C2:C9] 안에서 [A2:A9] 범위 안의 조건인 [A2](의류)로 지정된 셀들의 합인 42가 산출된다.

오답분석

② COUNTIF 함수는 지정한 범위 내에서 조건에 맞는 셀의 개수를 구하는 함수이다.
③·④ VLOOKUP 함수와 HLOOKUP 함수는 배열의 첫 열 / 행에서 값을 검색하여, 지정한 열 / 행의 같은 행 / 열에서 데이터를 돌려주는 찾기 / 참조함수이다.
⑤ AVERAGEIF 함수는 주어진 조건에 따라 지정되는 셀의 평균을 구하는 함수이다.

50

정답 ①

인쇄 영역에 포함된 도형, 차트 등의 개체는 기본적으로 인쇄가 된다.

02 직무수행능력

| 01 | 사무직(경영)

51	52	53	54	55	56	57	58	59	60	61	62	63	64	65	66	67	68	69	70
⑤	③	①	①	②	①	①	②	④	①	①	②	①	①	⑤	③	②	④	③	②
71	72	73	74	75	76	77	78	79	80	81	82	83	84	85	86	87	88	89	90
①	②	③	⑤	②	⑤	⑤	⑤	⑤	③	④	①	⑤	③	④	⑤	①	①	⑤	①
91	92	93	94	95	96	97	98	99	100										
③	①	④	①	②	⑤	①	③	⑤	⑤										

PART 3

51

정답 ⑤

테일러의 차별적 성과급은 시간제 임금이 아니라 생산량에 따른 임금이다.

52

정답 ③

BCG가 말하는 경험곡선의 요인
- 작업방법, 절차·공정의 개선
- 노무자의 작업숙련
- 규모의 효과
- 용구·설비개선을 위한 투자
- 기술의 진보

53

정답 ①

재무상태표는 특정 시점에서 기업의 재무상태(자산, 자본, 부채의 구성상태)를 표시하는 재무제표이다.
- 포괄손익계산서 : 일정한 회계기간 동안의 영업성과를 집약적으로 표시이다.
- 자본변동표 : 회계기간 동안 소유주지분(자본)의 변동을 구성항목별로 구분하여 보고하는 회계보고서이다.
- 현금흐름표 : 기업의 영업활동과 재무활동 그리고 투자활동에 의하여 발생하는 현금흐름의 특징이나 변동원인에 대한 정보를 제공하는 회계보고서이다.
- 자금순환표 : 국가경제 내의 금융활동이 경제주체 간 어떤 관계를 가지고 있는지, 발생한 소득이 소비와 투자에 얼마나 사용되고 남은 자금은 어떻게 사용되는지 등을 나타내는 표이다.

54

정답 ①

고객의 구매활동과 밀접한 관련이 있는 행동적 변수에는 추구하는 편익, 사용상황, 사용량, 상표애호도, 고객생애가치 등이 있다.

55

정답 ②

후입선출법은 매출원가가 크게 계상되어 당기순이익이 적게 계상된다(가). 또한 기말 재고자산이 과거의 취득원가로 기록되어 현행가치를 나타내지 못한다는 단점도 있으며(라), 최근에 구입한 것이 가장 먼저 팔린다는 것은 실제물량흐름과도 불일치한다(바). 반면 장점으로는 현행수익에 최근 구입한 현행원가가 대응되므로 대응원칙에 충실하다는 점, 낮은 당기순이익으로 세금납부를 이연하여 현금흐름이 개선된다는 점, 판매 가격이 최근 구입한 원가를 초과해야 하므로 이익이 발생하기 때문에 가격정책결정에 유용하다는 점이 있다.

56

정답 ①

JND(Just Noticeable Difference)란 가격변화를 느끼게 만드는 최소의 가격변화폭을 의미한다. 반면 낮은 가격의 제품은 가격이 조금만 올라도 구매자가 가격인상을 알아차리지만 가격이 높은 제품은 가격이 어느 정도 올라도 구매자가 가격인상을 알아차리지 못하는데, 이는 베버의 법칙(Weber's Law)으로 설명이 가능하다.

57

정답 ①

후광효과란 일반적으로 어떤 사물이나 사람에 대해 평가를 할 때 그 일부의 긍정적, 부정적 특성에 주목해 전체적인 평가에 영향을 주어 대상에 대한 비객관적인 판단을 하게 되는 인간의 심리적 특성을 말한다.

보기의 사례를 통해 소비자들은 모델의 긍정적 특성에 주목해 상품에 대한 전체적인 평가에 영향을 주어 긍정적인 마케팅 성과를 거둘 수 있다는 것을 알 수 있다. 따라서 후광효과를 응용한 사례라는 것을 알 수 있다.

58

정답 ②

오답분석

① 관계마케팅 : 거래의 당사자인 고객과 기업간 관계를 형성하고 유지·강화하며 동시에 장기적인 상호작용을 통해 상호간 이익을 극대화할 수 있는 다양한 마케팅활동

③ 표적시장 선정 : 시장세분화를 통해 포지셔닝을 하기 전에 포지셔닝을 할 대상을 결정하는 단계

④ 일대일 마케팅 : 기업과 개별 고객간 직접적인 의사소통을 통한 마케팅

⑤ 시장세분화 : 수요층별로 시장을 분할화 또는 단편화하여 각 층에 대해 집중적으로 마케팅 전략을 펴는 활동

59

정답 ④

허시와 블랜차드의 3차원적 유효성이론에서 부하의 성숙수준이 증대됨에 따라 리더는 부하의 성숙수준이 중간 정도일 때까지 보다 더 관계지향적인 행동을 취하며 과업지향적인 행동은 덜 취해야 한다고 한다.

60

정답 ①

기능 조직(Functional Structure)은 기능별 전문화의 원칙에 따라 공통의 전문지식과 기능을 지닌 부서단위로 묶는 조직구조를 의미한다.

61

정답 ①

기계적 조직은 공식화 정도가 높고, 유기적 조직은 공식화 정도가 낮다.

기계적 조직과 유기적 조직의 일반적 특징

구분	전문화	공식화	집권화
기계적 조직	고	고	고
유기적 조직	저	저	저

62

정답 ②

인사관리는 채용과 평가, 보상, 배치 등을 관리하는 HRM(Human Resource Management)과 인적자원의 교육, 훈련, 육성, 역량개발, 경력관리 및 개발 등을 관리하는 HRD(Human Resources Development)로 구분된다.

63

정답 ①

3C는 Company, Customer, Competitor로 구성되어 있다. 자사, 고객, 경쟁사로 기준을 나누어 현 상황을 파악하는 분석방법으로 PEST 분석 후, PEST 분석 내용을 기반으로 3C의 상황 및 행동을 분석, 예측한다.

- Customer : 고객이 원할 필요와 욕구 파악, 시장 동향 파악, 고객(표적 시장) 파악
- Company : 자사의 마케팅 전략, 강점, 약점, 경쟁우위, 기업 사명, 목표 등을 파악(SWOT 활용)
- Competitor : 경쟁사의 미래 전략, 경쟁우위, 경쟁 열위(자사와의 비교 시 장점, 약점) 파악, 경쟁사의 기업 사명과 목표 파악

64

정답 ①

손쉽게 시장점유율과 사업성장률 두 가지 측면에서 해당 사업의 매력도를 책정해볼 수 있다는 것은 장점에 해당한다.

BCG 매트릭스의 문제점

1. 시장점유율과 수익성은 반드시 정비례하지 않는다.
   경쟁이 치열한 시장에서 출혈경쟁이 일어나 제품의 가격을 원가 가까이 낮출 경우 시장 점유율이 상승한다고 하더라도 수익은 감소 할 수 있다. 따라서 시장점유율 만능주의에 빠지지 말아야 할 것이다.
2. 기준점에 따라서 시장 정의가 바뀔 수 있다.
   시장 성장률과 시장 점유율이 낮거나 높은 것에 대한 기준점이 절대적이지 않다. 사업이나 경쟁 환경 특성에 따라 그 기준이 변할 수 있고, 그 기준을 잘못 잡으면 BCG매트릭스를 잘못 적용하게 된다.
3. 시장 성장률만이 시장 기회를 결정하지 않는다.
   기술이나 생산효율 등의 요소도 시장의 장래성에 영향을 미친다.
4. 고성장 사업(제품)이 반드시 더 많은 자본을 필요로 하지 않을 수도 있다.
   합리적 경영 등으로 큰 자본의 유입 없이도 성장을 해낼 수 있다.

65

정답 ⑤

공정성이론에서 투입과 산출의 개념 이해가 선행되어야 한다는 것은 한계점보다는 해당 이론이 증명되기 위한 가설 중 하나이다.

공정성이론의 가설

1. 투입에 비해 더 나은 대우를 받는 사람이 느끼는 불공정성의 정도는 별로 크지 않다.
2. 모든 사람이 다 공정성 문제에 대해 민감하게 반응하는 것은 아니다.
3. 급여 외에 다른 것에 더 관심을 갖는 사람도 많다.
4. 개인의 직무만족도에 가장 큰 영향을 미치는 것은 분배적 공정성(Distributive justice)이지만, 조직 충성도나 상사에 대한 신뢰, 그리고 사직 여부는 산출의 분배가 얼마나 공정한 과정을 통해 이뤄지는가를 뜻하는 절차적 공정성(Procedural Justice)에 의해 좌우된다. 투명하고 공정한 과정을 거쳐 보상이 주어진다면 다소 부당한 급여를 받고 있거나, 승진이 부적절하게 되었다고 생각하는 사람도 조직과 상사에 대해 긍정적으로 보려 하는 경향을 감안한다.

66

정답 ③

퇴직급여제도 분류로 퇴직연금제도와 퇴직금으로 구분된다. 퇴직금은 근속연수 1년에 대하여 30일분 이상의 평균임금을 퇴직 시 일시금으로 지급하는 것이고, 퇴직연금제도는 재직 중 발생한 퇴직금을 외부 금융기관에 맡기고 근로자가 퇴직할 때 이 금액을 다시 지급하는 제도이다.

67

정답 ②

재무제표 작성을 주목적으로 하는 것은 재무회계이다. 관리회계란 기업 내부의 이해관계자인 경영자가 관리적 의사결정을 하는 데 유용한 정보를 제공하는 것을 목적으로 하는 회계학의 한 분야이다.

구분	관리회계	재무회계
목적	기업내부이해관계자의 의사결정을 위한 정보제공	기업외부이해관계자의 의사결정을 위한 정보제공
보고대상	경영진 중심	주주, 채권자, 소비자 등
준거기준과 보고수단	특별한 기준 없음	각종 회계기준
특징	미래와 관련된 회계정보	과거와 관련된 회계정보

68

정답 ④

금리는 만기가 길수록, 유동성이 작을수록, 기대 인플레이션이 높을수록, 위험도가 클수록 높아진다. 일반적으로 채권의 만기가 길면 길수록 투자금의 유동성에 제약을 받기 때문에 이자율은 높아진다. 국채는 회사채보다 채무불이행 위험이 작기 때문에 금리가 회사채보다 낮게 형성되며, 경기가 좋아질수록 채무불이행 위험이 줄어들기 때문에 국채와 회사채 간 금리 차이가 줄어든다.

69

③

회계상의 거래는 상품의 매매, 금전의 수입과 지출 등 결과적으로 기업의 자산, 부채, 자본, 수익, 비용의 증감 변화를 일으키는 거래를 말하며, 이를 화폐금액으로 표시할 수 있어야 한다. 복사기를 주문하고 현금을 지급한 것은 아니기 때문에 회계상의 거래가 아니다. 즉, 상품의 주문, 임대차계약, 고용계약, 위탁 등은 일상생활에서는 거래라고 하나 회계상의 거래는 아니다.

70

②

모태펀드는 기업에 직접 투자하기보다는 개별펀드(투자조합)에 출자하여 직접적인 투자위험을 감소시키면서 수익을 목적으로 운영하는 펀드로, 펀드를 위한 펀드(Fund of Funds)라 불린다.

오답분석

① 사모펀드(Private Equity Fund)는 소수의 투자자로부터 사모 방식으로 자금을 조성하여 주식·채권 등에 운용하는 펀드다. 투자신탁업법상에는 100인 이하의 투자자, 증권투자회사법(뮤추얼펀드)에는 49인 이하의 투자자를 대상으로 모집하는 펀드다.
③ 국부펀드란 중앙은행이 관리하는 외화 보유액과는 달리 정부가 외화 보유액 일부를 투자용으로 출자해 만든 펀드다.
④ 상장지수펀드(ETF; Exchange Traded Fund)는 증권시장에 상장돼 거래되는 펀드다. 펀드처럼 증권사 등이 투자 자금을 모으고 전문가에게 운용을 맡긴다. 하지만 펀드와 비교해 수수료가 적으며 자금이 필요할 때 증권시장에서 매각해 바로 회수할 수 있어 환금성이 높다는 특징이 있다.
⑤ 메자닌펀드 메자닌은 건물 1층과 2층 사이에 있는 라운지 공간을 의미하는 이탈리아어로 채권과 주식의 중간 위험 단계에 있는 전환사채(CB)와 신주인수권부사채(BW)에 투자하는 것을 말한다.

71

정답 ①

비유동자산이란 재무상태표 작성일을 기준으로 1년 이내에 현금화할 수 없는 자산을 말한다. 비유동자산은 크게 투자자산, 유형자산, 무형자산으로 구분할 수 있다.

투자자산은 기업의 본래 영업활동이 아닌 투자목적으로 보유하는 자산을 의미하고, 유형자산은 토지, 건물 등 부동산 자산과 기계장치, 설비 등을 말한다. 그 외 영업권, 산업재산권 등을 무형자산이라고 한다.

72

정답 ②

디인발행수표와 보통예금은 모두 현금 및 현금성 자산으로 분류되는 계정과목이므로, 해당 계정과목 간의 변동은 현금 및 현금성자산 내에서의 변동일 뿐 총액에 대한 증감을 초래하지는 않는다.

73

정답 ③

같은 브랜드의 상품이 서로 다른 유통경로로 판매될 경우 경로 간의 갈등을 일으킬 위험이 있다.

74

정답 ⑤

창의적인 문제해결이 필요한 경우는 MECE는 한계점에 도달한다. MECE는 전체집합 U의 범위 내에서 문제가 다루어짐을 전제로 한다. 따라서 문제 해결의 방법이 전체집합 U 바깥에 있을 경우, MECE는 무용지물이 되고 만다.

75

정답 ②

침투가격정책은 수요가 가격에 대하여 민감한 제품(수요의 가격탄력도가 높은 제품)에 많이 사용하는 방법이다.

76

정답 ⑤

밑줄 친 차등성과급제는 불규칙한 비율의 강화요인으로 볼 수 있다. 강화요인은 정적강화와 부적강화가 존재하는데 '차등성과급제'는 단편적으로 볼 때는 정적강화요인으로 생각되지만 우리사회에서 존재하는 역차별문제의 대표적인 사례로도 볼 수 있다. 따라서 차등성과급제는 정적부적기준이 아닌 불규칙한 비율의 강화요인으로 보는 것이 문제의 접근법이다.

고정 간격법	일정 간격마다 강화 요인 제공 (예 급여, 정기 상여 등)
고정 비율법	일정량의 비율로 강화 요인 제공 (예 정기 판매 수당 등)
변동 간격법	불규칙한 시간 간격으로 강화 요인 제공 (예 인센티브, 칭찬 등)
변동 비율법	불규칙한 비율로 강화 요인 제공 (예 차등성과급제 등)

※ 한 가지 사용보다 동시에 복합적으로 사용하는 방법이 더 많이 쓰인다. 장기적인 강화로는 연속적 강화보다 단속적 강화의 효과가 더 효과적이다.

77

정답 ⑤

마이클 포터의 산업구조분석모델은 산업에 참여하는 주체를 기존기업, 잠재적 진입자, 대체제, 공급자, 구매자로 나누고 이들 간의 경쟁 우위에 따라 기업 등의 수익률이 결정되는 것으로 본다.

오답분석

① 정부의 규제 완화 : 정부의 규제 완화는 시장 진입장벽이 낮아지게 만들며 신규 진입자의 위협으로 볼 수 있다.
② 고객 충성도 : 고객의 충성도의 정도에 따라 진입자의 위협도가 달라진다.
③ 공급 업체 규모 : 공급업체의 규모에 따라 공급자의 교섭력에 영향을 준다.
④ 가격의 탄력성 : 소비자들은 가격에 민감할 수도 둔감할 수도 있기에 구매자 교섭력에 영향을 준다.

78

정답 ⑤

기존의 패러다임을 바꾸는 것은 5P 전략 중 'Perspective'에 해당한다.

민츠버그의 5P 모형

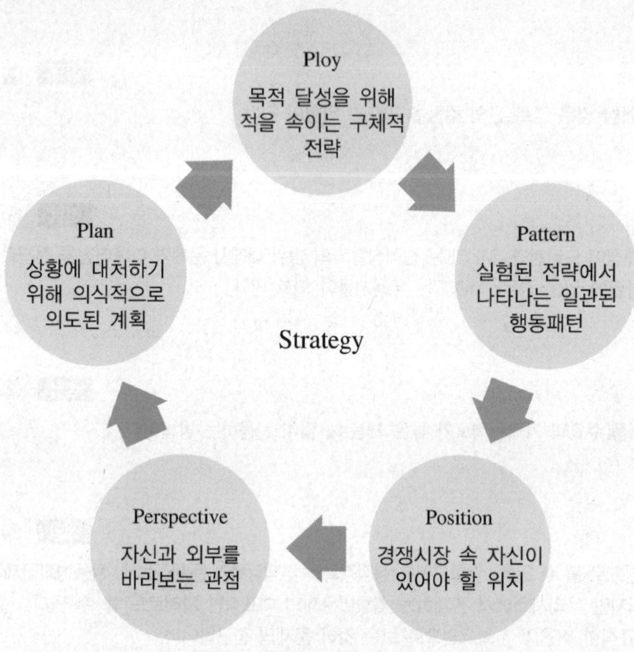

79

정답 ⑤

근로자와 사용자의 이해 및 협력을 위한 기구인 노사협의회에 관한 문답기록지이다. 위기대책대응부서 소비자권익보호부서, 안전방화시설 및 노무법률상담부서와는 관련이 없는 내용이다.

80

정답 ③

자본시장선(CML)의 기울기$=\frac{E(R_m)-R_f}{\delta_m}$, 증권시장선(SML)의 기울기$=E(R_m)-R_f$

81

정답 ④

빈칸 A에 들어갈 용어는 집단 양극화이며, 빈칸 B에 들어갈 용어는 델파이법이다.

집단 의사결정의 문제점에는 집단사고, 집단양극화, 많은 시간의 소요, 책임소재의 부재, 동조발생, 사회적 압력과 순응에 의한 문제발생 등이 해당한다. 그에 따른 해결방안으로는 대표적으로 브레인스토밍, 명목집단법, 델파이법, 변증법적 토의, 캔미팅, 프리모텀기법 등이 있다.

82

정답 ①

매출원가를 산정하는 산식은 다음과 같다.

매출원가=기초상품재고액+당기상품매출액−기말상품재고액

83

정답 ⑤

최저임금제의 필요성

- 계약자유의 원칙 한계 보완 : 계약의 자유가 소유권과 결합하여 오히려 경제적 강자를 보호하고 경제적 약자를 지배하는 제도로 전환되는 한계를 보완
- 사회적 약자 보호 : 생존임금과 생활임금을 보장하여 저임금 노동자 등의 사회적 약자들을 보호
- 시장실패 보완 : 임금이 하락함에도 불구하고 노동공급은 줄어들지 않고 계속 증가하여 임금이 계속 떨어지는 현상인 왜곡된 임금구조를 개선
- 유효수요 증대 : 저소득층의 한계소비성향을 높여 사회 전반적인 수요 증대

84

정답 ③

$(0.1\times0.2)+(0.2\times0.15)+(0.3\times0.1)+(0.4\times0.05)=0.02+0.03+0.03+0.02=0.1$

85

정답 ④

- 총자산 800억 원−비유동자산 428억 원=유동자산 372억 원
- 유동비율은 일반적으로 200% 이상이면 양호하다. 유동자산 372억 원/유동부채×100=200이므로 유동부채는 186억 원
- 총부채는 총자산 800억 원−자본 300억 원=500억 원

∴ 비유동부채=총부채 500억 원−유동부채 186억 원=314억 원

86

정답 ⑤

- $NPV=\sum_{t=1}^{t}\frac{C_t}{(1+r)^t}-C_0$

C_t=프로젝트를 위한 자본유입

C_0=프로젝트에 인한 지출금액

- $NPV=\frac{1,100}{(1+10\%)^1}+\frac{1,210}{(1+10\%)^2}-800=1,200$

따라서 순현재가치는 1,200만 원이다.

87

정답 ①

- 총자산은 부채와 자본의 합

총자산회전율$=\frac{\text{매출액}}{\text{총자산}}$

→ 총자산회전율$=\frac{600}{200+100}=2$

따라서 총자산회전율은 2.0이다.

88

정답 ①

초기고가전략은 가격 변화에 둔감한 경우, 즉 수요의 가격탄력성이 낮은 경우에 채택해야 한다.

89

정답 ⑤

촉진믹스(Promotion Mix) 활동에는 광고, 인적판매, 판매촉진, PR(Public Relationship), 직접마케팅, 간접마케팅이 있다.

90

정답 ①

오답분석

② 필요한 때에 맞추어 물건을 생산·공급하는 것으로 제조업체가 부품업체로부터 부품을 필요한 시기에 필요한 수량만큼만 공급받아 재고가 없도록 해주는 재고관리시스템이다.
③ 작업 공정 혁신을 통해 비용은 줄이고 생산성은 높이는 것으로 숙련된 기술자의 편성과 자동화 기계의 사용으로 적정량의 제품을 생산하는 방식이다.
④ 어떤 제품을 판매하는 경우 자재 조달, 제품 생산, 유통, 판매 등의 흐름을 적절히 관리하여 공급망 체인을 최적화함으로써 조달 시간 단축, 재고 비용이나 유통 비용 삭감, 고객 문의에 대한 빠른 대응을 실현하는 것이다.
⑤ JIT 시스템의 생산통제수단으로 낭비를 제거하고 필요한 때에 필요한 물건을 필요한 양만큼만 만들어서 보다 빨리, 보다 싸게 생산하기 위한 목적으로 활용되는 시스템이다.

91

정답 ③

오답분석

① 의도적인 행위를 위해 타인의 신분으로 위장하는 것으로 호스트의 IP주소나 이메일 주소를 바꾸어서 이를 통해 해킹을 하는 것이다.
② 네트워크 주변을 지나다니는 패킷을 엿보면서 계정(ID)과 패스워드를 알아내기 위한 행위이다.
④ 다른 누군가로 가장하려고 그 사람의 주민번호, 운전면허증번호, 신용카드번호 등 개인의 핵심정보를 빼내는 범죄이다.
⑤ 금융기관 등으로부터 개인정보를 불법적으로 알아내 이를 이용하는 사기수법이다.

92

정답 ①

신사업전략(앤소프의 시장확장그리드)

구분	기존제품	신제품
기존시장	시장침투 전략	제품개발 전략
신시장	시장개발 전략	다각화 전략

93

정답 ④

가. 재무상태표상에 자산과 부채를 표시할 때는 유동자산과 비유동자산, 유동부채와 비유동부채로 구분하지 않고 유동성 순서에 따라 표시하는 방법도 있다.
다. 비용의 성격에 대한 정보가 미래현금흐름을 예측하는 데 유용하기 때문에 비용별 포괄손익계산서를 사용하는 경우에는 성격별 분류에 따른 정보를 추가로 공시하여야 한다.
라. 포괄손익계산서와 재무상태표를 연결시키는 역할을 하는 것은 총포괄이익이다.

94

정답 ①

현금흐름표는 한 회계기간 동안의 현금흐름을 영업활동과 투자활동, 그리고 재무활동으로 나누어 보고한다.

오답분석

② 재화의 판매, 구입 등 기업의 주요 수익활동에 해당하는 항목들은 영업활동으로 분류된다.
③ 유형자산의 취득, 처분 및 투자자산의 취득, 처분 등은 투자활동으로 분류된다.
④ 한국채택국제회계기준에서는 직접법과 간접법, 두 방법 모두를 인정한다.
⑤ 직접법으로 표기하는 방식은 정보이용자가 이해하기 쉽고, 미래 현금흐름을 추정하는 데 보다 유용한 정보를 제공한다.

95

정답 ②

공기업은 국가에서 관리하며 규정이 정해져 있기 때문에 창의성 운영을 하기에 불리한 구조이다.

오답분석

①·③·④ 공기업은 사기업과 달리 영리성을 목적으로 하지 않으며, 사회공공의 복리향상과 같은 공공성이 요구된다.
⑤ 독립채산제는 기업 내 경영단위가 자기의 수지에 의해 단독으로 사업을 성립시킬 수 있도록 하는 경영관리제도로, 국영 기업의 자립적 운영을 위하여 채택된 경영 방식이다.

96

정답 ⑤

직무충실화는 계획, 통제 등의 관리기능의 일부를 종업원에게 위임하여 능력을 발휘할 수 있는 여지를 만들고 도전적인 직무를 구성하여 생산성을 향상시키고자 하는 방법이다. 허즈버그의 2요인 이론에 기초하며 개인의 차를 고려하지 않는다.

97

정답 ①

캐리 트레이드란 금리가 낮은 나라의 통화로 자금을 조달해 금리가 높은 국가의 금융상품 등에 투자함으로써 수익을 내는 거래를 말한다. 주식이나 채권, 부동산, 원자재, 대출자산 등이 주요 투자대상이다. 예를 들어 기준금리가 사실상 제로인 일본에서 엔화 자금을 연 1% 조건으로 빌려 1년 만기 연 2%대인 한국 채권에 투자하면 환전 비용을 제외할 경우 대략 연 2%의 이자 수익을 얻을 수 있다. 캐리 대상이 되는 주요 자금은 엔화(엔-캐리 트레이드), 달러화(달러-캐리 트레이드), 유로화(유로-캐리 트레이드) 등이다. 토빈세는 이런 캐리 트레이드를 제한하기 위해 단기 외환거래에 물리는 세금이다.

98

정답 ③

인지적 평가이론이란 순수한 내적 동기로 일하던 사람에게 금전적 보상이 가해지는 순간 내적 동기가 침해될 수도 있다는 이론이다. 해당 이론에 따르면 A의 동기는 침해되었기 때문에 의욕을 상실하게 된다.

99

정답 ⑤

옵션은 권리행사를 기준으로 미국형 옵션과 유럽형 옵션으로 분리할 수 있다. 미국형 옵션은 만기일 전에도 언제든지 권리행사가 가능하지만, 유럽형 옵션의 경우에는 만기일에만 권리행사가 가능하기 때문에 미국형 옵션보다 저렴하고 매수자에게 유리하다. 또한 만기일 이전에는 반대매매로 청산은 가능하다.

100

정답 ⑤

콘체른(Konzern)은 유럽, 특히 독일에 흔한 기업형태로 법률적으로 독립되어 있으나, 경제적으로는 통일된 지배를 받는 기업 집단이다. 콘체른에 소속된 회사들은 계열사라고 불린다. 콘체른은 가입기업이 법률적으로 독립성을 가지고 있으며, 동종 업종뿐만 아니라 이종 업종 간에도 결합되는 형태이다.

| 02 | 사무직(회계)

51	52	53	54	55	56	57	58	59	60	61	62	63	64	65	66	67	68	69	70
④	④	③	④	④	②	⑤	③	③	②	③	④	②	③	②	⑤	②	④	⑤	①
71	72	73	74	75	76	77	78	79	80	81	82	83	84	85	86	87	88	89	90
⑤	③	③	①	⑤	⑤	①	⑤	②	③	④	②	①	②	③	②	④	③	④	①
91	92	93	94	95	96	97	98	99	100										
⑤	⑤	①	②	⑤	⑤	⑤	④	⑤	⑤										

51

정답 ④

유동자산은 정상영업주기 및 보고기간 후 12개월 이내에 실현될 것으로 예상하는 자산이다.

52

정답 ④

20×1년 기말재고자산=10,000+1,000+2,000×(1−0.7)+3,000=14,600원

53

정답 ③

• 연수합계법

연도별	계산과정	감가상각비	감가상각누계액	장부금액
20×1.12.31	$(10,000-0)\times\frac{4}{10}$	4,000	4,000	6,000
20×2.12.31	$(10,000-0)\times\frac{3}{10}$	3,000	7,000	3,000
20×3.12.31	$(10,000-0)\times\frac{2}{10}$	2,000	9,000	1,000
20×4.12.31	$(10,000-0)\times\frac{1}{10}$	1,000	10,000	0

• 연수합계 : 4+3+2+1=10년

• 감가상각누계액의 계산 : $(\text{취득원가}-\text{잔존가치})\times\frac{\text{잔존연수합계}}{\text{연수합계}}$

20×2년 감가상각비는 (−)3,000원이고, 20×2년에 장부금액(3,000원)을 4,000원에 처분하였으므로 (+)1,000원의 이익이 있다. 따라서 동 유형자산의 감가상각비와 처분손익이 20×2년 당기순이익에 미치는 영향의 합계는 (−)2,000원이다.

54

정답 ④

• 연구(또는 내부 프로젝트의 연구단계)에 대한 지출은 발생시점에 '비용'으로 인식한다.
  비용(연구비)=연구단계의 원재료사용액+연구단계의 연구원급여+자문료=600원

• 개발단계에서 지출한 금액 중 무형자산 인식기준을 충족한 이후에 지출한 모든 금액은 무형자산으로 처리하고, 그렇지 못한 지출은 비용(예: 경상개발비)으로 처리한다.

이 문제에서는 개발단계에서 지출한 금액 중 무형자산 인식기준을 충족한다고 하였으므로, 개발단계에서의 지출은 모두 무형자산으로 처리한다.

∴ 무형자산(개발비)=개발단계 원재료사용액+개발단계 연구원급여=600원

55

정답 ④

상호배부법은 보조부문 상호 간의 용역수수관계가 중요할 때 적용한다.

56

정답 ②

수선충당부채 및 퇴직급여부채는 비유동부채에 해당된다.

유동부채와 비유동부채

유동부채	비유동부채
• 매입채무 • 미지급비용 • 단기차입금 • 선수금 • 미지급금 • 유동성장기부채 등	• 장기차입금 • 사 채 • 수선충당부채 • 장기매입채무 • 장기미지급금 • 퇴직급여부채

PART 3

57

정답 ⑤

자기자본에 의한 자금조달방법으로는 크게 주식발행을 통한 자금조달법과 유보이익을 통한 자금조달법이 있으며 보기 ⑤는 유보이익을 통한 직접금융에 해당하는 자기조달법이다.

58

정답 ③

2023년 5월 1일	(차)	자기주식	7,000	(대)	현금	7,000
2023년 10월 1일	(차)	자본금	2,500	(대)	자기주식	3,500
		주식발행초과금	500			
		감자차손	500			

따라서 자기주식에 대하여 원가법을 적용하여 회계처리하면 2023년 10월 1일 감자차손이 500원 발생한다는 것을 알 수 있다.

59

정답 ③

대손충당금계정

대손확정	200,000	기초잔액	100,000
기말잔액	99,000	현금회수액	80,000
		추가 설정해야 할 금액 (대손상각비)	119,000
기말잔액	299,000원		299,000원

따라서 20×1년의 대손상각비는 119,000원이다.

60

정답 ②

배당금 수령액은 수익이기 때문에 당기손익으로 계상한다.

61

정답 ③

• 재고자산회전율$=\frac{\text{매출원가가 일어난 기간(회계기간)}}{\text{재고자산회전일수}}=\frac{360\text{일}}{120\text{일}}=3\text{회}$

• 평균 재고자산$=\frac{90,000+210,000}{2}=150,000\text{원}$

• 매출원가=평균 재고자산×재고자산회전율=150,000×3=450,000원

62

정답 ④

• 유동비율$=\frac{\text{유동자산}}{\text{유동부채}}\times100$

$=\frac{\text{유동자산}}{120,000}\times100=250(\%)$이므로, 유동자산은 300,000이다.

• 당좌비율$=\frac{\text{당좌자산}}{\text{유동부채}}\times100$

$=\frac{\text{당좌자산}}{120,000}\times100=200(\%)$이므로, 당좌자산은 240,000이다.

• 평균재고자산$=\frac{\text{기초재고자산}+\text{기말재고자산}}{2}$

$=\frac{80,000+(300,000-240,000)}{2}=70,000\text{원}$

• (재고자산회전율)$=\left[\frac{\text{(매출원가)}}{\text{(평균재고자산)}}\text{(회)}\right]=\frac{(350,000)}{(70,000)}=5\text{(회)}$

63

정답 ②

차입금 상환을 면제받는 것은 부채의 감소에 해당한다.

부채의 감소
- 차입금 상환을 면제받다.
- 차입금을 자본금으로 전환하다.
- 차입금을 갚다.

64

정답 ③

오답분석

① 재무상태표는 일정시점에 있어서 기업의 재무상태인 자산, 부채 및 자본에 관한 정보를 제공한다.
② 포괄손익계산서는 일정기간 동안 기업의 경영성과를 나타낸다.
④ 현금흐름표는 당해 회계기간의 현금의 유입과 유출내용을 적정하게 표시하는 보고서이다.
⑤ 재무제표는 재무상태표, 손익계산서, 현금흐름표, 자본변동표로 구성한다.

65

정답 ②

• 증가된 매출액=1,000개×800=800,000원
• 증가된 매출원가=1,000개×(250+200+150+80)=680,000원
※ 고정제조간접비는 공통적으로 들어가는 원가이므로 계상하지 않는다.
• 이익 증가액=800,000−680,000=120,000원

66

정답 ⑤

원가동인의 변동에 의하여 활동원가가 변화하는가에 따라 활동원가는 고정원가와 변동원가로 구분된다. 고정원가는 고정제조간접비와 같이 원가동인의 변화에도 불구하고 변화하지 않는 원가이며, 변동원가는 원가동인의 변화에 따라 비례적으로 변화하는 원가로 직접재료비, 직접노무비 등이 해당된다. 일반적으로 활동기준원가계산에서는 전통적인 고정원가, 변동원가의 2원가 분류체계 대신 단위기준, 배치기준, 제품기준, 설비기준 4원가 분류체계를 이용한다.

활동기준원가계산

활동기준원가계산은 기업에서 수행되고 있는 활동(Activity)을 기준으로 자원, 활동, 제품/서비스의 소모관계를 자원과 활동, 활동과 원가대상 간의 상호 인과관계를 분석하여 원가를 배부함으로써 원가대상의 정확한 원가와 성과를 측정하는 새로운 원가계산방법이다.

67

정답 ②

이자수익=사채의 장부금액×유효이자율

=951,963×0.12=114,235.56≒114,236원

68

정답 ④

- 20×1년도 충당부채=매출액×보증비용 예상비율=60,000×0.05=3,000원
- 20×1년 말 제품보증충당부채 : 3,000−2,000=1,000원

제품보증충당부채

지출액	2,000	기초잔액	0
기말잔액	(1,000)	설정액	3,000

69

정답 ⑤

내용연수가 비한정인 무형자산의 내용연수를 유한 내용연수로 변경하는 것은 회계추정의 변경으로 회계처리한다.

회계정책의 변경과 회계추정의 변경

구분	개념	적용 예
회계정책의 변경	재무제표의 작성과 보고에 적용되던 회계정책을 다른 회계정책으로 바꾸는 것을 말한다. 회계정책이란 기업이 재무보고의 목적으로 선택한 기업회계기준과 그 적용방법을 말한다.	• 한국채택국제회계기준에서 회계정책의 변경을 요구하는 경우 • 회계정책의 변경을 반영한 재무제표가 거래, 기타 사건 또는 상황이 재무상태, 재무성과 또는 현금흐름에 미치는 영향에 대하여 신뢰성 있고 더 목적적합한 정보를 제공하는 경우
회계추정의 변경	회계에서는 미래 사건의 불확실성의 경제적 사건을 추정하여 그 추정치를 재무제표에 보고하여야 할 경우가 많은데 이를 회계추정의 변경이라고 한다.	• 대손 • 재고자산 진부화 • 금융자산이나 금융부채의 공정가치 • 감가상각자산의 내용연수 또는 감가상각자산에 내재된 미래 경제적 효익의 기대소비행태 • 품질보증의무

70

정답 ①

영업활동 현금흐름은 직접법 또는 간접법 중 하나의 방법으로 보고할 수 있다. 직접법이란 총현금유입과 총현금유출을 주요 항목별로 구분하여 표시하는 방법을 말한다. 직접법은 간접법에서 파악할 수 없는 정보를 제공하고 미래현금흐름을 추정하는 데 보다 유용한 정보를 제공하기 때문에 한국채택국제회계기준에서는 직접법을 사용할 것을 권장하고 있다.

오답분석

② 단기매매목적으로 보유하는 유가증권의 취득과 판매에 따른 현금흐름은 영업활동으로 분류한다.
③ 일반적으로 법인세로 납부한 현금은 영업활동으로 인한 현금유출에 포함된다.
④ 당기순이익의 조정을 통해 영업활동 현금흐름을 계산하는 방법은 간접법이다.
⑤ 영업을 통해 획득한 현금에서 영업을 위해 지출한 현금을 차감하는 방식으로 영업활동 현금흐름을 계산하는 방법은 직접법이다.

71

정답 ⑤

공정가치모형은 최초 측정시 원가로 기록한 후 감가상각을 하지 않고, 회계연도 말에 공정가치로 평가하여 평가손익을 '당기손익'에 반영하는 방법이다. 즉 투자부동산에 대해 공정가치모형을 적용할 경우 공정가치 변동으로 발생하는 손익은 발생한 기간의 당기손익에 반영한다.

72

정답 ③

분개장은 주요부이고, 현금출납장은 보조기입장이다.

회계장부

주요부		분개장, 총계정원장
보조부	보조기입장	현금출납장, 매입장, 매출장, 어음기입장 등
	보조원장	상품재고장, 매입처원장, 매출처원장 등

73

정답 ③

검증가능성은 둘 이상의 회계담당자가 동일한 경제적 사건에 대하여 동일한 측정방법으로 각각 독립적으로 측정하더라도 각각 유사한 측정치에 도달하게 되는 속성을 말한다. 즉, 검증가능성은 정보가 나타내고자 하는 경제적 현상을 충실히 표현하는지를 정보이용자가 확인하는 데 도움을 주는 보강적 질적 특성이다.

재무정보의 질적 특성

근본적 질적 특성	• 목적적합성 • 충실한 표현
보강적 질적 특성	• 비교가능성 • 검증가능성 • 적시성 • 이해가능성

74

정답 ①

감사차익은 당기순이익에 영향을 미치지 않는다.

감자차익

- 주식회사의 자본금을 감소시킬 때 감소된 자본금액이 주식의 소각, 주금의 반환 또는 결손금을 보전한 금액을 초과하는 경우 처리하는 계정으로, 대차대조표에서 자본잉여금으로 분류된다. 자본잉여금은 포괄손익계산서를 거치지 않고 직접 자본에 가감되고, 원칙적으로 자본금전입 또는 결손보전에만 사용 가능하므로 당기순이익에 영향을 미치지 않는다.
- 감자차손에 대한 처리방법은 감자차익에서 우선적으로 차감한 후 자본조정계정에 계상하며, 나머지는 결손금의 처리순서에 준하여 처리한다. 재무제표에 표시방법은 자본잉여금의 부(　)에 감자차익계정으로 기재하여야 한다.

75

정답 ⑤

회계상 거래는 회사의 재무상태인 자산・부채・자본의 증감변동이 일어나는 거래(①, ②, ③, ④)를 말한다. 부동산을 담보로 제공하는 행위는 일상적인 거래에 해당하지만 자산・부채・자본의 증감변동이 일어나지 않으므로 회계상 거래로 보지 않는다.

PART 3

76

정답 ⑤

재고자산 판매를 통해 현금을 조기 확보하고 재고자산을 줄이는 경우 유동비율은 불변이고, 당좌비율은 증가한다.

- 유동비율 $=\frac{\text{유동자산}}{\text{유동부채}}\times 100(\%)$
- 당좌비율 $=\frac{\text{당좌자산}}{\text{유동부채}}\times 100(\%)=\frac{(\text{유동자산}-\text{재고자산})}{\text{유동부채}}\times 100(\%)$

문제에서 유동부채가 불변인 상태에서 유동자산만 감소하면 유동비율이 감소하고, 유동자산이 증가하거나 재고자산이 감소하면 당좌비율이 증가한다.

오답분석

① 기계장치를 현금으로 매입하는 경우 유동자산이 감소하므로 유동비율이 감소하고, 당좌비율이 감소한다.
② 장기차입금을 단기차입금으로 전환하는 경우 유동부채가 증가하므로 유동비율이 감소하고, 당좌비율이 감소한다.
③ 외상거래처의 협조를 구해 매출채권을 적극적으로 현금화하는 경우 유동비율과 당좌비율은 불변한다.
④ 단기매매금융자산(주식)을 추가 취득하여 현금비중을 줄이는 경우 유동비율과 당좌비율은 불변한다.

77

정답 ①

단기매매목적으로 보유하는 유가증권의 취득과 판매에 따른 현금흐름은 영업활동현금흐름으로 분류한다.

78

정답 ⑤

토지(유형자산)에 대한 취득세 지출은 원가에 포함되어 자산에 속하기 때문에 당기순이익을 감소시키지 않는다.

오답분석

①・②・③・④ 비용발생으로 당기순이익을 감소시키는 거래에 해당한다.

79

정답 ②

- 처분이익=400주×(8,500−7,500)=400,000원
- 평가이익=600주×(8,000−7,500)=300,000원
- 당기이익=400,000+300,000=700,000원

> 당기손익인식금융자산의 공정가치 변동은 당기손익으로 인식되고, 매도가능금융자산의 공정가치변동은 기타포괄손익으로 계상하고 이를 처분하거나 손상차손을 인식하는 시점에서 당기손익으로 재분류한다.

80

정답 ③

오답분석

① 재평가가 단기간에 수행되며 계속적으로 갱신된다면, 동일한 분류에 속하는 자산이라 하더라도 순차적으로 재평가할 수 있다.
② 유형자산을 재평가할 때, 그 자산의 장부금액을 재평가금액으로 조정한다.
④ 자산의 장부금액이 재평가로 인하여 감소된 경우에 그 감소액은 당기손익으로 인식한다. 그러나 그 자산에 대한 재평가잉여금의 잔액이 있다면 그 금액을 한도로 재평가감소액을 기타포괄손익으로 인식한다.
⑤ 어떤 유형자산 항목과 관련하여 자본에 계상된 재평가잉여금은 그 자산이 제거될 때 이익잉여금으로 직접 대체할 수 있다.

81

정답 ④

정보이용자가 항목 간의 유사점과 차이점을 식별하고 이해할 수 있게 하는 질적 특성은 '비교가능성'이다. 이해가능성은 정보이용자가 그 정보를 쉽게 이해할 수 있어야 한다는 특성이다. 즉, 정보를 명확하고 간결하게 분류하고, 특징지으며, 표시해야 한다는 의미이다. 이는 정보이용자가 제공된 회계정보를 이해하지 못하는 경우 회계정보는 의사결정에 영향을 미치지 못하고 유용한 정보가 될 수 없기 때문이다.

82

정답 ②

현금 및 현금성 자산

기업이 보유하고 있는 통화 및 통화대용증권과 당좌예금이나 보통예금 등 요구불예금 및 현금성 자산을 말한다. 차용증서(단기대여금), 임차보증금(비유동자산), 당좌개설보증금(장기금융상품), 수입인지(소모품비) 등은 제외된다.

통화	지폐, 주화 등 사용가능한 화폐(외국화폐 포함)
통화대용 증권	국고지급통지서, 가계수표, 타인발행수표, 자기앞수표, 여행자수표, 대체저금환급증서, 공사채만기이자표, 일람출급어음, 배당금지급통지표, 우편환증서, 우표수표, 송금수표, 만기도래 약속어음, 환어음 등

현금 및 현금성 자산=당좌예금(1,000)+배당금지급통지표(455)+우편환증서(315)+타인발행수표(200)=1,970원

83

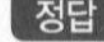

정답 ①

완성될 제품이 원가 이상으로 판매될 것으로 예상하는 경우에는 그 생산에 투입하기 위해 보유하는 원재료 및 기타 소모품을 감액하지 아니한다(즉, 저가법을 적용하지 않음). 그러나 원재료 가격이 하락하여 제품의 원가가 순실현가능 가치를 초과할 것으로 예상된다면 해당 원재료를 순실현가능 가치로 감액한다. 이 경우 원재료의 현행대체원가는 순실현가능 가치에 대한 최선의 이용가능한 측정치가 될 수 있다.

오답분석

② 선입선출법은 기말재고금액을 최근 매입가격으로 평가하므로 비교적 자산의 시가 또는 현행원가(current cost)가 잘 반영된다.
③ 후입선출법에 대한 설명이다.
④ 통상적으로 상호 교환될 수 없는 재고자산항목의 원가와 특정 프로젝트별로 생산되고 분리되는 재화 또는 용역의 원가는 개별법을 사용하여 결정한다.

⑤ 계속기록법에 의하여 평균법을 적용하는 것으로 상품의 매입시마다 새로운 평균 단가를 계산하는 것은 이동평균법에 대한 설명이다.

84

정답 ②

수정전시산표의 선급보험료에서 수정분개의 선급보험료를 차감한 금액이 수정후시산표나 재무상태표에 표시될 금액이다.
즉, 수정전시산표 선급보험료−수정분개 선급보험료=수정후시산표 표시금액 혹은 재무상태표 표시금액
수정전시산표 선급보험료가 주어지지 않았지만, 수정분개의 선급보험료가 300원으로 주어졌으므로, 수정전시산표와 기말재무상태표의 선급보험료가 300원 적게 표시된 것을 찾으면 된다.

85

정답 ③

수정전시산표는 결산 이전의 오류를 검증하는 절차로 필수적 절차가 아니라 선택적 절차에 해당한다.

회계의 필수적 절차와 선택적 절차
• 필수적 절차 : 거래의 식별, 분개, 전기, 수정분개와 전기, 재무제표 작성, 마감분개 및 전기
• 선택적 절차 : 수정전시산표, 수정후시산표, 마감후시산표

PART 3

86

정답 ②

독립된 외부감사인이 충분하고 적합한 감사증거를 입수하였고 왜곡표시가 재무제표에 개별적 또는 집합적으로 중요하지만 전반적이지는 않다는 결론을 내리는 경우 표명하는 감사의견은 한정의견이다.

회계감사의견

1. **적정의견**
회사가 기업회계기준에 따라 중요성의 관점에서 위배사항이 없을 경우에 표명되는 의견으로 기업회계기준에 맞게 재무제표를 작성했으며, 감사에 필요한 자료를 회사로부터 충분히 제공받았다는 뜻이다. '적정의견'이라고 해서 반드시 회사의 재무상태가 양호하다는 뜻은 아니다.
2. **한정의견**
독립된 외부감사인이 충분하고 적합한 감사증거를 입수하였고 왜곡표시가 재무제표에 개별적 또는 집합적으로 중요하지만 전반적이지 않은 경우 표명되는 의견이다. 감사 범위가 제한되고 회계기준 위반 사항은 있었지만, '부적정의견'이나 '의견거절'까지 갈 수준은 아니라는 뜻이다.
3. **부적정의견**
중요한 사안에 대해 기업회계기준을 위배하여 재무제표를 작성한 경우 표명되는 의견이다.
4. **의견거절**
감사인이 감사보고서를 만드는데 필요한 증거를 얻지 못해 재무제표 전체에 대한 의견 표명이 불가능하거나, 기업의 존립에 의문이 들 때 또는 감사인의 독립성 결여 등으로 회계감사가 불가능한 상황에서 표명되는 의견이다.

87

정답 ④

현금주의는 거래의 발생 시점이 아닌 현금의 유출입이 실제로 발생했을 때 회계 장부에 기록하는 방법이다. 현금의 유출입을 객관적으로 확인할 수 있지만 경영성과를 정확하게 파악하기에는 어려운 면이 있다.
발생주의는 현금의 유출입과는 무관하게 거래가 발생한 시점(수익과 비용의 발생시점)을 기준으로 회계장부에 기록하는 것이다. 즉 현금을 아직 받지 않았어도 물건을 팔았다면 수익으로 인식하고, 아직 급여를 지급하지 않았어도 급여일이 지났으면 비용으로 인식하는 것이다.

임대료 수취액=당기임대료수익+미수임대료 감소액-선수임대료 감소액
=700+500-(600-200)=800

당기임대료수익	700	임대료 수취액	(800)
미수임대료 감소액	500	선수임대료 감소액	400
	1,200		1,200

88

정답 ③

영업활동으로 인한 현금흐름	500,000원
매출채권(순액) 증가	+50,000
재고자산 감소	-40,000
미수임대료의 증가	+20,000
매입채무의 감소	+20,000
유형자산처분손실	-30,000
당기순이익	520,000원

89

정답 ④

- 제조간접원가=3×직접노무원가
- 전환원가(또는 가공원가)=제조간접원가+직접노무원가
- 전환원가(또는 가공원가)=4×직접노무원가
- 직접노무원가=$\frac{600,000}{4}$=150,000원
- 제조간접원가=3×150,000=450,000원
- 당기총제조원가=기본원가+제조간접원가=250,000+450,000=700,000원
- 기초재공품 원가=당기제품제조원가+기말재공품-당기총제조원가
=1,000,000+250,000-700,000=550,000원

재공품

기초재공품	(550,000)원	당기제품제조원가	1,000,000원
당기총제조원가	700,000	기말재공품	250,000
	1,250,000		1,250,000

90

정답 ①

- 실제단가(AP=$\frac{240,000}{600kg}$=400원
- 실제단가×실제수량=400×450kg=180,000원
- 가격차이는 4,500(유리)이므로
표준단가×450kg=180,000+4,500
표준단가=410원

• 수량차이는 13,940(불리)이므로
410×표준수량=184,500−13,940
표준수량=416kg

실제단가×실제수량 (AP0×AQ)	표준단가×실제수량 (SP×AQ)	표준단가×표준수량 (SP×SQ)
400×450kg=180,000	(410)×450kg= 184,500	410×(416kg)=170,560

└ 가격차이 4,500원(유리) ┘ └ 수량차이 13,940(불리) ┘

• 실제 생산량=표준수량÷단위당 표준재료량
=416kg÷4kg=104단위

91

정답 ⑤

• 예정배부율$=\left[\dfrac{\text{제조간접원가(예산)}}{\text{직접노무시간(예산)}}\right]=\dfrac{640,000}{20,000}=32$

• 예정배부액=실제 발생액+배부차이(과대)=700,000+180,000=880,000원

• 실제 직접노무시간$=\left(\dfrac{\text{예정배부액}}{\text{예정배부율}}\right)=\dfrac{880,000}{32}=27,500$시간

92

정답 ⑤

• 공헌이익률$=\dfrac{\text{공헌이익}}{\text{매출액}}$

• 공헌이익=매출액×공헌이익률=5,000,000×44%=2,200,000원
• 판매량(매출액)이 20% 증가하면 공헌이익도 그에 비례해 20% 증가하고, 영업이익도 공헌이익에 비례해 증가하므로,
영업이익 증가액=2,200,000×0.2=440,000원

93

정답 ①

• 20×1년 말 감가상각액$=\dfrac{\text{취득원가}-\text{추정잔존가치}}{\text{추정내용연수}}=\dfrac{2,000-200}{4\text{년}}=450$원

• 20×1년 말 장부금액=2,000−450=1,550원
• 20×1년 말에 동 설비를 1,400에 처분하였으므로
∴ 유형자산처분손익=1,400−1,550=150원(손실)

94

정답 ②

화재로 인해 소실된 기말재고액을 구하는 문제이다.
매출액=총매출액−매출에누리=3,700−200=3,500원
매출원가=매출액×(1−매출총이익률)=3,500×(1−0.2)=2,800원
매출원가=기초재고액+당기순매입액−기말재고액
∴ 기말재고액=기초재고액+당기순매입액−매출원가
=1,260+(2,200−100)−2,800=560원

95

정답 ⑤

- 12월 1일 매출 : 할부판매시 전액 매출로 계상한다.
  200개×100=20,000
- 12월 17일 매출 : 100개×100=10,000
- 12월 28일 매출 : 위탁상품으로 수탁자가 보관 중인 상품은 매출로 인식하지 않는다.
- 12월 30일 매출 : 도착지인도조건으로 아직 도착하지 않은 상품은 매출로 인식하지 않는다.

∴ 매출액=20,000+10,000=30,000

96

정답 ⑤

주식의 수만 늘어난 것이지 금액에는 차이가 없으므로, 즉 자본의 변동이 없기 때문에 주식분할은 자본변동표에서 확인할 수 없다.

97

정답 ⑤

발행원가의 회수가능성이 높지 않은 경우 발생원가 120,000을 비용으로 인식하고 수익을 인식하지 않는다.

오답분석

① 용역의 제공으로 인한 수익은 용역제공거래의 결과를 신뢰성 있게 추정할 수 있을 때 보고기간말에 진행기준에 따라 수익을 인식한다.

② 2023년도 진행률$=\frac{120,000}{400,000}\times 100\%=30\%$

③ 발생원가를 기준으로 진행기준을 적용할 경우 이익인식액(공사수익)
공사수익=500,000×0.3−120,000=30,000원

④ 용역제공거래의 성과를 신뢰성 있게 추정할 수 없는 경우에는 발생한 원가의 범위 내에서 회수가능한 금액만을 수익으로 인식하므로, 최대금액은 120,000원이다.

98

정답 ④

조업도차이는 조업도의 통제가 잘못되어 발생한 것이지, 고정제조간접원가 자체의 통제가 불가능하다고 해서 잘못된 것이라고 할 수 없다.

99

정답 ⑤

오답분석

① 수익은 자산의 증가나 부채의 감소와 관련하여 미래경제적 효익이 증가하고 이를 신뢰성 있게 측정할 수 있을 때 포괄손익계산서에서 인식한다.
② 용역제공거래의 수익은 완료된 시점이 아닌 진행기준에 의하여 인식한다.
③ 판매자가 판매대금의 회수를 확실히 할 목적만으로 해당 재화의 법적 소유권을 계속 가지고 있다면 소유에 따른 중요한 위험과 보상이 이전된 경우 해당 거래를 수익으로 인식한다.
④ 수익으로 인식한 금액이 추후에 회수가능성이 불확실해지는 경우에는 인식한 수익금액을 조정할 수 없다.

100

정답 ⑤

상장기업은 의무적으로 한국채택국제회계기준에 의거하여 재무제표를 작성하여야 하며, 비상장기업은 선택적 사항이다.

| 03 | 사무직(경제)

51	52	53	54	55	56	57	58	59	60	61	62	63	64	65	66	67	68	69	70
④	①	②	①	①	③	①	⑤	②	⑤	⑤	④	④	②	①	①	②	①	①	④
71	72	73	74	75	76	77	78	79	80	81	82	83	84	85	86	87	88	89	90
⑤	④	⑤	④	①	②	①	③	①	①	④	④	④	④	⑤	⑤	②	③	④	④
91	92	93	94	95	96	97	98	99	100										
②	①	④	①	①	④	②	④	①	①										

51

정답 ④

도덕적 해이현상은 일단 보험에 가입한 사람들이 최선을 다해 나쁜 결과를 미연에 방지하려는 노력을 하지 않는 경향을 의미한다. 반면 역선택이란 실제로 보험금을 탈 가능성이 많은 사람들(위험발생률이 보통 이상인 사람들)이 보험에 가입하게 된 현상을 의미한다.

오답분석

다・라는 역선택의 해결방안에 해당한다.

52

정답 ①

케인스가 주장하였던 유동성 함정(Liquidity Trap)의 상황이다. 유동성 함정이란 시장에 현금이 흘러 넘쳐 구하기 쉬운데도 기업의 생산・투자와 가계의 소비가 늘지 않아 경기가 나아지지 않고, 마치 경제가 함정(Trap)에 빠진 것처럼 보이는 상황을 말한다. 즉, 유동성 함정의 경우에는 금리를 아무리 낮추어도 실물경제에 영향을 미치지 못하게 된다.

53

정답 ②

구조적 실업이란 일부산업의 사양화 등으로 인하여 발생하는 실업을 말한다.

오답분석

① 마찰적 실업 : 일시적으로 직장을 옮기는 과정에서 발생하는 실업이다.
③ 계절적 실업 : 생산 또는 수요의 계절적 변화에 따라 발생하는 실업이다.
④ 경기적 실업 : 경기침체로 인해 발생하는 대량의 실업이다.
⑤ 만성적 실업 : 만성적 불황기에 생기는 실업이다.

54

정답 ①

원자재 가격이 하락하면 기업들의 생산비가 낮아지므로 총수요곡선이 이동하는 것이 아니라 총공급곡선이 오른쪽으로 이동한다.

오답분석

②・③・⑤는 총수요곡선을 왼쪽으로 이동시키는 요인이며, ④는 총수요곡선을 오른쪽으로 이동시키는 요인이다. 구체적으로 살펴보면, 현금사용이 증가하여 현금통화비율이 높아지는 경우에는 통화승수가 작아지므로 통화공급이 감소하고, 통화공급이 감소하면 이자율이 상승하므로 민간소비와 민간투자가 줄어든다. 따라서 총수요곡선이 왼쪽으로 이동한다. 반면, 가계에 미래소득에 대한 낙관적인 전망은 소비지출을 늘어나게 하여 총수요곡선을 오른쪽으로 이동시킨다.

55

정답 ①

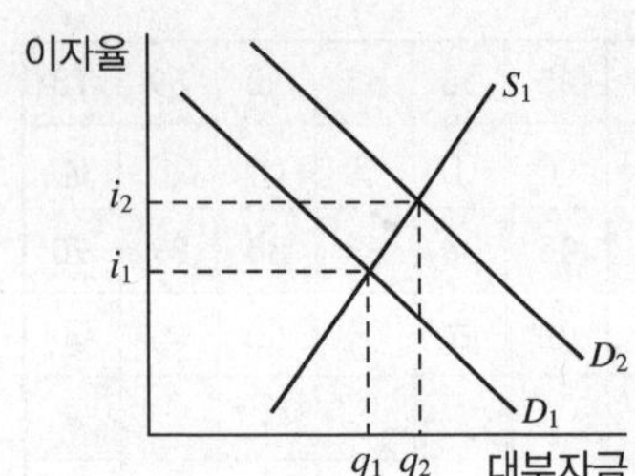

기업들에 대한 투자세액공제가 확대되면, 투자가 증가하므로 대부자금에 대한 수요가 증가($D_1 \rightarrow D_2$)한다. 이렇게 되면 실질이자율이 상승($i_1 \rightarrow i_2$)하고 저축이 늘어난다. 그 결과, 대부자금의 균형거래량은 증가($q_1 \rightarrow q_2$)한다.

56

정답 ③

어떤 정책을 실시할 때 정책 실행 시차가 부재한다면 정부정책이 보다 효과적이 될 가능성이 높다.

57

정답 ①

가. 인플레이션이 예상되지 못한 경우, 부와 소득의 재분배가 일어난다. 인플레이션으로 인해 화폐 가치가 하락하면 고정된 금액을 받아야 하는 채권자는 불리해지고, 반대로 채무자는 유리해진다. 즉, 채권자에게서 채무자에게로 부가 재분배된다. 이러한 부의 재분배는 인플레이션이 완전히 예상된 경우에는 발생하지 않는다.

나. 메뉴비용이란, 인플레이션 상황에서 생산자가 제품의 가격을 수정하면서 발생하는 비용을 의미한다. 메뉴비용은 예상된 인플레이션과 예상되지 못한 인플레이션 두 경우 모두에서 발생한다.

오답분석

다. 인플레이션으로 인해 현금의 가치가 하락하고, 현금 외의 실물자산의 가치가 상대적으로 상승한다. 즉, 현금 보유의 기회비용이 증가한다.

라. 인플레이션이 발생하면 국내에서 생산되는 재화의 상대가격이 상승하므로, 이는 세계 시장에서의 가격경쟁력을 약화시킨다. 따라서 수출이 감소하고, 경상수지가 악화된다.

58

정답 ⑤

주민들이 수집 가능한 정보를 모두 수집하여 최적의 샤워 시간을 선택하는 행위는 합리적 기대 이론이다. 합리적 기대 이론이란 가계, 기업 등 경제주체가 사용 가능한 모든 정보를 이용하여 미래를 합리적으로 예측한다는 것으로, 합리적 기대를 사용해서 예측을 하더라도 예측오류는 발생하나 평균적으로는 0이다. 즉, 합리적 기대 하에서 경제주체는 평균적으로 정확히 경제상태를 예상하며, 예측오차를 즉각적으로 기대치에 반영한다.

현시 선호 이론이란 기존 소비자이론에서 관찰 불가능한 선호, 효용 등의 개념을 버리고 시장에서 관찰된 결과만으로 소비자의 선택행위를 설명한다. 이는 무차별곡선과 수요곡선을 도출하는 이론으로 발전한다.

59

정답 ②

우월전략은 상대방의 전략에 관계없이 항상 자신의 보수가 가장 크게 되는 전략을 말한다.

60

정답 ⑤

A국과 B국의 요소집약도를 비교하면 $\frac{5}{3}=\frac{250}{150}=\left(\frac{K}{L}\right)^A>\left(\frac{K}{L}\right)^B=\frac{300}{225}=\frac{4}{3}$ 이므로 A국은 자본풍부국이고 B국은 노동풍부국이다. 헥셔-올린 정리에 의하면 각국은 상대적으로 풍부한 생산요소를 집약적으로 투입하는 재화생산에 비교우위를 가지므로 A국은 자본집약재에 B국은 노동집약재에 상대적 비교우위를 가진다. 자유무역이 발생하면 각국에서 풍부한 생산요소의 소득이 증가하므로 A국에서는 자본임대료가 상대적으로 상승한다. 즉, A국에서는 자본에 대한 노동의 상대 요소가격이 하락한다.

61

정답 ⑤

개인들의 한계편익을 합한 사회적인 한계편익이 한계비용보다 작다면 공공재 공급을 감소시키는 것이 바람직하다.

62

정답 ④

정부는 경제를 안정화시키기 위해 정부 지출과 세수를 조절하는 재정정책을 사용한다. 이 경우 한계소비성향이 높으면 소비 지출이 늘어나 총수요가 추가적으로 증가하는 승수효과가 발생한다. 또한 확대 재정정책으로 이자율이 올라 민간의 투자나 소비가 줄어들면 총수요가 감소하는 구축효과가 발생할 수 있다. 소비자가 현재 중심으로 소비하면 현재 소득이 현재 소비에 미치는 영향이 커지므로 정부의 경기부양 효과가 커진다. 한편, 소비자들이 정부 부채 증가를 미래의 조세로 메울 것으로 기대하면 소비가 늘어나지 않아 경기부양 효과는 크지 않다.

63

정답 ④

(나)국의 지니계수는 점차 커지므로 로렌츠 곡선이 대각선에서 점차 멀어진다고 할 수 있다. 지니계수란 소득분배의 불평등도를 나타내는 수치로 소득이 어느 정도 균등하게 분배되어 있는가를 평가하는 데 주로 이용된다. 지니계수는 로렌츠 곡선으로부터 도출된다. 로렌츠 곡선은 가로축에 저소득층부터 인원의 분포도를 표시하고 세로축에 저소득층부터 소득액 누적 백분율을 표시하면 그려지는 소득분배그래프이다. 여기에 가상적인 소득분배균등선(45도선)을 긋는다. 지니계수는 대각선과 로렌츠곡선 사이의 면적을 대각선과 종축, 횡축이 이루는 삼각형의 면적으로 나눈 비율이다. 따라서 지니계수는 0과 1 사이의 값을 갖고, 소득 불균형이 심할수록 1에 가깝게 된다.

64

정답 ②

케인스학파는 생산물시장과 화폐시장을 동시에 고려하는 IS-LM모형으로 재정정책과 금융정책의 효과를 분석했다. 케인스학파에 의하면 투자의 이자율탄력성이 작기 때문에 IS곡선은 대체로 급경사이고, 화폐수요의 이자율탄력성이 크므로 LM곡선은 매우 완만한 형태이다. 따라서, 재정정책은 매우 효과적이나, 금융정책은 별로 효과가 없다는 입장이다.

65

정답 ①

케인스학파는 비용보다는 수익 측면에 초점을 맞추어 기업가들이 수익성 여부에 대한 기대에 입각해서 투자를 한다고 보고, 고전학파와는 달리 투자의 이자율 탄력성이 낮다고 보고 있다.

66

정답 ①

새케인스학파는 화폐의 중립성이 성립하지 않는다고 본다. 즉, 새케인스학파는 통화량의 변화가 총수요를 변화시켜서 실물부문에 영향을 미친다고 주장한다. 참고로 고전학파 모형에서는 실질변수의 균형치가 통화량과 상관관계가 없는 고전적 이분성으로 인해 화폐의 중립성이 성립한다.

PART 3

67

정답 ②

애로우의 불가능성 정리는 개인들의 선호를 사회선호로 바꾸는 과정에서 충족하여야 할 다섯 가지 조건(완비성과 이행성, 비제한성, 파레토원칙, 무관한 선택대상으로부터의 독립성, 비독재성)을 제시하였는데, 이러한 조건을 모두 충족하는 이상적인 사회후생함수는 존재하지 않음을 입증한 것이다.

독립성은 사회상태 X와 Y에 관한 사회우선순위는 개인들의 우선순위에만 기초를 두어야하며, 기수적 선호의 강도가 고려되어서는 안 된다. 독립성은 개인의 선호는 서수적으로 측정되어야 하며, 개인 간의 효용비교를 배제한다.

68

정답 ①

칼도어(N.Kaldor)는 1958년 선진국을 대상으로 수행한 세계 경제성장과정의 연구를 통하여 다음과 같은 6가지 정형화된 사실(Stylized Facts)을 밝혔다.

- 1인당 산출량(Y/L)은 지속적으로 증가한다.
- 1인당 자본량(K/L)은 지속적으로 증가한다.
- 산출량-자본비율(Y/K)은 대체로 일정한 지속성(Steady)을 보인다.
- 자본수익율은 대체로 일정하다.
- 총소득에서 자본에 대한 분배와 노동에 대한 분배간의 비율은 일정하다.
- 생산성 증가율은 국가 간 차이를 보인다.

69

정답 ①

목표 이자율은 균형 이자율 보다 낮다.

(테일러 법칙)=[(균형이자율)+(인플레이션 갭)−(산출갭)]

(인플레이션 갭)=[(현재 인플레이션율)−(목표 인플레이션율)]

목표이자율$=0.03+\frac{1}{4}\times$(현재 인플레이션율(4%)$-0.02)-\frac{3}{4}\times$GDP갭(1%)

$=0.03+\frac{1}{4}\times(0.04-0.02)-\frac{3}{4}\times 0.01$

$=0.0275 \fallingdotseq 2.75\%$

70

정답 ④

- 희생률 : 인플레이션율이 1% 감소할 때 실질GDP 감소율
  - 총공급곡선이 수직선일 경우(장기) : 총수요가 감소할 때 물가 하락, 실질국민소득 불변. 따라서 희생률이다.
  - 총공급곡선이 우상향할 경우(단기) : 총수요가 감소할 때 물가 하락, 실질국민소득 감소. 따라서 희생률이다.

프리드만에 의하면 장기 총공급곡선은 수직이므로 총수요가 변화해도 물가만 변화하고 총생산과 실업률은 불변이다. 따라서 장기필립스곡선은 자연실업률 수준에서 수직선이다.

오답분석

① 단기 필립스곡선은 우하향하며, 이는 단기 총공급곡선이 우상향하는 것을 의미한다. 이 경우, 확장정책(총수요 증가)이 시행되면 국민소득 증가한다.

② 단기 필립스곡선이 우하향하므로 총수요가 감소(총수요곡선 좌측이동)하면 물가가 내려가고 국민소득이 감소. 따라서 희생률 개념이 성립한다.

③ 필립스곡선은 임금 상승률과 실업률 사이의 관계를 분석한 것을 말한다.

⑤ 예상 인플레이션율이 상승하면 단기 총공급곡선은 좌측(상방)으로 이동하고, 단기 필립스곡선은 우측(상방) 이동한다.

71

정답 ⑤

디플레이션이 발생하면 기업의 실질적인 부채부담이 증가한다. 이에 따른 채무불이행 증가로 금융기관 부실화가 초래될 수 있다.

오답분석

가. 피셔효과에 따르면 '명목이자율=실질이자율+예상인플레이션율'인 관계식이 성립하므로 예상인플레이션율이 명목이자율을 상회할 경우 실질이자율은 마이너스(−) 값이 될 수 있다. 하지만 명목이자율이 마이너스(−) 값을 가질 수는 없다.
나. 명목임금이 하방경직적일 때 디플레이션으로 인해 물가가 하락하면 실질임금은 상승하게 된다.

72

정답 ④

기업경기실사지수(BSI)는 경기전망을 긍정적으로 응답한 기업체 수에서 부정적으로 응답한 기업체 수를 차감한 후 전체 응답수로 나눈 다음 100을 곱하고 100을 더해서 계산한다. 따라서 기업경기실사지수(BSI)는 100을 기준으로 하여 100 이상인 경우에는 경기를 긍정적으로 보는 업체가 더 많고 100 미만인 경우에는 경기를 부정정적으로 보는 업체가 더 많은 것으로 해석된다.

73

정답 ⑤

문제에서 甲국의 화폐유통속도가 乙국의 화폐유통속도보다 크다는 것은 아무런 단서가 되지 못한다. 대신 화폐유통속도가 변하지 않으므로 고정된 값으로 정하고 문제를 풀어야 한다.
甲국 : $M\times V=P\times Y$에서 M은 5% 증가하고 V는 고정된 값이다. 따라서 명목산출량인 $P\times Y$ 역시 5% 증가해야 한다.
乙국 역시 마찬가지로 V는 甲국보다 작은 값이지만 고정된 값이므로 명목산출량은 5% 증가해야 한다.

오답분석

①·②·③·④는 주어진 자료만으로는 판단할 수 없다.

74

정답 ④

기사에서는 바젤Ⅲ 개편안 중 신용위험에 대한 산출방법을 조기 도입함에 따라 BIS 비율이 상승한 효과에 대해 언급하고 있다. 바젤Ⅲ 개편안에 따르면 신용등급이 없는 중소기업 대출에 대한 위험가중치는 하향 조정하고, 또 기업대출 중 부동산담보대출과 부동산담보대출 부도 시 손실률을 하향 조정하였다. 이것을 적용하면 BIS비율의 분모에 해당하는 위험가중자산의 가액이 감소하게 되고, BIS비율은 상승하게 된다.

오답분석

①·② BIS비율은 국제결제은행(BIS)이 일반은행에 권고하는 자기자본비율의 수치를 의미한다. BIS비율은 은행의 자기자본을 총자산(위험가중자산)으로 나눈 값으로서, 총자산을 산정할 때는 투자대상별 신용도에 따라 위험가중치를 부여한다. 우리나라에서는 BIS비율 10.5% 이상을 유지하도록 요구된다.
③ 바젤Ⅲ 개편안에서는 신용등급이 없는 중소기업 대출에 대한 위험가중치를 하향 조정하였다.
⑤ 위험의 질에 따라 가중치를 두는 BIS자본비율과 달리, 단순기본자본비율은 위험의 양적인 측면만을 고려하는 지표이다. 바젤위원회의 규제 이행 권고에 따라 2018년부터 도입하였다.

75

정답 ①

가격차별이란 동일한 상품에 대해 구입자 또는 구입량에 따라 다른 가격을 받는 행위를 의미한다. 기업은 이윤을 증대시키는 목적으로 가격차별을 실행한다. 가격차별은 나이, 주중고객과 주말고객, 판매지역(국내와 국외), 대량구매 여부 등의 기준에 따라 이루어진다. 일반적으로 가격차별을 하면 기존에는 소비를 하지 못했던 수요자층까지 소비를 할 수 있으므로 산출량이 증가하고 사회후생이 증가한다.

76

정답 ②

시장구조가 완전경쟁이라고 하더라도 불완전경쟁, 외부성, 공공재 등 시장실패 요인이 존재한다면 파레토 효율적인 자원배분이 이루어지지 않는다.

77

정답 ①

공리주의는 최대 다수의 최대 행복을 목적으로 하며, 공리주의 사회후생함수는 각 개인의 효용의 합으로 나타난다. 즉, $SW=U_A+U_B$(SW : 사회전체의 후생수준, U_A : A의 효용, U_B : B의 효용)로 표현된다. 사회무차별곡선은 기울기가 -1인 우하향의 직선으로 도출된다. 공리주의 사회후생함수에 따르면 사회후생은 사회구성원의 효용을 단순히 합한 것으로 가중치를 두지 않고 저소득층의 효용 1만큼과 고소득층의 효용 1만큼이 동일하게 평가된다. 베르누이-내쉬(Bernoulli-Nash)의 사회후생함수는 대표적인 평등주의 사회후생함수로써 고소득층보다 저소득층에 보다 높은 가중치를 부여하며, $SW=U_A \cdot U_B$로 표현된다. 롤스(J. Rawls)의 사회후생함수는 사회구성원 중 저소득층의 후생수준에 의해 결정되며, $SW=\min[U_A,\ U_B]$으로 표현된다.

78

 ③

㉮~㉰는 순서대로 공해 등 환경문제, 독과점 문제, 공공재 문제로 모두 시장실패의 요인이 되는 현상이다. 환경문제를 해결하기 위해서는 화석에너지 사용량에 따라 세금을 부과하는 탄소세 부과 등이 있으며, 독과점 문제를 해결하기 위해서는 공정거래를 유도하기 위한 규제를 하고, 공공재의 문제인 무임승차 문제를 해결하기 위해서는 정부가 공공재를 공급하도록 한다.

79

 ①

코즈 정리에 의하면 재산권이 누구에게 주어지는지는 자원배분의 효율성에 아무런 영향을 미치지 않는다. 코즈의 정리(Coase's Theorem)란 민간 경제주체들이 자원 배분 과정에서 비용을 치르지 않고 협상할 수 있다면, 외부효과로 인해 초래되는 비효율성을 시장 스스로 해결할 수 있다는 것이다. 이 정리는 정부가 외부성 문제에 직접 개입하기보다는 당사자 간 협상이 원활히 진행될 수 있도록 제도적·행정적 뒷받침을 해 주는 역할에 한정되어야 한다고 본다. 하지만 협상 비용의 과다, 외부성 측정문제, 거래당사자의 모호성, 정보 비대칭성, 협상능력 차이 등의 현실적 한계가 존재한다.

80

정답 ①

공급자에게 조세가 부과되더라도 일부는 소비자에게 전가되므로 소비자도 조세의 일부를 부담하게 된다.

81

정답 ④

오답분석

가. 여가, 자원봉사 등의 활동은 생산활동이 아니므로 GDP에 포함되지 않는다.
다. GDP는 마약밀수 등의 지하경제를 반영하지 못하는 한계점이 있다.

82

정답 ④

GNI는 한 나라의 국민이 일정 기간 생산활동에 참여한 대가로 벌어들인 소득의 합계이며, GNP는 한 해 동안 한 국가의 국민이 생산한 재화와 서비스의 화폐가치를 말한다. 따라서 두 지표 간의 관계는 (실질GNI)=(실질GNP)+(교역조건 변화에 따른 실질무역손익)이다. GNP가 감소하였음에도 불구하고 GNI가 GNP의 감소폭보다 적게 감소하였거나, 오히려 증가했다면 교역조건의 개선에 의한 실질무역이익이 발생한 것이다. 따라서 국민들의 실질 소득 감소는 적절하지 않다.

83

 ④

나. 경기호황으로 인한 임시소득의 증가는 소비에 영향을 거의 미치지 않기 때문에 저축률이 상승하게 된다.
라. 소비가 현재소득뿐 아니라 미래소득에도 영향을 받는다는 점에서 항상소득가설과 유사하다.

오답분석

가. 직장에서 승진하여 소득이 증가한 것은 항상소득의 증가를 의미하므로 승진으로 소득이 증가하면 소비가 큰 폭으로 증가한다.
다. 항상소득가설에 의하면 항상소득이 증가하면 소비가 큰 폭으로 증가하지만 임시소득이 증가하는 경우에는 소비가 별로 증가하지 않는다. 그러므로 항상소득에 대한 한계소비성향이 임시소득에 대한 한계소비성향보다 더 크게 나타난다.

84

정답 ④

피구효과란 경제 불황이 발생하여 물가가 하락하면 민간이 보유한 화폐의 구매력이 증가하므로 실질적인 부가 증가하는 효과가 발생하고, 실질부가 증가하면서 소비도 증가하여 IS곡선이 오른쪽으로 이동하는 효과를 말한다. 즉, 피구효과는 IS곡선의 기울기가 아닌 IS곡선 자체의 이동을 가져오는 효과이다.

85

정답 ⑤

확장적인 재정정책을 실시하면 IS곡선이 정부지출증가분×승수만큼 오른쪽으로 이동하면서 국민소득이 증가한다. 국민소득이 증가하면 화폐수요가 증가하므로 이자율이 상승하고 이에 따라 민간투자가 감소하는 구축효과가 발생한다. 그러므로 IS-LM 모형에서는 확장적 재정정책을 실시하더라도 승수모형에서보다 국민소득이 적게 증가한다. 확장적 재정정책을 실시할 때 국민소득이 크게 증가하려면 일차적으로 IS곡선의 이동폭이 커야하기 때문에 승수가 커야 한다. 즉, 한계소비성향이 높을수록 소득세율이 낮을수록 승수효과가 크므로 국민소득에 미치는 영향이 크다. 또한, 국민소득이 크게 증가하려면 구축효과가 작아야 한다. 구축효과는 화폐수요의 이자율 탄력성이 높을수록(LM곡선이 완만할수록) 민간투자의 이자율탄력성이 작을수록(IS곡선이 급경사일수록) 작아진다.

86

정답 ⑤

총공급곡선의 기울기가 매우 크다면 확대적인 정책을 실시하더라도 실질GDP는 거의 증가하지 않고 물가만 상승한다. 그러므로 총공급곡선의 기울기가 급경사라면 재정정책과 통화정책의 효과는 별로 없다.

87

정답 ②

인플레이션은 경제에 여러 가지 비용을 야기시킨다. 인플레이션은 화폐의 실질가치를 떨어뜨리므로 현금보유를 줄이도록 만들고(구두창 비용) 재화 가격이 자주 변동돼 가격조정 비용(메뉴비용)이 든다. 또한 상대가격의 가변성이 커지기 때문에 자원배분의 왜곡을 초래할 수 있다. 화폐의 가치가 하락했을 때 금융자산(현금, 채권 등)을 가진 사람과 채권자는 손해를 보는 반면 실물자산을 가진 사람과 채무자는 이익을 얻는 채무자와 채권자 사이 부의 재분배 효과는 예상치 못한 인플레이션에 따른 비용이다.

88

정답 ③

필립스곡선은 인플레이션율과 실업률 간의 상충관계를 보여주는 우하향의 곡선이다. 단기필립스곡선은 기대인플레이션이 상승할 경우 우상방으로 이동한다. 자연실업률가설에 의하면 장기에는 필립스곡선이 수직선이므로 재량적인 정책을 통해 실업률을 자연실업률보다 낮추는 것은 불가능하다. 단기필립스곡선에서 총수요가 증가하면 물가수준은 상승하고 총산출량은 증가하는데, 산출량이 많을수록 기업의 노동자 고용은 늘어난다.

89

정답 ④

학습효과(R&D)모형은 의도적인 교육투자가 아니라 통상적인 생산과정에서 나타나는 학습효과의 중요성을 강조하는 모형이다. 의도적인 교육투자를 강조하는 모형은 인적자본모형이다.

90

정답 ④

특허료 수취는 서비스수지(경상수지)를 개선하는 사례이다.

오답분석

①·③ 투자수지(자본수지) 개선에 대한 사례이다.
② 서비스수지(경상수지) 악화에 대한 사례이다.
⑤ 소득수지(경상수지) 악화의 요인이다.

91

정답 ②

양적완화의 개념 및 영향

- 금리중시 통화정책을 시행하는 중앙은행이 정책금리가 0%에 근접하거나, 혹은 다른 이유로 시장경제의 흐름을 정책금리로 제어할 수 없는 이른바 유동성 저하 상황하에서 유동성을 충분히 공급함으로써 중앙은행의 거래량을 확대하는 정책이다.
- 수출 증대의 효과가 있는 반면 인플레이션을 초래할 수도 있다.
- 자국의 경제에는 소기의 목적을 달성하더라도 타국의 경제에 영향을 미쳐 자산 가격을 급등시킬 수도 있다.

92

정답 ①

하루 24시간이 노동시간과 여가시간으로 구성된다고 가정할 때, 여가가 정상재이면 임금상승은 여가의 기회비용을 상승시키므로, 사람들은 여가를 줄이고 노동시간을 늘린다(대체효과). 또한 임금상승은 사람의 실질소득을 증가시키므로 사람들은 여가를 늘리고 노동을 줄이게 된다(소득효과).
후방굴절형 노동공급곡선은 소득효과가 대체효과보다 클 때 발생하게 된다.

93

정답 ④

ㄱ·ㄴ. 현재의 생산량 수준은 조업중단점과 손익분기점 사이의 지점으로, 평균총비용곡선은 우하향하고, 평균가변비용곡선은 우상향한다.
ㄷ·ㄹ. 시장가격이 한계비용과 평균총비용곡선이 교차하는 지점보다 낮은 지점에서 형성되는 경우 평균수익이 평균비용보다 낮아 손실이 발생한다. 문제에서 시장가격과 한계비용은 300이나, 평균총비용이 400이므로, 개별기업은 현재 음의 이윤을 얻고 있다고 볼 수 있다.
ㅁ. 조업중단점은 평균가변비용의 최저점과 한계비용곡선이 만나는 지점이다. 문제의 경우 개별기업의 평균가변비용은 200, 한계비용은 300이므로 조업중단점으로 볼 수 없다.

94

정답 ①

리카도 대등정리는 정부지출수준이 일정할 때, 정부지출의 재원조달 방법(조세 또는 채권)의 변화는 민간의 경제활동에 아무 영향도 주지 못한다는 것을 보여주는 이론이다.

리카도 대등정리의 가정

- 저축과 차입이 자유롭고 저축 이자율과 차입이자율이 동일해야 한다.
- 경제활동인구 증가율이 0%이어야 한다.
- 합리적이고 미래지향적인 소비자이어야 한다.
- 정부지출수준이 일정해야 한다.

95

정답 ①

오답분석

② 기업이 임금을 시장균형임금보다 높게 설정하여 이윤극대화를 추구한다는 이론이다.

③ 정보가 불완전한 상태에서 도덕적 해이와 역선택을 막기 위해 높은 임금을 지불한다.
④ 비자발적 실업이 발생하더라도 높은 효율성 임금이 지급되므로 임금의 경직성을 설명할 수 있다.
⑤ 효율임금이론은 노동자들에게 지급되는 임금이 시장의 균형임금보다 높은 경우를 설명하는 이론이다.

96

정답 ④

두 상품이 완전대체재인 경우의 효용함수는 $U(X,\ Y)=aX+bY$의 형태를 갖는다. 따라서 무차별 곡선의 형태는 MRS가 일정한 직선의 형태를 갖는다.

97

정답 ②

균형재정승수란 정부가 균형재정을 유지하는 경우에 국민소득이 얼마나 증가하는가를 측정하는 것이다. 균형재정이란 정부의 조세수입과 정부지출이 같아지는 상황으로 $\triangle G=\triangle T$라고 할 수 있다. 정부지출과 조세를 동일한 크기만큼 증가시키는 경우로 정부지출승수는 $\frac{\triangle Y}{\triangle G}=\frac{-MPC}{1-MPC}=\frac{-0.8}{1-0.8}=-4$이다.

따라서 정부지출과 조세를 동시에 같은 크기만큼 증가시키면, $\frac{\triangle Y}{\triangle G}+\frac{\triangle Y}{\triangle T}=\frac{1}{1-0.8}+\frac{-0.8}{1-0.8}=5-4=1$이 된다. 즉, 균형재정승수는 1이다.

98

정답 ④

이자율평가설에 따르면, 현물환율(S), 선물환율(F), 자국의 이자율(r), 외국의 이자율(r_f) 사이에 다음과 같은 관계가 존재한다.

$$(1+r)=(1+r_f)\frac{F}{S}$$

공식의 좌변은 자국의 투자수익률, 우변은 외국의 투자수익률을 의미한다. 즉, 균형에서는 양국 간의 투자수익률이 일치하게 된다.

문제에 주어진 자료를 공식에 대입해보면 $1.03<1.08\times\frac{1,200}{1,000}$로서, 미국의 투자수익률이 더 큰 상태이다. 이 상태에서 균형을 달성하기 위해서는, 좌변이 커지거나 우변이 작아져야 한다. 따라서 한국의 이자율이 상승하거나, 미국의 이자율, 선물환율이 하락, 현물환율이 상승해야 한다. 그리고 현재 미국의 투자수익률이 더 큰 상태이므로, 미국에 투자하는 것이 유리하다.

99

정답 ①

ㄱ. 레버리지 효과는 부채를 동원한 투자를 통해 자기자본을 초과하는 투자수익을 추구하는 것이므로 반드시 부채를 통한 조달이 전제되어야 한다.
ㄴ. 일반적으로 레버리지 효과는 자기자본만을 저축하는 것과 달리, 부채 등을 동원하여 높은 수익률을 추구하는 투자의 경우에 발생한다.

오답분석

ㄷ. 투자 레버리지란 총투자액을 자기자본으로 나눈 것으로, 자기자본이 작을수록 레버리지가 높아진다.
ㄹ. 레버리지는 부채를 통한 자금 조달을 전제하는 만큼, 경기침체가 발생한 경우 위험성을 극대화시킨다.

100

정답 ①

ⓐ 외국인의 국내 부동산 구입 증가와 ⓑ 국내 기준금리 인상은 자본유입이 발생하므로 외환의 공급이 증가하여 환율이 하락한다(원화가치 상승).

오답분석

ⓒ 미국의 확대적 재정정책 시행, ⓓ 미국의 국채이자율의 상승 모두 미국의 이자율이 상승하면서 자본유출이 발생하므로 외환의 수요가 증가하여 환율이 상승한다(원화가치 하락).

| 04 | 사무직(법학)

51	52	53	54	55	56	57	58	59	60	61	62	63	64	65	66	67	68	69	70
③	②	②	①	①	③	②	④	②	③	①	③	①	①	②	④	③	②	④	④
71	72	73	74	75	76	77	78	79	80	81	82	83	84	85	86	87	88	89	90
②	③	③	②	①	④	②	③	④	⑤	⑤	①	②	④	①	④	③	⑤	②	①
91	92	93	94	95	96	97	98	99	100										
②	③	②	③	②	④	④	②	①	⑤										

51

정답 ③

행정청이 행한 공사중지명령의 상대방은 그 명령 이후에 그 원인사유가 소멸하였음을 들어 행정청에게 공사중지 명령의 철회를 요구할 수 있는 조리상의 신청권이 있다(대판 2005.4.14., 2003두7590).

오답분석

① 대판 2005.4.29, 2004두11954
② 원래 행정처분을 한 처분청은 그 처분에 하자가 있는 경우에는 원칙적으로 별도의 법적 근거가 없더라도 스스로 이를 직권으로 취소할 수 있지만, 그와 같이 직권취소를 할 수 있다는 사정만으로 이해관계인에게 처분청에 대하여 그 취소를 요구할 신청권이 부여된 것으로 볼 수는 없다(대판 2006.6.30., 2004두701).
④ 외형상 하나의 행정처분이라 하더라도 가분성이 있거나 그 처분대상의 일부가 특정될 수 있다면 그 일부만의 취소도 가능하고 그 일부의 취소는 당해 취소부분에 관하여 효력이 생긴다고 할 것인바, 이는 한 사람이 여러 종류의 자동차운전면허를 취득한 경우 그 각 운전면허를 취소하거나 그 운전면허의 효력을 정지함에 있어서도 마찬가지이다(대판 1995.11.16, 95누8850).
⑤ 직권취소의 절차에 관한 일반 규정은 존재하지 않으나, 직권취소는 독립된 행정행위의 성격을 가지므로 행정절차법상 처분절차의 적용을 받는다. 따라서 행정절차법 제23조의 이유제시(모든 처분), 행정절차법 제21조의 사전통지(불이익처분), 행정절차법 제22조 의견청취(불이익처분)의 절차를 거쳐야 한다.

52

정답 ②

법인이 아닌 사단 또는 재단으로서 대표자나 관리인이 정하여져 있는 경우에는 그 사단이나 재단의 이름으로 심판 청구를 할 수 있다(행정심판법 제14조).

오답분석

① 행정심판법 제16조 제1항에서 확인할 수 있다.
③ 행정심판법 제17조 제2항에서 확인할 수 있다.
④ 행정심판법 제15조 제1항에서 확인할 수 있다.
⑤ 행정심판법 제22조 제1항에서 확인할 수 있다.

53

정답 ②

지방자치단체는 장소로서의 관할 구역, 인적 요소로서의 주민, 법제적 요소로서의 자치권을 그 구성의 3대 요소로 하고 있다. 따라서 지방자치단체는 행정 주체로서의 지위를 가지므로 권리능력의 주체가 되어 권한을 행사하고 의무를 진다.

오답분석

④ 헌법 제117조 제2항
⑤ 지방자치법 제8조 제3항

54

정답 ①

중앙선거관리위원회는 선거관리권을 가지나 분쟁에 대한 심판권은 갖지 아니한다. 선거소송에 대한 심판은 대법원이 갖는다.

오답분석

②·③·④·⑤ 선거관리위원회법 제3조 제1항

55

정답 ①

헌법 제12조 제1항에서 규정하고 있다.

오답분석

② 우리 헌법은 구속적부심사청구권을 인정하고 있다(헌법 제12조 제6항).
③ 심문은 영장주의 적용대상이 아니다(헌법 제12조 제3항).
④ 영장발부신청권자는 검사에 한한다(헌법 제12조 제3항).
⑤ 형사상 자기에게 불리한 진술을 강요당하지 않는다.(헌법 제12조 제2항).

56

정답 ③

현행 헌법상 근로의 의무가 있다고 하여도 직업을 가지지 않을 자유가 부인되는 것은 아니다.

57

정답 ②

사회권적 기본권은 현대 사회의 복잡한 발전에 따라 전통적으로 개인 간의 관계라고 생각하던 분야에 국가가 적극 개입하게 됨에 따라 발생하게 된 권리로서 근로권·단결권·단체교섭권·단체행동권·보건권·모성을 보호받을 권리·교육을 받을 권리·인간다운 생활을 할 권리를 말한다. ①은 경제적 기본권, ③은 청구권적 기본권, ④는 경제적 기본권, ⑤는 자유권적 기본권에 해당한다.

헌법상 기본권의 분류

포괄적 기본권	인간의 존엄과 가치, 행복추구권, 평등권	
자유권적 기본권	인신의 자유	생명권, 신체의 자유
	사생활의 자유	주거의 자유, 사생활의 비밀과 자유, 거주이전의 자유, 통신의 자유
	정신적 자유	양심의 자유, 종교의 자유, 학문의 자유, 예술의 자유, 언론 출판의 자유, 집회 및 결사의 자유
경제적 기본권	재산권, 직업선택의 자유, 소비자의 권리	
정치적 기본권	정치적 자유권, 참정권	
청구권적 기본권	청원권, 재판청구권, 형사보상청구권, 국가배상청구권, 범죄피해자구조청구권	
사회권적 기본권	인간다운 생활을 할 권리, 교육을 받을 권리, 근로의 권리, 근로3권(단결권·단체교섭권·단체행동권), 환경권, 보건권, 혼인의 자유와 모성의 보호를 받을 권리	

58

정답 ④

오답분석

① 조건이 법률행위의 당시 이미 성취한 것인 경우에는 그 조건이 정지조건이면 조건없는 법률행위로 하고 해제조건이면 그 법률행위는 무효로 한다(민법 제151조 제2항).
② 조건이 법률행위의 당시에 이미 성취할 수 없는 것인 경우에는 그 조건이 해제조건이면 조건없는 법률행위로 하고 정지조건이면 그 법률행위는 무효로 한다(동조 제3항).
③ 조건이 선량한 풍속 기타 사회질서에 위반한 것인 때에는 그 법률행위는 무효로 한다(동조 제1항).
⑤ 어떠한 법률행위가 조건의 성취시 법률행위의 효력이 발생하는 소위 정지조건부 법률행위에 해당한다는 사실은 그 법률행위로 인한 법률효과의 발생을 저지하는 사유로서 그 법률효과의 발생을 다투려는 자에게 주장, 입증책임이 있다고 할 것이다(대판 1993.9.28., 93다20832).

59

 ②

오답분석

① 지명채권의 양도는 양도인이 채무자에게 통지하거나 채무자가 승낙하지 아니하면 채무자 기타 제삼자에게 대항하지 못한다(민법 제450조). 이는 효력발생요건이 아닌 대항요건이다.
③ 당사자 사이에 양도금지의 특약이 있는 채권이라도 압류 및 전부명령에 의하여 이전할 수 있고 이 양도금지의 특약이 있는 사실에 관하여 압류채권자가 선의인가 악의인가는 전부명령의 효력에 영향을 미치지 못한다 할 것이다(대판 1976.10.29, 76다1623).
④ 채권이 이중으로 양도된 경우 양수인 상호 간의 우열은 확정일자 있는 양도통지가 채무자에게 도달한 일시 또는 확정일자 있는 승낙의 일시의 선후에 의하여 결정하여야 한다(대판 2013.6.28, 2011다83110).
⑤ 채권양도의 통지는 관념의 통지이고, 법률행위의 대리에 대한 규정은 관념의 통지에도 유추적용된다고 할 것이어서 채권양도의 통지도 양도인이 직접 하지 아니하고 사자를 통하여 하거나 나아가서 대리인으로 하여금 하게 하여도 무방하다고 할 것이다(대판 1994.12.27., 94다19242).

60

정답 ③

오답분석

① 청약의 상대방은 특정인과 불특정인 모두 유효하다. 반면 승낙은 청약과 달리 반드시 특정인(청약자)에 대하여 해야 한다.
② 승낙자가 청약에 대하여 조건을 붙이거나 변경을 가하여 승낙한 때에는 그 청약의 거절과 동시에 새로 청약한 것으로 본다(민법 제534조).
④ 당사자간에 동일한 내용의 청약이 상호교차된 경우에는 양청약이 상대방에게 도달한 때에 계약이 성립한다(동법 제533조).
⑤ 승낙의 기간을 정한 계약의 청약은 청약자가 그 기간 내에 승낙의 통지를 받지 못한 때에는 그 효력을 잃는다(동법 제528조 제1항).

61

정답 ①

오답분석

② 계약의 합의해제는 묵시적으로 이루어질 수도 있으나, 계약이 묵시적으로 합의해제되었다고 하려면 계약의 성립 후에 당사자 쌍방의 계약 실현 의사의 결여 또는 포기로 인하여 당사자 쌍방의 계약을 실현하지 아니할 의사가 일치되어야만 할 것이다(대판 1998.8.21, 98다17602).
③ 당사자의 일방 또는 쌍방이 수인인 경우에는 계약의 해지나 해제는 그 전원으로부터 또는 전원에 대하여 하여야 한다(민법 제547조 제1항). 전항의 경우에 해지나 해제의 권리가 당사자 1인에 대하여 소멸한 때에는 다른 당사자에 대하여도 소멸한다(동조 제2항).
④ 채무자의 책임있는 사유로 이행이 불능하게 된 때에는 채권자는 계약을 해제할 수 있다(동법 제546조).
⑤ 당사자 일방이 계약을 해지한 때에는 계약은 장래에 대하여 그 효력을 잃는다(동법 제550조).

62

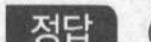 ③

1개의 행위(폭탄 투척)가 수개의 죄(살인죄, 상해죄, 재물손과죄)에 해당하는 것, 즉 한 개의 행위가 수개의 구성요건에 해당하는 상상적 경합범의 관계이다(형법 제40조).

63

정답 ①

형법의 기능

보장적 기능	국가형벌권의 발동한계를 명확히 하여 국가형벌권의 자의적인 행사로부터 국민의 자유와 권리를 보장하는 기능을 한다.
보호적 기능	사회질서의 근본적 가치, 즉 법익과 사회윤리적 행위가치를 보호하는 형법의 기능을 말한다.
규제적 기능	행위규범 내지 재판규범으로서 일반국민과 사법 관계자들을 규제하는 기능을 한다.
사회보전적 기능	형벌수단을 통하여 범죄행위를 방지함으로써 범죄자로부터 사회질서를 유지·보호하는 기능을 한다.

64

정답 ①

사장단이 아닌 사원의 동의 또는 결의가 있어야 한다.

상법상 회사의 공통된 해산사유(상법 제227조, 제287조의 38, 제517조, 제609조 참조)
- 사원의 동의 또는 결의
- 정관으로 정한 사유의 발생
- 법원의 해산명령 · 해산판결
- 존립기간의 만료
- 회사의 합병 · 파산

65

정답 ②

상법 제369조 제2항에 따르면 회사가 가진 자기주식은 의결권이 없다.

오답분석

① 상법 제289조 제1항 제7호에서 확인할 수 있다.
③ 상법 제293조에서 확인할 수 있다.
④ 상법 제312조에서 확인할 수 있다.
⑤ 상법 제292조에서 확인할 수 있다.

PART 3

66

정답 ④

상법은 영리성, 집단성 · 반복성, 획일성 · 정형성, 공시주의, 기업책임의 가중과 경감, 기업의 유지 강화, 기술성 · 진보성, 세계성 · 통일성 등의 특색(이념)을 가진다.

67

정답 ③

상법 제4편 제2장의 손해보험에는 화재보험(ㄴ), 운송보험, 해상보험(ㄷ), 책임보험(ㄱ), 자동차보험, 보증보험이 있고 재보험(ㅂ)은 책임보험의 규정을 준용(상법 제726조)하므로 손해보험에 포함시킨다.

오답분석

생명보험(ㄹ), 상해보험(ㅁ)은 인보험에 해당한다.

68

정답 ②

'실수'는 과실로 볼 수 있으며, 면책사유에는 해당되지 않는다.

보험자의 면책사유
- 보험사고가 보험계약자 또는 피보험자나 보험수익자의 고의 또는 중대한 과실로 인하여 생긴 때에는 보험자는 보험금액을 지급할 책임이 없다(상법 제659조 제1항).
- 보험사고가 전쟁 기타의 변란으로 인하여 생긴 때에는 당사자간에 다른 약정이 없으면 보험자는 보험금액을 지급할 책임이 없다(상법 제660조).

69

정답 ④

지배인, 상호, 상업장부와 상업등기에 대한 규정은 소상인에게 적용하지 않는다.

70

정답 ④

의무를 위반한 거래행위라도 상거래의 안정을 위하여 거래행위 자체는 유효한 것으로 본다. 단, 영업주는 손해배상청구권, 해임권, 개입권의 행사가 가능하다.

오답분석

①·②·⑤ 상법 제17조

71

정답 ②

회사의 설립의 무효는 그 사원에 한하여, 설립의 취소는 그 취소권 있는 자에 한하여 회사성립의 날로부터 2년 내에 소만으로 이를 주장할 수 있다(상법 제184조 제1항).

72

정답 ③

청산인은 주식회사 정관의 기재사항이 아니고, 법원에 대한 신고사항이다(상법 제532조).

주식회사 설립 시 정관의 절대적 기재사항(상법 제289조)

① 발기인은 정관을 작성하여 다음의 사항을 적고 각 발기인이 기명날인 또는 서명하여야 한다.

1. 목적
2. 상호
3. 회사가 발행할 주식의 총수
4. 액면주식을 발행하는 경우 1주의 금액
5. 회사의 설립 시에 발행하는 주식의 총수
6. 본점의 소재지
7. 회사가 공고를 하는 방법
8. 발기인의 성명·주민등록번호 및 주소

73

정답 ③

회사의 법인격은 법률이 부여한 것으로 그의 권리능력은 법률에 의하여 제한을 받는다. 즉, 상법은 "회사는 다른 회사의 무한책임사원이 되지 못한다."는 규정을 두어 정책적 제한을 하고 있다(상법 제173조).

74

정답 ②

②는 보험계약자의 의무가 아닌 보험자가 지켜야 할 의무에 해당된다(상법 제640조).

보험계약의 효과

보험자의 의무	보험증권교부의무, 보험금지급의무(상법 제658조), 보험료반환의무(상법 제648조), 이익배당의무 등
보험계약자·피보험자·보험수익자의 의무	• 보험료지급의무(상법 제650조) • 고지의무(상법 제651조) : 보험계약자 또는 피보험자는 보험계약 당시에 보험계약과 관련된 중요한 사항을 보험자에게 고지하여야 한다. • 통지의무(상법 제652조) : 보험계약자·피보험자는 보험계약서에 기재한 사항이 변경되었거나 사고가 생긴 때에는 이를 보험자에게 알려야 한다(보험자는 통지의무가 없다). • 위험유지의무(상법 제653조) : 보험계약자·피보험자·보험수익자는 보험계약을 체결할 당시에 보험료를 산출하는데 기초가 되었던 위험을 증가시키는 행위를 하여서는 안 된다.

75

정답 ①

피보험이익이란 보험계약의 목적(경제적 이해관계)을 말하며, 보험사고가 발생하면 손해를 입게 될 염려가 있는 이익을 말한다. 피보험이익이은 손해보험특유의 개념으로 인보험(생명보험)에는 인정할 여지가 없는 개념이다.

76

정답 ④

보험계약은 당사자 일방(보험계약자)이 약정한 보험료를 지급하고 재산 또는 생명이나 신체에 불확정한 사고가 발생할 경우에 상대방(보험자)이 일정한 보험금이나 그 밖의 급여를 지급할 것을 약정함으로써 효력이 생긴다(상법 제638조).

77

정답 ②

근로자가 노동조합을 결성하지 아니할 자유나 노동조합에 가입을 강제당하지 아니할 자유, 그리고 가입한 노동조합을 탈퇴할 자유는 근로자에게 보장된 단결권의 내용에 포섭되는 권리로서가 아니라 헌법 제10조의 행복추구권에서 파생되는 일반적 행동의 자유 또는 제21조 제1항의 결사의 자유에서 그 근거를 찾을 수 있다(헌재결2005.11.24., 2002헌바95).

오답분석

① 노동조합의 재정 집행과 운영에 있어서의 적법성, 민주성 등을 확보하기 위해서는 조합자치 또는 규약자치에만 의존할 수는 없고 행정관청의 감독이 보충적으로 요구되는바, 이 사건 법률조항은 노동조합의 재정 집행과 운영의 적법성, 투명성, 공정성, 민주성 등을 보장하기 위한 것으로서 정당한 입법목적을 달성하기위한 적절한 수단이다(헌재결 2013.7.25, 2012헌바116).

③ 헌재결 2015.3.26, 2014헌가5

④ 사용종속관계하에서 근로를 제공하고 그 대가로 임금 등을 받아 생활하는 사람은 노동조합법상 근로자에 해당하고, 노동조합법상의 근로자성이 인정되는 한, 그러한 근로자가 외국인인지 여부나 취업자격의 유무에 따라 노동조합법상 근로자의 범위에 포함되지 아니한다고 볼 수는 없다(대판 2015.6.25, 2007두4995).

⑤ 노동조합 및 노동관계조정법상의 교섭창구단일화제도는 근로조건의 결정권이 있는 사업 또는 사업장 단위에서 복수 노동조합과 사용자 사이의 교섭절차를 일원화하여 효율적이고 안정적인 교섭체계를 구축하고, 소속 노동조합과 관계없이 조합원들의 근로조건을 통일하기 위한 것으로, 교섭대표노동조합이 되지 못한 소수 노동조합의 단체교섭권을 제한하고 있지만, 소수 노동조합도 교섭대표노동조합을 정하는 절차에 참여하게 하여 교섭대표노동조합이 사용자와 대등한 입장에 설 수 있는 기반이 되도록 하고 있으며, 그러한 실질적 대등성의 토대 위에서 이뤄낸 결과를 함께 향유하는 주체가 될 수 있도록 하고 있으므로 노사대등의 원리 하에 적정한 근로조건의 구현이라는 단체교섭권의 실질적인 보장을 위한 불가피한 제도라고 볼 수 있다. ……따라서 위 '노동조합 및 노동관계조정법' 조항들이 과잉금지원칙을 위반하여 청구인들의 단체교섭권을 침해한다고 볼 수 없다(헌재결 2012.4.24., 2011헌마338).

78

정답 ③

ㄷ. 형 집행 중에 가석방을 받았다고 하여, 형의 선고 당시 법관에 의하여 인정된 범죄의 중대성이 감쇄되었다고 보기 어려운 점을 고려하면, 입법자가 가석방 처분을 받았다는 후발적 사유를 고려하지 아니하고 1년 이상 징역의 형을 선고받은 사람의 선거권을 일률적으로 제한하였다고 하여 불필요한 제한이라고 보기는 어렵다(헌재결 2017.5.25, 2016헌마292).

ㅁ. 재판을 통하여 1년 이상의 징역의 형을 선고받았다면, 범죄자의 사회적 · 법률적 비난가능성이 결코 작지 아니함은 앞서 본 바와 같으며, 이러한 사정은 당해 범죄자가 저지른 범죄행위가 과실에 의한 것이라거나 국가적 · 사회적 법익이 아닌 개인적 법익을 침해하는 것이라도 마찬가지이다(헌재결 2017.5.25, 2016헌마292).

오답분석

ㄱ. 헌재결 2017.5.25, 2016헌마292

ㄴ. 헌재결 2017.5.25, 2016헌마292

ㄹ. 헌재결 2017.5.25., 2016헌마292

79

정답 ④

ㄷ. 일반사면을 명하려면 국회의 동의를 얻어야 한다(헌법 제79조 제2항).

ㅂ. 청구인들은 대통령의 특별사면에 관하여 일반국민의 지위에서 사실상의 또는 간접적인 이해관계를 가진다고 할 수는 있으나 대통령의 청구외인들에 대한 특별사면으로 인하여 청구인들 자신의 법적이익 또는 권리를 직접적으로 침해당한 피해자라고 볼 수 없으므로 이 사건 심판청구는 자기관련성, 직접성이 결여되어 부적법하다(헌재결 1998.9.30, 97헌마404).

오답분석

ㄱ. 사면법 제6조

ㄴ. 사면이라 함은 형사사법절차에 의하지 아니하고 형의 선고의 효력상실·공소권의 소멸·형의 집행의 면제를 명하는 대통령의 특권을 말한다. 협의의 사면에는 사면법에서 규정하고 있는 일반사면과 특별사면을 의미하며, 광의의 사면은 협의의 사면과 감형·복권을 포괄하는 넓은 의미의 사면으로 나누어 볼 수 있다.

ㄹ. 일반사면은 형 선고의 효력이 상실되며, 형을 선고받지 아니한 자에 대하여는 공소권(公訴權)이 상실된다. 다만, 특별한 규정이 있을 때에는 예외로 한다(사면법 제5조 제1항 제1호).

ㅁ. 특별사면은 형을 선고받은 자의 형의 집행이 면제된다. 다만, 특별한 사정이 있을 때에는 이후 형 선고의 효력을 상실하게 할 수 있다(사면법 제3조 제1호, 제5조 제1항 제2호).

80

정답 ⑤

간이귀화 요건(국적법 제6조 제2항)

② 배우자가 대한민국의 국민인 외국인으로서 다음 각 호의 어느 하나에 해당하는 사람은 제5조 제1호 및 제1호의2의 요건을 갖추지 아니하여도 귀화허가를 받을 수 있다.

2. 그 배우자와 혼인한 후 3년이 지나고 혼인한 상태로 대한민국에 1년 이상 계속하여 주소가 있는 사람

오답분석

① 과학·경제·문화·체육 등 특정 분야에서 매우 우수한 능력을 보유한 사람으로서 대한민국의 국익에 기여할 것으로 인정되는 사람에 해당하는 외국인으로서 대한민국에 주소가 있는 사람은 요건을 갖추지 아니하여도 귀화허가를 받을 수 있다(동법 제7조 제1항 제3호).

② 대한민국에서 출생한 사람으로서 부 또는 모가 대한민국에서 출생한 사람에 해당하는 외국인으로서 대한민국에 3년 이상 계속하여 주소가 있는 사람은 제5조 제1호 및 제1호의2의 요건을 갖추지 아니하여도 귀화허가를 받을 수 있다(동법 제6조 제1항 제2호).

③ 복수국적자로서 외국 국적을 선택하려는 자는 외국에 주소가 있는 경우에만 주소지 관할 재외공관의 장을 거쳐 법무부장관에게 대한민국 국적을 이탈한다는 뜻을 신고할 수 있다. 다만, 제12조 제2항 본문 또는 같은 조 제3항에 해당하는 자는 그 기간 이내에 또는 해당 사유가 발생한 때부터만 신고할 수 있다(동법 제14조 제1항).

④ 제1항 및 제2항 단서에도 불구하고 출생 당시에 모가 자녀에게 외국 국적을 취득하게 할 목적으로 외국에서 체류 중이었던 사실이 인정되는 자는 외국 국적을 포기한 경우에만 대한민국 국적을 선택한다는 뜻을 신고할 수 있다(동법 제13조 제3항).

81

정답 ⑤

국회는 국정전반에 관하여 소관 상임위원회별로 매년 정기회 집회일 이전에 국정감사 시작일부터 30일 이내의 기간을 정하여 감사를 실시한다. 이때 감사는 상임위원장이 국회운영위원회와 협의하여 작성한 감사계획서에 따라 한다(국정감사 및 조사에 관한 법률 제2조 제1항, 제2항).

오답분석

① 감사 또는 조사를 하는 위원회는 위원회의 의결로 필요한 경우 2명 이상의 위원으로 별도의 소위원회나 반을 구성하여 감사 또는 조사를 하게 할 수 있다(국정감사 및 조사에 관한 법률 제5조 제1항).

② 국정감사 및 조사에 관한 법률 제7조의2에서 확인할 수 있다.

③ 위원회, 제5조 제1항에 따른 소위원회 또는 반은 감사 또는 조사를 위하여 그 의결로 감사 또는 조사와 관련된 보고 또는 서류 등의 제출을 관계인 또는 그 밖의 기관에 요구하고, 증인·감정인·참고인의 출석을 요구하고 검증을 할 수 있다. 다만, 위원회가 감사 또는 조사와 관련된 서류 등의 제출 요구를 하는 경우에는 재적위원 3분의 1 이상의 요구로 할 수 있다(국정감사 및 조사에 관한 법률 제10조 제1항).

④ 감사 또는 조사를 마쳤을 때에는 위원회는 지체 없이 그 감사 또는 조사 보고서를 작성하여 의장에게 제출하여야 한다. 보고서를 제출받은 의장은 이를 지체 없이 본 회의에 보고하여야 한다(국정감사 및 조사에 관한 법률 제15조 제1항, 제3항).

82

정답 ①

• 대통령선거에서 후보자의 등록은 선거일 전 (A) 24일부터 2일간 관할선거구선거관리위원회에 서면으로 신청하여야 한다(공직선거법 제49조 제1항).
• 정부에 대한 질문을 제외하고는 의원의 발언 시간은 (B) 15분을 초과하지 아니하는 범위에서 의장이 정한다(국회법 제104조 제1항).
• 국회의원지역구의 공정한 획정을 위하여 임기만료에 따른 국회의원선거의 선거일 전 (C) 18개월부터 해당 국회의원선거에 적용되는 국회의원지역구의 명칭과 그 구역이 확정되어 효력을 발생하는 날까지 국회의원선거구획정위원회를 설치・운영한다(공직선거법 제24조 제1항).
• 대통령선거의 선거기간은 (D) 23일이다(공직선거법 제33조 제1항 제1호).
• 의원 (E) 20명 이상의 연서에 의한 동의로 본회의 의결이 있거나 의장이 각 교섭단체 대표의원과 협의하여 필요하다고 인정할 때에는 의장은 회기 전체 의사일정의 일부를 변경하거나 당일 의사일정의 안건 추가 및 순서 변경을 할 수 있다(국회법 제77조).

PART 3

83

정답 ②

구 지방세법은 구법과 달리 인구유입과 경제력 집중의 효과가 뚜렷한 건물의 신축, 증축 그리고 부속토지의 취득만을 그 적용대상으로 한정하여 부당하게 중과세할 소지를 제거하였다. 최근 대법원 판결도 구체적인 사건에서 인구유입이나 경제력집중 효과에 관한 판단을 전적으로 배제한 것으로는 보기 어렵다. 따라서 이 사건 법률조항은 거주・이전의 자유와 영업의 자유를 침해하지 아니한다(헌재결 2014.7.24, 2012헌바408).

오답분석

① 단기보유자산이 공용수용에 의하여 양도된 경우에도 높은 세율로 중과세하는 것은 부동산 투기를 억제하여 토지라는 한정된 자원을 효율적으로 이용하기 위한 것으로 입법목적의 정당성이 인정되고, …… 단기보유자산의 양도에 대하여 일률적으로 중과세함으로써 실현되는 공익이 그로써 제한되는 사익보다 결코 작다고 할 수 없으므로 법익의 균형성도 준수하고 있어 심판대상조항은 청구인들의 재산권을 침해하지 아니한다(헌재결 2015.6.25, 2014헌바256).

③ 계약상 급부의 상환성과 등가성은 계약 당사자의 이익을 공평하게 조정하기 위하여 계약 해제에 따른 원상회복 관계에서도 유지되어야 하므로, 원상회복범위는 당사자의 구체적이고 주관적인 사정과 관계없이 규범적・객관적으로 정해져야 할 필요가 있다. 계약 해제의 경위・계약 당사자의 귀책사유 등 제반 사정은 계약 해제로 인한 손해배상의 범위를 정할 때 고려된다. 따라서 민법 제548조 제2항은 원상회복의무자의 재산권을 침해하지 않는다(헌재결 2017.5.25, 2015헌바421).

④ 도축장 사용정지・제한명령은 구제역과 같은 가축전염병의 발생과 확산을 막기 위한 것이고, 도축장 사용정지・제한명령이 내려지면 국가가 도축장 영업권을 강제로 취득하여 공익 목적으로 사용하는 것이 아니라 소유자들이 일정기간 동안 도축장을 사용하지 못하게 되는 효과가 발생할 뿐이다. 이와 같은 재산권에 대한 제약의 목적과 형태에 비추어 볼 때, 도축장 사용정지・제한명령은 공익목적을 위하여 이미 형성된 구체적 재산권을 박탈하거나 제한하는 헌법 제23조 제3항의 수용・사용 또는 제한에 해당하는 것이 아니라, 도축장 소유자들이 수인하여야 할 사회적 제약으로서 헌법 제23조 제1항의 재산권의 내용과 한계에 해당한다(헌재결 2015.10.21, 2012헌바367).

⑤ 친일재산조항은 정의를 구현하고 민족의 정기를 바로 세우며 일제에 저항한 3・1운동의 헌법이념을 구현하기 위하여, 친일반민족행위로 축재한 재산을 친일재산으로 규정하여 국가에 귀속시킬 수 있도록 하기 위한 것으로서, 입법목적의 정당성 및 수단의 적합성이 인정된다. …… 과거사 청산의 정당성과 진정한 사회통합의 가치를 고려할 때 이 사건 친일재산조항의 공익적 중대성은 막중하고, 이 사건 친일재산조항으로 인한 친일반민족행위자 등의 재산권에 대한 제한의 정도가 위 조항에 의하여 보장되는 공익에 비하여 결코 중하다고 볼 수 없으므로, 위 조항이 법익의 균형성에 반한다고 볼 수 없다. 따라서 친일재산조항이 과잉금지원칙을 위반하여 재산권을 침해한다고 할 수 없다(2018.4.26, 2016헌바454).

84

정답 ④

㉠은 시공자의 흠이라는 위법한 행정행위에 대한 것이므로 손해배상을, ㉡은 정당한 법집행에 대한 것이므로 손실보상이 타당하다.

85

정답 ①

국가공무원법에 명시된 공무원의 복무는 ②·③·④·⑤ 외에 성실의무, 종교중립의 의무, 청렴의 의무 등이 있다.(국가공무원법 제7장)

86

정답 ④

유효한 행정행위가 존재하는 이상 모든 국가기관은 그 존재를 존중하고 스스로의 판단에 대한 기초로 삼아야 한다는 것으로 구성요건적 효력을 말한다.

<table>
<tr><td>공정력</td><td colspan="2">비록 행정행위에 하자가 있는 경우에도 그 하자가 중대하고 명백하여 당연무효인 경우를 제외하고는, 권한 있는 기관에 의해 취소될 때까지는 일응 적법 또는 유효한 것으로 보아 누구든지(상대방은 물론 제3의 국가기관도) 그 효력을 부인하지 못하는 효력</td></tr>
<tr><td>구속력</td><td colspan="2">행정행위가 그 내용에 따라 관계행정청, 상대방 및 관계인에 대하여 일정한 법적 효과를 발생하는 힘으로, 모든 행정행위에 당연히 인정되는 실체법적 효력</td></tr>
<tr><td rowspan="2">존속력</td><td>불가쟁력
(형식적)</td><td>행정행위에 대한 쟁송제기기간이 경과하거나 쟁송수단을 다 거친 경우에는 상대방 또는 이해관계인은 더 이상 그 행정행위의 효력을 다툴 수 없게 되는 효력</td></tr>
<tr><td>불가변력
(실질적)</td><td>일정한 경우 행정행위를 발한 행정청 자신도 행정행위의 하자 등을 이유로 직권으로 취소·변경·철회할 수 없는 제한을 받게 되는 효력</td></tr>
</table>

87

정답 ③

오답분석

① 확정력에는 형식적 확정력(불가쟁력)과 실질적 확정력(불가변력)이 있다.
② 행정행위의 상대방 기타 이해관계인이 더 이상 그 효력을 다툴 수 없게 되는 힘을 의미한다.
④ 강제력에는 행정법상 의무위반자에게 처벌을 가할 수 있는 제재력과 행정법상 의무불이행자에게 의무의 이행을 강제할 수 있는 자력집행력이 있다.
⑤ 일정한 행정행위의 경우 그 성질상 행정청 스스로도 직권취소나 변경이 제한되는 경우가 있는데 이를 불가변력이라 한다.

88

정답 ⑤

행정주체와 국민과의 관계는 행정주체인 국가의 물품공급계약관계, 공사도급계약관계, 국가의 회사주식매입관계, 국채모집관계 등과 같이 상호 대등한 당사자로서 사법관계일 때도 있고, 행정주체와 국민은 법률상 지배자와 종속관계의 위치로 인·허가 및 그 취소, 토지의 수용 등과 같이 행정주체가 국민에게 일방적으로 명령·강제할 수 있는 공법관계일 때도 있다.

89

정답 ②

행정행위(처분)의 부관이란 행정행위의 일반적인 효과를 제한하기 위하여 주된 의사표시에 붙여진 종된 의사표시로 행정처분에 대하여 부가할 수 있다. 부관의 종류에는 조건, 기한, 부담 등이 있다.

- 조건 : 행정행위의 효력의 발생 또는 소멸을 발생이 불확실한 장래의 사실에 의존하게 하는 행정청의 의사표시로서, 조건성취에 의하여 당연히 효력을 발생하게 하는 정지조건과 당연히 그 효력을 상실하게 하는 해제조건이 있다.
- 기한 : 행정행위의 효력의 발생 또는 소멸을 발생이 장래에 도래할 것이 확실한 사실에 의존하게 하는 행정청의 의사표시로서, 기한의 도래로 행정행위가 당연히 효력을 발생하는 시기와 당연히 효력을 상실하는 종기가 있다.
- 부담 : 행정행위의 주된 의사표시에 부가하여 그 상대방에게 작위·부작위·급부·수인의무를 명하는 행정청의 의사표시로서, 특허·허가 등의 수익적 행정행위에 붙여지는 것이 보통이다.
- 철회권의 유보 : 행정행위의 주된 의사표시에 부수하여, 장래 일정한 사유가 있는 경우에 그 행정행위를 철회할 수 있는 권리를 유보하는 행정청의 의사표시이다(숙박업 허가를 하면서 윤락행위를 하면 허가를 취소한다는 경우).

90

정답 ①

기판력은 확정된 재판의 판단 내용이 소송당사자와 후소법원을 구속하고, 이와 모순되는 주장・판단을 부적법으로 하는 소송법상의 효력을 말하는 것으로 행정행위의 특징과는 관련 없다.

91

정답 ②

건축허가는 법률행위적 행정행위 중 명령적 행위에 속한다.

행정행위의 구분

법률행위적 행정행위	명령적 행위	하명, 허가, 면제
	형성적 행위	특허, 인가, 대리
준법률행위적 행정행위		확인, 공증, 통지, 수리

92

정답 ③

지방자치단체는 법령의 범위 안에서 그 사무에 관하여 조례를 제정할 수 있다(지방자치법 제22조 본문).

오답분석

① 지방자치법 제30조에서 확인할 수 있다.
② 지방자치법 제94조에서 확인할 수 있다.
④ 헌법 제117조 제2항에서 확인할 수 있다.
⑤ 지방자치법 제32조에서 확인할 수 있다.

93

정답 ②

오답분석

① 독임제 행정청이 원칙적인 형태이고, 지자체의 경우 지자체장이 행정청에 해당한다.
③ 자문기관은 행정기관의 자문에 응하여 행정기관에 전문적인 의견을 제공하거나, 자문을 구하는 사항에 관하여 심의・조정・협의하는 등 행정기관의 의사결정에 도움을 주는 행정기관을 말한다.
④ 의결기관은 의사결정에만 그친다는 점에서 외부에 표시할 권한을 가지는 행정관청과 다르고, 행정관청을 구속한다는 점에서 단순한 자문적 의사의 제공에 그치는 자문기관과 다르다.
⑤ 집행기관은 의결기관 또는 의사기관에 대하여 그 의결 또는 의사결정을 집행하는 기관이나 행정기관이며, 채권자의 신청에 의하여 강제집행을 실시할 직무를 가진 국가기관이다.

94

정답 ③

도로・하천 등의 설치 또는 관리의 하자로 인한 손해에 대하여는 국가 또는 지방자치단체는 국가배상법 제5조의 영조물책임을 진다.

오답분석

① 도로건설을 위해 토지를 수용당한 경우에는 위법한 국가작용이 아니라 적법한 국가작용이므로 개인은 손실보상청구권을 갖는다.
② 공무원이 직무수행 중에 적법하게 타인에게 손해를 입힌 경우 국가는 배상책임이 없다.
④ 공무원도 국가배상법 제2조나 제5조의 요건을 갖추면 국가배상청구권을 행사할 수 있다. 다만, 군인・군무원・경찰공무원 또는 예비군대원의 경우에는 일정한 제한이 있다.
⑤ 국가배상법에서 규정하고 있는 손해배상은 불법행위로 인한 것이므로 적법행위로 인하여 발생하는 손실을 보상하는 손실보상과는 구별해야 한다.

95

정답 ②

행정상 장해가 존재하거나 장해의 발생이 목전에 급박한 경우, 성질상 개인에게 의무를 명해서는 공행정 목적을 달성할 수 없거나 또는 미리 의무를 명할 시간적 여유가 없거나 또는 미리 의무를 명할 시간적 여유가 없는 경우에 개인에게 의무를 명함이 없이 행정기관이 직접 개인의 신체에 직접 실력을 가하여 행정상 필요한 상태의 실현을 목적으로 하는 행위를 행정상 즉시강제라 한다.

96

정답 ④

행정쟁송제도 중 행정소송에 대한 설명이다. 행정심판은 행정관청의 구제를 청구하는 절차를 말한다.

97

정답 ④

우리나라 헌법은 1987년 10월 29일에 제9차로 개정되었다. 헌법 전문상의 제8차라고 밝히고 있는 것은 9차 개정의 현행 헌법을 공표하면서 그때까지 8차례에 걸쳐 개정되었던 것을 이제 9차로 개정하여 공포하는 취지를 밝힌 것이다(대한민국 헌법 전문).

98

정답 ②

긴급재정경제처분 · 명령권(헌법 제76조 제1항) : 중대한 재정 · 경제상의 위기에 있어서 국가안전보장 또는 공공의 안녕질서를 유지하기 위해 대통령이 행하는 재정 · 경제상의 처분이다.

오답분석

① 헌법 제77조 제1항에서 확인할 수 있다.
③ 헌법 제1조 제1항에서 확인할 수 있다.
④ 헌법 전문 · 헌법 제5조 · 제6조 등에서 국제평화주의를 선언하고 있다.
⑤ 실질적 의미의 헌법은 규범의 형식과 관계없이 국가의 통치조직 · 작용의 기본원칙에 대한 규범을 총칭한다.

99

정답 ①

근대 입헌주의 헌법은 국법과 왕법을 구별하는 근본법(국법) 사상에 근거를 두고, 국가권력의 조직과 작용에 대한 사항을 정하고 동시에 국가권력의 행사를 제한하여 국민의 자유와 권리 보장을 이념으로 하고 있다.

100

정답 ⑤

헌법의 개정은 헌법의 동일성을 유지하면서 의식적으로 헌법전의 내용을 수정 · 삭제 · 추가하는 것을 말한다.

| 05 | 기술직(기계)

51	52	53	54	55	56	57	58	59	60	61	62	63	64	65	66	67	68	69	70
①	④	③	②	①	②	④	③	②	④	⑤	③	③	④	④	①	⑤	②	③	④
71	72	73	74	75	76	77	78	79	80	81	82	83	84	85	86	87	88	89	90
①	⑤	③	③	③	③	④	②	⑤	②	①	①	②	③	②	④	⑤	④	③	①
91	92	93	94	95	96	97	98	99	100										
②	⑤	①	③	③	⑤	④	③	②	③										

51

정답 ①

$$S=\frac{\sigma_{\max}}{\sigma_a} \rightarrow \sigma_a=\frac{\sigma_{\max}}{S}=\frac{600}{7} \fallingdotseq 85.71\text{MPa}$$

$$\sigma_a=\frac{P}{A}=\frac{P}{\frac{\pi d^2}{4}}$$

$$\therefore d=\sqrt{\frac{4P}{\pi\sigma_a}}=\sqrt{\frac{4\times50\times10^3}{\pi\times85.71\times10^6}} \fallingdotseq 0.027\text{m}=2.7\text{cm}$$

52

정답 ④

- 탄성계수 : $E=2G(1+\mu)$
- 전단탄성계수 : $G=\frac{E}{2(1+\mu)}$

53

정답 ③

탄성계수는 응력과 변형률의 관계로 MLT 차원계로 나타내면 $\text{ML}^{-1}\text{T}^{-2}$이다.

오답분석

① 유체에 작용하는 관성력과 점성력의 비이다.
② 재료에 인장력에 따른 가로변형률과 세로변형률 사이의 비율이다.
④ 어떤 물질의 밀도와 대기압, 4℃의 물의 밀도와의 비율이다.
⑤ 어떤 유체 환경에서의 물체에 작용하는 항력을 정량화하기 위한 무차원수이다.

54

정답 ②

자유표면(수면)이 존재할 경우 프루드수나 레이놀즈수가 같아야 역학적 상사성이 존재하지만, 자동차의 풍동시험의 경우 수면이 존재하지 않는 유체의 흐름이므로 자유표면이 없으면 레이놀즈수가 모형과 원형의 값이 같아야 한다. 따라서 선체와 자동차 풍동시험은 역학적 상사를 이루기 위해 공통적으로 레이놀즈수가 같은지 고려해야 한다.

오답분석

① 마하수 : 유체의 유동속도와 음속의 비를 나타내는 무차원수이다.
③ 오일러수 : 유체의 압력 변화와 밀도와 유체의 속도 간 관계를 나타내는 무차원수이다.
④ 프루드수 : 유체 유동을 관성과 중력의 비로 나타내는 무차원수로 유동의 역학적 상사성을 판단하기 위해 사용한다. 자유표면 유동 해석에 중요한 영향을 미친다.
⑤ 웨버수 : 유체의 관성력과 점성력의 비를 나타내는 무차원수이다.

55

정답 ①

소르바이트 조직은 트루스타이트보다 냉각속도를 더 느리게 했을 때 얻어지는 조직으로 펄라이트보다 강인하고 단단하다.

56

정답 ②

나무토막이 일부 잠긴 채 떠 있다는 것은 나무토막에 작용하는 힘이 평형상태임을 나타낸다. 따라서 나무토막에 작용하는 부력과 중력의 크기는 같다.

57

정답 ④

기체가 받은 일의 양은 $W=P\Delta V=50\times(0.36\times0.6)=7.2\text{kJ}$이다.
내부 에너지의 변화량이 13.5kJ이고 등압변화를 하였으므로
$Q=W+\Delta U=7.2+13.5=20.7\text{kJ}$이다.
따라서 실린더는 열량을 20.7kJ 얻었다.

58

정답 ③

$$L=2\times1{,}000+\frac{3\times(250+600)}{2}+\frac{(600-250)^2}{4\times1{,}000}=3{,}305.625\text{mm}\fallingdotseq3{,}305.6\text{mm}$$

벨트의 평행걸기와 엇갈림걸기의 길이와 접촉각

구분	평행걸기		엇걸기	
개체 수	C, D_1, D_2, θ_1, θ_2		C, D_1, D_2, θ_1, θ_2	
길이	$L=2C+\frac{\pi(D_2+D_1)}{2}+\frac{(D_2-D_1)^2}{4C}$		$L=2C+\frac{\pi(D_2+D_1)}{2}+\frac{(D_2+D_1)^2}{4C}$	
접촉각	θ_1	$180°-\sin^{-1}\left(\frac{D_2-D_1}{2C}\right)$	θ_1	$180°+\sin^{-1}\left(\frac{D_2+D_1}{2C}\right)$
	θ_2	$180°+\sin^{-1}\left(\frac{D_2-D_1}{2C}\right)$	θ_2	$180°+\sin^{-1}\left(\frac{D_2+D_1}{2C}\right)$

59

정답 ②

$C_P=1.075\text{kJ/kg}\cdot\text{K}$, $R=0.287\text{kJ/kg}\cdot\text{K}$이므로 $C_V=C_P-R=1.075-0.287=0.788\text{kJ/kg}\cdot\text{K}$이다.

60

정답 ④

하겐 – 푸아죄유 방정식

$\Delta P=\frac{128\mu QL}{\pi D^4}$ (ΔP : 압력손실, μ : 점성계수, Q : 유량, L : 관의 길이, D : 관의 직경)

61

정답 ⑤

정상류는 유체 임의의 한 점에서 유체의 모든 특성이 시간이 경과하여도 변화하지 않는 흐름의 상태를 말한다.

$\frac{\partial V}{\partial t}=0,\ \frac{\partial p}{\partial t}=0,\ \frac{\partial T}{\partial t}=0,\ \frac{\partial \rho}{\partial t}=0$

62

정답 ③

오답분석

③ 에너지(=일)에 대한 단위이다.

63

정답 ③

표준대기압은 1기압을 기준으로 하며 1기압=1.013hPa=1kg$_f$/cm^2=1.013bar=14.7psi=10.33mAq=760mmHg이다.

64

정답 ④

동점성계수(ν)는 유체가 유동할 때 밀도를 고려한 점성계수(μ)로 점성계수를 유체의 밀도(ρ)로 나눈 값이다.
단위로는 1stokes=1cm^2/s을 쓴다[1Stokes(St)=1cm^2/s=100cSt].

65

정답 ④

$\frac{P_1 V_1}{T_1}=\frac{P_2 V_2}{T_2}$에서 $P_2=1.5P_1$이고 $V_1=V_2=V$이므로 $\frac{P_1 V}{25+273.15}=\frac{1.5P_1 V}{T_2}$

$\therefore T_2=1.5\times(25+273.15)\fallingdotseq 447.23\text{K}=174.08℃$

66

정답 ①

선반은 공작물의 회전운동과 절삭공구의 직선운동에 의해 절삭가공을 하는 공작기계이다.

공작기계의 절삭가공 방법

종류	공구	공작물
선반	축 방향 및 축에 직각 (단면 방향) 이송	회전
밀링	회전	고정 후 이송
보링	직선 이송	회전
	회전 및 직선 이송	고정
드릴링 머신	회전하면서 상·하 이송	고정
셰이퍼, 슬로터	전·후 왕복운동	상하 및 좌우 이송
플레이너	공작물의 운동 방향과 직각 방향으로 이송	수평 왕복운동
연삭기 및 래핑	회전	회전, 또는 고정 후 이송
호닝	회전 후 상하운동	고정
호빙	회전 후 상하운동	고정 후 이송

67

정답 ⑤

오답분석

ㄱ. 열단형 칩 : 칩이 날 끝에 달라붙어 경사면을 따라 원활히 흘러나 가지 못해 공구에 균열이 생기고 가공 표면이 뜯겨진 것처럼 보인다.

ㄴ. 균열형 칩 : 주철과 같이 취성(메짐)이 있는 재료를 저속으로 절삭할 때 발생하며 가공면에 깊은 홈을 만들기 때문에 재료의 표면이 매우 불량해진다.

68

정답 ②

$I_P = \frac{\pi({d_2}^4 - {d_1}^4)}{32} = \frac{\pi(5^4 - 3^4)}{32} \fallingdotseq 53.4\text{cm}^4$

69

정답 ③

$\tau = \gamma \times G$ (τ : 전단응력, G : 전단탄성계수, γ : 전단변형률)

$\therefore \gamma = \frac{\tau}{G} = \frac{1 \times 10^3}{80 \times 10^9} = 12.5 \times 10^{-9}$

70

정답 ④

단면의 형상에 따른 단면계수는 다음과 같다.

- 원형 중실축 : $Z = \frac{\pi d^3}{32}$
- 원형 중공축 : $Z = \frac{\pi {d_2}^3}{32}(1 - x^4)$ (단, $x = \frac{d_1}{d_2}$ 이며 $d_1 < d_2$ 이다)
- 삼각형 : $Z_c = \frac{bh^2}{24}$, $Z_t = \frac{bh^2}{12}$
- 사각형 : $Z = \frac{bh^2}{6}$

71

정답 ①

축의 위험회전속도(n_c) 를 구하기 위해서는 각속도(ω) 구하는 식을 응용해야 한다.

$\omega = \frac{2\pi n}{60}$

위 식에 ω 대신 위험각속도(ω_c), 회전수 n 대신 축의 위험 회전수(n_c)를 대입하면

[위험각속도(ω_c)]$= \frac{2\pi n_c}{60}$

$n_c = \frac{60\omega_c}{2\pi} = \frac{30}{\pi} w_c = \frac{30}{\pi}\sqrt{\frac{k}{m}}$

한편, [고유진동수(f)]$= \frac{1}{2\pi}\sqrt{\frac{k}{m}}$ 이다.

따라서 n_c와 f 모두 $\sqrt{\frac{k}{m}}$ 와 연관이 있으므로 축의 위험속도(n_c)는 고유진동수(f)와 관련이 크다.

고유진동수(f)

단위시간당 진동하는 횟수이다. 구조물의 동적 특성을 표현하는 가장 대표적인 개념으로 단위는 [Hz]를 사용한다.

$f=\frac{1}{2\pi}\sqrt{\frac{k}{m}}$ (k : 강성, m : 질량)

72

정답 ⑤

레이놀즈수는 층류와 난류를 구분하는 척도로, 관성력과 점성력의 비이다[$Re=\frac{(\text{관성력})}{(\text{점성력})}$]. 레이놀즈수가 작은 경우에는 점성력이 관성력에 비해 크게 영향을 미친다. 층류에서 난류로 변하는 레이놀즈수를 상임계 레이놀즈수라 하고, 난류에서 층류로 변하는 레이놀즈수를 하임계 레이놀즈수라고 한다. 또한, 유동단면의 형상이 변하면 임계 레이놀즈수도 변화한다.

73

정답 ③

유체가 층류일 때, $f=\frac{64}{Re}$ 이므로 $Re=\frac{64}{0.04}=1,600$이다.

$Re=\frac{VD}{\nu}$ 이므로, $V=\frac{Re\times\nu}{D}=\frac{1,600\times5}{50}=160\text{cm/s}=1.6\text{m/s}$이다.

74

정답 ③

Darcy-Weisbach 식에 의해 $h_L=f\frac{l}{D}\frac{v^2}{2g}$ 이고 층류이므로 $f=\frac{64}{Re}$ 이다.

따라서 $Re=\frac{64lv^2}{2gh_LD}=\frac{64\times10\times10^2}{2\times9.8\times4.5\times0.5}\fallingdotseq1,451$이다.

75

정답 ③

$Re=\frac{VD}{\nu}$ 이므로 $V=\frac{\nu\times Re}{D}=\frac{1.3101\times10^{-2}\times2,000}{5}\fallingdotseq5.2\text{m/s}$

76

정답 ③

$\sigma=\frac{P}{A}=E\varepsilon=E\cdot\frac{\lambda}{l}\rightarrow\lambda=\frac{Pl}{AE}$

$\therefore U=\frac{1}{2}P\lambda=\frac{P^2l}{2AE}=\frac{(50\times10^3)^2\times1}{2\times\left(\frac{\pi\times0.03^2}{4}\right)\times(303.8\times10^9)}\fallingdotseq5.82\text{J}$

PART 3

77

정답 ④

하중에 따른 안전율의 크기
충격하중 > 교번하중 > 반복하중 > 정하중

하중의 종류
- 정하중 : 힘의 크기와 방향 및 작용점이 항상 일정하게 작용하는 하중으로 인장하중, 압축하중, 전단하중 등이 있다.
- 반복하중 : 힘의 방향과 크기 및 작용점이 항상 같으며, 일정한 주기를 갖고 반복하여 작용하는 하중이다.
- 충격하중 : 매우 짧은 시간에 큰 힘이 작용하는 하중이다.
- 교번하중 : 힘의 작용점은 항상 같으나, 힘의 방향 및 크기가 주기적으로 변하는 하중이다.
- 이동하중 : 힘의 작용점이 시간에 따라 변화하는 하중이다.
- 임의진동 : 힘의 크기와 방향, 주기 등이 불규칙적인 하중이다.

78

정답 ②

밸브의 포트 수는 접속구의 수, 위치 수는 전체 사각형의 개수, 방향 수는 전체 화살표의 개수이다.
따라서 접속구의 수는 4, 전체 사각형의 수는 4, 전체 화살표의 수는 4이므로 4포트 4위치 4방향 밸브이다.

79

정답 ⑤

공압 시스템은 공압기기의 녹을 방지하고 윤활성을 주기 위해 급유를 해야 한다.

80

정답 ②

- 체심입방격자(BCC) : 강도, 경도가 크고 용융점이 높은 반면 연성, 전성이 낮다.
  대표 원소 : V, Ta, W, Rb, K, Li, Mo, $\alpha-$Fe, $\delta-$Fe, Cs, Cr, Ba, Na
- 면심입방격자(FCC) : 강도, 경도가 작고 연성, 전성이 좋다.
  대표 원소 : Ag, Cu, Au, Al, Ni, Pb, Pt, Si, $\gamma-$Fe, Pd, Rh, Ge, Ca
- 조밀육방격자(HCP) : 연성, 전성이 낮고 취성이 있다.
  대표 원소 : Mg, Zn, Ce, Zr, Ti, Y, Ru, Co

81

정답 ①

노칭(Notching)은 판재의 옆면을 여러 가지 모양으로 잘라내는 가공법으로 프레스가공 중 전단가공에 속한다.

오답분석

② 냉간가공은 재결정온도 이하에서 가공한다.
③ 가공경화는 소성가공 중 재료가 강해지는 현상이다.
④ 열간가공은 금속을 가열하여 부드럽게 해서 가공하는 방법이다.
⑤ 압연 시 압하율이 크면 롤 간격에서의 접촉호가 길어지므로 최고압력은 증가한다.

82

정답 ①

강도의 크기
극한강도 > 항복응력 > 탄성한도 > 허용응력 ≥ 사용응력

83

정답 ②

제시된 축에 대한 삼각형의 단면 2차 모멘트는 $I=\frac{bh^3}{36}$이다(b : 밑변, h : 높이).

따라서 단면 2차 모멘트는 $I=\frac{bh^3}{36}=\frac{20\times30^3}{36}=15{,}000\text{cm}^4$이다.

84

정답 ③

냉간가공 시 가공방향에 따라 강도가 달라질 수 있다.

냉간가공과 열간가공의 특징

냉간가공	열간가공
• 재결정온도 이하에서의 소성가공이다. • 제품의 치수를 정확하게 가공할 수 있다. • 기계적 성질을 개선시킬 수 있다. • 가공면이 아름답다. • 강도 및 경도가 증가하고 연신율이 감소한다. • 가공방향에 따라 강도가 달라진다.	• 재결정온도 이상에서의 소성가공이다. • 적은 동력으로 큰 변형이 가능하다. • 재질을 균일하게 만든다. • 가공도가 크므로 거친 가공에 적합하다. • 산화 등의 이유로 정밀가공을 할 수 없다. • 기공 등이 압착될 수 있다.

85

정답 ②

1지점에서의 유량과 2지점에서의 유량은 같으므로 $\frac{\pi D_1^2}{4}v_1=\frac{\pi {D_2}^2}{4}v_2\to v_1=\left(\frac{D_2}{D_1}\right)^2v_2$이다.

1지점과 2지점에 대해 베르누이 방정식을 적용하면

$$\frac{P_1}{\gamma_{oil}}+\frac{{v_1}^2}{2g}=\frac{P_2}{\gamma_{oil}}+\frac{{v_2}^2}{2g}\to\frac{P_1}{\gamma_{oil}}+\frac{{v_2}^2}{2g}\left(\frac{D_2}{D_1}\right)^4=\frac{P_2}{\gamma_{oil}}+\frac{{v_2}^2}{2g}$$

v_2에 대해 정리하면 $v_2=\sqrt{\dfrac{2g\dfrac{P_1-P_2}{\gamma_{oil}}}{1-(\dfrac{D_2}{D_1})^4}}$이다.

한편, $P_1+\gamma_{oil}h=P_2+\gamma_m h$이므로 $P_1-P_2=(\gamma_m-\gamma_{oil})h$이다.

이를 대입하면 $v_2=\sqrt{\dfrac{2gh(\dfrac{\gamma_m}{\gamma_{oil}}-1)}{1-(\dfrac{D_2}{D_1})^4}}$이다.

86

정답 ④

냉동 사이클에서 냉매는 압축기 → 응축기 → 팽창밸브 → 증발기 → 압축기로 순환하는 경로를 갖는다.

냉동기의 4대 구성요소

- 압축기 : 냉매기체의 압력과 온도를 높여 고온, 고압으로 만들면서 냉매에 압력을 가해 순환시킨다.
- 응축기 : 복수기라고도 불리며 냉매기체를 액체로 상변화시키면서 고온, 고압의 액체를 만든다.
- 팽창밸브 : 교축과정 상태로 줄어든 입구를 지나면서 냉매액체가 무화되어 저온, 저압의 액체를 만든다.
- 증발기 : 냉매액체가 대기와 만나면서 증발되면서 기체가 된다.

87

정답 ⑤

오답분석

① 텅스텐(W)은 경도를 증가시킨다.
② 니켈(Ni)은 내식성 및 내산성을 증가시키지만, 크리프 내성까지 증가시키지는 않는다.
③ 망간(Mn)은 적열 메짐을 방지한다.
④ 크롬(Cr)은 전자기적 성질을 개선하지는 않는다.

88

정답 ④

Y합금은 Al에 Cu, Mg, Ni를 첨가한 합금이다.

주요 합금 구성요소

Y합금	Al+Cu+Mg+Ni
두랄루민	Al+Cu+Mg+Mn
스텔라이트	Co+Cr+W+Mi

89

정답 ③

오답분석

① 침탄법 : 순철에 0.2% 이하의 C(탄소)가 합금된 저탄소강을 목탄과 같은 침탄제 속에 완전히 파묻은 상태로 약 900~950℃로 가열하여 재료의 표면에 C를 침입시켜 고탄소강으로 만든 후 급랭시킴으로써 표면을 경화시키는 열처리법이다. 기어나 피스톤 핀을 표면경화할 때 주로 사용된다.
② 화학증착법 : CVD(Chemical Vapor Deposition)법으로 기체 상태의 혼합물을 가열된 기판의 표면 위에서 화학반응을 시킴으로써 그 생성물이 기판의 표면에 증착되도록 만드는 기술이다.
④ 크로마이징 : 크롬(Cr)을 1,000~1,400℃인 환경에서 침투 및 확산시키는 표면처리 방법이다.
⑤ 고주파경화법 : 고주파유도전류로 강(Steel)의 표면층을 급속 가열한 후 급랭시키는 방법으로 가열시간이 짧고 피가열물에 대한 영향을 최소로 억제하며 표면을 경화시키는 표면경화법이다.

90

정답 ①

$Q=\triangle U+W$에서 외부로부터 받은 일의 양이 36kJ/kg이고 방출한 열이 36kJ/kg이므로

$-36=\triangle U-68$

따라서 내부에너지의 변화량은 $\triangle U=-36-(-68)=32$kJ/kg이고 양수이므로 증가하였다.

91

정답 ②

$$R=8.314\text{J/mol}\cdot\text{K}=\frac{8.314\text{J/mol}\cdot\text{K}}{30\text{g/mol}}\fallingdotseq 0.277\text{J/mol}\cdot\text{K}$$

92

정답 ⑤

1냉동톤(1RT)은 0℃의 물 1,000kg을 24시간동안 0℃인 얼음으로 만들 때 냉각해야 할 열량이다.

즉, 물과 얼음 사이의 잠열은 79.68kcal/kg이므로 $1\text{RT}=\frac{79.68\times 1{,}000}{24}=3{,}320\text{kcal/hr}$이다.

93

정답 ①

재열사이클은 터빈출구의 건도를 높임으로써 높은 보일러압력을 사용할 수 있도록 한 열기관 사이클이다.

94

정답 ③

절삭깊이를 감소시키면 절삭 시 공구에 작용하는 압력과 마찰열이 줄어들기 때문에 구성인선의 발생을 감소시킨다. 또한, 구성인선이 발생하지 않으므로 표면조도 또한 양호하다.

오답분석

① 경질의 재료일수록 절삭저항이 더 크다.
② 절삭송도를 증가시키면 공구의 온도가 상승하여 마모가 빠르게 진행된다.
④ 절삭속도를 증가시키면 바이트의 설치 위치 및 절삭깊이, 경사각 등에 따라 표면조도를 좋게 할 수 있다.
⑤ 절삭속도를 감소시켜도 절삭깊이가 깊으면 표면조도가 불량할 수 있다.

95

정답 ③

카르노사이클의 P-V선도와 T-S선도

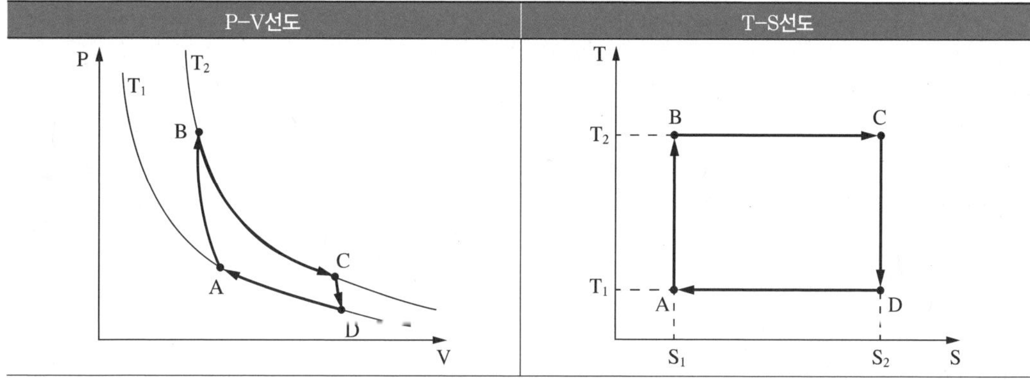

- P는 압력, V는 부피, T는 온도, S는 엔트로피이다.
- 각 과정에 해당하는 과정은 다음과 같다.
  - A→B : 단열압축과정
  - B→C : 등온팽창과정
  - C→D : 단열팽창과정
  - D→A : 등온압축과정

96

정답 ⑤

오토 사이클은 흡입→단열 압축→정적 가열→단열 팽창→정적 방열→배기 과정을 거친다.
따라서 오토 사이클은 0→1→2→3→4→1→0 과정을 거치므로 단열과정은 1→2, 3→4이다.

97

정답 ④

$$Q = 0.6\times10\times\frac{10}{1\times10^{-2}}\times3,600=21,600,000\text{J} \fallingdotseq 5,184,000\text{cal}=5,184\text{kcal}$$

따라서 1시간동안 실외에서 유리를 통해 실내로 들어오는 열량은 약 5,184kcal이다.

물체에 열이 전도되는 열량

$Q = \kappa A \dfrac{\Delta T}{d} t$

Q : 열량

κ : 열전도율

A : 면적

d : 길이(두께)

ΔT : 온도차

t : 시간

98

정답 ③

처음에 가해진 충격에 의한 변위가 현가시스템에 의해 시간에 따라 점차 감소하고 있다. 이 때 변위의 그래프는 점차 감소하는 진동을 보이므로 감쇠비는 $0<\zeta<1$ 이다.

감쇠비(Damping Ratio)

$[\zeta = \dfrac{c(감쇠계수)}{2\sqrt{km}} = \dfrac{c}{2m\omega_n}$ (k : 강성)]

99

정답 ②

Fe-C 상변화도

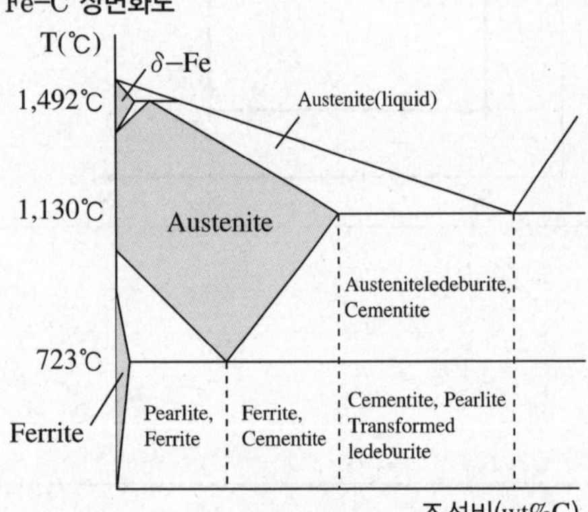

100

정답 ③

응력 – 변형률선도에서 재료에 작용한 응력이 항복점에 이르게 되면 하중을 제거해도 재료는 변형된다.

공칭응력 – 변형률 곡선

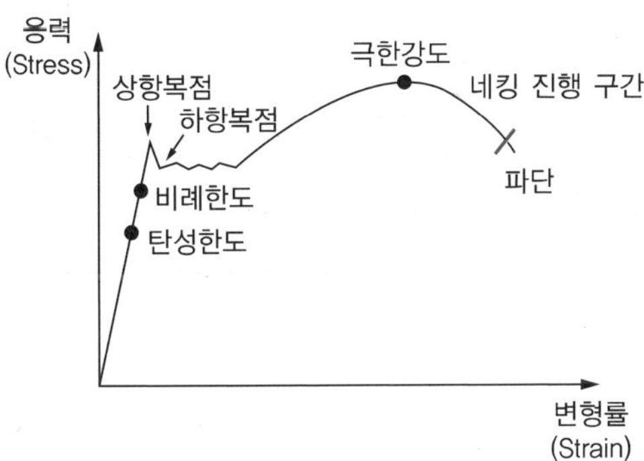

- 탄성한도(Elastic Limit) : 하중을 제거하면 시험편의 원래 치수로 돌아가는 구간으로 후크의 법칙이 적용된다.
- 비례한도(Proportional Limit) : 응력과 변형률 사이에 정비례관계가 성립하는 구간 중 응력이 최대인 점이다.
- 항복점(Yield Point, σ_y) : 인장시험에서 하중이 증가하여 어느 한도에 도달하면 하중을 제거해도 원위치로 돌아가지 않고 변형이 남게 되는 그 순간의 하중이다.
- 극한강도(Ultimate Strength, σ_u) : 재료가 파단되기 전에 외력에 버틸 수 있는 최대의 응력이다.
- 네킹구간(Necking) : 극한 강도를 지나면서 재료의 단면이 줄어들면서 길게 늘어나는 구간이다.
- 파단점 : 재료가 파괴되는 점이다.

PART 3

| 06 | 기술직(전기)

51	52	53	54	55	56	57	58	59	60	61	62	63	64	65	66	67	68	69	70
②	②	①	③	③	①	③	①	⑤	④	①	④	①	④	④	④	①	④	⑤	⑤
71	72	73	74	75	76	77	78	79	80	81	82	83	84	85	86	87	88	89	90
③	⑤	③	①	④	③	③	②	③	②	⑤	③	②	②	③	④	②	⑤	⑤	④
91	92	93	94	95	96	97	98	99	100										
④	①	⑤	④	②	①	②	②	③	①										

51

정답 ②

$C=\frac{Q}{V}$에서 $V\rightarrow 2V$이므로 $C'=\frac{Q}{2V}=\frac{1}{2}C$

따라서 커패스터의 용량은 2배 감소한다.

52

정답 ②

$Q=CV=\epsilon\frac{S}{d}V=\epsilon_0\epsilon_s\frac{S}{d}V$

$\therefore Q=(8.85\times10^{-12})\times4\times\frac{100\times10^{-4}}{1\times10^{-3}}\times10\times10^3=3.54\times10^{-6}\text{C}$

53

정답 ①

$F=NI=R_m\Phi=(2\times10^7)\times(5\times10^{-5})=10\times10^2\text{AT}=1{,}000\text{AT}$

54

정답 ③

$$\begin{aligned}E&=-\nabla V\\&=\left(\frac{\partial}{\partial x}\hat{i}+\frac{\partial}{\partial y}\hat{y}+\frac{\partial}{\partial z}\hat{z}\right)(5x+6y^2)\\&=\left[\frac{\partial}{\partial x}(5x+6y^2)\hat{i}+\frac{\partial}{\partial y}(5x+6y^2)\hat{y}+\frac{\partial}{\partial z}(5x+6y^2)\hat{z}\right]\\&=5\hat{i}+12\hat{y}\end{aligned}$$

$\therefore |E|=\sqrt{5^2+12^2}=13\text{V/m}$

55

정답 ③

전원과 R_1-R_2, R_3-R_4는 서로 병렬로 연결되어 있으므로 R_1, R_2에 걸리는 전압과 R_3, R_4에 걸리는 전압의 크기는 100V로 같다.

- a에 걸리는 전압의 크기

R_1, R_2에 걸리는 전압이 100V이고 $R_1:R_2=2:3$이므로 각 저항에 걸리는 전압의 비 또한 2:3이다. 따라서 a에 걸리는 전압의 크기는 40V이다.

• b에 걸리는 전압의 크기

R_3, R_4에 걸리는 전압 또한 100V이고 $R_3 : R_4 = 1:9$이므로 각 저항에 걸리는 전압의 비 또한 1:9이다. 따라서 b에 걸리는 전압의 크기는 10V이다.

따라서 $a-b$ 사이에 걸리는 전압의 크기는 $40-10=30$V이다.

56

정답 ①

오답분석

ㄴ. 저항은 단면적의 넓이와 반비례한다.

ㄹ. 길이가 n배 증가하고 단면적의 넓이가 n배 증가하면, $R' = \rho\frac{nl}{nS} = \rho\frac{l}{S}$이므로 저항의 크기는 변하지 않는다.

저항의 크기

[전기저항(R)] $= \rho\frac{l}{S}$

(ρ : 고유저항, l : 저항의 길이, S : 저항의 단면적의 넓이)

PART 3

57

정답 ③

발전기는 조속기의 감도를 둔감하게 해야 안정도가 향상된다.

안전도 향상 대책

• 발전기
  - 조속기의 감도를 적당히 둔감하게 한다.
  - 제동권선을 설치한다(난조 방지).
  - 속응여자방식을 채용한다.
    단락비를 크게 한다.
  - 전압변동률을 작게 한다.
  - 동기리액턴스를 감소시킨다.

• 송전선
  - 리액턴스를 감소시킨다.
  - 복도체(다도체)를 사용한다.
  - 병행 2회선 방식을 채용한다.
  - 고속도 재폐로 방식을 채용한다.
  - 고속 차단기를 설치한다.

58

정답 ①

감쇠비(ζ)가 0일 경우, 시스템은 무한히 진동하며 발산한다.

오답분석

② 시정수가 작을수록 시스템 응답속도가 빠르다.

③ $0<\zeta<1$이면 진폭은 점차 감소하는 진동 시스템이다.

④ 지연시간은 출력값이 처음으로 정상 출력값의 50%에 도달하기까지 걸리는 시간이다.

⑤ 상승시간은 출력값이 정상 출력값의 10%에서 처음으로 90% 값에 도달하기까지 걸리는 시간이다.

감쇠비

감쇠비(ζ)는 진동 시스템의 감쇠가 어느 정도인지 나타내는 상수이며, 그 값에 따라 진동의 형태가 달라진다.

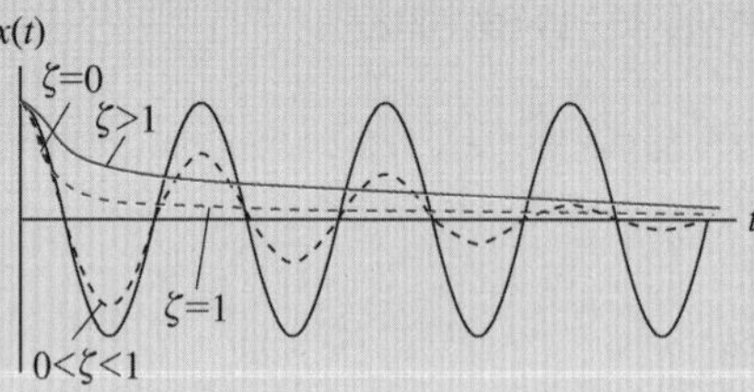

- $\zeta=0$: 무한진동
- $0<\zeta<1$: 미급감쇠진동
- $\zeta=1$: 임계감쇠진동
- $\zeta>1$: 과도감쇠진동

59

정답 ⑤

$$Q_c=P(\tan\theta_1-\tan\theta_2)=P\left(\frac{\sin\theta_1}{\cos\theta_1}-\frac{\sin\theta_2}{\cos\theta_2}\right)=150\times\left(\frac{\sqrt{1-0.6^2}}{0.6}-\frac{\sqrt{1-0.9^2}}{0.9}\right)\fallingdotseq 127.3\text{kVA}$$

60

정답 ④

발전기의 초당 회전수가 다르더라도 동기발전기의 극수에 의해 주파수가 같아지면 병렬로 운전할 수 있다.

동기발전기 병렬운전 시 필요조건

- 유기기전력의 주파수가 같을 것

  $[f=\frac{p}{2}n(f$: 주파수, p : 극수, n : 초당 회전수$)]$
- 유기기전력의 크기가 같을 것
- 유기기전력의 위상이 같을 것
- 유기기전력의 파형이 같을 것
- 유기기전력의 상회전의 방향이 같을 것

61

정답 ①

[전파정수(γ)]$=\sqrt{ZY}=\sqrt{(R+j\omega L)\times(G+j\omega C)}\fallingdotseq\frac{1}{2}(R\sqrt{\frac{C}{L}}+G\sqrt{\frac{L}{C}})+j\omega\sqrt{LC}$에서$=\alpha+j\beta$에서 무손실 선로이므로 $R=G=0$이다. 따라서 무손실 선로에서의 감쇠정수(α)는 0이고, 위상정수(β)는 $\omega\sqrt{LC}$이다.

62

정답 ④

리플프리(Ripple-Free) 전류는 전압 및 전류 변동이 거의 없는 전류이며 직류 성분에 대하여 10%를 넘지 않는다. 즉, 리플프리 직류 시스템에서는 120V 직류 전원일 때, 변동이 발생하여도 140V를 넘을 수 없고, 60V 직류 전원일 때 변동이 발생하여도 70V를 넘을 수 없다.

63

정답 ①

$E=\dfrac{6,600}{\sqrt{3}} \fallingdotseq 3,810.5\text{V}$

$f=\dfrac{pN_s}{120}=\dfrac{30\times480}{240}=60\text{Hz}$

$\omega=\dfrac{240\times6}{3}$ 480(∵ 슬롯의 수 : 240, 각 코일의 권수 : 6, 3상 동기발전기)

$\therefore\ \Phi=\dfrac{E}{4.44\times Kf\omega}=\dfrac{3,810.5}{4.44\times0.85\times60\times480}\fallingdotseq 0.035\text{Wb}$

64

정답 ④

유도기전력의 크기는 $E=-L\dfrac{di}{dt}=-N\dfrac{d\phi}{dt}$ 으로 정의한다.

따라서 $E=-(100\times10^{-3})\times\dfrac{(20-10)}{0.5}=-2\text{V}$이다.

또한 자속의 변화량은 $-2=-N\dfrac{d\phi}{dt}$ 이므로 $d\phi=\dfrac{2}{N}\times dt=2\times0.5=1\text{Wb}$이다.

65

정답 ④

중첩의 정리에 의해서

1) 전류원을 개방하는 경우

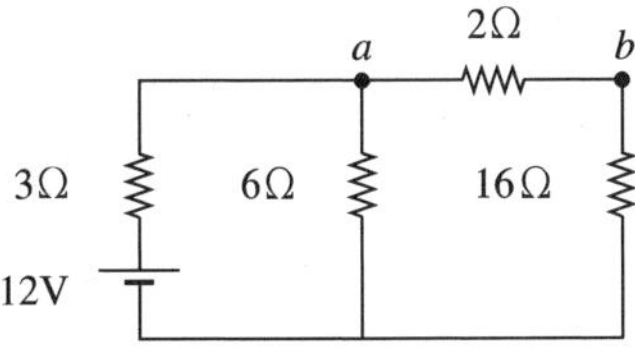

a, b에 흐르는 전류의 방향은 오른쪽이고 $\dfrac{12}{3+4.5}\times\dfrac{6}{6+18}=0.4\text{A}$의 세기로 흐르므로, 0.8V의 전위차가 생긴다.

2) 전압원을 단락하는 경우

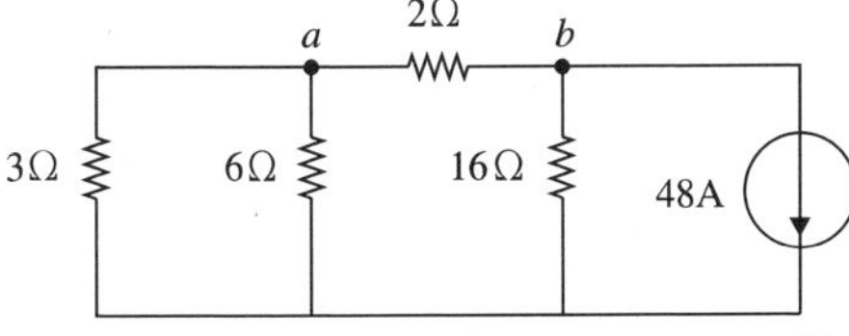

a, b에 흐르는 전류의 방향은 오른쪽이고 $48\times\dfrac{16}{16+4}=38.4\text{A}$의 세기로 흐르므로, 76.8V의 전위차가 생긴다.

따라서 a, b 두 점간의 전위차는 1)+2)=0.8+76.8=77.6V이다.

PART 3

66

정답 ④

Y결선은 중성점 접지가 가능하고, 선간전압은 상전압의 $\sqrt{3}$ 배가 되며, 선간전압에 제3고조파가 발생하지 않고, 같은 선간전압의 결선에 비해 절연이 쉽다.

67

정답 ①

환상코일의 인덕턴스인 경우, $L=\frac{\mu SN^2}{l}$ 이고 $L'=\frac{\mu S(3N)^2}{l}=\frac{9\mu SN^2}{l}=9L$이다.

따라서 L′= L이 되기 위해서는 비투자율을 1/9배로 조정하거나 단면적을 1/9배로 좁히거나 길이를 9배 늘리면 된다.

68

정답 ④

교류의 실효값이 7A이므로, 최대값은 $I_m=\sqrt{2}I_s=7\sqrt{2}$ 이다.

따라서 $i(t)=7\sqrt{2}sin(2\pi ft+60^\circ)=7\sqrt{2}sin(2\pi ft+\frac{\pi}{3})$ 이다.

69

정답 ⑤

공통 중성선 다중 접지 3상 4선식 배전선로에서 고압측(1차측) 중성선과 저압측(2차측) 중성선을 전기적으로 연결하는 주된 목적은 고압 중성선과 저압 중성선이 서로 혼촉 시 수용가에 침입하는 상승전압을 억제하기 위함이다. 다중 접지 3상 4선식 배전 선로에서 고압측 중성선과 저압측 중성선끼리 연결되지 않은 채 고압 중성선과 저압 중성선이 서로 혼촉 시 고압 측 큰 전압이 저압 측을 통해서 수용가에 침입할 우려가 있다.

70

정답 ⑤

[유전율(ϵ)]$=\epsilon_0\epsilon_s$ 에서 ϵ_s는 비유전율이고, ϵ_0는 진공에서의 유전율이며 $\epsilon_0=8.855\times10^{-12}$F/m으로 정의한다.

ㄱ. 모든 유전체의 비유전율은 1보다 크다.
ㄷ. 어떤 물질의 비유전율은 진공 중의 유전율에 대한 물질의 유전율의 비이다.
ㄹ. 비유전율은 절연물의 종류에 따라 다르다.
ㅁ. 산화티탄 자기의 비유전율이 유리의 비유전율보다 크다(산화티탄 : 115 ~ 5,000, 유리 : 5.4 ~ 9.9).
따라서 옳은 설명은 ㄱ, ㄷ, ㄹ, ㅁ으로 4개이다.

오답분석

ㄴ. 비유전율은 비율을 나타내는 무차원수이므로 단위는 없다.
ㅂ. 진공, 공기 중의 비유전율은 1이다.
ㅅ. 진공 중의 유전율은 $\frac{1}{36\pi}\times10^{-9}$F/m으로 나타낼 수 있다.

71

정답 ③

오답분석

선로정수의 평형은 연가의 사용목적이다.

가공지선의 설치 목적
- 직격뢰로부터의 차폐
- 유도뢰로부터의 차폐
- 통신선유도장애 경감

72

정답 ⑤

표피효과는 도체에 주파수가 큰 교류를 송전하면 내부에 전류가 표피로 집중하여 흐르는 현상으로 도전율(σ), 투자율(μ), 주파수(f)가 클수록 커진다.

73

정답 ③

오답분석

① 유기 기전력과 전기자 전류가 동상인 경우 횡축 반작용을 한다.
② 뒤진역률일 경우, 즉 전류가 전압보다 90° 뒤질 때는, 감자작용을 한다.
④ 계자전류에 의한 자속이 전기자자속에 영향을 주는 현상이 아니라 전기자전류에 의한 자기장이 계자자속에 영향을 주는 현상이다.
⑤ 앞선역률일 경우, 즉 전류가 전압보다 90° 앞설 때는, 증자작용을 한다.

전기자 반작용

전기자 전류가 흘러 생긴 전기자 자속이 계자 자속에 영향을 주는 현상

- 역률 1일 때(전압과 전류가 동상인 전류, 저항부하) : 교차자화작용(횡축반작용)
- 뒤진역률(지상 전류, 유도성부하) : 감자작용(직축반작용)
- 앞선역률(진상 전류, 용량성부하) : 증자작용(직축반작용)

74

정답 ①

- 임피던스 $Z=\frac{V}{I}[\Omega]=\frac{200}{10}=20\Omega$
- 역률 $\cos\theta=\frac{R}{|Z|}=\frac{5}{20}=0.25$

75

정답 ④

- 피상전력 $P_a=\sqrt{(P)^2+(P_r)^2}$
  $=\sqrt{(300)^2+(400)^2}$
  $=500\text{VA}$
- 전류 $P_a=VI$에서 $I=\frac{P_a}{V}$이므로 $\frac{500}{100}=5\text{A}$

76

정답 ③

코일의 인덕턴스는 $L=N\frac{\Phi}{I}=\frac{2,000\times6\times10^{-2}}{10}=12\text{H}$이다.

따라서 시상수는 $\tau=\frac{L}{R}=\frac{12}{12}=1$초이다.

PART 3

77

정답 ③

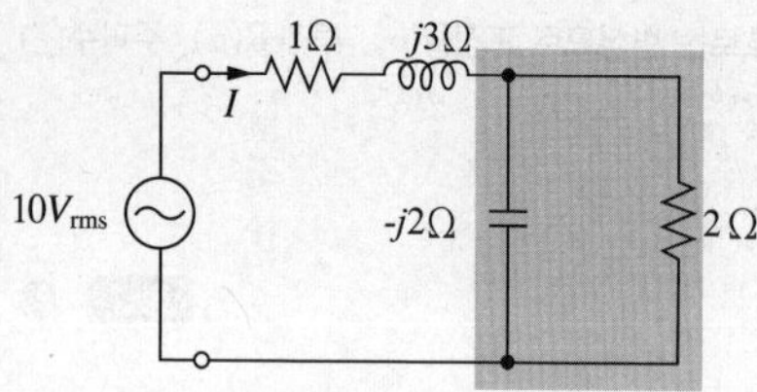

• 임피던스

$$Z=\left(\frac{(-j2)\times(2)}{(-j2)+(2)}\right)+(1+j3)$$
$$=\left(\frac{-j4}{2-j2}\right)+(1+j3)$$
$$=\frac{2+j6-j2+6-j4}{2-j2}$$
$$=\frac{8}{2-j2}\text{(분모, 분자공액)}$$
$$=\frac{8\cdot(2+j2)}{(2-j2)\cdot(2+j2)}$$
$$=2+j2[\Omega]$$
$$\therefore |Z|=\sqrt{(2)^2+(2)^2}=\sqrt{8}=2\sqrt{2}\,\Omega$$

• 역률

$$\cos\theta=\frac{\text{(임피던스의 실수부)}}{|Z|}=\frac{2}{2\sqrt{2}}=\frac{1}{\sqrt{2}}=\frac{\sqrt{2}}{2}$$

• 유효전력

$$P=I^2R=\left(\frac{V}{Z}\right)^2\times R$$
$$=\left(\frac{10}{2\sqrt{2}}\right)^2\times 2$$
$$=25\text{W}$$

78

정답 ②

ㄴ. RL직렬회로의 임피던스는 $Z=R+j\omega L$이고 그 크기는 $|Z|=\sqrt{(R)^2+(\omega L)^2}$ 이다.

ㄹ. $[\text{양호도}(Q)]=\frac{1}{R}\sqrt{\frac{L}{C}}$

오답분석

ㄱ. 인덕터만으로 연결된 회로의 유도 리액턴스는 $X_L=\omega L$이다. RL회로는 전압이 전류보다 위상이 90° 앞선다.

ㄷ. RC직렬회로의 임피던스는 $Z=R-j\frac{1}{wC}$이고 그 크기는 $|Z|=\sqrt{(R)^2+\left(\frac{1}{\omega C}\right)^2}$ 이다.

79

정답 ③

ㄱ. RLC병렬이므로 전압은 모두 같다.
ㄷ. 공진 시 전류는 저항 R에만 흐른다.
ㅁ. 공진 시 에너지는 저항 R에서만 소비된다.

오답분석

ㄴ. $[\text{어드미턴스}(Y)]=\frac{1}{R}+j\frac{1}{X_c}-j\frac{1}{X_L}[℧]$

$$=\frac{1}{R}+j\left(\frac{1}{X_c}-\frac{1}{X_L}\right)$$

$X_c=\frac{1}{\omega C}$, $X_L=\omega L$을 대입하여 정리하면

$$\frac{1}{R}+j\left(\frac{1}{\frac{1}{\omega C}}-\frac{1}{\omega L}\right)$$

$$=\frac{1}{R}+j\left(\omega C-\frac{1}{\omega L}\right)[℧]$$

ㄹ. L과 C의 전류 위상차 : $-90°$ 와 $+90°$, 즉 $180°$ 위상차가 발생한다.

L[H]	C[F]
O, $\dot{V}$(기준), $\dot{I}$, $\frac{\pi}{2}$ $v>I\left(\frac{\pi}{2}\right)$	$\dot{I}$, $\frac{\pi}{2}$, O, $\dot{V}$(기준) $v<I\left(\frac{\pi}{2}\right)$

80

정답 ②

$$\begin{pmatrix} A & B \\ C & D \end{pmatrix}=\begin{pmatrix} 1+\frac{6}{3} & \frac{(6\times3)+(3\times6)+(6\times6)}{3} \\ \frac{1}{3} & 1+\frac{6}{3} \end{pmatrix}=\begin{pmatrix} 3 & 24 \\ \frac{1}{3} & 3 \end{pmatrix}$$

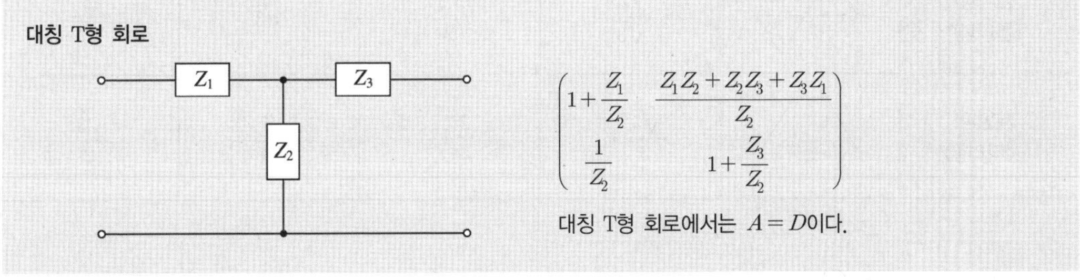

대칭 T형 회로

$$\begin{pmatrix} 1+\frac{Z_1}{Z_2} & \frac{Z_1Z_2+Z_2Z_3+Z_3Z_1}{Z_2} \\ \frac{1}{Z_2} & 1+\frac{Z_3}{Z_2} \end{pmatrix}$$

대칭 T형 회로에서는 $A=D$이다.

81

정답 ⑤

직류 송전은 차단기 설치 및 전압의 변성이 어렵다.

82

정답 ③

Peek의 식

$P=\frac{241}{\delta}(f+25)\sqrt{\frac{d}{2D}}(E-E_0)^2\times10^{-5}$

- δ : 상대공기밀도($\delta=\frac{0.368b}{273+t}$, b : 기압, t : 온도)
- D : 선간거리[cm]
- d : 전선의 지름[cm]
- f : 주파수[Hz]
- E : 전선에 걸리는 대지전압[kV]
- E_0 : 코로나 임계전압[kV]

83

정답 ②

구분	파형	실횻값	평균값	파고율	파형률
정현파 (사인파)	V_m	$\frac{V_m}{\sqrt{2}}$	$\frac{2}{\pi}V_m$	$\sqrt{2}$	$\frac{\pi}{2\sqrt{2}}$
전파 (정류)		$\frac{V_m}{\sqrt{2}}$	$\frac{2}{\pi}V_m$	$\sqrt{2}$	$\frac{\pi}{2\sqrt{2}}$
반파 (정류)		$\frac{V_m}{2}$	$\frac{V_m}{\pi}$	2	$\frac{\pi}{2}$
구형파 (사각파)		V_m	V_m	1	1
반구형파		$\frac{V_m}{\sqrt{2}}$	$\frac{V_m}{2}$	$\sqrt{2}$	$\sqrt{2}$
삼각파 (톱니파)		$\frac{V_m}{\sqrt{3}}$	$\frac{V_m}{2}$	$\sqrt{3}$	$\frac{2}{\sqrt{3}}$
제형파 (사다리꼴)		$\frac{\sqrt{5}}{3}V_m$	$\frac{2}{3}V_m$	$\frac{3}{\sqrt{5}}$	$\frac{\sqrt{3}}{2}$

84

정답 ②

병렬회로 공진 주파수는 직렬회로의 공진 주파수와 동일하다.

$\therefore\ f=\frac{1}{2\pi\sqrt{LC}}[\text{Hz}]=\frac{1}{2\pi\sqrt{100\times1\times10^4\times10^{-6}}}$

$=\frac{1}{2\pi}\text{Hz}$

85

정답 ③

$$\%Z=\frac{I_nZ}{E_n}\times 100=\frac{PZ}{10V^2}$$

(I_n : 정격전류, Z : 내부임피던스, P : 변압기용량, E_n : 상전압, 유기기전력, V : 선간전압 또는 단자전압)

86

정답 ④

권선형 전동기와 유도 전동기

구분	권선형 유도 전동기	농형 유도 전동기
장점	• 기동전류가 작다. • 기동토크가 크다 • 용량이 크다.	• 구조가 간단하다. • 유지보수 및 수리가 간단하다. • 상대적으로 저렴하다.
단점	• 구조가 복잡하다.	• 기동전류가 크다. • 기동토크가 작다.

PART 3

87

정답 ②

계기용변류기(CT)는 고압회로에 흐르는 큰 전류를 이에 비례하는 적은 전류로 변성하여 배전반의 측정계기나 보호 계전기의 전원으로 사용하는 전류 변성기이다.

오답분석

① 계기용변압기(PT) : 고압회로의 높은 전압을 이에 비례하는 낮은 전압으로 변성하는 변압기이다.
③ 과전압 계전기(OVR) : 전압이 일정 값 이상이 되었을 때 동작하는 계전기이다.
④ 지락 계전기(OCR) : 전류가 일정 값 이상으로 흐를 때 동작하는 계전기이다.
⑤ 단락방향 계전기(DSR) : 일정 방향으로 일정 값 이상의 단락 전류가 발생할 경우 동작하는 계전기이다.

88

정답 ⑤

자동제어계 동작 분류

- 비례동작(P동작)은 정상오차를 수반하며 잔류편차 발생시킨다.
- 적분동작(I동작)은 잔류편차(Offset) 제거하며 지상을 보상한다.
- 미분동작(D동작)은 오차가 커지는 것을 방지하며 진상을 보상한다.
- 비례적분동작(PI동작)은 잔류편차를 제거한다.
- 비례미분동작(PD동작)은 응답속응성을 개선한다.
- 비례적분미분동작(PID동작)은 잔류편차 제거, 응답의 오버슈트 감소, 응답속응성을 개선하며, 정상특성을 개선하는 최상의 최적 제어로 안정한 제어가 되도록 한다.

89

정답 ⑤

수지식(가지식) 방식은 전압 변동이 크고 정전 범위가 넓다.

오답분석

①·② 망상식(네트워크) 방식은 무정전 공급이 가능하나, 네트워크 변압기나 네트워크 프로텍터 설치에 따른 설비비가 비싸다. 대형 빌딩가와 같은 고밀도 부하 밀집 지역에 적합한 방식이다.
③ 환상식(루프) 방식은 전류 통로에 대한 융통성이 있어 전압 강하 및 전력 손실이 수지식보다 적다.
④ 뱅킹 방식은 전압 강하 및 전력 손실, 플리커 현상 등을 감소시킨다.

90

정답 ④

등전위면과 전기력선은 항상 수직이다.

오답분석

① 도체표면은 등전위면이다.
② 도체표면에만 존재하고 도체내부에는 존재하지 않는다.
③ 전기력선은 등전위면 간격이 좁을수록 세기가 커진다.
⑤ 전기력선은 서로 교차하지 않고, 그 방향은 양(+)에서 음(−)으로 향한다.

전기력선의 성질

- 도체 표면에 존재한다(도체 내부에는 없다).
- 양전하(+)에서 음전하(−)로 향한다.
- 등전위면과 수직으로 발산한다.
- 전하가 없는 곳에는 전기력선이 없다(발생, 소멸이 없다).
- 전기력선 자신만으로 폐곡선을 이루지 않는다.
- 전위가 높은 곳에서 낮은 곳으로 이동한다.
- 전기력선은 서로 교차하지 않는다.
- 전기력선 접선방향은 그 점의 전계의 방향을 의미한다.
- 어떤 한 점의 전하량이 Q일 때, 그 점에서 $\frac{Q}{\varepsilon_0}$개의 전기력선이 나온다.
- 전기력선의 밀도는 전기장의 세기에 비례한다(전기력선의 세기는 등전위면 간격이 좁을수록 커진다).

91

정답 ④

$$\begin{aligned} A\overline{B}+\overline{A}B+AB &= A(B+\overline{B})+\overline{A}B \\ &= A+\overline{A}B \\ &= (A+\overline{A})(A+B) \\ &= A+B \end{aligned}$$

92

정답 ①

오답분석

② 펄스 폭에 대한 설명이다.
③ 지연 시간에 대한 설명이다.
④ 대역 폭에 대한 설명이다.
⑤ 언더슈트에 대한 설명이다.

93

정답 ⑤

오답분석

① 위상 변조 : 2진 신호를 반송파의 위상으로 변조하는 방식이다.
② 진폭 변조(AM) : 반송파의 진폭을 전달하고자 하는 신호의 진폭에 따라 변화시키는 변조하는 방식이다.
③ 델타 변조(DM) : 아날로그 신호의 증감을 2진 펄스로 변조하는 방식이다.
④ 펄스 코드 변조(PCM) : 아날로그 신호를 샘플링하여 펄스 코드로 양자화하는 방식이다.

94

정답 ④

차동 증폭기는 두 입력 신호의 차에 대한 신호를 증폭하여 출력한다.

95

정답 ②

$$\mathcal{L}(f)=\int_0^{\infty}(3t^2-4t+1)dt$$
$$=3\cdot\frac{2!}{s^{2+1}}-4\cdot\frac{1}{s^2}+\frac{1}{s}$$
$$=\frac{6}{s^3}-\frac{4}{s^2}+\frac{1}{s}$$

오답분석

① $\mathcal{L}(f)=\int_0^{\infty}e^{-st}(4\cos wt-3\sin wt)dt$
$$=4\cdot\frac{s}{s^2+w^2}-3\cdot\frac{w}{s^2+w^2}$$
$$=\frac{4s-3w}{s^2+w^2}$$

③ $\mathcal{L}(f)=\int_0^{\infty}(e^{2t}+5e^t-6)dt$
$$=\frac{1}{s-2}+\frac{5}{s-1}-\frac{6}{s}$$

④ $\mathcal{L}(f)=\int_0^{\infty}\cosh 5t\,dt$
$$=\frac{s}{s^2-5^2}$$
$$=\frac{s}{s^2-25}$$

⑤ 임의의 상수 a에 대한 라플라스 변환은 $\frac{a}{s}$이다.

라플라스 변환

t에 대한 함수 $f(t)$에 대하여 $f(t)$의 라플라스변환은

$\mathcal{L}(f)=\int_0^{\infty}e^{-st}f(t)\,dt$으로 정의한다.

$f(t)$	$\mathcal{L}(f)$	$f(t)$	$\mathcal{L}(f)$
1	$\frac{1}{s}$	$\cos wt$	$\frac{s}{s^2+w^2}$
t^n	$\frac{n!}{s^{n+1}}$ (n은 자연수)	$\sin wt$	$\frac{w}{s^2+w^2}$
e^{at}	$\frac{1}{s-a}$	$\cosh wt$	$\frac{s}{s^2-w^2}$
–	–	$\sinh wt$	$\frac{w}{s^2-w^2}$

이때 $\mathcal{L}(f)$는 다음 성질을 갖는다.

$\mathcal{L}(ax+by)=a\mathcal{L}(x)+b\mathcal{L}(y)$

(단, a, b는 상수이고 x, y는 함수이다)

96

정답 ①

$$E_{d\alpha} = \frac{1}{T}\int e d\theta = \frac{\sqrt{2}\,V}{\pi}\left(\frac{1+\cos\alpha}{2}\right)$$

$$\therefore E = \frac{\sqrt{2}\,V}{\pi}\left(\frac{1+\cos 60^\circ}{2}\right) = 0.338\text{V}$$

97

정답 ②

$E_d = \frac{2\sqrt{2}E}{\pi} - e_a$에서

$$E = \frac{\pi}{2\sqrt{2}}(E_d + e_a) = \frac{\pi}{2\sqrt{2}}(100+10) \fallingdotseq 122\text{V}$$

98

정답 ②

구분	단상 반파	단상 전파	3상 반파	3상 전파
직류전압	$E_d=0.45E$	$E_d=0.9E$	$E_d=1.17E$	$E_d=1.35E$
맥동주파수	f	$2f$	$3f$	$6f$
맥동률	121%	48%	17%	4%

단상 반파의 직류전압은 $E_d=0.45E$이고, $I_d = \frac{E_d}{R}$이므로, $I_d = \frac{0.45\times 100}{10\sqrt{2}} \fallingdotseq 3.2\text{A}$이다.

99

정답 ③

다이오드는 전류를 한쪽 방향으로만 흐르게 하는 역할을 한다. 이 성질을 이용하여 교류전원을 직류전원으로 변환시킬 수 있으며 이를 다이오드의 정류작용이라고 한다.

오답분석

① 증폭작용 : 전류 또는 전압의 진폭을 증가시키는 작용으로 주로 트랜지스터를 이용한다.
② 발진작용 : 직류에너지를 교류에너지로 변환시키는 작용으로 주로 인버터를 이용한다.
④ 변조작용 : 파동 형태의 신호 정보의 주파수, 진폭, 위상 등을 변화시키는 작용이다.
⑤ 승압작용 : 회로의 증폭 작용 없이 일정 비율로 전압을 높여주는 작용으로 주로 변압기를 이용한다.

100

정답 ①

자기소호 기능에 가장 좋은 소자는 'GTO'이다. GTO는 직류 전기 철도용의 정지형 차단기에서 턴오프 다이리스터 차단기라 한다.

오답분석

② SCR : 제어단자로부터 음극에 전류를 흘리면 양극과 음극사이에 전류가 흘러 전기가 통하게 할 수 있는 전력 제어용 3단자 반도체 정류기이며, 실리콘 제어 정류기라고 한다.
③ TRIAC : 양방향성의 전류 제어가 일어나는 반도체 제어 부품이다.
④ LASCR : PN다이오드 두 개를 접합하고, 4층 소자에 전압을 인가하여 중앙의 접합부에 빛을 조사하면 전자 정공대가 유기되고, 이들은 각각 전계에 의해 이동하여 디바이스를 ON 상태로 변환한다.
⑤ UJT : 반도체의 n형 막대 한 쪽에 p합금 영역을 가진 구조의 트랜지스터로, 막대 양단의 베이스와 p영역에 전극이 설치된다.

한국가스공사 필기시험 답안카드

성 명

지원 분야

문제지 형별기재란	
(　　　)형	Ⓐ Ⓑ

수 험 번 호						
⓪	⓪	⓪	⓪	⓪	⓪	⓪
①	①	①	①	①	①	①
②	②	②	②	②	②	②
③	③	③	③	③	③	③
④	④	④	④	④	④	④
⑤	⑤	⑤	⑤	⑤	⑤	⑤
⑥	⑥	⑥	⑥	⑥	⑥	⑥
⑦	⑦	⑦	⑦	⑦	⑦	⑦
⑧	⑧	⑧	⑧	⑧	⑧	⑧
⑨	⑨	⑨	⑨	⑨	⑨	⑨

감독위원 확인
인

1	① ② ③ ④ ⑤	21	① ② ③ ④ ⑤	41	① ② ③ ④ ⑤	61	① ② ③ ④ ⑤	81	① ② ③ ④ ⑤
2	① ② ③ ④ ⑤	22	① ② ③ ④ ⑤	42	① ② ③ ④ ⑤	62	① ② ③ ④ ⑤	82	① ② ③ ④ ⑤
3	① ② ③ ④ ⑤	23	① ② ③ ④ ⑤	43	① ② ③ ④ ⑤	63	① ② ③ ④ ⑤	83	① ② ③ ④ ⑤
4	① ② ③ ④ ⑤	24	① ② ③ ④ ⑤	44	① ② ③ ④ ⑤	64	① ② ③ ④ ⑤	84	① ② ③ ④ ⑤
5	① ② ③ ④ ⑤	25	① ② ③ ④ ⑤	45	① ② ③ ④ ⑤	65	① ② ③ ④ ⑤	85	① ② ③ ④ ⑤
6	① ② ③ ④ ⑤	26	① ② ③ ④ ⑤	46	① ② ③ ④ ⑤	66	① ② ③ ④ ⑤	86	① ② ③ ④ ⑤
7	① ② ③ ④ ⑤	27	① ② ③ ④ ⑤	47	① ② ③ ④ ⑤	67	① ② ③ ④ ⑤	87	① ② ③ ④ ⑤
8	① ② ③ ④ ⑤	28	① ② ③ ④ ⑤	48	① ② ③ ④ ⑤	68	① ② ③ ④ ⑤	88	① ② ③ ④ ⑤
9	① ② ③ ④ ⑤	29	① ② ③ ④ ⑤	49	① ② ③ ④ ⑤	69	① ② ③ ④ ⑤	89	① ② ③ ④ ⑤
10	① ② ③ ④ ⑤	30	① ② ③ ④ ⑤	50	① ② ③ ④ ⑤	70	① ② ③ ④ ⑤	90	① ② ③ ④ ⑤
11	① ② ③ ④ ⑤	31	① ② ③ ④ ⑤	51	① ② ③ ④ ⑤	71	① ② ③ ④ ⑤	91	① ② ③ ④ ⑤
12	① ② ③ ④ ⑤	32	① ② ③ ④ ⑤	52	① ② ③ ④ ⑤	72	① ② ③ ④ ⑤	92	① ② ③ ④ ⑤
13	① ② ③ ④ ⑤	33	① ② ③ ④ ⑤	53	① ② ③ ④ ⑤	73	① ② ③ ④ ⑤	93	① ② ③ ④ ⑤
14	① ② ③ ④ ⑤	34	① ② ③ ④ ⑤	54	① ② ③ ④ ⑤	74	① ② ③ ④ ⑤	94	① ② ③ ④ ⑤
15	① ② ③ ④ ⑤	35	① ② ③ ④ ⑤	55	① ② ③ ④ ⑤	75	① ② ③ ④ ⑤	95	① ② ③ ④ ⑤
16	① ② ③ ④ ⑤	36	① ② ③ ④ ⑤	56	① ② ③ ④ ⑤	76	① ② ③ ④ ⑤	96	① ② ③ ④ ⑤
17	① ② ③ ④ ⑤	37	① ② ③ ④ ⑤	57	① ② ③ ④ ⑤	77	① ② ③ ④ ⑤	97	① ② ③ ④ ⑤
18	① ② ③ ④ ⑤	38	① ② ③ ④ ⑤	58	① ② ③ ④ ⑤	78	① ② ③ ④ ⑤	98	① ② ③ ④ ⑤
19	① ② ③ ④ ⑤	39	① ② ③ ④ ⑤	59	① ② ③ ④ ⑤	79	① ② ③ ④ ⑤	99	① ② ③ ④ ⑤
20	① ② ③ ④ ⑤	40	① ② ③ ④ ⑤	60	① ② ③ ④ ⑤	80	① ② ③ ④ ⑤	100	① ② ③ ④ ⑤

※ 본 답안지는 마킹연습용 모의 답안지입니다.

〈절취선〉

한국가스공사 필기시험 답안카드

성 명

지원 분야

문제지 형별기재란	
(　　　)형	Ⓐ Ⓑ

수 험 번 호						
⓪	⓪	⓪	⓪	⓪	⓪	⓪
①	①	①	①	①	①	①
②	②	②	②	②	②	②
③	③	③	③	③	③	③
④	④	④	④	④	④	④
⑤	⑤	⑤	⑤	⑤	⑤	⑤
⑥	⑥	⑥	⑥	⑥	⑥	⑥
⑦	⑦	⑦	⑦	⑦	⑦	⑦
⑧	⑧	⑧	⑧	⑧	⑧	⑧
⑨	⑨	⑨	⑨	⑨	⑨	⑨

감독위원 확인
인

1	① ② ③ ④ ⑤	21	① ② ③ ④ ⑤	41	① ② ③ ④ ⑤	61	① ② ③ ④ ⑤	81	① ② ③ ④ ⑤
2	① ② ③ ④ ⑤	22	① ② ③ ④ ⑤	42	① ② ③ ④ ⑤	62	① ② ③ ④ ⑤	82	① ② ③ ④ ⑤
3	① ② ③ ④ ⑤	23	① ② ③ ④ ⑤	43	① ② ③ ④ ⑤	63	① ② ③ ④ ⑤	83	① ② ③ ④ ⑤
4	① ② ③ ④ ⑤	24	① ② ③ ④ ⑤	44	① ② ③ ④ ⑤	64	① ② ③ ④ ⑤	84	① ② ③ ④ ⑤
5	① ② ③ ④ ⑤	25	① ② ③ ④ ⑤	45	① ② ③ ④ ⑤	65	① ② ③ ④ ⑤	85	① ② ③ ④ ⑤
6	① ② ③ ④ ⑤	26	① ② ③ ④ ⑤	46	① ② ③ ④ ⑤	66	① ② ③ ④ ⑤	86	① ② ③ ④ ⑤
7	① ② ③ ④ ⑤	27	① ② ③ ④ ⑤	47	① ② ③ ④ ⑤	67	① ② ③ ④ ⑤	87	① ② ③ ④ ⑤
8	① ② ③ ④ ⑤	28	① ② ③ ④ ⑤	48	① ② ③ ④ ⑤	68	① ② ③ ④ ⑤	88	① ② ③ ④ ⑤
9	① ② ③ ④ ⑤	29	① ② ③ ④ ⑤	49	① ② ③ ④ ⑤	69	① ② ③ ④ ⑤	89	① ② ③ ④ ⑤
10	① ② ③ ④ ⑤	30	① ② ③ ④ ⑤	50	① ② ③ ④ ⑤	70	① ② ③ ④ ⑤	90	① ② ③ ④ ⑤
11	① ② ③ ④ ⑤	31	① ② ③ ④ ⑤	51	① ② ③ ④ ⑤	71	① ② ③ ④ ⑤	91	① ② ③ ④ ⑤
12	① ② ③ ④ ⑤	32	① ② ③ ④ ⑤	52	① ② ③ ④ ⑤	72	① ② ③ ④ ⑤	92	① ② ③ ④ ⑤
13	① ② ③ ④ ⑤	33	① ② ③ ④ ⑤	53	① ② ③ ④ ⑤	73	① ② ③ ④ ⑤	93	① ② ③ ④ ⑤
14	① ② ③ ④ ⑤	34	① ② ③ ④ ⑤	54	① ② ③ ④ ⑤	74	① ② ③ ④ ⑤	94	① ② ③ ④ ⑤
15	① ② ③ ④ ⑤	35	① ② ③ ④ ⑤	55	① ② ③ ④ ⑤	75	① ② ③ ④ ⑤	95	① ② ③ ④ ⑤
16	① ② ③ ④ ⑤	36	① ② ③ ④ ⑤	56	① ② ③ ④ ⑤	76	① ② ③ ④ ⑤	96	① ② ③ ④ ⑤
17	① ② ③ ④ ⑤	37	① ② ③ ④ ⑤	57	① ② ③ ④ ⑤	77	① ② ③ ④ ⑤	97	① ② ③ ④ ⑤
18	① ② ③ ④ ⑤	38	① ② ③ ④ ⑤	58	① ② ③ ④ ⑤	78	① ② ③ ④ ⑤	98	① ② ③ ④ ⑤
19	① ② ③ ④ ⑤	39	① ② ③ ④ ⑤	59	① ② ③ ④ ⑤	79	① ② ③ ④ ⑤	99	① ② ③ ④ ⑤
20	① ② ③ ④ ⑤	40	① ② ③ ④ ⑤	60	① ② ③ ④ ⑤	80	① ② ③ ④ ⑤	100	① ② ③ ④ ⑤

※ 본 답안지는 마킹연습용 모의 답안지입니다.

한국가스공사 필기시험 답안카드

성 명

지원 분야

문제지 형별기재란	
(　　　)형	Ⓐ Ⓑ

수 험 번 호						
⓪	⓪	⓪	⓪	⓪	⓪	⓪
①	①	①	①	①	①	①
②	②	②	②	②	②	②
③	③	③	③	③	③	③
④	④	④	④	④	④	④
⑤	⑤	⑤	⑤	⑤	⑤	⑤
⑥	⑥	⑥	⑥	⑥	⑥	⑥
⑦	⑦	⑦	⑦	⑦	⑦	⑦
⑧	⑧	⑧	⑧	⑧	⑧	⑧
⑨	⑨	⑨	⑨	⑨	⑨	⑨

감독위원 확인
㊞

1	① ② ③ ④ ⑤	21	① ② ③ ④ ⑤	41	① ② ③ ④ ⑤	61	① ② ③ ④ ⑤	81	① ② ③ ④ ⑤
2	① ② ③ ④ ⑤	22	① ② ③ ④ ⑤	42	① ② ③ ④ ⑤	62	① ② ③ ④ ⑤	82	① ② ③ ④ ⑤
3	① ② ③ ④ ⑤	23	① ② ③ ④ ⑤	43	① ② ③ ④ ⑤	63	① ② ③ ④ ⑤	83	① ② ③ ④ ⑤
4	① ② ③ ④ ⑤	24	① ② ③ ④ ⑤	44	① ② ③ ④ ⑤	64	① ② ③ ④ ⑤	84	① ② ③ ④ ⑤
5	① ② ③ ④ ⑤	25	① ② ③ ④ ⑤	45	① ② ③ ④ ⑤	65	① ② ③ ④ ⑤	85	① ② ③ ④ ⑤
6	① ② ③ ④ ⑤	26	① ② ③ ④ ⑤	46	① ② ③ ④ ⑤	66	① ② ③ ④ ⑤	86	① ② ③ ④ ⑤
7	① ② ③ ④ ⑤	27	① ② ③ ④ ⑤	47	① ② ③ ④ ⑤	67	① ② ③ ④ ⑤	87	① ② ③ ④ ⑤
8	① ② ③ ④ ⑤	28	① ② ③ ④ ⑤	48	① ② ③ ④ ⑤	68	① ② ③ ④ ⑤	88	① ② ③ ④ ⑤
9	① ② ③ ④ ⑤	29	① ② ③ ④ ⑤	49	① ② ③ ④ ⑤	69	① ② ③ ④ ⑤	89	① ② ③ ④ ⑤
10	① ② ③ ④ ⑤	30	① ② ③ ④ ⑤	50	① ② ③ ④ ⑤	70	① ② ③ ④ ⑤	90	① ② ③ ④ ⑤
11	① ② ③ ④ ⑤	31	① ② ③ ④ ⑤	51	① ② ③ ④ ⑤	71	① ② ③ ④ ⑤	91	① ② ③ ④ ⑤
12	① ② ③ ④ ⑤	32	① ② ③ ④ ⑤	52	① ② ③ ④ ⑤	72	① ② ③ ④ ⑤	92	① ② ③ ④ ⑤
13	① ② ③ ④ ⑤	33	① ② ③ ④ ⑤	53	① ② ③ ④ ⑤	73	① ② ③ ④ ⑤	93	① ② ③ ④ ⑤
14	① ② ③ ④ ⑤	34	① ② ③ ④ ⑤	54	① ② ③ ④ ⑤	74	① ② ③ ④ ⑤	94	① ② ③ ④ ⑤
15	① ② ③ ④ ⑤	35	① ② ③ ④ ⑤	55	① ② ③ ④ ⑤	75	① ② ③ ④ ⑤	95	① ② ③ ④ ⑤
16	① ② ③ ④ ⑤	36	① ② ③ ④ ⑤	56	① ② ③ ④ ⑤	76	① ② ③ ④ ⑤	96	① ② ③ ④ ⑤
17	① ② ③ ④ ⑤	37	① ② ③ ④ ⑤	57	① ② ③ ④ ⑤	77	① ② ③ ④ ⑤	97	① ② ③ ④ ⑤
18	① ② ③ ④ ⑤	38	① ② ③ ④ ⑤	58	① ② ③ ④ ⑤	78	① ② ③ ④ ⑤	98	① ② ③ ④ ⑤
19	① ② ③ ④ ⑤	39	① ② ③ ④ ⑤	59	① ② ③ ④ ⑤	79	① ② ③ ④ ⑤	99	① ② ③ ④ ⑤
20	① ② ③ ④ ⑤	40	① ② ③ ④ ⑤	60	① ② ③ ④ ⑤	80	① ② ③ ④ ⑤	100	① ② ③ ④ ⑤

※ 본 답안지는 마킹연습용 모의 답안지입니다.

〈절취선〉

한국가스공사 필기시험 답안카드

성 명

지원 분야

문제지 형별기재란	
(　　　)형	Ⓐ Ⓑ

수 험 번 호						
⓪	⓪	⓪	⓪	⓪	⓪	⓪
①	①	①	①	①	①	①
②	②	②	②	②	②	②
③	③	③	③	③	③	③
④	④	④	④	④	④	④
⑤	⑤	⑤	⑤	⑤	⑤	⑤
⑥	⑥	⑥	⑥	⑥	⑥	⑥
⑦	⑦	⑦	⑦	⑦	⑦	⑦
⑧	⑧	⑧	⑧	⑧	⑧	⑧
⑨	⑨	⑨	⑨	⑨	⑨	⑨

감독위원 확인
㊞ 인

1	① ② ③ ④ ⑤	21	① ② ③ ④ ⑤	41	① ② ③ ④ ⑤	61	① ② ③ ④ ⑤	81	① ② ③ ④ ⑤
2	① ② ③ ④ ⑤	22	① ② ③ ④ ⑤	42	① ② ③ ④ ⑤	62	① ② ③ ④ ⑤	82	① ② ③ ④ ⑤
3	① ② ③ ④ ⑤	23	① ② ③ ④ ⑤	43	① ② ③ ④ ⑤	63	① ② ③ ④ ⑤	83	① ② ③ ④ ⑤
4	① ② ③ ④ ⑤	24	① ② ③ ④ ⑤	44	① ② ③ ④ ⑤	64	① ② ③ ④ ⑤	84	① ② ③ ④ ⑤
5	① ② ③ ④ ⑤	25	① ② ③ ④ ⑤	45	① ② ③ ④ ⑤	65	① ② ③ ④ ⑤	85	① ② ③ ④ ⑤
6	① ② ③ ④ ⑤	26	① ② ③ ④ ⑤	46	① ② ③ ④ ⑤	66	① ② ③ ④ ⑤	86	① ② ③ ④ ⑤
7	① ② ③ ④ ⑤	27	① ② ③ ④ ⑤	47	① ② ③ ④ ⑤	67	① ② ③ ④ ⑤	87	① ② ③ ④ ⑤
8	① ② ③ ④ ⑤	28	① ② ③ ④ ⑤	48	① ② ③ ④ ⑤	68	① ② ③ ④ ⑤	88	① ② ③ ④ ⑤
9	① ② ③ ④ ⑤	29	① ② ③ ④ ⑤	49	① ② ③ ④ ⑤	69	① ② ③ ④ ⑤	89	① ② ③ ④ ⑤
10	① ② ③ ④ ⑤	30	① ② ③ ④ ⑤	50	① ② ③ ④ ⑤	70	① ② ③ ④ ⑤	90	① ② ③ ④ ⑤
11	① ② ③ ④ ⑤	31	① ② ③ ④ ⑤	51	① ② ③ ④ ⑤	71	① ② ③ ④ ⑤	91	① ② ③ ④ ⑤
12	① ② ③ ④ ⑤	32	① ② ③ ④ ⑤	52	① ② ③ ④ ⑤	72	① ② ③ ④ ⑤	92	① ② ③ ④ ⑤
13	① ② ③ ④ ⑤	33	① ② ③ ④ ⑤	53	① ② ③ ④ ⑤	73	① ② ③ ④ ⑤	93	① ② ③ ④ ⑤
14	① ② ③ ④ ⑤	34	① ② ③ ④ ⑤	54	① ② ③ ④ ⑤	74	① ② ③ ④ ⑤	94	① ② ③ ④ ⑤
15	① ② ③ ④ ⑤	35	① ② ③ ④ ⑤	55	① ② ③ ④ ⑤	75	① ② ③ ④ ⑤	95	① ② ③ ④ ⑤
16	① ② ③ ④ ⑤	36	① ② ③ ④ ⑤	56	① ② ③ ④ ⑤	76	① ② ③ ④ ⑤	96	① ② ③ ④ ⑤
17	① ② ③ ④ ⑤	37	① ② ③ ④ ⑤	57	① ② ③ ④ ⑤	77	① ② ③ ④ ⑤	97	① ② ③ ④ ⑤
18	① ② ③ ④ ⑤	38	① ② ③ ④ ⑤	58	① ② ③ ④ ⑤	78	① ② ③ ④ ⑤	98	① ② ③ ④ ⑤
19	① ② ③ ④ ⑤	39	① ② ③ ④ ⑤	59	① ② ③ ④ ⑤	79	① ② ③ ④ ⑤	99	① ② ③ ④ ⑤
20	① ② ③ ④ ⑤	40	① ② ③ ④ ⑤	60	① ② ③ ④ ⑤	80	① ② ③ ④ ⑤	100	① ② ③ ④ ⑤

※ 본 답안지는 마킹연습용 모의 답안지입니다.

2024 최신판 SD에듀 All-New 한국가스공사 NCS + 전공 + 최종점검 모의고사 3회 + 무료NCS특강

개정20판1쇄 발행	2024년 03월 20일 (인쇄 2024년 02월 21일)
초 판 발 행	2010년 12월 22일 (인쇄 2010년 11월 02일)
발 행 인	박영일
책 임 편 집	이해욱
편 저	SDC(Sidae Data Center)
편 집 진 행	김재희 · 강승혜
표지디자인	조혜령
편집디자인	최미란 · 곽은슬
발 행 처	(주)시대고시기획
출 판 등 록	제10-1521호
주 소	서울시 마포구 큰우물로 75 [도화동 538 성지 B/D] 9F
전 화	1600-3600
팩 스	02-701-8823
홈 페 이 지	www.sdedu.co.kr

I S B N	979-11-383-6807-0 (13320)
정 가	26,000원

한국 가스공사

정답 및 해설